英汉语功能语法对比研究

A Contrastive Study of English and Chinese Functional Grammar

何伟　王连柱　耿芳　郭笑甜　著

中国社会科学出版社

图书在版编目(CIP)数据

英汉语功能语法对比研究 / 何伟等著 . —北京：中国社会科学出版社，2024. 5
ISBN 978-7-5227-3419-4

Ⅰ. ①英… Ⅱ. ①何… Ⅲ. ①英语—语法—对比研究—汉语 Ⅳ. ①H314
②H146

中国国家版本馆 CIP 数据核字(2024)第 073847 号

出 版 人 赵剑英
责任编辑 宫京蕾
责任校对 秦 婵
责任印制 郝美娜

出 版 中国社会科学出版社
社 址 北京鼓楼西大街甲 158 号
邮 编 100720
网 址 http：//www. csspw. cn
发 行 部 010-84083685
门 市 部 010-84029450
经 销 新华书店及其他书店

印刷装订 北京君升印刷有限公司
版 次 2024 年 5 月第 1 版
印 次 2024 年 5 月第 1 次印刷

开 本 710×1000 1/16
印 张 32. 25
插 页 2
字 数 545 千字
定 价 188. 00 元

前　言

《英汉语功能语法对比研究》一书，系 2019 年度国家社科基金重大项目“‘一带一路’沿线国家语言资源数据库建设及汉外对比研究”（编号：19ZDA319）的成果之一，是汉外对比研究系列成果的主要框架依据。

本书在系统功能语言学视角下，完善或重构了表征经验功能、人际功能与语篇功能的及物性系统、语气系统与组篇系统；在此基础上，对比了英汉语三大语义系统及其体现形式，探讨了英汉语在语义及词汇语法层的异同，阐释了两种语言差异性的成因。

总体上来说，本书有以下几个特点：

一是尝试推动融合、创新与发展。本书融合系统功能语言学内部的悉尼模式和加的夫模式，并吸收和借鉴认知语言学、语言哲学等学科的相关思想，以及其他学派的研究成果，尝试推动系统功能语言学元功能理论的进一步发展。本书完善或重构了及物性系统、语气系统和组篇系统，提出了及物性系统与世界经验范畴的对应关系，区分了及物性过程的上层、基本层和下层类型，描述了基本层及物性过程的语义配置结构；进一步界定了语气、情态和语势之间的关系，描述了表征人际功能的语气系统，指出了语气系统由并行的语气类别子系统和语气语势子系统组成；提出了表征语篇功能的组篇系统由互文、主位、信息和衔接四个子系统组成。

二是尝试通过对比，探寻语言的本质及规律。本书在完善语言元功能理论的基础上，对比描述了英汉语在及物性系统、语气系统和组篇系统及其体现形式上的异同，并尝试从民族认知、民族思维和民族文化层面阐释了差异性成因。

三是采取多维研究视角，努力做到结论的自洽性。本书采取自上而下、同一层次和自下而上的三维视角，分别对英汉语及物性系统、语气系统、组篇系统及其体现形式进行了探讨和对比；本书既从意义出发，又关注形式，可在一定程度上保证研究结论的合理性和充分性。

本书是由本人带领团队撰写的，全书框架及主要内容由本人设计，主要观点由本人提出，主要章节由本人带领团队不同成员完成，具体情况如下：第一章由本人撰写，第二章至第四章由本人带领王连柱撰写——其中，第三章是在本人英文文章的基础上拓展而成，第五章至第七章由本人带领耿芳撰写，第八章至第十章由本人带领郭笑甜撰写。每章初稿完成后，本人及团队成员反复推敲与修改。最后，由本人统稿。

本书的完成除得益于团队的齐心协力以及对学术的热爱，还得到不少专家学者的鼓励和支持，如北京外国语大学的王文斌教授、王克非教授以及华南农业大学的黄国文教授一直激励我们开展语言对比研究，鞭策我们为语言学理论的融合、创新与发展倾一己之力。在书稿校对过程中，中国海洋大学外国语学院的李璐博士，北京外国语大学的博士生杨璐、向珍飚、宁振江三位同学帮助核对了文中的参考文献，并对语言表述中的个别错漏进行了校正。本书的出版得到北京外国语大学中国外语与教育研究中心以及中国社会科学出版社的支持，在此一并表示衷心的感谢。另外，需要指出，本书的出版得到北京外国语大学"双一流"建设科研项目"汉英功能句法结构数据库建设及句法分析计算机程序研发"的资助。

在本书的成稿过程中，我们力求叙述简洁，逻辑严谨，观点明晰，举例恰当，引证准确。然而，由于时间、水平所限，疏误在所难免，敬请各位专家及广大读者批评指正。

何 伟
北京外国语大学中国外语与教育研究中心
2023 年 5 月 1 日

目　录

第一章 绪论

第一节 研究缘起

语言对比是语言研究的重要途径，具有方法论意义、认识论意义和本体论意义。吕叔湘[1]曾指出："要认识汉语的特点，就要跟非汉语比较；要认识现代汉语的特点，就要跟古代汉语比较；要认识普通话的特点，就要跟方言比较。"通过语言比较或对比，人们不仅可以深化对特定语言及其他语言的认识，而且能够认识到不同民族的认知、思维和文化特点。Humboldt[2] 明确表示，语言与民族思维之间关系紧密，它们之间具有通约性，即语言之间的差异源自民族世界观的不同。针对语言对比的意义，潘文国[3]指出，语言对比一则反映语言与民族个性的相互关系，二则促进二语教学，三则服务于跨文化行为、翻译研究与实践。有关语言对比的本体论意义，徐通锵[4]作出以下表述："共性隐含于特性之中，只有以语言特性的分析为基础，运用演绎和推理的分析方法，才有可能把隐蔽于特性中的共性找出来。……通过比较的分析发现语言的特点，从特点的研究中揭示隐蔽于它背后的共性结构原理，这应该是一种值得倡导的研究思路。"

---

① 吕叔湘：《通过对比研究语法》，《语言教学与研究》1977/1992 年第 2 期，第 4 页。

② Humboldt W. von. *On Language: The Diversity of Human Language Structure and Its Influence on the Mental Development of Mankind* (translated by Heath P., with an introduction by Aarsleff H.). Cambridge: Cambridge University Press, 1836/1988.

③ 潘文国：《对比语言学的目标与范围》，《外语与外语教学》2006 年第 1 期，第 25—27 页。

④ 徐通锵：《"字本位"和语言研究》，《语言教学与研究》2005 年第 6 期，第 8 页。

王菊泉[1]也表示，语言对比研究要在理论和方法上有所突破，不仅要注重语言的个性研究，还要努力探讨语言的“共性范畴”。换言之，语言对比研究可以有力地推动语言的本体研究，使我们能逐步逼近语言事物之真，寻求语言道理之是，洞察语言的本质及规律。

语言对比研究需要找到适合的视角。吕叔湘[2]在《汉语语法分析问题》中指出，结构主义和转换生成语法可以运用于分析与解释汉语的个别具体例子，但不能据此建立起完整的语法体系，汉语语法分析要在传统语法的基础上更加注重功能、形式和意义的综合分析。从学界的情况看，已有的语言对比研究主要借鉴西方的语言学理论，如传统语法、结构主义、转换生成语法等侧重结构形式的理论，以及认知语言学理论，但较少借鉴源于马克思主义、融汇东西方学术思想的系统功能语言学理论。究其原因：一则是语言之间的比较或对比，最初发端于印欧语系内语言之间音系层次的比较，而后发展到词汇、语法等层面的比较或对比；二则是现代语言的比较或对比，主要以英语作为参照，探寻其他语言与其之间的异同；三则是近现代语言学理论的提出、发展和成熟大多源于对英语的观察和深入研究。

从对比内容来看，赵世开[3]认为，仅仅对比语言的微观结构还不够，鉴于语言与社会功能、心理因素等有密切的关系，对比研究需要扩大到宏观领域。刘宓庆[4]提出，应从表层结构、表现法系统和思维形态三个层次进行语言对比。目前，从语言的层次性和体系性来看，对比研究大多围绕语音、词汇、语法等单一层面，或围绕语用、修辞、语篇、文体等单一维度进行，而对语言系统本身及其体现形式的对比还比较少见，对语言差异所反映的民族认知、思维和文化特征的研究则更为鲜见。换言之，目前的对比研究大多散见于微观和中观层次，宏观层次的研究即从认知、思维和文化层面进行的阐释还不多见，这主要是因为学界尚未给予微观、中观及

---

① 王菊泉：《汉外对比大有可为——纪念吕叔湘先生〈通过对比研究语法〉发表40周年》，《外语与外语教学》2017年第5期，第9—18页。

② 吕叔湘：《汉语语法分析问题》，商务印书馆1979年版，第9页。

③ 赵世开：《英汉对比中微观和宏观的研究》，《外国语文教学》1985年第1—2期，第34—41页。

④ 刘宓庆：《汉英对比研究与翻译（修订本）》，江西教育出版社1992年版，第5页。

宏观三者之间的关系足够的重视。

为推动语言对比研究，探寻语言的本质及规律，本书将从系统功能语言学的元功能理论出发，对英汉语进行多层次对比。

元功能思想是系统功能语言学理论的基石，是对人类语言功能的高度抽象与概括。系统功能语言学认为，语言有三大元功能（metafunction）：概念功能（ideational metafunction）、人际功能（interpersonal metafunction）和语篇功能（textual metafunction）。其中，概念功能包括经验功能（experiential metafunction）和逻辑功能（logical metafunction）。三大元功能表征为不同的语义系统，概念功能主要表征为及物性系统（transitivity system）和逻辑关系系统（logical system）——其中，及物性系统对应经验功能；人际功能主要表征为语气系统（mood system）；语篇功能主要表征为主位系统（Theme system）、信息系统（information system）、衔接与连贯系统（cohesion & coherence system）。这些语义系统大都涉及不同的语义配置结构，并由不同的词汇语法资源及音系资源体现。

元功能思想具有普适性，可以说，任何自然语言都具有三大元功能。然而，不同语言的功能语义在语义配置结构及体现形式上却有所不同。因此，以元功能作为切入点对比英汉语言，能够洞悉两种语言的共性和个性，尤其是个性。

系统功能语言学发展至今，有两种比较成熟的模式：一种是 Halliday 创建的悉尼模式（Sydney Model），另一种是 Fawcett 在 Halliday 的基础上发展起来的加的夫模式（Cardiff Model）。两种模式构建的表征经验功能的及物性系统、表征人际功能的语气系统、表征语篇功能的主位系统，以及表征逻辑功能的逻辑关系系统存在一定的差异：在悉尼模式中这些系统被看作语法系统，而在加的夫模式中被视为语义系统。这种差异是由两种模式对语言系统层级组成的不同认识造成的。在应用实践中，我们可以忽略这些系统在层级归属上的不同，但不能忽视操作性高低的问题。尽管两种模式的提出和发展都主要基于对英语的描写，然而在对大量的英语语篇进行分析时，我们却发现，无论应用哪种模式，都遇到了这样或那样的问题，概括起来讲，两种模式的可操作性在某些方面都有待提高。此外，在将这两种模式应用于汉语语篇分析时，我们也遇到了类似的问题。应用实践中遇到的这些问题激发了我们对元功能理论的思考：我们可否借鉴学界相关语言学学科的研究，通过对两种模式的融合，完善或重构表征三大元功能的语义系统，以推动系统功能语言学作为普通语言学和适用语言学理论的纵深发展；并在此基础上，通过对比英汉语功能语义的体现形式，探讨两种语言在元功能维度下的共性和个性，尤其是个性，以推动系统功能语言学视角下的语言本质差异研究。

第二节 研究目的和问题

本书有两个目的。

一是推动融合创新研究。语言学研究具有生态上的“共生性”、空间上的“包容性”和时间上的“传继性”等特质，对于任何语言学理论流派而言，只有善纳百川之流，广聚四海之智，才能在流变的思潮中谋得发展。本书通过对其他语言学理论流派研究成果的借鉴与吸收，以及对系统功能语言学内部学术思想的融合，来推动系统功能语言学在后 Halliday 时代的再发展，并为语言学本土理论的融合创新提供有益尝试。

二是推动语言本质研究。鉴于语言对比是语言研究的有效途径，本书在学术观点和研究范式上的创新，将有助于推动对比语言学、语言类型学、理论语言学对语言本质特征及差异的研究，以及对差异性成因的探讨，进而促进对语言本质的揭示。

鉴于以上目的，本书提出以下三个研究问题：

1. 系统功能语言学的元功能理论研究目前存在哪些问题？应该如何完善或重构表征经验功能、人际功能、语篇功能的及物性系统、语气系统和组篇系统？

2. 英汉语的及物性系统、语气系统和组篇系统在语义配置结构及体现形式上存在哪些异同？

3. 英汉语在语义配置结构及体现形式上的差异反映了英汉民族在认知、思维和文化方面的哪些特点？

如上三个研究问题构成递进关系，即上一个问题的回答是探讨下一个问题的基础和前提。三个研究问题中的第三个更为复杂，回答好该问题需要研究者具备多学科专业知识，因而较之于前两个问题，我们在本书对第三个问题的探讨是尝试性的、初步的，可以说仍是我们将来努力的方向。

第三节　研究方法

本书主要采用四种研究方法。

一是文献法。本书目标之一是完善或重构表征经验功能、人际功能和语篇功能的及物性系统、语气系统和组篇系统，因此第一阶段主要采用文献法，梳理和分析学界不同时期、不同学派对相关话题的研究，指出问题与不足。

二是描写法。本书第二阶段主要是完善或建构理论框架，因此主要采用描写法，呈现及物性、语气和组篇三个系统网络。

三是对比法。本书目标之二是呈现英汉语之间的异同，因此第三阶段主要采用对比法，探讨英汉语在三大元功能表征系统及其体现形式上的异同。

四是阐释法。本书目标之三是解释英汉语之间存在差异的原因，因此第四阶段主要采用阐释法，从民族认知、思维和文化出发，解释造成英汉语在语义配置结构及体现形式上存在差异的原因。

在研究语料的选取方面，按照系统功能语言学的通常做法，本书所使用的语篇和例句均真实可靠，它们或来自语料库，或来自各种作品，或来自文献书籍，文中均有相应说明。

第四节　结构安排

本书以系统功能思想为指导，完善或重构表征经验功能、人际功能和语篇功能的及物性系统、语气系统和组篇系统，对比英汉语三大语义系统及其体现形式，呈现英汉语在语义层、词汇语法层的异同，揭示差异性成因，共十章内容。

第一章为绪论，主要介绍研究缘起、研究目的、研究问题、研究方法、结构安排和主要观点。

第二至第四章聚焦经验功能。第二章梳理和评析不同时期、不同学派对英汉语及物性的研究；回顾系统功能学派对及物性的界定、对英语及物性的研究、对汉语及物性的研究，以及对英汉语及物性的对比研究；进一步框定及物性的概念内涵，为世界经验的范畴化以及及物性系统的建构做好铺垫。第三章回顾经典范畴理论和原型范畴理论，结合系统功能框架下世界经验范畴化的既有研究，对世界经验进行自上而下的再范畴化；探讨经验范畴与及物性过程之间的对应关系；建构及物性系统网络；描述基本层及物性过程的语义配置结构，为下一步的对比打好基础。第四章采用从宏观到微观，即从系统到配置结构，再到实例的路径，对比英汉语及物性系统以及及物性过程语义配置结构的异同，并从民族认知、思维和文化层面探讨差异性成因。

第五至第七章聚焦人际功能。第五章梳理和评析不同时期、不同学派对英汉语气的研究；回顾系统功能视角下的英汉语气研究以及对比研究；厘清语气、情态、语势、情绪、口气等概念之间的关系；框定语气的概念内涵，为建构表征人际功能的语气系统做好铺垫。第六章建构表征人际功能的语气系统，阐释两个子系统之间的关系；按照精密度，描述语气系统的两个子系统，即语气类别系统和语气语势系统，以及它们下一层级的系统，即直陈语气系统和祈使语气系统、内在语势系统和外在语势系统，为下一步的对比打好基础。第七章从英汉语气系统的精密阶以及各子系统的体现形式两个维度，对比英汉语气类别系统和语气语势系统中各子系统及其体现形式，阐释差异性成因。

第八至第十章聚焦语篇功能。第八章梳理和评析英汉语篇功能思想的源起、学界有关英汉语篇功能的研究以及对比研究；回顾系统功能视角下的英语语篇功能研究、汉语语篇功能研究以及对比研究；进一步框定语篇功能的概念内涵，为建构表征语篇功能的组篇系统做好铺垫。第九章探讨体现语篇功能的语言资源的层次性；建构表征语篇功能的组篇系统，包括互文、主位、信息、衔接四个子系统；在精密阶维度上，探讨各个系统的体现形式，为下一步的对比打好基础。第十章对比英汉互文系统及其体现形式，包括语篇间互文和语篇内互文；对比英汉主位系统及主位选择，包括各语气类别和主位的无标记性与标记性选择关系，主位的显性与隐性特点等；对比英汉信息聚焦方式，包括信息焦点的无标记性与标记性表征方式；对比英汉衔接手段，包括词汇语法层的及物性、语气、时态、语态、指称、替代、省略、连接、重复、搭配和部分修辞格（包括反复、排比、设问、对偶、对照、映衬、倒装等），以及音系层的轻重音、韵律、节奏等；阐释差异性成因。

第五节　主要观点

本书一方面发展了系统功能语言学之及物性系统理论、语气系统理论和组篇系统理论，呈现了英汉语之间的异同；另一方面揭示了语言间的差异实质上映射的是民族认知、思维和文化上的特点。

本书在描写层面提出如下观点：

一是世界经验可划分为上层、基本层和下层范畴；世界经验与及物性系统之间存在对应关系；基本层及物性过程共16种，每种都有自主型和影响型之分；每种过程都有若干种语义配置结构。

二是英汉及物性系统在宏观层面存在四点共性，即丰富性、层次性、隐喻性和张力性；在微观层面存在四点差异，即英语重“参与者”，汉语重“过程”；英语多“显性参与者”，汉语多“隐性参与者”；英语“环境成分”具有“分散性”，汉语“环境成分”具有“居中和前置性”；英语小句的语义配置结构中存在高度语法化的“虚位”，汉语小句中不存在“虚位”。

三是人际功能主要由语气系统体现，语气系统包括语气类别系统和语气语势系统。语气类别系统主要表征人际之间的信息及物品或服务之间的交换功能，语气语势系统主要表征言语者对言语内容的判断、情感、情绪等。

四是英汉语气系统总体上共性比较凸显，然而在精密阶维度上存在一定的差异，在体现形式丰富程度上的差异尤其显著。相较英语，汉语语气系统网络在精密阶维度上更为复杂；在语气类别尤其在语气语势上，体现手段更为多样。

五是语篇功能的表征系统涉及语言系统外的语境以及语言系统内的语义、词汇语法和音系各层次，由互文、主位、信息和衔接四个子系统组成，并分别由互文方式、主位选择、信息聚焦和衔接手段体现。

六是英汉语在组篇系统上共性凸显，然而部分语篇功能在两种语言中的体现形式存在差异，分别由不同的词汇语法形式体现。语篇间互文的阐释存在文化语境上的差异，语篇间互文的手段在数量上也存在汉语较英语凸显的特点；英汉语疑问句主位选择具有明显差异，汉语话题主位中的标记性参与者角色主位较英语常见；英汉语信息都由声调体现，都可以使用特定的词汇语法手段提示信息焦点，但在结构上存在一定的差异；英汉语在具体衔接手段上存在种类、数量及显隐性的差异。

本书在解释层面提出如下观点：

一是英汉语在及物性系统、语气系统、组篇系统及体现形式上的差异，源于各自民族的认知、思维和文化特点。英语民族受理性主义文化的影响，形成了重本质、重分析和重逻辑的理性思维，从而造就了由图形到背景等认知方式，也就带来了英语及物性语义配置结构中，参与者尤其是显性参与者比较突出、环境成分比较分散的特点；与汉语相比，英语语气系统的复杂度低，体现形式比较单一；英语组篇系统的体现形式具有比较突出的显性特征。汉语民族主要受儒释道文化的影响，形成了重直接、重整体和重具象的悟性思维，从而造就了由背景到图形等认知方式，也就带来了汉语及物性语义配置结构中，过程凸显、隐性参与者突出、环境成分多前置的特点；与英语相比，汉语语气系统的复杂度高，体现形式比较多样；汉语组篇系统的体现形式具有比较突出的隐性特征。

二是本书进一步表明，语言是人类活动的表征，人类活动的共性映射在各自然语言中，表现为各语言在功能和形式上的共性，各民族活动的特点映射在各自然语言中，表现为各语言在功能和形式上的差异；概括地讲，语言的共性和差异既在于功能，也在于形式，两者之间功能居于首位。

第二章　英汉及物性研究述评

第一节　引言

“语言何以如此?”① 对语言本质这一哲学命题的两种不同回答，产生了两大对立学派：一个是以 Chomsky 为代表的形式学派，强调语言的形式结构，核心任务是描述句法成分之间的逻辑关系；另一个是以 Halliday 为代表的功能学派，强调语言的社会功能，研究重心是解释人们如何通过意义潜势的选择来实现各种社会功能。

从本质上讲，语言乃人类自身的行为体系之一，它并不是可以置于人之外而独立存在的事物，语言形式选择上的变化，由说话者要实现的社会交际目的决定，语言的价值在于其社会性。语言的社会性决定了语言形式服务于语言功能。在社会学和人类学基础上，Halliday② 提出，语言能够实现三种高度抽象的元功能：概念功能、人际功能和语篇功能。概念功能包括经验功能和逻辑功能。经验功能反映的是说话者对主客观世界的经

---

① Halliday M. A. K. Language Structure and Language Function// Lyons J. *New Horizons in Linguistics*. Harmondsworth：Penguin，1970，p. 141.

② Halliday M. A. K. Notes on Transitivity and Theme in English：Part 1. *Journal of Linguistics*，1967，Vol. 3，No. 1，pp. 37－82；Halliday M. A. K. Notes on Transitivity and Theme in English：Part 2. *Journal of Linguistics*，1967，Vol. 3，No. 2，pp. 199－244；Halliday M. A. K. Notes on Transitivity and Theme in English：Part 3. *Journal of Linguistics*，1968，Vol. 4，No. 2，pp. 179－215；Halliday M. A. K. Language Structure and Language Function// Lyons J. *New Horizons in Linguistics*. Harmondsworth：Penguin，1970，pp. 140-165；Halliday M. A . K. *Explorations in the Functions of Language*. London：Arnold，1973；Halliday M. A. K. *An Introduction to Functional Grammar*. London：Arnold，1985；Halliday M. A. K. *An Introduction to Functional Grammar*（2nd edition）. London：Arnold，1994/ Beijing：Foreign Language Teaching and Research Press，2000.

验，通过若干“过程”（process）以及与过程有关的“参与者”（participant）和“环境成分”（circumstance）即及物性来表征。

上述系 Halliday 对及物性的描述，然而在语言探索史上，人们对及物性的认识因受自然、社会等因素的制约，不尽相同，且可能与现在的认识大不相同。因此，有必要系统回顾一下及物性研究史，进而更好地把握不同时期、不同学派对及物性的认识。

纵览及物性研究史可知，人们对及物性的认识主要体现在两个层面：形式层和意义层。以 Quirk① 为代表的传统学派侧重从形式层研究及物性，即“及物”和“不及物”指动词后面能否接宾语。与传统学派关注动词、动词宾语不同，以 Halliday 为代表的功能学派对及物性的概念进行了扩展，将其提升至整个小句，用于表达经验意义，即用及物性来表达人们对主客观世界的经验。具体而言，就是将形式学派对句子进行的“主语”“谓语”“宾语”“状语”等结构成分的分析往意义层延伸，对小句进行“参与者”“过程”和“环境成分”的分析。通过分析不同小句的“过程”“参与者”和“环境成分”的类型，来解读说话者对主客观世界的认知经验。从形式层往意义层的发展，映射出人们对及物性认识的深化。当然，这样的认识深化并非一蹴而就，而是一个循序渐进的过程。认识发展的渐进性不仅体现在英语及物性研究上，也体现在汉语及物性研究上。

第二节　英汉及物性研究

一　英语及物性研究

受古希腊语法研究传统的影响，早期英语及物性研究关注的是以动词为中心的句法结构关系。进入 20 世纪，有些语言学流派尝试扩展及物性研究的范畴，将语义成分如“参与者”“过程”“环境成分”纳入其中。

（一）及物性表形式结构

及物性研究最早可追溯至以希腊语为研究对象的古传统语法时期。这

① Quirk R., Greenbaum S., Leech G., Svartvik J. *A Grammar of Contemporary English*. Singapore: Longman, 1972; Quirk R., Greenbaum S., Leech G., Svartvik J. *A Comprehensive Grammar of the English Language*. London/New York: Longman, 1985.

一时期的研究以划分词类和分析句法结构为主。及物性主要用于表达以动词为中心的句法结构关系。

古传统语法，又称学校语法，始于古希腊时期，中世纪得到进一步发展，盛行于16、17世纪。古传统语法影响深远，统治欧洲语法研究和语言教学长达两千余年①。古传统语法的研究目标是明确句子成分的功能和划分词类。这种研究目标与古希腊时期的哲学思想有关，如Plato、Aristotle句子结构的思想和斯多葛学派语法学家词类的思想②。

据说Plato是第一个认真研究语法的人，也是已知的第一个提出词类划分思想的人，他把句子划分为主词部分（ōnoma，亦可译作名物词）和述词部分（rhēma，亦可译作动作词）③。而后，其弟子Aristotle进一步指出，名词没有时间成分，而动词有。在名、动两类词基础上，他又添加了第三类词sýndesmos。第三类词包含连词（可能包括介词）、冠词和代词④。斯多葛学派在此基础上，进一步把sýndesmos细分为两类，即像名词一样有屈折变化的，如代词、冠词，总称为arthron，以及无屈折变化的，包括连词、介词，仍称为sýndesmos，并把名词细分为普通名词和专用名词⑤。公元前1世纪，亚历山德里亚派（Alexandria）学者Dionysius Thrax撰写了西方第一部系统、全面、完整的希腊语语法书——《语法术》（*Technē Grammatikē*），讨论了八类词，即名词（ōnoma）、动词（rhēma）、分词⑥（metoché）、冠词（arthron）、代词（antōnymia）、介词

① 殷钟崃、周光亚：《英语语法理论及流派》，四川大学出版社1990年版；楚军：《句法学》，电子科技大学出版社2007年版；刘润清：《西方语言学流派》，外语教学与研究出版社2013年版。

② 殷钟崃、周光亚：《英语语法理论及流派》，四川大学出版社1990年版。

③ Robins R. H. *A Short History of Linguistics*. London：Longman，1967，p. 26.

④ Robins R. H. *A Short History of Linguistics*. London：Longman，1967，p. 26；［古希腊］亚里士多德：《修辞学》，罗念生译，生活·读书·新知三联书店1991年版，第160—161页；姚小平：《西方语言学史》，外语教学与研究出版社2011年版，第39页；姚小平：《西方语言学史：从苏格拉底到乔姆斯基》，外语教学与研究出版社2018年版，第47页。

⑤ Robins R. H. *A Short History of Linguistics*. London：Longman，1967，p. 28；姚小平：《西方语言学史》，外语教学与研究出版社2011年版，第28页；姚小平：《西方语言学史：从苏格拉底到乔姆斯基》，外语教学与研究出版社2018年版，第34页。

⑥ 分词兼具名词和动词的属性，像名词一样有性、数、格的变化，同时又可像动词一样有时态变化，可带宾语，受副词修饰。

(próthesis)、副词(epírrhēma)和连词(sýndesmos),并附有定义和示例;其中动词有三种结构:主动态、被动态和介于两者间的中间态①。另一位亚历山德里亚派学者 Apollonius Dyscolus 于公元 2 世纪撰写了《论句法》(*Peri Syntaksēos*),该书系西方第一部句法专著,较为系统地论述了希腊语句法。他是第一个讨论动词及物性的学者②。他认为句子的主要部分是名词部分和动词部分,句法分析的主要任务是描述名词部分与三种动词之间的关系,即与及物动词、被动动词和不及物动词之间的关系。及物动词表示把一种行为传递给他人或他物,即把作用力转移到某个对象上面。换言之,他实际上提出了施事和受事的概念。Priscianus Caesariensis(或称 Priscian)的《语法惯例》(*Institutiones Grammaticae*)把拉丁语动词也分为主动(active,及物)、被动(passive)和中动(neutral,不及物)三种,并讨论了异相动词(deponent verb),即有被动形态但意义和句法上表主动或不及物,且没有相应被动时态的动词形式③。

在中世纪的语言研究中,"摩迪斯泰"(Modistae)学派的思辨语法(Speculative Grammar)也有及物性和不及物性的概念,但他们把这些概念归为句法结构范畴,表示句子或结构成分之间的句法关系④。如在"小王写作业呢"这样的"名词—动词—名词"结构中,"小王"和"作业"是两个参与物(包括人),"写"和"作业"之间就是及物关系。不难看出,动词在全句中扮演"中心轴"的角色,是前后名词依附的对象。同样,名词结构也存在及物和不及物关系,如"小王的爸爸"(及物,涉及两个人)和"美丽的花朵"(不及物,涉及一种事物),区别在于名词结构所涉及的物或人的数量。

自文艺复兴至 18 世纪,及物性研究经历了从表层句法结构往深层语义结构的转向。此阶段,语言研究受到以 Descartes 为代表的理性主义和

---

① 中间态(méson)指在希腊语中,许多动词除了可以表达主动态和被动态外,还可以表达中间态,即可以表达动作的施事和受事相同的情况。此类动词在有些语言里被称作反身动词。

② Robins R. H. *A Short History of Linguistics*. London:Longman,1967;楚军:《句法学》,电子科技大学出版社 2007 年版。

③ Robins R. H. *A Short History of Linguistics*. London:Longman,1967,p. 60.

④ Robins R. H. *A Short History of Linguistics*. London:Longman,1967,pp. 83-84;刘润清:《西方语言学流派》,外语教学与研究出版社 2013 年版,第 31 页。

以 Locke 为代表的经验主义两大哲学流派的共同洗礼。法国波尔·洛瓦雅尔（Port Royal）学派以 Descartes 的哲学思想为基础，尝试阐述语法的普遍原则，认为所有语言的语法都和表达的思想之间具有一致性。他们从语义出发把词分成两类："对象"类和"形式/方式"类。名词、冠词、代词、分词、介词和副词是思想的"对象"，而动词、连词和感叹词是思想的"形式/方式"。就动词而言，它既可表陈述，也可表愿望、命令等。动词的及物性和不及物性不再属于动词本身，而在于动词的"形容词"属性。比如，说"Peter lives"（皮特活着）等于说"Peter is a man or Peter is animate"（皮特是个人或皮特是个生命体）。由此可见，语言学家在动词及物性上不再满足于分析表层结构上的依附关系，而是从深层语义结构上来认识语句。

当代语法中的动词及物性研究仍延续横跨两千余年的研究传统，动词的分类不乏传统的影子。Quirk *et al.*[①] 主编的《当代英语语法》（*A Grammar of Contemporary English*）和《英语语法大全》（*A Comprehensive Grammar of the English Language*）、Leech & Svartvik[②] 主编的《英语交际语法》（*A Communicative Grammar of English*）均把动词分为及物动词（transitive verb）、不及物动词（intransitive verb）和系动词（copular verb）三类。及物动词又被分为单宾语及物动词（monotransitive verb）、双宾语及物动词（ditransitive verb）和复杂宾语及物动词（complex transitive verb）[③]。从这些语法著述可以看出，及物性研究主要还是围绕动词后面有无宾语以及宾语的数量展开的。从另一个方面讲，这体现了传统语法的强大生命力，传统语法仍然影响着现代语法研究。

（二）及物性表经验意义

与传统语法中及物性主要表达主语、动词及宾语间的结构关系不同，

---

① Quirk R., Greenbaum S., Leech G., Svartvik J. *A Grammar of Contemporary English*. Singapore: Longman, 1972; Quirk R., Greenbaum S., Leech G., Svartvik J. *A Comprehensive Grammar of the English Language*. London/New York: Longman, 1985.

② Leech G., Svartvik J. *A Communicative Grammar of English*. London: Longman, 1975/1996.

③ Quirk R., Greenbaum S., Leech G., Svartvik J. *A Comprehensive Grammar of the English Language*. London/New York: Longman, 1985; 章振邦：《新编英语语法教程》，上海外语教育出版社 2009 年版。

而后有些语言学流派尝试扩展及物性研究的范畴，将语义层的参与者（施事、受事等）、过程和环境成分等纳入其中。至此，及物性已成为人们表达经验意义的语义系统。结构主义语言学（Structural Linguistics）、格语法（Case Grammar）、切夫语法（Chafe Grammar）、迪克语法（Dik Grammar）、角色与指称语法（Role and Reference Grammar）、系统功能语法（Systemic Functional Grammar）等，均对及物性表达经验意义作了不同深度的阐释①。

20 世纪 50、60 年代的学者②认为，以 Bloomfield 为代表的美国结构主义学派忽视或排斥意义研究，只是从内在结构上对语言进行分析。但在 20 世纪 80 年代以后的学者③看来，布龙菲尔德派学者虽然重视语言形式的描写，但并不否定意义在语言分析中的作用。比如，在对印第安语进行保护性调查时，他们依靠语素、音位与意义的对应关系，以及印第安语结构成分与英语结构成分的对比，来分析和研究印第安语。在对比过程中，有些学者已使用一些语义成分如施事、受事等对语言进行分析。Koerner 对此有详细的论述。在 Koerner④ 看来，布龙菲尔德学派中的“折中派”⑤，如 Nida、Hall、Hockett、Gleason、Hill 等人，根据一定的语义标准，即按照施动者、受动者、工具、场所等对英语结构进行分类。

---

① Neale A. Transitivity in the Cardiff Grammar// Bartlett T., O'Grady G. *The Routledge Handbook of Systemic Functional Linguistics*. London：Routledge，2017，pp. 178-193.

② Carroll J. B. *The Study of Language：A Survey of Linguistics and Related Disciplines in America*. Cambridge，M. A.：Harvard University Press，1953；许国璋：《结构主义语言学述评》，《外语教学与研究》1958 年第 2 期，第 209—223 页。

③ Hymes D.，Fought J. *American Structuralism*. The Hague：Mouton，1981；Hall R. *A Life for Language：A Biographical Memoir of Leonard Bloomfield*. Amsterdam：John Benjamins，1990；熊兵：《美国结构主义语言学再认识》，《外语教学与研究》2005 年第 1 期，第 50—58 页。

④ Koerner E. F. K. Bloomfieldian Linguistics and the Problem of “Meaning”：A Chapter in the History of the Theory and Study of Language// Koerner E. F. K. *Toward a Historiography of Linguistics：Selected Essays*. Amsterdam：John Benjamins，1978，pp. 155-176.

⑤ Koerner 根据后布龙菲尔德派学者对意义的处理，把他们成分两派，一派以 Nida、Hall、Hockett、Gleason、Hill 为代表，认为在语言分析中对意义的使用必须有所控制，被称为“折中派”；另一派以 Trager、Bloch、Smith、Harris 为代表，试图把意义排除在外，因此被称为“极端派”。

20 世纪 60 年代，美国语言学家 Fillmore[①] 提出“格语法”概念，更为严谨地使用语义标准，即从深层结构中的句法语义关系角度来分析句子。他指出，Chomsky 转换生成语法深层结构中的语法关系，如主语、宾语等，实际上属于表层结构，深层结构应为施事、受事、工具、处所等范畴。因此，他提出用“格”来说明名词短语和动词之间的联系。在 1968 年的模式里，他提出六种深层格，即施事格（agentive）、工具格（instrumental）、客体格（objective）、处所格（locative）、与格（dative）和伴随格（comitative），并为每个格下了定义；在 1971 年的模式里，他调整了格的种类及数量，明确列出九种格，即施事格（agent）、工具格（instrument）、处所格（place）、客体格（object）、感受格（experiencer）、源点格（source）、终点格（goal）、时间格（time）和行径格（path）。这些深层格是格语法解释语义和句法现象的基本工具。Fillmore 尝试利用“格”来搭建起语法系统与语义系统的桥梁，这不仅是从语义角度对 Chomsky 转换生成理论的有效修正，而且是句法语义接口研究的重要理论开拓。Fillmore 的格语法在 20 世纪 60、70 年代的语言学界，尤其是在语言习得和人工智能领域，引起了强烈反响[②]。不过，格语法也存在一些问题，比如如何解决复杂句法结构的语义分析，格的设立是否能够涵盖所有可能的关系，如何确定哪种关系归属哪种格，“语义格”能否称得上语义分析中最基础的结构层次等。这些问题的存在，再加上后续研究的不足，使人们对格语法的关注度不断降低。

与格语法同期出现的还有另外一种语法模式——切夫语法。Chafe[③] 在《意义与语言结构》一书中提出了一套较为系统的语法模式。

---

① Fillmore C. Toward a Modern Theory of Case// Reibel D., Schane S. *Modern Studies in English*. Eaglewood Cliffs, N. J.: Prentice-Hall, 1966, pp. 1-24; Fillmore C. The Case for Case// Bach E., Harms R. *Universals in Linguistic Theory*. New York: Holt, Rinehart & Winston, 1968, pp. 1-88; Fillmore C. Some Problems for Case Grammar// O'Brien R. *Report of the Twenty-second Annual Round Table Meeting on Linguistics and Language Studies*. Washington D. C.: Georgetown University Press, 1971, pp. 35-56; Fillmore C. The Case for Case Reopened// Cole P., Sadock J. *Syntax and Semantics* (Vol. 8): *Grammatical Relations*. New York: Academic Press, 1977, pp. 59-81; ［美］菲尔墨：《“格”辨》，胡明扬译，商务印书馆 2005/2012 年版。

② 朱永生：《功能语言学导论》，上海外语教育出版社 2004 年版，第 62 页。

③ Chafe W. *Meaning and the Structure of Language*. Chicago: University of Chicago Press, 1970.

该模式假设语义结构（semantic structure）具有始发区域，其经过若干次后语义过程（post-semantic process）①，最终形成表层结构（surface structure），随后经过符号化过程（symbolization），形成潜在音位结构（underlying phonological configuration），潜在音位结构再经过若干次音位化过程（phonological process），最终形成语音结构（phonetic structure）。显然，该模式涉及一系列转换过程，以实现语义结构向语音结构的通达。切夫语法的语义结构与格语法的语义结构一样，都包含动词部分和名词部分两大概念系统，但不同之处在于对两者之间关系的认识。按照 Chafe 的理论，两者的关系是由动词部分决定的，动词部分居于中心地位，动词部分与起辅助作用的名词部分构成"动—名"关系。Chafe 根据语义特征将动词部分分为四种基本类型，即状态动词（state verb，传统意义上的形容词，如 dry、tight、dead）、过程动词（process verb，如 dry、tighten、break、die，后面不接宾语）、动作动词（action verb，如 run、laugh、sing）和动作过程动词（action process verb，如 dry、tighten、break、kill，后面接宾语）。与动词部分结合的名词部分承担的功能有施事（agent）、受事（patient）、经验者（experiencer）、受益者（beneficiary）、工具（instrument）、补充物（complement）和处所（location）等。切夫语法对语义结构的分析描写，是语义研究的一次"大胆尝试"②，是与结构主义和生成语法不同程度忽视语义做法的决裂③。然而，切夫语法还存在一些不足：其一，语义结构尤其是后语义过程十分复杂，可操作性和准确性面临挑战；其二，为与生成路径不同而忽视句法的做法并非完全妥当，毕竟句法形式的选择会影响意义的表达；其三，划分动词类别的标准不一，存在重合情况，并且可能无法涵盖所有类型的动词。按照切夫语法的流程，首先按照状态划分出状态（state）动词和非状态（nonstate）动词，即过程动词（有状态的

① 后语义过程是语义结构（semantic structure）转换成语音结构（phonetic structure）的三个主要过程之一（其他两个分别是符号化过程和音位化过程），是一个从语义结构向表层结构转换的过程。后语义过程涉及一系列的规则，如名词变为主语、名词变为宾语、动词与主语取得一致（agreement）、字面化（literalization）、线性化（linearization）、省略（deletion）、代词化（pronominalization）等。

② 殷钟崃、周光亚：《英语语法理论及流派》，四川大学出版社 1990 年版，第 411 页。

③ 陆锦林：《"切夫语法"概述》，《国外语言学》1980 年第 2 期，第 7—17 页。

改变)；然后区分出与状态或状态改变毫无关系的第三类，即动作动词，用于表达活动或者动作；最后一类是动作过程动词，既表示过程又表示动作。从切夫语法对动词的分类可以看出，其动词范畴难以系统地描写全部经验过程。

20世纪70年代末，荷兰语言学家Dik① 创立了一套功能语法理论——迪克语法。迪克语法被Butler等人②称为三大结构功能语法③(structural-functional grammar) 之一，在功能语言学界占有十分重要的地位。迪克语法主张从三个不同的层面来研究功能关系（function relation)。一是从语义层面来研究语义功能（semantic function)。研究语义功能的目的是，确定语句所表达的事态中，话语参与者所承担的角色或发挥的作用，如施事（agent)、接受者（recipient)、目标（goal）等。二是从句法层面来研究句法功能（syntactic function)。研究句法功能的目的是，确定语句表达事态的出发点或角度，如主语和宾语。三是从语用层面来研究语用功能（pragmatic function)。研究语用功能的目的是，确定交际环境中各信息成分所处的地位，如主位（theme)、话题（topic)、焦点（focus）等。在语义层面，Dik没有像Halliday那样，按照动词/谓体区分出若干过程类型。Dik④ 按照语义功能组合所涉及的论元数量，把语句的谓体框架(predicate frame）区分为单位置型（one-place)、双位置型（two-place)、三位置型（three-place)。单位置型的唯一论元和多位置型的核心论元被称作首要论元（first argument)，其中包括施事（agent)、控制者（positioner)、外力（force)、受事（processed）和零态（zero，或译作自然态）五种类型；剩余的为其他论元，包括目标（goal)、接受者（recipient)、处所（location)、方位（direction)、来源（source）和参照（refer-

---

① Dik S. *Functional Grammar*. Amsterdam：North-Holland，1978.

② Butler C. *Structure and Function*：*A Guide to Three Major Structural-Functional Theories*，*Part 1*：*Approaches to the Simplex Clause*. Amsterdam：John Benjamins，2003；Butler C. *Structure and Function*：*A Guide to Three Major Structural-Functional Theories*，*Part 2*：*From Clause to Discourse and Beyond*. Amsterdam：John Benjamins，2003；李美霞：《三大功能语法观对比研究》，《外语学刊》2007年第2期，第90—94页。

③ 另外两个结构功能语法指Van Valin的角色与指称语法和Halliday的系统功能语法。

④ Dik S. *The Theory of Functional Grammar*，*Part 1*：*The Structure of the Clause*. Berlin：Mouton de Gruyter，1997.

ence)。Dik 主张从三个层面来研究语言和构建语法，旨在克服 20 世纪 60 年代语法研究侧重句法层的不足，尝试架构起语言形式和语言功能的互联互通。但是，迪克语法还有两个方面的工作需进一步跟进，这也是研究中存在的两个不足之处。其一，对句法层面的描述不够清晰、系统，仅把主语和宾语纳入句法的做法存在不足，不应忽视动词的作用。后来的研究者如 Faber & Mairal Usón[①] 在迪克功能语法框架下发展了“功能词汇模式”(functional-lexematic model)，目的是完善和扩展动词板块，因为动词语义成分能够反映句法属性[②]。其二，对语义范畴的描述不够全面，没有区分环境成分和参与者角色。

20 世纪 80 年代中期，美国语言学家 Foley[③] 和 Van Valin[④] 提出了一种解释语言结构系统中句法、语义和语用之间相互关系的功能语法分析框架，即角色与指称语法。角色与指称语法汲取了形式语法和功能语法理论的诸多优点。它根据语言结构的功能来研究形式，因此实质上是一种以语义和语用为中心的语法理论和分析框架，目的是对不同类型的语法结构作出解释。角色与指称语法的核心内容包括小句层级结构（layered structure of the clause）、语义谓体—论元关系（semantic predicate-argument relations）、句法关系(syntactic relations)、信息结构(information structure）等。小句层级结构指：小句由中心（core）和边缘（periphery）组成；中心由核心谓体（nucleus）和核心论元（core argument）组成；边缘由表达时间、地点等时空信息的成分和其他次要成分构成。在语义谓体—论元关系

① Faber P., Mairal Usón R. *Constructing a Lexicon of English Verbs*. Berlin: Mouton de Gruyter, 1999.

② Neale A. Transitivity in the Cardiff Grammar// Bartlett T., O'Grady G. *The Routledge Handbook of Systemic Functional Linguistics*. London: Routledge, 2017, pp. 178-193.

③ Foley W. A., Van Valin R. D. *Functional Syntax and Universal Grammar*. Cambridge: Cambridge University Press, 1984.

④ Van Valin R. D. *Advances in Role and Reference Grammar*. Amsterdam: John Benjamins, 1993; Van Valin R. D. *An Introduction to Syntax*. Cambridge: Cambridge University Press, 2001; Van Valin R. D. Role and Reference Grammar as a Framework for Linguistic Analysis// Heine B., Narrog H. *The Oxford Handbook of Linguistic Analysis*. Oxford: Oxford University Press, 2010, pp. 703-738; Van Valin R. D., Robert D. *Exploring the Syntax-Semantics Interface*. Cambridge: Cambridge University Press, 2005; Van Valin R. D., LaPolla R. *Syntax: Structure, Meaning, and Function*. Cambridge: Cambridge University Press, 1997.

中，谓体动词起初有四类：一是状态（state）类，如“love”“know”“believe”；二是活动（activity）类，如“march”“swim”“walk”；三是实现（achievement）类，如“pop”“explode”“shatter”；四是完结（accomplishment）类，如“melt”“freeze”“dry”。而后扩展至六类①，即增加瞬间动作（semelfactive）类如“flash”“tap”“burst”和活动完结（active accomplishment）类如“walk”“eat”“devour”。最后，Van Valin② 为上述每类增加致使（causative）情形。除详细划分谓体动词外，Van Valin 还详细区分了不同层次、不同种类的论元。他③根据词类表达的语义，设置了两层论元：第一层是具体的语义角色，包括施事元（agent）、致效元（effector）、感受元（experiencer）、处所元（locative）、主题元（theme）和客体元（patient）；第二层是宏观的语义角色（semantic macroroles），包括行为元（actor，包括第一层中的前三种）和经受元（undergoer，包括第一层中的后三种）。对语义角色和层级结构的区分表明，角色与指称语法重视对语义与句法之间关系通达问题的解决。角色与指称语法尝试建构一种具有普遍适用性、以语义为中心的句法理论和分析框架，以适用于不同类型语言，并对不同语法体系作出解释④。角色与指称语法也存在一些问题：其一，理论框架还不够健全，没有考虑到无宏观语义角色的情况，比如气象过程；其二，理论框架能否适用于各种语法结构也值得进一步研究，譬如两个甚至多个不同动词接续出现，它们之间的层次关系该如何处理。

综上，不同历史时期的数个语言学流派，对英语的及物性都作了富有成效的探索，并尝试建立起语义分析系统。这些研究取得了不少成果，但也存在一些问题。概言之，成果有二：其一，研究重心逐步实现了从形式向意义的转变；其二，有些流派建构起了较为完善的语义分析框架，是对

① Van Valin R. D., Robert D. *Exploring the Syntax-Semantics Interface*. Cambridge: Cambridge University Press, 2005; Van Valin R. D., LaPolla R. *Syntax: Structure, Meaning, and Function*. Cambridge: Cambridge University Press, 1997.

② Van Valin R. D. Role and Reference Grammar as a Framework for Linguistic Analysis// Heine B., Narrog H. *The Oxford Handbook of Linguistic Analysis*. Oxford: Oxford University Press, 2010, pp. 703-738.

③ Van Valin R. D. *Advances in Role and Reference Grammar*. Amsterdam: John Benjamins, 1993.

④ 潘永樑：《角色参照语法述评》，《当代语言学》2000 年第 3 期，第 183—189 页。

语义研究的有益尝试。存在的问题有三：其一，各理论流派在一定程度上都存在后续研究不足的问题，如格语法和切夫语法，可能是因为理论本身存在一些问题，如操作性差等；其二，理论流派间的互鉴互通不够，大家往往只关注与转换生成语法之间的关系；其三，没有建立起清晰、系统且操作性强的及物性系统网络，这也是 Halliday 创建系统功能理论想要解决的问题。

二 汉语及物性研究

汉语及物性研究散见于绵长的汉语研究史之中。及物性研究的历史阶段包括古代语法萌芽期（春秋时期到鸦片战争）、近现代语法发力期（鸦片战争到新中国成立）和当代语法繁荣期（新中国成立后至今）①。三大历史阶段也见证了研究范式的转变，即及物性从主要表形式结构，到及物性既可表形式结构也可表意义，再到及物性以表意义为主。研究范式的转变体现出人们对及物性认知的深化。

（一）及物性表形式结构

中国古代对语法和及物性的研究是零星的、非系统的，研究对象以词的分门别类为主，属于语言结构层面的探讨，目的是解经释典，属训诂学和辞章学之列。古代汉语中虽然没有“词类”这一名称，但确实已经分出一些词类，如《墨经》② 的《经上》篇中，名词已有“通名”“类名”和“专名/个名”（“名，达、类、私。”）三类（相当于现在的普通名词、集合名词和专有名词）；谓词（即动词）已有“移谓”（或命谓）、“举谓”和“加谓”（“谓，移、举、加。”）三种。对于三种名词，《墨经》的《经说上》篇进一步解说道：“名：物，达也，有实必待文多也。命之马，类也；若实也者，必以是名也。命之臧，私也，是名也，止于是实也。”也就是说，物是万物的通名或通称，也称之为达名，又如“器”“道”“景”等，属普通概念；马指一类事物的概念，属于类名或种名；臧（人名或地名）是事物的私名，属于专有或个体名词。虽然此处示例

① 林玉山：《汉语语法学史》，湖南教育出版社 1983 年版，第 1—2 页。

② 《墨经》又称《墨辩》，包括《经上》《经下》《经说上》《经说下》《大取》和《小取》六篇。《经说上》和《经说下》是对《经上》和《经下》的解释和补充。

主要谈及的是事物的命名问题，但从另一角度看，《墨经》似乎开启了词类划分的“先河”①，因此在汉语语法史上具有划时代的意义。

战国时期，齐人公羊高和鲁人谷梁赤为注解《春秋》而创作的《公羊传》和《谷梁传》中，已有“代名词”“助词”等之分；战国末年的《尔雅》释诂、释言、释训篇中，已有“名词”“动词”“形容词”和“副词”之分；东汉文字学家许慎的《说文解字》中，有不表实际意义的“词”或“语”和表实际意义的“字”之分；南朝文学理论批评家刘勰的《文心雕龙》区分了三种虚词（语首助词、连词和语气助词）；宋人著作中已有“实字”和“虚字”、“死字”和“活字”之分，如周辉在《清波杂志》中和张炎在《词源》中首提“实字”（相当于名词）和“虚字”（相当于名词以外的其他词），罗大经在《鹤林玉露》中和范晞文在《对床夜语》中首提“死字”（等于“静字”）和“活字”（等于“动字”）；元代刘鉴在《经史动静字音》中把“死字”和“活字”的概念明晰化为“动字”（相当于现在的动词）和“静字”（主指名词，也包括形容词）。16 世纪至 18 世纪传教士为汉语词类搭建的框架，如 17 世纪初耶稣会意大利传教士 Martino Martini② 撰写的《中国文法》，则套用拉丁语法，把汉语区分为名词、代词、动词、介词、副词、感叹词、连词、数词和数量词等类别③。

古汉语语法中已有动词及物性和不及物性、主动和被动的区分，只是对这些问题的认识还不够明确、具体，名称也非主动和被动、及物和不及物④。如，为进一步解释《经上》中提出的三种谓词（即动词），《经说上》示例到：“谓：狗犬，命也；狗吠，举也；叱狗，加也。”此句子中“狗犬，命也”的意思是“命狗为犬（即狗是犬），是命名，即命谓”；犬本为名词，此处移做谓词，故又称移谓，相当于现在的名词活用，充当表词或补足词⑤。句中“狗吠，举也”的意思是“狗叫，是举动（如一

① 龚千炎：《中国语法学史》，语文出版社 1997 年版，第 5 页。

② ［意］卫匡国：《中国文法》，［意］白佐良、白桦译，华东师范大学出版社 2011 年版。

③ ［意］白佐良、白桦：《卫匡国的〈中国文法〉》，《国际汉学》2007 年第 1 期，第 220—231 页。

④ 彭兰玉：《语言学简史》，湖南大学出版社 2007 年版，第 15 页。

⑤ 谭介甫：《墨经分类译注》，中华书局 1981 年版，第 3 页。

举一动）”；“狗吠”系狗自身行为（今释为自动词），动作限于狗自身——也就是说，“吠”相当于现在所说的不及物性动词。句尾“叱狗，加也”的意思是“叱狗（大声呵斥狗），是把叱的行为加诸于狗的身上”；“叱狗”系他人动作行为（今释为他动词），狗是被叱之物——也就是说，“叱”是及物性谓语动词。同时期稍后，春秋三传（《春秋左氏传》《春秋公羊传》和《春秋谷梁传》）中，动词的运用就有了“主”和“客”“自动”和“他动”“内动”和“外动”的区分①。如《春秋公羊传》说“迁者何？其意也。迁之者何？非其意也”，其中“迁”和“迁之”系对比而言，“迁”是自愿的、自动的，出于自身意图，从现代语法意义上讲属于主动；“迁之”却非出于自身意图，则属于现代语法意义上的被动。当主体遇到犯忌触讳的事情时，为了隐讳，施事者可不出现，“见”“所”“被”等字逐渐用于被动表达。从这些历史文献可以看出，古汉语对动词及物性的认知主要停留于句法结构层面，但也已经出现语义功能的阐释。

从春秋三传到《马氏文通》的两千余年里，汉语句法、语法研究多涉及汉语中的一些特殊语法现象②，如汉代郑玄在《礼记注》中提出“省文”（而后偶有人称作“省言”“省字”，即现在的“省略”）的概念；唐代孔颖达在《毛诗正义》中指出古人之语中的倒装现象；宋代陈骙在《文则》中论及独词句现象。然而，鲜见对汉语及物性作出论述的情况。龚千炎③从内因和外因，即汉语自身的因素和社会的因素两个方面，论述了此阶段汉语语法学发展缓慢，语法学著作迟迟不能产生的原因。虽然此阶段存在不利于汉语语法研究的内外因素，但我们不能借此否认古代语法研究所取得的成绩。语法学的发展具有传继性，包括《马氏文通》在内的诸多语法著述，都在某些方面汲取了前人的智慧。

① 杨树达：《高等国文法》，商务印书馆 1920/1984 年版，第 12 页；陈望道：《中国文法革新论丛》，中华书局 1958 年版，第 10 页；林玉山：《汉语语法学史》，湖南教育出版社 1983 年版，第 29 页。

② 龚千炎：《中国语法学史》，语文出版社 1987 年版，第 11 页；龚千炎：《中国语法学史》，语文出版社 1997 年版，第 22 页。

③ 龚千炎：《中国语法学史》，语文出版社 1987 年版，第 14—16 页；龚千炎：《中国语法学史》，语文出版社 1997 年版，第 26—28 页。

（二）及物性表形式结构和经验意义

近现代最早提出汉语动词及物性划分的当属马建忠[①]。因受中西方语言学传统的影响，马建忠描写的及物性不仅关注形式结构，而且关注意义。在其编著的、被王力等称为中国第一部真正语法书[②]的《马氏文通》中，马建忠[③]借鉴拉丁语法分类体系，把动字（相当于现代的动词）划分为外动字、自反动字、受动字、内动字、同动字、助动字和无属动字七类（见表2-1）。这种划分标准不一致，概念不清，混杂了句法和意义，比如对“义”的表述有时指词汇意义，有时指类别意义，又有时指语法意义[④]。

表2-1　《马氏文通》对动词的分类

序号	类型	理据	示例	动作
1	外动字	“其动而直接乎外也，曰外动字。而凡受其行之所施者曰止词。言其行之所自发者，曰起词。……然则动字之行，可以‘施’‘受’二字明之者，有由矣。”	“……禽兽**逼**人。”《孟子·滕文公上》	动字有起词和止词，即动作涉及施事和受事的动字为外动字。
2	自反动字	“凡止词为‘自’字‘相’字，概谓之自反动字，其止词先动字者常也。”	“夫人必自**悔**……”《孟子·离娄上》	以“自”“相”为止词的动字，施受互为动作，作用于同一人，此时，动字就转为自反动字。
3	受动字	“外动字之行，有施有受。受者居宾次，常也。如受者居主次，则为受动字，明其以受者为主也。”	卫太子为江充所**败**。《汉书·霍光传》	施事、受事具备，但有时隐而不说，若受事居主次，则外动字转为受动字。

① 李佐丰：《先秦的不及物动词和及物动词》，《中国语文》1994年第4期，第287—296页。

② 王力：《中国语言学史》，山西人民出版社1981年版；王海棻：《〈马氏文通〉研究百年综说》，《中国语文》1998年第5期，第335—345页。

③ 马建忠：《马氏文通》，商务印书馆1898—1899/2009年版，第25—26、144—190页。

④ 邵敬敏：《汉语语法学史稿》，上海教育出版社1990年版，第51页；邵敬敏：《汉语语法学史稿》，商务印书馆2006年版，第61页。

续表

序号	类型	理据	示例	动作
4	内动字	“凡行之留于施者之内者，曰内动字。”	“於是大风从西北而起……”《史记·项羽本纪》	内动者之不及乎外，故无止词以受其所施。因此，只有施事而无受事，动字为内动字。
5	同动字	“凡动字所以记行也，然有不记行而惟言不动之境者，如‘有’‘无’‘似’‘在’等字，则谓之‘同动字’。”	“物有本末，事有终始。”《大学》	同动字不表达一种动态，因而无施受可言。
6	助动字	“‘可’‘足’‘能’‘得’等字，助动字也。不直言动字之行，而惟言将动之势，故其后必有动词以续之者，即所以言其所助之行也。”	“不违农时，谷不可胜食也；数罟不入洿池，鱼鳖不可胜食也；斧斤以时入山林，材木不可胜用也。”《孟子·梁惠王上》	不直接表示动作的行为，而惟言将动之势（可能、意愿、必要、意志等）。
7	无属动字	“动字所以记行，行必有所自，所自者，起词也。然有见其行而莫识其所自者，则谓之无属动字。”	“三月癸酉，大雨，震电。”《春秋·隐公九年》	动作无所属，无起词，因此无施事可言。

虽然马建忠对动词及物性的研究存在不足，但不可否认，其研究是开创性的。其一，按照可否带止词（受事宾语）这一标准，把动词分为及物动词和不及物动词。不及物动词不可带止词，但可带转词，即可带表处所、对象、原因等的宾语；及物动词可以带止词。其分类既有对前人的继承，又有开拓，如“转词”概念的提出。其二，明确提出“施受事”“次”（相当于印欧语中的“格”）、“动静态”和“动向”的概念，并按照四个标准对动词进行了分类。一是动作是否涉及施事和受事。按照涉及施事和受事的数量，把动词分为双含型、单含型和不定型。双含型既有施事，又有受事，包含外动字、自反动字和受动字三种；单含型有施事，无受事，只有一种，即内动字；不定型无施事，受事不定，同样只有一种，即无属动字。二是施事和受事有无“次”序的改变。借鉴印欧语中的“格”，按照有无形态变化，把动词分为无形态变化的外动字（相当于现代的主动句）和有形态变化的受动字（相当于现代的被动句）。三是动字所言行为系动态还是静态。该标准用于区分同动字与其他类型的动字。同动字表静态，而外动字、自反动字、受动字、内动字和无属动字则表动态。四是按照“动向”，即动

作逻辑意义由施事通达受事的方向，把动词分为外动字，即从施事出发指向受事（施事→受事）和自反动字，即施受合为一体，添加“自”“相”等字表二者互为作用（施事⇌受事）。

学界对动字的研究多受《马氏文通》的影响，但有些学者也提出了自己的看法，如章士钊[①]、杨树达[②]、黎锦熙[③]主张摒弃自反动字、受动字和无属动字三种，他们认为这三种属于拉丁语法范畴，不符合汉语实际。但是，他们却保留了助动字一类。在王力[④]看来，助动字也是“舶来品，来自西洋助动词（auxiliary）”。因此，仍然存在分类标准不统一的问题。章士钊[⑤]把动词划分为自动词、他动词、不完全自动词、不完全他动词、被动词、双格动词和助动词七类，但没有说明分类的标准。杨树达[⑥]按照形态分类法把动词分为内动字（普通内动词、不完全内动词和关系内动词）、外动词（普通外动词、不完全外动词和双宾外动词）、同动词和助动词。黎锦熙[⑦]从句法出发把动词分为四类，即外动词（动作影响，外及他物）、内动词（动作表现，内正自身）、同动词（没有动态，只有动性）和助动词（帮助动词，占其一部）；用法上的两式，即被动式（反宾为主，动成被性），适用范围限于外动词，以及散动式（不作述语，动是散在），适用于各种动词。

（三）及物性表经验意义

与传统语法学家把动词（动字）的研究置于《马氏文通》的框架内不同，有些学者力图摆脱印欧语的羁绊，尝试探索符合汉语自身规律的分类。吕叔湘[⑧]、王力[⑨]和赵元任[⑩]等在动词及物性表达经验意义方面首先进

① 章士钊：《中等国文典》，商务印书馆 1907 年版。

② 杨树达：《高等国文法》，商务印书馆 1920/1984 年版。

③ 黎锦熙：《新著国语文法》，湖南教育出版社 1924/2007 年版。

④ 王力：《中国语言学史》，山西人民出版社 1981 年版，第 176 页。

⑤ 章士钊：《中等国文典》，商务印书馆 1907 年版，第 133—168 页。

⑥ 杨树达：《高等国文法》，商务印书馆 1920/1984 年版，第 92 页。

⑦ 黎锦熙：《新著国语文法》，湖南教育出版社 1924/2007 年版，第 108 页。

⑧ 吕叔湘：《中国文法要略》，商务印书馆 1942—1944/1982 年版；吕叔湘：《语法学习》，中国青年出版社 1953 年版。

⑨ 王力：《中国现代语法》，商务印书馆 1943—1944/1985 年版。

⑩ 赵元任：《北京口语语法》，李荣编译，中国青年出版社/开明书店 1952 年版。

行了有益尝试。尽管这些尝试还是初步的，还不够系统，甚至有时又回到了传统语法对动词的分类上，但还是有创见的。

吕叔湘[①]破除按句法结构对动词分类的传统，开始按照动词所表达的意义和所起的作用对动词进行分类，他把人类对世界的认知经验分成了四类（见表2-2左侧部分），即活动类、心理活动类、不很活动的活动类和简直算不上活动的活动类，并附例加以解释。随后，为使分类更科学、严谨，他把四类归并为三类（见表2-2右侧部分），即有形的活动、心理的活动和非活动的行为，也就是把原来的第三、四类合并为一类。王力[②]把动词分为表行为类，如“飞”和“读”；表事件类，如“病”和“死”；表行为性质类，如“把”和“被”（见表2-3）。赵元任[③]根据性质把动词分为三大类和七小类（见表2-4）。三大类为内动词、外动词和助动词。其中内动词又分为动作内动词，如“来”“坐”和“哭”；性质内动词或形容词，如“大”“傻”和“行”；状态内动词，如“病”“疼”和“闹”。外动词又分为动作外动词，如“看戏”“出汗”和“杀人”；性质外动词如“爱财”“费事”和“信佛”；类别外动词，如“在家”“姓吴”和“是鸭子”。还有助动词，如“会飞”“肯说话”和“想去”，合计七小类。

表2-2　吕叔湘对动词的分类

1942—1944/1982年《中国文法要略》分类			1953年《语法学习》分类		
序号	类型	示例	序号	类型	示例
1	活动	来、去、飞、跳、说、笑、吃、喝等	1	有形的活动	来、去、飞、跳、说、笑、讨论、学习等
2	心理活动	想、忆、爱、恨、怨、悔、感激、害怕等	2	心理的活动	想、爱、恨、后悔、害怕、盼望、忍耐等
3	不很活动的活动	生、死、睡、等候、盼望、忍耐、遗失等	3	非活动的行为	生、死、在、有、加、减等

① 吕叔湘：《中国文法要略》，商务印书馆1942—1944/1982年版；吕叔湘：《语法学习》，中国青年出版社1953年版。

② 王力：《中国现代语法》，商务印书馆1943—1944/1985年版，第12—13页。

③ 赵元任：《北京口语语法》，李荣编译，中国青年出版社/开明书店1952年版，第35—36页。

续表

1942—1944/1982 年《中国文法要略》分类			1953 年《语法学习》分类		
序号	类型	示例	序号	类型	示例
4	简直算不上活动的活动	为、是、有、无、似、类、值、加等			

表 2-3　王力对动词的分类

序号	类型	动词示例	句子示例
1	表行为	飞、读	一只鸟在飞。 一个人在读书。
2	表事件	病、死	张先生病了。 他昨天死了。
3	表行为性质（助动词）	把、被	我把这一只鸡卖掉。 我被他骂了一顿。

表 2-4　赵元任对动词的分类

序号	主类	次类	示例	(1) 不	(2) 句尾了	(3) 词尾了	(4) 着	(5) 很	(6) 把
1	内动词	动作内动词	来	+	+	(+)	+	−	
2		性质内动词	大	+	+	(+)	−	+	
3		状态内动词	病	+	+	(+)	+	+	
4	外动词	动作外动词	看（戏）	+	+	+	+	−	+
5		性质外动词	爱（财）	+	+	+	−	+	−
6		类别外动词	在（家）	+	+	(+)	−	−	−
7	助动词	助动词	会（飞）	+	+	+	−	+	−

学界对动词及物性的认识是在不断争论中加深的。新中国成立后，为规范教材、统一标准，教育部门组织语言学界开展了几场关于“汉语词类问题”的大讨论。在 1953 年的那场大讨论中，学界涌现出四种学术观点①。

① 关于汉语词类划分，当时有四种观点：一是以黎锦熙为代表，主张“依句辨品，离句无品”，即以句子成分来确定词类，离开了句子只能是词无定类；二是以王力、吕叔湘为代表，主张“凭着意义来分”；三是以方光焘、陈望道为代表，主张以“广义形态”“结合关系”为标准；与此类似，以陆志韦、赵元任、丁声树为代表，尝试基于“语法功能”来分类；四是以陆宗达、俞敏为代表，主张按照“形态变化”来分类。

这四种不同的观点也影响到对动词词类的进一步划分。教育部门最终采纳了王力和吕叔湘“凭意义”来确定词类的标准，并把该标准写进了 1955 年的《暂拟汉语语法教学系统》（以下简称《暂拟》）。《暂拟》按照意义和用法把动词划分为一般动词，如“走”“爱护”“研究”“变化”，以及三种附类动词（见表 2-5）。三种附类动词分别是能愿动词，如“能”“会”“敢”“必须”“应该”；趋向动词，如“来”“去”“上来”“下去”；判断词，即“是”。多位学者参照《暂拟》确立了自己的分类，如胡裕树[①]主编的《现代汉语》按照意义和语法功能，把动词划分为一般动词和趋向动词、助动词、判断动词；黄伯荣、廖序东[②]主编的《现代汉语》最初根据词的作用和功能，把动词划分为一般动词和判断词、助动词、趋向动词，而后对标准又做了修改，即按照动词的意义和种类进行划分。

表 2-5　　1955 年版《暂拟》对动词的分类

主类	次类	示例
一般动词	一般动词	走、爱护、研究、变化
附类动词	能愿动词	能、会、敢、肯、必须、应该、要
	趋向动词	来、去、上、下、进、出、起、过、回、开、上来、下来、进来、出去、起来、过来、回来、回去
	判断词	是

进入 20 世纪 80 年代，在前人研究成果和国外新理论引进等因素的影响下，汉语及物性研究进入一个新阶段，从对动词的分类上可以知晓一二。20 世纪 80 年代初，在总结《暂拟》分类的基础上，《中学教学语法系统提要（试用）》（以下简称《提要（试用）》）[③] 大体从意义出发，把动词分成了七类（见表 2-6），即表示动作行为类、表示存在变化类、表示心理活动类、表示使令类、表示可能愿望类、表示趋向类和表示判断

① 胡裕树：《现代汉语》，上海教育出版社 1962/2011 年版。

② 黄伯荣、廖序东：《现代汉语》（上下册），甘肃人民出版社 1979—1980/1985 年版。

③ 人民教育出版社中学语文室：《中学教学语法系统提要（试用）》，《语文教学通讯》1984 年第 3 期，第 45—49 页。

类。范晓等①参照《提要（试用）》的分类，即也按照意义标准，并稍做变通与补充，把动词分成动作动词、使役动词、心理动词、趋向动词、存现动词、能愿动词、判断动词和先导动词八类，且对每类的范围、内部小类、特点用法等作了介绍。杨伯峻、何乐士②根据语法功能、词与词的结合关系和词的意义把动词界定为表示动作、存在、变化、活动（包括心理活动）的词，并把动词分为四类：多少带些动作行为或表示有形活动的动词；表示意念的动词，如“憎恨”“思念”；表示存在的动词，如“有”；系动词，如“是”。多少带些动作行为或表示有形活动的动词又分为两类：一类，如“去”“来”，后面一般不接宾语；另一类，如“看见”“讨伐”，要说出动作对象，后面一般接上宾语。屈承熹③从功能语法的角度讨论了两类动词：一类是行为动词，如“帮助”“告诉”“还（huán）”；另一类是情状动词，如“差”“高兴”“慢”。与早期研究相比，此阶段对动词分类和动词及物性的研究，较为明显地转向了意义功能视角。虽然转向还不够深入、彻底，但是从详细的动词分类可以看出，此阶段的学者在动词及物性表达经验意义研究方面，已经取得了显著的成绩。

表 2-6　《提要（试用）》对动词的分类

序号	类型	示例
1	表示动作、行为	走、打、说、保卫、支持
2	表示存在、变化	有、存在、增加、缩小
3	表示心理活动	想、爱、恨、忘记、希望
4	表示使令	使、叫、让、请、要求
5	表示可能、愿望（简称能愿动词）	能够、会、愿意、肯、应该
6	表示趋向（简称趋向动词）	来、去、起来、下去、过来
7	表示判断（简称判断词）	是

综上，基于汉语的及物性研究取得了不少成果，但也存在一些不足。概言之，研究成果主要有二：其一，研究重心实现了从重形式结构向重意义表达的转变；其二，研究路径实现了从引介西学到消化吸收、尝试自主

① 范晓等：《汉语动词概述》，上海教育出版社1987年版，第16页。

② 杨伯峻、何乐士：《古汉语语法及其发展》，语文出版社1992年版，第174—175页。

③ 屈承熹：《汉语认知功能语法》，黑龙江人民出版社2004年版，第56—57页。

建构的转向。研究不足有三：其一，缺乏基于哲学思想的语言学理论作为指导；其二，研究零散，没有构建完整的体系；其三，基于意义的研究不够彻底，时常掺杂传统语法的分类。

第三节　系统功能语言学视角下的英汉及物性研究

系统功能语言学理论是以 Halliday 为代表的语言学家自 20 世纪 50 年代末、60 年代初开始逐步建立起来的语言学理论。该理论经历了阶和范畴语法（Scale and Category Grammar）、系统语法（Systemic Grammar）、功能语法（Functional Grammar）、系统功能语法（Systemic Functional Grammar）、社会符号学（Social Semiotics）、系统功能语言学（Systemic Functional Linguistics）和适用语言学（Appliable Linguistics）七个阶段，逐步成长为一个普通语言学理论和适用语言学理论①。如今经过半个多世纪的发展，Halliday 的系统功能语言学理论已成长为能够和 Chomsky 的转换生成理论相“对峙”和“抗衡”的语言学理论②。

一　系统功能语言学与及物性

在系统功能语言学理论框架中，“系统”（system）和“功能”（function）是两个重要的概念。系统强调“聚合”关系，一个系统是由意义或功能上相互关联但又不同的选项组成，系统之间可组成系统网络；语言就是一个巨大的“意义潜势”系统网络。人们在使用语言表达思想、观点时，必然要在具有各种功能的系统网络里进行选择，而后通过词汇语法和音系呈现出来。功能性是语言的本质属性③。语言能够实现的功能千

---

①　黄国文：《作为适用语言学的系统功能语言学》，《英语研究》2006 年第 4 期，第 1—6 页；黄国文：《作为普通语言学的系统功能语言学》，《中国外语》2007 年第 5 期，第 14—19 页。

②　胡壮麟：《胡壮麟教授序言》，［英］韩礼德：《语言与社会》，苗兴伟、董素蓉、赵卫译，北京大学出版社 2015 年版，第 5 页。

③　Halliday M. A. K.，Matthiessen C. M. I. M. *An Introduction to Functional Grammar*（3rd edition）. London：Arnold，2004，p. 31.

变万化，具有无限性，但我们可以把它们抽象为若干种“元功能”或“纯理功能”。

1967 年至 1968 年，Halliday① 陆续发表《英语的及物性和主位札记》系列论文（上、中、下篇），首度全面阐释了元功能思想。Halliday 指出，语言作为交际系统，能够实现四种高度抽象的功能，即经验、逻辑、语篇和人际功能。而后，Halliday② 把四种功能进一步抽象化为三大元功能，即概念（包括经验和逻辑）、人际和语篇功能。三大元功能同时存在于“成人语言”中③，因为说话者总是通过特定环境下的话语（语篇功能）与他人交流（人际功能），以表达对主客观世界的经验（概念功能）。概念功能包括经验功能和逻辑功能，其中经验功能通过及物性系统、语态系统和归一度来体现；人际功能通过语气系统、情态系统和语调来体现；语篇功能通过主位系统、信息系统和衔接来体现。

及物性系统是体现经验功能的一个系统，其作用是用语言再现世界，将人们对现实和内心世界的经验用若干种过程表达出来，并说明与过程相关的参与者，如有生命的还是无生命的，以及与过程和参与者有关的各种属性和环境成分。Halliday④ 为识解经验的及物性系统搭建了以过程为中心的配置框架，该框架包含三个基本组成部分：过程本身，过程中的参与者，与过程有关的环境成分。框架的三个组成部分能够识解主客观世界中

---

① Halliday M. A. K. Notes on Transitivity and Theme in English: Part 1. *Journal of Linguistics*, 1967, Vol. 3, No. 1, pp. 37-82; Halliday M. A. K. Notes on Transitivity and Theme in English: Part 2. *Journal of Linguistics*, 1967, Vol. 3, No. 2, pp. 199-244; Halliday M. A. K. Notes on Transitivity and Theme in English: Part 3. *Journal of Linguistics*, 1968, Vol. 4, No. 2, pp. 179-215.

② Halliday M. A. K. Language Structure and Language Function// Lyons J. *New Horizons in Linguistics*. Harmondsworth: Penguin, 1970, pp. 140-165.

③ Halliday M. A. K. Language Structure and Language Function// Lyons J. *New Horizons in Linguistics*. Harmondsworth: Penguin, 1970, p. 145.

④ Halliday M. A. K. *Halliday: System and Function in Language: Selected Papers Edited by Gunther R. Kress*. Oxford: Oxford University Press, 1976; Halliday M. A. K. *An Introduction to Functional Grammar*. London: Arnold, 1985; Halliday M. A. K. *An Introduction to Functional Grammar* (2nd edition). London: Arnold, 1994/Beijing: Foreign Language Teaching and Research Press, 2000; Halliday M. A. K., Matthiessen C. M. I. M. *An Introduction to Functional Grammar* (3rd edition). London: Arnold, 2004; Halliday M. A. K., Matthiessen C. M. I. M. *Halliday's Introduction to Functional Grammar*. London: Routledge, 2014.

事物所处的各种过程、状态以及关系，决定小句所表述过程的类型和结果。在《英语的及物性和主位札记》下篇中，Halliday[①] 首次为及物性系统提出三种过程类型：动作（Action）过程、关系（Relational）过程和心理（Mental）过程。而后，在《功能语法导论》第一至第四版中，Halliday[②] 将过程类型扩充至六种，即物质（Material）、心理（Mental）、关系（Relational）三种主要过程，以及行为（Behavioral）、言语（Verbal）、存在（Existential）三种次要过程（见图 2-1）。另外，Halliday 还为每种过程类型配备了相应的参与者角色，并区分了不同的环境成分。Halliday 从过程、参与者和环境成分的视角研究小句，突破了及物性表达动词后能否接宾语的传统做法，因而具有划时代的意义。此外，Halliday 的及物性研究还存在一些不足，如 Halliday 没有说明过程类型划分的依据，过程类型能否涵盖所有范畴，过程类型是否适用于英语之外的其他语言等。

二 英语及物性研究

系统功能语言学理论视角下的英语及物性研究历经两个主要阶段：理论框架的建构和理论的发展。研究学者从 Halliday，发展到后继者如 Matthiessen、Martin、Thompson、Fawcett，再到何伟等。

（一）及物性理论框架的建构：Halliday 的研究

Halliday 对及物性的研究可追溯至 20 世纪 60 年代，而后历经萌芽、发展和成熟三个阶段，最终形成了一张较为全面的及物性语义系统网络。

1. 萌芽阶段

Halliday[③] 虽然在早期经典论文《语法理论的范畴》中没有提出及物性的概念，但却孕育了及物性理论。文中对四个范畴——单位（unit）、

---

① Halliday M. A. K. Notes on Transitivity and Theme in English: Part 3. *Journal of Linguistics*, 1968, Vol. 4, No. 2, pp. 179-215.

② Halliday M. A. K. *An Introduction to Functional Grammar*. London: Arnold, 1985; Halliday M. A. K. *An Introduction to Functional Grammar* (2nd edition). London: Arnold, 1994/Beijing: Foreign Language Teaching and Research Press, 2000; Halliday M. A. K., Matthiessen C. M. I. M. *An Introduction to Functional Grammar* (3rd edition). London: Arnold, 2004; Halliday M. A. K., Matthiessen C. M. I. M. 2014. *Halliday's Introduction to Functional Grammar*. London: Routledge.

③ Halliday M. A. K. Categories of the Theory of Grammar. *Word*, 1961, Vol. 17, No. 2, pp. 241-292.

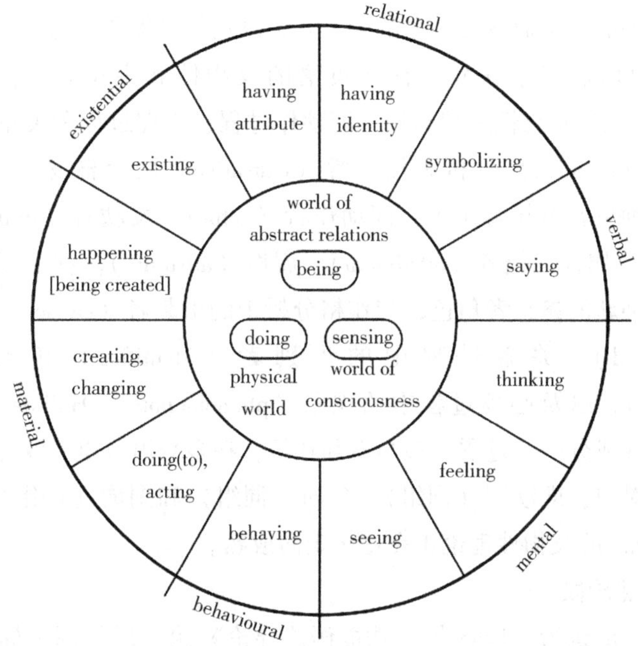

图 2-1　Halliday & Matthiessen 的及物性系统

结构（structure）、类别（class）和系统（system），以及三个阶——级阶（rank）、说明阶（exponence）和精密度阶（delicacy）的论述，为及物性理论的萌芽奠定了基础，因为及物性系统网络正是依照精密度排列的。1964 年，在印第安纳大学开设有关英语描写的课程时，Halliday① 首次建构了小句的及物性系统网络框架雏形。该框架雏形不仅包含过程、目标、施事等语义成分，而且还混杂主语（subject）、谓体（predicator）、补语（complement）等语法成分，因而算不上真正意义上的及物性系统网络。

2. 发展阶段

1967 年，在《英语的及物性和主位札记》上篇中，Halliday② 首次较

① Halliday M. A. K. English System Networks// Kress G. *Halliday*: *System and Function in Language*: *Selected Papers Edited by Gunther R. Kress*. Oxford: Oxford University Press, 1976, pp. 101－135.

② Halliday M. A. K. Notes on Transitivity and Theme in English: Part 1. *Journal of Linguistics*, 1967, Vol. 3, No. 1, p. 38

全面地阐释了及物性的定义，即及物性系统指“小句表达的过程类别、与过程相关的有生命或无生命的参与者，以及与过程和参与者有关的各种属性和环境成分”。次年，在《英语的及物性和主位札记》下篇中，他[①]讨论了三种及物性过程类型，即动作过程、心理过程和关系过程，并引入作格（ergative）分析和使役性（causative）两个概念。在上篇中，他提出五种主要参与者角色，即动作者（actor）、发动者（initiator）、目标（goal）、属性承担者（attribuant）、属性（attribute）。在下篇中，他又增添若干种新的参与者角色，如作格分析中的引起者（causer）和受影响者（effected）、关系过程中的识别者（identifier）和被识别者（identified），以及心理过程中的现象（phenomenon）。Halliday[②] 明确指出，及物性成分——过程、参与者和环境，在多数语言里大致与三种词类或词组相对应，即动词（词组）、名词（词组）和副词（词组）。如上所述，Halliday 的及物性理论正在逐步走向成熟。

3. 成熟阶段

学界一般认为，1985 年《功能语法导论》第一版的问世标志着功能语法的成熟。在该书中，Halliday 为及物性下了一个更全面的定义，且更详细地阐释了及物性理论的框架。首先，关于及物性的定义，他[③]论述道：“有关我们经验的最深刻的印象是，它包含了各种‘事件’——发生、做事、感知、意指、存在和变成，所有这些事件都在小句语法中得到分类整理。因此，小句不仅是一种行为模式，一种给予和索取物品及服务和信息的模式，它也是一种反映模式，一种为无限变化和流动事件赋予秩序的模式。实现这一目标的语法体系就是及物性。及物性系统把世界经验识解为一组过程类别。”其次，他[④]把人类经验划归为六种过程类型，包

---

① Halliday M. A. K. Notes on Transitivity and Theme in English: Part 3. *Journal of Linguistics*, 1968, Vol. 4, No. 2, pp. 179-215.

② Halliday M. A. K. Language Structure and Language Function// Lyons J. *New Horizons in Linguistics*. Harmondsworth: Penguin, 1970, p. 143.

③ Halliday M. A. K. *An Introduction to Functional Grammar* (2nd edition). London: Arnold, 1994/Beijing: Foreign Language Teaching and Research Press, 2000, p. 106.

④ Halliday M. A. K. *An Introduction to Functional Grammar*. London: Arnold, 1985, p. 131; Halliday M. A. K. *An Introduction to Functional Grammar* (2nd edition). London: Arnold, 1994/Beijing: Foreign Language Teaching and Research Press, 2000, p. 143.

括三种主要过程，即物质、心理和关系过程，以及三种次要过程，即行为、言语和存在过程（见表 2-7）。他为每种过程类型区分了相应的参与者角色，其中物质过程包括动作者（Actor）和目标（Goal）；心理过程包括感知者（Senser）和现象（Phenomenon）；关系过程包括载体（Carrier）和属性（Attribute）、识别者（Identifier）和被识别者（Identified）、标记（Token）和价值（Value）；行为过程包括行为者（Behaver）；言语过程包括讲话者（Sayer）和对象（Target）；存在过程包括存在方（Existent）。最后，他[①]区分了主类环境成分和次类环境成分（见表 2-8），描述了六种过程类型的基本配置结构，并提供了区分过程类型的标准（见表 2-9）。

表 2-7　Halliday 的过程类型和参与者类型[②]

过程类型	范畴意义	参与者
物质（material） 动作（action） 事件（event）	做（‘doing’） 做事（‘doing’） 发生（‘happening’）	动作者（Actor）、目标（Goal）
行为（behavioural）	行为（‘behaving’）	行为者（Behaver）
心理（mental） 感知（perception） 情感（affection） 认知（cognition）	感知（‘sensing’） 观看（‘seeing’） 感觉（‘feeling’） 思考（‘thinking’）	感知者（Senser）、现象（Phenomenon）
言语（Verbal）	讲话（‘saying’）	讲话者（Sayer）、对象（Target）
关系（relational） 属性（attribution） 识别（identification）	是（‘being’） 属性（‘attributing’） 识别（‘identifying’）	载体（Carrier）、属性（Attribute） 被识别者（Identified）、识别者（Identifier）；标记（Token）、价值（Value）
存在（existential）	存在（‘existing’）	存在方（Existent）

① Halliday M. A. K. *An Introduction to Functional Grammar* (2nd edition). London: Arnold, 1994/Beijing: Foreign Language Teaching and Research Press, 2000, pp. 151, 173.

② 本表依据的是《功能语法导论》第二版。除关系过程的参与者在第二版中稍有调整外，其他内容均与第一版一致。

表 2-8　　　　　Halliday 的环境成分类型

序号	种类	具体范畴（次类）
1	跨度（Extent）	距离（distance）、时长（duration）
2	处所（Location）	地点（place）、时间（time）
3	方式（Manner）	方法（means）、性质（quality）、比较（comparison）
4	原因（Cause）	理由（reason）、目的（purpose）、利益（behalf）
5	或然（Contingency）	条件（condition）、让步（concession）、默认（default）
6	伴随（Accompaniment）	随同（comitation）、补充（addition）
7	角色（Role）	身份（guise）、成品（product）
8	内容（Matter）	
9	角度（Angle）	

表 2-9　　　　　Halliday 的过程类型区分标准

<table>
<tr><th rowspan="2">过程类型
区分标准</th><th rowspan="2" colspan="2">物质过程</th><th rowspan="2">行为过程</th><th rowspan="2" colspan="2">心理过程</th><th rowspan="2">言语过程</th><th colspan="2">关系过程</th><th rowspan="2">存在过程</th></tr>
<tr><th>归属</th><th>识别</th></tr>
<tr><td>类型的意义（Category meaning）</td><td colspan="2">doing (doing, happening, do to/with)</td><td>behaving</td><td colspan="2">sensing (seeing, feeling, thinking)</td><td>saying</td><td>being (attribute)</td><td>being (identity)</td><td>being (existence)</td></tr>
<tr><td>固有参与者的数量（Number of inherent participants）</td><td colspan="2">1 or 2</td><td>1</td><td colspan="2">2</td><td>1</td><td>1</td><td>2</td><td>1 or 0</td></tr>
<tr><td>第一参与者的性质（Nature of first participant）</td><td colspan="2">thing</td><td>conscious thing</td><td colspan="2">conscious thing</td><td>thing</td><td>thing or fact</td><td>thing or fact</td><td>thing or fact</td></tr>
<tr><td>第二参与者的性质（Nature of second participant）</td><td colspan="2">thing</td><td></td><td colspan="2">thing or fact</td><td></td><td></td><td>(same as 1st)</td><td></td></tr>
<tr><td>方向性（Directionality）</td><td colspan="2">one way</td><td>one way</td><td colspan="2">two ways: please type/ like type</td><td>one way</td><td>one way</td><td>one way</td><td>one way</td></tr>
<tr><td>语态（Voice）</td><td colspan="2">middle or effective</td><td>middle</td><td>effective</td><td>middle</td><td>middle</td><td>middle</td><td>effective</td><td>middle</td></tr>
<tr><td>被动的类型（Type of passive）</td><td colspan="2">passive</td><td></td><td>passive</td><td>medio-passive</td><td></td><td></td><td>passive</td><td></td></tr>
<tr><td>代动词（Pro-verb）</td><td>do</td><td>do to/ with</td><td>do</td><td>(do to)</td><td></td><td></td><td></td><td></td><td></td></tr>
<tr><td>无标记现在时（Unmarked present tense）</td><td colspan="2">present in present</td><td>present in present</td><td colspan="2">simple present</td><td>simple present</td><td>simple present</td><td>simple present</td><td>simple present</td></tr>
<tr><td>动词的重读（Accentuation of verb）</td><td colspan="2">accented</td><td>accented</td><td>accented</td><td>(either)</td><td>(either)</td><td>unaccented</td><td>unaccented</td><td>unaccented</td></tr>
</table>

Halliday 建构的及物性系统仍有需进一步完善的空间。何伟、马瑞芝①曾提到，过程种类、参与者角色和环境成分的划分存在一定的模糊性和复杂性，Halliday② 本人对此也有所提及。另外，Halliday 的及物性系统把语义层和词汇语法层掺杂在一起，不利于揭示意义的体现方式。再者，及物性分析与作格分析的错综交织，使得理论架构有冗余之嫌。

（二）及物性理论的发展

为完善及物性理论，许多系统功能理论学者都做出了努力，其中包括 Matthiessen、Martin、Thompson、Fawcett、何伟等。

1. Matthiessen 的研究

在 Halliday 前期研究的基础上，Matthiessen③ 对及物性系统进行了修改、完善和扩充，并制作了大量的图表来说明及物性系统。《英语词汇语法制图系统》一书针对及物性的论述就有近两百页（第 187 页至第 380 页），绘制的图表更是接近百个（49 幅图和 50 个表）。Matthiessen 对及物性理论的发展具体体现在“一简一加”两个方向上。

“一简”具体体现在两个方面：其一，简化及物性网络，把 Halliday④ 的六种过程简化为四种过程⑤（见表 2-10）；其二，尝试将及物分析和作格分析融为一体⑥。

表 2-10　Matthiessen 和 Halliday 的过程类型

三种	六种	四种
Halliday 1976 年	Halliday 1985 年	Matthiessen 1995 年

① 何伟、马瑞芝：《加的夫语法及物性系统概观》，《北京科技大学学报（社会科学版）》2009 年第 1 期，第 98—105 页。

② Halliday M. A. K. *An Introduction to Functional Grammar* (2nd edition). London: Arnold, 1994/Beijing: Foreign Language Teaching and Research Press, 2000, pp. 112, 121, 159-161.

③ Matthiessen C. M. I. M. *Lexicogrammatical Cartography: English Systems*. Tokyo: International Language Science, 1995.

④ Halliday M. A. K. *An Introduction to Functional Grammar*. London: Arnold, 1985.

⑤ Matthiessen C. M. I. M. *Lexicogrammatical Cartography: English Systems*. Tokyo: International Language Science, 1995, p. 211.

⑥ Matthiessen C. M. I. M. *Lexicogrammatical Cartography: English Systems*. Tokyo: International Language Science, 1995, pp. 209-210.

续表

三种	六种	四种
物质（Material）	物质（Material）	物质（Material）
	行为（Behavioural）	
心理（Mental）	心理（Mental）	心理（Mental）
	言语（Verbal）	言语（Verbal）
关系（Relational）	关系（Relational）	关系（Relational）
	存在（Existential）	

“一加”指加深了及物性系统网络的精密度，具体体现在四个方面：其一，区分了核心及物性成分（nuclear transitivity，指过程和参与者）和环境及物性成分（circumstantial transitivity，指环境资源）；其二，为每种过程类型绘制了详细的图表，并提供了配置结构；其三，为每种过程提供了参考动词；其四，为每种过程类型提供了语法隐喻体现模式，并指出，物质过程和关系过程是语法隐喻的主要来源。

Matthiessen 的研究仍有一些不足，比如没有说明简化的依据，四种及物性过程能否涵盖所有的人类经验也未作明确分析。

在继承《英语词汇语法制图系统》优点的基础上，Matthiessen[①] 对《功能语法导论》第二版[②]进行了修订、增补和完善，具体工作体现在四个方面：其一，将及物性系统网络化、图表化。绘图的数量从第二版的1幅增至6幅，表格的数量从21个增至46个。图表不仅使及物性理论得以更完整、系统地呈现，而且使理论的解释更生动、更形象、更清晰[③]。其二，继续细化及物性网络，增加过程、参与者和环境成分的精密度。譬如

① Halliday M. A. K.，Matthiessen C. M. I. M. *An Introduction to Functional Grammar*（3rd edition）. London：Arnold，2004.

② Halliday M. A. K. *An Introduction to Functional Grammar*（2nd edition）. London：Arnold，1994/Beijing：Foreign Language Teaching and Research Press，2000.

③ 李战子、施卫华：《韩礼德系统功能语法面貌刷新——第三版〈功能语法引论〉述评》，《外语教学》2006年第2期，第92—94页；何伟、魏榕：《系统功能语言学及物性理论发展综述》，《北京科技大学学报（社会科学版）》2016年第1期，第1—20页。

他[①]将 Halliday[②] 的三种心理过程，即感知（perception）、情感（affection）和认知（cognition），增至四种，即感知（perceptive）、认知（cognitive）、意愿（desiderative）和情感（emotive）。其三，将语料库引入及物性理论的阐释。书中的示例大多出自悉尼科技大学/麦考瑞大学语料库（UTS/Macquarie Corpus）。其四，他发现，及物性过程类型的分布与语域（register）、语篇存在互动关系，譬如在新闻语域和学术语篇中，言语过程发挥重要作用，这是因为言语过程便于新闻记者和论文作者报道和引用他人的观点。

在吸纳 Halliday 研究成果的基础上，Matthiessen 发挥自身在制图、语料库等方面的优势，进一步丰富和完善了及物性理论。其工作得到很多人的充分肯定，这其中包括 Halliday 本人。但是，修订后的及物性理论依然存在一些不足，具体表现在三个方面：其一，有些及物性系统网络图形过于复杂，理解难度较大；其二，内容的删改导致有些地方前后论述不一致[③]，有些章节的表格甚至出现了排序方面的问题；其三，对及物性理论框架的完善做得还不够好，以往存在的问题依然存在，如没有对作格分析和及物性分析加以融合。鉴于《功能语法导论》第四版改动不大，在此不再赘述。

2. Martin 等人的研究

Martin 等人对及物性的研究主要反映在其与 Matthiessen、Painter 合著的《功能语法教程》两本书中[④]。两书虽以其所处时期出版的《功能语法

---

① Halliday M. A. K., Matthiessen C. M. I. M. *An Introduction to Functional Grammar* (3rd edition). London: Arnold, 2004, pp. 209-210.

② Halliday M. A. K. *An Introduction to Functional Grammar* (2nd edition). London: Arnold, 1994/Beijing: Foreign Language Teaching and Research Press, 2000, p. 118.

③ 李杰、宋成方：《〈功能语法导论〉第三版评述》，《外语教学与研究》2005 年第 4 期，第 315—318 页。

④ 此处的两本书指 1997 年版的《功能语法教程》（*Working with Functional Grammar*）和 2010 年版的《功能语法教程》（*Deploying with Functional Grammar*）。1997 年版由爱德华·阿诺德（Edward Arnold）出版社（伦敦）出版，没有提供汉语书名。2010 年版由中国的商务印书馆出版，提供了汉语书名。鉴于两书的区别仅是内容的增加，即 2010 年版增加了小句复合体和语篇分析两章，故书名同样译作《功能语法教程》。下面的表 2-11 见 2010 年版 p. 100，表 2-12 见 2010 年版 p. 101，表 2-13 见 2010 年版 pp. 101-102。

导论》为参照，但自身不乏有独到之处，如提供了解疑（troubleshooting）、练习（analysis practice）等板块内容，以易于学习者的理解。就及物性而言，Martin 等人的研究既有传承又有创新。传承体现在 Martin 等人亦按照《功能语法导论》的分类，把过程分为六种（见表 2-11），参与者细分为两种（见表 2-12），环境角色细分为九种（见表 2-13）。创新之处体现在如下四个方面。

表 2-11　　Martin 等人的过程类型

过程类型	次类	示例小句（黑体为过程）
物质（Material）	事件（Event）（i. e. happening）	The sugar **dissolved**.
	动作（Action）（i. e. doing）	She **stirred** the coffee.
心理（Mental）	感知（Perception）	She **saw** the car.
	认知（Cognition）	She **forgot** his name. / His name **escaped** her.
	情感（Affection）	She **liked** his music. / His music **pleased** her.
关系（Relational）	属性（Attributive）	Maggie **was** strong.
	识别（Identifying）	Maggie **was** our leader.
行为（Behavioural）		She **laughed**.
言语（Verbal）		She **replied**.
存在（Existential）		There **was** once a beautiful princess.

表 2-12　　Martin 等人的过程类型及参与者

过程类型	核心参与者	示例小句（黑体为核心参与者）	非核心参与者
物质（Material）	动作者（Actor） 目标（Goal）	**She** made **the coffee.**	发动者（Initiator） 接受者（Recipient） 委托者（Client） 范围（Scope）** 属性（Attribute）
心理（Mental）	感知者（Senser） 现象（Phenomenon）	**She** saw **the car.**	诱导者（Inducer）
关系（Relational）： 属性（Attributive） 识别（Identifying）	载体（Carrier） 属性（Attribute）	**Maggie** was **strong.**	归属者（Attributor） 受益者（Beneficiary）
	标记（Token） 价值（Value）	**Maggie** was **our leader.**	分配者（Assigner）

续表

过程类型	核心参与者	示例小句 （黑体为核心参与者）	非核心参与者
行为（Behavioural）	行为者（Behaver） 〔对象（Target）〕 *	**She** laughed.	行为（Behaviour） 范围（Scope） **
言语（Verbal）	讲话者（Sayer） 〔对象（Target）〕 *	**She** replied.	受话者（Receiver） 话语（Verbiage）
存在（Existential）	存在方（Existent）	There was **a beautiful princess.**	

注：“ * ”表示仅出现在行为或言语过程小句中。“ ** ”表示仅用于作格分析，表示“范围”。

表 2-13　　Martin 等人的环境成分

环境类型	典型提问方式	示例	环境次类	次类提问方式
跨度（Extent）	how_? at what intervals?	*for three hours*; *every three hours*	时长（duration） 频率（frequency）	for how long? how many times?
		for six miles	距离（distance）	how far?
处所（Location）	at what points?	*in September*; *before tea*; *recently*; *during the lesson*	时间（time）	when?
		in the yard; *form Paris*; *miles away*	地点（place）	where?
方式（Manner）	how?	*with a hammer*; *by trickery*	方式（means）	by what means?
		quickly	性质（quality）	how?
		as fast as possible; *like a top*	比较（comparison）	what like?
		to a great extent; *deeply*; *considerably*	程度（degree）	how much?
原因（Cause）	why?	*because of you*; *thanks to him*; *for lack of $5*	理由（reason）	why?
		for better results; *in the hope of a good deal*	目的（purpose）	for what purpose?
		on behalf of us all	利益（behalf）	on whose behalf?

续表

环境类型	典型提问方式	示例	环境次类	次类提问方式
或然（Contingency）	in what circumstances?	*in the event of rain*; *without more help*（*we can't do it*）	条件（condition）	under what conditions?
		in spite of the rain	让步（concession）	despite what?
		in the absence of	默认（default）	lacking what?
伴随（Accompaniment）	together with?	*with*（*out*）*his friends*	随同（comitative）	who/what with?
		as well as them; *instead of them*	补充（additive）	and who/what else?
角色（Role）		*as a concerned parent*	身份（guise）	what as?
		（*smashed*）*into pieces*	成品（product）	what into?
内容（Matter）	what about?	*about this*; *with reference to that*		
视角（Angle）	whose angle?	*according to the Shorter Oxford*	来源（source）	says who?
		in the view of the protesters	角度（viewpoint）	from whose perspective?

其一，在解释这些分类时，Martin 等人对特殊情况加以备注说明。比如他们①添加备注说，“Target”这种对象仅出现于行为或言语小句中，“Scope”则仅出现在作格情况下，表示范围（Range）。这些备注使得论述更加周全和缜密。

其二，他们②指出，当过程由致使动词词组复合体（causative verbal group complex）体现时，存在致使性（causing）或施事性（agentive）参与者角色作为额外参与者角色即额外施事的可能性（示例见表2-14）。这一做法达到了将发动者（initiator）、诱导者（inducer）、分配者（assigner）和归属者（attributor）“语法化”的目标③。

① Martin J. R., Matthiessen C. M. I. M., Painter C. *Deploying Functional Grammar*. Beijing: The Commercial Press, 2010, p. 101.

② Martin J. R., Matthiessen C. M. I. M., Painter C. *Deploying Functional Grammar*. Beijing: The Commercial Press, 2010, p. 109.

③ 何伟、魏榕：《系统功能语言学及物性理论发展综述》，《北京科技大学学报（社会科学版）》2016 年第1期，第1—20页。

表 2-14 Martin 等人的"额外施事"举例

额外施事				
You Initiator	'll help Process:…	us Actor	monitor …material	this. Goal
These programs Inducer	let Process:…	parents Senser	understand …mental	their responsibilities. Phenomenon
His experience Assigner	makes Process:…	him Token	(be) (…identifying)	the best judge. Value
The new school Attributor	has made Process:…	him Carrier	(be) (…attributive)	more rebellious. Attribute

其三，他们①设计了三个问题，来辨别小句及物性结构：1. 可否用其他动词替换？（What are possible alternative verbs?）2. 参与者能否被拿掉？（Can participants be left out or not?）3. 参与者能否通过其他方式体现？（What are possible alternative realisations for participants?）问题一用于判断小句的过程类型，尤其是当动词多义、活用时。例如，在"a. This makes a very good stuffing"和"b. The chef makes a very good stuffing"两句中，a 的"makes"可以用"is"替换，故系关系过程，而 b 的"makes"可以用"cook、produce、create"等词替换，故系物质过程。问题二用于确定过程类型是否相同。例如，"a. He told her a story"和"b. He sang her a song"两句虽然在结构上相同，但在语义上不同。b 如果去掉一个必要参与者"a song"，小句在语义上则不能成立，即"＊b. He sang her"不成立。问题三用于判别疑难过程类型，尤其是当小句涉及某种意识（consciousness）或事实（fact - hood）时。例如，当"That lonely child breaks my heart"表达"The fact that the child is lonely breaks my heart"时，可以被认定为是心理过程而非物质过程。Martin 等人是较早提出过程类型验证方式的研究者。

其四，他们注意到对动词词组的及物性分析不能一概而论。例如，在"a. They [Sayer] began asking [Process: verbal] questions [Target]"和"b. They [Actor] want to change [Process: material] their library books

① Martin J. R., Matthiessen C. M. I. M., Painter C. *Working with Functional Grammar*. Beijing: The Commercial Press, 1997, pp. 115 - 116; Martin J. R., Matthiessen C. M. I. M., Painter C. *Deploying Functional Grammar*. Beijing: The Commercial Press, 2010, p. 114.

[Goal]”两句中，a 句“begin+doing”结构可以看成一个动作过程。但是，如果把 b 句“want+to change”也仅看成一个动作过程的话，问题就会比较大，因为 b 句可以分析为“They [Senser] want [Process: mental] to change [Process: material] their library [Goal]”，即可以把动词词组分析为两个过程，这是由于小句出现了语义投射现象①。在他们②看来，第二种做法更合理。

此外，Martin 等人还努力将及物性理论同语篇分析结合起来，通过提供大量的示例和练习来帮助学习者掌握语篇分析的要领，这无不体现了他们坚持理论的“适用”原则，始终把语言学“消费者”的各种问题作为首要考虑对象。

Martin 等人的研究创新不足，主要表现在两个方面：其一，对及物性理论的整体架构没有提出更新的见解；其二，他们那两本书对及物性的论述大致相同，更新力度不够。

3. Thompson 的研究

Thompson③对及物性做了学习性和发展性研究。在撰写《功能语法入门》第一版之前，Thompson 本人并没有接受过功能语法方面的教育，也没有做过相关方面的研究。可以说，第一版的写作主要以自学 Halliday 的《功能语法导论》为基础。因此我们认为，Thompson 早期对及物性的研究基本上属于学习性的。然而，他并不满足于此。在开设《功能语法》这门硕士课程几年之后，他决定修订《功能语法入门》，拓展及物性理论，使之更趋完善。他对及物性理论的完善与发展主要体现在如下四个方面。

其一，增加区分维度，提升网络精密度，把物质过程区分为有意(intentional)过程和无意(involuntary)过程。无意过程的行为者

① 关于语义投射问题，请参考 Halliday 的《功能语法导论》或胡壮麟等人的《系统功能语言学概论》。

② Martin J. R., Matthiessen C. M. I. M., Painter C. *Working with Functional Grammar*. Beijing: The Commercial Press, 1997, p. 117; Martin J. R., Matthiessen C. M. I. M., Painter C. *Deploying Functional Grammar*. Beijing: The Commercial Press, 2010, p. 115.

③ Thompson G. *Introducing Functional Grammar*. London: Arnold, 1996/Beijing: Foreign Language Teaching and Research Press, 2000; Thompson G. *Introducing Functional Grammar* (2nd edition). London: Hodder Education, 2004/Beijing: Foreign Language Teaching and Research Press, 2012; Thompson G. *Introducing Functional Grammar* (3rd edition). London: Routledge, 2014.

(Actor) 看起来更像目标 (Goal)。此种情况只可以通过 "What happened to the actor (s)?" 的方式提问，而不可以通过 "What did the actor (s) do?" 的方式提问。如 "She tripped over the step" 一句，人们只可以通过 "What happened to her?" 来提问，因此该句属于无意过程。

其二，发现有些心理 (Mental) 过程具有 "反转" (reversible) 特征①。"反转" 特征尤其常见于心理过程中的情感 (emotive) 过程。例如，在 "a. This news [Phenomenon] seemed to puzzle [Process: mental, emotive] her [Senser]" 和 "b. She [Senser] seemed to be puzzled [Process: mental, emotive] by this news [Phenomenon]" 两句中，主语角色既可以是生发心理过程的人类参与者 (此处即 she)，也可以是致使心理过程发生的现象 (此处即 this news)。b 句虽然为被动句，但是看起来却和主动句一样自然。在物质过程中，如果第二参与者即目标作主语角色的话，那么它只能出现在被动句中。

其三，提出五条区分归属型 (attributive) 关系过程和识别型 (identifying) 关系过程的标准②。第一条，如果小句的第二参与者是形容词 (如 uneasy)，那么它一定是 "属性" (attribute)，该过程也将会是归属型而非识别型。第二条，如果小句的第二参与者是名词词组 (nominal group)，那么可以根据定指 (definiteness) 和非定指来确定。如果该名词词组是典型的非定指，即普通名词前没有冠词或者有不定冠词 (如 a、some 等)，那么该小句是归属型关系过程。如果第一和第二参与者都是名词词组，且两个名词词组都是典型的定指，即名词前有定冠词 "the" "this" 等，或者名词前有所有格如 "John's"、形容词性物主代词如 "my"，再或者名词是专有名词如人名，那么该小句是识别型关系过程。第三条，如果有一个或者两个参与者是嵌入式小句，那么该过程是识别型而非归属型。第四条，识别型而非归属型小句可以用 "represent/be represented by" 来替换原来的动词。如 "The church [Token] was [Process: relational, identifying] his immediate objective [Val-

① Thompson G. *Introducing Functional Grammar* (2nd edition). London: Hodder Education, 2004/Beijing: Foreign Language Teaching and Research Press, 2012, p. 95; Thompson G. *Introducing Functional Grammar* (3rd edition). London: Routledge, 2014, p. 100.

② Thompson G. *Introducing Functional Grammar* (3rd edition). London: Routledge, 2014, pp. 104-105.

ue］”可以替换成“The church represented his immediate objective”，因此该小句是识别型关系小句。第五条，有些情况下，可以通过提问的方式来做判断。“What is X like?”（X怎么样?）可以用于提问归属型关系过程，而“Which/Who is X?”（X是谁/哪个?）可以用于提问识别型关系过程。较之Halliday① 的四条标准，Thompson 提出的五条标准更清晰。最后，Thompson 还特别说明，当没有语境的时候，两类关系过程将更难区分，需要通盘考虑五条标准；即便如此，有些情况还是无法有效区分。

其四，把言语过程划归为四种核心过程之一，突出其地位。言语活动也是人类的一项重要活动，尤其常出现于新闻报道、科技文献、小说等文体中。Thompson 用更长的篇幅论述言语过程，其目的是让学习者更清楚地认识此过程，为语篇分析打下良好基础。此外，为帮助学习者更好地运用及物性理论进行语篇分析，他专门开辟章节，列举了大量小句层面②和篇章层面③的及物性分析案例。这些案例涉及复杂动词词组、致使结构以及新闻、医学论文等具体语篇。

Thompson 对及物性理论的认识与论述还存在一些不足，主要表现在两个方面。其一，他④认为存在（Existential）过程不涉及致使情况，这点值得商榷。我们认为，每种过程类型都存在致使情况。其二，对参与者角色的论述不够系统，应加以整合，以便于学习者从整体上加以把握。

4. Fawcett 的研究

Fawcett 是系统功能语言学内部加的夫模式⑤的创始人，其对系统功能

---

① Halliday M. A. K. *An Introduction to Functional Grammar* (2nd edition). London: Arnold, 1994/Beijing: Foreign Language Teaching and Research Press, 2000, pp. 120-121; Halliday M. A. K., Matthiessen C. M. I. M. *An Introduction to Functional Grammar* (3rd edition). London: Arnold, 2004, pp. 219-220, 267-268.

② Thompson G. *Introducing Functional Grammar* (2nd edition). London: Hodder Education, 2004/Beijing: Foreign Language Teaching and Research Press, 2012, pp. 112-135.

③ Thompson G. *Introducing Functional Grammar* (3rd edition). London: Routledge, 2014, pp. 117-139.

④ Thompson G. *Introducing Functional Grammar* (3rd edition). London: Routledge, 2014, p. 131.

⑤ 悉尼模式和加的夫模式是系统功能语言学内部的两种主要语法模式。前者代表人物主要任职于悉尼大学，包括 Halliday、Matthiessen、Martin 等人；后者代表人物主要任职于加的夫大学，包括 Fawcett、Gordon Tucker、Paul Tench 等人。

语言学理论的研究始于20世纪70年代初期。在师承Halliday不同时期语言学理论（阶和范畴语法、系统语法、功能语法、系统功能语法、社会符号学、系统功能语言学和适用语言学）的基础上，融合影响力较大的其他语言学理论和相关学科理论，如转换生成语法、认知心理学和自然语言处理等，Fawcett① 发展和完善了Halliday的系统功能理论，并最终形成了独具特色的理论体系——加的夫语法（Cardiff Grammar）。

加的夫语法和悉尼语法（Sydney Grammar）同祖同宗②，在语言哲学观和宏观理论框架上是一致的。但是，在某些具体问题上，如对形式层和意义层的"分"与"合"、语言的"生成性"等，又有不同的认识。在有些方面，加的夫语法对悉尼语法进行了简化，而在另外一些方面则是进行了扩展。简化和扩展不仅体现在句法分析上，如"动词词组"的消解，还体现在语义分析上，如及物性分析、语气分析和主位分析方面。较悉尼语法而言，加的夫语法更彻底、更明确地贯彻了"以意义为中心"的理念。

就及物性而言，Fawcett在吸纳Halliday理论精髓的基础上，经过不断探索和完善，最终形成一个较为清晰、完整的及物性系统网络（见图2-2）。通过该系统网络可知，Fawcett对及物性理论的继承和发展主要体现在如下两个方面。

其一，进一步完善了Halliday提出的及物性系统网络，加深了系统网络的精密度。Fawcett将及物性系统划分为六种过程类型（见图2-2），其中，影响过程（Influential process）和事件相关过程（Event-relating

① Fawcett R. P. *Cognitive Linguistics and Social Interaction*: *Towards an Integrated Model of a Systemic Functional Grammar and the Other Components of a Communicating Mind*. Heidelberg: Julius Groos, 1980; Fawcett R. P. *A Theory of Syntax for Systemic Functional Linguistics*. Amsterdam: John Benjamins, 2000/2010; Fawcett R. P. Invitation to Systemic Functional Linguistics（附录1）// 黄国文、何伟、廖楚燕等：《系统功能语法入门：加的夫模式》，北京大学出版社2008年版，第202—303页；Fawcett R. P. *Invitation to Systemic Functional Linguistics Through the Cardiff Grammar*: *An Extension and Simplification of Halliday's Systemic Functional Grammar*. London: Equinox, 2008; Fawcett R. P. *The Functional Semantics Handbook*: *Analyzing English at the Level of Meaning*. London: Equinox, forthcoming.

② 何伟、张敬源：《〈走近系统功能语言学：加的夫语法〉述评》，《外语教学与研究》2010年第2期，第150—153页。

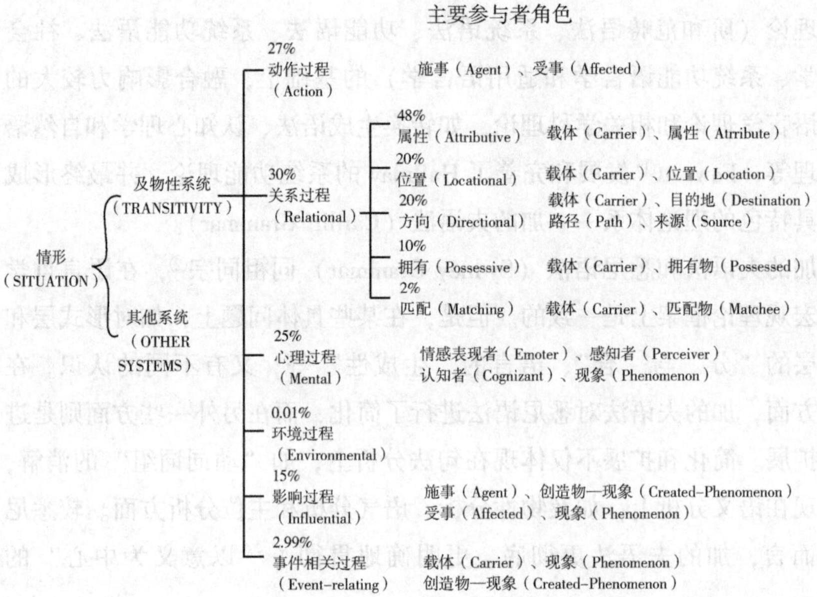

图 2-2 Fawcett 的及物性系统网络

process）系新增过程类型。通过增加事件相关过程，Fawcett 意在以简化方式解决及物性表达相关意义时出现的偏离现象，即 Halliday[①] 的概念隐喻问题。Fawcett[②] 为关系过程和心理过程细化出了小类，把关系过程进一步细分为五个小类，把心理过程细分为四个小类（见表 2-15）。此外，他为每小类过程列出了语义配置结构，共计 71 种语义配置结构，其中 44 种为常见结构（见表 2-15）。除过程类型外，Fawcett 还为参与者角色加深了精密度，并提出了隐性参与者角色的概念。他为及物性系统设置了 17 种简单参与者角色，如新增加的处所（Location）、路径（Path）、来源（Source）、目的地（Destination）、拥有物（Possessed）、匹配物（Matchee）、创造物（Created）等；开创性地提出了 12 种复合参与者角色，如施事—载体（Agent-Carrier）、施事—感知者（Agent-Perceiver）、

① Halliday M. A. K. *An Introduction to Functional Grammar* (2nd edition). London: Arnold, 1994/Beijing: Foreign Language Teaching and Research Press, 2000.

② Fawcett R. P. How to Analyze Participant Roles and so Processes in English// Fawcett R. P. *The Functional Semantics Handbook: Analyzing English at the Level of Meaning*. London: Equinox, forthcoming.

施事—认知者（Agent-Cognizant）等。参与者角色的细化以及隐性和复合参与者概念的提出，有助于更系统、更精准地对及物性理论进行阐释。

表 2-15　　Fawcett 的及物性过程及常见语义配置结构

过程类型	过程小类	语义配置结构
动作过程 (Action process)		Ag+Pro；Af+Pro；Ag+Pro+Af；Ag+Pro+Cre；Ag+Pro+Ra
关系过程 (Relational process)	属性（Attributive）	Ca+Pro+At；*It* +Pro+At+Ca；Af-Ca+Pro+At；Ag+Pro+Af-Ca+At
	处所（Locational）	Ca+Pro+Loc；*There* +Pro+Ca+Loc
	方向（Directional）	Ag-Ca+Pro+So and/or Pa and/or Des；Ag+Pro+Af-Ca+So and/or Pa and/or Des
	拥有（Possessive）	Ca+Pro+Pos；Af-Ca+Pro+Af-Pos（or Pos）；Ag-Ca+Pro+Af-Pos（or Pos）；Ag+Pro+Af-Ca+Af-Pos (or Pos)；Ag+Pro+Af-Pos（or Pos）+Af-Ca
	匹配（Matching）	Ca+Pro+Mtch；Ag-Ca+Pro+Mtch；Ag+Pro+Af-Ca+Mtch
心理过程 (Mental process)	情感（Emotion）（意愿和情感［desiderative and emotive］）	Em+Pro+Ph；Ph+Pro+Em；*It* +Pro+Em+Ph
	双参与者感知 (Two-role perception)	Perc+Pro+Ph；Ag-Perc+Pro+Ph
	三参与者感知 (Three-role perception)	Cog+Pro+Ph；*It* +Pro（+Cog）+Ph；Af-Cog+Pro+Ph；Ag-Cog+Pro+Ph
	双参与者认知 (Two-role cognition)	Ag+Pro+Af-Cog+Ph；Ag+Pro+Af-Cog+Ph；Ag-Cog+Pro+Ph+Mtch
环境过程 (Environmental process)		*It*+Pro+PrEx
影响过程 (Influential process)		Ag+Pro+Cre-Ph；Ag+Pro+Ph；Af+Pro+Cre-Ph；Af+Pro+Ph；Cre-Ph+Pro；Ph+Pro；*It* +Pro+Cre-Ph；*It* +Pro+Ph
事件相关过程 (Event-relating process)		Ca+Pro+Cre-Ph；Ca+Pro+Ph

其二，提出了测试参与者角色和环境成分的方法。具体来说，首先把测试成分主位化（置于句首）；然后把它看成独立的“信息单位”（用逗号隔开）；最后是判读，如果置于句首后小句读起来还很通顺，则该成分

大多数情况下属于环境成分，反之则大多数情况下属于参与者角色①。例如，在“I saw Ike in Paris”和“Ike lives in Paris”两句中，“in Paris”在第一句是环境成分，在第二句则属于参与者角色。值得一提的是，Fawcett②还为17种主要参与者角色和事件相关过程提出详细的测试方法。此套方法比Halliday③的10条标准更易操作。

此外，Fawcett的及物性系统网络体现了他的数理统计思想和“机器语法”梦想。他为每种过程的大类和小类都标注了概率（probability）。概率的标注有助于引导研究者把及物性理论应用于语篇分析和自然语言处理。不过，我们发现其理论也存在一些问题。其一，Fawcett对范畴化的论述不够清晰，他没有详细说明经验范畴化的过程。他④仅说，通过一种“非正式的、常识性的”方式进行了范畴化。这种“非正式的、常识性的”方式究竟是怎样的方式，常识又是如何发挥作用的，我们不得而知。我们认为，范畴化应从人类的认知层面出发，通过自上而下的方式，抽象出人类经验的范畴。然后，再通过对具体现象的研究，自下而上地检验范畴划分的合理性。其二，其心理过程下属小类的划分标准存在问题。因标准不一，造成了情感（Emotion）过程单独为一个划分标准，后面的双角色感知过程、双角色认知过程、三角色认知过程则为另一标准，即按照角色数量进行划分。其三，他认为影响过程仅存在于部分过程类型之中（见表2-15），我们认为这种观点不妥。在我们看来，影响过程存在于所有过程类型之中。因此，其理论体系还需不断改进与完善。

5. 何伟的研究

在回顾及物性理论发展史，分析及物性理论发展中存在的问题，融合

---

① Fawcett R. P. Invitation to Systemic Functional Linguistics（附录1）// 黄国文、何伟、廖楚燕等：《系统功能语法入门：加的夫模式》，北京大学出版社2008年版，第276页。

② Fawcett R. P. How to Analyze Participant Roles and so Processes in English// Fawcett R. P. *The Functional Semantics Handbook*: *Analyzing English at the Level of Meaning*. London: Equinox, forthcoming.

③ Halliday M. A. K. *An Introduction to Functional Grammar*. London: Arnold, 1985; Halliday M. A. K. *An Introduction to Functional Grammar* (2nd edition). London: Arnold, 1994/Beijing: Foreign Language Teaching and Research Press, 2000.

④ Fawcett R. P. Problems and Solutions in Identifying Processes and Participant Roles in Discourse Analysis, Part 2: How to Handle Metaphor, Idiom and Six Other Problems// Huang G. W., Chang C. G. *Annual Review of Functional Linguistics* (Vol. 4). Beijing: Higher Education Press, 2013, p. 32.

Halliday、Fawcett、Matthiessen 等人研究成果的基础上，何伟等①对英语及物性系统网络进行了完善，描绘出一幅更为清晰、更为完整的及物性系统网络图（见图 2-3）。与 Halliday、Fawcett 的及物性系统相比，何伟等人建构的英语及物性系统具有四个方面的特征。

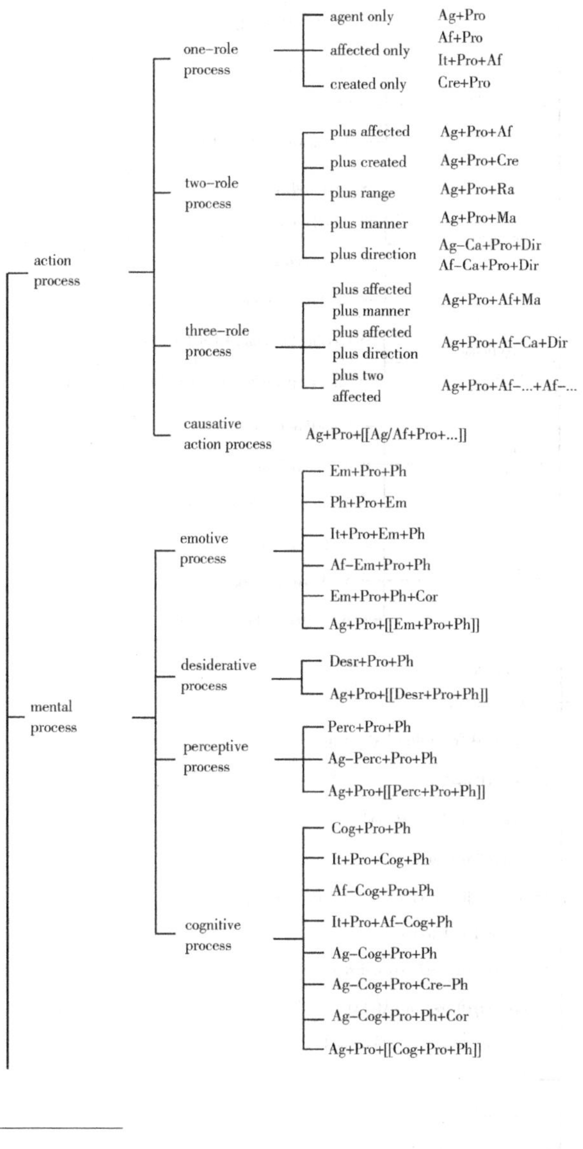

① 何伟、张瑞杰、淡晓红、张帆、魏榕：《汉语功能语义分析》，外语教学与研究出版社 2017 年版，第 29—30 页；何伟、张瑞杰、淡晓红、张帆、魏榕：《英语功能语义分析》，外语教学与研究出版社 2017 年版，第 25—26 页。

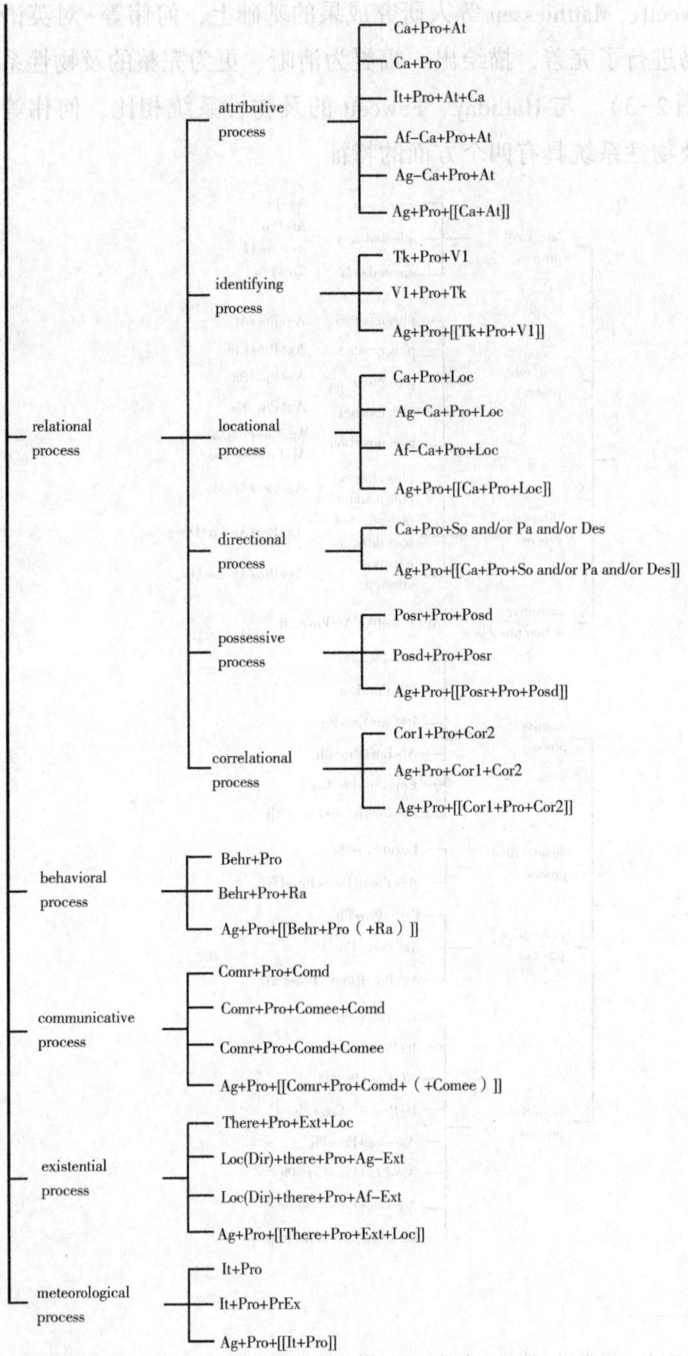
relational process
attributive process
Ca+Pro+At
Ca+Pro
It+Pro+At+Ca
Af-Ca+Pro+At
Ag-Ca+Pro+At
Ag+Pro+[[Ca+At]]
identifying process
Tk+Pro+V1
V1+Pro+Tk
Ag+Pro+[[Tk+Pro+V1]]
locational process
Ca+Pro+Loc
Ag-Ca+Pro+Loc
Af-Ca+Pro+Loc
Ag+Pro+[[Ca+Pro+Loc]]
directional process
Ca+Pro+So and/or Pa and/or Des
Ag+Pro+[[Ca+Pro+So and/or Pa and/or Des]]
possessive process
Posr+Pro+Posd
Posd+Pro+Posr
Ag+Pro+[[Posr+Pro+Posd]]
correlational process
Cor1+Pro+Cor2
Ag+Pro+Cor1+Cor2
Ag+Pro+[[Cor1+Pro+Cor2]]
behavioral process
Behr+Pro
Behr+Pro+Ra
Ag+Pro+[[Behr+Pro（+Ra）]]
communicative process
Comr+Pro+Comd
Comr+Pro+Comee+Comd
Comr+Pro+Comd+Comee
Ag+Pro+[[Comr+Pro+Comd+（+Comee）]]
existential process
There+Pro+Ext+Loc
Loc(Dir)+there+Pro+Ag-Ext
Loc(Dir)+there+Pro+Af-Ext
Ag+Pro+[[There+Pro+Ext+Loc]]
meteorological process
It+Pro
It+Pro+PrEx
Ag+Pro+[[It+Pro]]

图 2-3　何伟等人建构的英语及物性系统网络

其一，对人类经验的识解较为全面和系统。何伟等人与 Halliday 基本一致，把及物性系统分成了七种过程类型，即动作过程（Action process）、心理过程（Mental process）、关系过程（Relational process）、行为过程（Behavioral process）、交流过程（Communicative process）、存在过程（Existential process）和气象过程（Meteorological process）（也可以看作动作过程中的一种特殊过程）。不过，也存在不同之处。首先，术语名称有所改变。把“物质过程”（Material process）改为“动作过程”；把“言语过程”（Verbal process）改为“交流过程”。新的术语表述清晰、内涵丰富。其次，关系过程次类有所调整。她们把 Halliday 的三种类型和两种模式整合成六种次类过程，即归属过程（Attributive process）、识别过程（Identifying process）、位置过程（Locational process）、方向过程（Directional process）、拥有过程（Possessive process）和关联过程（Correlational process）。

其二，所描述的及物性语义配置结构在实际分析中具有较强的可操作性。何伟等人与 Fawcett 一致，认为及物性语义配置结构主要取决于过程和参与者角色两个成分。基于此，她们为每种过程描述了潜在的语义配置结构。以“行为过程”为例，她们提出了三种语义配置结构：Behr+Pro、Behr+Pro+Ra 和 Ag+Pro+［［Behr+Pro（+Ra）］］。第一种（即 Behr+Pro）是行为过程最为典型的语义配置结构，只包含一个参与者，如“She［Behr］stared［Pro］blankly”；第二种（即 Behr+Pro+Ra）在第一种的基础上增添了另一参与者角色——“范围”，用于表征行为过程的范围，如“She［Behr］goggled［Pro］at me［Ra］”；第三种（即 Ag+Pro+［［Behr+Pro（+Ra）］］）为使役行为过程，表示该行为过程是在外力的作用下而产生的，如“The cold［Ag］made［Pro］［［her［Behr］sneeze［Pro］］］”。这种详细的语义配置结构描述，有助于提高及物性分析的精准度，减少不确定性。

其三，实现了“使役性”和“及物性”的融合。何伟等人把“使役性”融入每大类/次类过程中，提出了七种“使役过程”，即使役动作过程（Causative action process）、使役心理过程（Causative mental process）、使役关系过程（Causative relational process）、使役行为过程（Causative behavioral process）、使役交流过程（Causative communicative process）、使役

存在过程（Causative existential process）和使役气象过程（Causative meteorological process）。两者的融合使及物性系统网络变得更有条理，在分析中更具操作性。

其四，强化了及物性理论的"实效化"。在《英语功能语义分析》中，何伟等人[①]不仅为第二章到第八章的每大类/次类过程列举了大量实例，而且还在第九章提供了三篇不同体裁文章的及物性分析案例。

在吸收 Halliday、Fawcett、Matthiessen 等人研究成果的基础上，何伟等人继续发展和完善了英语及物性理论，在以下三个方面的做法和取得的成效值得关注：其一，把"使役性"和"及物性"融为一体，实现了二者的有效贯通；其二，提供了更详细的及物性语义配置结构，增强了及物性分析的可操作性；其三，把英语及物性研究和汉语及物性研究结合起来，通过对比、比较的方法来检验和验证及物性理论的普适性。这种对比语言学、语言类型学视角下的语言研究，有助于推动普通语言学理论的进一步发展。不过，其研究还有一些不足，比如动作次类过程的划分存在标准不统一的问题。

三 汉语及物性研究

系统功能语言学理论的建构，尤其是理论的早期提出与发展，可以说主要是建基于对英语的描写。在发展过程中，该理论也为其他语言的描写提供了借鉴和指导，而对包括汉语在内的其他语言的描写与研究，反过来又推动了该理论的进一步完善与发展。

系统功能视角下的汉语及物性研究已经走过四十余年的历程，历经探索应用（20 世纪 70 年代和 80 年代）、理论发展（20 世纪 90 年代和 21 世纪初）和理论进一步完善（2010 年以后）三个主要阶段。研究者最早以身居国外的中国学者为主，如供职于美国马萨诸塞大学（University of Massachusetts）的邓守信和在悉尼大学攻读硕士学位的龙日金；渐渐地，身在国内的学者也开始探讨汉语及物性理论，如胡壮麟、程琪龙、Li 等。新时期的学者，如彭宣维、何伟等又把汉语及物性理论的发展推向一个新

---

① 何伟、张瑞杰、淡晓红、张帆、魏榕：《英语功能语义分析》，外语教学与研究出版社 2017 年版。

阶段。

（一）探索期

目前已知最早借助系统功能语法理论研究汉语及物性的学者是身居中国台湾的学者邓守信。1975 年和 1976 年，他[①]在加州大学出版社和中国台湾学生书局先后出版了其英文专著 *A Semantic Study of Transitivity Relations in Chinese*（《汉语及物性关系的语意研究》[②]）。而后，他[③]将英文版译成汉语继续在中国台湾学生书局出版。邓守信[④]在自序中写道："这些年来，格变语法[⑤]（Case Grammar）虽然是一门已经建立起来的理论，但在诸多的研究报告中，却少有新理论的建立，……我也趋于另一时尚，尝试以功用语法（Functional Grammar）的理论及程序，从另一个角度来探讨汉语的特性。"在充分梳理、比较三种语法理论——菲尔墨[⑥]的格变语法、韩礼德[⑦]的系统语法和切夫语法——的基础上，他[⑧]在第三章提出了一套自己认为比较合适的及物性关系（见表 2-16），其中包含施事、受事、范围和目标四个参与者角色，动作、状态、过程和惹起者（即致使结构）四种过程类型。实际上，这套理论吸收了三家理论的成果。

表 2-16　　邓守信的汉语及物性关系

	(i)	(ii)	(iii)	(iv)
(a) 动作	施事+∅ **他在哭。**	施事+受事 **他在杀鸡。**	施事+范围 **他在唱歌。**	施事+目标 **他在找书。**

① Teng S. *A Semantic Study of Transitivity Relations in Chinese*. Berkeley, CA.: University of California Press, 1975; Teng S. A *Semantic Study of Transitivity Relations in Chinese*. Taiwan: Student Book, 1976.

② 此处的汉语书名（原书名为汉语繁体）采用的是邓守信（Teng Shou-hsin）的翻译。

③ 邓守信：《汉语及物性关系的语意研究》，学生书局 1984 年版。

④ 邓守信：《汉语及物性关系的语意研究》，学生书局 1984 年版，第 VII 页。

⑤ 此处的"格变语法"（原为繁体）是邓守信的术语名称。此处为直接引用，故保留原术语名称。

⑥ 邓守信把 Fillmore 译作"菲尔摩"。为保持行文一致性，避免混乱，此处仍采用"菲尔墨"的译法。

⑦ 邓守信把 Halliday 译作"哈里迪"。鉴于韩礼德本人更喜欢其名被译作"韩礼德"，故行文中仍采用"韩礼德"的译法。

⑧ 邓守信：《汉语及物性关系的语意研究》，学生书局 1984 年版，第 59—68 页。

续表

	(i)	(ii)	(iii)	(iv)
(b) 状态	受事+∅ 他很高。		受事+范围 这辆车值三百块钱。	受事+目标 他很喜欢跑车。
(c) 过程	受事+∅ 他死了。		受事+范围 门破了一个洞。	受事+目标 蝌蚪会变青蛙。
(d) 惹起者	惹起者+施事（动作） 那件坏消息使他大哭起来。	惹起者+受事（状态） 张三使他很生气。	惹起者+受事（过程） 他使张三输了一块钱。	

继邓守信之后，在悉尼大学攻读硕士学位的龙日金[①]完成了硕士学位论文《汉语的及物性》。2012 年，该论文的英汉两个版本一同被收入龙日金、彭宣维所著的《现代汉语及物性研究》中，构成了该书的第一部分。《汉语的及物性》共计 29 个小节，较为全面地论述了汉语及物性系统中除“环境成分”以外的主要内容，包括五种过程类型——物质过程（Material process，包括动作者过程和受事者过程）、归属过程（Ascription process）、心理过程（Mental process）、言语过程（Verbal process）和关系过程（Relational process）[②]（见表 2-17），两种特殊结构（包括把字结构和被动结构），复合过程（Complex process）（包括复合过程和双参与者、复合过程中的关系过程“成”、复合过程中的关系过程“在”、复合过程里的指向动词等现象），使役结构（Causative construction），相位结构（Phase structure），参与者角色（受益者、范围、受事、施事者、动作者、目标、载体）等。龙日金对汉语及物性的研究虽不够全面，如没有涉及“环境成分”，但其研究对现代汉语及物性理论的发展具有重要意义。

表 2-17　　龙日金的汉语及物性过程类型及参与者 *

过程类型 / 参与者	动作者过程		受事者过程		归属过程	心理过程	言语过程	关系过程	
	有指向	无指向	有指向	无指向				属性类	识别类
参与者 1	动作者	动作者	施事	受事	载体	感知者	说话人	载体	被识别者

① Long R. *Transitivity in Chinese*. M. A. Dissertation. Sydney：University of Sydney，1981.

② 龙日金、彭宣维：《现代汉语及物性研究》，北京大学出版社 2012 年版，第 7 页。

续表

过程类型 / 参与者	动作者过程		受事者过程		归属过程	心理过程	言语过程	关系过程	
	有指向	无指向	有指向	无指向				属性类	识别类
参与者 2	目标	同源范围/处所范围/工具范围/过程范围/受益者	受事	度量范围/结果范围/受益者	度量范围	现象	受益者	属性	识别者
参与者 3	受益者	受益者	受益者						

* 注①：1. 如果一个无指向动作者过程已经选择了受益者作为它的第二参与者，就不能再选择另外一个受益者。2. 下划线部分指的是必备性参与者，其他的是可选性参与者。3. 符号“/”的意思是“在一组参与者中，只能选择其一”。

此外，较早对汉语及物性进行研究的学者还包括周晓康、胡壮麟等人。在《从及物性系统看汉语动词的句法—语义结构》一文中，周晓康[2]从汉语动词入手，区分出汉语动词所表达的六种主要过程，即物质过程（Material process）、思维[3]过程（Mental process）、关系过程（Relational process）、行为过程（Behavioural process）、言语过程（Verbal process）和存在过程（Existential process），并指出，每种过程都可以继续增加精密度，如物质过程可细分为动作过程（Action process）和事件过程（Event process），思维过程可细分为感知过程（Perception process）、反应过程（Reaction process）和认知过程（Cognition process）。与龙日金的过程分类相比，周晓康增加了存在过程。另外一个值得称道的做法是，两人在解释每种过程类型时，都列举了诸多汉语例句。但是，两人都没有标注例句的来源。此外，周晓康对过程类型的分类基本上与 Halliday[4] 一致。

胡壮麟属于国内最早接触、引介系统功能语言学理论的学者之一。其与另外两位学者合著的《系统功能语法概论》虽然有关汉语及物性系统的论述颇少，仅仅给出了物质、心理、关系（包括属性和识别）、言语、行为和存在六种过程，以及每种过程的汉语示例，但是该书所起的指引作

① 龙日金原来的表格仅提供了注 1，注 2 和注 3 系本书作者根据前文论述添加。

② 周晓康：《从及物性系统看汉语动词的句法—语义结构》//胡壮麟：《语言系统与功能》，北京大学出版社 1990 年版，第 108—124 页。

③ 思维过程系周晓康的术语。

④ Halliday M. A. K. *An Introduction to Functional Grammar*. London：Arnold，1985.

用不容忽视。书中明确指出，及物性系统“也可用于描写汉语的语义功能”[①]。该论断为后学继续从事汉语及物性理论研究坚定了信念、指明了方向。

（二）发展期

伴随改革开放的不断深入，国外各种流派的语言学理论纷纷被介绍至中国。面对蜂拥而至的不同理论，当时人们的态度是“好好研究，大力提倡”，并努力做到学以致用，开辟新的研究领域。这些新鲜的理论不仅用于指导英语等外语教学，还用于指导汉语研究、汉外对比研究等。如方琰[②]在学习 Halliday 系统功能理论的基础上，将汉语和英语相比较，来讨论汉语“主语”的概念，得出一些新认识。除讨论汉语语法概念外，基于 Halliday 系统功能理论的汉语及物性研究也呈现出蓬勃发展的局面。

在 20 世纪 90 年代和 21 世纪的第一个十年里，汉语及物性研究呈现出精细化、应用化的特征，汉语及物性研究的精密度得到不断加深。此阶段不仅涌现出大量的论文，还出现多部著作和博士论文，如程琪龙的《系统功能语法导论》、周晓康的英文博士论文《现代汉语物质过程与关系过程小句的及物性系统研究》（*Material and Relational Transitivity in Mandarin Chinese*）、Li 的英文专著《汉语系统功能语法：语篇分析视角》（*A Systemic Functional Grammar of Chinese*：*A Text-based Analysis*）等。研究者中既有中国学者，也有西方学者，如 McDonald、Halliday 等。

程琪龙[③]在 Halliday 及物性理论的框架下，把汉语小句的表义结构分成三个基本组成部分：“谓词”（predicator）、“谓元”或称参与者（participant）和环境成分（circumstantial elements）。比如“小王在操场上踢毽子呢”一句，共涉及三个语义成分：“踢”作谓词，表示动作；“小王”和“毽子”作谓元，表示动作的参与者；“操场”作环境成分，表示动作发生的处所。程琪龙参照 Halliday 的六种过程类型，划分出两大类和三小

① 胡壮麟、朱永生、张德禄：《系统功能语法概论》，湖南教育出版社 1989 年版，第 97 页。

② 方琰：《浅谈汉语的“主语”——“主语”、“施事”、“主位”》//胡壮麟：《语言系统与功能》，北京大学出版社 1990 年版，第 54 页。

③ 程琪龙：《系统功能语法导论》，汕头大学出版社 1994 年版。

类，共计五种类型的表义结构，其中两大类为物质（Material）表义结构和心理（Mental）表义结构，三小类为行为（Behavioural）表义结构、言语（Verbal）表义结构和关系（Relational）表义结构。针对两大类表义结构，程琪龙在该书第十三章做了重点论述，并区分了“延及”和“非延”，即小句含有两个谓元还是一个谓元，以及“致使”和“非使”两种情况。虽然程琪龙对汉语及物性系统的论述还不够全面，没有讨论三小类表义结构的情况，但从其对两大类的论述可以看出，注重理论与实践的结合，充分考虑到了汉语的某些特质。

Li[①] 的英文专著《汉语系统功能语法：语篇分析视角》被方琰[②]评价为“第一部由中国人运用系统功能语言学理论对汉语加以全面、系统研究和论述的专著”，专著第三章专门阐释汉语及物性理论。Li 把及物性过程看成识解世界经验的图形（figure）。及物性的四种过程类型，即物质过程、关系过程、言语过程和心理过程，共同识解我们的物质现实世界（the world of material reality）、抽象关系世界（the world of abstract relations）、象征世界（the world of symbolization）和意识世界（the world of consciousness）。另外，该书还提及汉语及物性系统的体（aspect）和相（phase），时间副词（temporal adverb）以及动词词组（verbal groups）的相对序列（relative sequence）。Li 对汉语及物性研究的创新之处在于，对经验世界进行了范畴化，使及物性过程的分类建立在认知基石之上。然而，Li 的研究也存在一些不足。首先，他对经验世界的分类存在交叉重叠问题。象征世界应属于意识世界范畴，无需单独另划为一类。其次，对及物性系统精细化、具体化的研究不够。他没有为每种过程类型提供详细的语义配置结构，这不利于语篇分析的实效化操作。最后，他没有谈及作格分析的情况，以及是否已经实现作格分析和及物性分析的融合。

比较熟悉汉语的西方学者如 Halliday、McDonald 等人也曾对汉语的及物

① Li E. *A Systemic Functional Grammar of Chinese: A Text-based Analysis*. London: Continuum, 2007.

② Fang Y. Foreword// Li E. *A Systemic Functional Grammar of Chinese: A Text - based Analysis*. London: Continuum, 2007, p. ix.

性系统做过研究。Halliday & McDonald[①] 论述到，汉语的及物性系统包含两种共存的系统（two simultaneous systems）——核心及物性系统（nuclear transitivity，即过程类型）和环境及物性系统（circumstantial transitivity，即环境类型），以及一种并非在所有过程类型中都会出现的系统——参与者系统（system of agency）。他们重点讨论了核心及物性系统中的四种过程类型，即物质（Material）过程、心理（Mental）过程、言语（Verbal）过程和关系（Relational）过程，其中物质过程又细分为及物（Transitive）物质过程和不及物（Intransitive）物质过程，关系过程细分为存在（Existential）、属性（Attributive）和识别（Identifying）三个子类（见图 2-4）。他们还在文中简

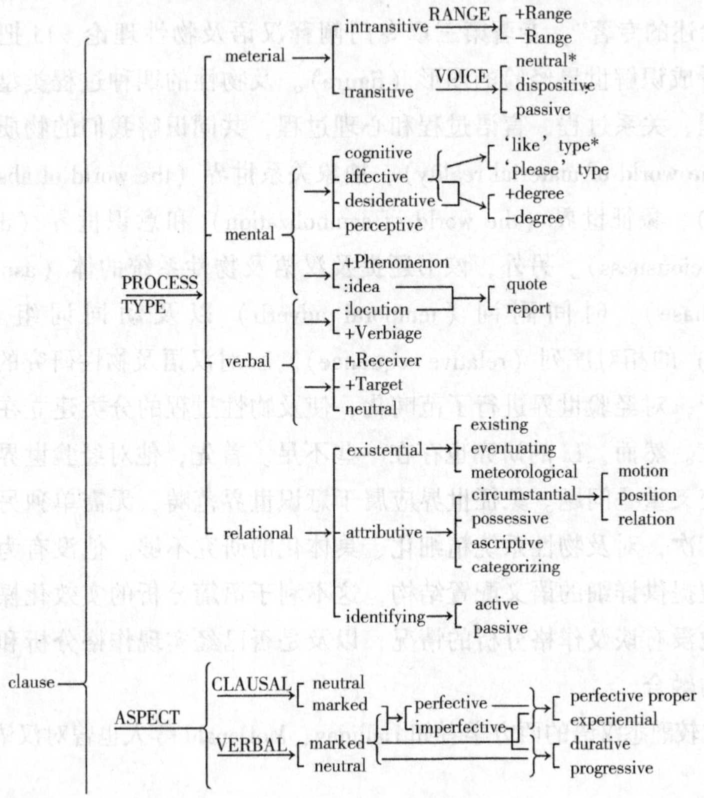

① Halliday M. A. K., McDonald E. Metafunctional Profile of the Grammar of Chinese// Caffarel A., Martin J. R., Matthiessen C. M. I. M. *Language Typology: A Functional Perspective*. Amsterdam/Philadelphia: John Benjamins, 2004, p. 354.

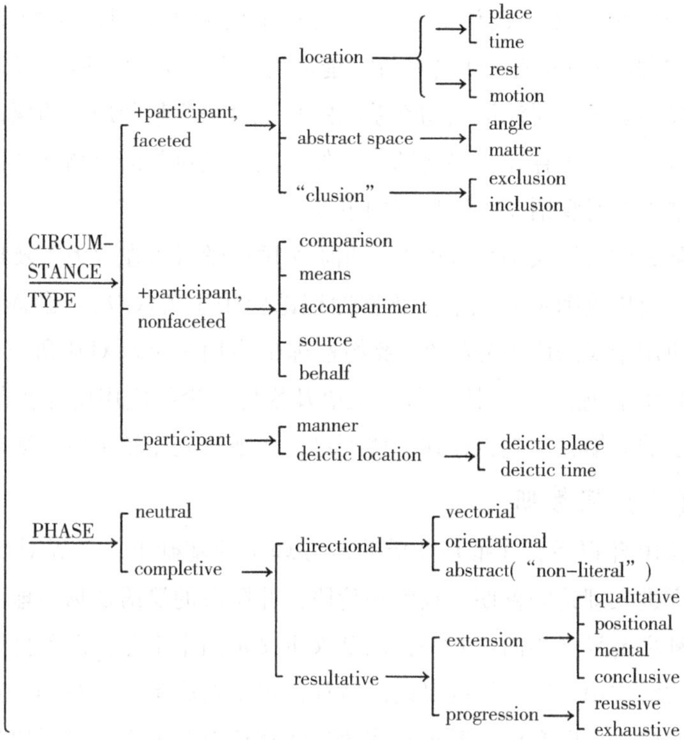

图 2-4　Halliday & McDonald 的汉语及物性系统

单讨论了汉语及物性系统中的环境成分及其分类，以及参与者。此外，他们结合汉语及物性系统的过程类型，对汉语的“体”（aspect）和“相”（phase）发表了看法。他们认为汉语有“体”无“时”（tense），并通过举例来证明汉语中“体”的存在。该文的不足之处在于，没有论述到及物性系统中的致使结构，论述不够完整、全面。再者，他们在文中没有讨论行为过程，并且没有给出合理的解释。这会让读者误以为汉语及物性系统中不存在行为过程。

除上文提到的论文、专著和博士论文外，此阶段在学界影响较大的论文和著作还包括：唐立中等人的论文《从存在过程析现代汉语的存在句》、龙日金的论文《汉语及物性中的范围研究》、周晓康的论文《现代汉语物质过程小句的及物性系统》、胡壮麟的论文《系统功能语法与汉语语法研究》、杨国文的论文《汉语物质过程中“范围”成分与“目标”成分的区别》和《汉语“被”字式在不同种类的过程中的使用情况考察》、胡壮麟等人的著作《系统功能语言学概论》第一版和修订版等。这些著述多侧重于对汉语及物性系统的某个过程或某种现象的探讨，尽管较为深入，但是也存在一些问题，比如，大多是对英语及物性理论的直接借鉴，缺乏针对汉语及物性特点的思考。

除关注汉语及物性过程外，此阶段国内学者也在致力于及物性理论的应用。应用范围主要包括：及物性理论应用于英汉/汉英翻译①；及物性理论应用于汉语语篇分析②；及物性理论应用于英汉对比研究③；及物性理论应用于概念隐喻研究④等。汉语及物性理论的应用研究在此阶段取得了一定的成绩，但是也存在一些不足，比如研究比较零散，缺乏系统性。

（三）完善期

2010年以后，在批判性借鉴西方理论的基础上，学界对汉语及物性的研究进入理论完善期。较前一阶段，此阶段的汉语及物性理论研究呈现出四种主要发展趋向：其一，从拿来主义走向本土化，即不再满足于照本宣科式的借用，而是根据汉语的特征，提出新属类、新范畴；其二，从描写走向建构，即在借助系统功能语言学理论对汉语进行描写的基础上，重视理论创新，建构自己的体系；其三，从“散点式”走向“集中式”，即从侧重对汉语及物性某一/些过程的描写，到全面、系统地对汉语及物性系统加以建构；其四，从单源走向多源，即在阐述汉语及物性时，不仅仅参照系统功能语言学一个学科的理论，而是借鉴多个学科的理论，如认知

---

① 黄国文：《功能语言学分析对翻译研究的启示——〈清明〉英译文的经验功能分析》，《外语与外语教学》2002年第5期，第1—6页；程晓堂、梁淑雯：《及物性理论对英汉翻译中转译的启示》，《外语与外语教学》2008年第12期，第42—45页。

② 胡壮麟：《语篇的衔接与连贯》，上海外语教育出版社1994年版；孙玉梅、孙志祥：《及物性视角的英汉新闻语篇批评性对比分析》，《贵州大学学报（社会科学版）》2009年第1期，第113—117页。

③ 胡壮麟：《语篇的衔接与连贯》，上海外语教育出版社1994年版；彭宣维：《英汉语篇综合对比》，上海外语教育出版社2000年版。

④ 柴同文：《存在句中的概念隐喻——基于SFG及物性新模式的认知研究》，《西安外国语大学学报》2008年第3期，第28—33页；柴同文、梅丽：《基于SFG及物性新模式的英汉隐喻存在句对比研究》，《天津外国语大学学报》2009年第1期，第1—9页。

语言学、心理学等。此阶段，研究成果比较突出的两位学者应属彭宣维和何伟。

彭宣维在其专著《语言与语言学概论：汉语系统功能语法》①，以及《现代汉语及物性研究》第二部分②中，介绍了汉语及物性理论的内涵及架构。他认为，Fawcett③ 和周晓康④把环境成分排除于及物性系统之外的做法欠妥。他借用认知语言学“图形—背景”（figure/ground segregation）理论论述到，过程和参与者属于认知上的图形，环境属于背景。在具体编码中，背景也有可能充当参与者，如在位置关系过程中。对于小句“She is near him in appearance”（她跟他长相上很接近），如果不关心环境成分“in appearance”（长相上），“她跟他很接近”则指物理空间上的距离。据此，他区分了两种类型的及物性，即广义及物性和狭义及物性。前者指整个过程，包含环境成分在内；后者仅包括过程、参与者和范围，环境作为背景，不直接参与及物性建构。他还通过举例区分了三对参与者：典型参与者和非典型参与者、直接参与者和间接参与者、基本参与者和准参与者。

对彭宣维而言，及物性有两种分析模型：及物分析和作格分析。及物分析包含三大类过程，即物质过程（Material process）、心理过程（Mental process）和关系过程（Relational process，包括包孕关系、环境关系和属有关系），以及三小类过程，即行为过程（Behavioural process）、言语过程（Verbal process）和存在过程（Existential process），另加一个非典型的气象过程（Meteorological process）。三大类过程在《现代汉语及物性研究》的第二部分有详细论述。彭宣维认为，及物性分析和作格分析存在于八种（后又增加时间过程）过程类型中，彼此间存在对应关系，只是

---

① 彭宣维：《语言与语言学概论：汉语系统功能语法》，北京大学出版社 2011 年版。

② 龙日金、彭宣维：《现代汉语及物性研究》，北京大学出版社 2012 年版。

③ Fawcett R. P. *Cognitive Linguistics and Social Interaction: Towards an Integrated Model of a Systemic Functional Grammar and the Other Components of a Communicating Mind*. Heidelberg: Julius Groos, 1980; Fawcett R. P. The Semantics of Clause and Verb for Relational Processes in English// Halliday M. A. K., Fawcett R. P. *New Developments in Systemic Linguistics, Volume 1: Theory and Description*. London: Frances Pinter, 1987, pp. 130-183.

④ 周晓康：《现代汉语物质过程小句的及物性系统》，《当代语言学》1999 年第 3 期，第 36—50 页。

作格分析涉及的参与者数量减少至四个，即施动者/施事、中介、受益者和范围。他认为，参与者数量的减少说明作格分析较及物性分析更抽象。我们认为，及物性分析与作格分析没必要区分开，两者实际上都是及物性分析，只不过一种是涉及外力的及物性分析。另外，他增加了时间过程，但没有说明增加的依据。

对汉语及物性理论做出最新阐释的是何伟等人[①]的研究。她们首先对及物性理论研究进行了溯源，回顾了 Halliday 及物性理论发展的四个阶段，即萌芽阶段（系统概念的提出）、雏形阶段（及物性系统网络的建构）、形成阶段（及物性系统网络的语义化）和成型阶段（语义系统网络的全面成型）；接下来又回顾了及物性理论在国外的发展和在中国的发展与再发展，就 Matthiessen、Matin、Fawcett 的研究，以及其他中国学者如胡壮麟、程琪龙、龙日金、Li 和彭宣维等人的研究作了介绍和评价，指出迄今为止学界在及物性研究方面存在两大问题：及物性分析中的不确定性和及物性理论研究的欠“本土化”；最后，以系统功能思想为指导，融合 Halliday、Fawcett 等人的研究成果，建构了汉语的及物性系统网络[②]（见图 2-5）。

何伟等人建构的汉语及物性系统网络具有如下四个方面的特征。

其一，构建的系统网络较为全面。她们把人类的经验意义描述为七种过程类型，即动作过程、心理过程、关系过程、行为过程、交流过程、存在过程和气象过程。动作过程又细分为物质动作过程（Material action process）和社会动作过程（Social action process）。此外，还对气象过程作了较为详细的描述，使得整个及物性过程的描述更为全面和精细。

其二，对汉语及物性语义配置结构的描述更为详细，可操作性更强。在遵循语义配置结构主要由过程和参与者角色决定这一原则的基础上，她们不仅为主要过程类型，即动作过程、关系过程和心理过程提供了语义配

① 何伟、张瑞杰、淡晓红、张帆、魏榕：《汉语功能语义分析》，外语教学与研究出版社 2017 年版；何伟、张瑞杰、淡晓红、张帆、魏榕：《英语功能语义分析》，外语教学与研究出版社 2017 年版。

② 何伟、张瑞杰、淡晓红、张帆、魏榕：《汉语功能语义分析》，外语教学与研究出版社 2017 年版，第 31—32 页；何伟、张瑞杰、淡晓红、张帆、魏榕：《英语功能语义分析》，外语教学与研究出版社 2017 年版，第 27—28 页。

置结构，还为次要过程，即行为过程、交流过程、存在过程和气象过程提供了语义配置结构。

其三，“使役性”和“及物性”得以融合。她们把“使役性”融入除气象过程外的其他过程中，为此，提出了六种“使役过程”，即使役动作过程、使役心理过程、使役关系过程、使役行为过程、使役交流过程和使役存在过程。

- 动作过程
  - 单参与者角色
    - 唯施事　施事+过程
    - 唯受事　受事+过程
    - 唯创造物　创造物+过程
    - 唯范围　范围+过程
  - 双参与者角色
    - 带受事　施事+过程+受事
    - 带创造物　施事+过程+创造物
    - 带范围　施事+过程+范围
    - 带方式　施事+过程+方式
    - 带方向　施事–载体+过程+方向；受事–载体+过程+方向
  - 三参与者角色
    - 带受事带方式　施事+过程+受事+方式
    - 带受事带方向　施事+过程+受事–载体+方向
    - 带两个复合参与者角色　施事+过程+受事–感知者/……+受事–现象/……
  - 使役动作过程　施事+过程+[[施事+过程+…]]
- 心理过程
  - 情感过程
    - 情感表现者+过程
    - 情感表现者+过程+现象
    - 施事–情感表现者+过程+现象
    - 受事–情感表现者+过程+现象
    - 施事+过程+[[情感表现者+过程+现象]]
  - 意愿过程
    - 意愿表现者+过程+现象
    - 施事+过程+[[意愿表现者+过程+现象]]
  - 感知过程
    - 感知者+过程+现象
    - 施事–感知者+过程+现象
    - 受事–感知者+过程+现象
    - 施事+过程+[[情感表现者+过程+现象]]
  - 认知过程
    - 认知者+过程+现象
    - 施事–认知者+过程+现象
    - 受事–认知者+过程+现象
    - 施事–认知者+过程+创造物
    - 施事+过程+[[认知者+过程+现象]]

- 关系过程
  - 归属过程
    - 载体+过程+属性
    - 载体+过程–属性
    - 受事–载体+过程+属性
    - 施事+过程+[[载体+过程–属性]]
    - 施事+过程+[[载体+过程+属性]]
  - 识别过程
    - 标记+过程+价值
    - 价值+过程+标记
    - 施事+过程+[[标记+过程+价值]]
  - 位置过程
    - 载体+过程+位置
    - 受事–载体+过程+位置
    - 施事+过程+[[载体+过程+位置]]
  - 方向过程
    - 载体+过程+来源
    - 载体+过程+路径
    - 载体+过程+目的地
    - 载体+来源+过程+目的地
    - 施事+过程+[[载体+过程+目的地]]
  - 拥有过程
    - 拥有者+过程+拥有物
    - 拥有者+过程+拥有者
    - 施事+过程+[[拥有者+过程+拥有物]]
  - 关联过程
    - 相关方1+过程+相关方2
    - 相关方1+相关方2+过程
    - 施事+过程+[[相关方1+过程+相关方2]]
- 行为过程
  - 行为者+过程
  - 行为者+过程+范围
  - 施事+过程+[[行为者+过程（+范围）]]
- 交流过程
  - 交流方+过程+交流内容
  - 交流方+过程+交流对象+交流内容
  - 交流方+交流内容+过程+交流对象
  - 施事+过程+[[交流方+过程+交流内容+交流对象]]
- 存在过程
  - 过程+存在方
  - 位置+过程+存在方
  - 施事+过程+[[位置+过程+存在方]]
- 气象过程
  - 过程+过程延长成分

图 2–5 何伟等人建构的汉语及物性系统网络

其四，及物性理论的"语篇化"得以增强。为了构建和完善汉语及物性系统网络，她们分析了 110 多篇不同文体的英语和汉语语篇，积累了一定的经验；此外，还从英国国家语料库（BNC）和北京大学中国语言学研究中心（CCL）现代汉语语料库中抽取实例来描述语义配置结构，以保证示例的代表性和可靠性。

在充分融合、吸收前人研究的基础上，何伟等人建构了更为全面和系统的及物性系统网络，努力实现了及物分析和作格分析的全面融合。应该说，她们的研究进一步推动了及物性探讨朝着本土化、适用化的方向发展。但是，也存在一些不足。首先，动作过程分类方面的论述存在问题。虽然她们提出把动作过程细分为物质动作过程和社会动作过程，但在论述动作过程语义配置结构时却没有区分哪些属于物质动作过程，哪些属于社会动作过程。其次，她们把动作过程的语义配置结构划分为单参与者、双参与者和三参与者等类别，参照的标准是参与者的数量。这与心理过程和关系过程语义配置结构的分类标准有明显不同。因此，在语义配置结构分类方面还需统一标准。最后，虽然她们对汉语及物性过程类型的研究融合了 Halliday 和 Fawcett 等人的前期研究成果，并考虑到了汉语的部分特质，但过程分类的基石还不够坚实，科学的分类应该考虑自上而下的认知范畴化，这样才能保证分类的全面性，才能避免重叠。

除上述专著外，此阶段关于汉语及物性的研究还包括郑伟娜的论文《汉语把字句的及物性分析》，张敬源、王深的论文《基于加的夫语法的现代汉语“把”字结构及物性研究》，邓仁华的论文《汉语存在句的系统功能语法研究》，何伟、张存玉的论文《表达气象意义小句的及物性研究：系统功能类型学视角》等。这些研究多聚焦于汉语及物性系统的某个具体过程或某种特殊结构，鲜有对整个及物性系统的探讨，没有涉及及物性系统建构，以及英汉及物性系统对比等内容。

经过四十余年的发展，汉语及物性研究已经取得了较大的成就，但也存在一些突出问题，比如“本土化”研究不够，类型学研究和跨语类研究较少。此外，对世界经验的自上而下的范畴化研究明显滞后，研究者更多关注语义系统（semantic system）即及物性过程分类的多寡，忽视了建构世界经验的意念系统即人类的认知世界。因此，汉语及物性理论的发展还需要汉外学界以及各理论流派的深度参与，以共同解决汉语及物性理论发展中的难题，从而推动汉语语法和语义研究的理论创新。

四　英汉及物性对比研究

对比研究（Contrastive Studies）是现代语言学领域的一种重要研究方法，是从比较语言学（Comparative Linguistics）逐渐发展而来的。早在 19 世纪 20 年代，德国语言学家 Humboldt[①] 就已经提出对比研究的理论问题。而后，丹麦语言学家 Jespersen[②]、美国人类语言学家 Whorf[③]、美国语言学家 Lado[④] 等就对比研究做了进一步的系统论述。Humboldt[⑤] 指出，对比研究是普通语言学研究的基石、支柱，对比不仅可以考察各语言的组织，还可以考察各语言的进一步发展状态；进行语言对比研究，能让人们更加深刻地认识人类语言的本质，比如语言承载了人类知性世界的哪些部分，语言如何受到各民族个性的影响，以及语言反过来又是如何影响各民族的个性的。赵元任[⑥]先生认为，“所谓语言学理论，实际上就是语言的比较，就是世界各民族语言综合比较研究得出的科学结论。”吕叔湘[⑦]明确指出，“只有比较才能看出各种语言表现法的共同之点和特殊之点。”在《中国文法要略》中，吕叔湘把汉语同印欧语尤其是同英语在许多地方作了

① Humboldt W. von. On the Comparative Study of Language and Its Relation to the Different Periods of Language Development// Harden T.，Farrelly D. *Essays on Language/Wilhelm von Humboldt*. Frankfurt and Main：Lang，1820/1997，pp. 1 - 22；Humboldt W. von. *On Language*：*The Diversity of Human Language Structure and Its Influence on the Mental Development of Mankind*（translated by Heath P.，with an introduction by Aarsleff H.）. Cambridge：Cambridge University Press，1836/1988.

② Jespersen O. *The Philosophy of Grammar*. London：George Allen & Unwin，1924/Beijing：Beijing World Publishing Corporation，2015；Jespersen O. *Mankind*，*Nation and Individual from a Linguistic Point of View*. London：George Allen & Unwin，1946.

③ Whorf B. Language and Logic// Carroll J. *Language*，*Thought and Reality*：*Selected Writings of Benjamin Lee Whorf*. Cambridge，M. A.：The MIT Press，1941/1956，pp. 233-245.

④ Lado R. *Linguistics Across Culture*：*Applied Linguistics for Language Teachers*. Ann Arbor，MI.：University of Michigan Press，1957.

⑤ Humboldt W. von. On the Comparative Study of Language and Its Relation to the Different Periods of Language Development// Harden T.，Farrelly D. *Essays on Language/Wilhelm von Humboldt*. Frankfurt and Main：Lang，1820/1997，pp. 6-7.

⑥ 转引自王力《王力论学新著》，广西人民出版社 1983 年版，第 40 页。

⑦ 吕叔湘：《中国文法要略》，商务印书馆 1982 年版，上卷初版［1942］例言页。

“画龙点睛式”的比较[①]，比如在词类划分和句法分析上。

就对比研究的对象而言，可以是理论层面的对比，也可以是具体应用层面的对比。同样对于及物性而言，我们既可以从汉语和英语及物性的理论层面，如过程类型及其语义配置结构等方面进行对比，也可以从体现语义配置结构的语言实例（instance）层面进行对比。从目前的文献来看，国内外研究者关注的重点还是个体语言的及物性系统，比如英语和汉语及物性系统，而对两种语言及物性系统进行对比的研究还比较欠缺。

虽然有些学者[②]较早借用及物性理论来描写和分析汉语，但还不是真正意义上的对比，这是因为他们的关注重点是及物性理论是否同样适用于汉语语义分析。

真正意义上的对比研究肇始于20世纪90年代中期。胡壮麟[③]在《语篇的衔接和连贯》中，从语篇分析的视角出发，讨论了英汉两种语言的六种及物性过程（物质、心理、关系、行为、言语和存在），并对其中的物质、心理和存在过程作了对比。在对比物质过程时，他论述到，当目标做主语时，英汉两种语言都有被动语态，英语的结构是“be+过去分词”，汉语则用“被”字结构。在分析心理过程时，他指出，英语中的感觉者和现象都有可能做主语，如“I［Senser］like［Process：mental］it［Phenomenon］”和“It［Phenomenon］pleases［Process：mental］me［Senser］”，汉语中也存在类似的情况，如“这［Phenomenon］可是乐坏［Process：mental］了他的叔叔［Senser］”，但是像英语一样的对称用法却少见。在对比英汉存在过程时，他发现，英汉存在过程的语义成分是一样的，不同之处在于句法结构。英语需要一个“there”来做主语，汉语中环境因子可以直接出现在主语的位置上。

进入21世纪，彭宣维[④]出版了《英汉语篇综合对比》一书。该专著

① 王菊泉：《吕叔湘先生对我国语言对比研究的贡献——纪念吕叔湘先生百年诞辰》，《外语教学与研究》2004年第5期，第323—330页。

② Teng S. *A Semantic Study of Transitivity Relations in Chinese*. Berkeley，C. A.：University of California Press，1975；Teng S. *A Semantic Study of Transitivity Relations in Chinese*. Taiwan：Student Book，1976；周晓康：《从及物性系统看汉语动词的句法——语义结构》//胡壮麟：《语言系统与功能》，北京大学出版社1990年版，第108—124页。

③ 胡壮麟：《语篇的衔接与连贯》，上海外语教育出版社1994年版。

④ 彭宣维：《英汉语篇综合对比》，上海外语教育出版社2000年版，第227—252页。

借用Halliday系统功能语法的三大元功能理论，从英汉语篇范畴出发，对英汉语篇所体现的“信息功能”（主位、主题和信息）、人际功能（语气、语体和“美学”）和概念功能（过程、环境、小句复合体和“语篇组织”），以及各功能的次范畴进行了对比研究。就概念功能而言，彭宣维主要论述了由过程、参与者和环境成分构成的及物性系统，以及体现小句复合体内小句之间关系的逻辑语义系统。在及物性系统方面，他逐一对比了英汉小句的七种基本过程，即物质过程、行为过程、心理过程、言语过程、关系过程、存在过程和气象过程。在对比体现物质过程的典型动词时，他发现，由于人类的认知大致相同，英汉体现物质过程的典型动词都有可能是具体的，如“attack”“catch”“打”“拍”，也有可能是抽象的，如“resign”“retire”“退休”“辞职”。汉语的动词和英语一样，既可以带一个参与者如“门开着呢”和“The door opens”，也可以带两个参与者如“我敲敲门”和“I knocked at the door”。在论述心理过程时，他发现，英语和汉语中都存在如“admire”“欣赏”类的动词，兼具双重语义角色，即表达感知和情感两种功能。在讨论关系过程时，他发现，与英语相比，汉语中体现关系过程的持续相动词和感知相动词很少；英语中的感知相动词如“sound”“smell”表达的意义，汉语中则需要一个动词词组来表达，如“听起来”“闻起来”。在分析英汉行为过程时，他指出，与英语一样，汉语表行为过程的动词如“咳嗽”“微笑”后面一般是不接宾语的。对于存在过程，他指出，汉语中没有像英语那样的“there+be”结构，汉语中表存在过程的典型无标记动词不是与“be”相当的“是”，而是“有”。最后谈到气象过程时，他指出，英语中必须有一个作载体的“it”，如“It is raining”，而汉语却不需要。讨论完七种过程之后，他接着对比了英汉两种语言中的两种特殊参与者，即受益者（Beneficiary）和范围（Range）。最后，他对比分析了与过程动词有关的环境成分，以及这些环境成分的结构特征。对于英汉及物性呈现出的异同，他没有做进一步的解读。

2010年以后，对英汉及物性系统进行过对比研究的学者包括Sun & Zhao和何伟等人。Sun & Zhao[①] 对比了及物性系统的六种主要过程，即物

① Sun Y., Zhao Y. A Comparison of Transitivity System in English and Chinese. *Cross-Cultural Communication*, 2012, Vol. 8, No. 4, pp. 75-80.

质过程、心理过程、关系过程、言语过程、行为过程和存在过程。对比后他们发现，英汉及物性系统在语义表达上是相似的（semantically the same），除特殊情况外，可以在英汉翻译中实现及物性过程的对等转换。Sun & Zhao 的对比研究主要是服务于英汉翻译，未能在更深层次上对英汉两种语言之间的差异作出充分的解释。

何伟等人①重点研究了英汉及物性理论的架构。她们分别为英汉两种语言勾画出一幅更为完整的及物性系统网络图。在这一过程中，她们考虑到英语和汉语的特质，对一些语义配置结构进行了增减，如英语中有"There+Pro+Ext+Loc"语义配置结构，即"there be"结构，汉语中则没有，等等。她们对英汉及物性系统语义配置结构的研究，有助于从微观层面对英汉及物性过程进行对比。但是，她们关注的重点是英汉及物性系统网络的建构，对比不是主要内容。因此我们认为，有必要继续开展更为全面的英汉及物性系统对比。

综上，从国内外的文献来看，对英汉及物性系统进行对比的研究还比较欠缺，而且现有的研究也不够全面、深入。大多数研究仅仅侧重于某一层面，没有从理论本体和理论应用两个层面对英汉两种语言的语义系统进行对比。因此，我们认为，有必要在充分梳理文献的基础上，对英汉及物性系统做进一步的研究，以期更深入地认识英汉两种语言在世界经验表征上的异同，从而更好地探索语言与民族个性、民族思维以及民族文化之间的关系。

第四节　及物性和及物性系统概念再认识

通过上述梳理，我们发现学界对及物性、及物性系统两个概念的认识有着较大差异。这种差异不仅体现在研究视角上，即从形式层还是从意义层看及物性，还体现在概念内涵所涉及的范畴上。因此，为了更好地认识和研究及物性、及物性系统，在综合考察国内外学者针对及物性、及物性系统概念所作的界定的基础上，我们尝试厘清及物性、及物性系统概念，

---

① 何伟、张瑞杰、淡晓红、张帆、魏榕：《汉语功能语义分析》，外语教学与研究出版社 2017 年版；何伟、张瑞杰、淡晓红、张帆、魏榕：《英语功能语义分析》，外语教学与研究出版社 2017 年版。

以此作为继续研究的基础。

一 及物性概念再认识

为了便于研究，我们选取了工具书、学术著作和知识百科上的七个典型定义作为考察对象。通过考察和分析这些界定的优势与不足，我们期望能够厘清及物性的概念内涵，进而提出更全面的定义。

定义一①：

英文：In traditional grammar，“**transitivity**” refers simply to the number of object complements that appear with a verb in a clause；intransitive clauses have no object complements and transitive clauses have one. A third type is ditransitive clauses，which have two objects，termed “direct” and “indirect” objects.

In many languages，…some verbs can appear in either intransitive and transitive clauses，as in English *I ran away*（intransitive）vs. *I ran a race*（transitive）.

…transitive verbs were said to “transfer” an action from a subject to an object，and intransitive verbs signified no such transfer.

中文：从传统语法角度讲，“**及物性**”指小句中与动词一同出现的宾语补足语的数量。不及物小句没有宾语补足语；及物小句有一个；双及物小句则有两个宾语，分别为直接宾语和间接宾语。

许多语言中，……有些动词既可出现于不及物小句，也可出现于及物小句，如英语中的“I ran away”和“I ran a race”，以及汉语中的“车来了”和“来碗肉丝面”②。

……及物动词的作用是将动作从主语“转移”至宾语；不及物动词则没有转移动作的作用。

---

① Kemmer S. Transitive and Voice：Overview// Frawley W. *International Encyclopedia of Linguistics*. Oxford：Oxford University Press，2003，p. 277.

② 汉语例句系本书作者添加。除特殊标注外，本部分汉语例句均来自北京大学中国语言学研究中心（CCL）现代汉语语料库和北京语言大学 BCC 语料库。

定义二[①]：

英文：**Transitivity**（n.）：A category used in the GRAMMATICAL analysis of CLAUSE/SENTENCE CONSTRUCTIONS, with particular reference to the VERB's relationship to DEPENDENT elements of structure. The main members of this category are transitive (tr, trans), referring to a verb which can take a direct OBJECT (as in *He saw the dog*), and intransitive (intr, intrans), where it cannot (as in * *He arrived a ball*). Many verbs can have both a transitive and an intransitive use (cf. *We went a mile* vs. *We went*)...Verbs which take two objects are sometimes called ditransitive (as opposed to monotransitive), as in *She gave me a pencil*. There are also several uses of verbs which are marginal to one or other of these categories, as in pseudo-intransitive constructions (e. g. *The eggs are selling well*, where an agent is assumed- 'Someone is selling the eggs' -unlike normal intransitive constructions, which do not have an agent transform: *We went*, but not * *Someone went us*).

中文：**及物性**是分析小句或句子语法结构所使用的一个范畴，尤其指动词与依附成分之间的关系。此类语法范畴包含四类成员，即及物和不及物两个主类，以及双及物和假拟不及物两个辅类。**及物**指动词能带直接宾语，如英语中的"He saw the dog"，以及汉语中的"高羊看到了刺刀的寒光"（莫言《天堂蒜薹之歌》）；**不及物**指动词不能带直接宾语，如英语中的"He arrived"，以及汉语中的"大黑獒那日当天下午就苏醒了"（杨志军《藏獒》）；许多动词兼具及物和不及物两种用法，如英语中的"We went a mile"和"We went"，以及汉语中的"他笑了"和"他笑你"。……**双及物**指动词可带两个宾语，如英语中的"She gave me a pencil"，以及汉语中的"你今天要给我一个决断"[②]（张恨水《欢喜冤家》）；**假拟不及物**则指主语系假定施事的情况，如英语中的"The eggs are selling well"，以及汉语中的"南屋的门开了"（老舍《赵子曰》）。

---

① Crystal D. *A Dictionary of Linguistics and Phonetics*. Oxford: Blackwell, 2008, p. 494；［英］戴维·克里斯特尔：《现代语言学词典》，沈家煊译，商务印书馆2000年版，第368页。

② 下划直线表直接宾语，下划波浪线表间接宾语。

上述两个定义出自两本有重要影响力的语言学词典，有很高的权威性。两个定义有四个共同点：其一，都是从传统语法视角进行的界定；其二，关注的均是小句/句子的语法结构，即动词与依附成分之间的关系；其三，按照动词能否接宾语以及可接宾语的数量把小句/句子划分为若干种类，即定义一的三种和定义二的四种；其四，基本上不涉及语义关系，没有关于参与者、动作过程以及环境成分等语义要素的描述。

传统语法中，及物性研究主要是围绕动词展开的。动词的属性决定了动词可否接宾语以及可接宾语的数量。对于宾语的属性，如宾语是受事、现象、处所、范围等，以及主语的属性，如主语是施事、感受者、载体、行为者等，则不予以考虑。因此，传统语法对及物性的界定是从语言教学的角度出发的，旨在帮助学习者分析以动词为中心的句法关系。

定义三①：

英文：**Transitivity** designates the textual construction of reality through the description of participants and processes, as reflected in nouns and verbs of the text.

中文：**及物性**指通过对参与者和过程的描述来诠释文本对现实的建构，具体体现在文本的名词和动词上。

定义三出自14卷本的百科全书——《语言与语言学百科全书》。该定义的独特之处在于：其一，建立起了文本与现实的关联；其二，指出了句法和语义之间的对应关系，即参与者由名词体现，过程由动词体现。不足之处有两点。其一，该界定没有涉及环境成分。除参与者和过程外，及物性还应包含环境成分。其二，文本不仅可以建构现实，还可以识解现实。文本作为人类认知的产物，体现了人类的认知能力。人类的认知能力比如概念化和范畴化能力，使得人类能够完成建构和识解现实的双向过程。

从定义的内容看，主要是从认知—语义视角对及物性进行诠释的。虽

① Schrøder K. Media：Pragmatics// Brown K. *The Encyclopedia of Language and Linguistics*. Oxford：Elsevier/Shanghai：Shanghai Foreign Language Education Press，2005/2008，p. 626.

然该定义还不够完整、全面，但为人们从认知—语义视角认识及物性提供了重要参考。

定义四[①]：

及物性指系统地表示参与某种交际的人之间关系的语法特征，并表示参与者的行为、状态或环境之间关系的语法特征。从动词的配价角度看，及物性指需要有一个直接宾语的动词（如 read、see、hear）的配价特征。更加广义地说，支配其他宾语如与格（dative）和属格（genitive）的动词也可以看作是“及物”动词，而完全没有宾语的动词（如 sleep、rain）才会看作不及物动词。一个动词的及物性表现为至少与两个在语义上起着“施事”（agent）或“受事”（patient）作用的名词或名词短语有关。

在功能语法中，及物性指的是描述小句（clause）的系统，在对小句作及物性分析时要涉及过程（process）、过程的参与者（participant）和参与者的作用（role），同时还要确定环境成分（circumstantial element）。

定义四出自一本在中国语言学界有较大影响力的词典——《新编英汉语言学词典》。该界定有以下几点不足。其一，条理不清，尤其体现在第一段。第一段的第一句话是从交际—语义视角描述及物性的，内容主要涉及参与交际的人之间的关系以及参与者的行为、状态和环境等。而后转向了动词配价。我们认为，在界定及物性时应该首先区分并指明视角。其二，把动词配价和动词及物性掺和在一起，不利于及物性解释。配价指动词对名词性成分（还包括动词、形容词、介词短语、小句）的支配能力[②]。按照支配能力，动词可分为一价（monovalent）、二价（bivalent）、三价（trivalent）动词，如“put it on the table”中，“put”后接了一个直接宾语“it”，但“put”却是一个三价动词，因为“put”这一动作的完成要涉及放东西的人、被放的东西以及放置的位置等三个成分。因此，及物性和配价没有直接的关系，不应借动词配价来解释及物性。其三，对及

① 戴炜华：《新编英汉语言学词典》，上海外语教育出版社 2011 年版，第 875—876 页。

② 袁毓林：《汉语配价语法研究》，商务印书馆 2010 年版，第 7 页。

物动词的分类不够严谨。其四，功能语法视角下的及物性界定不够具体、准确。“及物性指的是描述小句（clause）的系统”一句太过宽泛。

定义五①：

英文：Our most powerful impression of experience is that it consists of a flow of events, or ‘goings-on’. This flow of events is chunked into quanta of change by the grammar of the clause: each quantum of change is modelled as a figure — figure of happening, doing, sensing, saying, being or having. All figures consist of a process unfolding through time and of participants being directly involved in this process in some way; and in addition there may be circumstances of time, space, cause, manner or one of a few other types. These circumstances are not directly involved in the process; rather they are attendant on it. All such figures are sorted out in the grammar of the clause. Thus as well as being a mode of action — or rather of interaction: of giving and demanding goods-&-services and information, the clause is also a mode of reflection, of imposing linguistic order on our experience of the endless variation and flow of events. The grammatical system by which this is achieved is that of **TRANSITIVITY**. The system of **TRANSITIVITY** provides the lexicogrammatical resources for construing a quantum of change in the flow of events as a figure — as a configuration of elements centred on a process.

中文：我们对经验最深刻的印象就是它包含一连串的事件或“发生”。所有这些事件都在小句语法层面被切分成一系列的变化量子流：每种变化量子流可模式化为一种图形——发生图形、做事图形、感知图形、言语图形、存在图形或拥有图形。所有的图形都包含随时间展开的过程、与过程存在直接关联的参与者，以及时间、空间、方式等环境成分。这些环境成分与过程之间没有直接关联，它们是过程的附属物。所有图形都在小句语法层面得到分类整理。因此，小句除了是一种行为模式，一种交互模式——寻求、给予物品及服务和信息，还是一种反映模式，一种为无限

① Halliday M. A. K., Matthiessen C. M. I. M. *Halliday's Introduction to Functional Grammar*. London: Routledge, 2014, p. 213.

变化和流动事件等经验赋予语言秩序的模式。实现这一目标的语法系统就是**及物性**。**及物性系统**为事件变化量子流识解为图形提供词汇语法资源——也就是为事件变化量子流识解为以过程为中心的成分配置结构提供词汇语法资源。

从文献上看，用“及物性”表达语义概念是Halliday首先提出的。在《英语的及物性和主位札记》系列论文上篇中，Halliday[①]将及物性系统定义为“小句表达的过程类别、与过程相关的有生命或无生命的参与者，以及与过程和参与者有关的各种属性和环境成分”。而后在《功能语法导论》第一版和第二版中，Halliday[②]给及物性下了一个更为全面的定义，即“有关我们经验的最深刻的印象是，它包含了各种‘事件’——发生、做事、感知、意指、存在和变成，所有这些事件都在小句语法中得到分类整理。因此，小句不仅是一种行为模式，一种给予和索取物品及服务和信息的模式，也是一种反映模式，一种为无限变化和流动事件赋予秩序的模式。实现这一目标的语法体系就是**及物性**。**及物性系统**把经验世界识解为一组可以操作的过程类别”。

在《功能语法导论》第三版和第四版中，Halliday & Matthiessen[③]进一步完善了及物性的定义，把及物性看成表达行为模式、交互模式、反映模式和经验表征模式的语法系统。在Halliday & Matthiessen看来，及物性表征人们对主客观世界的各种经验，包括发生、感知、言语、存在和拥有等事件经验。这些事件经验涉及过程本身、与过程直接相关的参与者以及时间、空间、方式等环境成分。Halliday & Matthiessen的定义已经借用了认知科学中的图形（figure）概念，把事件看成认知图形。但遗憾的是，Halliday & Matthiessen没有进一步说明大脑中的经验是如何形成的，比如

---

① Halliday M. A. K. Notes on Transitivity and Theme in English: Part 1. *Journal of Linguistics*, 1967, Vol. 3, No. 1, p. 38.

② Halliday M. A. K. *An Introduction to Functional Grammar*. London: Arnold, 1985, p. 101; Halliday M. A. K. *An Introduction to Functional Grammar* (2nd edition). London: Arnold, 1994/Beijing: Foreign Language Teaching and Research Press, 2000, p. 106.

③ Halliday M. A. K., Matthiessen C. M. I. M. *An Introduction to Functional Grammar* (3rd edition). London: Arnold, 2004; Halliday M. A. K., Matthiessen C. M. I. M. *Halliday's Introduction to Functional Grammar*. London: Routledge, 2014.

说都是借助哪些认知机制而形成的。

定义六①：

及物性指某些被系统地用来表示某种交际活动中参与者间的某种关系，以及参与者的活动、状态或环境之间的某种关系的语法特征。韩礼德语言三大纯理功能中，概念功能在语言系统中就是通过及物性系统来体现的，是表现概念功能的一个语义系统。及物性系统的作用在于将人们对现实世界的认识分成若干种“过程”，并标明与各种过程相关的“参与者”和“环境成分”。一般包括六种不同的过程：（1）物质过程（material process）；（2）心理过程（mental process）；（3）关系过程（relational process）；（4）行为过程（behavioral process）；（5）言语过程（verbal process）；（6）存在过程（existential process）。

定义六出自《语言学与应用语言学百科全书》。该定义与定义四有一定的传继关系。该定义也是从语义角度展开的，涉及 Halliday 所讲的及物性的内涵。但是，该定义对 Halliday 及物性理论的内涵，以及及物性与概念功能、三大元功能之间关系的表述不够准确。及物性是表达经验功能的语义系统。经验功能和逻辑功能共同构成了三大元功能之一的概念功能。因此，定义中“概念功能在语言系统中就是通过及物性系统来体现的，是表现概念功能的一个语义系统”的表述不够准确、具体。

定义七②：

英文：In linguistics, transitivity is a property of verbs that relates to whether a verb can take direct objects and how many such objects a verb can take. It is closely related to valency, which considers other verb arguments in addition to direct objects. The obligatory noun phrases and prepositional phrases determine how many arguments a predicate has. Obligatory elements are con-

① 梅德明：《语言学与应用语言学百科全书》，北京大学出版社 2017 年版，第 219 页。

② Wikipedia. Transitivity, https://en.wikipedia.org/wiki/Transitivity_(grammar), 2018-12-13.

sidered arguments while optional ones are never counted in the list of arguments.

Traditional grammar makes a binary distinction between intransitive verbs that cannot take a direct object (such as *fall* or *sit* in English) and transitive verbs that take one direct object (such as *throw*, *injure*, *kiss* in English). In practice, many languages (including English) interpret the category more flexibly, allowing: ditransitive verbs, verbs that have two objects; or even ambitransitive verbs, verbs that can be used as both a transitive verb and an intransitive verb. Further, some verbs may be idiomatically transitive, while, technically, intransitive. This may be observed in the verb *walk* in the idiomatic expression *To walk the dog*.

In functional grammar, transitivity is considered to be a continuum rather than a binary category as in traditional grammar. The "continuum" view takes a more semantic approach. One way it does this is by taking into account the degree to which an action affects its object (so that the verb *see* is described as having "lower transitivity" than the verb *kill*).

中文：在语言学中，**及物性**指动词能否接宾语以及可以接多少宾语。这与动词的配价密切相关，因为配价不仅会考虑到直接宾语，而且还会考虑到其他动词论元。谓体论元的数量由必要名词短语和介词短语组成。必要成分属于论元，而可选成分则不在论元之列。

传统语法采用二分法，将动词区分为不能带直接宾语的不及物动词（如英语中的"fall"和"sit"）和能带一个直接宾语的及物动词（如英语中的"throw""injure"和"kiss"）。实际上，许多语言（包括英语）涵盖的分类更加灵活，还包括接两个宾语的双及物动词，甚至是兼性动词，即既可作及物动词又可作不及物动词的动词。还有些动词，从技术层面看是不及物动词，但在习语中可作及物动词，如习语"to walk the dog"中的"walk"。

在功能语言学中，**及物性**被看作连续统而非传统语法里的一分为二。"连续统"观更倾向于语义路径。其中做法之一是把动作对其作用对象的影响程度考虑进去（这样一来，动词"see"的及物性程度要比"kill"低）。

定义七出自 Wikipedia（维基百科）在线。其中有三段论述关涉及物性的界定。从第一段可以看出，该段对及物性的描述是从配价语法视角进行的——不过，该段的第一句话却更符合传统语法视角下的界定。动词的配价指动词接必要论元的数量，论元可由名词短语、介词短语等承担。因此，动词论元不同于传统语法中的动词宾语。第二段是从传统语法视角对动词的分类。按照能否接直接宾语，首先把动词区分为不及物动词和及物动词。接着，考虑到不同语言对动词分类的灵活性，该界定进一步把及物动词分为单及物动词、双及物动词，以及既可作及物动词又可作不及物动词的兼性动词。该界定还考虑到一些特殊情况，如“walk”在技术层面是不及物动词，但在习语中可作及物动词。第三段是从功能视角对及物性作的描述。该描述采用的是 Hopper & Thompson[①] 的观点。在 Hopper & Thompson 看来，及物性表达的不是动词的特征，而是小句的特征，是通过小句获得的一种语义关系。及物性有“度”的概念，即小句及物性程度的高低由参与者、动作性、体特征等十个参数（见表2-18）共同决定。此外，两位语言学家[②]还认为，及物性的高低与信息结构存在耦合效应，即高及物性与前景信息（foregrounding）息息相关，低及物性则与背景信息（backgrounding）相关。

表2-18　　　　小句及物性程度

序号	参数	高及物性	低及物性
1	参与者（participant）	两个或更多	一个
2	动作性（kinesis）	动作	非动作
3	体特征（aspect）	有界（telic）	无界（atelic）
4	瞬时性（punctuality）	瞬时动词	非瞬时动词
5	肯定性（affirmation）	肯定形式	否定形式
6	语气（mood）	现实的	非现实的
7	自主性（volitionality）	自主	非自主
8	施动性（agency）	施事的施动性强	施事的施动性弱

① Hopper P. J., Thompson S. A. Transitivity in Grammar and Discourse. *Language*, 1980, Vol. 56, No. 2, pp. 251-299.

② Hopper P. J., Thompson S. A. Transitivity in Grammar and Discourse. *Language*, 1980, Vol. 56, No. 2, p. 251.

续表

序号	参数	高及物性	低及物性
9	宾语受事性（affectedness of object）	宾语完全受影响	宾语不受影响
10	宾语个体性（individuality of object）	宾语高度个体化	宾语非个体化

Wikipedia 对及物性概念的描述存在三个方面的不足。其一，不够全面。Wikipedia 对及物性概念的描述尽管也参引了 Hopper & Thompson 的观点，但是却忽略了更早提出用及物性表达意义、表达语义关系的 Halliday 的贡献。其二，不够条理。把传统语法视角下的及物性与配价语法中的动词配价糅合在一起，可能会导致概念混乱。其三，不够明确。传统语法视角下的动词及物性分类不够具体、明了，不及上述定义二的分类清晰、明确。

在分析前人定义的优点与不足的基础上，我们尝试完善 Halliday 对及物性的界定，并梳理和总结传统语法和认知语言学对及物性的界定，以作为进一步深入研究的基础：

> 从传统语法视角讲，**及物性**是分析小句中动词与其依附成分宾语之间语法结构关系的概念范畴。按照能否接宾语，以及可接宾语的数量，动词通常可分为不及物动词、单及物动词、双及物动词，以及既可作及物动词又可作不及物动词的兼性动词四类。
>
> 从系统功能语言学视角讲，**及物性**是描述小句中过程、参与者和环境成分所表达的人们对主客观世界经验的语义系统。该语义系统体现人们识解和建构现实的方式，以及方式背后蕴涵的认知机制、思维模式、民族精神和生存方式。
>
> 从认知语言学视角讲，**及物性**是对小句所涉及的事件、事件参与者以及它们之间相互关系进行描述的语义概念。典型的及物事件涉及事体间能量的传递以及事体状态的改变。

上述三种界定分别是从传统语法、系统功能语言学和认知语言学视角进行的。当前，学界对传统语法视角下及物性的界定争议较少，只是有些分类所涵盖的范围不够广。系统功能语言学视角下的及物性新定义充分考虑到了文本、语义、经验、世界、认知之间的关系，以及导致语言间存在异同的因素。专门从认知语言学角度对及物性进行界定的文献还比较少。Rice① 从及物事件的原型性（prototypicality）出发，指出“典型的及物事件需要两种相对的参与者：一种是存在或具有潜在活动能力的动作启动者（施事），另一种是没有活动能力或相对不活跃的被动接受者（受事）”。从此论述可知，典型的及物事件有两个要素：一是施事和受事之间存在“非对称性交互”；二是能量在施事和受事之间出现“单方向流动”②。王惠静③指出，认知视域下的及物性具有物理性、动态性和多维性三个基本特征。上面从认知语言学视角对及物性的界定，正是考虑到了如上两个要素和三个特征。

二　及物性系统概念再认识

及物性系统概念是建立在及物性概念基础上的。两者关系密切，人们常常区分不开。Halliday 对及物性系统这一概念的阐释也经历了一些变化，如以下定义所示。

定义一④：

英文：**The transitivity systems** are concerned with the type of process expressed in the clause, with the participants in this process, animate and inanimate, and with various attributes and circumstances of the process and the participants.

中文：**及物性系统**涉及小句表达的过程类别、与过程相关的有生命或无生命的参与者，以及与过程和参与者有关的各种属性和环境成分。

① Rice S. *Toward a Cognitive Model of Transitivity*. Ph. D. Dissertation. San Diego, CA.: University of California at San Diego, 1987, p. 251.

② Song N. S. *Thematic Relations and Transitivity in English, Japanese and Korean*. Honolulu: University of Hawaii Press, 1993, p. 12.

③ 王惠静：《及物性的几个核心问题及其认知阐释》，《西南大学学报（社会科学版）》2017 年第 3 期，第 139 页。

④ Halliday M. A. K. Notes on Transitivity and Theme in English: Part 1. *Journal of Linguistics*, 1967, Vol. 3, No. 1, p. 38.

定义二①：

英文：**The transitivity system** construes the world of experience into a manageable set of PROCESS TYPES.

中文：**及物性系统**把经验世界识解为一组可以操作的过程类别。

定义三②：

英文：The **system of TRANSITIVITY** provides the lexicogrammatical resources for construing a quantum of change in the flow of events as a figure — as a configuration of elements centred on a process.

中文：**及物性系统**为事件变化量子流识解为图形提供词汇语法资源——也就是为事件变化量子流识解为以过程为中心的成分配置结构提供词汇语法资源。

上述三个差别较大的界定是 Halliday 分别于 20 世纪 60 年代、20 世纪 80 年代和 21 世纪初给出的。定义一强调的是及物性的组成成分，即及物性由过程、参与者和环境成分组成；定义二强调的是及物性系统的构成，即由“一组”过程类型构成，过程类型与世界经验之间关系密切，世界经验可以识解为一组过程类型；定义三强调的是及物性的作用，即为事件识解为图形提供词汇语法资源。三个定义各有优点，也各有不足。不足之处是，三个定义都没有完整表达出及物性系统概念的内涵，要么是仅涉及组成部分如定义一和定义二，要么是仅涉及作用如定义三。为解决这些问题，我们尝试融合多个要素，形成一个完整的定义。

从系统功能语言学视角讲，**及物性系统**是指人们用语言对主客观世界经验进行表征的一个语义系统网络，该网络由涉及不同参与者角色和相关环境角色的若干过程类型组成，是表征语言三大元功能之概

① Halliday M. A. K. *An Introduction to Functional Grammar*. London：Arnold，1985，p. 101；Halliday M. A. K. *An Introduction to Functional Grammar*（2nd edition）. London：Arnold，1994/ Beijing：Foreign Language Teaching and Research Press，2000，p. 106.

② Halliday M. A. K.，Matthiessen C. M. I. M. *Halliday's Introduction to Functional Grammar*. London：Routledge，2014，p. 213.

念功能中经验功能的一个语义系统。

上述界定有两个主要特点：其一，指出了及物性系统概念的本质内涵，即及物性系统是表达世界经验的语义系统，由涉及不同参与者角色和相关环境角色的若干过程类型组成；其二，说明了概念功能、经验功能与及物性系统之间的关系。把握好及物性系统这一概念，有助于我们接下来对世界经验的范畴化，对及物性系统的建构，以及对英汉及物性系统的对比。

第五节 结语

本章梳理了英汉及物性研究史、系统功能理论框架下及物性理论的起源与发展以及英汉及物性系统对比研究史，指出了及物性研究在不同历史时期取得的成就与存在的不足。总体而言，在漫长的研究过程中，人们对及物性的研究，无论在理论层面还是在应用层面都取得了较大进展，但是也存留一些值得继续研究和解决的问题。其一，对经验范畴化的研究比较滞后。目前还少有学者将范畴化与及物性系统建构联系在一起，缺乏对世界经验自上而下范畴化的描述。其二，对对比结论的阐释不够深入。在文献回顾时，我们发现相关对比研究的文献较少，且学界现有的研究也未能结合认知、思维以及文化对英汉及物性系统表现出来的差异作更深入的探讨。

第三章　世界经验范畴化与及物性系统建构[①]

第一节　引言

如 Hawking[②] 在《时间简史》中对早期宇宙的描述一样，未被人类认知的世界可能是“非常混沌和无序的”，像一团乱麻杂然地纠缠在一起，呈现出先秦哲人老子所阐释的“无名世界”的本原初始态。“无名，天地之始；有名，万物之母。”（老子《道德经》第一章）从“无名”到“有名”体现了人类为求得生存积极要求与自然界、世界万物互动的诉求。在这一互动过程中，人类不仅获取了对现象世界的感性认识，而且发现了现象间的规律，让原本混沌无序的世界变得清晰、条理。发现现象间的异同并对自然万物进行分类，说明人类具有强于自然界中其他动物[③]的本领和智慧。也正是由于这种强大的分类能力，长期以来人类才在纷繁芜杂的星球上周而复始、生生不息。

分类的重要性不仅体现在满足人类的生存需要上，还体现在认识人类

---

① 本章是在前期研究成果的基础上撰写而成，是对前期研究的进一步细化，详见 He W. Categorization of Experience of the World and Construction of Transitivity System of Chinese. *Word*, 2022, Vol. 68, No. 3, pp. 317-347.

② Hawking S. *The Illustrated A Brief History of Time*. London: Bantam Press, 1996；［英］史蒂芬·霍金：《时间简史》（插图本），许明贤、吴忠超译，湖南科学技术出版社 2001 年版，第 159 页。

③ 分类能力不唯人类所独有，自然界中的生物都具有这种能力，只是有低级和高级的区分。

的语言方面。丹麦语言学家 Jespersen[①] 曾说："人是分类的动物：在某种意义上可以说，人的全部讲话过程只不过是根据看到的相似点和相异点把各种现象（没有两种现象在每一方面都是相同的）分成不同的类而已。"在他看来，从人类运诸于内的意念思维到形诸于外的言语表达，都无法离开分类能力和分类过程。只有设想人拥有分类这种特殊的本能，才能解释人类言语的事实和结构[②]。

Lakoff[③]、Taylor[④] 等人把给事物分类的认知过程称为"范畴化"（categorization），把范畴化之后即分类之后的产物称为"认知范畴"（cognitive category）。当然，作为认知概念的范畴化，其内涵要比分类丰富得多，它不仅涉及对世界的分类，还涉及对千差万别的经验进行"处理、解构、拆分、推理以至综合"[⑤] 的一系列过程。从认知视角讨论范畴和范畴化并不意味着有关范畴和范畴化的研究是近三十年才出现的。其实，早在两千多年以前，哲学家如墨子、Aristotle 等就已经开启了对范畴的研究。Aristotle 对范畴的早期研究被称之为经典范畴论（Classical Theory of Category）。活跃于 13、14 世纪的"摩迪斯泰"学派、17 世纪的"波尔·洛瓦雅尔"学派以及 Chomsky 的学术研究都是基于经典范畴的理念而进行的。18、19 世纪，Kant、Hegel 等人进一步发展完善了经典范畴论。进入 20 世纪，经典范畴论受到哲学界、心理学界以及认知语言学界的挑战，以 Wittgenstein、Rosch 为代表的学者提出的"家族相似性"（Family Resemblance）、原型范畴论（Prototype Theory of Category），冲击了经典范畴

---

① Jespersen O. *Language: Its Nature, Development and Origin*. London: George Allen & Unwin, 1922, pp. 388-389.

② Cassirer E. *An Essay on Man. An Introduction to a Philosophy of Human Culture*. New Haven: Yale University, 1944；［德］恩斯特·卡西尔：《人论》，甘阳译，上海译文出版社 2004 年版，第 288 页。

③ Lakoff G. *Women, Fire, and Dangerous Things. What Categories Reveal about the Mind*. Chicago: University of Chicago Press, 1987/1990.

④ Taylor J. R. *Linguistic Categorization. Prototypes in Linguistic Theory*. Oxford: Oxford University Press, 1989; Taylor J. R. *Linguistic Categorization. Prototypes in Linguistic Theory* (2nd edition). Oxford: Oxford University Press, 1995/Beijing: Foreign Language Teaching and Research Press, 2001.

⑤ 钱冠连：《有理据的范畴化过程——语言理论研究中的原创性》，《外语与外语教学》2001 年第 10 期，第 7 页。

论中“范畴有明确界限”的规定。当然，对经典范畴论形成冲击并不意味着原型范畴论不存在缺陷。实际上，两家理论都存在某些缺陷①。因此，本章在充分回顾两家范畴理论并汲取其中精华的基础上，结合系统功能语言学框架下世界经验范畴化的已有研究，通过对世界经验自上而下的再范畴化，尝试建构起更为合理和系统的及物性系统网络，以期推动及物性理论和语义研究的创新与发展。

第二节　范畴化与世界经验

一　范畴、范畴化与世界经验

虽然早在两千多年以前，东西方哲学家如老子、墨子、Plato 和 Aristotle 就已经对范畴进行了较为系统的阐述，但是他们都没有直接给出范畴的定义。他们的阐述主要集中在范畴的内容、确定范畴的条件等方面。进入 20 世纪 70 年代，随着心理学和认知科学的发展，人们对“范畴”这一术语的内涵有了新的认识。认知语言学开始从认知能力、认知过程和认知结果来界定范畴的意义。总体上，我们可以从三个角度来讨论“范畴”的意义：其一，作为一般意义的“范畴”，指“类型、范围”②；其二，作为哲学术语的“范畴”，指“人的思维对客观事物的普遍本质的概括和反映”③；其三，作为认知概念的“范畴”，指“事物在人类认知中的归类”，是“范畴化的结果”④，是“概括出来的类别”⑤。

上面提到范畴是范畴化的结果。那么什么是“范畴化”？提到“范畴

① 王德春：《论范畴化——指导语言学博士生纪实》，《解放军外国语学院学报》2009 年第 5 期，第 1—4 页；赵彦春：《认知语言学：批判与应用》，南开大学出版社 2014 年版。

② 中国社会科学院语言研究所词典编辑室：《现代汉语词典》，商务印书馆 2016 年版，第 365 页。

③ 俞建梁、罗亚南：《概念范畴的多维研究》，世界图书出版广东有限公司 2014 年版，第 1、24—25 页。

④ 赵彦春：《认知语言学：批判与应用》，南开大学出版社 2014 年版，第 106 页。

⑤ 王德春：《论范畴化——指导语言学博士生纪实》，《解放军外国语学院学报》2009 年第 5 期，第 1 页。

化”，研究者①多把它看成一个认知语言学术语，从认知和心理角度加以界定。当然，也有学者如杨永林、庄元莉②和王寅③同时从哲学和认知语言学两个学科视域下对其进行界定。杨永林、庄元莉④的界定是通过一组描述性参数特征来实现的：

(1)“范畴化”是人类认识世界的一种方式方法，有助于我们对客观世界进行哲学化思考；

(2)“范畴化”是人类描述世界的一种表意手段，蕴涵着如何理解自然语言在人类认识世界过程中的作用；

(3)“范畴化”是人类思维活动的一种表现方式，为观察分析人类大脑的活动提供了一种方法论导引；

(4)“范畴化”是人类进行信息处理的一种前提条件，反映出一种跨学科研究的优势；

(5)“范畴化”是源于人们日常生活的一种经验总结，有助于突显社会认知在人类认识世界过程中的作用；

(6)“范畴化”有可能受文化图式和语言系统的影响，对于语言学理论研究产生深远影响；

(7)“范畴化”是人类掌握知识的一种必要工具，为知识学习的研究提供一种心理学的方法；

(8)“范畴化”是一个十分重要但又尚未完全充分揭示的学科前沿概念，有可能成为新时期语言学研究、心理学研究、社会学研究中的一个新的学科生长点。

---

① Lakoff G. *Women, Fire, and Dangerous Things. What Categories Reveal about the Mind*. Chicago: University of Chicago Press, 1987/1990；张敏：《认知语言学与汉语名词短语》，中国社会科学出版社 1998 年版；Wilson R. A., Keil F. C. *The MIT Encyclopedia of the Cognitive Sciences*. Cambridge, MA.: The MIT Press/Shanghai: Shanghai Foreign Language Education Press, 1999/2000；吴为善：《认知语言学与汉语研究》，复旦大学出版社 2011 年版。

② 杨永林、庄元莉：《了解范畴化现象促进语言学研究》，《外语与外语教学》2005 年第 5 期，第 1—5 页。

③ 王寅：《什么是认知语言学》，上海外语教育出版社 2011 年版。

④ 杨永林、庄元莉：《了解范畴化现象促进语言学研究》，《外语与外语教学》2005 年第 5 期，第 2 页。

杨永林、庄元莉的上述八个参数可以说是对“范畴化”属性特征的哲学和认知语言学解读，不是严格意义上的定义。王寅[①]将范畴化定义为：“范畴化是指人们划分范畴的过程和方式，体验哲学和认知语言学将其描述为‘人们基于互动体验，对外界事体（事物、实践、现象等）的属性进行适度概括和类属划分的心智过程和理性活动’。”这个定义较清晰地阐释了认知视角下范畴化的内涵（单引号内的内容）。

通过上述文献梳理，我们可以作出如下总结：其一，从哲学视角，范畴化指人的思维对客观事物的普遍本质做出概括和反映的过程和方式；其二，从认知视角，范畴化指人基于互动体验，对主客观事体（事物、实践、现象等）的属性进行适度概括，抽象出事体间的相似性，并据此对世界进行类属划分，进而形成概念的心智过程和理性活动。另外需要说明的是，“经验”是“体验性感知运动和认知结构的结果——这些运动和结构在我们与不断变化的环境的持续互动中产生意义”[②]。认知视角下的范畴化过程实际上包括“识别（或区分）、概括和抽象”三个阶段[③]。

范畴化是人类拥有的一种基本能力，正是因为拥有这种能力，人们才能够对丰富多彩的世界经验进行多向度的划分，乃至无穷的划分。“没有范畴化能力，我们根本不可能在物质世界、社会生活以及精神生活中发挥作用。”[④] 生命不止，范畴化不息；“人类生命的过程就是认识世界的过程，而认识世界的过程就是人类持续不断的范畴化的过程。”[⑤] 范畴化能力虽为人类“天生”和“共有”，但是我们对世界经验的划分却不尽相同，这是因为每个个体都是依据自身所处的世界以及所处世界采用的参照系来处理经验的。因此才有了 Aristotle[⑥] 的十范畴、老子的“道”“阴、阳”和“天、地、气”范畴（老子《道德经》第四十二章）、墨家的

---

① 王寅：《什么是认知语言学》，上海外语教育出版社 2011 年版，第 31 页。

② Johnson M., Lakoff G. Why Cognitive Linguistics Requires Embodied Realism. *Cognitive Linguistics*, 2002, Vol. 13, No. 3, p. 248.

③ 赵彦春：《认知语言学：批判与应用》，南开大学出版社 2014 年版，第 114 页。

④ Lakoff G. *Women, Fire, and Dangerous Things. What Categories Reveal about the Mind*. Chicago: University of Chicago Press, 1987/1990, p. 6.

⑤ 陈海叶：《系统功能语言学的范畴化研究》，上海大学出版社 2009 年版，第 5 页。

⑥ Aristotle. *The Complete Works of Aristotle. The Revised Oxford Translation* (edited by Barnes J.). Princeton, NJ.: Princeton University Press, 1984/1991.

“久、宇、动”范畴（《经上》）、Kant① 的十二个知性范畴、Popper② 的“三个世界”③ 范畴，以及 Halliday④ 的“外部/现实世界和内部/内心世界”范畴。这些范畴划分的理论依据可归纳为两种，即经典范畴论（Classical Theory）和原型范畴论（Prototype Theory）。

二 经典范畴论与世界经验

尽管学界⑤多把从 Aristotle 到 Wittgenstein 的两千多年称之为传统的经典范畴论时期，但其实早在 Aristotle 之前，古希腊哲学家就已经划分出许多哲学范畴，为 Aristotle 经典范畴学说的创立奠定了基础。比如，古希腊第一个哲学派——米利都（Miletus）学派提出“水”“气”“无限”范畴，为自然界物质形态的相互转化描绘了第一幅草图；爱菲斯（Ephesus）学派的代表人物 Heraclitus 提出“变化”“逻各斯”“对立与统一”等范畴，为辩证法研究奠定了基础；毕达哥拉斯（Pythagoras）学派提出西方哲学史上第一个范畴表，共包含十对范畴：“有限与无限”“奇与偶”“一与多”“左与右”“阴与阳”“静与动”“明与暗”“曲与直”“善与恶”“正方与长方”；爱利亚（Elea）学派的代表人物巴门尼德（Parmenides）提出“存在与非存在”范畴；Plato 在《巴门尼德篇》《智者篇》等著述中重点讨论了“存在与非存在”“一与多”“无限与有限”“运动与静止”“同一与差别”“全体与部分”“相似与不相似”“相等与

① ［德］伊曼努尔·康德：《任何一种能够作为科学出现的未来形而上学》，庞景仁译，商务印书馆 1978/1997 年版。

② Popper K. R. *Objective Knowledge: An Evolutionary Approach*. Oxford: Oxford University Press, 1972.

③ Popper 认为，世界至少包括三个在本体论上泾渭分明的次世界，即本真实物世界（世界 1）、心智思维世界（世界 2）和符号意象世界（世界 3）。

④ Halliday M. A. K. *An Introduction to Functional Grammar*. London: Arnold, 1985; Halliday M. A. K. *An Introduction to Functional Grammar* (2nd edition). London: Arnold, 1994/Beijing: Foreign Language Teaching and Research Press, 2000.

⑤ Lakoff G. *Women, Fire, and Dangerous Things. What Categories Reveal about the Mind*. Chicago: University of Chicago Press, 1987/1990; Taylor J. R. *Linguistic Categorization. Prototypes in Linguistic Theory*. Oxford: Oxford University Press, 1989; Taylor J. R. *Linguistic Categorization. Prototypes in Linguistic Theory* (2nd edition). Oxford: Oxford University Press, 1995/Beijing: Foreign Language Teaching and Research Press, 2001.

不相等”等范畴，这是西方哲学史上第一次对哲学范畴自觉、全面的考察[1]。几乎同一时期，东方中国先秦时期的哲学家如老子、墨子等也提出了一些哲学范畴，如老子的“道”“阴、阳”“天、地、气”“有名与无名”范畴（老子《道德经》第四十二章）和墨家（墨子）的“久、宇、动”范畴（《经上》）。

学界[2]一般认为，Aristotle 是西方哲学史上第一个对哲学范畴进行系统阐述的学者。他详细地、系统地论述了范畴和范畴的性质，建构起了西方哲学史上第一个完整的范畴体系。因此，Aristotle 被视为早期西方范畴理论的真正缔造者。在《范畴篇》的第 4 章和《论题篇》的第 9 章，Aristotle 从语言的表述出发，区分出了实体（substance）/本质（What a thing is/essence）、数量（quantity）、质量（qualification/quality）、关系（relative/relation）、地点（where/place）、时间（when/time）、姿态（being - in - a - position/position）、状态（having/state）、动作（doing/activity）和承受（being - affected/passivity）十个类别，即十范畴。Aristotle 为阐释范畴概念，曾使用多个同义术语，如“非复合用语”（即被述说的事物）和“谓词表述”[3]。表面上看，Aristotle 在讨论语法问题，但实质上，他的讨论已远超语法问题，他已把范畴视为人类认识世界经验的一种逻辑工具。

在《形而上学》中，Aristotle 区分了事物的本质（essence）和事物的偶然特征（accident）。本质就是使某一事物成为该事物的东西；偶然特征在决定事物方面并不起作用，它既不是必须的也不是经常性的。对于本质和偶然特征的区分，Aristotle 通过示例解释到：“两只脚的动物”是人的本质，而“肤色、文化”则是人的偶然特征，因为确定一个实体是否是人并不依赖于肤色和文化这些偶然特征。只有具备“动物”和“两只脚”这两个本质特征的才有可能是人，否则就不是人。从示例和解释可以看出，Aristotle 对事物的分类源自客观世界中的既定范畴，与人的范畴化无

---

① 李武林：《欧洲哲学范畴简史》，山东人民出版社 1986 年版。

② 吴世雄、陈维振：《范畴理论的发展及其对认知语言学的贡献》//张辉：《认知语义学研究》，上海外语教育出版社 2011 年版，第 3 页。

③ 王路：《亚里士多德的范畴分类》，《晋阳学刊》1989 年第 4 期，第 49 页。

关，因为事物范畴的归属皆是由本质特征决定的。Taylor[①]总结了 Aristotle 经典范畴论的基本假设：其一，范畴是由必要特征和充分特征共同定义的；其二，特征是二分的（binary）；其三，范畴有着明确的边界；其四，范畴内的所有成员地位相等。

而后，哲学家如新柏拉图主义者 Plotinus、经验论者 Bacon 和 Locke、古典哲学家 Kant、唯心论哲学家 Hegel、现象学哲学家 Heidegger 等对 Aristotle 的范畴学说进行了评判或改造。以 Kant 为例，他从纯粹经验主义出发，指出知识体现于判断之中，分析判断就可以发现范畴。为此，他[②]分析判断出四组 12 个知性范畴，使范畴体系更具概括性：包括量的范畴（单一性、复多性、总体性）、质的范畴（实在性、否定性、限制性）、关系的范畴（实体性、因果性、共存性）和样式的范畴（可能性、存在性和必然性）。

Aristotle 经典范畴论不仅对两千多年来人类思维、逻辑和语言的发展产生了深远影响，而且对科学的进步也作出了重要贡献。它“铺平了从理论上、科学上——亦即概念和范畴体系上把握事物的道路”，因为我们可以用“谓词”来表述这个世界，所以这个世界是“可知的”，而且这种“可知”不是一种“直觉”“直观”，而是“理解”“科学”[③]。Aristotle 对范畴的划分简单、清晰，易于掌控，有助于人们“把杂乱无章的世界秩序化”，从而消除科学所抵触的“怀疑、不确定、不可知”等模糊情形，有力地促进了物理、数学等学科领域的发展[④]。

尽管经典范畴理论体系下的数理逻辑、语言思维研究取得了较大成绩，但不足亦显而易见。Lakoff[⑤]曾形象地把经典范畴论所论述的“范

① Taylor J. R. *Linguistic Categorization. Prototypes in Linguistic Theory*. Oxford: Oxford University Press, 1989; Taylor J. R. *Linguistic Categorization. Prototypes in Linguistic Theory* (2nd edition). Oxford: Oxford University Press, 1995/Beijing: Foreign Language Teaching and Research Press, 2001, pp. 23–24.

② ［德］伊曼努尔·康德：《任何一种能够作为科学出现的未来形而上学》，庞景仁译，商务印书馆 1978/1997 年版。

③ 叶秀山：《亚里士多德的工具论》，《社会科学战线》1998 年第 3 期，第 86 页。

④ 陈海叶：《系统功能语言学的范畴化研究》，上海大学出版社 2009 年版，第 8 页。

⑤ Lakoff G. *Women, Fire, and Dangerous Things. What Categories Reveal about the Mind*. Chicago: University of Chicago Press, 1987/1990, p. 6.

畴”比作“抽象的容器”，具备某种定义特征的范畴就在这个容器之内，不具备者就在容器之外。但实际上，有些范畴是没有固定的、绝对的边界的，人们常常无法划出一条非黑即白的分割线。因此，范畴不应仅建立在二分之上①，“原型之上”的范畴更具科学性，因为它们具有“家族相似性、边界模糊性”等特征②。

三　原型范畴论与世界经验

进入21世纪中叶，伴随哲学、心理学、认知语言学的发展，基于“二值逻辑”的经典范畴论受到冲击。社会语言学家Labov③、认知心理学家Rosch④等在Wittgenstein⑤的“家族相似性”、Lounsbury⑥的亲属称谓制度研究、Zadeh⑦的“模糊集合论”（fuzzy set theory）和Berlin & Kay⑧的颜色词研究的基础上，通过一系列的实验研究——包括Labov的杯状实验、Rosch颜色范畴实验以及“好例子评级”（goodness - of - example ratings）实验等，对经典范畴论的解释力和适用性提出挑战，指出“家族相似性”原理更适用于描述自然界中的许多范畴。Labov和

---

① 指出经典范畴理论的不足并不意味是经典范畴理论一无是处，它依然是人类认识世界的重要工具。

② 王寅：《认知语言学》，上海外语教育出版社2007年版，第99页。

③ Labov W. The Boundaries of Word and Their Meaning// Bailey C. N., Shuy R. W. *New Ways of Analyzing Variation in English*. Washington D. C.: Georgetown University Press, 1973, pp. 340-373.

④ Rosch E. On the Internal Structure of Perceptual and Semantic Categories// Moore T. E. *Cognitive Development and Acquisition of Language*. New York: Academic Press, 1973, pp. 111-144; Rosch E. Cognitive Representation of Semantic Categories. *Journal of Experimental Psychology General*, 1975, No. 104, pp. 192-233.

⑤ Wittgenstein L. *Philosophical Investigations* (translated by Anscombe G. E. M.). Oxford: Blackwell, 1953/2001; Wittgenstein L. *Philosophical Investigations* (translated by Anscombe G. E. M., Hacker P. M. S., Schulte J.). Oxford: Blackwell, 2009.

⑥ Lounsbury F. G. A Formal Account of the Crow-and Omaha-type Kinship Terminologies// Goodenough W. H. *Explorations in Cultural Anthropology: Essays in Honor of George Peter Murdock*. New York: McGraw-Hill, 1964, pp. 351-393.

⑦ Zadeh L. A. Fuzzy Sets. *Information & Control*, 1965, Vol. 8, No. 3, pp. 338-353; Zadeh L. A. Quantitative Fuzzy Semantics. *Information Sciences*, 1971, Vol. 3, No. 2, pp. 159-176.

⑧ Berlin B., Kay P. *Basic Color Terms: Their Universality and Evolution*. Berkeley, CA.: University of California Press, 1969.

Rosch 把具有“家族相似性”的自然范畴称为“原型范畴”（prototype category）。

分析前人的研究与论述可知，原型范畴具有如下特点：其一，原型是范畴的核心，具有特殊的地位；其二，原型与非原型之间的界限是模糊的、开放的；其三，原型和非原型范畴共同形成一个非离散性的连续统；其四，非典型范畴根据其与典型范畴的相似程度被赋予不同的成员地位（membership）。以“鸟”（bird）范畴①为例，对美国人来说，“知更鸟”（robin）和“麻雀”（sparrow）等常被视为典型范畴成员，而“企鹅”（penguin）和“鸵鸟”（ostrich）等则被视为非典型成员。此外，还存在一些成员如“鹦鹉”（parrot）和“鹰”（hawk）等，它们的范畴隶属度（degree of category membership）则介于典型和非典型范畴之间（见表 3-1）。

表 3-1　Rosch 的“好例子评级”实验结果（部分）

级别	范畴				
	Bird	Fruit	Vehicle	Furniture	Weapon
前 5 名					
1	robin	orange	automobile	chair	gun
2	sparrow	apple	station wagon	sofa	pistol
3	bluejay	banana	truck	couch	revolver
4	bluebird	peach	car	table	machine gun
5	canary	pear	bus	easy chair	rifle
…					
中间 5 名					
26	hawk	tangelo	subway	lamp	whip
27	raven	papaya	trailer	stool	ice pick
28	goldfinch	honeydew	cart	hassock	slingshot
29	parrot	fig	wheelchair	drawers	fists

① Rosch E. Cognitive Representation of Semantic Categories. *Journal of Experimental Psychology General*, 1975, No. 104, pp. 192-233.

续表

级别	范畴				
	Bird	Fruit	Vehicle	Furniture	Weapon
30	sandpiper	mango	yacht	piano	axe
…					
后5名					
51	ostrich	nut	ski	picture	foot
52	titmouse	gourd	skateboard	closet	car
53	emu	olive	wheelbarrow	vase	glass
54	penguin	pickle	surfboard	fan	screwdriver
55	bat	squash	elevator	telephone	shoes

Rosch & Mervis①、Rosch 等②将范畴分为三个层次：上层（superordinate level）范畴、下层（subordinate level）范畴和基本层（basic level）范畴。人类大部分思维不是通过上层或者下层范畴来实现的，而是通过典型的基本层范畴来对周围的具体事物进行分类的。例如，“火车、汽车、桌子、椅子”是基本层范畴，它们既不太抽象，也不太具体，可向上或向下不断扩张，而上层范畴如“交通工具、家具”和下层范畴如“法拉利跑车、电脑桌”则不然。因此，基本层可以最大限度地体现范畴成员间的家族相似性，是人们认识世界、理解世界的最直接、最基本的出发点，也是人们对世界经验进行范畴化的最有力工具。

相对于经典范畴论，原型范畴论为人们认识世界经验提供了另一种视角，它让人们认识到经验范畴间的界限具有模糊性。人们不可能完全凭借客观的充分必要条件来定义经验范畴。经验范畴间界限的模糊性要求人们付出更多认知努力来认识世界经验。但另一方面，经验范畴间界限的模糊性也为全面、系统地认识经验提供了概念基础，人们可以用连续体的概念非离散性地诠释全部世界经验，使之成为有机整体。另外，原型范畴论对

① Rosch E., Mervis C. B. Family Resemblances: Studies in the Internal Structure of Categories. *Cognitive Psychology*, 1975, Vol. 7, No. 4, pp. 573-605.

② Rosch E., Mervis C. B., Gray W. D., *et al*. Basic Objects in Natural Categories. *Cognitive Psychology*, 1976, Vol. 8, No. 3, pp. 382-439.

基本层范畴的重视则符合认知经济性原则，因为从基本层来认识世界经验，人们可以“快速、有效、成功地组织和处理”相关经验信息，进而形成原型①。之所以能够对经验信息进行“快速、有效地”处理，能够用最小的认知努力获取最大量的信息，这是由基本层的特点决定的。基本层范畴具有下述特点：其一，经验感觉上的完整性（即完型［Gestalt］）；其二，心理认识上的易辨性；其三，地位级别上的优先性；其四，行为反应上的一致性；其五，语言交际上的常用性；其六，相关线索的有效性；其七，知识和思维上的组织性②。再者，原型范畴论对事物的分类是建立在通俗分类（folk taxonomy）而非科学分类（scientific taxonomy）的基础之上的。与科学分类要求严格的隶属关系相比，如生物学上“域、界、门、纲、目、科、属、种”的八级分类，通俗分类更符合人类的日常思维模式，与人类的日常生活和周围事物联系更为紧密，且充分考虑到了人的情感因素。以“玫瑰花”的科学分类和通俗分类为例（见表3-2），科学分类中，玫瑰花被划分为九个层次、八个类别，而在通俗分类中仅为五个层次、三个类别。科学分类虽然严谨、精细，但不适合人类的直接范畴化，因为科学分类包含的层次太多，且没有考虑到哪些事物是我们经常接触的。因此，对世界经验的划分应以通俗分类为基础，以基本层为中心，这样的范畴化才能凸显人类的认知和生存之需。

表3-2　　玫瑰花的科学分类和通俗分类③

科学分类层次	科学分类类别	通俗分类类别	通俗分类层次
界（Kingdom）		植物（Plant）	初始分类（Unique beginner）
门（Phylum）	种子植物（Seed plant）		

① 王寅：《认知语言学》，上海外语教育出版社2007年版，第136页。

② Rosch E., Mervis C. B., Gray W. D., *et al*. Basic Objects in Natural Categories. *Cognitive Psychology*, 1976, Vol. 8, No. 3, pp. 382–439; Lakoff G. *Women, Fire, and Dangerous Things. What Categories Reveal about the Mind*. Chicago: University of Chicago Press, 1987/1990; Croft W., Cruse D. *Cognitive Linguistics*. Cambridge: Cambridge University Press, 2004.

③ 参考 Benson L. *Plant Classification*. Boston, MA.: D. C. Heath & Co, 1957; Ungerer F., Schmid H. J. *An Introduction to Cognitive Linguistics*. London: Longman, 1996/Beijing: Foreign Language Teaching and Research Press, 2001.

续表

科学分类层次	科学分类类别	通俗分类类别	通俗分类层次
纲（Class）	开花植物（Flowering plant）	花（Flower）	生命形式（Life form）
次纲（Subclass）	双子叶植物（Dicot）		
目（Order）	玫瑰目（Rose order）		
科（Family）	玫瑰科（Rose family）		
属（Genus）	玫瑰属（Rose）	玫瑰花（Rose）	基本层次（Basic level）
种（Species）	野生攀爬类玫瑰 （Wild climbing rose）		特种（Specific）
变种（Variety）	特种野生攀爬类玫瑰 （A special wild climbing rose）		变种（Varietal）

当然原型范畴论也存在一些问题①，如原型数量的问题、原型不确定性的问题、原型划分依据的问题等。因此，在对世界经验进行划分时，在充分利用原型范畴论这个有效工具的同时，要积极发挥经典范畴论的作用。原型范畴论侧重“从主观出发，研究原型成员、非原型成员以及人们如何认识大脑里形成的概念”（自上而下），而经典范畴论则“着眼于客观世界，以事物内含的本质来解释客观世界的范畴”（自下而上）②。

第三节　系统功能语言学视角下的世界经验范畴化与及物性系统建构

系统功能语言学理论是自20世纪50年代末、60年代初开始逐渐发展起来的一个语言学理论。理论创始人Halliday在社会学和人类学两大学科基础之上提出，语言具有概念、人际和语篇三大元功能。概念功能又分为经验功能和逻辑功能。经验功能指人们借助若干及物性过程将主客观世界经验表达出来。因此，及物性过程的类别能够体现人们对世界经验的划分。反过来，人们对世界经验的划分方式和划分结果决定了及物性过程的种类及数量。由此可见，及物性系统的建构离不开对世界经验的划分，或

① 杜桂枝：《认知语言学中的若干相关概念》，《外语学刊》2003年第3期，第40—47页；赵彦春：《认知语言学：批判与应用》，南开大学出版社2014年版。

② 赵彦春：《认知语言学：批判与应用》，南开大学出版社2014年版，第134页。

者说离不开对世界经验的范畴化。通过自上而下的范畴化，世界经验可得以更加全面系统地表征，及物性系统的建构可更加完善。那么，我们应该如何对世界经验进行自上而下的范畴化？世界经验究竟可以划分为多少种范畴？基于划分的范畴类别，我们可以建构起怎样的及物性系统？及物性系统内包含的这些过程类型又能自下而上地反映哪些世界经验？在回答这些问题之前，我们首先梳理学界就世界经验范畴化与及物性系统建构所做的研究。

目前，学界还少有专门针对世界经验范畴化的研究。研究者如 Halliday、Matthiessen、Li 和 Fawcett 等虽然把范畴化看成及物性系统建构的前提和基础，但是除 Li 以外，均基本上没有系统阐述范畴化的过程。从对经验范畴的描述来看，他们对世界经验的范畴化多存在类别重叠、层次不够清晰等问题。Li 虽然对世界经验做了范畴化研究，但他提出的经验范畴也存在一些不足。

一 Halliday 的研究

Halliday 对世界经验范畴化与及物性系统建构的研究可分为两个阶段，即经典范畴论阶段和原型范畴论转向阶段。在经典范畴论阶段，Halliday① 从客观世界出发，通过自下而上的方式，归纳各种语法结构现象，总结世界经验的分类，进而实现了对及物性系统的建构。伴随原型范畴论的兴起，Halliday② 从儿童个体（ontogenetic）语言发展出发，区分出来自意识和想象世界的内部经验（inner experience）和来自周围世界的外部经验（outer experience），并讨论了内部和外部经验的原型（prototypical form）。Halliday 更倾向于把范畴化看成是一种创造行为，即把经验转换成意义的行为，在 Halliday③ 看来，经验即是意义，两者同属于语义系统。

---

① Halliday M. A. K. Language Structure and Language Function// Lyons J. *New Horizons in Linguistics*. Harmondsworth：Penguin，1970；Halliday M. A. K. *An Introduction to Functional Grammar*. London：Arnold，1985.

② Halliday M. A. K. *An Introduction to Functional Grammar*（2nd edition）. London：Arnold，1994/Beijing：Foreign Language Teaching and Research Press，2000.

③ Halliday M. A. K.，Matthiessen C. M. I. M. *Construing Experience Through Meaning*：*A Language-Based Approach to Cognition*. London：Continuum，1999/Beijing：Beijing World Publishing Corporation，2008.

（一）经典范畴论阶段

尽管早在20世纪60年代，Halliday[①]就已经阐释了及物性的含义，并讨论了三种及物性小句，即动作小句、心理小句和关系小句，但是他没有说明三种小句划分的依据。直到1970年，Halliday[②]才在《语言结构和语言功能》一文中，用简短的语言描述了其对世界经验的划分，即“我们用语言来表征我们周围世界和内心世界的关于过程、人、事物、抽象物、性质、状态以及关系的经验”。从此描述可以看出，Halliday对世界经验的分类是从语言功能角度出发的。经过对语言功能的归纳，他总结出语言可以表征的世界经验的类型，即语言可以表征周围世界和内心世界的经验（见图3-1）。具体而言，这些经验关涉到过程、人、事物、抽象物、性质、状态以及关系。基于经验关涉的具体内容，Halliday指出及物性系统包括三种过程类型小句，即动作过程小句（包括“做”和“发生”）、心理过程小句（包括“感知”“反应”“认知”和“言语”）和关系过程小句（包括“归属”和“等同”）（见图3-2），以及参与者角色等。

在《功能语法导论》一书中，Halliday[③]同样从语言的功能出发，把经验划分为外部经验和内心经验。他[④]论述到：“语言的一个基本属性就是它能让人们为现实建构心理图像，能让人们弄清楚他们外部世界和内心世界发生的事情。”除把经验划分为外部世界经验和内心世界经验外，他还把现实概念化为“发生的事情”（goings-on），即所做（doing）、所发生（happening）、所感觉（feeling）和所存在（being）。在四类“发生的事情”的基础上，他具化出物质过程（Material process：process of doing）、心理过程（Mental process：process of sensing）、关系过程（Relational process：process of being）三种主要过程类型，以及行为过程

① Halliday M. A. K. Notes on Transitivity and Theme in English：Part 1. *Journal of Linguistics*, 1967, Vol. 3, No. 1, pp. 37-82；Halliday M. A. K. Notes on Transitivity and Theme in English：Part 3. *Journal of Linguistics*, 1968, Vol. 4, No. 2, pp. 179-215.

② Halliday M. A. K. Language Structure and Language Function// Lyons J. *New Horizons in Linguistics*. Harmondsworth：Penguin, 1970, p. 145.

③ Halliday M. A. K. *An Introduction to Functional Grammar*. London：Arnold, 1985.

④ Halliday M. A. K. *An Introduction to Functional Grammar*. London：Arnold, 1985, p. 101.

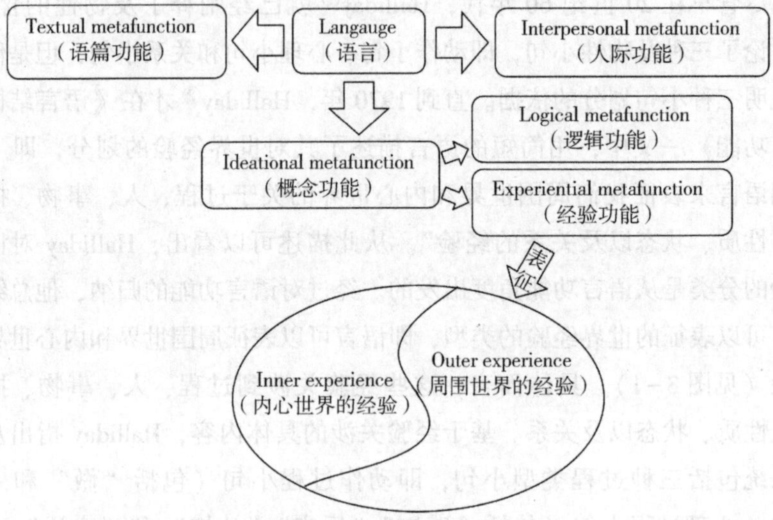

图 3–1　Halliday 对世界经验的范畴化

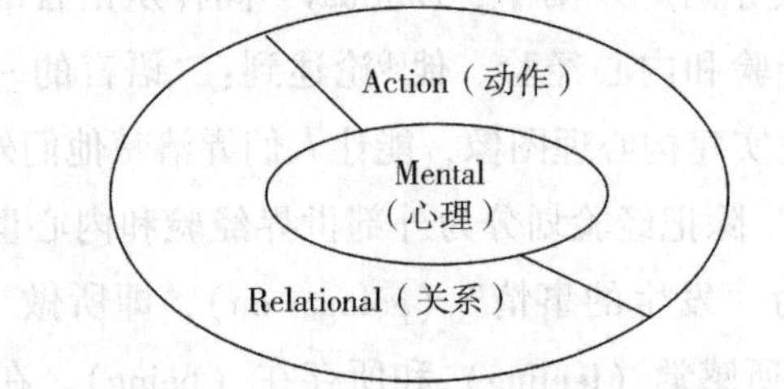

图 3–2　Halliday 的三种过程类型小句

（Behavioural process）、言语过程（Verbal process）、存在过程（Existential process）三种次要过程类型。

虽然 Halliday 在《功能语法导论》中已借用认知概念，如心理图像（mental picture）、概念（conception）来讨论世界经验范畴化，但主要还是从语言功能（经验功能）出发，描述语言对经验的表征。通过上述梳理，我们认为 Halliday 对世界经验的划分仍处于经典范畴论阶段，其方式是自下而上的。

（二）原型范畴论转向阶段

在《功能语法导论》第一版的基础上，Halliday[①] 在第二版中用更长的篇幅论述了世界经验与及物性系统建构。与第一版不同，第二版的论述是从儿童个体（ontogenetic）语言发展出发的。基于儿童的渐进性认知，Halliday 区分出来自意识和想象世界的内部经验和来自周围世界的外部经验。外部经验的原型包括动作（actions）和事件（events）；内部经验则是对外部经验的“重现”（replay），包括对经验的记录、反应、反思，和对存在状态的感觉。基于外部经验（外部世界过程，the process of external world）和内部经验（意识过程，the process of consciousness），Halliday 区分出物质和心理两种过程。此外，因为经验之间存在联系，人们可以对经验间的联系进行分类（classifying）和识别（identifying），因此就有了第三种过程，即关系过程。除三种主要过程外，还存在介于物质过程和心理过程之间的行为过程、介于心理过程和关系过程之间的言语过程和介于关系过程和物质过程之间的存在过程。它们和三种主要过程一同构成了一个“闭环”（circle）（见图 3-3）。

Halliday 通过观察儿童语言的发展来研究世界经验，主要考虑到儿童的认知过程。儿童就是在与物质世界的交互中，逐渐在意识世界中产生了各种心理反应。当然，Halliday 对世界经验的研究也存在一些不足。其一，范畴化研究应以整个人类的认知作为研究对象。他仅把儿童这个个体人群作为研究对象，似乎不够全面。其二，应该说明三个经验世界与六种及物性过程之间的对应关系。鉴于《功能语法导论》第三版和第四版对世界经验范畴化与及物性系统建构的论述基本相同，在此不再赘述。

二　Matthiessen 的研究

在《英语词汇语法制图系统》一书中，Matthiessen[②] 吸纳 Halliday 的做法，按照语言的功能（经验功能）把世界分成了三个不同的经验场（field of experience），即意识场（field of consciousness）、发生和动作场

① Halliday M. A. K. *An Introduction to Functional Grammar* (2nd edition). London: Arnold, 1994/Beijing: Foreign Language Teaching and Research Press, 2000.

② Matthiessen C. M. I. M. *Lexicogrammatical Cartography: English Systems*. Tokyo: International Language Science, 1995.

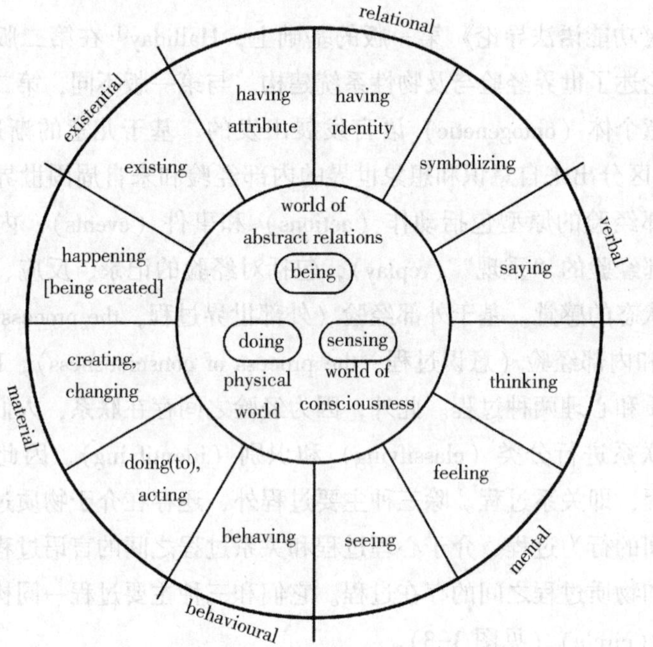

图 3-3 Halliday 的世界经验范畴和及物性过程类型

（field of happening and doing）、存在和拥有场（field of being and having）（见表 3-3）。Matthiessen[①] 对三者之间的联系及区别（见图 3-4）作了说明，即"一种现象或属于我们的意识方面，或不属于我们的意识方面；如果不属于我们的意识方面，那么随着时间的推移，该现象或很稳定（存在和拥有），或很多变（发生和动作）"。与这三个经验场对应的是四种及物性过程，即心理过程、言语过程、物质过程和关系过程（见表 3-3）。

表 3-3 Matthiessen 的经验场与过程类型

序号	经验场	过程类型	示例
1	意识场：内部（Field of consciousness：internal）	心理（Mental）	They saw the ball.
2	意识场：外部（Field of consciousness：external）	言语（Verbal）	They said "ball".

① Matthiessen C. M. I. M. *Lexicogrammatical Cartography*：*English Systems*. Tokyo：International Language Science，1995，p. 202.

续表

序号	经验场	过程类型	示例
3	发生和动作场 (Field of doing & happening)	物质 (Material)	They bounced the ball.
4	存在和拥有场 (Field of being & having)	关系 (Relational)	They were players.

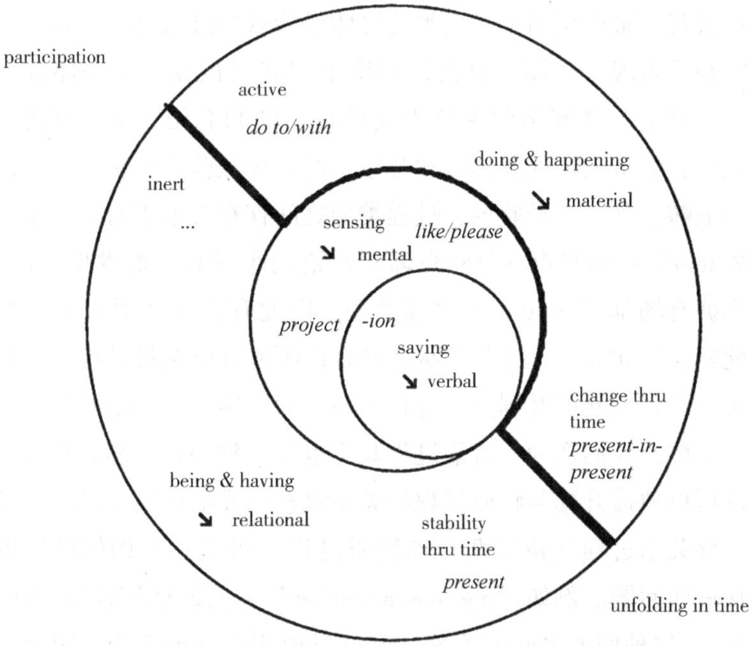

图 3-4 Matthiessen 的经验场与及物性过程之间的关系

比较两位学者所做的研究后，我们发现，Matthiessen 在世界经验范畴化和及物性系统建构方面继承和发展了 Halliday 的研究成果——两人的研究既存在相同之处，也存在一些差异。就相同之处而言，两人都更多地借助自下而上的方式，即从语言的功能着手把世界分成三种经验类型——Halliday 的三个经验世界和 Matthiessen 的三个经验场。不同之处在于三类经验所对应的及物性过程的数量和类型。Halliday 的三个经验世界对应三种主要过程、三种次要过程，合计六种及物性过程；Matthiessen 的三个经验场对应四种主要过程类型，因为 Matthiessen 的经验场与过程类型之间存在一对二的关系，即意识场对应了心理和言语两个过程。此外，Matthiessen 增添了区分关系过程（存在和拥有）和物质过程（发生和动作）的尺度，即是否具备时间上的稳定性或可变性。

总体上，Matthiessen 一方面继承了 Halliday 的研究，另一方面也发展了其研究，如提出了区分关系过程和物质过程的参照标准等。在继承和发展过程中，Matthiessen 的研究也存在一些问题。其一，对世界经验的范畴化依然是自下而上的、从语言功能出发的。自下而上的范畴化不利于从宏观、整体层面上对人类的总体经验认知进行划分，这是因为语言功能和语言现象（属于经典范畴论中"客观世界"的一部分）是复杂的、多样的，从冗杂的现象出发进行归纳和总结，难免有疏漏。因此，人们尝试从人类的总体认知开始，对世界经验进行抽象化处理，形成认知范畴。其二，经验场和过程类型之间存在关系不对应、不对等问题。Matthiessen 的意识场对应心理和言语两个过程，而发生和动作场、存在和拥有场都只对应一种过程类型，因此存在关系对应不一致的情况。此外，Matthiessen 把意识场对应的心理和言语两种过程，与物质过程和关系过程一起提升到主要过程类型层面，结果导致抽象度、层级不一致。因此，我们认为，言语过程其实也是一种心理过程，没有必要把言语过程单独提升到与物质过程和关系过程一样的高度。其三，把时间作为区分关系过程（稳定性）和物质过程（可变性）的标准尺度本身也存在一些问题。例如"She was a teacher"一句既能够说明"she"和"teacher"这种职业之间的关系，也可以说明状态的改变，因为系动词"was"传递的时间信息也可能表示状态的改变，即她可能现在已经退休或者另谋他职，不再是教师。因此，对两种过程的区分还应从过程的本质属性，即从过程所表达的意义上加以区分。

三 Li 的研究

在 Halliday 和 Matthiessen 等人研究的基础上，Li[①] 借助"图形"（figure）来研究世界经验和及物性系统建构。首先，他利用包含过

① Li E. *A Systemic Functional Grammar of Chinese: A Text-based Analysis*. London: Continuum, 2007.

程、参与者两大核心要素的图形来识解世界经验。他认为，虽然世界上有不计其数的具体过程，以及随之而来的不计其数的图形，但它们可以被人类的认知抽象为少量的几种类型。最终他抽象出四种认知图形，即“动作和发生图形”（the figure of ‘doing and happening’）、“存在和拥有图形”（the figure of ‘being and having’）、“感知图形”（the figure of ‘sensing’）和“言语图形”（the figure of ‘saying’）（见表 3-4）。四种图形相应地识解四类世界经验，即“动作和发生图形”识解“物质现实世界”（the world of material reality）经验，“存在和拥有图形”识解“抽象关系世界”（the world of abstract relations）经验，“感知图形”识解“意识世界”（the world of consciousness）经验，“言语图形”识解“象征世界”（the world of symbolization）经验（见表 3-4）。

表 3-4　Li 的图形、世界经验与及物性过程

序号	图形类别	世界经验倾向	及物性过程类型
1	动作和发生图形 (Figure of doing-and-happening)	物质现实世界 (The world of material reality)	物质过程 (Material process)
2	存在和拥有图形 (Figure of being-and-having)	抽象关系世界 (The world of abstract relations)	关系过程 (Relational process)
3	感知图形 (Figure of sensing)	意识世界 (The world of consciousness)	心理过程 (Mental process)
4	言语图形 (Figure of saying)	象征世界 (The world of symbolization)	言语过程 (Verbal process)

上述四种图形和四类世界经验之间是一种自下而上、一一对应的识解关系。接着，Li 论述了另外一种关系——映射关系（mapping）。映射关系指四种图形和四种及物性过程之间的对应关系，即动作和发生图形映射物质过程，存在和拥有图形映射关系过程，感知图形映射心理过程，言语图形映射言语过程（见图 3-5）。四种图形和四种过程看起来还不够具体，因此，他对它们做了进一步的划分，并论述了它们之间的对应关系，以及每种图形/过程类型的语义特征（见表 3-5）。Li 把动作和发生图形

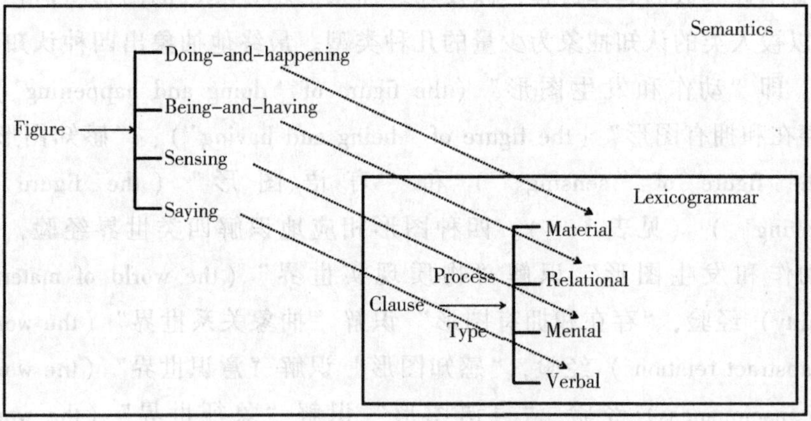

图 3-5 图形与过程类型之间的映射关系

细分为五个次类，即改变类（Changing）、创造类（Creating）、行为类（Behaving）、动作类（Acting）和发生类（Happening），分别对应物质过程的及物和不及物两种、五个次类，即及物（改变）类、及物（创造）类、不及物（行为）类、不及物（动作）类和不及物（发生）类；把存在和拥有图形细分为六个次类，即存在类（Existential）、识别类（Identifying）、环境类（Circumstantial）、拥有类（Possessive）、范畴类（Categorizing）和归属类（Ascriptive），分别对应关系过程的六个次类，即存在类（Existential）、识别类（Identifying）、环境类（Circumstantial）、拥有类（Possessive）、范畴类（Categorizing）和归属类（Ascriptive）；把感知图形细分为四个次类，即认知类（Cognitive）、意愿类（Desiderative）、情感类（Affective）和感知类（Perceptive），分别对应心理过程的四个次类，即认知类（Cognitive）、意愿类（Desiderative）、情感类（Affective）和感知类（Perceptive）；把言语图形细分为三个次类，即话语类（Verbiage）、引言类（Quoting）和报道类（Reporting），分别对应言语过程的三个次类，即话语类（Verbiage）、引言类（Quoting）和报道类（Reporting）（见表 3-5）。

表 3-5　　图形、过程类型、语义特征以及相互对应关系

图形类型	过程类型	语义特征
Figure of doing-and-happening	Material	Construing our experience towards the world of material reality
Changing	Transitive (Transforming)	Unable to project; + Goal; pre - existing Goal changed by Process
Creating	Transitive (creating)	Unable to project; + Goal; Goal created by Process
Behaving	Intransitive (behaving)	Unable to project; no Goal; conscious Actor; Actor in symbolic process
Acting	Intransitive (acting)	Unable to project; no Goal; conscious Actor; Actor in non-symbolic process
Happening	Intransitive (happening)	Unable to project; no Goal; non-conscious Actor
Figure of being-and-having	Relational	Construing our experience towards the world of various modes of being
Existential	Existential	Unable to project; single participant
Identifying	Identifying	Unable to project; multi-participants; participants construed as standing in a symbolic relation
Circumstantial	Circumstantial	Unable to project; multi-participants; process assigned class-member relationship; (Process+Attribute) /Circumstance
Possessive	Possessive	Unable to project; multi-participants; process assigned class - member relationship; Carrier/Possessor+Attribute/Possession
Categorizing	Categorizing	Unable to project; multi-participants; process assigned class - member relationship; Attribute construed as a certain class
Ascriptive	Ascriptive	Unable to project; multi-participants; process as signed class-member relationship; Attribute/Process construed as simple quality
Figure of sensing	Mental	Construing our experience towards the world of consciousness
Cognitive	Cognitive	Able to project; interior symbolic processing; Phenomenon created by Process; Phenomenon as proposition
Desiderative	Desiderative	Able to project; interior symbolic processing; Phenomenon created by Process; Phenomenon as proposal
Affective	Affective	Able to project; interior symbolic processing; existing Phenomenon; Process caused by Phenomenon
Perceptive	Perceptive	Able to project; interior symbolic processing; pre - existing Phenomenon; Process ranges over Phenomenon

续表

图形类型	过程类型	语义特征
Figure of saying	Verbal	Construing our experience towards the world of symbolization
Verbiage	Verbiage	Able to project; exterior symbolic processing; Verbiage construed as Participant
Quoting	Quoting	Able to project; exterior symbolic processing; Verbiage construed as locution; locution as quoting
Reporting	Reporting	Able to project; exterior symbolic processing; Verbiage construed as locution; locution as reporting

Li阐释了图形和世界经验之间自下而上的识解关系，以及图形和及物性过程之间自上而下的映射关系。在这两种关系中，他认为起中介作用的是图形，它架构起了世界经验和及物性系统之间的桥梁。应该说，Li属于较早借助认知概念（图形）对世界经验和及物性系统建构并加以系统研究的学者。其贡献可总结为以下三点。其一，较为严谨地论述了世界经验和及物性系统之间的联系。其二，较为清晰地抽象出四种图形。通过对图形中核心要素之一过程的归纳，总结出四种图形，然后通过识解关系和映射关系进一步勾画出四类世界经验和四种及物性过程。其三，较为全面地论述了每种图形/过程类型的次类，以及它们的语义特征。当然，也存在一些不足。其一，没有厘清世界经验、图形和及物性系统的层次属性。Li把及物性过程归入词汇语法层、把图形归入语义层（见图3-5）的做法值得商榷。我们认为，及物性过程属于语义层或语义系统，世界经验以及识解世界经验的图形同属于意念层或意念系统，意念层之外则是世界，包括各种在者/是者。其二，抽象出来的四种图形以及与之相关的四类世界经验和四种及物性过程存在重叠情况。其中的言语图形、“象征世界”经验和言语过程分别属于感知图形、“意识世界”经验和心理过程的一部分，因为言语所表达的内容也是“意识世界”经验的一部分。其三，图形和及物性过程次类也存在范畴重叠情况。例如，“动作和发生”次类中的改变类和动作类、“存在和拥有”次类中的范畴类和归属类均存在交叉重叠。

四　Fawcett 的研究

与 Halliday、Matthiessen 和 Li 的研究不同，Fawcett① 没有把世界经验划归为语义层/语义系统，而是划归为意念层/意念系统。在他看来，意念系统指人类的认知世界，是桥接世界和语言系统的接口。Fawcett② 以非正式（informal）、常识（commonsense）的方式把意念系统内的“事件”（events）或“命题”（propositions）划分为四个经验域（realm of experience），即物质域（the physical realm）、社会域（the social realm）、心理域（the psychological realm）和抽象概念域（the abstract realm）。其中，物质域指由实物和事件构成的世界；社会域指由意识个体之间，尤其是人与人之间社会—心理交互所形成的世界；心理域指由心理实物和事件构成的世界，包含对物质和社会实物、事件的心理表征；抽象概念域指由抽象概念构成的世界，但不包含心理域的内容。

与这些经验域相对应的是四种及物性过程，即动作过程、关系过程、心理过程和影响过程。但是，四个经验域和四种及物性过程之间并非一一对应的关系（见图 3-6），这明显不同于 Matthiessen 和 Li 的研究。对 Fawcett③ 而言，一个经验域可以由多种及物性过程来表达（denote）。例如社会域由全部四种过程来表达；物质域由动作、关系和影响三种过程来

① Fawcett R. P. Problems and Solutions in Identifying Processes and Participant Roles in Discourse Analysis, Part 2: How to Handle Metaphor, Idiom and Six Other Problems// Huang G. W., Chang C. G. *Annual Review of Functional Linguistics* (Vol. 3). Beijing: Higher Education Press, 2011, pp. 34-87; Fawcett R. P. Problems and Solutions in Identifying Processes and Participant Roles in Discourse Analysis, Part 2: How to Handle Metaphor, Idiom and Six Other Problems// Huang G. W., Chang C. G. *Annual Review of Functional Linguistics* (Vol. 4). Beijing: Higher Education Press, 2013, pp. 27-76.

② Fawcett R. P. Problems and Solutions in Identifying Processes and Participant Roles in Discourse Analysis, Part 2: How to Handle Metaphor, Idiom and Six Other Problems// Huang G. W., Chang C. G. *Annual Review of Functional Linguistics* (Vol. 4). Beijing: Higher Education Press, 2013, p. 32.

③ Fawcett R. P. Problems and Solutions in Identifying Processes and Participant Roles in Discourse Analysis, Part 2: How to Handle Metaphor, Idiom and Six Other Problems// Huang G. W., Chang C. G. *Annual Review of Functional Linguistics* (Vol. 4). Beijing: Higher Education Press, 2013, p. 33.

表达；抽象概念域则仅由一种过程即关系过程来表达。此外，Fawcett①用粗线条特别标注了和某个经验域之间存在高频表达关系的过程（见图 3-6）。例如，动作过程和关系过程最常表达物质域；心理过程则最常表达心理域。Fawcett 为四个经验域列举了一对多的示例（见表 3-6），如“He［Ag－Ca］is［Pro］in Paris［Loc］”一句虽然属于处所（Locational）关系过程，表达的却是物质域的经验。

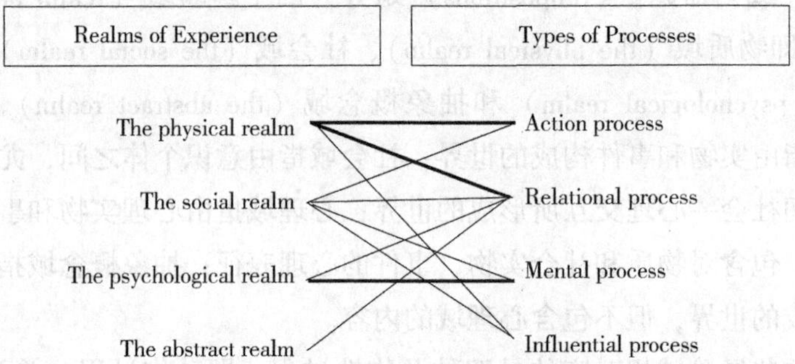

图 3-6 Fawcett 的经验域与及物性过程之间的非一一对应关系

表 3-6 Fawcett 的及物性过程示例以及该过程所表达的经验域

序号	示例	过程类型	经验域
1	Ivy［Ag］insulted［Pro］Fred［Af］.	Action	Social interaction
2	Ivy［Ag］hit［Pro］Fred［Af］.	Action	Physical
3	That［Ca］'s［Pro］a good idea［At］.	Attributive	Abstract
4	She［Ca］has［Pro］two brothers［Pos］.	Possessive	Abstract
5	His car［Ca］is［Pro］red［At］.	Attributive	Physical
6	He［Ag-Ca］is［Pro］in York［Loc］.	Locational	Physical
7	He［Ag］painted［Pro］his car［Af－Ca］red［At］.	Attributive	Physical
8	They［Ag］kept［Pro］him［Af－Ca］in York［Loc］.	Locational	Physical
9	She［Ca］is［Pro］happy［At］.	Attributive	Psychological
10	She［Af-Ca］became［Pro］sad［At］.	Attributive	Psychological

① Fawcett R. P. Problems and Solutions in Identifying Processes and Participant Roles in Discourse Analysis, Part 2: How to Handle Metaphor, Idiom and Six Other Problems// Huang G. W., Chang C. G. *Annual Review of Functional Linguistics* (Vol. 4). Beijing: Higher Education Press, 2013, p. 33.

综上，Fawcett 重点研究了四个经验域、四种及物性过程以及它们之间的一对多关系。与 Halliday 的研究相比，其贡献体现在两个方面。其一，较为明确地区分了世界经验和及物性系统之间的层次关系。他把世界经验和四个经验域明确划归为意念层/系统，把及物性系统划归语言层/系统（具体而言，把及物性系统划归语义层/系统），这有助于厘清二者之间的区别和联系。其二，较为清晰地阐释了每个经验域的构成，且通过举例说明了经验域与及物性过程之间的关系。不过，也存在一些不足。其一，对范畴化的论述不够清晰，且范畴化的依据不够严谨。他[①]没有详细论述经验范畴化的过程，仅以一句话带过，即以“一种非正式的、常识的方式”把意念系统内的事件（命题）范畴化为四个经验域。他没有详细说明“非正式的、常识的方式”究竟是怎样的方式以及常识又是怎样发挥作用的。我们认为，范畴化应从人类的认知层面出发，通过自上而下的方式，抽象出人类经验的范畴。然后，再通过对具体现象的研究，自下而上地检验范畴划分的合理性。其二，四个经验域范畴之间存在交叉情况，术语的使用也不够规范。例如抽象概念域的范畴同心理域、社会域的范畴存在交叉。在对抽象概念域界定时，他明确指出抽象概念域不包含心理域的相关内容，这表明“抽象概念域”这一术语所表示的范围不够准确明了，还需要额外加以界定以免引发误解。我们认为，Fawcett 此处的抽象概念域指的是各种抽象关系，应该将其命名为“抽象关系域”。其三，对及物性过程划分依据的阐释不够清晰。他没有解释划分四种及物性过程的依据，即没有明确指明划分依据是不是四类经验。此外，他没有就影响过程的内涵做出说明，也没有提供示例。他只是指出该过程与物质域和社会域有关。其四，经验域与及物性过程之间一对多的关系也存在一定的问题。如上文提到的示例“<u>He</u> [Ag-Ca] <u>is</u> [Pro] <u>in Paris</u> [Loc]”，既表达抽象（关系）类经验，又表达物质类经验，这种描述不够合理。我们认为，经验域和及物性过程之间的关系应是一对一的关系。

总结来看，Halliday、Matthiessen、Li 和 Fawcett 等人的研究主要有三个方面的贡献。其一，通过初步的范畴化研究，都区分出若干种世界经

---

① Fawcett R. P. Problems and Solutions in Identifying Processes and Participant Roles in Discourse Analysis, Part 2: How to Handle Metaphor, Idiom and Six Other Problems// Huang G. W., Chang C. G. *Annual Review of Functional Linguistics* (Vol. 4). Beijing: Higher Education Press, 2013, p. 32.

验。如 Halliday 和 Matthiessen 将世界经验划分为三类，Li 和 Fawcett 分为四类。其二，都尝试把区分出来的世界经验同及物性过程类型联系起来。如 Halliday 把区分出来的三类世界经验同六种及物性过程类型联系在一起；Matthiessen 通过对应关系把三个经验场同四种及物性过程类型联系在一起；Li 利用图形这一认知概念的中介作用，阐释了四种图形与四类世界经验之间自下而上、一一对应的识解关系，以及四种图形与四种及物性过程之间自上而下、一一对应的映射关系；Fawcett 也把四个经验域同四种及物性过程联系在一起，但是他认为它们之间并不是一一对应关系。其三，都较为详细地论述了及物性过程的主类及次类。

他们的研究也存在一些问题。其一，没有厘清世界、世界经验和及物性系统三者之间的层次关系。Halliday 和 Matthiessen 没有明确说明三者之间的关系；Li 则把认知图形和及物性系统分别视为语义层和词汇语法层上的内容，这一做法值得商榷；Fawcett 区分了世界经验和及物性系统，把它们分别视作意念层和语义层的内容。其二，没有清晰地论述世界经验范畴化的理论基础、方式方法（Li 除外）。Halliday、Matthiessen 和 Fawcett 对理论基础的论述较为笼统，如 Fawcett[①] 仅表示通过一种"非正式、常识的方式"把世界经验划分为四个经验域，Halliday 仅从儿童个体语言的发展出发，基于儿童的渐进性认知，把世界经验划分为外部经验和内部经验。其三，经过范畴化的世界经验以及与经验相对应的及物性过程存在交叉重叠问题。Li 的言语过程可以划归为与"意识世界"经验对应的过程类型，因为言语所表达的内容也是"意识世界"经验的一部分；Fawcett 的抽象概念域同心理域、社会域的范畴存在交叉。其四，世界经验与及物性过程之间存在非一一对应关系的问题。Halliday 的三类世界经验对应六种及物性过程，Matthiessen 的三个经验场对应四种及物性过程，Fawcett 的四个经验域与四种及物性过程之间存在一对多的情况。我们认为，从理论上讲，经验类型和过程类型之间应该是一对一的关系。

---

① Fawcett R. P. Problems and Solutions in Identifying Processes and Participant Roles in Discourse Analysis, Part 2: How to Handle Metaphor, Idiom and Six Other Problems// Huang G. W., Chang C. G. *Annual Review of Functional Linguistics* (Vol. 4). Beijing: Higher Education Press, 2013, p. 32.

第四节　世界经验的再范畴化

在梳理文献的基础上，结合经典范畴论和原型范畴论，本书尝试提出较为清晰的经验范畴化路径以及世界经验类别，并明确世界、世界经验和及物性系统三者之间的关系。

一　世界、世界经验和及物性系统

世界是客观存在的，其存在的客观性是不以人的意志为转移的。因此才有了哲学上客观世界是第一性的说法①。人类出现后，客观世界以一种概念化的形式出现在人类意识中，于是就有了主观世界或意识世界。意识世界和客观世界同时存在、互不矛盾。客观世界由各种存在形态构成，而意识世界则由各种概念形态组成。当然，不同种类的形态个体并不是孤立地存在的，它们总是以不同的方式相互作用、相互关联，于是世界又是一个关系的世界。正是由于各种形态个体之间的互相作用、互相影响、互相关联，世界才不断向前发展。

鉴于客观世界、意识世界以及关系世界的存在性，我们可以把它们视为存在层（being level）或存在系统（being system）（见图 3-7）。

图 3-7　存在层/存在系统

① Popper K. R. *Objective Knowledge: An Evolutionary Approach*. Oxford: Oxford University Press, 1972；姚礼明：《关于波普“三个世界”理论的一种阐释》，《哲学研究》2009 年第 6 期，第 90—93 页。

根据Fawcett[①]的观点，在世界（存在层/存在系统）与语言系统之间存在一个意念系统。鉴于意念系统与人类的认知密切相关，因此我们把它称为“认知意念系统”（cognitive belief system）（见图3-8）。认知意念系统的功能主要体现在两个方面：其一，基于人与世界的互动体验（感觉、知觉、意象）获得图式性的感性经验；其二，在图式感性经验的基础上，通过范畴化、概念化等认知加工过程建立经验范畴，形成理性化/概念化的世界经验分类。

在完成对世界经验分类的基础上，通过世界经验与及物性过程之间的一一对应关系，即可区分及物性过程类型，进而建构起及物性系统。按照Fawcett的观点，及物性系统隶属于语言系统，具体而言属于语义系统。我们也认为，及物性系统属于语义层，而非Li[②]所说的词汇语法层。词汇语法层应在语义层之下，它们之间是体现与被体现的关系。

从认知视角讲，经验是人类同环境互动的产物，是体验性感知运动的结果[③]。人类之所以能够获得经验，离不开世界这一载体。因此可以说，世界是人类获得经验的源泉/资源。当然，仅有世界自身还不够，人类如果想获得世界经验，必须拥有对世界万物进行范畴化和概念化的认知能力。只有当人类拥有了这种强大的认知能力，人类才能够更好地认知世界、获取世界经验并对获取的世界经验进行分类（范畴化），形成范畴。

人类基于认知能力获取的世界经验，体现了人们对世界的认识。反过来说，世界的形态影响人类获得世界经验的类别，世界最终通过映射关系

---

① Fawcett R. P. Problems and Solutions in Identifying Processes and Participant Roles in Discourse Analysis, Part 2: How to Handle Metaphor, Idiom and Six Other Problems// Huang G. W., Chang C. G. *Annual Review of Functional Linguistics* (Vol. 3). Beijing: Higher Education Press, 2011, pp. 34-87; Fawcett R. P. Problems and Solutions in Identifying Processes and Participant Roles in Discourse Analysis, Part 2: How to Handle Metaphor, Idiom and Six Other Problems// Huang G. W., Chang C. G. *Annual Review of Functional Linguistics* (Vol. 4). Beijing: Higher Education Press, 2013, pp. 27-76.

② Li E. *A Systemic Functional Grammar of Chinese*: *A Text-based Analysis*. London: Continuum, 2007.

③ Johnson M., Lakoff G. Why Cognitive Linguistics Requires Embodied Realism. *Cognitive linguistics*, 2002, Vol. 13, No. 3, p. 248.

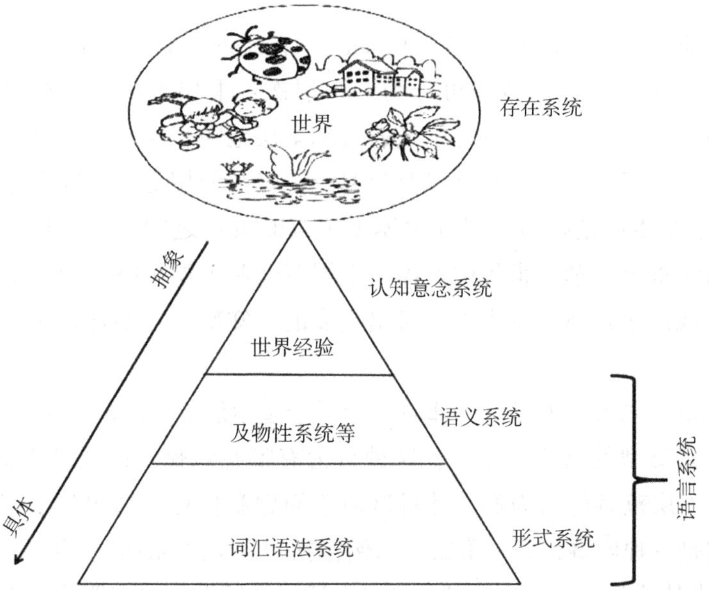

图 3-8　世界、世界经验、及物性系统以及词汇语法系统的层次划分

反映在世界经验里，即人类通过范畴化把世界区分为不同类别的经验。而后，人类语言把不同类别的世界经验利用不同的过程类型、参与者角色以及环境成分即及物性系统体现出来。因此，及物性系统体现人类对世界的体验，是世界经验的符号载体。概括地讲，及物性系统、世界经验和世界之间是体现与被体现的关系——当然这种体现不是被动的，在一定程度上是一种建构。世界、世界经验和及物性系统之间是映射与被映射的关系；世界和及物性系统之间的联系不是直接的，而要通过世界经验即认知意念系统建立联系（见图 3-9）。

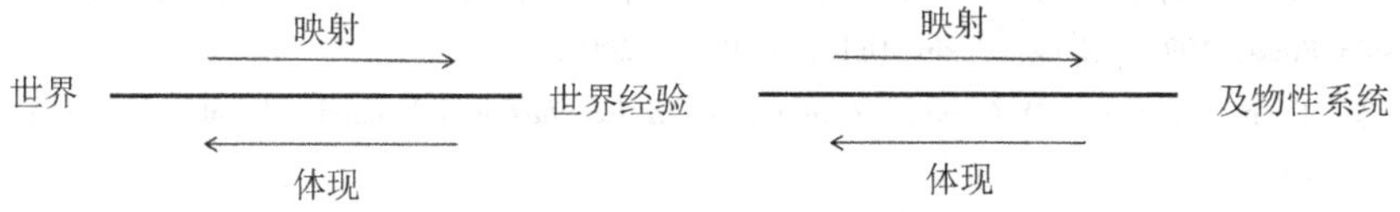

图 3-9　世界、世界经验以及及物性系统之间的关系

二 世界经验的再范畴化

根据 Rosch & Mervis[①]、Rosch[②]、Taylor[③]、Langacker[④]、Evans & Green[⑤] 等人的观点，范畴可分为三个层次：上层范畴、基本层范畴和下层范畴。人类的大部分思维是通过基本层范畴来实现的，这与格式塔认知、心理意象、动态交互以及学习、记忆与使用的容易度等心理要素有关[⑥]。基本层范畴最大限度地体现了范畴成员之间的家族相似性，是人们认识世界、理解世界的利器。上层范畴和下层范畴内的成员由于过于抽象或过于具体，要求人们付出更多的认知努力，不符合认知经济性原则。

Rifkin[⑦] 提出了检验一个事件是否属于基本层范畴的两个问题：第一，这是什么类型的行为？第二，这种行为有哪些示例？以"某人做某事"这一基本层范畴行为为例，针对这两个问题我们可以做出如下回答：第一，这是一种做事行为；第二，示例包括"某人读东西""某人吃东西""某人去某地"等。我们顺利回答出上述两个问题，这表明该事件属于基本层范畴。

基本层范畴的经验源于人们同世界的体验性交互，在交互过程中人们

---

① Rosch E., Mervis C. B. Family Resemblances: Studies in the Internal Structure of Categories. *Cognitive Psychology*, 1975, Vol. 7, No. 4, pp. 573-605.

② Rosch E., Mervis C. B., Gray W. D., *et al.* Basic Objects in Natural Categories. *Cognitive Psychology*, 1976, Vol. 8, No. 3, pp. 382-439.

③ Taylor J. R. *Linguistic Categorization. Prototypes in Linguistic Theory*. Oxford: Oxford University Press, 1989; Taylor J. R. *Linguistic Categorization. Prototypes in Linguistic Theory* (2nd edition). Oxford: Oxford University Press, 1995/Beijing: Foreign Language Teaching and Research Press, 2001.

④ Langacker R. W. *Foundations of Cognitive Grammar* (Vol. I): *Theoretical Prerequisites*. Stanford, C. A.: Stanford University Press, 1987/Beijing: Peking University Press, 2004; Langacker R. W. *Foundations of Cognitive Grammar* (Vol. II): *Descriptive Application*. Stanford, C. A.: Stanford University Press, 1991/Beijing: Peking University Press, 2004.

⑤ Evans V., Green M. *Cognitive Linguistics: An Introduction*. Edinburgh: Edinburgh University Press, 2006.

⑥ Lakoff G. *Women, Fire, and Dangerous Things. What Categories Reveal about the Mind*. Chicago: University of Chicago Press, 1987/1990, p. 56.

⑦ Rifkin A. Evidence for a Basic Level in Event Taxonomies. *Memory & Cognition*, 1985, Vol. 13, No. 6, p. 539.

获取各种基本事件经验，如“事物在发生改变”“新事物被创造出来”“某人有了新想法”“某事物怎么样”，等等。这些事件经验较为具体，属于基本层的认知经验，它们可以被认知系统进一步抽象化，形成三类抽象的上层经验范畴：关于客观世界的经验范畴、关于心理世界的经验范畴和关于关系世界的经验范畴。客观世界的上层范畴经验包括 Fawcett[①] 的物质经验域和社会经验域，关涉各种具体的基本层物质和社会事件，如“发生”（happenings）、“做事”（doings）、“创造”（creatings）和“行为”（behavings）。鉴于物质经验和社会经验之间没有明显的区别性特征，Fawcett 没有对二者做出区分。根据原型范畴论，事物之间的界限是模糊的、开放的，因此我们也不再对二者做更细致的划分。

与客观世界经验侧重描述客观世界发生的事件不同，心理世界的上层范畴经验侧重概括意识世界的各种基本的认知体验，包括“情感”“意愿”“感知”“认知”和“交流”等。这不同于 Li 的划分，Li[②] 把“言语图形”“象征世界”经验和“感知图形”“意识世界”经验划分为同一层面的两类范畴。我们认为，Li 对“象征世界”经验的抽象程度还不够。借鉴 Fawcett 的做法，我们把“象征世界”经验也划归为心理世界的上层经验范畴。

关系世界的上层范畴经验侧重概括事物的联系性、关联性，包括事物自身的“归属”“识别”“处所”“方向”“存在”“拥有”和“关联”等较为具体的基本层范畴经验。在人类存在之前，关系世界就已经存在。事物自身和事物之间就已经有各种基本的关系，如“小河”“小鱼”自身的归属关系，以及“小河”和“小鱼”之间的拥有关系等。

通过上述范畴化过程，我们可以得到三类上层世界经验范畴：物质和

---

① Fawcett R. P. Problems and Solutions in Identifying Processes and Participant Roles in Discourse Analysis, Part 2: How to Handle Metaphor, Idiom and Six Other Problems// Huang G. W., Chang C. G. *Annual Review of Functional Linguistics* (Vol. 3). Beijing: Higher Education Press, 2011, pp. 34-87; Fawcett R. P. Problems and Solutions in Identifying Processes and Participant Roles in Discourse Analysis, Part 2: How to Handle Metaphor, Idiom and Six Other Problems// Huang G. W., Chang C. G. *Annual Review of Functional Linguistics* (Vol. 4). Beijing: Higher Education Press, 2013, pp. 27-76.

② Li E. *A Systemic Functional Grammar of Chinese: A Text-based Analysis*. London: Continuum, 2007.

社会世界（客观世界）经验、心理世界经验和关系世界经验，以及16种基本层世界经验范畴。对于16种基本层世界经验而言，我们应增加另外一个视角来描述，即认知的焦点。人们对世界经验的认知，因认知焦点的不同，可以区分为自主型经验和影响型经验。准确地讲，对自主型经验和影响型经验的区分，是对认知焦点进行选择的结果。如果认知焦点落在一个事件自身的发生上，我们对世界的认知结果就是自主型经验（autonomous experience，可简化为 Auto-experience），概括地讲，自主型经验指不考虑是否是由其他事物或事件影响而发生的事件。如果认知焦点范围扩大，包括是什么因素影响了该事件的发生，我们对世界的认知结果就是影响型经验（influential experience，可简化为 Infl-experience），概括地讲，影响型经验指受到其他事物或事件的影响而发生的事件。比如，对于“房间的门开了”这个事件，如果我们的认知聚焦“房间的门是否开了”这个事件，我们的认知结果就是自主型经验；如果我们的认知聚焦“是谁打开了门”这个事件，我们的认知结果就是影响型经验。认知焦点视角的增加，意味着16种基本层经验有自主型基本层经验和影响型基本层经验的区分。在16种基本层经验的基础上，我们还可以继续对世界经验进行范畴化，区分出更多的更为具体的下层经验范畴，譬如自主情感类下层经验范畴可以进一步划分为喜欢类和痛恨类，等等。

鉴于世界经验的再细化会导致分类过于精细，不符合基于原型范畴论的通俗分类，因此我们不再逐一对下层经验进行范畴化。我们认为，与科学分类要求十分精细的层次区分相比，通俗分类更符合人类的日常思维模式，更贴近人类的日常生活。因此，对世界经验的划分应以通俗分类为基础，以基本层为中心，这样的范畴划分才能更好地满足人类的认知需求。

三　世界经验的范畴

经过范畴化过程，我们最终区分出三类上层经验范畴，即物质和社会世界经验、心理世界经验、关系世界经验，以及16种基本层经验范畴、若干种下层经验范畴。我们还从认知焦点出发，把三类上层经验范畴和16种基本层经验范畴区分为自主型和影响型（见图3-10）。

我们对世界经验范畴的划分是建立在 Halliday、Matthiessen、Li 和

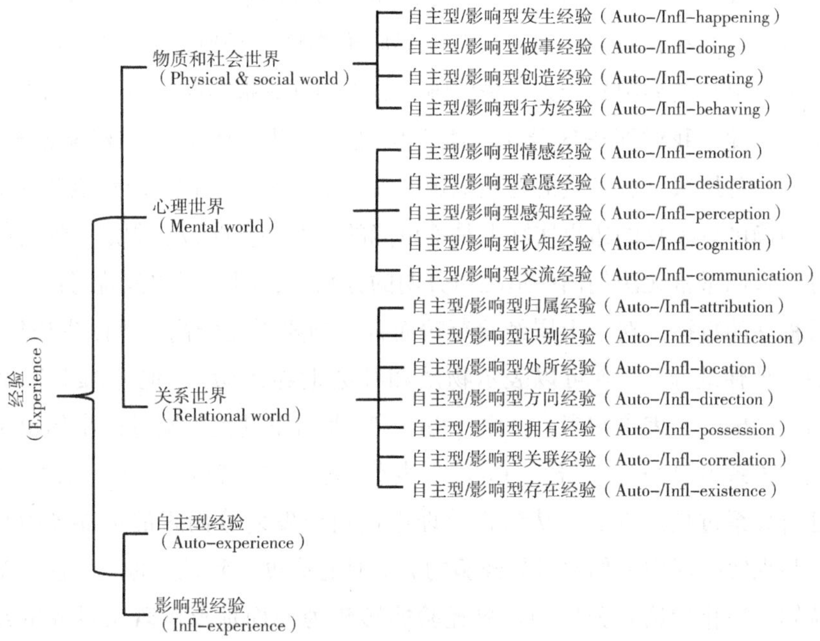

图 3-10　世界经验的范畴①

Fawcett 等人的研究基础上的。但是与他们的研究相比，我们对世界经验的划分又具有以下特点。其一，对世界经验的划分更为系统。基于原型范畴论对范畴层次的区分，我们把世界经验划分为上层、下层和基本层三个层级的世界经验，范畴体系更精密、更系统。其二，对上层世界经验的划分更合理，避免重叠和层次不一。对于上层，我们划分了三类世界经验，即物质和社会世界经验、心理世界经验和关系世界经验。我们对物质和社会世界（客观世界）经验的范畴化，与 Fawcett 对物质经验域和社会经验域的划分有异曲同工之处。我们的物质和社会世界（客观世界）经验涵盖 Fawcett 的物质经验域和社会经验域。另外，我们把 Li 区分的象征世界经验范畴化为心理世界经验，使之成为次类，因为象征世界及其对应的言语图形都关涉人们的心理活动。其三，在对基本层经验的划分上区分了认知焦点，按照认知焦点将 16 种基本层经验划分为自主型和影响型，即每种基本层经验既可以是自主型的，也可以是影响型的。

① 图中的 Auto-代表 autonomous（自主型）；Infl-代表 influential（影响型）。下同。

关于我们对世界经验范畴的划分，还有另外两点需要说明。其一，各经验范畴既存在相对独立性，又存在界限模糊性。经典范畴论告诉人们，明确划分事物的界限易于人们更清晰、更准确地掌握事物，避免认知上的杂乱。因此，我们明确区分出三类上层经验范畴、16 种基本经验范畴，并努力让各层级、各种类的经验范畴清晰明了、易于掌控。原型范畴论认为，明确区分事物的边界实际上是不可能的。有些范畴没有固定、绝对的边界，人们常常无法划出一道黑白分明的分割线，因此事物范畴间具有边界模糊性的特征。对于上层经验范畴而言，抽象程度较高，界限更模糊。譬如“他住北京”，既可以表示物质和社会世界经验，“他［Ag］”和“北京［Ra］”表参与者、“住［Pro］”表动作过程；同时该小句也可以表示关系世界经验，“他［Ca］”表载体、“住［Pro］北京［Loc］”表处所关系过程。其二，从语言学理论视角出发划分出来的世界经验范畴，与现实生活中人们对世界经验的分类具有高度一致性。也就是说，基于认知范畴化理论划分出的世界经验能够较为全面地反映现实世界的经验，这是因为认知语言学（包括范畴化）的哲学基础是体验哲学[①]。体验哲学强调认知的体验性，强调只有通过身体和大脑的体验，人们才能形成认知范畴和认知概念。因此，人们生活中对世界经验的分类，同理论视角下世界经验范畴的分类是相吻合的，具有高度一致性。

第五节　及物性系统重构

基于上述对世界经验再范畴化的研究，本节讨论及物性系统的重构。我们认为，经验范畴和及物性过程类型之间存在一一对应关系。在这一点上，我们同 Li 的观点是一致的。Li 的四类世界经验对应了四种及物性过程。我们在上层划分了三类世界经验，即物质和社会世界经验、心理世界经验和关系世界经验，它们对应三类上层的及物性过程，即动作过程、心理过程和关系过程（见图 3-11）。同样，基本层经验范畴与过程类型之间，比如发生经验与发生过程之间、情感经验与情感过程之间、归属经验

① Lakoff G., Johnson M. *Philosophy in the Flesh. The Embodied Mind and Its Challenge to Western Thought*. New York: Basic Books, 1999.

与归属过程之间等等，也存在一一对应关系。

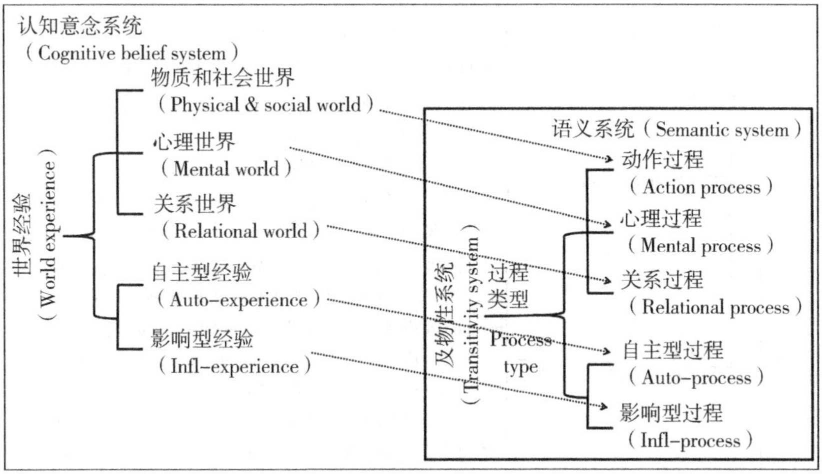

图 3-11　上层经验范畴与及物性过程类型之间的对应关系（映射关系）

三类上层经验范畴与三类上层及物性过程之间存在典型的映射关系，即物质和社会世界经验映射动作过程，心理世界经验映射心理过程，关系世界经验映射关系过程。同时，按照认知焦点，我们可以把世界经验区分为自主型和影响型，故及物性过程类型也有自主型和影响型。及物性过程属于语义系统即语义层，而世界经验包括自主型和影响型，则属于认知意念系统。认知意念系统和语义系统虽属不同概念范畴，但两者之间却存在对应关系即映射关系。同样通过这种映射关系，我们可以为 16 种基本层经验和 16 种基本层及物性过程建立联系，16 种基本层经验和基本层及物性过程都有自主型和影响型之分。鉴于下层经验和下层及物性过程过于细化，在此我们不再加以论述，我们将研究重点放在上层经验和基本层经验，以及与它们对应的及物性过程。

一　重构的及物性系统

在世界经验范畴化研究的基础上，根据世界经验与及物性过程之间的一一对应关系，我们重构了及物性系统（见图 3-12），下图是包含上层过程和基本层过程的及物性系统。

该及物性系统包含三类上层过程，即动作过程、心理过程、关系过程和 16 种基本层过程，三类上层过程和 16 种基本层过程又因认知焦点不

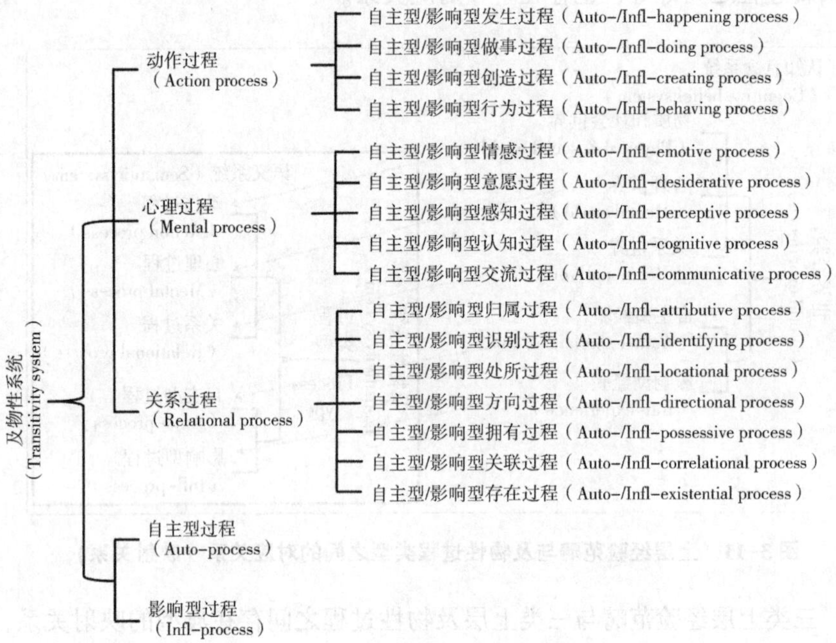

图 3-12　重构的及物性系统

同，存在自主型和影响型之分。

二　及物性过程及语义配置结构

本节侧重描述每种基本层及物性过程的语义配置结构。因参与者角色的数量、参与者角色与过程之间的关系存在差异，每种基本层及物性过程的语义配置结构都不尽相同。

（一）自主型和影响型动作过程

自主型和影响型动作过程表征物质和社会世界经验。自主型和影响型动作过程可以具体细化为自主型和影响型发生过程、自主型和影响型做事过程、自主型和影响型创造过程、自主型和影响型行为过程。

1. 自主型和影响型发生过程

自主型发生过程表征物质和社会世界中的各种直接的“发生”经验，涉及一个或者零个参与者角色。如果涉及一个参与者角色，那么该参与者角色多为受事，也可以为施事，用于描述气象意义。零参与者角色主要出现在气象情形中。

(1) (It/It's) + Pro + (PrEx)[1]

It never rains[2].

It's getting hot.

下 雪 了。

起 雾 了。

(2) Af + Pro + (PrEx)

Anything would happen.

The match ended.

线 断 了。

国旗 飘 起来 了。

(3) Ag + Pro + PrEx

雨 下 得 很大。

风 刮 得 很猛。

影响型发生过程表征物质和社会世界中因受事物或事件的影响而发生的经验。除涉及“自主型发生过程”的参与者角色外，影响型发生过程还涉及另外一个参与者角色，即外在的施事。

(4) Ag + Pro + Af [[(it/it's) + Pro+ (PrEx)]]

She made it rain with her magic weather-proof scarf.

I made it rain cats and dogs.

你 让 刮风 就刮风啊!

你 让 地震 就地震啊!

(5) Ag + Pro +Af [[Af/Ag + Pro]]

The release of ice from Antarctica will also cause sea-level rise.

They wouldn't let the hall fall down.

她 让 线 断 了。

---

① 本部分用到诸多缩略语。请对照“参与者角色术语缩写表”进行阅读。此后章节将不再专设脚注。

② 本部分英语和汉语例句来自英国国家语料库（BNC）和北京大学中国语言学研究中心（CCL）现代汉语语料库、北京语言大学 BCC 语料库（特殊标注的除外）。为便于阅读，部分例句在原句的基础上有所改动。

全球变暖 导致 海平面上升。

2. 自主型和影响型做事过程

自主型做事过程表征物质和社会世界中直接“做事”的经验。此种过程涉及到一个、两个或者三个参与者角色。如果仅涉及一个参与者角色，那么该参与者角色是施事或受事；如果涉及两个参与者角色，那么它们是施事和受事或范围或方向或方式；如果涉及三个参与者角色，那么它们是施事、受事和方式/方向等，或施事、第一受事和第二受事。当三个参与者角色出现的时候，常常出现复合参与者角色。

(6) Ag + Pro + (PrEx)
We can relax.
I 'll go fishing on Sunday.
他的父母 已 退休。
你 在 开 玩笑 吧。

(7) Af + Pro + (PrEx)
This reform bill will pass.
This book reads easily.
门 开 了。
钱 花 光 了。

(8) Ag + Pro + (PrEx) + Af
They would attack someone else.
I might use up all my odd scraps of wool.
他 吃 了 一个苹果。
她 花 光 了 自己全部的积蓄。

(9) Ag + Pro + Af-Posr + Af-Posd
I will buy you a watch instead.
I charged him only half the normal price.
他 送 我 一本书。
我 给予 他们 6项权利。

影响型做事过程表征物质和社会世界中因受事物或事件的影响而做事的经验。除涉及“自主做事过程”的参与者角色外，影响型做事过程还涉及另外一个参与者角色，即外在的施事。

(10)	Ag +	Pro +	Af [[Ag/Af +		Pro +	(PrEx)]]
	We	don't force	people	to	work	here.
	We	can't let	him		die.	
	他	让	他们		离开。	
	这种理想	鼓励	我们		努力。	

(11)	Ag +	Pro +	Af [[Ag +		Pro +	Af]]
	The war has	enabled	farmers	to	expand	their output.
	Packaging	makes	people		buy	the product.
	妈妈	允许	我		用	电脑。
	甲	教唆	乙		杀死	藏在草丛中的丙。

(12)	Ag +	Pro +	Af [[Ag +		Pro+	Af-Posr +	Af-Posd]]
	I	got	him	to	send	us	a copy of the reply.
Can	you	ask	him	to	give	me	a call?
	爸爸	叫	哥哥		给	我	一只笔。
	发言人	要求	日本政府		给	中国人民	一个满意的交代。

3. 自主型和影响型创造过程

自主型创造过程表征物质和社会世界中事物得以“创造”的经验。此种过程常含有一个或两个参与者角色。如果含有一个参与者角色，那么该参与者是创造物；如果含有两个参与者角色，那么这两个参与者角色分别是施事和创造物。

(13)	Cre +	Pro +	PrEx	
	His problem	began		after only two days of training.
	The new school	came	into being	later.
	孩子	降生		了。
	饭	做	好	了。

(14)	Ag	+	Pro +		Cre
	You	can	build		a house from limestone in three ways.
	We	shall	write		a romantic story.
	他		设计	了	一个方案。

有关部门 正在积极 起草《国债法》。

影响型创造过程表征物质和社会世界中因受事物或事件的作用而发生的经验。除涉及“自主型创造过程”的参与者角色外，影响型创造过程还涉及另外一个参与者角色，即外在的施事。

(15) Ag + Pro + Af [[Cre + Pro + PrEx]]
She wanted her ninth baby to be born at home.
Action of the water causes the volcano to erupt.
婆婆 允许 孩子 生 下来。
挥霍 使得 一个永远富裕的家庭不可能 产生。

(16) Ag + Pro + Af [[Ag + Pro + Cre]]
You'll let me make the cakes.
All of these areas enable us to create long-term partnerships.
家人 逼 她 生 二胎。
老师 让 他 写 份保证书。

4. 自主型和影响型行为过程

自主型行为过程表征物质和社会世界中人类或其他动物的生理活动经验。此种过程涉及一个或者两个参与者角色。如果涉及一个参与者角色，那么该参与者角色是行为者；如果涉及两个参与者角色，那么它们分别是行为者和范围。

(17) Behr + Pro + (PrEx)
Max coughed again.
She was shuddering uncontrollably.
他 总是 微笑 着。
年喜 老 打 哈欠。

(18) Behr + Pro + Ra
I 've never dreamed about Cal.
I laughed at Ann last night.
这些隐者 嘲笑 孔子。
我 多少次 梦见 过 这一刻 啊。

影响型行为过程表征物质和社会世界中因受事物或事件的外力作用而产生的生理活动经验。除涉及“自主型行为过程”的参与者角色外，影响型行为过程还涉及另外一个参与者角色，即外在的施事。

(19)

Ag	+	Pro	+Af	[[Behr +	Pro	+	(PrEx)	+ (Ra)]]
The very mention of his name		caused		her	to tremble.			
His grey eyes		made		her	smile		at	the gleam of amusement she saw there.
头痛		令		他	眩晕。			
它	不	让		自己	尖叫		出来。	

(二) 自主型和影响型心理过程

自主型和影响型心理过程表征心理世界经验。自主型和影响型心理过程可以细化为自主型和影响型情感过程、自主型和影响型意愿过程、自主型和影响型感知过程、自主型和影响型认知过程、自主型和影响型交流过程。

1. 自主型和影响型情感过程

自主型情感过程表征心理世界中情感活动或状态的经验。此种过程涉及一个或两个参与者角色。如果涉及一个参与者角色，那么该参与者角色是情感表现者；如果涉及两个参与者角色，那么它们分别是情感表现者和现象。

(20)

Em	+	Pro+	(PrEx)
He	is	puzzled.	
We	are	surprised	when the man turns out to be a robot.
他	很	兴奋。	
我	十分	紧张。	

(21)

Em	+	Pro	+ (PrEx)	+ Ph
She		fears		the schools.
They	were	annoyed	by	the final version of the video.
他		喜欢		蓝色。
人民	应	自豪	于	自己的文化和文明。

(22)

Ph	+	Pro	+	Em
Her response		astonished		me.

That he quitted the school shocked his mother.

这件事 深深地 感动 了 我。

警察的野蛮行径 激怒 了 一大批黑人青年。

(23) It + Pro + Em + Ph

It offends me that you're offended.

It still shocks you to see them.

影响型情感过程表征心理世界中情感活动或状态因外力作用而发生变化的经验。除涉及"自主型情感过程"的两个参与者角色外，影响型情感过程还涉及另外一个参与者角色，即外在的施事。

(24) Ag + Pro +Af [[Em+ Pro+ (PrEx) +Ph]]

Nothing could make a mother hate her child.

The exact scene urged her to long for a big, warm hug.

这 让 他 喜欢 上 了 游泳。

这项措施 使 员工 真正 爱 上 了 公司。

(25) Ag + Pro + Af [[Em + Ph + Pro]]

他 没有 让 职工们 对 他 失望。

产量居世界首位 令 员工 为 其 自豪。

2. 自主型和影响型意愿过程

自主型意愿过程表征心理世界中的意愿活动经验。此种过程常含有两个参与者角色，即意愿表现者和现象。

(26) Desr + Pro + (PrEx1) + (PrEx2) + Ph

I wish I was taller.

I wasn't keen on going to the party.

她 渴望 幸福。

我 曾 梦想 成为一名大探险家。

(27) Desr + Ph + Pro

他们 对 知识 很渴望。

我 对 警服 很向往。

影响型意愿过程表征心理世界中因受事物或事件的外力作用而使自身或他者产生的意愿活动经验。除涉及“自主型意愿过程”的两个参与者角色外，影响型意愿过程还涉及另外一个参与者角色，即外在的施事。

(28)	Ag +	Pro + Af	[[Desr +	Pro +	PrEx +	Ph]]
	You	make	me	hope	for	the best.
	This loving feeling	make	me	long	for	your kiss.
	这件事	让	他	渴望		爱情。
	归属动因	促使	人们	追求		友谊和爱情。

3. 自主型和影响型感知过程

自主型感知心理过程表征心理世界中的感知活动经验。此种过程常涉及两个参与者角色，即感知者和现象。

(29)	Perc	+	Pro +	PrEx +	Ph	
	I		hear		the news	on my wife's birthday.
	He		felt		something unnatural	when entering the room.
	我们	能	闻	到	这种气味。	
	有些人	不能	尝	出	食物中的苦味。	

影响型感知过程表征心理世界中因受事物或事件的外力作用而产生的感知活动经验。除涉及“自主型感知过程”的两个参与者角色外，影响型感知过程还涉及另一个参与者角色，即外在的施事。

(30)	Ag +		Pro + Af	[[Perc +		Pro +	Ph]]
	All of the reflections		make	me		see	Evan.
	A rabbit's large ears		enables	it	to	hear	the slightest sound.
	他	（故意）	让	她		看见	他。
	一出《茶馆》		让	人		目睹了	中国50年的变迁史。

4. 自主型和影响型认知过程

自主型认知过程表征心理世界中的认知活动经验。此种过程常涉及两个参与者角色，即认知者和现象；也有可能只涉及一个显性参与者角色，即现象（另一参与者，即认知者为隐性参与者角色）。

（31）	Cog	+	Pro	Ph
	You		know	how much I love you.
	I've	never	imagined	life without fat.
	妈妈		信任	孩子。
	人们	不仅	认识　了	世界，（而且改造了世界。）

（32）	It +	Pro	+	（Cog）	+	Ph
	It	seems	to	（me）		that there is little control of that expenditure.
	It	looks	（to）	（sb.）		as though it includes not only councilors, but certainly former officers.

影响型认知过程表征心理世界中因受事物或事件的外力作用而使自身或他者产生的认知活动经验。除涉及“自主型认知过程”的两个参与者角色外，影响型认知过程还涉及另外一个参与者角色，即外在的施事。

（33）	Ag +	Pro +	Af [[Cog	+	Pro	+	Ph]]
	We	enable	customers	to	plan		their trip in 5 minutes.
	The police	make	us		believe		that the crime was committed by the killer of the other girls.
	失败和挫折	让	我		怀疑		自己的能力。
	人们　常常	迫使	他人		赞同		自身的观点。

5. 自主型和影响型交流过程

自主型交流过程表征心理世界中的交流活动经验。此种过程常涉及两个或三个参与者角色。如果涉及两个参与者角色，那么它们分别是交流者和交流内容；如果涉及三个参与者角色，除交流者和交流内容外，还包括交流对象。

(34)

Comr	+	Pro	+	Comd
My watch		says		7: 07.
The paper		reported		the White House knew of the levees' failure on the night of storm.
信　上		说		他回来了。
纸条　上		写　着：		“为了健康，买你需要的药物。”

(35)

	Comr +	Pro +	Comee +	(PrEx)	+Comd
	He may be able to	tell	us		something about his passenger.
Can	you	advise	me	on	an effective type of draught-proofing that won't cost a fortune.
	我	告诉　了	他		我的主意。
	她　又	问　了	他		几个问题。

(36)

Comr +	Pro +	Comd +	PrEx +	Comee
She	discussed	it	with	her family.
North	told	the story	to	Bob Earl.

影响型交流过程表征心理世界中因受事物或事件的影响而产生的交流活动经验。除涉及“自主型交流过程”的参与者角色外，影响型交流过程还包括另一个参与者角色，即外在的施事。

(37)

Ag +	Pro + Af	[[Comr +	Pro +	(PrEx) +	Comd]]
I	forced	him　to	tell		the truth.
These terms	enable	people　to	speak	about	race without mentioning the word.
我	鼓励	孩子	问		问题。
我们　怎样	使	温度计	显示		发烧的度数？

(38)

	Ag +	Pro +	Af [[Comr +	Pro +	Comee +	Comd]]
If	you　will	permit	me　to	ask	you	a few questions, … (COCA)
	I'm	asking	you　to	tell	me	what you're gonna do.
	我	让	他	告诉	我	他的想法。
	别	让	其他人	告诉	你	该做什么。

(三) 自主型和影响型关系过程

自主型和影响型关系过程表征关系世界的经验。自主型和影响型关系过程可以细化为自主型和影响型归属过程、自主型和影响型识别过程、自主型和影响型处所过程、自主型和影响型方向过程、自主型和影响型拥有过程、自主型和影响型关联过程、自主型和影响型存在过程。

1. 自主型和影响型归属过程

自主型归属过程表征某事物负载某种特征或为某个群体的成员。此种过程涉及两个参与者角色，即载体和属性，或者载体和过程—属性复合参与者角色。

(39)	Ca +	Pro-At	
	Her beautiful hair	shines.	
	The lamp	glows	with a very feeble purple radiance.
	他	睿智。	
	日均气温	30℃。	

(40)	Ca +	Pro +	At
	His eyes	were	bright.
	It all	sounds	rather complicated.
	他	是	一名医生。
	勤工俭学的收入	占	3%。

影响型归属过程表征其他事物或事件的外力作用使某实体具有某种特征或者成为某个群体的成员。此种过程除涉及“自主型归属过程”的参与者角色外，还涉及另外一个参与者角色，即外在的施事。

(41)	Ag +	Pro +	Af [[Ca +	Pro-At]]	
	You	make	me	a brand new woman.	
	He	did make	things	difficult	for a few minutes.
	这	令	她	漂亮 了。	
	这件事	令	我	哭笑不得。	

(42) Ag + Pro + Af [[Ca + Pro + At]]

老师	鼓励	他	做	一个诚实的人。
教育	使	儿童	成为	具有多方面兴趣爱好的人。

2. 自主型和影响型识别过程

自主型识别过程表征通过价值或标记来识别事物的经验。此种过程常涉及两个参与者角色，即标记和价值。

(43)	Tk +	Pro +	PrEx +	Vl
	This book	is		the most practical guide for nurses.
	One color	stands	for	Jamaica's natural resources and sunshine.
	他	是		我最好的老师。
	白色	代表		和平与和谐。

(44)	Vl +	Pro +	Tk
	What you do	is	to fix a line of battens across the wall.
	What one misses most	is	jokes.
	英国教育的目的	是	培养绅士。
	他买的	是	人家挑剩下的。

影响型识别过程表征在其他事物或事件外力作用下进行事物价值识别的经验。此种过程除涉及“自主型识别过程”的两个参与者角色外，还涉及另外一个参与者角色，即外在的施事。

(45)	Ag +	Pro +Af	[[Tk +	Pro +	Vl]]
	I	would let	you	be	the judge of it.
	She	forced	him to	be	a specter at the back of her mind.
	老师	叫	他	担任	班长。
	他们将	使	本届世界杯	成为	最盛大的一届比赛。

3. 自主型和影响型处所过程①

自主型处所过程表征事物与处所之间的关系经验。此种过程常涉及两

① 处所过程也可称为位置过程。

个参与者角色，即载体和处所。这个处所既可以是空间上的，也可以是时间上的。

(46)	Ca +	Pro +	Loc
	He	is	beside the bed.
	Training	is	on Tuesday evening for enthusiasts in the London area.
	他	生活	在北京。
	初中生	正 处于	生长发育的高峰期。

影响型处所过程表征在其他事物或事件外力作用下事物与处所之间的关系经验。此种过程除涉及“自主型处所过程”的两个参与者角色外，还涉及另外一个参与者角色，即外在的施事。

(47)	Ag +	Pro +	Af [[Ca +		Pro +	Loc]]
	She	required	him	to	stay	at home.
	I won't	have	her		stay	in my house.
	领导	叫	他		坐在	他旁边。
	教练组	让	他		留在	德国。

4. 自主型和影响型方向过程

自主型方向过程表征事物与它们方向（来源、路径和目的地）之间的关系经验。此种过程涉及两个参与者角色，即载体和方向。

(48)	Ca +	Pro +	Dir：So
	The prevailing winds	originate	from the south and south-west.
	Rights	derive	from duties.
	他	来自	中国。
	这个升级故事	选自	《旧约·创世纪》。
(49)	Ca +	Pro +	Dir：Pa
	A pair of wide tracks	led	through the slush and mud.
	A look of panic	spread	across the boy's face.
	房屋门窗	朝	东。
	群山	延绵	千里。

(50)

Ca	+	Pro	+	Dir：Des
The blaze	also	spread		to a neighbouring house.
Other contracts		extend		to end of June.
铁路		通到		昆明　　　了。
横跨山岭的高压线		延伸到		村里。

影响型方向过程表征在其他事物或事件影响下事物与方向之间的关系经验。此种过程除涉及“自主型方向过程”的两个参与者角色外，还涉及另一个参与者角色，即外在的施事。鉴于其涉及的方向过程本身与自主型相同，也就是说只是认知焦点不同，此处影响型过程的语义配置结构不再全部呈现。

(51)

Ag	+	Pro	+ Af [[Ca	+	Pro	+ Dir：Des]]	
The court	can	make	it	to be	extended	to	the child's eighteenth birthday.
The framework	has	allowed	the title to be		extended	to	any polytechnic.
他们		让	这条铁路		通往		欧洲。
他们		让	这条河		通向		大海。

5. 自主型和影响型拥有过程

自主型拥有过程表征事物与事物拥有者之间的属有关系经验。此种过程常涉及两个参与者角色，即拥有者和拥有物。

(52)

Posr	+	Pro	+	Posd
Those Eskimos	must	have		a quiet life.
Few of us		own		universal skills.
他		有		许多书。
心理学家		持有		不同的观点。

(53)

Posd	+	Pro +	(PrEx)	+	Posr
We	all	belong	to		the human race.
The house		is			mine.
义务教育的管理权		属于			地方。
六个孩子		归			他　了。

影响型拥有过程表征在其他事物或事件影响下事物与拥有者之间的属有关系经验。此种过程除涉及“自主型拥有过程”的两个参与者角色外，还涉及另外一个参与者角色，即外在的施事。

(54)

	Ag	+	Pro	+	Af [[Posr	+	Pro	+	Posd]]
	They		might permit		the Dogers		to retain		a greater percentage of their TV rights than other clubs.
How did	they		make		the stuff		hold		all that water?
	政府		让		我们		拥有了		一套公寓。
	生活		让		每个人		兼具		几个角色。

6. 自主型和影响型关联过程

自主型关联过程表征某事物与另一事物之间的相互关联性经验。此种过程常涉及两个参与者角色，即关联方1和关联方2。

(55)

Cor1	+	Pro	+	(PrEx)	+	Cor2
Liz		marries				David.
Their colors		blend		with		the mountains.
这条领带		配				那件衬衫。
主观唯心主义	必然	导致				荒谬的唯我论。

影响型关联过程表征在其他事物或事件影响下某个事物与另一事物之间的关联关系经验。此种过程除涉及“自主型关联过程”的两个参与者角色外，还涉及另外一个参与者角色，即外在的施事。

(56)

Ag	+	Pro	+	Af [[Cor1	+	Pro	+	(PrEx)	+	Cor2]]
His mother		made		him		marry				that girl in Durham.
This		made		him		marry				her.
这		使		他		嫁		给	了	詹姆斯。
老杜		让		他		娶			了	翠莲。

7. 自主型和影响型存在过程

自主型存在过程表征存在方处于某空间或时间的经验。此种过程常涉及两个参与者角色，即存在方和处所，但有时处所是隐性的。

(57)(Loc) + Pro + Ext
有 人。
有 许多人站在那里。

(58) Loc + Pro + Ext
On the table is a beautiful glass vase filled with glistening liquid. (COCA)
On the sofa is a well-thumbed copy of what was once Jennifer's set of The Chronicles of Narnia. (COCA)
桌子 上 有 一包书。
门口 站 着 一个人。

(59) There + Pro + Ext + Loc
There is a games room over there.
There was a school about three miles away, at Mulindry.

(60) Loc (Dir) + there + Pro + Ext
Through the hall, there goes a man with guilty secret.
From the cell body of a neuron there emerge two kinds of processes.

影响型存在过程表征在其他事物或事件影响下存在方处于某空间或时间的经验。此种过程除涉及“自主型存在过程”的两个参与者角色外，还涉及另一个参与者角色，即外在的施事。

(61) Ag + Pro + Af [[Loc + Pro + PrEx + Ext]]
我（尽量）让 自己的脸上 堆 满 笑意。
操心和疲劳 让 我的额头 挂 上 了 皱纹。

(62) Ag + Pro + Af [[There + Pro + Ext + Loc]]
God Let there be light,
(and then there is light.)
The magician let there be flowers in his hand,
(and then there are flowers in his hand.)

综上，本节主要重构了及物性系统，并描述了基本层及物性过程的语义配置结构。

第六节　结语

本章在梳理与评析系统功能语言学框架下世界经验范畴化研究的基础上，结合原型范畴论和经典范畴论，对世界经验进行了自上而下的范畴化，并在经验范畴化的基础上，通过经验范畴与及物性过程之间的对应关系，重构了及物性系统。总体而言，本章的贡献主要有三个方面。其一，系统梳理与评析了系统功能语言学框架下世界经验范畴化的研究。本章第三节梳理了系统功能语言学界对经验范畴化的研究，其中包括 Halliday 和 Matthiessen 对世界经验的三分、Li 和 Fawcett 对世界经验的四分，并评述了他们的贡献与不足。其二，在原型范畴论和经典范畴论指导下，厘清了世界、世界经验以及及物性系统之间的层次关系，并对世界经验进行了再范畴化，区分出三类上层经验范畴和 16 种基本层经验范畴。其三，在世界经验再范畴化研究的基础上，按照经验范畴与及物性过程之间的对应关系，重构了及物性系统，并对 16 种基本过程的语义配置结构进行了解释和示例说明。

需要特别指出，在借鉴 Fawcett 研究的基础上，本章实现了及物性系统和作格系统的有机融合。Fawcett 把影响过程（Influential process）看成与动作过程、心理过程、关系过程、事件相关过程以及环境过程并列的过程类型。但在我们看来，影响过程强调世界经验因受外力影响而产生，它与非外力影响下的过程是并行的。我们从认知焦点出发，把三类世界经验区分为自主型和影响型认知经验，自主型认知经验强调事件本身，影响型认知经验强调其他事物或事件的影响。三类上层世界经验都有自主型和影响型之分，同样 16 种基本层经验也都有自主型和影响型之分。与世界经验相对应的三类上层及物性过程和 16 种基本层及物性过程因而有自主型和影响型之别。

第四章　英汉及物性系统及其体现形式对比研究

第一节　引言

关于对比研究，丹麦语言家 Jespersen① 倡导通过“由内及外”和“由外及内”两条路径来开展。比较而言，Jespersen 更推崇后者，即采用“由 C（意念）通过 B（功能）到达 A（形式）”的路径，因为这条路径有利于从宏观上理解和把握不同类型语言之间的异同，进而直达语言的内在本质。就英汉及物性系统对比而言，本章亦采用“由意念到功能再到形式”的路径，即先宏观再微观，先系统再配置结构再到实例，对比英汉两种语言在语义表征方式上的异同，以更好地认识英汉民族的认知、思维和文化特点。

第二节　英汉及物性系统及其体现形式对比

一　对比方法论

谈到对比，人们总会想到对比研究内容和对比研究方法。潘文国②指出，当前对比研究呈现出理论与应用、宏观和微观并重的局面。所谓理论与应用并重，指研究内容上既注重对比理论体系的建设，从语言哲学、文化、认知层面探讨学科理论，又注重从语言教学尤其是外语教学以及语际

① Jespersen O. *The Philosophy of Grammar*. London：George Allen & Unwin，1924/Beijing：Beijing World Publishing Corporation，2015，pp. 346-347.

② 潘文国：《汉英语言对比概论》，商务印书馆 2010 年版。

翻译等应用层面研究语言的异同。关于宏观与微观，中西方学者的理解不尽相同。主要观点可总结为三种：其一，宏观和微观指研究的内容；其二，宏观和微观指研究的层次；其三，宏观和微观指研究的方法。潘文国等人[①]对这三种观点进行了详细解读：

> （1）宏观指索绪尔所谓的外部语言学，微观指他所说的内部语言学。内部语言学也叫纯语言学，把语言看作一个封闭的、自足的系统，不考虑语言籍以存在的社会和人的因素，单纯地研究其内部的语音、词汇、语法等问题。索绪尔开创的现代语言学，一直到乔姆斯基为止，研究的本质都是微观语言学。与此相对的是宏观语言学，即外部语言学，认为语言的存在和使用离不开社会、文化、特别是人的心理等等语言外的因素，只有综合考虑种种背景因素，语言研究才能真正做到切实有用。六七十年代以后，西方的种种带连字符的语言学，如社会语言学、心理语言学、人类学语言学、文化语言学等等，都属于宏观语言学。
>
> （2）在内部语言学本身，也有宏观和微观的提法，这时的宏观微观以句子为标准，宏观指大于句子的研究，如句群研究、话语研究、篇章研究等等；微观则指小于句子的研究，这是传统研究最集中的领域。
>
> （3）宏观微观还指一种研究方法或角度。宏观指高屋建瓴，对全局性问题的研究；微观指对细小和具体问题的研究。

在上述三种理解里，中国学者如刘重德[②]主要取第一种理解，西方学者如 James[③] 主要取第二种理解。两种理解实际上反映了中西方在划界理念

---

① 潘文国：《汉英语对比纲要》，北京语言文化大学出版社 1997 年版，第 226—227 页；潘文国、谭慧敏：《对比语言学：历史与哲学思考》，上海教育出版社 2006 年版，第 225 页；潘文国、谭慧敏：《中西对比语言学——历史与哲学思考》（上、下册），华东师范大学出版社 2017 年版，第 449—450 页。

② 刘重德：《英汉语比较研究》，湖南科学技术出版社 1994 年版。

③ James C. *Contrastive Analysis*. Harlow，Essex：Longman，1980/Qingdao：Qingdao Publishing House，2005.

上的差异。在西方语言学理论体系中，句法研究和篇章研究是界限相对分明的两个研究领域。篇章多涉及意义层，反映的是特定的社会文化，故而被划归为宏观层面。而在中国语言学传统中，自刘勰始，“字、句、章、篇”（“夫人之立言，因字而生句，积句而成章，积章而成篇”——《文心雕龙》）是一个完整的体系。即使在中国现代的中小学语文教学体系里，“字、词、句、段、篇”仍是不可分割的整体。因此，从中西方对宏观和微观的不同划界可以看出，在对比之前，首先要做好的事情就是界定好宏观和微观。

对于英汉及物性系统而言，宏观指意义潜势层，包含三类上层及物性过程、16种基本层过程以及若干种下层过程。按照认知焦点，每类/种过程均有自主型和影响型之分。微观指意义示例层，此处主要指基本层过程的语义配置结构（示例见图4-1）。每种基本层过程均有若干种语义配置结构，语义配置结构通常由参与者、过程和环境成分组成，但并不整齐划一。此处意义潜势和意义示例的概念源自Fawcett① 对意义和形式、潜势和示例的论述。对Fawcett的语法模式（加的夫语法）来讲，意义潜势指语义特征的系统网络，意义示例指语义特征的选择表达。前者是后者的基础，相对而言较为抽象、宏观；后者是前者的体现形式，相对而言则较为具体、微观。因此，本章从宏观和微观即意义潜势和意义示例两个层面出发，基于对不同语域文本的分析，探究英汉及物性系统在宏观和微观层面上的共性和个性。

二　英汉及物性系统及其体现形式的共性

宏观上讲，英汉及物性系统之间存在诸多共性，具体表现在丰富性、层次性、隐喻性和张力性四个方面。

（一）丰富性

作为历史悠久、使用广泛的语言，英汉语均拥有相当成熟、完备的组织系统，包括音系/字系、词汇语法系统、语义系统等。就语义系统而言，通过及物性，人们可以描述整个五彩斑斓的世界。换言之，世界的多样性可以通过若干种经验过程表征出来。也正是由于世界的多姿多样，才有了

① Fawcett R. P. From Meaning to Form in the Cardiff Model of Language and Its Use// Bartlett T., O'Grady G. *The Routledge Handbook of Systemic Functional Linguistics*. London: Routledge, 2017, p. 59.

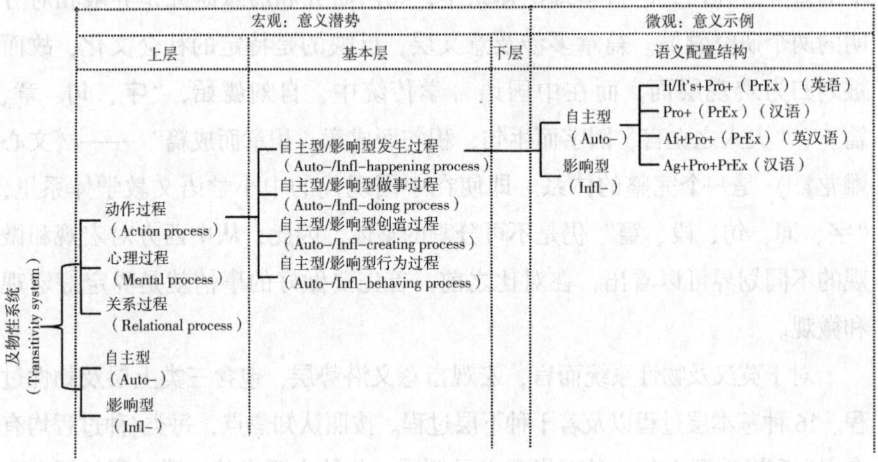

图 4-1　及物性系统例示

功能各异且各司其职的经验过程。

无论是借助英语还是借助汉语，人们都可以从不同的认知焦点出发，对相对独立（自主型）和存在影响关系的事物/事件（影响型）进行描述。因此，两种语言中都存在自主型经验过程和影响型经验过程。这种划分实际上体现了独立与依附、个体与整体、单一与多样、一元与多元的哲学理念。“自主”强调独立性、个体性、单一性和一元性。当然，强调自主性并非要否定事物或事件之间的联系。“自主”和“影响”二者之间并不矛盾，而是两个可以相互转化的对立面。

英汉两种语言中都存在动作过程、心理过程和关系过程，都可以对发生在物质和社会世界、心理世界和关系世界的经验进行描述。这些上层经验过程，可能同时出现于英语和汉语的某个语篇、段落甚至是某个句子中，也有可能主要出现于某个语篇、段落、句子中，甚至是某种语体中。经验过程的类型与语体之间存在较高关联度。

Thompson[①] 曾分析一篇由 392 个词、50 个小句[②]构成的英语新闻报道

① Thompson G. *Introducing Functional Grammar* (3rd edition). London: Routledge, 2014.

② 小句（clause）是独立且比“句子”意义更具体、更明确的基本语法单位，是句法分析的基础；句子是语篇语义单位。系统功能语言学把小句视作句法分析的核心，故有“小句核心说”的提法。这与汉语学界的“小句中枢说”有异曲同工之处，因为二者都强调小句在语法分析中的核心地位。

和一篇由 498 个词、38 个小句构成的英语医学期刊论文。分析后，Thompson 发现，新闻语篇中，动作过程①和言语（心理）过程②占过程总数的近三分之二（42%+22%=64%）；医学论文中，关系过程包括识别关系过程和归属关系过程，占过程总数的近二分之一（26%+21%=47%），动作过程仅占四分之一（24%）。Thompson 对医学语篇的分析与何伟等人③对机械工程英语语篇的分析所得出的结论基本一致。在分析完由 37 个小句构成的语篇后，何伟等人发现，关系过程④和动作过程分别占 51% 和 49%。这说明学科论文侧重描述事体间的联系以及采取的举措，新闻报道则更多关注发生的事情以及言语交流内容。

为更好地认识英语语篇中过程类型的使用情况，我们对两篇短文中的六句话⑤重新做了上层和基本层及物性分析，标注后的句子如下。

新闻报道（节选自 *Daily Mail*，共 115 个词）：

（1）It [Tk]⑥ may be [Pro] the solution to a marital problem [Vl] (**Auto-relational: identifying**) [[which [Ag] has led to [Pro] [Af] [[thousands of long-suffering spouses [Ag] seeking [Pro] refuge [Ra] in spare bedrooms]] (**Infl-action: doing**)]].

（2）The news [Ag] [[that researchers [Ag] may have made [Pro] a breakthrough [Cre] in the search (**Auto-action: creating**) for [[a way [Ag] to prevent [Pro] snoring [Af]]] (**Auto-action: doing**)]] will bring [Pro] hope [Af-Posd] to millions of bleary-eyed couples [Af-Posr] (**Auto-action: doing**).

---

① 在本书构建的及物性系统中，动作过程包括 Thompson 的物质过程和行为过程。

② 言语过程在本书构建的及物性系统中属于心理过程的次类，即交流（心理）过程。

③ 何伟、张瑞杰、淡晓红、张帆、魏榕：《英语功能语义分析》，外语教学与研究出版社 2017 年版。

④ 我们按照重构的及物性系统做了二次统计和分析，因而此处的关系过程包括了原及物性系统中单列的存在过程以及相应的数据（2.7%）。

⑤ Thompson 在其书中仅提供了 6 句样文，因此我们把这 6 句作为样本进行统计分析。根据 Thompson 的叙述，新闻报道的总长度为 392 个词，共有 50 个小句；医学期刊论文的总长度为 498 个词，共有 38 个小句。

⑥ 关于缩写以及缩写的英汉对照翻译，请参阅“参与者角色术语缩略表”。下同。

(3) Dentists [Ag] have invented [Pro] a device [Cre] (Auto-action: creating) [[which [Ag] is said to reduce [Pro] significantly the disturbing sounds [Af] (Auto-action: doing)]] [[made [Pro] by noisy sleepers [Ag] (Auto-action: creating)]].

(4) Tests [Comr] indicate [Pro] [[that the inexpensive appliance [Ag] can cut [Pro] levels of snoring [Af] by more than half (Auto-action: doing)]] [Comd] (Auto-mental: communicative).

(5) [[Its usefulness [Af-Ph] was assessed [Pro] by 14 male snorers and their sleeping partners [Ag-Cog] during a month-long trial (Auto-mental: cognitive)]] [Comd], the British Dental Journal [Comr] reported [Pro] (Auto-mental: communicative).

(6) The men and their partners all [Comr] reported [Pro] improvement [Comd] during the trials (Auto-mental: communicative).

医学期刊论文（节选自专业医学期刊，共94个词）：

(7) Various epidemiological studies [Tk] show [Pro] [[that an increasing number of children [Af-Ca] suffer from [Pro] allergic disorders [Ra-At] (Auto-action: doing)]] [Vl] (Auto-mental: communicative).

(8) Desensitization [Ra] should be aimed for [Pro] (Auto-action: doing) if possible.

(9) However, in most cases, symptomatic treatment of young patients [Ca] will be [Pro] adequate [At] (Auto-relational: attributive).

(10) Of particular importance [At] is [Pro] an effective and well tolerated treatment with as low as possible exposure to an active principle [Ca] (Auto-relational: attributive) [[which [Posr] does not have [Pro] any sedative side-effects [Posd] (Auto-relational: possessive)]].

(11) In a multicentre observation the efficacy and tolerability of Al-

lergodil nasal spray [Ra] was studied [Pro] (**Auto-action: doing**) in [[patients [Af-Ca] suffering [Pro] allergic rhinitis [Ra-At] (**Auto-action: happening**)]].

(12) In 21.5% of these children, rhinitis [Ca-Ph] was diagnosed [Pro] as "perennial" [At] (**Auto-mental: cognitive**).

从如上及物性分析可知，两篇英语短文中都有相当数量的动作过程（详见表4-1），这是因为新闻报道也是有关医学的，具有较强的学科倾向性。除自主做事动作过程外，新闻报道还涉及自主创造动作过程（Auto-action: creating）和影响做事动作过程（Infl-action: doing）。这与新闻报道强调所做的事情、所采取的行动，以及制造紧迫感有关。像《每日邮报》这类西方媒体，都善于通过"制造紧迫感"来挑动大众的神经。

新闻报道中，使用数量位居第二位的是心理过程（31%），尤其是自主交流心理过程（Auto-mental: communicative）（23%）。这与媒体的属性、目的有关，媒体的主要目的是传递信息。医学论文的主要目的是描述发生的事情与采取的举措以及揭示事物之间的联系、分清事物的类属，因此动作过程（44.5%）尤其是做事动作过程，以及关系过程（33.5%）尤其是自主归属关系过程（Auto-relational: attributive），使用情况较多（见表4-1）。

表4-1　　两种英语语体的过程类型（各6句）

序号	过程类型	新闻报道（%）		医学期刊（%）	
		单列项	合计项	单列项	合计项
1	自主动作过程：发生	0（0%）	8（61%）	1（11%）	4（44.5%）
2	自主动作过程：做事	4（30%）		3（33%）	
3	影响动作过程：做事	1（8%）		0（0%）	
4	自主动作过程：创造	3（23%）		0（0%）	
5	自主心理过程：认知	1（8%）	4（31%）	1（11%）	2（22%）
6	自主心理过程：交流	3（23%）		1（11%）	
7	自主关系过程：归属	0（0%）	1（8%）	2（22%）	3（33.5%）
8	自主关系过程：识别	1（8%）		0（0%）	
9	自主关系过程：拥有	0（0%）		1（11%）	
	合计	13（100%）	13（100%）	9（100%）	9（100%）

从表4-1的统计可以看出，语篇中，过程类型的分布与语体之间存在较高关联度。语体不同，过程类型也就有别。英语新闻语篇的六句话共涉及三类上层过程（动作过程、心理过程和关系过程）和五种基本层过程（做事、创造、认知、交流和识别），并关涉自主型和影响型。英语医学论文的六句话涉及三类上层过程（动作过程、心理过程、关系过程）和六种基本层过程（发生、做事、认知、交流、归属和拥有）。

在何伟等人[①]的研究基础上，基于重构的及物性系统，我们对两种汉语语体的语篇做了及物性再分析（见表4-2）。

表4-2　两种汉语语体的过程类型

<table>
<tr><th rowspan="2">序号</th><th rowspan="2">过程类型</th><th colspan="2">新闻报道（%）</th><th colspan="2">电气工程文本（%）</th></tr>
<tr><th>单列项</th><th>合计项</th><th>单列项</th><th>合计项</th></tr>
<tr><td>1</td><td>自主动作过程：发生</td><td>2（5%）</td><td rowspan="3">13（31%）</td><td>0（0%）</td><td rowspan="3">17（44.5%）</td></tr>
<tr><td>2</td><td>自主动作过程：做事</td><td>11（26%）</td><td>15（39.5%）</td></tr>
<tr><td>3</td><td>自主动作过程：创造</td><td>0（0%）</td><td>2（5%）</td></tr>
<tr><td>4</td><td>自主心理过程：交流</td><td>10（24%）</td><td rowspan="2">12（29%）</td><td>0（0%）</td><td rowspan="2">0（0%）</td></tr>
<tr><td>5</td><td>自主心理过程：认知</td><td>2（5%）</td><td>0（0%）</td></tr>
<tr><td>6</td><td>自主关系过程：归属</td><td>7（17%）</td><td rowspan="6">17（40%）</td><td>12（31.5%）</td><td rowspan="6">21（55.5%）</td></tr>
<tr><td>7</td><td>影响关系过程：归属</td><td>0（0%）</td><td>1（3%）</td></tr>
<tr><td>8</td><td>自主关系过程：识别</td><td>3（7%）</td><td>2（5%）</td></tr>
<tr><td>9</td><td>自主关系过程：拥有</td><td>4（10%）</td><td>4（11%）</td></tr>
<tr><td>10</td><td>自主关系过程：存在</td><td>3（7%）</td><td>0（0%）</td></tr>
<tr><td>11</td><td>自主关系过程：关联</td><td>0（0%）</td><td>2（5%）</td></tr>
<tr><td></td><td>合计</td><td>42（100%）</td><td>42（100%）</td><td>38（100%）</td><td>38（100%）</td></tr>
</table>

在由497个字、42个小句组成的汉语新闻语篇中（见附录1），关系、动作和心理三类上层过程的分布较均衡，关系过程（40%）的比重稍高于其他两者（31%、29%）。在由605个字、38个小句组成的汉语电气学科专业语篇中（见附录2），关系过程（55.5%）和动作过程（44.5%）占比最多。

① 何伟、张瑞杰、淡晓红、张帆、魏榕：《汉语功能语义分析》，外语教学与研究出版社2017年版。

综上，英汉语都拥有丰富的过程类型，都可以对各种世界经验进行描述。过程类型的选择与语体之间存在相关性，即某种语体更倾向于使用某些过程类型，这种现象我们可以称为语体的过程倾向性。

（二）层次性

抽象和具体作为一对哲学范畴，普遍存在于人们的认知中。抽象性呈现给人们聚合的、一统的世界，具体性呈现给人们离散的、多样的世界。认知抽象或具体的程度不同，体现为人们对世界经验范畴化上的层级性，进而体现为及物性系统的层级性。

在对语篇进行及物性分析时，人们可以选择在抽象程度较高的上层进行，也可以选择在抽象程度适中的基本层进行，甚至还可以选择在抽象程度较低的下层进行。具体选择哪个或哪些层面进行分析，取决于分析者要达到的目的。

上层及物性过程分析是语篇分析的简单做法。通过对上层及物性过程进行分析，即对语篇进行动作过程（自主型、影响型）、关系过程（自主型、影响型）和心理过程（自主型、影响型）的分析，研究者可以大致把握语篇中参与者之间的关系以及参与者的所做、所想等。虽然上层及物性分析不及基本层及物性分析那样具化、精密，但足以说明语篇的语体特征。

基本层及物性过程分析是语篇分析的通常做法。英汉基本层及物性过程均有 16 种，其中发生、做事、创造和行为过程属于上层及物性过程，即动作过程的子类；情感、意愿、感知、认知和交流过程属于上层及物性过程，即心理过程的子类；归属、识别、处所、方向、拥有、关联和存在属于上层及物性过程，即关系过程的子类。在对小句进行分析时，我们可以同时标出上层和基本层及物性过程，以及自主型或影响型类别，如“自主关系过程：归属”“自主关系过程：识别”“自主关系过程：处所”“自主关系过程：方向”“自主关系过程：拥有”“自主关系过程：关联”和“自主关系过程：存在”。例如，在对“<u>It</u> ［Tk］ may <u>be</u> ［Pro］ <u>the solution to a marital problem</u> ［Vl］（Auto-relational：identifying）”进行基本层及物性过程分析时，我们可以在标注基本层过程类型的基础上加注“Auto-relational”，以此体现及物性分析的层次性。同样，对汉语语篇进行基本层及物性过程分析时，例如在对“<u>失事客机的航班号</u> ［Tk］ <u>是</u>

[Pro] 4U 9525 [Vl]（自主关系过程：识别）”分析时，我们可以在“识别”之前加上“自主关系过程”，表示该过程在上层及物性分析中是“自主关系过程”。

鉴于下层及物性分析过于精细，在此不再展开。

另外，可以对语篇进行自主型和影响型过程分析，以揭示事件的发生有无致使力的影响，以及致使力在多大程度上影响事件的发生。在 Thompson[①] 分析的英语新闻语篇中，有自主型过程，也有影响型过程。例如在“It [Tk] may be [Pro] the solution to a marital problem [Vl] [[which [Ag] has led to [Pro] [[thousands of long-suffering spouses [Ag] seeking [Pro] refuge [Ra] in spare bedrooms]] (**Infl-action：doing**)]] (**Auto-relational：identifying**)”一句中，主句“It [Tk] may be [Pro] the solution to a marital problem [Vl] (**Auto-relational：identifying**)”是自主型过程，限定性从属延展小句“which [Ag] has led to [Pro] [[thousands of long-suffering spouses [Ag] seeking [Pro] refuge [Ra] in spare bedrooms]] (**Infl-action：doing**)”为影响型过程。

何伟等人[②]在对电气工程语篇进行及物性分析时发现，该语篇中也存在影响型过程。例如在“由于（[Ag]）迭加 [Pro] 了电感电流的上升沿信号 [Af]（自主动作过程：做事），故（[Ag]）仍然能对其 [Af] 进行 [Pro] 控制 [PrEx]（自主动作过程：做事），（[Ag]）使得 [Pro] [[本实用新型 [Ca] 实用性更广 [Pro-At]]]（**影响关系过程：归属**）”中，“（[Ag]）使得 [Pro] [[本实用新型 [Ca] 实用性更广 [Pro-At]]]（**影响关系过程：归属**）”为影响型经验过程。

综上，出于理解和认识需要，我们可以对语篇进行多层次的及物性过程分析。无论是英语还是汉语，都可以进行上层、基本层甚至下层的及物性过程分析。多层次及物性过程分析，理论上可应用于所有人类自然语言，具有类型学意义。

---

① Thompson G. *Introducing Functional Grammar* (3rd edition). London：Routledge，2014，pp. 133-135.

② 何伟、张瑞杰、淡晓红、张帆、魏榕：《汉语功能语义分析》，外语教学与研究出版社2017年版，第153—156页。

（三）隐喻性

隐喻始于人类对事物认识的深化，源于人们对功能或形式上相似事物的联想与想象。认识的深化和想象的富足，使人们的认知概念出现了隐喻化[①]倾向。概念的隐喻化体现在语言上则为表达的隐喻性（见图 4-2）。因此，语言中的隐喻肇始于人们认知世界时的隐喻性思维。

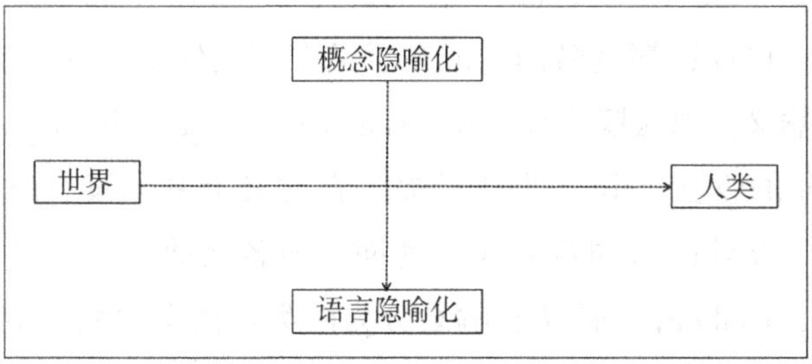

图 4-2　隐喻产生的机理[②]

传统上，人们常把隐喻视作一种修辞格，即赋予某事物另一种事物的属性。进入 20 世纪，哲学家却发现，隐喻不仅是一种修辞手段，而且是一种特殊的语言现象。为此，英国学者 Richards[③] 在其论著《修辞哲学》中将隐喻研究提升至哲学高度，“创造性”地提出了隐喻互动理论，掀起了 20 世纪隐喻研究的第一次热潮[④]。此后，美国分析哲学家 Black[⑤]、法国哲学家 Ricoeur[⑥]、美国分析哲学家 Davidson[⑦] 和 Searle[⑧]、美国认知科学家 Lakoff & Johnson[⑨] 等继而深化和拓展了隐喻研究。在这种研究热潮下，

---

① Lakoff G., Johnson M. *Metaphors We Live By*. Chicago: University of Chicago Press, 1980.

② 该图参考胡壮麟、朱永生、张德禄、李战子:《系统功能语言学概论》，北京大学出版社 2005 年版，第 307 页；胡壮麟、朱永生、张德禄、李战子:《系统功能语言学概论》（修订版），北京大学出版社 2008 年版，第 307 页。

③ Richards I. A. *The Philosophy of Rhetoric*. Oxford: Oxford University Press, 1936/1965.

④ 杨雪芹:《语法隐喻理论及意义进化观研究》，南京大学出版社 2013 年版，第 2 页。

⑤ Black M. *Models and Metaphors: Studies in Language and Philosophy*. Ithaca, NY.: Cornell University Press, 1962.

⑥ Ricoeur P. *La Metaphore Vive* (《活的隐喻》). Paris: Seuil, 1975.

⑦ Davidson D. What Metaphors Mean. *Critical Inquiry*, 1978, Vol. 5, No. 1, pp. 31-47.

⑧ Searle J. R. Metaphor// Ortony A. *Metaphor and Thought*. Cambridge: Cambridge University Press, 1979, pp. 92-123.

⑨ Lakoff G., Johnson M. *Metaphors We Live By*. Chicago: University of Chicago Press, 1980.

系统功能语言学创始人 Halliday 也给予隐喻特别关注，在《功能语法导论》一书的四个版本中均专辟章节探讨语言中的隐喻现象。

Halliday 认为，隐喻现象不仅发生在词汇层面，而且经常出现在语法层面。出现在词汇层面的隐喻是词汇隐喻（lexical metaphor），出现在语法层面的隐喻是语法隐喻（grammatical metaphor）。词汇隐喻如“tropical fruit”和“the fruit of our labor”“微弱的光芒”和“领袖的光芒”在形式上没有改变，词性还都是名词，但在意义上却发生了改变：前者指本义，后者则指隐喻义。语法隐喻如“fine summer harvest”和“harvest narcissus bulbs”“今年的收获”和“收获幸福”在意义上基本没有改变，改变的是语法性状，此处的名词转换成了动词，即名词动用。在《功能语法导论》一书中，Halliday 把语法隐喻划分为两类：概念隐喻（ideational metaphor）和人际隐喻（interpersonal metaphor）①。概念隐喻②关涉及物性隐喻，及物性隐喻有以下三个特征：其一，一个过程可以隐喻化为另一个过程；其二，随着过程的变化，过程中的参与者、环境成分的功能角色可能会相应地发生变化；其三，随着功能角色的变化，它们在词汇语法层的体现形式也可能会相应地发生变化③。从这三个特征可以看出，及物性隐喻凸显某些“改变”，而这种改变是基于常用的、典型的表达而言的。变化的结果是“一致式”（congruent form）的表达变成了“非一致式”即“隐喻式”（metaphoric form）的表达，即原来的过程类型、参与者角色和环境成分可能变成了相对而言非常用的、非典型的过程、参与者角色和环境成分。

① Halliday 对语篇隐喻（textual metaphor）持“保留”态度，在《功能语法导论》一书的四个版本中，他没有提及语篇隐喻。

② 此处讨论的概念隐喻指概念元功能层面的隐喻，不同于 Lakoff & Johnson 的概念隐喻（conceptual metaphor）。Lakoff & Johnson 把隐喻看成从一个具体的概念域向另一个抽象的概念域的系统映射（mapping），其概念隐喻主要有三种，即方位隐喻（orientational metaphor）、本体隐喻（ontological metaphor）和结构隐喻（structural metaphor）。

③ Halliday M. A. K. *An Introduction to Functional Grammar*（2nd edition）. London: Arnold, 1994/Beijing: Foreign Language Teaching and Research Press, 2000, p. 343.

那么如何衡量一种表达是“一致式”还是“非一致式”即“隐喻式”？Halliday[①]以一种尝试性、假定性的行文方式解释了这组重要术语，即“我们都能识别出真正的一致式，这是经验识解的典型方式”。对于“典型”，他[②]进一步解释到，“‘典型’可能是你最初使用母语时的说话方式，或者是最常用的表达方式，或者是不在特殊环境下的表达方式。但是确实存在说话人能够识别的典型的措辞类型，这些就是我们所说的‘一致式’形式。”Halliday 对判断标准的论述较为模糊[③]，结果导致该概念受到较多质疑。美国语言学 Beaugrande[④]曾批评说，“一致性”的概念难以确定，含义过于宽泛。

为区分与“隐喻式”形成对照的“一致式”，胡壮麟等人[⑤]在整合 Halliday[⑥]和 Martin[⑦]相关论述的基础上，总结出五条判断标准。其一，以年龄为标准。Halliday & Martin[⑧]认为，“儿童只有在八九岁之后才能操作语法隐喻”。其二，以复杂性（complexity）为标准。一致式用的都是平白

---

① Halliday M. A. K. *An Introduction to Functional Grammar*. London: Arnold, 1985, p. 321; Halliday M. A. K. *An Introduction to Functional Grammar* (2nd edition). London: Arnold, 1994/Beijing: Foreign Language Teaching and Research Press, 2000, p. 343.

② Halliday M. A. K. *An Introduction to Functional Grammar*. London: Arnold, 1985, p. 321; Halliday M. A. K. *An Introduction to Functional Grammar* (2nd edition). London: Arnold, 1994/Beijing: Foreign Language Teaching and Research Press, 2000, p. 343.

③ 朱永生、严世清：《语法隐喻理论的理据和贡献》，《外语教学与研究》2000 年第 2 期，第 95—102 页。

④ Beaugrande R. de. *Linguistic Theory: The Discourse of Fundamental Works*. London: Longman, 1991, pp. 254-255.

⑤ 胡壮麟、朱永生、张德禄、李战子：《系统功能语言学概论》，北京大学出版社 2005 年版，第 304—306 页；胡壮麟、朱永生、张德禄、李战子：《系统功能语言学概论》（修订版），北京大学出版社 2008 年版，第 304—306 页；胡壮麟、朱永生、张德禄、李战子：《系统功能语言学概论》（第三版），北京大学出版社 2017 年版，第 312—314 页。

⑥ Halliday M. A. K. *An Introduction to Functional Grammar*. London: Arnold, 1985; Halliday M. A. K. *An Introduction to Functional Grammar* (2nd edition). London: Arnold, 1994/Beijing: Foreign Language Teaching and Research Press, 2000; Halliday M. A. K., Martin J. R. *Writing Science: Literacy and Discursive Power*. London: The Falmer Press, 1993.

⑦ Martin J. R. *English Text: System and Structure*. Amsterdam: John Benjamins, 1992/Beijing: Peking University Press, 2004.

⑧ Halliday M. A. K., Martin J. R. *Writing Science: Literacy and Discursive Power*. London: The Falmer Press, 1993, p. 119.

的、简单的语言，措辞达到最大程度的简单化，而隐喻式往往使用大量的压缩词项，词汇密度（lexical density）较高，难度较大。但是，Halliday所讲的“词汇密度”是个相对概念，具有不确定性，不易于操作。其三，以合乎自然为标准。Halliday & Martin① 认为，“平白体”语言中，意义和形式、语义层和词汇语法层之间存在“自然”的关系，如果动作体现为动词，描写体现为形容词，逻辑关系体现为连词等，那么这种意义表达方式为一致式。其四，以历史为标准。如同儿童跟父母学习语言那样，人类语言先有小句，如“aerogels subsequently developed”，然后才有名词化形式，如“subsequent development of aerogels”。因此，一致式是人类语言先形成的形式。其五，以方式为标准。我们的常识性认知是通过口语建构的，语义和词汇语法之间是直接对应关系，具有一致性，书面语则经常对这种直接对应关系提出挑战，重构这种关系。这导致书面语体经常脱离口语语体中的一致性，产生隐喻式。五条标准尽管还不够完善，如口语语体是否都具有一致性等，但还是为我们评判一致式和隐喻式提供了经验基础。

语法隐喻是客观存在的，它反映了人类语言的进化②。Halliday 的意义进化观为研究语法隐喻理论提供了历史维度，同时也有力地证实了语法隐喻的客观存在③。及物性隐喻作为概念隐喻的主要体现形式，普遍存在于英汉两种语言的意义表达中，且一致式和隐喻式的转换不仅发生在上层过程之间，而且也出现在基本层过程中。

英汉语的上层及物性过程之间都存在转换情况。如下是六组英语上层及物性过程一致式和隐喻式的示例，其中 a 为一致式，b 为我们建议的隐喻式。a 和 b 之间是对照进行的，也就是说，一致式可以通过措辞的变化转为隐喻式。

① Halliday M. A. K., Martin J. R. *Writing Science: Literacy and Discursive Power*. London: The Falmer Press, 1993, p. 218.

② 常晨光:《语法隐喻与经验的重新建构》,《外语教学与研究》2004 年第 1 期，第 31—36 页。

③ 杨雪芹:《语法隐喻理论及意义进化观研究》，南京大学出版社 2013 年版。

(13) a. Two British MPs[①]were attacked by Hindu rioters in Bombay yesterday. (Auto-action)

b. Yesterday saw the attack of two British MPs by Hindu rioters in Bombay. (Auto-mental)

(14) a. Before departing, we ate and then headed off to the Crucible Theatre for the evening. (Auto-action)

b. The supper was followed by our movement to the Crucible Theatre for the evening. (Auto-relational)

(15) a. He is a good member of the Treasury-Postal Subcommittee which I chair. (Auto-relational)

b. He acts well as a member of the Treasury-Postal Subcommittee which I chair. (Auto-action)

(16) a. I have no idea about how we should investigate. (Auto-relational)

b. I can't figure out the way of investigation. (Auto-mental)

(17) a. He was perhaps also thinking about the possibility of forming a joint government in the autumn. (Auto-mental)

b. Perhaps also in his mind, people could possibly form a joint government in the autumn. (Auto-action)

(18) a. Seven Israeli families feel the same pain as the families of the American hostages. (Auto-mental)

b. Seven Israeli families have the same feel of pain as the families of the American hostages. (Auto-relational)

上述六组示例表明，一个一致式的上层及物性过程可以转换为另一个上层及物性过程，成为隐喻式。理论上讲，上层过程之间是可以相互转换的（见图4-3），如一致式的动作过程（例［13］a和例［14］a）可以转化为心理过程和关系过程（例［13］b和例［14］b）。在过程转换中，参与者角色、环境成分等均有可能发生改变，原来参与者如施事则有可能

① MP：Member of Parliament，指英国议会议员。

变为现象，原来的环境成分则有可能变为感知者。同样发生变化的还有词汇语法层，原来的动词则有可能变成名词等。

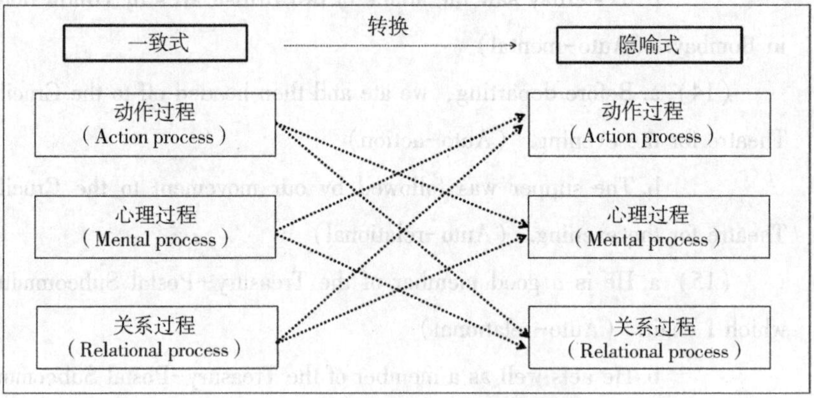

图 4-3　及物性过程隐喻式的转换路径

下面以例（13）a 和例（13）b 为例（见表 4-3），说明因过程类型的转换而发生的参与者、环境成分等语义要素的改变，以及词汇语法层上体现形式的改变。

表 4-3　及物性过程表征方式对比

一致式	Two British MPs	were attacked	by Hindu rioters	in Bombay yesterday	Action process 动作过程
	参与者：受事	动作过程	参与者：施事	环境成分	
隐喻式	Yesterday	saw	the attack of two British MPs by Hindu rioters	in Bombay	Mental process 心理过程
	参与者：感知者	心理过程	参与者：现象	环境成分	

Halliday① 还曾注意到"隐喻解读链"（a chain of metaphorical interpretations）现象：从所观察的小句到我们可能认为的一致式的表达。Halliday 用一个例子展示了隐喻式的解读流程。小句"Now silver needs to have love"很明显是一个关系过程，"silver"为拥有者，"love"为拥有物。如

① Halliday M. A. K. *An Introduction to Functional Grammar*. London：Arnold，1985，p. 328；Halliday M. A. K. *An Introduction to Functional Grammar*（2nd edition）. London：Arnold，1994/Beijing：Foreign Language Teaching and Research Press，2000，p. 349.

果做隐喻解读，那么该过程涉及以下步骤。首先，“Silver needs to receive love”是一个物质过程，“silver”为施事，“love”为受事；然后，“Silver needs to be given love”同为物质过程，“silver”为意愿表现者—受事，“love”为受事；最后，“Silver needs to be loved”变成心理过程，“silver”为现象，情感表现者被省略，隐性参与者有可能是“人们”（by people）。从隐喻式溯源的示例可看出，隐喻式和一致式之间常存在中间态，隐喻的形成实际上是一个动态过程。

如同英语，汉语中也同样存在上层过程之间相互转换的情况。如下是6组汉语上层及物性过程一致式和隐喻式的示例，其中a为一致式，b为我们构拟的隐喻式。转换过程中，除过程类型发生改变外，参与者角色、环境成分等也相应发生了改变。鉴于英汉两种语言的一致式与隐喻式的转换基本相同，在此不再赘述。

（19）a. 几十年来，中国社会发生了翻天覆地的变化。（自主关系过程；具体为自主关系过程中的存在类关系过程；再具体一些，是隐现类的存在关系过程）

b. 过去的几十年见证了中国翻天覆地的变化。（自主心理过程）

（20）a. 另一位曾在美国知名医学院访学过。（自主动作过程）

b. 另一位有在美国知名医学院访学的经历。（自主关系过程）

（21）a. 濒临灭绝的物种已达到12259种。（自主关系过程）

b. 多达12259种物种正面临灭绝。（自主动作过程）

（22）a. 我不是你的附属品，我有自己的想法！（自主关系过程）

b. 我将独立思考所有事情。（自主心理过程）

（23）a. 各国人民渴望21世纪成为和平、安全、合作、发展的新世纪。（自主心理过程）

b. 各国人民在努力创造一个和平、安全、合作、发展的21世纪。（自主动作过程）

（24）a. 学校不但要考虑办学效益，而且要考虑其社会责任。

（自主心理过程）

b. 学校不仅要有办学效益的考虑，而且还要有社会责任的考虑。（自主关系过程）

及物性隐喻不仅发生在上层过程之间，还发生在基本层过程中。以自主关系过程的次类为例，一致式的自主归属类关系过程（例［25］a）和自主识别类动作过程（例［26］a）可转换为隐喻式的自主拥有类过程（例［25］b 和例［26］b）。在转换中，除发生过程类型的变化外，参与者角色、环境成分也可能发生相应变化。

（25） a. She is capable of making everyday decisions on her own.（Auto-relational：attributive）

b. She has the capability of making everyday decisions on her own.（Auto-relational：possessive）

（26） a. Alcohol is the most widespread drug in use.（Auto-relational：identifying）

b. Alcohol has wide popularity in dealing with disease.（Auto-relational：possessive）

与英语一样，如例（25）和（26）所示，汉语中也同样存在基本层过程由一致式向隐喻式转换的情况。下面两组是汉语基本层及物性过程一致式和隐喻式的示例，其中 a 为一致式，b 为由 a 转换而来的隐喻式。

（27） a. 他是 18 世纪法国大革命的评论家。（自主关系过程：识别）

b. 他拥有 18 世纪法国大革命评论家的美誉。（自主关系过程：拥有）

（28） a. 本校茶业系科同学的人数达七八十人。（自主关系过程：归属）

b. 本校茶业系科有七八十位同学。（自主关系过程：拥有）

综上，隐喻性是英汉及物性系统的共同属质，是由认知、思维的隐喻性及所要表达的意义决定的。及物性过程的隐喻性具有普遍意义，一致式向隐喻式的转换不仅发生在上层过程之间，还发生在基本层过程以及下层过程中。当然，并非所有的基本层和下层过程之间都可以实现“自然”转换，过程间的转换要以意义表达的需求为驱动。过程间的转换虽然没有脱离说话者要表达的“核心意义”（core meaning），但是也会引发某种程度的意义偏离，使得一致式和隐喻式所表达的意义并非完全对等，因为意义是选择的结果，过程、参与者的重新选择会引发意义的改变。总之，研究及物性隐喻的缘起、特征及效果，有助于人们更好地理解人类语言的“本源态”和“转换态”，进而有利于揭示人类语言的复杂性。

（四）张力性

“张力”本系物理学术语，指当物体受到外力作用时，其内部任一截面两侧均存在相互牵制的作用力。此处借用该术语来表示，当受到使用语境、背景知识、生活经验等主客观条件牵制时，及物性过程会出现过程类型的游移。游移的结果可能是，小句由一种可能的过程类型变为另一种可能的过程类型，或者小句的过程类型难以辨别，亦此亦彼、非此非彼。这种情况的出现并非偶然，而是必然，这是因为及物性过程类型的划分本身就有一定的不确定性。

为更好地表达及物性系统的张力，在 Halliday & Matthiessen① 及物性系统制图的基础上，我们重新制图（见图 4-4），旨在更好地表达及物性过程的“柔性”。

从新及物性系统制图可以看出，世界经验与语义层之间是一对一的对应关系，即三类世界经验（物质与社会世界、关系世界和心理世界）与三类上层过程及其子类之间存在基本的一一对应关系。但是，这种基本的对应关系会受到认知视角、语用习惯、社会文化语境等因素的挑战，一种基本类似的世界经验可通过多种不同类型的过程表达出来，如“She feels sad”（自主心理过程：感知）、“She is sad”（自主关系过程：归属）、“Sadness attacks her”（自主动作过程：做事）、“Sadness is

① Halliday M. A. K., Matthiessen C. M. I. M. *Halliday's Introduction to Functional Grammar*. London: Routledge, 2014, p. 217.

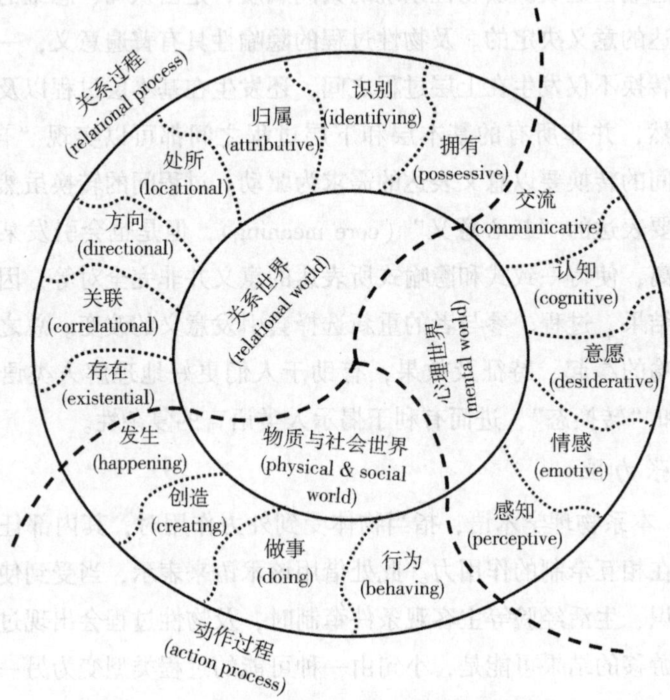

图 4-4 新及物性系统制图

in her"（自主关系过程：处所）、"She has a feeling of sadness"（自主关系过程：拥有）等都可以表达心理世界的经验。Halliday① 曾讨论过类似有关"痛疼"的表达。"痛疼"可以通过"my head is painful""my head hurts""my head hurts me""my head is hurting""I have a headache""I feel a pain in my head"等不同过程类型的小句来表达，这些小句的过程类型并非都是心理过程（见表 4-4），有些是关系过程，如"my head is painful"。

① Halliday M. A. K. On the Grammar of Pain. *Functions of Language*, 1998, Vol. 5, No. 1, pp. 1-32; Halliday M. A. K., Matthiessen C. M. I. M. *An Introduction to Functional Grammar* (3rd edition). London: Arnold, 2004, p. 173; Halliday M. A. K., Matthiessen C. M. I. M. *Halliday's Introduction to Functional Grammar*. London: Routledge, 2014, p. 218.

表 4-4　“疼痛”的表达①

<table>
<tr><th>序号</th><th>“疼痛”表达</th><th>过程类型</th><th>参与者角色</th><th>类似表达</th><th>过程意义</th></tr>
<tr><td>1</td><td>my head hurts</td><td>Auto-relational：attributive（自主关系过程：归属）</td><td>my head：Carrier（载体）
hurt：Attribute（属性）/Process（过程）</td><td>the ground slopes；
the pain sticks</td><td rowspan="3">疼痛作为过程</td></tr>
<tr><td>2</td><td>my head is hurting</td><td>Auto-action：doing（自主动作过程：发生）</td><td>my head：Affected（受事）
hurt：Process（过程）</td><td>my nose is bleeding</td></tr>
<tr><td>3</td><td>my head hurts me</td><td>Auto-action：doing（自主动作过程：做事）</td><td>my head：Agent（施事）
hurt：Process（过程）
me：Affected（受事）</td><td>the heat bothers me</td></tr>
<tr><td>4</td><td>my head is painful</td><td>Auto-relational：attributive（自主关系过程：归属）</td><td>my head：Carrier（载体）
painful：Attribute（属性）</td><td>the wound is painful</td><td>疼痛作为属性</td></tr>
<tr><td>5</td><td>I have a headache</td><td>Auto-relational：possessive（自主关系过程：拥有）</td><td>I：Possessor（拥有者）
headache：Possessed（拥有物）</td><td>I've got a chest cold</td><td rowspan="2">疼痛作为事物</td></tr>
<tr><td>6</td><td>I feel a pain in my head</td><td>Auto-mental：perceptive（自主心理过程：感知）</td><td>I：Perceiver（感知者）
pain：Phenomenon（现象）
in my head：Location（处所）</td><td>he felt something unnatural</td></tr>
</table>

汉语中也存在类似的现象，即因受认知视角、语用习惯、社会文化语境等因素的制约，一种基本类似的世界经验可通过多种不同类型的过程表达出来。以心理世界的经验“讨厌”为例。该经验典型的过程类型为“自主心理过程：情感”，典型的表达法为“某人讨厌某人/某物”，如“我［Em］讨厌［Pro］庸俗的东西［Ph］”。此外，“讨厌”这种类似的经验还可以通过其他类型的过程来表达，如“庸俗的东西很讨厌”（自

① Halliday M. A. K. On the Grammar of Pain. *Functions of Language*, 1998, Vol. 5, No. 1, pp. 1-32.

主关系过程：归属)、“我对庸俗的东西有厌恶感” (自主关系过程：拥有) 等。对于英汉两种语言而言，基本类似的世界经验均可表达为多种不同类型的经验过程，这些经验过程既包括典型性经验过程，也包括非典型性经验过程。

此处，需要特别说明：第三章论及世界经验与及物性系统之间的关系时，指出两者之间基本上是一一对应的关系，而此处的隐喻性表达好像与一一对应的关系有矛盾。事实上，隐喻性表达和一一对应之间没有根本性的矛盾。这是因为，隐喻现象看上去是发生在语义层以及词汇语法层，然而从根本上讲，是发生在认知意念系统，也就是说，某类经验究竟涉及心理世界，还是物质和社会世界，或者是关系世界，取决于当事人的体验。不同的体验产生不同的经验，这些不同的经验也就表征为不同的及物性过程，再进一步，也就由不同的词汇语法形式体现。

及物性系统的张力不仅体现于表征世界经验方式的多样性，而且还体现于经验过程的“亦此亦彼性”，即经验过程“横跨”两类不同的过程。例如在小句“Microsoft ［Ag-Cog］ has come up with ［Pro］ the best solution yet to the problem ［Cre-Ph］ (Auto-action：doing/ **Auto-mental：cognitive**①) ”中，“come up with” 既可表示施事 Microsoft 的创造性行为，也可表示该公司的心理认知行为，即想出解决问题的最佳方案。汉语中也存在同样的情况。例如在“索恩 ［Ag-Cog］ 似乎抓住 ［Pro］ 了她的心理变化 ［Af-Ph］ (自主动作过程：做事/**自主心理过程：认知**) ”一句中，“抓住”一词带有很强的动作性。但是，“抓住” 所接的补语②即动作的受事为抽象概念 “心理变化”。这有力地压制了动词的动作性，使之更倾向于表达“知晓” “认识到” 等心理活动。因此，在分析时，我们可以根据语境、具体的语义表达，把这种过程判定为“复合型过程”，即看作以某一过程类型为主，另一过程类型为辅的复合过程。同时，过程的参与者变成复合参与者。更多示例如下：

(29) Mr Yeltsin ［Ag-Ca］ flew ［Pro］ to the US ［Ra-Dir：Des］

---

① 黑体表示主要过程或典型性过程。下同。

② 此处的补语即传统语法中的宾语，系统功能语言学称之为（小句）补语。下同。

for talks on arms cuts and economic aid. (Auto-action: doing/**Auto-relational: directional**)

(30) Leaders [Ag-Perc] will watch [Pro] the current lawsuit [Ra-Ph] carefully to see if Asian political interests are protected. (Auto-action: doing/**Auto-mental: perceptive**)

(31) Full credit [Af-Posd] is given [Pro] to the lead manager of each issue [Af-Posr]. (Auto-action: doing/**Auto-relational: possessive**)

(32) 当天下午，他们 [Ag-Perc] 还品尝 [Pro] 了侨乡文昌的特色美食 [Af-Ph]。(自主动作过程：做事/**自主心理过程：感知**)

(33) 在所有人类冲突的戏码中，人们 [Ag-Em] 往往忽视 [Pro] 了真正重要的事情 [Ra-Ph]。(自主动作过程：做事/**自主心理过程：情感**)

(34) 我 [Af-Ca] 现在还困 [Pro] 在停车场 [Loc] 呢。(自主动作过程：发生/**自主关系过程：处所**)

如上六个示例告诉我们，在判断及物性过程类型时，我们既要考虑到小句在去语境化状态下所表达的意义，也要考虑到在特定语境下所传达的具体意义。语言不是发生在真空状态下的，而是发生在特定语境下的，正因如此，人们才能够借助有限的词汇语法手段来表达无限的思想，人类的语言生活才丰富、精彩。

综上，无论是英语还是汉语，其及物性系统都具有多功能性，具体表现为：多种类型的及物性过程可以用于表征一种基本类似的世界经验；一种类型的及物性过程可以扮演双重甚至多重角色，表达两种甚至多种经验意义。这体现了及物性系统的张力。

三 英汉及物性系统及其体现形式的个性

如上所述，英汉及物性系统及其体现形式具有丰富性、层次性、隐喻性和张力性特点。这些共性是从宏观视角总结而来的。通过对宏观共性的总结我们发现，越是往宏观层面看，英汉及物性系统及其体现形式的相似点越多；反之，越是往微观层面看，比如聚焦经验过程的语义配置结构，英汉及物性系统及其体现形式的差异性则越显著（见图 4-5）。

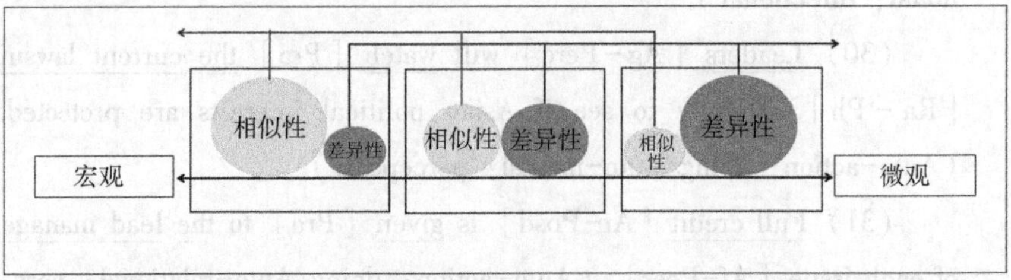

图 4-5 英汉及物性系统及其体现形式相似性和差异性的趋向

英汉及物性过程的语义配置结构均包含三个占位（slot）：过程本身、参与者角色和环境成分。这些语义配置结构在英汉小句中的侧重程度、凸显程度和位置关系等并不完全相同。

（一）汉语重“过程”，英语重“参与者”

汉民族是一个侧重感性思维的诗性民族，英民族则是一个侧重逻辑思维的理性民族①。两个民族具有的两种不同特征反映在语言上则表现为，汉语中存在诸多无主句（non-subject sentence）、零句（minor sentence）、流水句（run-on sentence）、连动句等，而英语中这些语言现象比较少见。这些独特的现象表明，汉语中的过程比较凸显，参与者经常隐现。

下面以朱自清的《荷塘月色》和英国作家 John Ruskin 的 “The Two Roads”② 中的第一段为例，分析英汉语篇中经验小句的过程、参与者凸显倾向。

(35) 这几天心里 [Ca] 颇不宁静 [Pro-At]（自主关系过程：归属）。

(36) 今晚在院子里（[Ag]）坐着乘凉 [Pro]（自动动作过程：做事），（[Cog]）忽然想起 [Pro] 日日走过的荷塘 [Ph]（自主心理过程：认知），在这满月的光里，（[Posr]）总该另有 [Pro] 一番样子 [Posd] 吧（自主关系过程：拥有）。

① 石毓智：《为什么中国出不了大师：探讨钱学森之问》，科学出版社 2012 年版，第 231—239 页。

② 该文曾收入邹为诚主编的《综合英语 3》（第三版）一书中。

（37）月亮［Ag］渐渐地升高［Pro］了（自主动作过程：发生），墙外马路上孩子们的欢笑［Ph］，（［Perc］）已经听［Pro］不见［PrEx］了（自主心理过程：感知）；妻［Ag］在屋里拍［Pro］着闰儿［Af］（自动动作过程：做事），（［Behr］）迷迷糊糊地哼［Pro］着眠歌［Ra］（自主动作过程：行为）。

（38）我［Ag］悄悄地披［Pro］了大衫［Af］（自动动作过程：做事），（［Ag］）带［Pro］上［PrEx］门［Af］（自主动作过程：做事）（［Ag］）出去［Pro］（自主动作过程：做事）。

该段节选共有四个句子，主要描述了作者傍晚时刻的所想、所做和所见。四句话共包含 11 个小句，其中“自主动作过程：做事”小句 5 个，“自主动作过程：发生”“自主动作过程：行为”“自主关系过程：归属”“自主关系过程：拥有”“自主心理过程：认知”和“自主心理过程：感知”小句各 1 个。这 11 个小句的谓体①要求 18 个参与者的参与，但实际上仅出现 11 个，不足应有参与者总数的 2/3（见表 4-5）。如“今晚在院子里（［Ag］）坐着乘凉［Pro］（自动动作过程：做事）”中，动词“乘凉”要求有动作的发出者，即施事，但此处没有出现。对于母语者来讲，隐去施事一般不会影响理解，但对于来自其他语言的学习者而言，这很有可能成为阅读理解的障碍。

表 4-5　　朱自清文章选段的过程、参与者情况统计

序号	“过程”数量	应有“参与者”数量	实有“参与者”数量
第一句	1	1	1
第二句	3	5	2
第三句	4	7	5
第四句	3	5	3
合计	11	18	11

与汉语小句中存在大量隐性参与者不同，英语小句中则少有参与者隐

① 此处使用“谓体（Predicator）”这个术语。这是因为汉语中充当谓体的不仅包括动词，如“他来了”，还包括名词词组、性质词组等，如“今天星期天”和“她很漂亮”。

去的情况。

（39）It [Tk] was [Pro] New Year's Night [Vl] (Auto-relational: identifying).

（40）An aged man [Ag-Ca] was standing [Pro] at a window [Loc] (Auto-action: doing).

（41）He [Ag] raised [Pro] his mournful eyes [Af] towards the deep blue sky (Auto-action: doing), [[where the stars [Af] were floating [Pro] like white lilies on the surface of a clear calm lake (Auto-action: happening)]].

（42）Then he [Ag] cast [Pro] them [Af-Ca] on the earth [Dir: Des] (Auto-action: doing), [[where few more hopeless people than himself [Ag] now moved [Pro] towards their certain goal—the tomb [Dir: Des] (Auto-action: doing)]].

（43）He [Ag] had already passed [Pro] sixty of the stages [Dir: Path] (Auto-action: doing) [[([Ca]) leading [Pro] to [PrEx] it [Dir: Des] (Auto-relational: directional)]], and he [Ag] had brought [Pro] from his journey nothing but errors and remorse [Af] (Auto-action: doing).

（44）Now his health [Ca] was [Pro] poor [At] (Auto-relational: attributive), his mind [Ca] ([Pro]) vacant [At] (Auto-relational: attributive), his heart [Ca] ([Pro]) sorrowful [At] (Auto-relational: attributive), and his old age [Ca] ([Pro]) short of comforts [At] (Auto-relational: attributive).

该选段共有六个句子，主要描述了一位老者在新年之夜的所做、所见和所想[①]。六句话共包含 13 个过程小句，其中“自主动作过程：做事”6

① “所想”多使用心理过程来表达，但也可通过关系过程等来表达。例如此处的“his mind [Ca] ([Pro]) vacant [At] (Auto-relational: attributive)”和“his heart [Ca] ([Pro]) sorrowful [At] (Auto-relational: attributive)”虽为关系过程，但表达的却是心理活动，不过这种心理活动不是典型的心理活动，在认知意念系统中，已被体验为一种关系经验。

个，“自主关系过程：归属”4个，“自主动作过程：发生”“自主关系过程：识别”和“自主关系过程：方向”各1个。对于13个过程小句来说，其过程动词要求出现26个必要参与者，实际出现25个（见表4-6），仅“（［Ca］）leading［Pro］to［PrEx］it［Dir：Des］（Auto-relational：directional）”过程小句缺失1个。由此可见，英语小句的“参与者”相对齐整，少有隐去或缺失等情形。

表4-6　Ruskin文章选段的过程、参与者情况统计

序号	“过程”数量	应有“参与者”数量	实有“参与者”数量
第一句	1	2	2
第二句	1	2	2
第三句	2	3	3
第四句	2	5	5
第五句	3	6	5
第六句	4	8	8
合计	13	26	25

（二）汉语多“隐性参与者”，英语多“显性参与者”

为进一步说明汉语具有重“过程”、多隐性参与者的特征，我们比较了“The Two Roads”三个版本的译文（颜林海译文①、曹明伦译文②和网络译文③）。比较后我们发现，真正地道、符合汉语习惯的行文方式并没有把每个参与者都补充完整。补充完整所有的参与者反倒让人觉得不够简练，如曹明伦的译文“他的健康失去了，他的头脑空虚了，他的心灵充满了悲哀，他诺大一把年岁却少有慰藉”。去掉“他”，不仅不会影响读

① 颜林海，四川师范大学外国语学院教授，长期从事翻译教学及翻译实践，主要研究方向为翻译心理学，主要著作有《翻译认知心理学》等。译文访问网址 http：//blog. sina. com. cn/s/blog_453e50260100j32v. html。本书作者访问该网址的时间为2019年1月13日。

② 曹明伦，四川大学教授，北京大学博士，主要研究方向为英美文学、文学翻译、翻译学及比较文化研究，主要译著有《爱伦·坡集》《威拉·凯瑟集》《弗罗斯特集》《莎士比亚十四行诗全集》等。译文见胥瑾：《英汉对比与翻译教程》，化学工业出版社2010年版，第94—95页。

③ 网络译文见 http：//www. 233. com/yw/Prose/20071226/112210888-2. html。本书作者访问该网址的时间为2019年1月13日。

者的理解，而且会使行文更为精炼，这是因为整个段落都在描写这位“老者”。

从三个版本的译文中，我们选取了比较符合汉语表达习惯的一篇，即颜林海译文，把该译文的第一段作为样本，来阐释汉语具有多“隐性参与者”的特征。

(45) 除夕之夜，一老翁［Ag-Ca］伫立［Pro］窗前［Loc］（自主动作过程：做事），（［Ca］）［［满眼［Ca］悲伤［Pro-At］（自主关系过程：归属）］］［Pro-At］（自主关系过程：归属），（［Ag］）仰望［Pro］天空［Ra］（自主动作过程：做事）。

(46) 天空［Ca］湛蓝［Pro-At］（自主关系过程：归属），星星［Af-Ca］悬挂［Pro-At］（自主关系过程：归属），（［Ca］）如朵朵白莲［Pro-At］（自主关系过程：归属），（［Ag］）漂浮［Pro］于宁静湖面［Loc］］（自主动作过程：做事）。

(47) 随后老翁［Ca］［［目光［Ca］低垂［Pro-At］（自主关系过程：归属）］］［Pro-At］（自主关系过程：归属），人生一世［Posr］，皆有［Pro］终点［Posd］（自主关系过程：拥有）——魂［Ca］归［Pro］墓地［Dir：Des］（自主关系过程：方向）；然若（［Comr］）论［Pro］绝望［Comd］（自主心理过程：交流），世人之中（［Ag-Em］）莫悲［Pro］于己［Ph］（自主心理过程：情感）。

(48) 老翁［Ag］一生，所过［Pro］驿站［Pa］（自主动作过程：做事）（［Posr］）已有［Pro］六十［Posd］（自主关系过程：拥有），一生之中，（［Posr］）唯有［Pro］过失与悔恨［Posd］（自主关系过程：拥有），（［Ag］）其他［Af］一无所获［Pro］（自主动作过程：做事）。

(49) 如今，身体［Ca］孱弱［Pro-At］（自主关系过程：归属），精神［Ca］空虚［Pro-At］（自主关系过程：归属），心情［Ca］悲伤［Pro-At］（自主关系过程：归属），人［Ca］之老［Pro-At］矣（自主关系过程：归属），却（［Ag-Em］）无（［Ph］）以慰藉［Pro］（自主心理过程：情感）。（颜林海译）

"The Two Roads"第一段的英文原文共有六个句子，但因颜林海把英文的第一句和第二句合译为了一句，因此该段的汉译文仅有5个句子。5句汉译文共包含23个过程小句（见表4-7），远高于英文原文的13个过程小句（见表4-6）。23个小句的"谓体"期待35个参与者[①]，但实际上仅出现24个参与者，所占比重稍高于2/3（68.5%），隐性参与者数量为11个，所占比重接近1/3。这与朱自清《荷塘月色》第一段中实有参与者数量不足所有参与者总数的2/3的情况基本一致。

表4-7　颜林海汉译文中的过程、参与者情况统计

序号	"过程"数量	应有"参与者"数量	"显性参与者"数量	"隐性参与者"数量
第一句	4	6	4	2
第二句	4	5	3	2
第三句	6	10	8	2
第四句	4	8	5	3
第五句	5	6	4	2
合计	23	35	24	11

为与汉语中多"隐性参与者"的情形作对照，我们选取《荷塘月色》的英译本作为参照。《荷塘月色》的英译本较多，其中较著名的译本包括朱纯深[②]1992年的译本、杨宪益和戴乃迭夫妇1998年的译本以及美国翻译家Howard Goldblatt 2007年的译本。霍跃红[③]对比三个译本后发现，杨宪益和戴乃迭夫妇的译本"词汇密度大""可读性指数高"，"更接近汉语散文的行文特点"。因此，本研究选取杨宪益和戴乃迭夫妇的译本作为参照，通过对第一段的分析来研究英语中"隐性参与者"和"显性参与者"的使用情况。

① 此处参与者的统计不包含"过程—属性"（Pro-At）的情况。

② 朱纯深，翻译家，香港中文大学（深圳）翻译学教授，兼任北京外国语大学客座教授、香港浸会大学翻译学中心荣誉研究员，主要研究方向为翻译的文本及文体研究、翻译中文本形成的认知机制与效果。主要译作包括《短篇小说写作指南》、王尔德《自深深处》和中国古诗词中英对照本《古意新声·品尚本》。

③ 霍跃红：《基于语料库的翻译文体学应用研究——以〈荷塘月色〉的三个英译本为例》，《大连理工大学学报（社会科学版）》2011年第4期，第73页。

（50）The last few days［Ag-Cog］have found［Pro］［［me［Ca-Em］（［Pro］）very restless［At］（**Auto-relational：attributive**）］］［Ph］（**Auto-mental：perceptive**）.

（51）This evening as I［Ag-Ca］sat［Pro］in the yard［Loc］（**Auto-action：doing**）to（［Perc］）enjoy［Pro］the cool［Ph］（**Auto - mental：perceptive**），it struck［Pro］me［Cog］［［how different［At］the lotus pool［Ca-Ph］［［I［Ag］pass［Pro］（［Ra］）］］（**Auto-action：doing**）every day must look［Pro］under a full moon（**Auto - relational：attributive**）］］（**Auto - mental：cognitive**）.

（52）The moon［Ag-Ca］was sailing［Pro］higher and higher up the heavens（**Auto-action：doing**），the sound of childish laughter［Af］had died［Pro］away［PrEx］from the lane beyond our wall（**Auto-action：happening**），and my wife［Ag］was in the house patting［Pro］Run'er［Af］（**Auto-action：doing**）and（［Comr］）humming［Pro］a lullaby［Comd］to him［Comee］（**Auto - mental：communicative**）.

（53）I［Ag］quietly slipped［Pro］on［PrEx］a long gown［Af］（**Auto-action：doing**），and（［Ag］）walked［Pro］out［PrEx］（**Auto-action：doing**）［［（［Ag］）leaving［Pro］［［the door［Ca］（［Pro］）on the latch［At］（**Auto-relational：attributive**）］］［Af］（**Infl-relational：attributive**）］］.（杨宪益和戴乃迭译）

杨宪益和戴乃迭的英语译文共有15个过程小句，要求出现29个应有参与者，实际上出现24个，占应出现参与者数量的近5/6；隐性参与者5个，占应出现参与者总数的1/6（见表4-8）。此统计与Ruskin "The Two Roads" 英语原文中有13个过程小句，要求出现26个必要参与者，实际出现25个，有1个隐性参与者（见表4-6）的情况高度相似。但是，这却与《荷塘月色》汉语原文中有11个过程小句，要求出现18个应有参与者，实有11个参与者，有7个隐性参与者的情况大不相同。

表 4-8　杨宪益和戴乃迭英语译文中的过程、参与者情况统计

序号	“过程”数量	应有“参与者”数量	“显性参与者”数量	“隐性参与者”数量
第一句	2	4	4	0
第二句	5	10	8	2
第三句	4	9	8	1
第四句	4	6	4	2
合计	15	29	24	5

在对“The Two Roads”和《荷塘月色》英汉文本分析的基础上，我们进一步统计后发现，在“The Two Roads”英文原文和《荷塘月色》英文译文中，“显性参与者”比例分别为 96. 2%和 82. 8%，平均为 89. 5%，约占总数的 4/5；“隐性参与者”的比例分别为 3. 8%和 17. 2%，平均为 10. 5%，约占总数的 1/5（见表 4-9 和图 4-6）。在“The Two Roads”汉语译文和《荷塘月色》汉语文本中，“显性参与者”比例分别为 68. 6%和 61. 1%，平均为 64. 4%，约占总数的 2/3；“隐性参与者”的比例分别为 31. 4%和 38. 9%，平均为 35. 1%，约占总数的 1/3（见表 4-9 和图 4-6）。

表 4-9　英汉文本中“显性参与者”与“隐性参与者”的对比

<table>
<tr><td rowspan="2">内容
比例</td><td colspan="2">“显性参与者”比例</td><td colspan="2">“隐性参与者”比例</td><td rowspan="2">合计</td></tr>
<tr><td>原始</td><td>平均</td><td>原始</td><td>平均</td></tr>
<tr><td>“The Two Roads”英</td><td>96. 2%</td><td rowspan="2">89. 5%</td><td>3. 8%</td><td rowspan="2">10. 5%</td><td>100%</td></tr>
<tr><td>《荷塘月色》英</td><td>82. 8%</td><td>17. 2%</td><td>100%</td></tr>
<tr><td>“The Two Roads”汉</td><td>68. 6%</td><td rowspan="2">64. 9%</td><td>31. 4%</td><td rowspan="2">35. 1%</td><td>100%</td></tr>
<tr><td>《荷塘月色》汉</td><td>61. 1%</td><td>38. 9%</td><td>100%</td></tr>
</table>

通过如上分析，我们可以得出：与英语相比，汉语中的“隐性参与者”较为凸显，汉语中“隐性参与者”数量约是英语中“隐性参与者”数量的 3. 5 倍（35. 1%∶10. 5%）；与汉语相比，英语中“显性参与者”较为凸显，比例高达近 90%（89. 5%），而汉语中的比例为 64. 9%，前者比后者多 24. 6%。由此我们认为，相对于英语，汉语是“隐性参与者”凸显的语言；相对于汉语，英语是“显性参与者”凸显的语言。

Halliday & McDonald 也曾注意到汉语中存在较多“隐性参与者”的

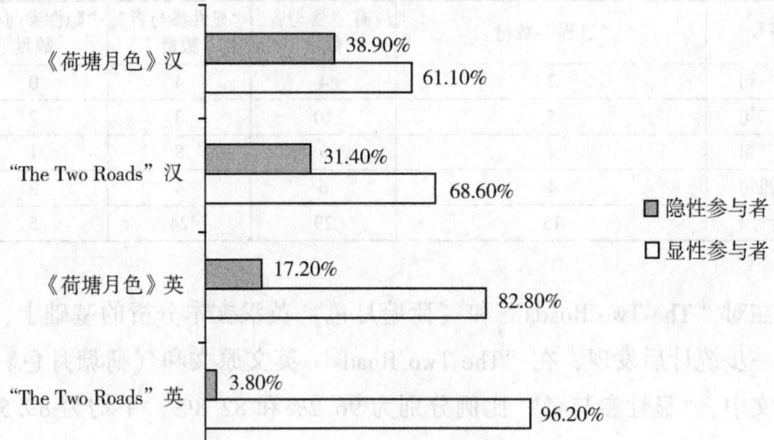

图 4-6 英汉文本中"显性参与者"和"隐性参与者"的分布

情况。他们[①]指出，汉语的及物性系统除包含核心及物性系统（nuclear transitivity，即过程类型）、环境及物性系统（circumstantial transitivity，即环境类型）之外，还包括一种"与英语不同、并非在所有过程类型中都会一直出现"的系统，即参与者系统。

（三）汉语"环境成分"的"前置性"与英语"环境成分"的"分散性"

对于"环境成分"在及物性结构中所起的作用，系统功能语言学界有两种主要观点：一种观点以 Halliday[②]、Martin[③] 为代表，他们认为"环

① Halliday M. A. K., McDonald E. Metafunctional Profile of the Grammar of Chinese// Caffarel A., Martin J. R., Matthiessen C. M. I. M. *Language Typology: A Functional Perspective*. Amsterdam/Philadelphia: John Benjamins, 2004, p. 354.

② Halliday M. A. K. *An Introduction to Functional Grammar*. London: Arnold, 1985; Halliday M. A. K. *An Introduction to Functional Grammar* (2nd edition). London: Arnold, 1994/Beijing: Foreign Language Teaching and Research Press, 2000; Halliday M. A. K., Matthiessen C. M. I. M. *An Introduction to Functional Grammar* (3rd edition). London: Arnold, 2004; Halliday M. A. K., Matthiessen C. M. I. M. *Halliday's Introduction to Functional Grammar*. London: Routledge, 2014.

③ Martin J. R., Matthiessen C. M. I. M., Painter C. *Working with Functional Grammar*. London: Arnold, 1997; Martin J. R., Matthiessen C. M. I. M., Painter C. *Deploying Functional Grammar*. Beijing: The Commercial Press, 2010.

境成分”是及物性过程语义配置结构的三种主要成分之一，能够对过程起到有效补充的作用；另一种观点以 Fawcett[①]、周晓康[②]为代表，他们尽管也认为环境角色在及物性语义配置结构中起一定的作用，但坚持及物性语义配置结构主要取决于过程和参与者，环境成分的作用比较小。环境成分虽不能主导整个小句的语义，但却能为语义的准确理解提供必要条件，有助于消解歧义，增加语义透明度。因此我们认为，环境成分也是及物性语义配置结构的重要成分之一。

Halliday[③] 在《功能语法导论》第一版中区分出七种环境成分，即跨度（Extent）、处所（Location）、方式（Manner）、原因（Cause）、伴随（Accompaniment）、内容（Matter）和角色（Role）。在第二版中，他[④]把七种环境成分扩充至九种，增加或然（Contingency）和视角（Angle），并为环境成分区分出二至三种次类范畴。Matthiessen[⑤] 在 Halliday 的基础上，把九种环境成分划分为两个大类、四个小类，其中跨度、处所、方式、原因、或然属扩展类（expansion）中的增强（enhancing），伴随属扩展类中的延伸（extending），角色属扩展类中的详述（elaborating）；内容和视角属投射类（projection）。此外，Matthiessen 还为环境成分提供了示例和提问方式。实际上，早在 Matthiessen 修订和增补《功能语法导论》第一版

① Fawcett R. P. *Cognitive Linguistics and Social Interaction: Towards an Integrated Model of a Systemic Functional Grammar and the Other Components of a Communicating Mind*. Heidelberg: Julius Groos, 1980; Fawcett R. P. *A Theory of Syntax for Systemic Functional Linguistics*. Amsterdam: John Benjamins, 2000/2010; Fawcett R. P. Invitation to Systemic Functional Linguistics（附录 1）// 黄国文、何伟、廖楚燕等：《系统功能语法入门：加的夫模式》，北京大学出版社 2008 年版，第 202—303 页；Fawcett R. P. *Invitation to Systemic Functional Linguistics Through the Cardiff Grammar: An Extension and Simplification of Halliday's Systemic Functional Grammar*. London: Equinox, 2008; Fawcett R. P. *The Functional Semantics Handbook: Analyzing English at the Level of Meaning*. London: Equinox, forthcoming.

② 周晓康：《现代汉语物质过程小句的及物性系统》，《当代语言学》1999 年第 3 期，第 36—50 页。

③ Halliday M. A. K. *An Introduction to Functional Grammar*. London: Arnold, 1985.

④ Halliday M. A. K. *An Introduction to Functional Grammar*（2nd edition）. London: Arnold, 1994/Beijing: Foreign Language Teaching and Research Press, 2000.

⑤ Halliday M. A. K., Matthiessen C. M. I. M. *An Introduction to Functional Grammar*（3rd edition）. London: Arnold, 2004; Halliday M. A. K., Matthiessen C. M. I. M. *Halliday's Introduction to Functional Grammar*. London: Routledge, 2014.

和第二版前，Martin① 就已为各主、次类环境成分的辨识提供了提问方式。

与 Martin 和 Matthiessen 提供提问方式不同，Fawcett② 提出识别环境成分和参与者角色的测试方法和测试流程，即首先把测试成分主位化（置于句首），然后把它看成独立的“信息单位”（用逗号隔开），最后是判读，如果置于句首后小句读起来还很通顺，则大多数情况属于环境成分；反之，则多数情况下属于参与者角色。例如在“John keeps his car in the garage”和“John washes his car in the garage”两句中，如果把“in the garage”主位化，第一句读起来显然不够自然，第二句则很自然。第一句中的“in the garage”是必要成分，是动词所要求的必须项，即“keep something somewhere”，因此属于参与者角色；而第二句中的“in the garage”则是可选成分，它仅表明动作发生的地点，因此不属于参与者角色。何伟等人③认为，Fawcett 的测试办法符合“形式体现意义”的原则，遵循“以语义为中心”的理念。

环境成分通常由性质词组如“quickly”“deeply”和“飞快地”“立马”，由介词短语如“in winter”“on behalf of us all”和“在书房”“通过电话”，以及由名词词组如“last year”“every three hours”和“昨晚”“年年岁岁”等填充④。虽然这些词组或短语都可充当环境成分，但它们的位置却因语言不同或有差异。

---

① Martin J. R., Matthiessen C. M. I. M., Painter C. *Working with Functional Grammar*. London: Arnold, 1997; Martin J. R., Matthiessen C. M. I. M., Painter C. *Deploying Functional Grammar*. Beijing: The Commercial Press, 2010.

② Fawcett R. P. Invitation to Systemic Functional Linguistics（附录 1）// 黄国文、何伟、廖楚燕等：《系统功能语法入门：加的夫模式》，北京大学出版社 2008 年版，第 202—303 页。

③ 何伟、张瑞杰、淡晓红、张帆、魏榕：《汉语功能语义分析》，外语教学与研究出版社 2017 年版。

④ 有关词组的类型，悉尼语法区分了以下几类：名词词组（含形容词词组）、动词词组、副词词组、介词短语、介词词组、连词词组；加的夫语法区分了以下几类：名词词组、性质词组（涉及悉尼语法中的部分形容词词组和部分副词词组）、数量词组（涉及悉尼语法中的部分形容词词组和部分副词词组）、介词词组（相当于悉尼语法中的介词短语）；何伟等区分了以下几类：名词词组、性质词组（与加的夫语法一致）、数量词组（与加的夫语法基本一致）、介词短语（与悉尼语法一致）、介词词组（与悉尼语法一致）、连词词组（与悉尼语法一致）。本书使用的是何伟等的术语，详参何伟、高生文、贾培培、张娇、邱靖娜《汉语功能句法分析》，外语教学与研究出版社 2015 年版；何伟、张敬源、张娇、贾培培《英语功能句法分析》，外语教学与研究出版社 2015 年版。

下文讨论三类词组或短语充当环境成分的情况，以及它们在英汉语义配置结构中的位置。

（54）a. 于是他很快下定了决心。

b. 很快他们便以同样的方式回应。

#c. 现在城区变化很快，有好多胡同都拆了。[①]

#d. 他的思想变换得很快。

（55）a. He quickly checked the remaining rooms.

b. He walked quickly out of the courtroom.

c. Azmaveth shook her head quickly.

d. Quickly she opened the bag and found her epinephrine.

作为环境成分，汉语中的性质词组一般位于主语和谓体之间如例（54）a，也可置于主语之前如例（54）b，但这种情况较为少见。根据语料库统计，二者的出现频率比约为 9∶1（905∶89）[②]。“很快”能否置于谓体之后？出现在谓体后面时，如例（54）c 和例（54）d，它和前面的谓体则形成“动补结构”。这种情况下，“很快”不再是环境成分，而是谓体延长成分。

在英语中，性质词组作为环境成分在小句中的位置更灵活，有四种位置，即主语和谓体之间如例（55）a，谓体之后如例（55）b，补语之后如例（55）c，以及主语之前如例（55）d。前三种位置情况较多，第四种情况较少，在 BNC 语料库的 1000 个样本中仅有 10 例，占样例总数的 1%。

通过上述对比可知，相对于汉语，英语环境成分的位置更为灵活。汉语环境成分位置较固定，即常位于主语与谓体之间或主语之前。介词短语充当环境成分也是如此。比如：

① “#”表示，该句在语法上是成立的，但小句中的“很快”不再是环境成分。

② 此处的统计结果是基于 BCC 语料库中的报刊部分，以“他很快”和“很快他”为例检索得出。

(56) a. 他在家里作①了不少事情。

b. 在家里，他作了不少事情。

* c. 他作了在家里不少事情。

* d. 他作了不少事情在家里。

(57) a. His father tutored him at home.

b. He died at home in Jesmond.

c. At home my children were full of talk and laughter.

#d. My children at home were full of talk and laughter.

作为环境成分，汉语介词短语一般出现在主语和谓体之间如例(56) a，或在主语之前如例（56）b。汉语一般不会把介词短语放置于谓体或补语之后，如例（56）c和例（56）d。例（56）c不符合汉语用法。通常情况下在谓体和补语之间不能插入介词短语。例（56）d不符合汉语表达习惯。

英语介词短语作为环境成分时出现在三种位置，即补语之后如例(57) a，谓体之后如例（57）b和主语之前如例（57）c。如把介词短语置于主语之后，如例（57）d中“My children at home”，介词短语则变成名词词组的后修饰语，成为名词词组的一部分。此时介词短语不再处于小句层面，不再是小句的环境成分。在三种位置中，较为少见的是第三种即例（57）c。在BNC语料库的1000个抽样中，仅出现14次，占总数的1.4%。

通过上述分析可知，英语中作为环境成分的介词短语出现的位置要比汉语灵活。名词词组充当环境成分时也大致如此。比如：

(58) a. 昨天，首都三百多万人在狂欢中度过了永远不会忘记的日子。

b. 他昨天还会晤了委内瑞拉新总统卢辛奇。

* c. 他还会晤了昨天委内瑞拉新总统卢辛奇。

① “作”系李临定举例时的用字，详参李临定《介词短语使用漫谈》，《语言教学与研究》1985年第3期，第15—26页。

*d. 他还会晤了委内瑞拉新总统卢辛奇昨天。

（59）a. I got her letter yesterday.

b. Yesterday my heart was full of sadness.

c. A British firm pledged yesterday to send medical supplies to Sarajevo.

d. The Government yesterday released figures showing a 30 percent increase in the number of the homeless.

像"昨天""星期天""秋天""今年""二零零八年"这类表时间的名词词组，以及像"北京""公司"[①]（如"咱们北京见"）等表达地点的名词词组，同样可以在小句中充当环境成分，但是表达地点的名词词组通常不能出现在句首，如"*北京咱们见"。英语中，充当环境成分的多是时间名词词组，如"yesterday""last week""this summer"等。汉语名词词组作环境成分时在小句中所处的位置有两种：其一，位于主语之前，如例（58）a；其二，位于主语和谓体之间，如例（58）b。如将环境成分置于谓体之后，如例（58）c，或补语之后，如例（58）d，都不符合现代汉语的表达习惯。

与汉语名词词组作环境成分时仅有两种位置相比，英语的位置数量相对较多。英语环境成分可以出现在四种位置，即补语之后或谓体之后（无补语时），如例（59）a；主语之前，如例（59）b；谓体和补语之间，如例（59）c；以及主语和谓体之间，如例（59）d。相对于后两种情况，前两种情况占多数。

综上，此部分分析了汉语环境成分和英语环境成分在语义配置结构中的位置关系（见表4-10）。通过对性质词组、介词短语和名词词组三类环境成分在小句中位置关系的分析，我们发现汉语是环境成分"前置型"语言，英语是环境成分"分散型"语言。英汉语在环境成分分布方面存在显著差异，这种差异说明英汉两种语言、两个民族对环境成分、环境因素有着不同的认知。

① 地点名词词组充当环境成分的情况多出现于口语中。实际上，可以补上介词"在"，成为介词短语。

表 4-10 英汉"环境成分"的位置关系

位置 \ 语种	英语				汉语			
	性质词组	介词短语	名词词组	合计	性质词组	介词短语	名词词组	合计
主语之前	+	+	±	++±	+	+	±	++±
主语与谓体之间	+		±	+±	+	+	+	+++
谓体和补语之间	+	+	±	++±				
补语之后/谓体之后（无补语时）	+	+	±	++±				

（四）英汉语义配置结构中"过程"与"参与者"等的位置关系

按照传统语法的两种标准，简单句可划分为四种主要类型：其一，按照形式结构标准，简单句可划分为陈述句（declaratives）、疑问句（interrogatives）（包括 yes-no 疑问句即是非疑问句或一般疑问句和 Wh-疑问句即特殊疑问句或特指疑问句）、祈使句（imperatives）和感叹句（exclamatives）四种类型；其二，按照话语功能标准，简单句可划分为陈述句（statements）、疑问句（questions）、命令句（commands）和感叹句（exclamations）四种类型①。如下是四种简单句的英语示例②。

（60） a. Pauline gave Tom a digital watch for his birthday. （declarative）

b. There is a smell in the room. （declarative）

（61） a1. Did Pauline give Tom a digital watch for his birthday? （yes-no interrogative）

---

① Quirk R., Greenbaum S., Leech G., Svartvik J. *A Grammar of Contemporary English*. Singapore: Longman, 1972; Quirk R., Greenbaum S., Leech G., Svartvik J. *A Comprehensive Grammar of the English Language*. London/New York: Longman, 1985；章振邦：《新编英语语法教程》，上海外语教育出版社 2009 年版；黄伯荣、廖序东：《现代汉语》（上、下册），高等教育出版社 1991/2017 年版。

② 示例除来自语料库外，还来自 Quirk R., Greenbaum S., Leech G., Svartvik J. *A Grammar of Contemporary English*. Singapore: Longman, 1972; Quirk R., Greenbaum S., Leech G., Svartvik J. *A Comprehensive Grammar of the English Language*. London/New York: Longman, 1985；章振邦：《新编英语语法教程》，上海外语教育出版社 2009 年版。

a2. Are you hungry?（yes-no interrogative）

b. What did Pauline give Tom for his birthday?（wh-interrogative）

（62）a. Speak to the boss today.（imperative）

b. Do not[①]/Don't feed the animal.（imperative）

（63）a. What a noise you are making!（exclamative）

b. How careless she is!（exclamative）

从如上示例可以看出，简单句的四种结构与四种功能之间通常存在一一对应关系，即陈述句的作用是陈述，主要用来传递信息，如例（60）a和例（60）b；疑问句的作用是疑问/提问，主要用来探寻某个具体方面的信息，如例（61）a1、例（61）a2和例（61）b；祈使句的作用是命令，主要用来指示某人做某事或不要做某事，如例（62）a和例（62）b；感叹句的作用是感叹，主要用于表示说话者的感触，如例（63）a和例（63）b。

基于传统语法的划分，Halliday[②]将语言的人际功能，按照交换角色区分为"给予（giving）和寻求（demanding）"两类，以及"陈述（statement）、疑问（question）、提供（offer）和命令（command）"四种主要言语功能（见表4-11）。"提供"指一方为在场的另外一方提供物品与服务；"命令"指要求另外一方为其提供物品与服务；它们通常分别借助祈使句和一般疑问句实现。"陈述"和"疑问"指向另外一方提供信息或向另外一方寻求信息，不涉及具体行动，通常分别借助陈述句、感叹句和疑问句实现。

---

① "Do not"用于正式语体。

② Halliday M. A. K. *An Introduction to Functional Grammar*. London：Arnold，1985，p. 69；Halliday M. A. K. *An Introduction to Functional Grammar*（2nd edition）. London：Arnold，1994/Beijing：Foreign Language Teaching and Research Press，2000，p. 69；Halliday M. A. K.，Matthiessen C. M. I. M. *An Introduction to Functional Grammar*（3rd edition）. London：Arnold，2004，pp. 107-108；Halliday M. A. K.，Matthiessen C. M. I. M. *Halliday's Introduction to Functional Grammar*. London：Routledge，2014，pp. 135-136.

表 4-11　　**Halliday 的言语角色**

交换的商品 / 交换中的角色	物品与服务	信息
给予	提供 Would you like this teapot?	陈述 He's giving her the teapot.
寻求	命令 Give me that teapot.	疑问 What is he giving her?

下文依次对陈述、疑问、命令和感叹四种语气的英汉小句进行语义成分位置关系分析。在此，需要指出感叹语气是陈述语气的一个次级类别，详见人际功能章节。因其特殊性，此处将其单列。

英汉语基本同属主谓宾（SVO）语序结构语言，其陈述语气小句的语义成分位置关系，即过程与参与者等语义成分的位置关系，基本相似。详细示例及对比见表 4-12。

表 4-12　　**陈述语气小句的语义成分位置关系**

序号	英语		汉语	
	例句	位置关系	例句	位置关系
1	Pauline ［Ag］ gave ［Pro］ Tom ［Af-Posr］ a digital watch ［Af-Posd］ for his birthday.	参 1+过程+参 2+参 3	华威先生［Ag］猛地跳［Pro］起来［PrEx］了。	参 1+过程
2	This kind of result ［Ca］ is ［Pro］ not impossible ［At］.	参 1+过程+参 2	您［Em］不会不同情［Pro］我［Ph］的。	参 1+过程+参 2
3	Not a single sound ［Ph］ was heard ［Pro］ (by us ［Perc］).	参 2+过程+（参 1）	他家的羊［Af］被狼［Ag］咬［Pro］死［PrEx］了。	参 2+参 1+过程
4			狼［Ag］把他家的羊［Af］咬［Pro］死［PrEx］了。	参 1+参 2+过程
5			今天［Ca］星期六［Pro-At］了。	参 1+过程-参 2
6	It never rains ［Pro］ but it pours ［Pro］.	It+过程	刮［Pro］风［PrEx］了。	过程
7	There are ［Pro］ some people ［Ext］ in the waiting room ［Loc］.	There+过程+参 1+参 2	墙上［Loc］挂［Pro］着毛衣［Ext］呢。	参 1+过程+参 2

表4-12列举的七个汉语示例涵盖了陈述语气小句的主要类型情况。除表达天气状况的小句“刮［Pro］风［PrEx］了”缺乏“参与者”角色外，其他六种情况中，“过程”均位于“参与者”之后。英语不存在特殊情况，英语陈述小句的过程都位于“参与者”或“虚位”如“It”和“There”之后。对于存在“参与者”或“虚位”的英汉小句而言，“过程”之前一般有一个①“参与者”或“虚位”，过程之后一般有零到两个参与者。总体上，无论陈述语气的英语小句还是汉语小句，“过程”多属于由参与者等包围的“内核”，一般不出现于句首。

英汉疑问语气小句中，“过程”与“参与者”等的“位置关系”并不一致。英语中存在“主系表”结构和“There be”存在句。当人们把这些结构和句型转换成“是非疑问句”时，小句的句首首先出现的是由“be”动词说明的“过程”，如表4-13中第2个、第3个英语例子。汉语中陈述语气小句转换为疑问语气小句时，“过程”不会出现“移位”现象，即“过程”无须移至句首（见表4-13）。这是因为汉语疑问语气的实现并不依靠“助动词”“系动词”以及“Wh-疑问词”的移位，只需要在句尾添加语气助词如“呢”“吗”或依靠语调，或者直接用疑问词如“谁”“哪里”“什么”等替换。

表4-13　　疑问语气小句的语义成分位置关系

序号	英语		汉语	
	例句	位置关系	例句	位置关系
1	Have/Haven't you ［Ag］ finished ［Pro］ that book ［Af］?	参1+过程+参2	你［Em］不（是）喜欢［Pro］他［Ph］吗?	参1+过程+参2
2	Are ［Pro］ you ［Ca］ hungry ［At］?	过程+参1+参2	他［Vl］是［Pro］小王［Tk］?	参1+过程+参2
3	Are ［Pro］ there some people ［Ext］ in the waiting room ［Loc］?	过程+there+参1+参2		
4			这两首歌［Ph］你们［Cog］都学会［Pro］了吗?	参2+参1+过程

① 汉语的特殊句型“把字句”和“被字句”除外，它们的“过程”之前会出现两个参与者（包括隐性参与者）。另，如果英语存在句的“THERE”之前有“位置”参与者，那么小句过程之前出现一个“参与者”和一个“虚位”。

续表

序号	英语		汉语	
	例句	位置关系	例句	位置关系
5	Which books [Af-Posd] have you [Ag] lent [Pro] him [Af-Posr]?	参3+参1+过程+参2	谁 [Ag] 来 [Pro] 了?	参1+过程
6	How did you [Ag] mend [Pro] it [Af]?	参1+过程+参2	那本书 [Ca] 在 [Pro] 哪里 [Loc]?	参1+过程+参2

在有些汉语小句中，比如“喜欢吗?”和“是你吗?”，似乎存在“过程”动词置于句首的情况。实际上这些都是省略或隐含现象。出于交流的简便，说话者往往会省略或隐去部分或全部参与者。“喜欢吗?”和“是你吗?”补上“隐性参与者”后可能变成“你喜欢这个项链吗?”和“照片上的这个人是你吗?”。汉语中表达天气状况的小句如“刮 [Pro] 风 [PrEX] 了”，自身没有“参与者”或“虚位”，在变成疑问小句后，即变成“刮 [Pro] 风 [PrEX] 了?”，也不存在“参与者”或强制性“虚位”，因此汉语小句中的“过程”不存在“移位”现象。

除气象过程小句外，汉语疑问语气小句中的“过程”，同陈述语气小句一样都位于“参与者”包括“隐性参与者”之后（见表4-13），通常由“参与者”包围着（单参与者小句除外）。英语中，“主系表”结构和“There be”存在句在转换为疑问语气小句时，则出现“be”动词“移位”即“过程”前置的情况。

表4-14是英汉祈使小句的示例。

表4-14　祈使小句的语义成分位置关系

序号	英语		汉语	
	例句	位置关系	例句	位置关系
1	Don't feed the animal.	（参1）+过程+参2	不要提他!	（参1）+过程+参2
2	You be quiet!	参1+过程+参2	咱们快走吧。	参1+过程
3	Jump!	（参1）+过程	滚出去!	（参1）+过程

从上述示例可以看出，英汉祈使小句中“过程”与“参与者”的位置关系基本上相同，具体表现在三个方面。其一，都是“（参与者1）+

过程+参与者 2”的基本语序（见表 4-14）。其二，都存在“参与者”不出现的情况。祈使语气多用于口语语体，小句较短，参与者隐含的情况比较突出。其三，都以“过程”为主，小句的“动作性”较强。

汉语感叹语气小句中，“过程”“参与者”的位置关系与陈述语气小句中语义成分的位置关系基本一致。汉语感叹语气小句常包含表达感叹的词语，如“好、太、多、真、那么、多么”等，以及句末语气词，如“啊、哇、呀”等。英语感叹小句没有语气词，主要通过两种特殊句型，即以 How 和以 What 开头的感叹句型来实现。此外，在口语语体中还会出现单个词语表达感叹的情况，详细示例见表 4-15。

表 4-15　　感叹小句的语义成分位置关系

序号	英语		汉语	
	例句	位置关系	例句	位置关系
1	How careless (she is)!	参 2+（参 1）+（**过程**）	这酒美极啦！	参 1+**过程**-参 2
2	What an intelligent boy (he is)!	参 2+（参 1）+（**过程**）	好大的胆子！	（参 1）+**过程**-参 2
3	Beautiful!	（参 1）+（**过程**）+参 2	太幼稚了！	（参 1）+**过程**-参 2

英语感叹语气小句多以 How 和 What 开头，小句中的两个“参与者”常位于“过程”之前，如表 4-15 中的第一行、第二行的英语示例。也就是说，英语感叹小句的第二个“参与者”需要“移位”至句首。汉语感叹语气小句则无需任何“移位”，还是按照通常的“（参与者 1）+过程-参与者 2”语序出现。

从上述分析可以看出，“过程”与“参与者”等的“位置关系”会因语言、语气类别不同而存在差异。其一，无论什么语气的汉语小句，基本上都不存在“过程”移位的情况，“过程”多由其他语义成分包围；英语中，部分是非疑问小句存在“过程”前移的情况，即“过程”出现在“参与者”或“虚位”的前面。其二，汉语小句中“参与者”前移情况较少（特殊句型如“把字句”和“被字句”除外），英语小句中“参与者”位置前移情况较多。对汉语而言，“参与者”前移常被认为是一种特殊现象，是为了满足提示信息的需要；英语中，“参与者”前移属于普通语言现象，并不是为了达到某种特殊交际目的和效果。由此可见，与英语小句的多样化、格式化的“位置关系”相比，汉语小句的“位置关系”相对单一。

（五）英汉语义配置结构中的“虚位”与“实位”

上文已涉及英语中由无所指的（non-referential）“It”和“There”担当“虚位”的小句，更多示例如下：

（64）a. It rained ［Pro］ all day.

b. It was getting ［Pro］ cold ［PrEx］.

（65）a. There is ［Pro］ barely a line ［Ext］ on her face ［Loc］.

b. From the cell body of a neurone ［Loc］ there emerge ［Pro］ two kinds of processes ［Af-Ext］.

c. On Eva's walls ［Loc］ there hang ［Pro］ posters of exotic place ［Ext］.

如上示例均来自 BNC 语料库，它们的共同之处是：虚位主语（黑体）都是语义配置结构的组成部分。在例（64）a 和例（64）b 中，“It”没有具体所指，都不可以通过“What did somebody/something do?”来提问。尽管“It”没有具体所指，但它是英语小句不可或缺的组成部分。按照 Hopper & Traugott① 的语法化学说，此处的“It”已经由实义名词虚化为无实际意义的语法功能成分。“It”已经伴随语言的演化而固化为小句中特定的功能成分，这符合语言使用中的“省力原则”。

除“It”外，英语中还存在另一虚位成分，即“There”。在英语小句中，“There”常出现的位置包括句首如例（65）a、句中如例（65）b 和例（65）c。这类句子中的“There”之所以没有实际意义，是因为真正的处所信息已经出现在其他地方，如例（65）a 的句尾、例（65）b 和例（65）c 的句首。

英语小句中，涉及“It”的及物性语义配置结构较多。除出现在与气象有关的“自主/影响动作过程：发生”（见图 4-7）中以外，“It”还会

① Hopper P. J., Traugott E. C. *Grammaticalization*. Cambridge: Cambridge University Press, 1993/Beijing: Foreign Language Teaching and Research Press, 2001.

Auto/Infl-action:happening
（自主/影响动作过程：发生）

- It+Pro
- It+Pro+PrEx
- Ag+Pro+Af[[It+Pro+(PrEx)]]
  （如：I [Ag] made [Pro] it [It] rain [Pro] cats and dogs [PrEx].）

图 4-7　与“It”有关的发生过程的语义配置结构

出现在非气象类“发生过程”，如例（66）；“自主心理过程：情感”，如例（67）；“自主心理过程：认知”，如例（68）和例（69）；以及“自主关系过程：归属”，如例（70）。

（66）It happened ［Pro］ that on that same night Leith had invited Rosemary to supper ［Af］.（语义配置结构：It+Pro+Af）（**Auto-action：happening**）

（67）It offends ［Pro］ me ［Em］ that you're offended ［Ph］.（语义配置结构：It+Pro+Em+Ph）（**Auto-mental：emotive**）

（68）It seems ［Pro］ to me ［Cog］ that there is very little control of that expenditure ［Ph］.（语义配置结构：It+Pro+Cog+Ph）（**Auto-action：cognitive**）

（69）It strikes ［Pro］ me ［Af-Cog］ that this erring is a starting point ［Ph］.（语义配置结构：It+Pro+Af-Cog+Ph）（**Auto-action：cognitive**）

（70）It is ［Pro］ so difficult ［At］ to get business leaders to come and help ［Ca］.（语义配置结构：It+Pro+At+Ca）（**Auto-relational：attributive**）

像例（71）a 这样的英语表达式通常要改为例（71）b 和例（71）c 这样的存在句式。

（71）#a. On the table was a candle.

b. There was ［Pro］ a candle ［Ext］ on the table ［Loc］.

（语义配置结构：There+Pro+Ext+Loc）（Auto-relational：existential）

c. On the table [Loc] there was [Pro] a candle [Ext].

（语义配置结构：Loc+there+Pro+Ext）（Auto-relational：existential）

从语法构造角度，例（71）a 也符合语法规范。但从语用和语义角度考虑，例（71）b 和例（71）c 更符合英语的表达习惯。“There”作为“无所指”的引导词，起到“传达新信息，引出新话题”的语用功能①，以及凸显“be”等动词②之后的“实义主语”（notional subject）或“真正主语”（real subject）乃语句信息中心的作用。

在分析 Quirk、Halliday 等人例句、定义的基础上，张绍杰、于飞③给英语存在句下了一个语法定义，即“凡是由非重读的引导词 there 和 be 的某种形式或表示非及物意义的动词构成的小句结构都是存在句”。该定义侧重语法形式结构，没有充分考虑语义因素，易于产生概念范畴的模糊，引发误解。定义中“表示非及物意义的动词”所涉及的动词体量很大，从语义上讲并非每个小句都说得通，如 die 置于 there 之后。因此，在对存在句进行界定时，既要考虑该类语言现象的形式特点，又要考虑其意义特点，从意义和形式相结合的角度对其进行界定。我们认为，存在句或存现句指形式上具有固定性结构，能够表达“某处存在、出现某人某物或某事件，或者在某处某人某物或事件消失”意义的小句④。界定中的“某处”既可指空间上的某个位置，也可指时间上的某个时间点或时段。

该界定既适用于英语也适用于汉语，可以说具有普适性。界定中的“固定性结构”可因语言不同而有别。对于英语而言，“关系过程：存在”的语义配置结构可区分为两大类（自主和影响）、四小类（见图 4-8），其中“自主型”过程常包括四个结构模块：过程、存在方、处所和虚位

---

① 章振邦：《新编英语语法教程》，上海外语教育出版社 2009 年版，第 325 页。

② 除“be”之外，动词的位置上还可能出现如“exist”“remain”“emerge”“arise”“go”“stand”等。

③ 张绍杰、于飞：《英语存在句信息传递再探索——兼与谷化琳先生商榷》，《外国语》2004 年第 2 期，第 35 页。

④ 何伟、张瑞杰、淡晓红、张帆、魏榕：《汉语功能语义分析》，外语教学与研究出版社 2017 年版，第 137 页。

There。过程由存在动词说明；存在方由名词词组填充；处所由表示处所、时间的介词短语、名词词组等填充；虚位 There 是不可或缺的组成部分，常位于小句句首，如例 71b，也可位于处所成分之后，如例（71）c。

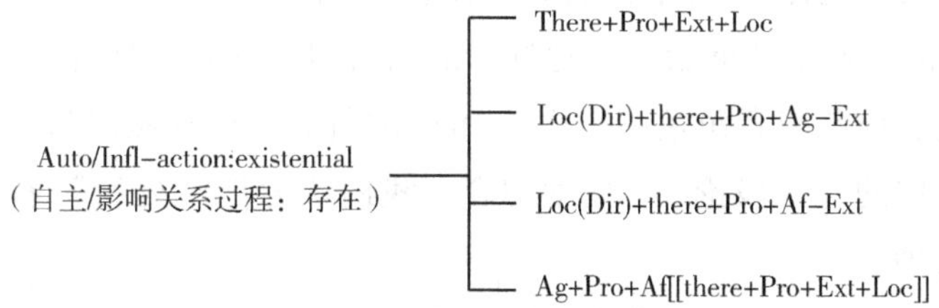

图 4–8　“关系过程：存在”的语义配置结构（英语）

与英语不同，汉语“关系过程：存在”的语义配置结构没有虚位，语义配置结构主要包括三种：“过程+存在方”，如例（72）a；“处所+过程+存在方”，如例（72）b 和例（72）c；以及“施事+过程+受事［［处所+过程+存在方］］”，如例（72）d。传统的汉语存在句研究通常将“处所”“过程”和“存在方”等语义标签称之为“A 段”“B 段”和“C 段”①。三个语义配置成分并非总是同时出现，有时会出现省略现象，如在“过程+存在方”语义配置结构中（见例［72］a），“处所”即“A 段”被隐去。

（72）a. 有［Pro］一些人在闲荡［Ext］。（语义配置结构：过程+存在方）（**自主关系过程：存在**）

b. 操场上［Loc］有［Pro］不少手拿教科书的学生［Ext］。（语义配置结构：处所+过程+存在方）（**自主关系过程：存在**）

c. 医生的眼里［Loc］闪［Pro］过一点自信的光芒［Ext］。（语义配置结构：处所+过程+存在方）（**自主关系过程：存在**）

d. 那奇特的恶臭［Ag］使［Pro］［［这里［Loc］不曾有［Pro］过任何有生命的东西［Ext］］］。（语义配置结构：施事+过

① 范芳莲：《存在句》，《中国语文》1963 年第 5 期，第 386—395 页。

程+受事［［处所+过程+存在方］］）（影响关系过程：存在）

汉语小句语义配置结构的处所成分虽可被隐去，但这并不意味着该成分可有可无，它是语义配置结构不可或缺的组成部分。因此，与 Halliday & McDonald① 把位于句首、表达处所信息的词语看成“环境成分”不同，我们把它看作参与者角色——详参 He② 的研究。这种做法与汉语存在句传统研究中的“三段论”③ 高度契合，我们认为把“处所”看作参与者角色更合理。

Halliday & McDonald 没有把处所看作参与者角色而是看作环境成分，他们认为存在过程的语义配置结构原型是“过程+存在方”。但是，他们④在文中又提到之前的另一种认识⑤，即把存在过程看成与其他过程一样的双参与者过程，语义配置结构原型为“处所+过程+存在方”。对于没有处所成分的小句如例（72）a，他们认为该成分被隐含了，可以通过增加“这里”等补充完整。我们较认同后一种观点，即把“处所+过程+存在方”看成存在过程的语义配置结构原型，把存在过程看成双参与者过程。

汉语的处所虽常被隐去，但仍拥有“实位”，仍是参与者成分，即隐性参与者。这与英语小句中的虚位“There”不同。英语的虚位“There”不可被隐去，是存在过程不可或缺的组成部分。

尽管英语中的虚位“There”和“It”无具体所指，但却是语义配置结构的必要语法成分。这反映了英语语言的结构化、语法化倾向。

---

① Halliday M. A. K., McDonald E. Metafunctional Profile of the Grammar of Chinese// Caffarel A., Martin J. R., Matthiessen C. M. I. M. *Language Typology: A Functional Perspective*. Amsterdam/Philadelphia: John Benjamins, 2004, pp. 355-357.

② He W. Subject in Chinese Existential Constructions: A Systemic Functional Approach. *Australian Journal of Linguistics*, 2017, Vol. 37, No. 1, pp. 37-59.

③ 范芳莲：《存在句》，《中国语文》1963 年第 5 期，第 386—395 页。

④ Halliday M. A. K., McDonald E. Metafunctional Profile of the Grammar of Chinese// Caffarel A., Martin J. R., Matthiessen C. M. I. M. *Language Typology: A Functional Perspective*. Amsterdam/Philadelphia: John Benjamins, 2004, p. 357.

⑤ McDonald E. *Clause and Verbal Group Systems in Chinese: A Text - based Functional Approach*. Sydney: Macquarie University, 1998.

结构化、语法化有助于语言的规范化，减少语言理解中的歧义，符合经济性原则。汉语中高度语法化的结构相对较少，虚位结构更少，这在某种程度上反映了英汉语言在结构形式及语义表达方式上的差异。这种差异则进一步折射出操不同语言的人在认知、思维和文化等方面的差异。

综上，在宏观层面，英汉及物性系统均具丰富性、层次性、隐喻性和张力性；在微观层面，英汉及物性系统及其体现形式有五点个性：

其一，英语重“参与者”，汉语重“过程”；

其二，英语多“显性参与者”，汉语多“隐性参与者”；

其三，英语“环境成分”具有“分散性”，汉语“环境成分”具有“前置性”；

其四，英语中“过程”与“参与者”等的“位置关系”较多样，汉语中“过程”与“参与者”等的“位置关系”较单一；

其五，英语小句的语义配置结构中存在高度语法化的“虚位”，汉语小句中不存在典型“虚位”。

英汉及物性系统在微观层面存在个性，这并不意味着在微观层面就不存在共性。在微观层面，英汉及物性系统还存在诸多共性。就语义配置结构而言，共性包括：其一，均有复合参与者角色，如施事—载体（Ag-Ca）、施事—感知者（Ag-Perc）等；其二，均有单参与者、双参与者和三参与者过程（影响型过程可能会涉及更多参与者）。

第三节　从民族认知、思维和文化看英汉及物性系统及其体现形式的个性

语言是表征民族认知、思维、精神、情感、归属、身份、文化等最典型的方式之一①。当人们使用语言谈论世界的万事万物时，同时也缔造了

① 除语言（包括文字）外，能够体现出民族性的符号系统还包括服饰、音乐、舞蹈、建筑等。

一个他们所认知的世界，一个带有明显民族色彩的世界。美国印第安人事务管理局（Bureau of Indian Affairs，隶属于美国内政部）前局长Atkins[①]在给内政部的1887年度报告中曾一针见血地说："没有任何东西能像语言那样毫无疑问、完全确实地给一个人打上民族的烙印。"[②]

英汉民族由于地理环境、文化传统、发展历程等不同，在认知世界时的具身感受、思维理念等都会有所差异。当这种差异映射在表征思维和文化的语言上时，包括及物性系统在内的语言系统之间的差异就会显现出来。

一 从民族认知看个性

（一）从图形到背景和从背景到图形

从民族认知出发，借用认知语言学的图形—背景理论，我们能够解释英汉及物性语义配置结构存在的部分差异。图形—背景理论最早源自心理学，后由认知语言学家Talmy[③]引入语言研究，用于解释语言信息组织中各概念要素凸显度的高低。图形指认知概念中凸显的部分，是注意的焦点；背景是为凸显图形起衬托作用的部分。为更好地确定语言中的图形和背景，Talmy[④]以及匡芳涛、文旭[⑤]列举了二者的定义特征和联想特征，其中定义特征指：图形没有已知的空间或时间特征可确定；背景具有已知的空间或时间特征，可以作为参照点用来描写、确定图形的未知特征。联想特征包含的维度较多，如空间大小、时间长短、动态性、可及性、依赖性、凸显性、关联性以及预料性等。

因认知视角有别，相同或相似的客观行为或事实可能有不同的表达形

---

① John Atkins（约翰·阿特金斯）曾于1885年至1888年间担任美国内政部印第安人事务管理局局长一职。

② 转引自钱冠连《语言：人类最后的家园——人类基本生存状态的哲学与语用学研究》，商务印书馆2005年版，第205页。

③ Talmy，L. Figure and Ground in Complex Sentences// Greenberg J. H. *Universals of Human Language*（Vol. 4）：*Syntax*. Stanford，C. A.：Stanford University Press，1978，pp. 625-649.

④ Talmy L. *Towards a Cognitive Semantics*（Vol. 1）：*Concept Structuring Systems*. Cambridge，M. A.：The MIT Press，2000，pp. 315-316.

⑤ 匡芳涛、文旭：《图形—背景的现实化》，《外国语》2003年第4期，第26页。

式、排列组合，比如①：

（73）a. Another university has been found in this city.

b. 城里又办起了一所大学。

（74）a. A spy was caught yesterday.

b. 昨天抓到了一个特务。

从如上两组示例可以看出，例（73）a 和例（73）b 中，“大学”都是凸显的图形，“城里”都是背景；例（74）a 和例（74）b 中，“特务”都是图形，“昨天”都是背景；两组小句的图形和背景都一致。但是，在英汉小句中，图形和背景的排列组合顺序却不同。汉语小句例（73）b 和例（74）b 的背景是前置的，凸显从背景到图形；英语小句例（73）a 和例（74）a 的背景是后置的。何伟、伟圣鑫②对英汉小句经验状语（即背景）的位置情况进行量化统计后发现，经验状语置于主语之前的汉语小句占 23.33%，置于主语和谓体之间的占 73.33%，二者合计占 96.33%；经验状语置于主语之前的英语小句占 30.97%，置于主语和谓体之间的占 10.18%，置于句尾的占 58.85%。此统计结果再次表明，汉民族遵循背景前置性、从时空到事件的认知顺序；英民族遵循背景边缘化尤其后置化、从事件到时空的认知顺序。王斌、熊妍湘③对英汉语背景和图形顺序的对比研究同样表明，汉语使用者习惯于“从背景到图形”的认知思维，即先交代事件发生的背景，把重心置于最后；英语使用者习惯于“从图形到背景”，即把背景信息放在句末或谓语动词之后，将重点置于句首。英汉民族在认知上的这一差异映射到英汉及物性系统上，表现为汉语环境成分具有前置性，英语环境成分具有分散性。

---

① 示例来自王斌、熊妍湘《试用图形—背景理论解释英汉句式差异及其对翻译实践的指导作用》，“中国英汉语比较研究会第七次全国学术研讨会”，山东烟台，2006 年，第 512 页。

② 何伟、伟圣鑫：《英汉小句状语成分分布对比研究》，《外语与外语教学》2021 年第 2 期，第 39—48 页。

③ 王斌、熊妍湘：《试用图形—背景理论解释英汉句式差异及其对翻译实践的指导作用》，“中国英汉语比较研究会第七次全国学术研讨会”，山东烟台，2006 年，第 508—517 页。

(二) 认知凸显

Ungerer & Schmid[①]提出认知语言学有三种研究路径或方法：经验观、凸显观和注意观。如上讨论所借用的图形—背景论属于凸显观的范畴。凸显观除关涉信息的排列组合顺序外，还涉及信息的选择。注意观也涉及信息的选择，即我们所表达的都是“吸引我们注意力的事件部分”[②]。因认知视角不同，英汉语使用者在表达相同/相似的客观行为或事实时会有不同的信息选择，凸显不同的信息焦点。比如：

（75） a. He stood with military straightness in his old uniform, his pistol in his its worn holster, his battered scabbard smartly clapping his high boots, his tarnished spurs dully gleaming — Major Ashley Wilkes, C. S. A. (Chapter 15 of *Gone with the Wind* by Margaret Mitchell)

b. 他穿着一身旧军服，用军人的姿态笔挺地站在那里，手枪挂在破旧的皮套里，用旧了的剑鞘轻轻敲着长筒靴，一对快要锈了的马刺在隐隐发光。这就是南联盟陆军少校艾希里·威尔克斯。[③]

（76） a. 那年冬天，祖母死了，父亲的差使也交卸了，正是祸不单行的日子。我从北京到徐州打算跟着父亲奔丧回家。到徐州见着父亲，看见满院狼藉的东西，又想起祖母，不禁簌簌地流下眼泪。（朱自清《背影》）

b. Misfortunes never come singly. In the winter of more than two years ago, grandma died and father lost his job. I left Beijing for Xuzhou to joined father in hastening home to attend grandma's funeral. When I met fa-

① Ungerer F., Schmid H. J. *An Introduction to Cognitive Linguistics*. London: Longman, 1996/Beijing: Foreign Language Teaching and Research Press, 2001, pp. F36-F40; Ungerer F., Schmid H. J. *An Introduction to Cognitive Linguistics* (2nd edition). London: Longman, 2006, pp. 1-6.

② Ungerer F., Schmid H. J. *An Introduction to Cognitive Linguistics*. London: Longman, 1996/Beijing: Foreign Language Teaching and Research Press, 2001, p. F38; Ungerer F., Schmid H. J. *An Introduction to Cognitive Linguistics* (2nd edition). London: Longman, 2006, p. 3.

③ 王斌、熊妍湘：《试用图形—背景理论解释英汉句式差异及其对翻译实践的指导作用》，“中国英汉语比较研究会第七次全国学术研讨会”，山东烟台，2006年，第516页。

ther in Xuzhou, the sight of the disorderly mess in his courtyard and the thought of grandma started tears trickling down my cheeks.①

相对于汉语译文（75）b，英语原句（75）a 使用的过程动词较少，仅“stood”“clapping”和“gleaming”三个；（75）b 中出现六个过程动词，即“穿”“站”“挂”“敲”“发光”和“是”，共有六个过程小句。这表明，汉语使用者的认知是以“动作”的发生时间为顺序；英语则是以“逻辑”和“空间”为顺序，利用重复“his”的手段串连起空间内的不同信息点。尽管汉语使用较多的动词，但动作的参与者却被大量省略，如（76）a 下划线部分的四个过程小句都省略了参与者“我”；反观英语译文（76）b 下划线部分，该部分涉及两个过程动词即“met”和“trickling”和一个使役动词“started”，没有参与者省略的情况。这说明英民族在认知上重视事件的完整以及逻辑；汉民族侧重事件的整体，关注核心要点，省略次要因素，同时注重事件间的时间延续性。反映在语言中，就是汉语重过程，多隐性参与者，英语重参与者，多显性参与者；汉语没有“虚位”，英语有高度语法化的“虚位”。

综上，从认知上来看，英民族遵循“从图形到背景”的认知思维，边缘化尤其后置化背景；倾向于以“逻辑”以及“空间”为认知顺序，重视事件的完整。汉民族则遵循“从背景到图形”的认知思维，前置化背景；习惯于以“时间”为认知顺序，注重事件的整体。英汉民族在认知上的不同是导致英汉及物性系统之间存在差异的直接因素。

二　从民族思维看个性

近两个世纪前，德国语言学家 Humboldt 已指出，语言与民族精神之间存在极为密切的关系。他认为，语言和民族精神的统一程度远超人们的任何想象。在他②看来，“语言仿佛是民族精神的外在表现；民族的语言

① 张培基：《英译中国现代散文选》，上海外语教育出版社 1999 年版，第 65 页。

② Humboldt W. von. *On Language: The Diversity of Human Language Structure and Its Influence on the Mental Development of Mankind* (translated by Heath P., with an introduction by Aarsleff H.). Cambridge: Cambridge University Press, 1836/1988, p. 46；［德］威廉·冯·洪堡特：《论人类语言结构的差异及其对人类精神发展的影响》，姚小平译，商务印书馆 1999 年版，第 52 页。

即民族的精神，民族的精神即民族的语言”，“语言不是活动的产物，而是精神不由自主的流射”①。从 Humboldt 这一鲜明的观点可以看出，语言是一种民族现象，由于各民族对主客观世界的理解不同进而造就了语言的民族性差异。对一个民族而言，语言承载着其看待世界的样式，是“具有根本意义的价值系统和意义系统”②，是一种世界观。

在 Humboldt③ 看来，语言的差别在于其形式，语言的内部形式包含语义结构和语法结构。因为各个民族对世界的理解不同、参与指称的主观直觉不同，概念的构造、概念的丰富度、词语的接合规律、语法构造的精准度、语法成分的位置关系等都会不同。它们在某种程度上彰显着民族精神的个性。申小龙④在《中国语言的结构与人文精神》一书中也曾有类似的表述：“民族语言形式同思维形式紧密联系，直接体现了一个民族的思维习惯……各民族都有它特有的思维反映现实要素的顺序，语法作为这种顺序的表现也就具有民族性和不可渗透性。”他⑤认为，西方民族以自然空间为焦点的思维模式，如体现在绘画中的焦点透视性、舞台戏剧中的结构逻辑性、音乐和声中的空间丰满度等，反映在西方语言上就是以“动词”为“核心”/“焦点”，由动词控制各种关系构件的空间型构造；中国的艺术注重的是心理时间流，采用的是散点透视的构图法（绘画），偏重的是情节的自然性（戏曲）、旋律的流转曲折（音乐），这些带有民族色彩的做法与理念反映在汉语句子的组织上则是，以“流水句”为典型样态，通常按照事理顺序横向铺开的句段。

---

① Humboldt W. von. *On Language*：*The Diversity of Human Language Structure and Its Influence on the Mental Development of Mankind*（translated by Heath P.，with an introduction by Aarsleff H）. Cambridge：Cambridge University Press，1836/1988，p. 24；［德］威廉·冯·洪堡特：《论人类语言结构的差异及其对人类精神发展的影响》，姚小平译，商务印书馆 1999 年版，第 21 页。

② 谢少万：《语言中的人类精神与民族精神——对洪堡特语言世界观的再认识》，《广西社会科学》2008 年第 2 期，第 155 页。

③ Humboldt W. von. *On Language*：*The Diversity of Human Language Structure and Its Influence on the Mental Development of Mankind*（translated by Heath P.，with an introduction by Aarsleff H）. Cambridge：Cambridge University Press，1836/1988，p. 54；［德］威廉·冯·洪堡特：《论人类语言结构的差异及其对人类精神发展的影响》，姚小平译，商务印书馆 1999 年版，第 64 页。

④ 申小龙：《中国语言的结构与人文精神》，光明日报出版社 1988 年版，第 62 页。

⑤ 申小龙：《中国语言的结构与人文精神》，光明日报出版社 1988 年版，第 62 页。

接下来，我们基于语言事实，结合英汉民族所具有的不同认知方式，从民族思维视角出发，分析和探讨英汉及物性系统之间存在差异的原因。总体来看，英汉民族思维上的差异主要体现在：英民族倾向于理性思维，汉民族倾向于悟性思维；英民族倾向于分析性思维，汉民族倾向于综合性思维。

（一）理性思维与悟性思维

自古希腊哲学家 Aristotle 开创形式逻辑始，西方转向了以演绎为主要方法的理性思维。理性思维注重推演和论证，具有科学性、分析性、实证性、精确性和系统性的特征[①]。不同于西方民族的理性思维，自《易经》始，汉民族的思维侧重从“体感觉悟”出发，借助实践中获得的直觉和感悟，直接而快速地把握及认识事物的内在本质规律。因此，汉民族的悟性思维具有“重直观内省，轻实测论证，重内心体验，轻实验实证，重直觉领悟，轻理论分析”的特征[②]。刘长林[③]和王树人[④]采用相似的术语讨论了西方民族的理性思维和汉民族的悟性思维——“抽象思维”和“意象思维”“概念思维”和“象思维”，指出了两种思维的区别性特征。王树人[⑤]指出以下几点：

> 其一，“象思维”富于诗意联想，具有超越现实和动态之特点。而概念思维则是对象化规定，具有执著现实和静态之特点。
>
> 其二，“象思维”的诗意联想具有混沌性，表现为无规则、无序、随机、自组织等。概念思维之对象化规定，则具有逻辑性，表现为有规则、有序，从前见或既定前提出发，能合乎逻辑地推出规定系统。

---

① 连淑能：《论中西思维方式》，《外语与外语教学》2002 年第 2 期，第 40—46、63—64 页。

② 连淑能：《论中西思维方式》，《外语与外语教学》2002 年第 2 期，第 43—44 页。

③ 刘长林：《汉语、汉字与意象思维》，《汉字文化》2006 年第 5 期，第 9—16 页。

④ 王树人：《中国哲学与文化之根——“象”与“象思维”引论》，《河北学刊》2007 年第 5 期，第 21—25 页。

⑤ 王树人：《中国哲学与文化之根——“象”与“象思维”引论》，《河北学刊》2007 年第 5 期，第 23 页。

其三，“象思维”在“象之流动与转化”中进行，表现为比类，包括诗意比兴、象征、隐喻等。概念思维则在概念规定中进行，表现为定义、判断、推理、分析、综合以及逻辑演算与整合成公理系统等。

其四，“象思维”在诗意联想中，趋向“天人合一”或主客一体之体悟。概念思维在逻辑规定中，坚守主客二元，走向主体性与客观性之确定。

两种思维模式并无高低之分，各有特点。就思的广度和深度而言，悟性思维或“象思维”“意象思维”较理性思维或“概念思维”“抽象思维”更广、更深邃，且善于把握“动态整体”①；从思的发生学来讲，悟性思维是人类“最先”产生的思维形式，是“最基础、最根本的思维方式”②，理性思维以悟性思维为基础，由悟性思维孕育而成；就思的效度而言，理性思维在分析解决具体问题方面更有实效，因为只有通过理性的分析论证、调查实验，才能提出真正、切实的解决之道，当然在这个过程中悟性思维仍发挥着隐性作用，因为所谓“从零开始”的创新也离不开先前感性认知的引导。因而，悟性思维和理性思维皆属于人类共有的思维形式，共存于整个人类，只是某个民族偏重某种类型的思维，如汉民族偏重悟性思维，西方民族偏重理性思维。

汉民族的悟性思维和西方民族的理性思维映射到认知层，则是汉民族的事理性、时间性认知，注重事件的整体性；西方民族的逻辑性、空间性认知，注重事件的完整性。映射到语言系统，就及物性系统而言，表现为汉语重过程，多隐性参与者；英语重参与者，多显性参与者。

汉语重过程、多隐性参与者的特征不仅体现于现代汉语，而且体现于古汉语；不仅体现于口语语体，而且体现于时政以及学术语体。比如：

(77)“上古［……］竞于道德，中世［……］逐于智谋，当今

① 王南湜：《中西思维方式的差异及其意蕴析论》，《天津社会科学》2011年第5期，第46页。

② 王树人：《中国哲学与文化之根——“象”与“象思维”引论》，《河北学刊》2007年第5期，第24页。

[……] 争于气力。”（春秋·韩非《韩非子·五蠹》）

（78）“你尽弄尽弄［……］，［……］回头弄坏了［……］!!”①

（79）“［……］大力优化创新生态，［……］调动各类创新主体积极性。”（2019年李克强总理所作的《政府工作报告》）

（80）“［……］将24只6月龄 APP^{+} 小鼠随机均分为4组：［……］锻炼结束后，［……］比较各组小鼠的空间认知能力，……”②

从如上示例可以看出，参与者省略或隐含现象自古有之，例（77）中的三个古汉语小句各省略一个参与者角色即“人们”。现代汉语中“参与者”省略或隐含现象依然十分普遍，涉及包括科技语体在内的各种语体，如例（78）、例（79）和例（80）。尽管中国研究者已意识到科技语体与文学作品等语体的区别，并努力将信息表述完整、准确，但人们依然可以在著述中看到较多的“参与者”省略或隐含现象，如例（80）。反观英语科技语体，如“We compared the prevalence and prognosis of Alzheimer's disease at the mild cognitive impairment stage according to these criteria”③一句，作者明确给出了“比较”动作的施事即参与者角色“We”。

参与者省略或隐含的情况还可以通过英译汉直观地反映出来。以近几年在网上和微信平台上流行的一首英文诗“You Say That You Love Rain”（又名“I Am Afraid”，作者不详），及其翻译为例来进行说明。该诗原文如下：

You say that you love rain,
but you open your umbrella when it rains.
You say that you love the sun,

① 赵元任：《中国话的文法》，学海出版社1979年版，第16页。

② 宋文颖、张家薇、彭芳、刘俊保：《不同方式的轻度跑步机锻炼对阿尔茨海默鼠认知功能的影响》，《重庆医学》2018年第5期，第614页。

③ Vos S. J., Verhey F., Frölich L., *et al.* Prevalence and Prognosis of Alzheimer's Disease at the Mild Cognitive Impairment Stage. *Brain*, 2015, Vol. 138, No. 5, pp. 1327-1338.

but you find a shadow spot when the sun shines.
You say that you love the wind,
but you close your windows when wind blows.
This is why I am afraid,
because you say that you love me too.

该英文诗被译成多达 9 个中文版本[①]：普通版、女汉子版、文艺版、诗经版、离骚版、五言诗版、七言绝句版、吴语版和七律压轴版。我们无需追问译者翻译这首诗的目的，从语言结构上我们可以看出人们思维选择上的倾向性。英文诗结构简单，包含 16 个过程小句，涉及 29 个显性参与者，没有隐性参与者。汉译普通版是英文诗的对等直译，七言绝句版是按照古诗格律转译而来的。比较而言，七言绝句版虽与英文原诗及普通版在语言结构上相差较大，且省去多数参与者，但该版本诗意盎然，别有一番味道，也更符合中国人的思维习惯。

普通版
你说你喜欢雨，但是下雨的时候，你却撑开了伞；
你说你喜欢阳光，但是阳光播撒的时候，你却躲在了阴凉之地；
你说你喜欢风，但是清风扑面的时候，你却关上了窗户。
我害怕你对我也是如此之爱。

七言绝句版
恋雨却怕绣衣湿，喜日偏向树下倚。
欲风总把绮窗关，叫奴如何心付伊。

汉民族的悟性思维以及注重事件整体性、事理性和时间性的认知，和西方民族的理性思维以及注重事件完整性、逻辑性和空间性的认知，映射到语言系统，就及物性系统而言，表现在汉语没有“虚位”，英语有高度

① 见 https：//www. douban. com/note/322936169/，译者不详。本书作者访问该网址的时间为 2019 年 3 月 10 日。

语法化的“虚位”；汉语的过程与参与者等的位置关系较单一，英语的较多样。

英语中存在“虚位”，如“It”和“There”，尽管没有具体所指，但却是语义配置结构中不可或缺的成分。比如：

（81）原文：Is **it** by the blood, or air, or fire by which we think? (*Phaedo* by Plato)

译文：我们是用什么来思想的？血？空气？还是火？（杨绛译《斐多》）

（82）原文：And **it** was now nearly sunset, for he had spent a long time within. (*Phaedo* by Plato)

译文：他在里间屋里耽搁了好长时候，太阳都快下去了。（杨绛译《斐多》）

（83）原文：不要以为胜利了，就不要做工作了。（毛泽东《丢掉幻想，准备斗争》，出自《毛泽东选集》第四卷）

译文：Let no one think that **there** is no more work to do now that victory is won.①

英语中存在虚位“It”和“There”，但这并不意味着所有的“It”和“There”都是虚位。当它们有具体所指时，就变成了实位，如对话“A：Do you like the dog? B：I like it”中的“it”就是有具体所指的实位。在英语中无论是实位的还是虚位的“It”和“There”，都不可省略。这与西方民族注重事件的完整性、逻辑性之理性思维密切相关。另外，重视逻辑性还表现为另外一种特征，即语法系统规则的制约性较强，过程与参与者等的位置关系较多样，有时会伴随语气类型的改变而变化。

（二）分析性思维与综合性思维

自 Plato 首提“主客二分”的思想始，西方世界长期秉承主体与客体、人与自然、精神与物质、思维与存在、灵魂与肉体、现象与本质

---

① 王满良：《汉语无主语句的英译原则》，《外语教学》2000 年第 2 期，第 69 页。

“二元对立”的哲学理念①。强调事体间的二元对立，实质是化繁为简，把事物的整体分解为部分、把复杂的现象分解为具体细节或简单要素，然后深入考察各部分、各细节、各要素在整体中所处的地位、所起的作用和所具有的性质，为认识事物或现象的整体与部分以及各部分、细节和要素之间的关系提供依据。由此可见，西方的哲学思想是解构世界、注重个体以及它们之间相互联系的“原子论”思想，反映在思维层则是注重理性分析，借用形式逻辑及归纳和演绎法来认知事物以及事物之间的联系。与西方注重以“个体性”为特征的分析性思维不同，中国则侧重以“多元统一”“整体性”为特征的综合性思维。综合性思维或整体性思维强调，主体与客体、人与自然、精神与物质、思维与存在、认知与行为、个体与社会均是互相影响、互相对应、不可分割的有机整体，因而主张从整体上考察天、地、人、自然、人类、社会之间的联系性。综合性思维注重“整体的关联性，而非把整体分解为部分加以逐一研究”；注重“结构、功能，而非实体、元素”；注重“用辩证的方法去认识多样性的和谐和对立面的统一”②。由此可见，综合性思维侧重从整体上把握事物之间的联系，进一步体现了“天人合一”“万物一体”的中国传统哲学思想。

尊重自然的哲学思想和侧重从整体上认识、把握事物的思维模式，映射到认知层，是汉民族“从背景到图形”的认知顺序，映射到语言系统，是汉语环境成分的前置性。汉语环境成分的前置性不仅体现在现代汉语中，而且也体现在古汉语中。比如：

（84）项羽、刘季、陈胜、吴广等州郡各共兴军聚众，虎争天下……（司马迁《史记·南越列传》）

（85）……箕畚运于渤海之尾。（列御寇《列子·汤问》）

（86）狂者东走，逐者亦东走。（刘安《淮南子·说山训》）

（87）高祖是日驾，入都关中。六月，大赦天下。（司马迁《史记·高祖本纪》）

① 连淑能：《论中西思维方式》，《外语与外语教学》2002年第2期，第43页。

② 连淑能：《论中西思维方式》，《外语与外语教学》2002年第2期，第42页。

例（84）和例（85）含表达“方式”的环境成分，即“如同虎一般或像虎一样”和“利用或使用簸箕这种工具”；例（86）含表达“方向”的环境成分，即“向东或朝东”；例（87）含表达“时间处所”的环境成分，“是日”表示“当天”，“六月”表示“在六月份”。从四个示例[①]可以看出，现代汉语延续了古汉语的传统，倾向于把环境成分置于过程之前。汉语把环境成分这种背景信息前置，体现了汉民族敬重自然，倡导把“自然人化”（儒家）和把“人自然化”（道家）的综合性、整体性哲学思想和思维理念[②]。

与汉民族“主客融合”或“主客一体”的哲学思想不同，西方民族的哲学思想则强调事体的二元对立，重视主客之间的区分和对立。二元对立的哲学思想和“个体性”的分析思维，映射到认知层则是西方民族“从图形到背景”的认知顺序，映射到语言层，是“英语环境成分的分散性，尤其是后置性。英语环境成分的分散性，尤其是后置性，不仅体现在现代英语中，而且也体现在古英语中，比如[③]：

（88）	原文：	Da	ferdon	hig	hrædlice	fram pære	byrgen	mid ege and mid myclum
	译文：	Then	went	they	hurriedly	from the	tomb	with fear and with much
		gefean	and urnon	and	cyðdon	hyt	hys	leomingcnihton.
		joy	and ran	and	told	it	to. his	disciples.

上述示例的原文摘自古英语时期的《圣经》，译文是原文的逐词对应。例句中，我们用下划线标出了两处环境成分，即“then”和“with fear and with much joy”，它们分别位于小句的句首和句尾。通过此示例以及更多古英语例句可以看出，古英语中的环境成分与现代英语中的环境成分基本相同，均分散于小句中，置于句尾的比重较大。由此可见，西方民族侧重主客体二分的形式逻辑思维，体现在语言系统，就及物性系统而言，是把重要的主体成分先呈现出来，然后才是次要的客体成分即“环

① 更多示例见杨伯峻、何乐士《古汉语语法及其发展》，语文出版社 1992 年版，第 58—68 页。

② 连淑能：《论中西思维方式》，《外语与外语教学》2002 年第 2 期，第 42 页。

③ Freeborn D. *From Old English to Standard English*（2nd edition）. London：Macmillan，1998/Beijing：Foreign Language Teaching and Research Press，2000，p. 61.

境”背景。

三 从民族文化看个性

在连淑能[①]看来，思维是沟通语言与文化的桥梁。思维与语言密切相连，是语言产生、发展的基础，语言的差异大部分是由于思维差异引起的。思维方式同时又与文化关系紧密，文化是思维形成、延续的基础，思维方式的差异本质上是“文化差异的表现”[②]。生存于特定自然地理环境中的民族，逐步形成了各具特色的历史和文化传统。各种文化传统，如地理文化、生产文化、制度文化、军事文化、精神文化、行为文化、交际文化、科学文化等相互交织、交融，共同影响和塑造了民族思维，并通过哲学、法学、文学、历史、科学、医学、管理、军事、宗教以及政治、经济、教育、心理、艺术、语言、生产生活实践等呈现出来。

从地缘和历史来看，世界范围内的文化可以划分为东方和西方两大体系：东方文化体系以中国为代表；西方文化体系古代以希腊、罗马为代表，近现代则以西欧和北美为代表。古希腊特定的地理和自然条件为西方文化的孕育和发展提供了空间。地理上，古希腊地处地中海东北部，三面环水的海洋型、开放性自然环境促进了航海业、商贸业、手工业的发展，同时也为海洋探险、向外扩张提供了天然基础。产业的发展和海外的扩张，引发古希腊人对天文、地理、几何、数学、物理、气象等自然科学产生浓厚的兴趣，促使西方逐步形成重理性主义的传统。古希腊最早的哲学学派——米利都学派的创始人 Thales 被誉为西方第一个自然科学家，提出了“水”乃万物本源的学说，回答了“万物本源是什么”这一根本性哲学问题，这意味着哲学开始“从神话中分离出来”[③]。作为西方理性主义的源头，Thales 的思想直接影响到后来的古希腊学者如 Pythagoras、

---

① 连淑能：《论中西思维方式》，《外语与外语教学》2002 年第 2 期，第 40—46、63—64 页。

② 连淑能：《论中西思维方式》，《外语与外语教学》2002 年第 2 期，第 42 页。

③ 梁中和：《理解“第一哲人”泰勒斯的四种路径》，《四川大学学报（哲学社会科学版）》2013 年第 4 期，第 87 页。

Heraclitus、Plato 和 Aristotle 等人。邓晓芒①认为，在 Plato 这里，西方已基本上确定了理性主义和非理性主义的结构关系，即理性主义是主流，非理性主义是支流，非理性主义寄托于理性主义之上。从古希腊哲学家到近代的 Descartes、Kant，再到现代逻辑实证主义，理性主义主导西方传统两千余年。

西方的海洋文化、理性主义科学文化，以及由其而生的理性思维、分析性思维，逻辑性、完整性认知，映射到语言，是按照自然法则组织起来的语言系统，包括及物性系统。因此王力②说，“西洋语言是法治的”，“西洋语法是硬的，没有弹性的”。这个“硬性”体现了“人的理性”③。

与古希腊开放的海洋型地理环境不同，中国则是半封闭的陆地型地理空间。中国的农耕文化虽也是依水而兴，但广袤的两河（黄河、长江）中下游流域仅哺育了以游猎、畜养和栽培为主要生产方式的农业经济。这种以自给自足为特色的农业经济尤其是小农经济，限制了工商业的发展，中国古代也就没有像古希腊那样萌发出持续发展的自然科学。中国古代对事物或现象的认识是朴素的，人们往往从主观出发认识客观世界，把世界看成一个模糊的整体，因而产生了主客一体、“天人合一”的理念。换言之，中国古代的思维具有“朴素的整体性、直观性、辩证性、模糊性、意向性、单向性”等特征④。

以儒家、道家为代表的中国哲学传统将人们对人与自然关系的认识提升到了道德学说的高度，如孔子提出“仁”和“礼”学说以及“中庸”的理念，老子提出“道”的概念和“无为”主张，墨子提出“兼爱”等主张。这些学说、理念、概念和主张倡导人们重视伦理道德、重视道德修养，顺应天命、顺应自然，以天为道，重致用、轻功利等，目的是维护君民关系和君王的长久统治⑤。这种以“和”为目的、以“人文”为导向的文化，没有能够激发人们探索自然科学奥秘的浓厚兴趣。

---

① 邓晓芒：《西方哲学史中的理性主义和非理性主义》，《现代哲学》2011 年第 3 期，第 46—48。

② 王力：《中国语法理论》，山东教育出版社 1984 年版，第 53、141 页。

③ 连淑能：《中西思维方式：悟性与理性》，《外语与外语教学》2006 年第 7 期，第 38 页。

④ 连淑能：《论中西思维方式》，《外语与外语教学》2002 年第 2 期，第 40 页。

⑤ 连淑能：《论中西思维方式》，《外语与外语教学》2002 年第 2 期，第 41—42 页。

中国的农耕文化、“和”文化和人文文化，以及由其而生的悟性思维、综合性思维，整体性、综合性认知，事理性认知，映射到语言，是按照事理性组织起来的语言系统，包括及物性系统。因此王力①说，“中国语言是人治的”，“人治的用着就用，用不着就不用”，“中国的语法是软的，富有弹性的”。这个“弹性”体现了“人的悟性”②。

综上，民族认知、民族思维和民族文化的不同是英汉及物性系统存在差异的根源（见表 4-16）。英汉及物性系统的差异是由英汉民族不同的认知、思维直接导致的，但是差异产生的最终根源还在于不同的民族文化。

表 4-16　英汉及物性系统及其体现形式个性的归因

	英语	汉语
及物性（语言）	重“参与者”； 多“显性参与者”； 英语“环境成分”具有“分散性”； “过程”与“参与者”等的“位置关系”较多样； 有高度语法化的“虚位”	重“过程”； 多“隐性参与者”； “环境成分”具有“前置性”； “过程”与“参与者”等的“位置关系”较单一； 没有典型“虚位
认知	从图形到背景； 逻辑、空间、完整凸显认知	从背景到图形； 事理、时间、整体凸显认知
思维	主客二分（理性思维、分析性思维）	主客一体（悟性思维、综合性思维）
文化	海洋文化、科学文化	农耕文化、人文文化

第四节　结语

本章侧重探讨了英汉及物性在宏观和微观上的共性和个性，并从民族认知、民族思维、民族文化角度阐释了英汉及物性系统存在差异的根源。总结来看，英汉及物性系统在宏观层面上存在四点共性，即英汉及物性系统都具有丰富性、层次性、隐喻性和张力性；在微观层面上存在五点个性，即汉语重“过程”，英语重“参与者”；汉语多“隐性参与者”，英语多“显性参与者”；汉语“环境成分”具有“前置性”，英语“环境成

① 王力：《中国语法理论》，山东教育出版社 1984 年版，第 53、141 页。

② 连淑能：《中西思维方式：悟性与理性》，《外语与外语教学》2006 年第 7 期，第 37 页。

分”具有“分散性”，尤其是“后置性”；英语中“过程”与“参与者”等的“位置关系”较多样，汉语中“过程”与“参与者”等的“位置关系”较为单一；英语小句的语义配置结构中存在高度语法化的“虚位”，汉语小句中不存在“虚位”。就个性差异的根源来说，英民族（西方民族）的海洋文化、科学文化，以及由其而生的注重主客二分的理性思维、分析性思维，逻辑、空间、完整凸显认知，“从图形到背景”认知，映射到语言系统——具体而言，映射到及物性系统，是英语及物性系统的五点个性；汉民族的农耕文化、人文文化，以及由其而生的、注重主客一体的悟性思维、综合性思维，事理、时间、整体凸显认知，“从背景到图形”认知，映射到语言系统——具体而言，映射到及物性系统，是汉语及物性系统的五点个性。

第五章 英汉语气研究述评

第一节 引言

人际功能是系统功能语言学三大元功能的重要组成部分，指语言服务于人际交流的功能。人际功能的一个主要表征方式是语气（mood）。系统功能语言学认为，语气体现说话人与听话人交换信息（information）以及物品与服务（goods-&-services）的方式，通过提供信息、询问信息、要求行为等方式协助人类开展生产生活中的各项活动，因而语气是语言研究中的一个重要话题。目前，学界对于语气概念及语气体现形式存在多种观点，相关研究主要存在以下几个问题：对于语气是功能概念还是句法概念存在冲突；语气研究中往往杂糅如情态、句式等其他概念，导致语气概念模糊；各派学者对语气概念的理解、界定不同，构建的语气系统存在交叉重叠。鉴于此，我们认为有必要首先回顾各派语气研究的发展脉络，对各观点进行评述，反思目前语气研究存在的问题，进而从系统功能语言学视角对语气概念及语气系统网络进行重新梳理，为功能性语气语义网络的构建以及英汉语气系统及其体现形式的对比打下基础，并为语气类型研究提供借鉴。

第二节 英语语气研究

英语语法研究中有关语气这一范畴存在三种观点[①]：一是动词形式

① Portner P. *Modality*. Oxford: Oxford University Press, 2009.

语气[①]（verbal mood）；二是句式语气[②]（sentence mood）；三是意念语气[③]（notional mood）。动词形式语气是由 Jespersen 发展而来的动词形变语气观；意念语气的功能和动词形式语气相同，但体现形式不限于动词变化的方式，还包括不定式和从句的情态等。句式语气有两种含义：一种是小句类型（clause type）；另一种指代句力（sentential force）。

一 动词形式语气研究

传统印欧语语言学研究中的语气范畴体现的是动词形变语气观。Jespersen[④] 认为，语气表达说话人对句子内容的态度，不过有时语气的选择并不受说话人主观控制，而是取决于小句本身的特点及其与所依赖的主句的关系。他格外强调，语气虽然表达说话人的态度，但其体现应在动词形变上，因此语气是句法（syntactic）而非意念范畴。Jespersen 根据英语动词形式将语气分为三类：直陈（indicative）、虚拟（subjunctive）、祈使（imperative）。具体可见表 5-1。

① 如 Jespersen O. *The Philosophy of Grammar*. London：George Allen & Unwin，1924/Beijing：Beijing World Publishing Corporation，2015；Jespersen O. *Essentials of English Grammar*. London：George Allen & Unwin，1933/Beijing：Beijing World Publishing Corporation，2017；Lyons F. *Introduction to Theoretical Linguistics*. Cambridge：Cambridge University Press，1968；Palmer F. R. *Mood and Modality*（2nd edition）. Cambridge：Cambridge University Press，2001.

② 如 Quirk R.，Greenbaum S.，Leech G.，Svartvik J. *A Comprehensive Grammar of the English Language*. London/New York：Longman，1985；Sadock J. M.，Zwicky A. Speech Act Distinctions in Syntax// Shopen T. *Language Typology and Syntactic Description*. Cambridge：Cambridge University Press，1985，pp. 155 – 197；Ruytenbeek N.，Ostashchenko E.，Kissine M. Indirect Request Processing，Sentence Types and Illocutionary Forces. *Journal of Pragmatics*，2017，No. 199，pp. 46 – 62；Portner P. The Semantics of Imperatives within a Theory of Clause Types// Watanabe K.，Young R. B. *Proceedings of Semantics and Linguistic Theory* 14. Ithaca，NY.：CLC Publications，2004，pp. 253–252；Portner P. Beyond the Common Ground：The Semantics and Pragmatics of Epistemic Modals// Yoon J. Y.，Kim K. A. *The Perspectives of Linguistics in the 21st Century*. Seoul：Hankook Publishing Company，2007，pp. 1–18；Portner P. *Modality*. Oxford：Oxford University Press，2009.

③ 如 Portner P. *Modality*. Oxford：Oxford University Press，2009.

④ Jespersen O. *The Philosophy of Grammar*. London：George Allen & Unwin，1924/Beijing：Beijing World Publishing Corporation，2015；Jespersen O. *Essentials of English Grammar*. London：George Allen & Unwin，1933/Beijing：Beijing World Publishing Corporation，2017.

表 5-1 Jespersen 动词形变语气观

语气分类	语气界定	例句
直陈语气	动词直陈形式	A perfect day in the city always starts like this①.
虚拟语气	动词虚拟形式	I wish you had never been born.
祈使语气	动词祈使形式	Write this down.

Jespersen 描述了三种语气的目的：直陈表达一般的陈述（statement）和问题（question）意义，是英语中最为常见的语气。例句“A perfect day in the city always starts like this”是直陈语气的典型用例，动词“start”呈直陈形式，表达句子中陈述的基本意义。虚拟是表达期望（wish）的主要形式，如例句“I wish you had never been born”中“had...been”这类虚拟形式，表达事件没有实际发生，只是一种意愿。祈使表达要求意义，可以是直接的命令，比如例句“Write this down”中，动词原形表达直接的命令；也可以是通过语调或添加“please”等词表达礼貌的请求。

动词形变语气观对学界后来的研究有着广泛深远的影响，其中不乏针对各种语言语气研究的借鉴探索（如土耳其语②、西班牙语③、尤卡吉尔语④、芬兰语⑤）。此外，自 Jespersen 之后，不少学者对英语语气的研究也受到该观点的影响，如 Lyons⑥ 和 Palmer⑦。Lyons 对语气的分类与前人稍有不同，包含直陈、祈使和疑问三种，明确将疑问归入语气范畴，认为虚拟形式不应属于语气范畴。Palmer 指出他所研究的语气与谓语动词的

① 本章英文例句若无特别说明均引自 Houston P. The Best Girlfriend You Never Had// Updike J., Kension K. *The Best American Short Stories of the Century*, 1999, pp. 769-788.

② Abdurrazak G. Y. *The Tense, Aspect, Mood-Modality System of the Turkish. Spoken in Cyprus: A Socio-Linguistic Perspective*. Ph. D. Dissertation. London: SOAS, University of London, 2012.

③ Vesterinen R., Bylund E. Towards a Unified Account of the Spanish Subjunctive Mood: Epistemic Dominion and Dominion of Effective Control. *Lingua*, 2013, Vol. 131, pp. 179-198.

④ Matić D., Nikolaeva I. Realis Mood, Focus, and Existential Closure in Tundra Yukanghir. *Lingua*, 2014, No. 150, pp. 202-231.

⑤ Routarinne S., Tainio L. Sequence and Design of Invitations in Finnish Telephone Calls. *Journal of Pragmatics*, 2017, No. 125, pp. 149-163.

⑥ Lyons F. *Introduction to Theoretical Linguistics*. Cambridge: Cambridge University Press, 1968.

⑦ Palmer F. R. *Mood and Modality* (2nd edition). Cambridge: Cambridge University Press, 2001.

形态变化有关，并对语气进行了上一级的范畴化，区分了真实语气（realis）和虚拟语气（irrealis），前者包含直陈、祈使，后者是虚拟。Lyons 和 Palmer 的观点均与 Jespersen 的语气观有相通之处。

Jespersen 认为，语气表达说话人对句子内容的态度。这一定义比较模糊，似没有包含小句信息之间的交换功能，这与其指出的态度也是语气表达的一种目的相悖。直陈、祈使语气表达的不是说话人的态度，而是对世界经验信息的一种人际间的交换。另外，Jespersen 对语气的研究主要聚焦动词的形式变化，对不同类型语言的借鉴价值有限，有的语言少有形式上的变化，比如汉语就基本不符合动词形变语气观。此外，这种观点默认语气形式与其功能存在一一对应的关系，也不够合理。比如：

（1）You'll have to make it a lot clearer![①]

（2）I won't do that if I were you.

例（1）是直陈形式，但表达命令意义。一些委婉的祈使意义也使用虚拟语气表达，如例（2）。因此，语气研究不应该局限于动词，而应上升至小句层面。

二　句式语气研究

句式语气指涉两种观点，一是句型语气观；二是句力观。Quirk *et al.*[②] 以及 Sinclair[③] 以英语句子的形式结构为标准区分了四种句子类型：陈述句、疑问句、祈使句、感叹句。陈述句的形式特点为主语位于动词前。疑问句有两种体现形式：一种是是非（yes-no）疑问句，do 等限定成分位于主语前；另一种是 Wh-疑问句（Wh-interrogative），Wh-疑问成

① 此句引自 Halliday M. A. K.，Matthiessen C. M. I. M. *An Introduction to Functional Grammar*（3rd edition）. London：Arnold，2004/Beijing：Foreign Language Teaching and Research Press，2008，p. 122.

② Quirk R.，Greenbaum S.，Leech G.，Svartvik J. *A Comprehensive Grammar of the English Language*. London/New York：Longman，1985.

③ Sinclair J. *Collins COBUILD English Grammar*（4th edition）. New York：Harper Collins Publishers，2017.

分放在句首。祈使句通常没有显性语法主语，句中动词为基本形式。感叹句的句首通常情况下由 What 或 How 引领成分来表示，语序为主语—动词。除此之外，Quirk *et al.* 还阐明了四种句式在语篇层面发挥的功能：陈述，主要用于传递信息；问题，用于围绕某一具体事项寻求信息；指令（directive），用于指引某人做某事；感叹（exclamation），用于表达说话人对某事的情感。一般情况下，四种句式与四种语篇功能一一对应，但也存在例外，如由陈述句表述问题，或由疑问句表述指令等。

表 5-2　英语句型语气观

语气分类	语气界定	语篇层面的功能	例句
陈述	主语位于动词前	陈述，用以传递信息，表达断定	You create a hero like Joe Montana, just so you have somebody to knock down.
感叹	由 What 或 How 引领一个成分出现，为主语—动词语序	感叹，用于表达说话人对某事的情感	What tremendously easy riddles you ask!①
是非疑问	do 等限定成分位于主语前	问题，用于围绕某一具体事项寻求信息，表达询问	Can you believe it?
Wh-疑问	Wh-疑问成分放在句首	问题，用于围绕某一具体事项寻求信息，表达询问	What do you think they mean by crime scene number two?
祈使	祈使句通常没有显性语法主语，动词为基本形式	指令，用于指引某人做某事，表达要求	Give me a minute.

句型语气观从形式入手，谈及功能范畴。除了句子类型，句式语气还指句力（sentential force）②。句力包含断定（assertion）、询问（asking）、

① 此句引自 Halliday M. A. K. *An Introduction to Functional Grammar* (2nd edition). London: Arnold, 1994/Beijing: Foreign Language Teaching and Research Press, 2000, p. 86.

② 如 Stalnaker R. Assertion// Cole P. *Syntax and Semantics* 9: *Pragmatics*. New York: Academic Press, 1978, pp. 315 - 332; Heim I. Presupposition Projection and the Semantics of Attitude Verbs. *Journal of Semantics*, 1982, Vol. 9, No. 3, pp. 183 - 221; Roberts C. Information Structure in Discourse: Towards an Integrated Formal Theory of Pragmatics. *Journal of Heuristics*, 1996, Vol. 49, No. 6, pp. 1-54; Portner P. Beyond the Common Ground: The Semantics and Pragmatics of Epistemic Modals// Yoon J. Y., Kim K. A. *The Perspectives of Linguistics in the 21st Century*. Seoul: Hankook Publishing Company, 2007, pp. 1-18.

要求（requiring），分别对应小句类型中的陈述句、疑问句和祈使句。如例（3）是疑问类型的小句，其语用功能为询问：

（3）May I ask what this is about?

句式语气观虽然强调语言的功能，但是没有将句式和语气区分开。也正因如此，其未能呈现句式和语气的复杂对应情况，也没有描述类似“Thank you very much”等语言现象及语气类别归属。总体上看，该语气观对语气的探索尚不够深入和系统。

三　意念语气研究

意念语气指的是不以动词变化的方式来实现的语气，包括不定式和从句中的情态表达等，因此可以看作非动词语气，比如例（4）中划线处的不定式用法。

（4）You never know when I might get overwhelmed by a desire to go to the pound.

在其他语言中，甚至在英语中，这种不定式用法可以替换为虚拟语气形式，因此不定式也被视为意念语气的一种表达形式①。

意念语气概念与动词形式语气观在形式上有一定的关联，与Jespersen② 对话语（utterance）的分类有异曲同工之妙。虽然Jespersen的研究主要是围绕动词语气而进行的，认为语气是句法范畴，但他对话语的分类凸显了语言的功能。Jespersen提到如果以纯粹的意念为分类标准，可以将话语分为两类：一是说话人不希望自己的话语影响听话人的行为，此类话语包括陈述、感叹、期望；二是说话人意图用自己的话语对听话人的意志造成影响，此类包括祈使、无动词的表达（如“Another bottle”）、有命令

① Portner P. *Modality*. Oxford: Oxford University Press, 2009.

② Jespersen O. *The Philosophy of Grammar*. London: George Allen & Unwin, 1924/Beijing: Beijing World Publishing Corporation, 2015; Jespersen O. *Essentials of English Grammar*. London: George Allen & Unwin, 1933/Beijing: Beijing World Publishing Corporation, 2017.

意义的陈述等。这种以意念为依据的分类应具有广泛的适用性，主要是因为所有语言都有类似的表达需求。不过，Jespersen 对于话语分类的阐述就到此为止，并未进行系统的描述。

意念语气的发展源于语言对比及类型学研究，因为学界发现并非所有语言都以动词形变来表达相应的语气意义。然而，由此扩展来的意念语气观依然围绕语言形式进行，且研究对象依然以印欧语言为主。这种以形式为主导的语气观造成了描写上的受限，主要适合形式变化丰富的语言。同时，意念语气的类别也没有得到全面的描述。

第三节 汉语语气研究

一 有关语气的早期研究

有关语气的早期研究，需回顾中国传统文字、音韵、训诂方面的文献。传统文献未对语气概念予以明确的界定，主要是围绕某些可表示语气意义的虚字进行描述。传统文献对虚字的研究与学界对现代汉语语气词的研究相似，集中描述功能，比如是否体现句子的完结、是否表示疑问等。

对于表达语气意义的虚字研究始于东汉许慎，在《说文解字》中他①讨论到“矣”“只”“乎”等虚字的功能，认为前两者表示句子结束，后者表达提问。段玉裁②在注中这样写道：“矣只皆語止之詞。……語止则气下引也。”“矣”“只”是出现在句子末尾的词，这二字出现，气息下降，说明一句话的意思结束。不同于“矣”“只”，“乎”表示意思未完，起提示提问的功能：“乎、餘聲酌。意不盡，故言乎以永之。”③ 由此可见，许慎已关注到句末虚字可提示句子的不同表达功能，已可见现代汉语研究中语气的雏形。南朝梁代刘勰④的《文心雕龙》同样讨论到虚词“兮”“夫”“惟”“盖”“故”在句子中的作用：“寻兮字承句，乃语助

① 此处参考许慎著，段玉裁注《说文解字注》，上海古籍出版社 1981 年版。

② 许慎著，段玉裁注：《说文解字注》，上海古籍出版社 1981 年版，第 87 页。

③ 许慎著，段玉裁注：《说文解字注》，上海古籍出版社 1981 年版，第 204 页。

④ 此处参考刘勰著，周振甫注《〈文心雕龙〉注释》，人民文学出版社 1981/2002 年版。

馀声。……‘乎哉矣也’者，亦送末之常科。”[①] 古典文章中，句末的“兮”字可表达该句未完，还有后续内容；而“乎、哉、矣、也”等句末词表示该句子已完结。

此后，和语气相关的研究也主要集中在虚字、虚词方面，如清代袁仁林的《虚字说》[②]。袁仁林认为“矣”“已”“焉”“也”表示句子完结，“乎”“舆”“耶”表示“实疑未定”“谦退带疑”等疑问。清代刘淇的《助字辨略》[③] 也基本如此，该书探讨了“乎”字等，指出“乎”是“不定之辞”，表达疑问功能。通过上述简短的溯源，我们可以发现，早期研究主要围绕字、词进行，尚未将该类字、词所表达的功能提升为一个语法范畴，功能的描述和归纳也不够全面。

二　语气作为语法范畴的研究

汉语语法研究中，首先将语气作为语法范畴提出的是马建忠[④]，语法体系意义上的语气研究自此开始[⑤]。

目前，学界对汉语语气系统的研究存在两种观点：一是语气表达功能目的[⑥]；二是语气既表达情感，也表达功能目的[⑦]。

（一）语气表达功能目的

第一类观点因切入点不同可进一步划分为：由语言功能入手着眼于语

① 刘勰著，周振甫注：《〈文心雕龙〉注释》，人民文学出版社 1981/2002 年版，第 376 页。

② 袁仁林著，解惠全注：《虚字说》，中华书局 1989 年版。

③ 刘淇：《助字辨略》，中华书局 1954/1983 年版。

④ 马建忠：《马氏文通》，商务印书馆 1898—1899/2009 年版。

⑤ 赵春利、石定栩：《语气、情态与句子功能类型》，《外语教学与研究》2011 年第 4 期，第 483—639 页。

⑥ 如马建忠《马氏文通》，商务印书馆 1898—1899/2009 年版；章士钊：《中等国文典》，商务印书馆 1907/1911 年版；刘复：《中国文法通论》，岳麓书社 1920/2012 年版；范晓：《汉语的句子类型》，书海出版社 1998 年版；黄伯荣、廖序东：《现代汉语》（增订三版），高等教育出版社 2003 年版。

⑦ 如王力《中国现代语法》，商务印书馆 1943/2011 年版；吕叔湘：《中国文法要略》，商务印书馆 1956/2014 年版；高名凯：《汉语语法论》，商务印书馆 1948/1986 年版；贺阳：《试论汉语书面语的语气系统》，《中国人民大学学报》1992 年第 5 期，第 59—66 页；齐沪扬：《语气词与语气系统》，安徽教育出版社 2002 年版；齐沪扬：《论现代汉语语气系统的建立》，《汉语学习》2002 年第 2 期，第 1—12 页。

言形式[①]；由语言功能入手着眼于语言句式、句型、句类[②]。首次将语气作为语法概念提出的学者是马建忠[③]。马建忠[④]认为汉语中“语气有二：曰信，曰疑。”语气包含肯定语气与疑问语气，这从表达目的上凸显了语气的功能属性。在体现形式上，马建忠[⑤]认为汉语中通过助字可表达这两种语气类型。马建忠首先描述了西欧语言中动字结尾改变语气的现象：“凡一切动字之尾音，则随语气而为之变。”他[⑥]认为汉语中没有动字结尾变化，但助字可以弥补这一点：“助字者，华文所独，所以济夫动字不变之穷。”所谓助字，即实字之后与充当句读的“之”“哉”“者”“也”等虚字。肯定语气用“也”“矣”“耳”“已”等传信助字表达判断；疑问语气用“乎”“哉”“耶”“欤”等传疑助字表达诘问。马建忠把传统虚字在句中表示的功能提炼为语法研究中的独立范畴“语气”，是以语法视角来研究汉语“语气”的第一人[⑦]。有关马建忠的语气描述，我们也可用表5-3呈现。

表5-3　　马建忠助字语气观

语气分类	语气界定	体现形式	例句
信	传信	也、矣、耳、已等传信助字	亲丧固所自尽也。（《孟子·滕文公上》[⑧]）
疑	传疑	乎、哉、耶、欤等传疑助字	王天下有三重焉，其寡过矣乎！（《礼记·中庸》[⑨]）

① 如马建忠《马氏文通》，商务印书馆1898—1899/2009年版。

② 如章士钊《中等国文典》，商务印书馆1907/1911年版；刘复：《中国文法通论》，岳麓书社1920/2012年版；范晓：《汉语的句子类型》，书海出版社1998年版；黄伯荣、廖序东：《现代汉语》（增订三版），高等教育出版社2003年版。

③ 赵春利、石定栩：《语气、情态与句子功能类型》，《外语教学与研究》2011年第4期，第483—639页。

④ 马建忠：《马氏文通》，商务印书馆1898—1899/2009年版，第413页。

⑤ 马建忠：《马氏文通》，商务印书馆1898—1899/2009年版，第413页。

⑥ 马建忠：《马氏文通》，商务印书馆1898—1899/2009年版，第413页。

⑦ 赵春利、石定栩：《语气、情态与句子功能类型》，《外语教学与研究》2011年第4期，第483—639页。

⑧ 此句引自马建忠《马氏文通》，商务印书馆1898—1899/2009年版，第422页。

⑨ 此句引自马建忠《马氏文通》，商务印书馆1898—1899/2009年版，第452页。

马建忠有关语气的研究受西方语言学的影响较大，时常为拉丁文法所限，一定程度上忽略了汉语的特点。首先，汉语助字的使用与西方语言动词形变不对等：汉语中，同一助字并非仅能出现于一种语气中；同时，并非所有句子都有助字①。马建忠认为汉语助字表达的语法意义与西方语气动词形变相同，因此他的助字语气观是在仿效西方动词形变语气观，在形式层面寻找体现语气变化的成分。但汉语中的字词手段与西方语言的形态变化难以对应，因此马建忠的这种做法似乎缺乏说服力。其次，他将汉语语气分为“传信”与“传疑”两类。这种分类过于宏观，因为句子的功能除了“传信”与“传疑”之外，还存在如祈使等其他表达功能。此外，马建忠所做的研究主要基于汉语书面语。新文化运动之前，汉语书面语与口语存在严重的文白分离，汉语书面语语气很难涵盖口语的特点。马建忠的创举虽意义重大，但因时代的局限，而为后世研究提供的理论借鉴相对有限。

第二类观点由语言功能入手着眼于语言句式、句型、句类。这类观点将语气分为陈述（declarative）、疑问（interrogative）、感叹（exclamative）和祈使（imperative）等类别，具体层级及包含关系略有不同，但均包含这四类。持此观点的学者包括章士钊②、刘复③、范晓④、黄伯荣、廖序东⑤等。本书将这类观点统一称为句式语气观。

章士钊⑥将“句之种类”根据“发言者之意志”分为四类：叙述句指“就于一事而直陈者”；疑问句指“有疑而发为问者”；命令句指“人之相语，此方对于彼方，而发其命令”；感叹句指“句中有表见感情之意者”。范晓⑦认为，汉语的句子类型应根据表达用途进行分类，而这种表达用途即为语用目的，也就是语气。具体划分为陈述、疑问、祈使。章士钊所谈的意志与范晓所谈的语用目的均是功能角度，二者由此出发对句式

---

① 赵春利、石定栩：《语气、情态与句子功能类型》，《外语教学与研究》2011年第4期，第483—639页。

② 章士钊：《中等国文典》，商务印书馆1907/1911年版。

③ 刘复：《中国文法通论》，岳麓书社1920/2012年版。

④ 范晓：《汉语的句子类型》，书海出版社1998年版。

⑤ 黄伯荣、廖序东：《现代汉语》（增订三版），高等教育出版社2003年版。

⑥ 章士钊：《中等国文典》，商务印书馆1907/1911年版，第15页。

⑦ 范晓：《汉语的句子类型》，书海出版社1998年版。

进行划分。

除了章士钊和范晓，刘复、黄伯荣与廖序东也从功能视角出发划定句式，不过他们的句式划分标准正是语气本身。刘复①谈到句式时，提及句式上的种种不同源自“语气有种种的不同”。根据语气的不同，句式共有四大类：直式句②，就是“把要说的话，照直说出来”；感叹句，是一种“呼声，或类似呼声”的句式，用于表达情感；询问句，定义是“自己有所不知，设了一个问题，要求别人回答”；命令句，为“一个人对对面的一个人所发的命令”③。黄伯荣、廖序东④同样根据全句的语气划分句子的语气类别，包括：陈述、疑问、祈使；感叹为陈述的一种次级类别。虽然各位学者的研究在层级问题上有所差异，但基本都包含这四类句式。在体现形式方面，陈述句可由“了”“的”“呢”等语气词来体现；疑问句由语调、疑问词、语气副词、语气词或疑问格式等来体现；祈使句由语调、语气词、称呼语等形式来体现；感叹句由叹词如“哦”“哎”“咦”等来体现。有关五位学者的上述观点，可见表 5-4。

表 5-4　句式语气观

语气分类	语气界定	体现形式	例句
陈述	陈述一件事情	语气词“了”“的”“呢”	身材越来越好了⑤。
疑问	表达询问和反诘	疑问语调及疑问词	上海有意大利文补习班吗？
感叹	表达喜悦、赞赏、愤怒、悲伤、惊讶等感情	叹词等	阿宝太坏了。
祈使	表达请求、命令、劝告、催促	语调、语气词等	帮帮忙好吧。

句式语气观未对语气这一范畴本身做出明确的界定。章士钊认为语气是说话人的意志，范晓认为语气的目的是表达句子的用途，也就是语用目的，但二者均未做出进一步解释。说话人的意志、目的几乎无所不包。因

① 刘复：《中国文法通论》，岳麓书社 1920/2012 年版，第 87 页。

② 原文标有英文对应词“declarative sentence”，相当于我们所谈的陈述句，只是译法不同。

③ 刘复：《中国文法通论》，岳麓书社 1920/2012 年版，第 87 页。

④ 黄伯荣、廖序东：《现代汉语》（增订三版），高等教育出版社 2003 年版。

⑤ 本章中文例句若无特别说明均引自金宇澄《繁花》，上海文艺出版社 2013 年版。

此，这样的界定难以揭示问题的本质。此外，意志、语用目的与句式之间的关系也没有详细阐明。意志、语用目的的程度有多种层级，使用统一句式表达似有过度概括之嫌：如表达陈述，例（5）与例（6）的肯定程度有所区别；再如表达祈使意义，例（7）与（8）的迫切与强硬程度也有区别。

（5）陶陶卖大闸蟹了。

（6）心里一定发痛。

（7）进来吃杯茶。

（8）快点呀。

刘复、黄伯荣与廖序东没有对语气做出界定，只是给出具体分类，没有将语气同句类、句式、句型等范畴区别开。他们认为，语气类型等同于句子类型或句式，因为语气有所不同所以产生了不同句类，而句类又表达了不同语气。这种观点陷入了循环论证①。

另外，各位学者的分类描述中往往存在标准不统一的情况。如黄伯荣、廖序东在描述陈述句、疑问句、祈使句的类别时突出其使用目的，而对感叹句的描述侧重的是情感。这种标准上的模糊性实质上可归因于语气这一概念仍不够清晰。

体现形式方面的研究比较零散。如对于陈述句的体现形式，章士钊只是概括地说到："此一切句最普通之式"②，没有进一步的描述。又如祈使句（章士钊称其为命令句），章士钊认为该类句子的主语只能由"尔、汝、子、若"等第二人称作主语③，忽视了零主语的情况，也没有考虑到要求第三方或要求听话人、说话人双方行事的祈使表达。

（二）语气表达功能目的与情感

汉语语气研究中的第二种观点认为语气既表达功能目的，又表示情

① 赵春利、石定栩：《语气、情态与句子功能类型》，《外语教学与研究》2011 年第 4 期，第 483—639 页。

② 章士钊：《中等国文典》，商务印书馆 1907/1911 年版，第 15 页。

③ 章士钊：《中等国文典》，商务印书馆 1907/1911 年版，第 16 页。

感。这种观点包括“汉语传统语法研究三家新体系”[①]中王力、吕叔湘、高名凯三位学者的研究，以及贺阳[②]和齐沪扬[③]的研究。他们对语气的研究均涉及功能目的与情感表达两方面，但对于情感的界定，以及对于情感与语气的关系都少有说明。王力[④]在《中国现代语法》中对汉语语气进行了描述，认为语气是“语言对于各种情绪的表示方式，”因此可称为“情绪语气观”。王力将语气分为四大类十二小类：确定语气、不定语气、意志语气和感叹语气；确定语气包括决定语气、表明语气、夸张语气；不定语气包括疑问语气、反诘语气、假设语气、揣测语气；意志语气包括祈使语气、催促语气、忍受语气；感叹语气包括不平语气、论理语气。王力[⑤]对语气体现形式的研究主要集中在语气词上，认为“凡表示语气的虚词，叫做语气词”。同时，他还区分了语气副词和语气词：语气副词位于谓语或主语的前面，如“难道”；语气词位于句末，如“除了这几个，难道还有几个不成？”[⑥]中的“不成”。虽然二者都表示反诘，但因所处位置不同，属于不同的词类。对语气的相关描述及其例证，可见表5-5。

表 5-5　王力情绪语气观

语气分类		语气界定	体现形式	例句
确定语气	决定语气	用极坚决语气，陈说一种觉察，决意或判断	“了”等词语	沪生太老实了。
	表明语气	表明事情的真实性，重在说明原因，解释真相	“的”等词语	汪小姐，一定不开心的。
	夸张语气	言过其实，或故意加重语气	“呢”“么”“罢”“了”等词语	七点钟去排队，断命的。

① 邵敬敏：《汉语语法学史稿》，上海教育出版社1990年版，第95页。

② 贺阳：《试论汉语书面语的语气系统》，《中国人民大学学报》1992年第5期，第59—66页。

③ 齐沪扬：《语气词与语气系统》，安徽教育出版社2002年版；齐沪扬：《论现代汉语语气系统的建立》，《汉语学习》2002年第2期，第1—12页。

④ 王力：《中国现代语法》，商务印书馆1943/2011年版，第160页。

⑤ 王力：《中国现代语法》，商务印书馆1943/2011年版，第174页。

⑥ 此句检索自BCC语料库。

续表

语气分类		语气界定	体现形式	例句
不定语气	疑问语气	对于事情未明真相而发问	“呢”“吗”等词语	这就是传统上海说书吗。①
	反诘语气	无疑而问，为的是加重语气，或表示责难	“不成”“难道”等词语	我难道大饼面孔，单眼皮。
	假设语气	假定事实	“呢”等词语	这样讲起来，如果大妹妹先搭讪，先回头呢。
	揣测语气	表示揣测	“罢”② 等词语	怪吧，也太小气了吧。
意志语气	祈使语气	表示命令、劝告、请求、告诫	“罢”等词语	先转去吃饭吧。
	催促语气	性质很接近祈使语气，只是语气急些	“啊”“哇”“呀”等词语	快讲呀，死人。
	忍受语气	表示一种忍受	“也罢”“罢了”“去”等词语	你一般儿不给你也罢③。
感叹语气	不平语气	表示不平、埋怨、感慨、不耐烦等		还想灌别人，哼。
	论理语气	表示一种论理的语气，似乎把自己的话认为是一种大道理	“啊”“哪”“呀”“咧”“吗”等词语	等等等等，玲小姐，怎么空手呢，不合适吧。

情绪语气观对语气的界定比较模糊。情绪语气观划分语气的标准为“表达各种情绪”，而“情绪”指的是非“纯然客观”的表达④。也就是说，情绪语气观认为语气表达说话人的主观情绪，而不是对客观情景的呈现。这就带来一些问题，人通过语言表达的情绪究竟包含多少种，每种情绪的边界在哪里，都较难区分。如“先转去吃饭吧。”这一祈使语气和“快讲呀，死人。”中的催促语气，依赖语气急缓进行区别似过于主观。描述客观事实的话语也起到提供信息的语气功能，而情绪语气观将这种情况排除在外。

此外，语气分类标准关涉不同的层次。可以看出，情绪语气观中部分语气偏向主观情绪表达，如感叹语气、不平语气、论理语气；部分偏向于

① 《繁花》中疑问语气小句及感叹语气小句等句末使用的均是句号。

② 现在多用“吧”。

③ 此句引自王力《王力文集·第二卷：中国现代语法》，山东教育出版社1985年版，第243页。

④ 王力：《中国现代语法》，商务印书馆1943/2011年版，第160页。

功能表达，如疑问语气、祈使语气。此处需要厘清这两个概念：主观情绪倾向于表达个人对事件的看法、评价；而语气功能侧重的是说话人与听话人之间的交际互动性。情绪语气观在分类中没有明确区分这两个概念，一并认为语气是表达情绪的方式，回避了功能性语气更侧重交际互动性这一事实。

吕叔湘[1]认为语气可有狭义和广义两种解释：狭义语气表达的是“概念内容相同的语句，因使用目的的不同所生的分别”；广义语气在此基础上增加了语意和语势。语意指肯定与否定、实说与可能、必要与虚说等，语势指说话的轻重、缓急[2]。狭义语气分为三类：与认识有关（包括直陈和疑问）、与行动有关（包括商量和祈使）、与情感有关（包括感叹、惊讶等）。语气的表达依赖于语调和语气词，前者必需，后者可省。广义语气中的语意对概念内容有所改变，同一语气仍可有语势上的不同[3]，语意通过添加限制词体现，语势主要通过语调体现。狭义语气表达功能目的，广义语气的语势部分侧重语言的情感。吕叔湘对于语气体现形式的研究主要围绕“的”“了”“吗”等表达语气时的用法而展开，具体描述了各语气词对语气、语意及语势的影响，如“的”字表示确认语气，语势颇重[4]。

表 5-6　　吕叔湘对语气的分类

<table>
<tr><th colspan="3">语气分类</th><th>语气界定</th><th>体现形式</th><th>例句</th></tr>
<tr><td rowspan="5">与认识有关</td><td rowspan="2">直陈</td><td>直陈</td><td>不带任何特殊语气的语气</td><td>语气词“了”“的”“呢”“啊”等字</td><td>派出所已经挂号了。</td></tr>
<tr><td>确认</td><td>表示确确实实发生了这件事</td><td>使用语气词“的”字</td><td>阿宝是不错的。</td></tr>
<tr><td rowspan="3">疑问</td><td>测度</td><td>表示将信将疑</td><td>疑问的肯定形式</td><td>大概回家了吧。</td></tr>
<tr><td>询问</td><td>要求对方破除疑点</td><td>疑问的中性形式</td><td>我言重了吗。</td></tr>
<tr><td>反诘</td><td>用意在于肯定</td><td>疑问的否定形式</td><td>男男女女，哪个不是一肚子花花肠子。</td></tr>
</table>

① 吕叔湘：《中国文法要略》，商务印书馆 1956/2014 年版，第 360 页。

② 吕叔湘：《中国文法要略》，商务印书馆 1956/2014 年版，第 360 页。

③ 吕叔湘：《中国文法要略》，商务印书馆 1956/2014 年版，第 360 页。

④ 吕叔湘：《中国文法要略》，商务印书馆 1956/2014 年版，第 366 页。

续表

<table>
<tr><th colspan="3">语气分类</th><th>语气界定</th><th>体现形式</th><th>例句</th></tr>
<tr><td rowspan="5">与行动有关</td><td rowspan="3">商量</td><td>商量</td><td>有所主张而不敢确定，要征求对方同意</td><td>原则上是一种问话，使用“吧”字</td><td>我与沪生的关系，还是告一个段落，可以吧。</td></tr>
<tr><td>建议</td><td>有所主张而不敢确定，不征求对方同意</td><td>不用询问</td><td>回酒店吧。</td></tr>
<tr><td>赞同</td><td>表示服从</td><td>主语是“我”或“咱们”，使用“吧”字</td><td>我们一起走吧。</td></tr>
<tr><td rowspan="2">祈使</td><td>命令</td><td>以支配行为为目的</td><td>语调急促，语气直率，有时句末有“吧”字</td><td>都给我滚。</td></tr>
<tr><td>禁止</td><td>否定性的命令</td><td>有禁止词</td><td>不许这个人逃，不许逃。</td></tr>
<tr><td>与情感有关</td><td colspan="2">感叹</td><td>感叹事物属性、感叹整个事物或是仅表达一种浑然的感慨</td><td>句中使用“好”“多么”“这么”等词汇以及感叹词</td><td>真是太好了。</td></tr>
</table>

与王力不同，吕叔湘将五类语气归为认识、行动、情感三个类别，五类语气又由其他小类归纳而来。不过，该观点没有解释归类的标准，也没有谈及归类的理由。这样归类似存在一定的问题。如感叹句未必不能反映认识，直陈、疑问也可以涉及情感。结合广义语气中的语意与语势后就更难区分。如例句“男男女女，哪个不是一肚子花花肠子。”中的反诘，语气很急，带有强烈的鄙夷情感，这就模糊了认知与情感的界限。该语气观所谈到的表达可能、必要等的语意和表达说话轻重、缓急的语势与情绪语气观谈到的语气表达的情绪有相似之处，有些部分表达功能，有些部分表达情绪，如直陈语气表达确认，同时可以通过语意、语势体现不同水平的确认程度。

吕叔湘对于狭义语气的定义突出了语气因使用目的而不同的情况，但对于语气类别未作进一步说明。同时，对于直陈、疑问等语气体现方式的分析主要是围绕具体语气词而进行的，缺乏系统的描述。在论述广义语气时提到语势主要由语调体现，但对于语调的体现方式没有进一步说明。另外，对语气的界定缺乏更为具体的描述，如阐述直陈语气时，主要提及是不带特殊语气（如疑问、祈使、感叹）的语气①。这种界定下，语气类别的划分存在交叠的问题。

① 吕叔湘：《中国文法要略》，商务印书馆 1956/2014 年版，第 364 页。

高名凯[①]在《汉语语法论》中论述了汉语中存在通过添加成分或改换句子表达形式而表达不同命题的现象，这种现象同我们所谈的语气类似，因此可称为“命题语气观”。高名凯的命题分类包括否定命题、确定命题、询问命题、疑惑命题、命令命题、感叹命题共六类。命题语气观认为，语言不仅用来表达思想，同时也表达感情，表达意志[②]，前五类是表达思想的命题，而感叹命题表达情感、意志。各种命题的体现方式如下：否定命题由“非”“不”等词来体现；确定命题由“是”“真的”“的确”等词来体现；询问命题由语调、标点符号、询问词等形式来体现；疑惑命题由虚词、语调的变化、句末词（如“吧”）等形式来体现；命令命题由句式的改变、口气的变化、“命令词”的添加等来体现；感叹命题通过语调变化、词语重叠、词序颠倒等方式体现。总体情况可见表 5-7。

表 5-7　高名凯命题语气观

语气分类	语气界定	体现形式	例句
否定命题	否定整个命题	“非”“不”等	大家不响。
确定命题	对所说的话加以确定的肯定的判断	“是”“真的”“的确”等	真的只剩几副骨头。
询问命题	对整个命题的询问	语调、标点符号、询问词等	和法国老板来往，就是特别吗。
疑惑命题	表达心中对某个事态的怀疑，有时候用询问的方式，但实际上不是询问	虚词、语调的变化、句末词	这两个人，到底是看电影，还是拍电影。
命令命题	语言作用的一部分，用语言表达其内心欲求多么迫切	句式的改变、口气的变化、“命令词”的添加	别怕麻烦。
感叹命题	表达感情、意志	语调变化、词语重叠、词序颠倒等	陶陶太贴心了。

与王力、吕叔湘的语气观不同，高名凯从语言形式入手，最终着眼于语气的功能与情感。从上表可以看出，命题语气观的分类标准同样杂糅了功能与情感：否定命题、询问命题更倾向于表达人际互动功能，命令命题尽管也类似，表达说话人内心欲求的迫切，这和感叹命题有重合的部分；与否定命题对应的肯定命题是一般的直陈句，直陈句本应是语气中不可或缺的重要部分，但没有得到充分的关注；疑惑命题更倾向于表达对事物的评价、看法；感叹命题最为模糊，举例中也有不少地方值得商榷，如

① 高名凯：《汉语语法论》，商务印书馆 1948/1986 年版。

② 高名凯：《汉语语法论》，商务印书馆 1948/1986 年版，第 584 页。

“你快快招了！”①，是否该视为感叹命题值得商榷。

“三家新体系”都意识到语气表达的多种用途，然而在分类中未能采取清晰、系统的方式，导致语气分类中存在较多模糊、重合的现象。针对这种情况，贺阳与齐沪扬两位学者采取多标准分类的方式，试图将语气的功能与情感整合起来。

贺阳②对汉语书面语语气进行了梳理，认为语气（modality）是通过语法形式表达说话人针对句中命题的主观意识，我们在本书中称其为主观意识语气观。主观意识语气观将汉语语气分为功能语气、评判语气、情感语气三类。功能语气包括陈述、疑问、祈使、感叹四类；评判语气包括认知、模态、履义、能愿四类；情感语气包括诧异、料定、侥幸、表情四类。功能、评判、情感三类语气的体现方式如下：功能语气表示说话人使用句子所要达到的某种交际目的，主要由句末标点符号、语气副词等手段体现；评判语气表示说话人对说话内容的态度、评价或判断，主要由句末标点符号及语气词、语气副词、助动词等形式体现；情感语气表示说话人对客观环境或句中命题产生的情绪或情感，主要由语气副词体现。总体情况可见表5-8。

表5-8　　贺阳主观意识语气观

语气分类		语气界定	体现形式	例句
功能语气	陈述语气	表示说话人的交际目的在于向听话人提供信息	句末有句号，不具有祈使语气意义	从此，潘静常来电话。
	疑问语气	询问语气：对某一问题信息不明，要求听话人提供该信息	句末有问号，不是反诘语气	这天你先回曹杨新村，会相信我吗？
		反诘语气：无疑而问，通常不要求听话人回答，表示说话人持有与句子命题相反的看法	句末有问号，句中有语气副词“岂”“难道”“何尝”“不行”或“不成”等	我难道会吃人？
	祈使语气	表示说话人的交际目的在于要求听话人（有时也包括说话人自己）去做某事或不做某事	句末有问号或叹号，不具有陈述语气或感叹语气意义	进来嘛！
	感叹语气	表示说话人的交际目的主要在于表达自己的情感	句末有叹号，句中有“太”“多么”或“这么”等词	这也太吓人了！

① 此句引自高名凯《汉语语法论》，商务印书馆1948/1986年版，第594页。

② 贺阳：《试论汉语书面语的语气系统》，《中国人民大学学报》1992年第5期，第59—66页。

续表

语气分类		语气界定	体现形式	例句
评判语气	认知语气	确认语气：表示说话人对句子内容确信无疑	句末没有问号，也没有语气助词“吧”	这肯定就是一般关系。
		非确认语气：表示说话人对句子内容有所疑惑，而不能确信无疑	句末有问号，而又不是反诘语气，或句末虽无问号，但有语气助词“吧”	妹妹对哥哥，可以讲一点想法吧。
	模态语气	或然语气：表示说话人推测句中命题可能是真实的	句中使用助动词“会”“能”或“可能”等和语气副词“也许”“或许”“大概”“大约”或“多半”等	房里乱七八糟，钢琴随时可能拖走。
	履义语气	必然语气：表示说话人推测句中命题必然是真实的，而不可能是虚假的	句中使用语气副词“一定”“必然”或“必定”等	一定是不相信姆妈的照片。
	能愿语气	允许语气：表示说话人认为道义情理或客观环境允许句中命题被实现，而不实现这一命题也不是不可以	句中使用助动词“能”“能够”或“可以”等	我答应马头，钢琴可以寄放到杨树浦。
		必要语气：表示说话人根据道义情理或客观要求，认为实现句中命题是必要的，不实现该命题是不能允许的	句中使用助动词“应”“应该”“应当”或“该”等	私人公司，并无进出口权，接了外商订单，必须挂靠国营外贸公司操作。
		能力语气：表示说话人对某人或某物是否具有实现句中命题的能力或功能的判断	句中使用助动词“能”“能够”“可以”或“会”等以及否定形式“不能”或“不会”等	烧了三年薄粥，我可以买一只牛。
		意愿语气：表示说话人对某人是否具有实现句中命题的意愿的判断	句中使用助动词“肯”“愿意”“情愿”“乐意”“想”或“要”等	经常半夜醒过来，想跟一个好朋友仔细讲。
情感语气	诧异语气	表示说话人对句中命题所述之事感到出乎意料	句中使用语气副词“竟”“竟然”或“居然”等	司机看前轮，竟然还有点气。
	料定语气	表示句中命题所述之事在说话人的意料之中	句中使用语气副词“果然”或“果真”等	走上二楼，看见阿宝房里一片狼藉，果然已经搬走了。
	侥幸语气	表示由于某种因素的存在，使可能发生的不良后果得以避免，说话人因此而感到侥幸	句中使用语气副词“幸亏”“幸好”或“幸而”等	幸亏蓓蒂捏有四斤全国粮票，买了一对黄桥烧饼，我让蓓蒂吃糖藕粥。
	表情语气	表示说话人表达句中命题时带有的某种情绪	在叹词和语气副词所表达的语气意义中，凡不属于功能语气、评判语气以及上述四种情感语气者，都笼而统之地称为“表情语气”	索性变一根鱼，游到水里去①。

① 表情语气描述较为模糊，我们参考贺阳的描述，选取了他提到的“索性”为关键词，给出了例句。

主观意识语气观与“三家新体系”相比更进一步。首先，肯定了语气的多功能性，语气既可表达如功能语气中的交际性，也可表达评判语气、情感语气中的主观情感性，并将其划分至不同类别加以明确。其次，呈现了语气的多层次性，三大类语气下各包含四个次级分类；大类区分了语气表达的功能与情感，次类是大类的进一步细化。

不过，主观意识语气观依然存在一些不足。首先是对于语气概念的界定。贺阳谈及语气概念时使用的术语虽为语气，但对应的英文是“modality”。在西方语言学界，“modality”指的是通过形式手段表现的说话人对命题的主观判断，反映句子意义对于世界的效力①。在分类中，主观意识语气观的功能语气不符合“modality”的概念，更多的是说话人与听话人的交际方式，也就是“mood”。可见，主观意识语气观的语气分类是杂糅了多个概念的结果②。此外，具体分类也存在有待商榷的地方。评判语气下的认知语气，包括确认、非确认两种语气，体现的是对句子内容是否能够肯定的意识，并非评判。情感语气中，包含诧异、料定、侥幸和表情四种语气，对表情语气的定义是情感语气中不属于上述三种语气的语气，这种界定方式过于笼统。同时，对于语气多功能性的描述尚不够系统。该语气观提到语气共现问题时，主要指出疑问语气总是与不确定语气共存，而没有对共存现象进行全面考察。语气作为表达人际功能的重要手段，多功能性是本质属性之一。因此，这一问题尚待进一步探索。

齐沪扬③在贺阳的主观意识语气观分类基础上又作了进一步研究。齐沪扬认为贺阳的分类中情感语气不属于语气部分，于是调整了这部分内容，将语气分为功能语气和意志语气两类，前者表示说话人使用句子达到的交际目的，包括陈述语气、疑问语气、祈使语气、感叹语气；后者表达说话人对说话内容的态度和情感，包括可能语气、能愿语气、允许语气、料悟语气。而对于各语气类别的分类标准，齐沪扬认为是形式上的限制，

---

① Asher R., Simpson J. *The Encyclopedia of Language and Linguistics* (Vol. 5). Oxford: Pergamon, 1994, p. 2522.

② 赵春利、石定栩：《语气、情态与句子功能类型》，《外语教学与研究》2011 年第 4 期，第 483—639 页。

③ 齐沪扬：《语气词与语气系统》，安徽教育出版社 2002 年版；齐沪扬：《论现代汉语语气系统的建立》，《汉语学习》2002 年第 2 期，第 1—12 页。

如语调、肯定否定动词的重叠等。分类标准包括必有标准、可选标准、句法标准、词法标准等多个。必有标准与可选标准为一个层面，前者指一个句子表现出的语气都必须具有的形式标志，后者指一部分句子表现出来的语气具备的标准。句法标准与词法标准为一个层面，前者指语调、句式变化等内容，后者指语气词、语气副词等形式。总体情况见表 5-9。

表 5-9　　齐沪扬对语气的分类

语气分类			形式标准	例句
功能语气	陈述语气	肯定语气	使用语气词“了”“的”	回到宾馆，第二天就告别了。
		否定语气	使用语气词“了”“的”与否定词“不”“没有”	李李不动。
	疑问语气	询问语气	使用语气词“吗”“呢”	水有声音吗?
		反诘语气	使用语气词“吗”“呢”与语气副词“难道”“何尝”等	难道黄家门里，只剩大姐一个了。
	祈使语气	请求语气	使用语气词“吧”	现在上船去看一看吧。
		命令语气	—	快点滚，滚下去。
	感叹语气		使用语气词“了”“啊”	太气人了。
意志语气	可能语气	或然语气	使用助动词“可能”，语气副词“大概”“也许”等	也许这个老婆，是有意的。
		必然语气	使用语气副词“一定”“必然”	曹杨新村，一定是小房间。
	能愿语气	能力语气	使用助动词“能”“会”等	一点事体不会做，只懂鸟叫。
		意愿语气	使用助动词“愿意”“想”等	因为太熟，沪生不愿意接手。
	允许语气	允许语气	使用助动词“可以”“能够”	大概的内容，可以讲一讲。
		必要语气	使用助动词“应该”“要”等，语气副词“必须”“务必”等	我必须让小芙蓉彻底消失。
	料悟语气	料定语气	使用语气副词“果然”“果真”	我姆妈果然又来电话。
		领悟语气	使用语气副词“难怪”“原来”“怪不得”等	怪不得大学闹革命，原来，比殡仪馆还吓人。

齐沪扬将功能语气作为独立范畴提出，强调了语言表达的功能性、交际性、社会性，这样能够在更开阔的视角下解释语言功能的普遍性。同时，齐沪扬的语气观明确了语气的多重属性，即功能性与意志性，是对语气较为全面的一种认识。

主要不足在于语气范畴化角度。齐沪扬认为，各语气的分类标准是形式上的限制，也就是从语言形式入手自下而上对语气进行范畴化。也就是说，这样的语气分类从根本上讲是自下而上的归纳结果：先使用必有标准筛选出属于各类别的语气，再用可选标准进一步筛选，直至归为一类。这样，各类语气的分类标准就成为了纯形式的内容。句法标准与词法标准缺乏统一性，难以将各功能性、意志性不同的类别区分开来。虽然归纳法是研究中的一种重要手段，然而基于形式的归纳主观性程度较大，外加对语气的观察有限，很难形成一个全面的语气系统。语气是功能概念，应先在概念层面进行明确，再界定类别及体现形式。我们认为，在语气系统的构建中，应以功能为抓手，统领体系的建构。

同样，该语气观虽然在语气划分上列出了两种依据，给出了功能、意志两种分类，但是对这二者之间的关系没有作进一步说明。与主观意识语气观相同，这样的分类产生了语气兼类现象，并同样没有给予这一现象足够的重视。从这一现象延伸开来，功能、意志两种语气之间存在什么关系，共现什么特点，都应是语气系统的重要内容。

另外，齐沪扬的语气观对情感、意志语气界定上的模糊性也是语气研究中存在的一个问题。齐沪扬将意志语气界定为说话人对说话内容的态度或情感，而从分类看部分内容应该是情绪与功能的混合。如可能语气可以体现说话人对小句内容的不确定，同时也可以表达说话人在进行交际活动时情绪上的迟疑。这种对情感、意志描述上的模糊性主要是因为汉语不存在以动词为核心的语气变化形式，语气的关注点主要在小句的过程和行动上①，因此语气类型和情绪往往交杂，难以区分。还有，齐沪扬的语气系统建立在书面语系统之上，没有包含口语中的丰富表达，因此语调等体现形式没有考虑在内。

三　语气系统内部个别组成部分的研究

除了对汉语语气系统的整体构建外，学界也有不少研究聚焦语气系统内部的个别组成成分，如感叹语气②、句末语气词③等。这些研究对语气

① 张德禄：《汉语语气系统的特点》，《外国语文》2009 年第 5 期，第 1—7 页。

② 杜道流：《现代汉语感叹句研究》，安徽大学出版社 2005 年版。

③ 金智妍：《现代汉语句末语气词意义研究》，复旦大学 2011 年博士论文。

的定义也比较模糊。杜道流[①]认为对语气的定义应跳脱语言系统，考虑语言的交际功能。但其对感叹语气的定义并没有突出语气的交际属性：感叹句是抒发感情的句子，抒情方式直接，主要功能是抒发感情，并不排除有的感叹句兼有其他信息的表达功能[②]。金智妍[③]研究了汉语句末语气词，但没有对汉语语气进行界定，而是直接指出现代汉语的语气系统根据说话人的交际目的可分为陈述语气、疑问语气、祈使语气三类；感叹是说话人对某种事情产生的强烈情感，没有体现说话人的交际目的，所以不属于语气系统的一部分。然而，她同时认为说话人叙述某种事情时可以表达强烈感情，所以感叹句是陈述句的一个子集。由此可以看出，此感叹语气的界定混淆了交际功能、情感、句类等概念之间的关系。

综上所述，目前的汉语语气研究中，对语气的界定比较模糊，对其体现形式的描述不够系统。造成这一现状的主要原因在于相关研究对语气形式和功能之间的关系认识不够深入。一些研究倾向于从形式入手再对应语气的功能，导致形式研究的单一性；一些研究从功能入手着眼于语言句式等方面，仅以个例来体现，使得对语言体现形式的描述不够系统，没有上升至形式层面的潜势特点。围绕语气与语气系统的形式与功能，学界还未找到一个平衡点。

此外，几派学者对汉语语气体现形式的研究主要集中在语气词、语气副词、助动词等方面，对于语调、归一性（polarity）研究较少。同时，对汉语语气的研究尚缺对复杂语气的探索。

第四节　对比及类型学视角下的研究

从上一节的回顾中可以发现，目前学界对于语气的研究存在以下问题：一是研究或偏向于形式，或偏向于功能，没有将二者有机结合起来；二是对语言功能的认识不够深入，没有厘清语气、情态、意义、句类等范畴；三是研究比较零散，没有采取相对完整的理论框架作为统一的研究视角。由于英汉语气研究存在上述问题，迄今为止，对比及类型学研究领域存在以下几个方面的问题。

---

① 杜道流：《现代汉语感叹句研究》，安徽大学出版社 2005 年版。

② 杜道流：《现代汉语感叹句研究》，安徽大学 2003 年博士论文，第 19 页。

③ 金智妍：《现代汉语句末语气词意义研究》，复旦大学 2011 年博士论文。

其一，从形式出发，对语气的功能关注不足。如刘道英[①]、王娟[②]从生成语法角度探讨了疑问词的位移机制；Palmer[③] 描述了英语、德语、拉丁语等语言内虚拟、推测、祈愿等的体现形式，对比了几种语言中同一范畴的不同体现方式，其研究更多侧重形式描写，同时主要聚焦情态；Marques[④] 对比了欧洲葡萄牙语和巴西葡萄牙语两种变体中语气分布的区别，认为这种区别受到了周围其他语言的影响；Matthewson[⑤] 基于 Palmer[⑥] 的语气与情态分类，对赛利希语与印欧语虚拟语气的语义分布进行了对比；Khomutova[⑦] 从类型学视角研究语气与情态的关系，分析了语气范畴用以表示情态意义时的不同形态变化，其关注点主要是形态，是围绕语言形式而进行的分析；王飞华[⑧]在汉英对比研究中，对于汉语语气的探讨重在功能，而对英语语气的描述主要聚焦动词形式，从而得出英语语气的个性是以动词为中心的结论，这种观点似有失偏颇。

其二，对语气概念界定不够清晰，混淆或融合了情态、句式等多方面内容。如张今、陈云清[⑨]描述的汉英陈述、疑问、祈使和感叹四个句类，就是将语气和句类融合在一起进行的讨论；王飞华[⑩]将汉语中与情态有关的内容划入了语气范畴之内，将语气与情态杂糅在一起进行了讨论。

---

① 刘道英：《从“管约论”的标句词看汉语话题句》，《汉语学习》2001 第 3 期，第 6—11 页。

② 王娟：《疑问语气范畴与汉语疑问句的生成机制》，华中师范大学 2011 年博士论文。

③ Palmer F. R. *Mood and Modality* (2nd edition). Cambridge: Cambridge University Press, 2001.

④ Marques R. 2004. On the System of Mood in European and Brazilian Portuguese. *Journal of Portuguese Linguistics*, 2004, No. 3, pp. 89-10.

⑤ Matthewson L. Cross-linguistic Variation in Modality Systems: The Role of Mood. *Semantics & Pragmatics*, 2010, Vol. 3, No. 9, pp. 1-74.

⑥ Palmer F. R. *Mood and Modality* (2nd edition). Cambridge: Cambridge University Press, 2001.

⑦ Khomutova T. N. Mood and Modality in Modern English. *Social and Behavioral Sciences*, 2014, No. 154, pp. 395-401.

⑧ 王飞华：《汉英语气系统对比研究》，复旦大学出版社 2014 年版。

⑨ 张今、陈云清：《英汉比较语法纲要》，商务印书馆 1981 年版。

⑩ 王飞华：《汉英语气系统对比研究》，复旦大学出版社 2014 年版。

其三，研究内容零散，仅针对个别元素进行跨语言的比较。如 Maddieson①、Bolinger②、Kratochvil③、何善芬④对语调的研究，他们探索了语言中表达不同语气的语调、调值的相同与不同等；再比如 Luo⑤ 对比了中国各方言中的疑问句形式。

由此可见，在对比及类型学领域，尚缺乏较为全面的语气系统对比研究。同时，研究主要是围绕印欧语言而进行的，关注汉语情况的比较少见。我们认为，对比英汉语气系统不仅可以揭示英汉两种语言在形式上的区别，还可以挖掘语气功能对人际关系构建的影响。

第五节 系统功能语言学视角下的语气系统及体现形式研究

为了解决上文提到的语气系统对比中存在的问题，我们认为应考虑语气的功能属性，对比研究应在关注语言功能的语言学理论框架中进行。系统功能语言学理论由 Halliday 提出，侧重语言的功能性。作为普通语言学理论，系统功能语言学已指导各地学者进行了有关英语⑥、汉语⑦、日语⑧、

① Maddieson I. Universals of Tone// Greenberg J. H. *Universals of Human Language* (Vol. 2). Stanford, C. A.: Stanford University Press, 1978, pp. 335-363.

② Bolinger D. Intonation across Languages// Greenberg J. H. *Universals of Human Language* (Vol. 2). California: Stanford University Press, 1978, pp. 471-524.

③ Kratochvil P. Intonation in Beijing Chinese// Hirst D., Di Cristo A. *Intonation System: A Survey of Twenty Languages*. Cambridge: Cambridge University Press, 1998, pp. 421-436.

④ 何善芬：《英汉语言对比研究》，上海外语教育出版社 2002 版。

⑤ Luo T. *Interrogative Strategies: An Areal Typology of the Languages of China*. Amsterdam: John Benjamins, 2016.

⑥ Huang G. Theme in the Cardiff Grammar// Bartlett T., O'Grady G. *The Routledge Handbook of Systemic Functional Linguistics*. London: Routledge, 2017, pp. 163-177.

⑦ Halliday M. A. K., McDonald E. Metafunctional Profile of the Grammar of Chinese// Caffarel A., Martin J. R., Matthiessen C. M. I. M. *Language Typology: A Functional Perspective*. Amsterdam/Philadelphia: John Benjamins, 2004, pp. 305-396; He W. "Subject-predicate Predicate Sentences" in Modern Mandarin Chinese: A Cardiff Grammar Approach. *Linguistics*, 2017, Vol. 55, No. 4, pp. 935-977.

⑧ Teruya K. Metafunctional Profile of the Grammar of Japanese// Caffarel A., Martin J. R., Matthiessen C. M. I. M. *Language Typology: A Functional Perspective*. Amsterdam: John Benjamins, 2004, pp. 185-254.

德语①等多种语言的研究，证明其对语言功能具有普遍适用的解释力。不过，目前功能学界对汉语语气系统的研究比较少见，英汉对比则更是鲜见。因此，我们认为有必要从对比的角度对语气系统进行构建和描写。

语言的本质属性之一是其功能性质。理论上，世界上所有的自然语言都具有人际功能、概念功能和语篇功能，否则，语言也就不可能演化发展到今天，操不同语言的人们之间也就不可能进行沟通和交流。这意味着，尽管人类的语言形式不同，但其功能基本相同。反过来讲，作为体现人际功能的语气系统，其功能在不同语言中应基本趋同，只是体现形式或差异比较大，有些语言主要依赖语法资源，有些语言主要依赖词汇资源，有些语言则两者并重。当然，不同语言语气类别在精密度上或也有区别，这也应是不同民族文化具有个性特征的一个表现。由此可见，通过对比英汉语气系统的体现形式，我们可以探索不同民族传达人际意义的方式；关注语气系统以及体现形式的复杂程度，可以探索英汉语在人际关系构建中的复杂差异性。更进一步来看，对比英汉语在人际意义方面展现的突出特点，可以从语言层面揭示各民族不同的思维方式：对人际意义描写更为细致的语言，在人际交流、社会关系层面是否会更加复杂？建立语言与思维的联结，既需关注语言的共性，也需关注语言的个性。因此，我们从系统功能语言学视角对英汉语气系统及其体现形式进行的对比在语言学领域应具有重要意义。

一 系统功能语言学的语气范畴

系统功能语言学对语气的界定立足功能视角，认为所有语言都有给予（giving）和寻求（demanding）两种交换角色（role in exchange），同时存在两种给予与寻求的目标物：物品或服务以及信息②。四者结合产生了语

① Steiner E., Teich E. Metafunctional Profile of the Grammar of German// Caffarel A., Martin J. R., Matthiessen C. M. I. M. *Language Typology: A Functional Perspective*. Amsterdam: John Benjamins, 2004, pp. 139-184.

② Halliday M. A. K. *An Introduction to Functional Grammar* (2nd edition). London: Arnold, 1994/Beijing: Foreign Language Teaching and Research Press, 2000; Halliday M. A. K., Matthiessen C. M. I. M. *An Introduction to Functional Grammar* (3rd edition). London: Arnold, 2004/Beijing: Foreign Language Teaching and Research Press, 2008.

言的四种言语功能，总体情况见表5-10。

表5-10　系统功能语言学视角下的言语功能

言语功能	交换方式	例句
提供（offer）	提供物品或服务	Let's hear it.
命令（command）	寻求物品或服务	Say what you mean.
陈述（statement）	提供信息	The cop's eyes flicked for a moment into the back seat.
问题（question）	寻求信息	Do you wish sometimes that you could just disappear like that city?

这四种言语功能在语言系统中的表征范畴称为语气，包括直陈语气（indicative）和祈使语气（imperative）。直陈语气包括陈述语气（declarative）和疑问语气（interrogative）。陈述语气包含一种特殊形式，即感叹语气（exclamative）。疑问语气包含是非疑问（yes－no interrogative）和Wh-疑问（Wh-interrogative）。由这些类别构成的整体系统称为语气系统网络（system network of MOOD）。

系统功能语言学的语气研究始于Halliday对英语的描写。之后，有学者根据这一理论对汉语语气进行描述、构建。出于叙述逻辑，我们先回顾系统功能语言学视角下的英语语气研究，再回顾汉语语气研究。

二　系统功能语言学视角下的英语语气研究

有关系统功能视角下的英语语气研究，Halliday从功能入手着眼于语气的体现方式；Fawcett① 也对语气系统进行了描述，语义化程度比较高。Halliday② 认为英语小句中，体现语气的成分包含两个部分：主语（Subject）和限定成分（Finite）。英语限定成分是动词词组（verbal group）的一部分，可以表达时态（tense，如is、has）及情态（modality，

① Fawcett R. P. A Semantic System Network for MOOD in English. "Work in progress" version available from fawcett@cardiff.ac.uk，forthcoming；Fawcett R. P. From Meaning to Form in the Cardiff Model of Language and Its Use// Bartlett T.，O'Grady G. *The Routledge Handbook of Systemic Functional Linguistics*. London：Routledge，2017，pp. 56-76.

② Halliday M. A. K. *An Introduction to Functional Grammar*（2nd edition）. London：Arnold，1994/Beijing：Foreign Language Teaching and Research Press，2000.

如 can、must)。主语和限定成分的变化及位移是实现不同语气的方式。陈述语气中，主语在限定成分之前；感叹语气中，小句包含 Wh-成分，如 What 或 How。祈使语气包含四种情况：没有语气成分；主语单独出现；限定成分单独出现；限定成分在主语之前。是非疑问语气中，限定成分在主语之前；Wh-疑问语气包含两种形式：Wh-成分为主语时，主语在限定成分之前；Wh-成分不是主语时，限定成分在主语之前。

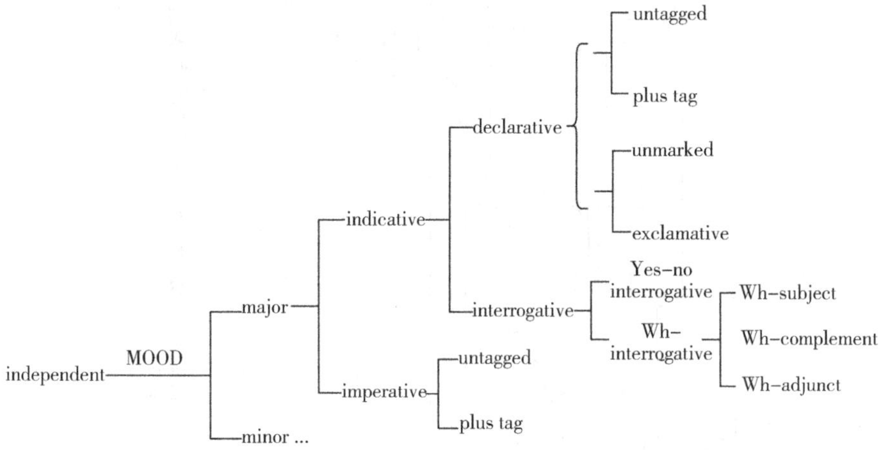

图 5-1 Halliday 的系统功能语气网络

语气与言语功能有如下对应：疑问语气体现提供及问题功能，陈述语气体现陈述功能，祈使语气体现命令功能。

Halliday & Matthiessen[①] 在《功能语法导论》第三版中对语气系统进行了扩充，构建了比较复杂的英语语气系统网络，如图 5-2 所示。

Fawcett[②] 进一步完善了语气系统网络，使其进一步语义化。Fawcett

① Halliday M. A. K., Matthiessen C. M. I. M. *An Introduction to Functional Grammar* (3rd edition). London: Arnold, 2004/Beijing: Foreign Language Teaching and Research Press, 2008.

② Fawcett R. P. A Semantic System Network for MOOD in English. "Work in progress" version available from fawcett@ cardiff. ac. uk, forthcoming; Fawcett R. P. From Meaning to Form in the Cardiff Model of Language and Its Use// Bartlett T., O'Grady G. *The Routledge Handbook of Systemic Functional Linguistics*. London: Routledge, 2017, pp. 56-76.

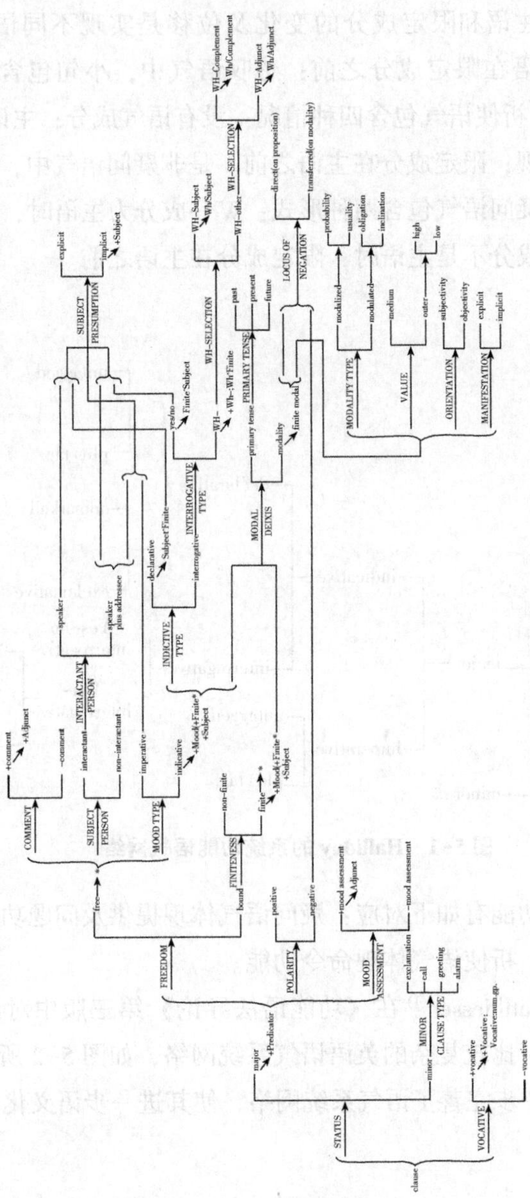

图5-2 Halliday & Matthiessen构建的语气系统网络①

认为，语气网络系统还没有达到及物性（transitivity）系统的语义化程度。因此 Fawcett 提出了深度语义化的语气系统网络，细化了交换角色，构建

① Halliday M. A. K., Matthiessen C. M. I. M. *An Introduction to Functional Grammar* (3rd edition). London: Arnold, 2004/Beijing: Foreign Language Teaching and Research Press, 2008, p. 135.

了可供计算机处理的系统网络模型。限于篇幅，完整网络模型难以呈现，此处仅呈现以信息为主的语气系统网络内容，如图 5-3 所示①。

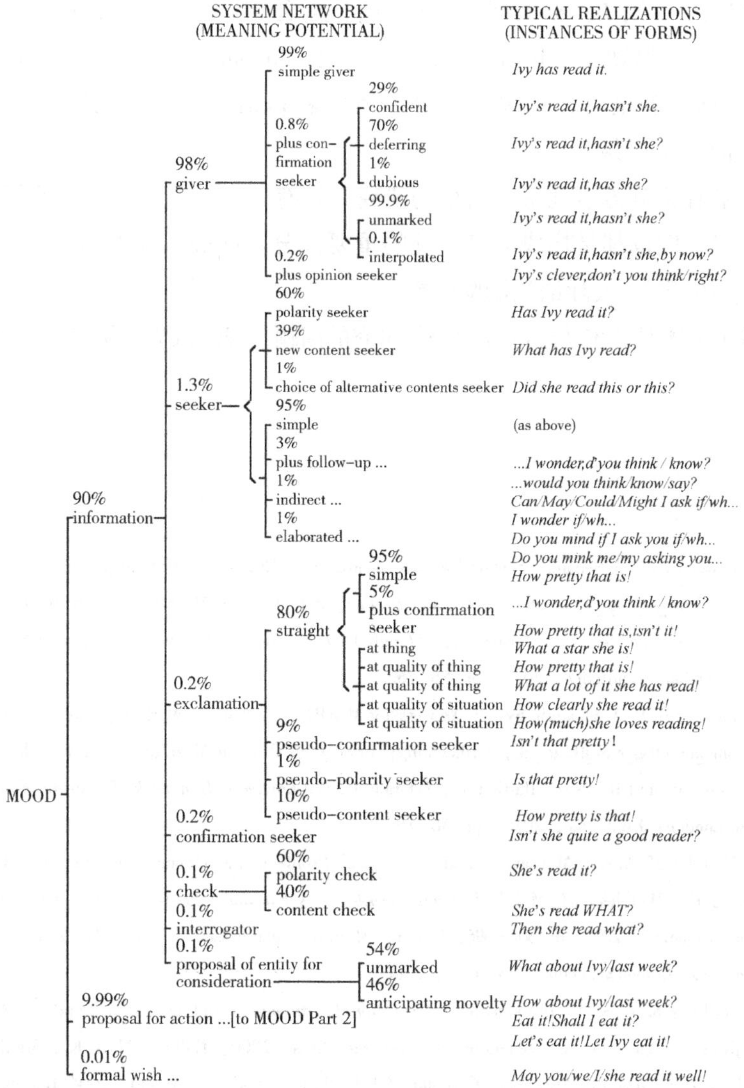

图 5-3　Fawcett 的语气系统网络（部分）

① 完整网络模型详参 Fawcett R. P. A Semantic System Network for MOOD in English. "Work in progress" version available from fawcett@cardiff.ac.uk, forthcoming; Fawcett R. P. From Meaning to Form in the Cardiff Model of Language and Its Use// Bartlett T., O'Grady G. *The Routledge Handbook of Systemic Functional Linguistics*. London: Routledge, 2017, pp. 56-76.

Fawcett 的语气系统网络同样存在有待商榷的地方。一些分类是功能与形式的交错：Fawcett 给每一种类别下的体现形式一个标签，如给予信息中不同层级的确认程度，包含自信（confident）、顺从（deferring）、迟疑（dubious）以及无标记（unmarked）与插入（interpolated），前三者是语义层次的区分，后两者是语言形式上的区分，不应该属于同一个层级。

除了有关英语语气系统网络的研究，还有一些有关语气范畴的问题值得关注，它们也都是构成语气系统的重要部分：如嵌入句的语气①、复句语气②、语调③、人际语法隐喻④等。

基于上述对系统功能语言学语气研究的回顾，我们认为，从 Halliday⑤ 到

---

① Fawcett R. P. A Semantic System Network for MOOD in English. "Work in progress" version available from fawcett@ cardiff. ac. uk, forthcoming; Fawcett R. P. From Meaning to Form in the Cardiff Model of Language and Its Use// Bartlett T., O'Grady G. *The Routledge Handbook of Systemic Functional Linguistics*. London: Routledge, 2017, pp. 56-76.

② Fawcett R. P. A Semantic System Network for MOOD in English. "Work in progress" version available from fawcett@ cardiff. ac. uk, forthcoming; Fawcett R. P. From Meaning to Form in the Cardiff Model of Language and Its Use// Bartlett T., O'Grady G. *The Routledge Handbook of Systemic Functional Linguistics*. London: Routledge, 2017, pp. 56-76.

③ Halliday M. A. K., McDonald E. Metafunctional Profile of the Grammar of Chinese// Caffarel A., Martin J. R., Matthiessen C. M. I. M. *Language Typology: A Functional Perspective*. Amsterdam/Philadelphia: John Benjamins, 2004, pp. 305-396; Halliday M. A. K., Matthiessen C. M. I. M. *Halliday's Introduction to Functional Grammar*. London: Routledge, 2014.

④ Halliday M. A. K. *An Introduction to Functional Grammar* (2nd edition). London: Arnold, 1994/Beijing: Foreign Language Teaching and Research Press, 2000; Halliday M. A. K., Matthiessen C. M. I. M. *An Introduction to Functional Grammar* (3rd edition). London: Arnold, 2004/Beijing: Foreign Language Teaching and Research Press, 2008; 何伟：《时态的情态用法：语法隐喻》，《外语与外语教学》2008 年第 7 期，第 6—10 页；Fawcett R. P. A Semantic System Network for MOOD in English. "Work in progress" version available from fawcett@ cardiff. ac. uk, forthcoming.

⑤ Halliday M. A. K. *An Introduction to Functional Grammar* (2nd edition). London: Arnold, 1994/Beijing: Foreign Language Teaching and Research Press, 2000; Halliday M. A. K., Matthiessen C. M. I. M. *An Introduction to Functional Grammar* (3rd edition). London: Arnold, 2004/Beijing: Foreign Language Teaching and Research Press, 2008.

Fawcett[①] 构建的语气系统，其语义化程度不断加深；Fawcett 的语气系统应对其他语言的描述更具借鉴价值，反过来讲，对其他语言的描写也可以反哺语气系统网络的构建，使其变得更加明晰和完整。

那么，在考虑进一步语义化的同时，我们需要再反思一个概念，那就是情态（modality），这一概念往往与语气密不可分。情态指的是处于小句肯定与否定两极之间的状态[②]，可以表达说话人的看法或询问听话人的看法。存在于陈述与问题中的情态表达称为“情态化”（modalization），包括可能性（probability）和频率（usuality），体现形式包括情态限定词（如 must）及情态状语（如 probably、usually）。涉及提供与命令中的情态表达称为“意态化”（modulation），包括义务（obligation）和意愿（inclination），体现形式包括情态限定词（如 should）及其他（如“I'm anxious to help them”[③] 中的形容词）。语气与情态同属人际功能，但二者的具体功能有所不同。语气指说话人与听话人交换信息及物品与服务，体现形式是直陈、祈使等不同的语气类别，其目的是关注人与人之间的互动。情态所表达的是说话人对于小句信息的观点、看法、评价，关涉的互动性比较小。虽然情态的最终目的也是带来交际上的互动，但其效力与语气相比较小。

英语中，语气与情态的体现形式具有明显分别，前者主要通过主语与限定词位置顺序的变动来体现，后者主要通过词汇手段等方式来体现。然而，随着语气网络不断语义化，二者之间的分别越来越模糊。Halliday[④] 没有将语气与情态结合在一起，而把二者看作人际功能的两个

---

① Fawcett R. P. A Semantic System Network for MOOD in English. “Work in progress” version available from fawcett@ cardiff. ac. uk, forthcoming; Fawcett R. P. From Meaning to Form in the Cardiff Model of Language and Its Use// Bartlett T., O'Grady G. *The Routledge Handbook of Systemic Functional Linguistics*. London: Routledge, 2017, pp. 56–76.

② Halliday M. A. K. *An Introduction to Functional Grammar* (2nd edition). London: Arnold, 1994/Beijing: Foreign Language Teaching and Research Press, 2000, p. 88.

③ 例子引自 Halliday M. A. K. *An Introduction to Functional Grammar* (2nd edition). London: Arnold, 1994/Beijing: Foreign Language Teaching and Research Press, 2000, p. 89.

④ Halliday M. A. K. *An Introduction to Functional Grammar* (2nd edition). London: Arnold, 1994/Beijing: Foreign Language Teaching and Research Press, 2000.

组成部分。不过，Halliday 的思想发展到《功能语法导论》第三版①时，尽管语气与情态还是人际功能的两个组成部分，但语气系统网络中已囊括了情态系统。从 Fawcett② 的框架来看，不少语义化语气的分类及交换角色融合了情态的意义，情态作为一个有机体已融进语气网络中。如同上文提到的给予信息的例子，语义化的次级分类涉及“自信满满地”给予信息、“稍有迟疑地”给予信息等，这些表述一方面体现了给予信息的方式，另一方面也可以反映说话人对于该信息本身的一种态度，对应汉语语气研究中的“情感”。这促使我们进一步思考语气与情态之间的关系：二者究竟是人际功能中不同的范畴，还是同属于一个系统的上下级范畴。

三 系统功能语言学视角下的汉语语气研究

系统功能视角下有关汉语语气的研究不多见，少有的研究可分为两类：一是对汉语语气及体现形式的描述③，二是对汉语语气系统的构建④。

第一类研究主要聚焦汉语语气的特点，简要说明汉语语气和英语语气体现方式的不同。这些研究基本是描述性研究，或是对个别现象的探讨。

① Halliday M. A. K.，Matthiessen C. M. I. M. *An Introduction to Functional Grammar* (3rd edition). London：Arnold，2004/Beijing：Foreign Language Teaching and Research Press，2008.

② Fawcett R. P. A Semantic System Network for MOOD in English. “Work in progress” version available from fawcett@cardiff.ac.uk，forthcoming；Fawcett R. P. From Meaning to Form in the Cardiff Model of Language and Its Use// Bartlett T.，O'Grady G. *The Routledge Handbook of Systemic Functional Linguistics*. London：Routledge，2017，pp. 56-76.

③ 如胡壮麟《英汉疑问语气系统的多层次和多元功能解释》，《外国语》1994 年第 1 期，第 1—7 页；张德禄：《汉语语气系统的特点》，《外国语文》2009 年第 5 期，第 1—7 页；Yang Y. 2013. A Corpus-Based Study of Interpersonal Grammatical Metaphor in Spoken Chinese. *Language Sciences*，2013，Vol. 38，pp. 1-21.

④ 如 Halliday M. A. K.，McDonald E. Metafunctional Profile of the Grammar of Chinese// Caffarel A.，Martin J. R.，Matthiessen C. M. I. M. *Language Typology：A Functional Perspective*. Amsterdam/Philadelphia：John Benjamins，2004，pp. 305-396；Li E. *A Systemic Functional Grammar of Chinese：A Text-based Analysis*. London：Continuum，2007.

比如胡壮麟[①]描述了汉语语气的基本特点，包括：汉语中没有限定成分，主语出现在首位；语气词有时出现在句子尾部来表示语气的范畴；疑问词不移到句首；汉语语气不以主语的有效性为特点，而以谓语动词、谓语动词的归一性、整个命题，以及对它们评价的中介程度的有效性为特点；汉语主语与英语相比其作用要小。张德禄[②]讨论了主语与限定成分、Wh-疑问成分、决定语气的主要因素等话题。Yang[③] 主要研究了汉语口语人际语法隐喻，发现口语中人际语法隐喻的使用受话题及谈话双方社会地位的影响。

第二类研究聚焦汉语语气系统网络的构建。Halliday & McDonald[④] 对汉语语气系统网络进行了描述，将汉语语气分为直陈和祈使两类。直陈包含陈述和疑问。陈述语气包括一个特殊类别，即感叹语气。疑问语气包含特殊疑问和是非疑问（polar interrogative）。是非疑问中增加了汉语独具特色的正反问语气（unbiased polar interrogative），同时也提到了和陈述语气形式相同的疑问语气（declarative questions），通常由句末的升调语调体现。祈使句包含命令（jussive）、希求（optative）和包含式（inclusive），表否定的祈使语气还包含一种较为缓和的语气类别，汉语中使用“不用”来体现。总体情况可见图 5-4。

Li[⑤] 也构建了汉语语气系统网络。相较于 Halliday & McDonald[⑥]，Li

① 胡壮麟：《英汉疑问语气系统的多层次和多元功能解释》，《外国语》1994 年第 1 期，第 1—7 页。

② 张德禄：《汉语语气系统的特点》，《外国语文》2009 年第 5 期，第 1—7 页。

③ Yang Y. 2013. A Corpus-Based Study of Interpersonal Grammatical Metaphor in Spoken Chinese. *Language Sciences*, 2013, Vol. 38, pp. 1-21.

④ Halliday M. A. K., McDonald E. Metafunctional Profile of the Grammar of Chinese// Caffarel A., Martin J. R., Matthiessen C. M. I. M. *Language Typology: A Functional Perspective*. Amsterdam/Philadelphia: John Benjamins, 2004, pp. 305-396.

⑤ Li E. *A Systemic Functional Grammar of Chinese: A Text-based Analysis*. London: Continuum, 2007.

⑥ Halliday M. A. K., McDonald E. Metafunctional Profile of the Grammar of Chinese// Caffarel A., Martin J. R., Matthiessen C. M. I. M. *Language Typology: A Functional Perspective*. Amsterdam/Philadelphia: John Benjamins, 2004, pp. 305-396.

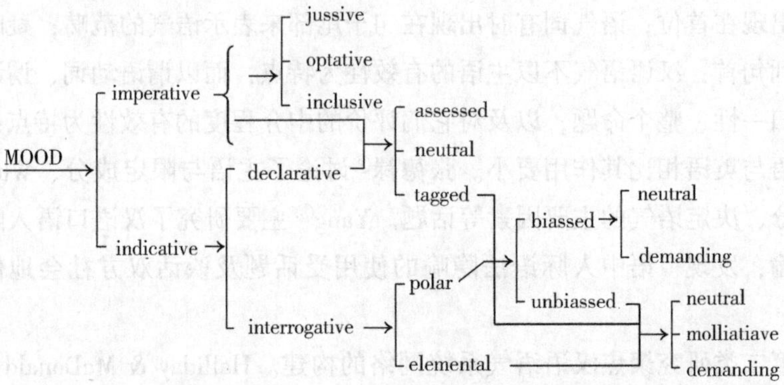

图 5-4　Halliday & McDonald 的汉语语气系统网络①

的系统网络更加细化，如关注了汉语语气通过语气词来体现的特点。Li 将语气分为直陈和祈使两个类别，直陈包括疑问和信息（informative）两个次级类别。信息类别包含 Halliday & McDonald 的陈述语气。感叹语气被看作是与陈述语气平行的范畴。同时还包括结束语系统（TAG System）。疑问语气和祈使语气的网络框架与 Halliday & McDonald 的相比基本没有区别，只是细化了语气词以及礼貌系统（POLITENESS）的体现方式。详见图 5-5。

第二类研究中，Halliday & McDonald 对汉语语气系统网络的构建突出了汉语中比较有特色的部分，如正反问的体现形式等，不过描述还不够全面。Li 的系统网络没有涵盖汉语语气的多种体现方式，如没有关注音调对表达强弱程度的影响等。此外，二者对于汉语语气体现手段的描述均不够充分，一些语气分类有待商榷，如 Li 将感叹语气与陈述语气归为同一层面的范畴，将选择疑问（alternative interrogative）归为是非疑问的特殊类别，这些问题均需进一步探讨。

---

① Halliday M. A. K., McDonald E. Metafunctional Profile of the Grammar of Chinese// Caffarel A., Martin J. R., Matthiessen C. M. I. M. *Language Typology*: *A Functional Perspective*. Amsterdam/Philadelphia: John Benjamins, 2004, p. 343.

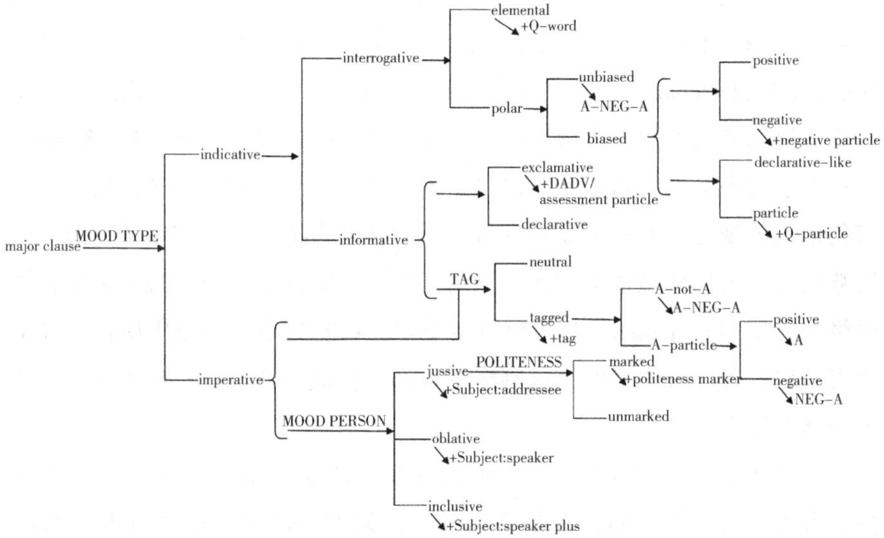

图 5-5　Li 的汉语语气系统网络①

四　系统功能语言学视角下的语气对比及类型学研究

系统功能视角下的语气对比及类型学研究比较少见。Caffarel *et al.*② 主编的论文集《语言类型学：功能视角》，借鉴 Halliday③ 对英语语气系统的描述呈现了法语、德语、日语、菲律宾语、汉语、缅甸语等语言的语气系统。但因每种语言作者不同，各位学者描述的语气系统网络突出了每种语言的个性，而共性的呈现比较模糊。同时，部分次级网络的构建方式值得商榷。总的来说，该研究对语气系统的描述不够全面，关注个别现象较多。

---

① 本图基于以下文献而构建：Li E. *A Systemic Functional Grammar of Chinese*：*A Text-based Analysis*. London：Continuum，2007，p. 171. 其中，缩写 DADV 为“degree adverb”，即“程度副词”的缩写。

② Caffarel A.，Martin J. R.，Matthiessen C. M. I. M. *Language Typology*：*A Functional Perspective*. Amsterdam/Philadelphia：John Benjamins，2004.

③ Halliday M. A. K. *An Introduction to Functional Grammar*（2nd edition）. London：Arnold，1994/Beijing：Foreign Language Teaching and Research Press，2000.

另一个值得注意的系统功能类型学研究是 Teruya & Matthiessen 的文章[①]。此文提出了多语系统网络观，认为可以首先构建基础网络，如参考 Halliday & McDonald[②] 的汉语语气系统网络构建一个包含足以描述双语或多语对比的共通的语气潜势系统，对于语言的个性再拓展建构次级网络。这样的语气潜势系统可以作为语气系统对比的一个基础。不过，由于各语言的语气体现方式有很大差别，每分析一种语言都需重新调整共通的语气潜势系统，再构建该语言的次级网络，而该次级网络也较难融入多语系统网络中。从 Matthiessen[③] 在《语言类型学：功能视角》一书中所作的总结也可看出，每一种语言的次级网络基本都是自成一体，很难融入这种共通的网络系统中。

系统功能语言学对于语气的研究始于 Halliday，他从语言社会性角度提出言语行为功能，而语气是言语行为在词汇语法层面的体现[④]。因此，语气的功能性与言语行为、语言的社会性一脉相承。Halliday 对语气的界定深刻影响了 Matthiessen、Fawcett 等人的后续研究，同时也为众多对比及类型学研究提供了基本指导思想。不过，系统功能视角下的语气研究主要聚焦单一语言（主要为英语）的系统网络描述、语义化等[⑤]，多语研究基本停留在个体描述上。系统功能语言学是普通语言学理论，意在描述、

---

① Teruya K., Matthiessen C. M. I. M. Halliday in Relation to Language Comparison and Typology// Webster J. J. *The Bloomsbury Companion to M. A. K. Halliday*. London: Bloomsbury, 2015, pp. 427-452.

② Halliday M. A. K., McDonald E. Metafunctional Profile of the Grammar of Chinese// Caffarel A., Martin J. R., Matthiessen C. M. I. M. *Language Typology: A Functional Perspective*. Amsterdam/Philadelphia: John Benjamins, 2004, pp. 305-396.

③ Matthiessen C. M. I. M. Descriptive Motifs and Generalizations// Caffarel A., Martin J. R., Matthiessen C. M. I. M. *Language Typology: A Functional Perspective*. Amsterdam/Philadelphia: John Benjamins, 2004, pp. 537-674.

④ Teruya K., Matthiessen C. M. I. M. Halliday in Relation to Language Comparison and Typology// Webster J. J. *The Bloomsbury Companion to M. A. K. Halliday*. London: Bloomsbury, 2015, pp. 427-452.

⑤ Fawcett R. P. A Semantic System Network for MOOD in English. "Work in progress" version available from fawcett@cardiff.ac.uk, forthcoming; Fawcett R. P. From Meaning to form in the Cardiff Model of Language and Its Use// Bartlett T., O'Grady G. *The Routledge Handbook of Systemic Functional Linguistics*. London: Routledge, 2017, pp. 56-76.

分析人类语言，同时也揭示语言现象产生的深层次动因。那么，对其他语言如汉语语气及体现形式的探讨能否推动系统功能视角下的语气研究迈上新的台阶，能否对系统功能语言学的语气研究进行反哺，是一个有重要学术价值的研究话题。

第六节　结语

通过上述文献回顾，我们可以发现英语语气、汉语语气及英汉语气对比研究仍然存在有待商榷之处：语气研究在形式与功能之间有偏离；研究比较零散，系统性不强。进一步讲，这些问题归根于概念的模糊性。不过，无论是英语语气研究中提及的语气，还是情态，也无论是汉语语气研究中谈到的功能目的、情感还是情绪，都属于人际功能范畴。Halliday 提出语气是交际双方之间对信息及物品与服务的一种言语交换方式；事实上，情态也不只是言语者本人的一种主观看法、判断、情感、态度等，其目的同时也是呈给受话人一种有关信息及物品与服务的主观看法、判断、情感、态度等，这也是一种交换。语气是处于零和百分之百二者之间，或零或百分之百的交换；归一性是肯定与否定之间，或零或百分之百的交换；情态是零和百分之百之间不同程度的交换，或百分之一，或百分之十，或百分之九十九等的交换。因此，我们应把系统功能语言学人际功能中原有的语气、归一性、情态等放在一起考虑，它们都涉及信息及物品与服务的交换，可以统称为语气系统。

我们认为，语气是体现人际之间进行信息及物品与服务交换的一种范畴，包含语气类别和语气语势两部分；语气类别涵盖信息及物品与服务的不同交换方式，语气语势表示信息及物品与服务交换过程中说话人展现的、听话人接收的情感态度和语气缓急；语气类别是系统功能语言学传统意义上的语气范畴，语气语势包括情态及我们结合英汉语气研究所拓展的情绪范畴。概括地讲，语气系统网络包含语气类别和语气语势两个子系统网络，两个子系统网络为合取关系。

第六章　语气系统建构

第一节　引言

人际功能关注人际沟通及个人意志与情感在语言层面的体现。我们认为，人际功能主要由语气系统体现，语气系统包括语气类别系统以及语气语势系统。语气类别系统主要表征人际之间的信息及物品与服务的交换功能，语气语势系统主要表征言语者对言语内容的判断、情感、情绪等。二者之间是并行的人际功能表征系统。这样，语气概念是上一层次范畴，而情态是下一层次范畴。我们构建的语气系统网络如图 6-1 所示。

第二节　语气系统描述

如图 6-1 所示，语气系统中的语气类别包括直陈与祈使两大类别：直陈语气指命题（proposition）的交换，祈使语气指提议（proposal）的交换。语气语势系统包括内在语势和外在语势两大类别。内在语势指言语者对所交换的信息及提议的判断、态度、情感等，外在语势指言语者在交换信息及提议时以语言的物理音响手段所体现的判断、态度、情感等的强度。

有关语气类别系统，我们融合了 Halliday① 以及 Fawcett② 基于英语语

① Halliday M. A. K. *An Introduction to Functional Grammar*（2nd edition）. London：Arnold，1994/Beijing：Foreign Language Teaching and Research Press，2000；Halliday M. A. K.，Matthiessen C. M. I. M. *An Introduction to Functional Grammar*（3rd edition）. London：Arnold，2004/Beijing：Foreign Language Teaching and Research Press，2008；Halliday M. A. K.，Matthiessen C. M. I. M. *Halliday's Introduction to Functional Grammar*. London：Routledge，2014.

② Fawcett R. P. A Semantic System Network for MOOD in English. "Work in progress" version available from fawcett@ cardiff. ac. uk，forthcoming；Fawcett R. P. From Meaning to Form in the Cardiff Model of Language and Its Use// Bartlett T.，O'Grady G. *The Routledge Handbook of Systemic Functional Linguistics*. London：Routledge，2017，pp. 56-76.

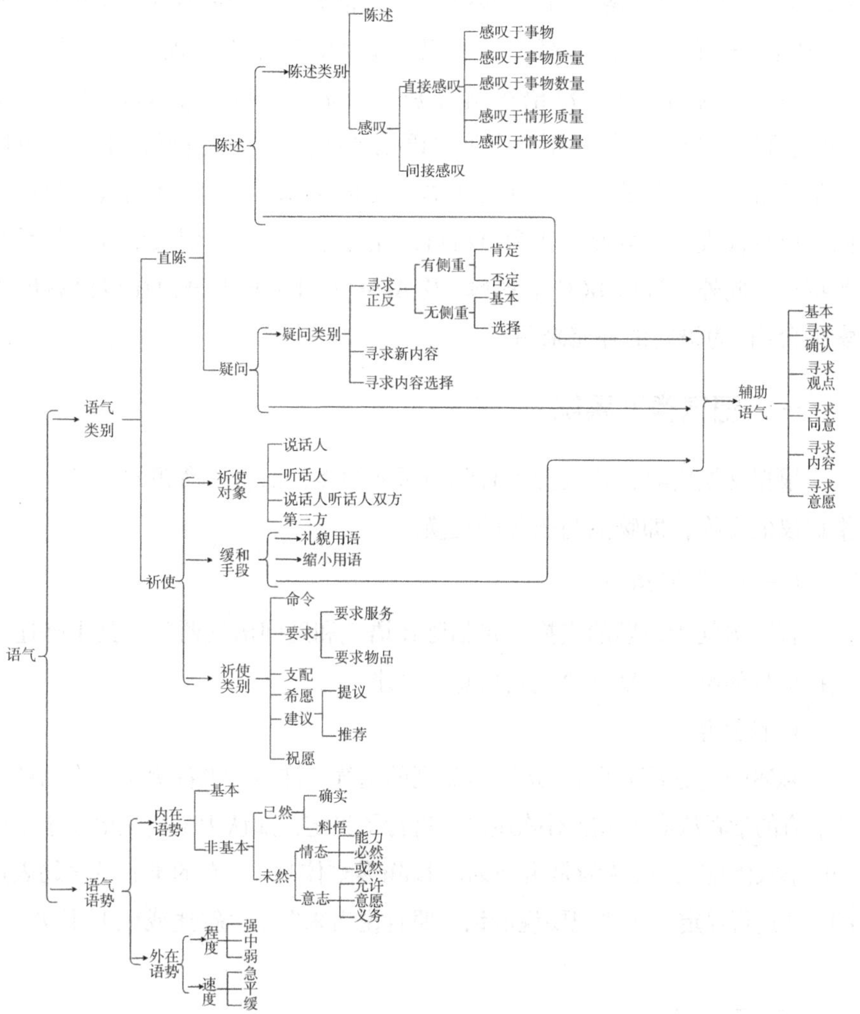

图 6-1　语气系统

气系统的研究，意在构建一个能够涵盖多语言语气类别的框架。有关语势系统，我们融合了汉语语气研究中对情绪①、情感②、意志③的描述，提出语势

① 王力：《中国现代语法》，商务印书馆 1943/2011 年版。

② 吕叔湘：《中国文法要略》，商务印书馆 1956/2014 年版。

③ 贺阳：《试论汉语书面语的语气系统》，《中国人民大学学报》1992 年第 5 期，第 59—66 页；齐沪扬：《语气词与语气系统》，安徽教育出版社 2002 年版；齐沪扬：《论现代汉语语气系统的建立》，《汉语学习》2002 年第 2 期，第 1—12 页。

系统包括内在和外在两种语势子系统。语气语势表征的内容同样是信息及提议交换过程中的重要组成部分，而非仅为说话人对该信息及提议的主观看法。

本章所选用英语、汉语语料分别来自情景喜剧 *Big Bang Theory* 及《我爱我家》剧本。情景剧剧本为口语化台词，话语表达形式丰富，可以说是日常生活交际的一个较好的样本，其涵盖的语气类别及语气语势比书面语更具代表性。因此，作为语料可以充分体现语气类别及语气语势系统的特点。此外，选取 BCC 语料库[①]及 BFSU CQPweb 多语种在线语料库检索平台[②]作为语料的补充来源。

一 语气类别系统

根据交换内容，语气分为直陈与祈使两类，前者指命题的交换，后者指提议的交换，即物品与服务的交换。

（一）直陈语气

直陈语气指命题的交换，包括陈述语气和疑问语气两类。其中陈述语气指信息的给予，疑问语气指信息的寻求。

1. 陈述语气

陈述语气是语气研究中最不可忽视的语气，许多学者都提出了自己的看法。有的学者从形式角度对陈述语气进行了界定，如认为是由主语位于动词前的形式体现[③]，或认为是由动词的直陈形式体现[④]。有的学者从命题表达的方式进行界定，如“把要说的话，照直说出来”[⑤]，“叙述或说明事实”[⑥]；

① 荀恩东、饶高琦、肖晓悦、臧娇娇：《大数据背景下 BCC 语料库的研制》，《语料库语言学》2016 年第 1 期，第 93—109、118 页。

② 许家金、吴良平：《基于网络的第四代语料库分析工具 CQPweb 及应用实例》，《外语电化教学》2014 年第 5 期，第 10—15、56 页。

③ Quirk R.，Greenbaum S.，Leech G.，Svartvik J. *A Comprehensive Grammar of the English Language*. London/New York：Longman，1985.

④ Jespersen O. *The Philosophy of Grammar*. London：George Allen & Unwin，1924/Beijing：Beijing World Publishing Corporation，2015；Jespersen O. *Essentials of English Grammar*. London：George Allen & Unwin，1933/Beijing：Beijing World Publishing Corporation，2017.

⑤ 刘复：《中国文法通论》，岳麓书社 1920/2012 年版，第 87 页。

⑥ 黄伯荣、廖序东：《现代汉语》（增订三版），高等教育出版社 2003 年版，第 110 页。

或是认为陈述语气是基本语气，因此将其界定为“不带任何特殊语气的语气”①；或从交际目的的角度进行界定，如“表示说话人的交际目的在于向听话人提供信息”②。从上述学者的界定可以发现，除了贺阳的语气观③外，各派学者或从语言形式出发进行界定而忽略了功能属性，或未给出明确说明，只是指出陈述语气是“直陈”“说出来”“陈述”等，陷入循环界定。这些界定存在的问题是混淆了语气类别及其体现形式。我们认为，比较合理的界定方式应是从功能入手，这样的界定可突破形式上的局限性，应适用于不同语言。上述文献中，贺阳在界定语气时也提到陈述语气的功能性目的，即指出说话人的交际目的在于提供信息，这与系统功能语言学对于陈述语气的界定相一致。

系统功能语言学认为，陈述语气用于提供信息（肯定信息和否定信息），体现人与人交流中最为基本的功能。Halliday & Matthiessen④将陈述语气界定为表达陈述（statement）的典型语气类别；Fawcett⑤未采用“陈述语气”这样的术语进行表达，而是以交换内容与交换手段的组合来命名，如以“信息提供者”（information giver）指代系统功能语言学常规意义上的陈述语气。Fawcett⑥指出，“信息提供者”是语气系统中最为常见的类别。这与学界大多数观点⑦将陈述语气视为语气的基本形式相一致。比如：

（1）You realize you and I could become brothers.⑧

（2）We're not gonna be brothers.

---

① 吕叔湘：《中国文法要略》，商务印书馆 1956/2014 年版，第 264 页。

② 贺阳：《试论汉语书面语的语气系统》，《中国人民大学学报》1992 年第 5 期，第 60 页。

③ 贺阳：《试论汉语书面语的语气系统》，《中国人民大学学报》1992 年第 5 期，第 59—66 页。

④ Halliday M. A. K., Matthiessen C. M. I. M. *Halliday's Introduction to Functional Grammar*. London: Routledge, 2014.

⑤ Fawcett R. P. A Semantic System Network for MOOD in English. “Work in progress” version available from fawcett@cardiff.ac.uk, forthcoming.

⑥ Fawcett R. P. A Semantic System Network for MOOD in English. “Work in progress” version available from fawcett@cardiff.ac.uk, forthcoming, p. 25.

⑦ 如吕叔湘《中国文法要略》，商务印书馆 1956/2014 年版；黄伯荣、廖序东：《现代汉语》（增订三版），高等教育出版社 2003 年版。

⑧ 本章所有英文例子如没有特殊说明，均选自 *Big Bang Theory* 剧本。

(3) 咱爸他们单位，已经好几次想把爸的办公桌从局长室请出去啦！[①]

(4) 爱情不分老少。

例（1）和（3）是陈述语气的肯定形式，提供的是肯定的信息；例（2）和（4）是否定形式，提供了否定信息。通过例子可以看出，陈述语气可以包含情感（小句所包含的情感和语气语势密切相关，详见下文），如例（1）表达了遗憾；陈述语气同样可以摆事实，讲道理，如例（2）。不过，情感等不影响语气类别，也就是说，只要说话人使用小句的交际目的在于向听话人提供信息，小句的语气就是陈述语气。因此，前人的研究中，许多对语气类别描述的问题就在于将情感引入时，忽视了信息的交换功能。这样一来，下面的几个例句都属于陈述语气。

(5) 凤姐、宝玉躺在床上，连气息都微了。[②]（王力情绪语气观：决定语气）

(6) 因凤丫头为巧姐儿病着，耽搁了两天，今日才去的。[③]（王力情绪语气观：表明语气）

(7) 要是他发一点好心，拔一根寒毛，比咱们的腰还粗呢！[④]（王力情绪语气观：表明语气）

(8) 要是白来逛逛呢，便罢。[⑤]（王力情绪语气观：假设语气）

(9) 没有罢了，说上这些闲话。[⑥]（王力情绪语气观：忍受语气）

(10) 我本也不配和他说话；他是主子姑娘，我是奴才丫头么！[⑦]（王力情绪语气观：不平语气）

(11) 他是到过上海的。[⑧]（吕叔湘狭义及广义语气观：确认语气）

---

① 本章所有中文例子如没有特殊说明，均选自《我爱我家》剧本。

② 此句引自王力《中国现代语法》，商务印书馆 1943/2011 年版，第 229 页。

③ 此句引自王力《中国现代语法》，商务印书馆 1943/2011 年版，第 232 页。

④ 此句引自王力《中国现代语法》，商务印书馆 1943/2011 年版，第 234 页。

⑤ 此句引自王力《中国现代语法》，商务印书馆 1943/2011 年版，第 242 页。

⑥ 此句引自王力《中国现代语法》，商务印书馆 1943/2011 年版，第 243 页。

⑦ 此句引自王力《中国现代语法》，商务印书馆 1943/2011 年版，第 244 页。

⑧ 此句引自吕叔湘《中国文法要略》，商务印书馆 1956/2014 年版，第 266 页。

由于论理语气[①]本身既可以论道理，也可以论行为，因此王力情绪语气观中的论理语气范畴可区分为两类，有的用于传达信息，属于陈述语气，如例（12）；有的用于促使听话人实施某种行为，属于祈使语气，如例（13）。

（12）这会子翻尸倒骨的，作了药也不灵啊！[②]（王力情绪语气观：论理语气）

（13）该随手拿出两个来，给你这妹妹裁衣裳啊！[③]（王力情绪语气观：论理语气）

陈述语气包含一种特殊形式，用于表达说话人对某一事物或情况超出一般程度而生发的意外情感。这种特殊形式为感叹语气。学界不少学者将感叹语气作为一种独立的语气来描述[④]，这种做法值得商榷，这是因为感叹语气虽然传达出较多的情感意义，但也符合陈述语气给听话人提供信息的功能。因此我们认为，将感叹语气看作陈述语气的一种次级类别比较合适。

从感叹的对象来看，感叹语气可进一步分为以下五种：对事物本身进行感叹；对事物性质进行感叹；对事物数量进行感叹；对情形性质进行感叹；对情形数量进行感叹。

上述五种分类是对某一事物或情形本身、性质、数量进行的感叹，称为直接感叹。比如：

（14）Like what a good idea it was to elope the first time.

（15）Wow，it's so cute.

（16）There are so many amazing ones.

---

① 王力：《中国现代语法》，商务印书馆 1943/2011 年版，第 244 页。

② 此句引自王力《中国现代语法》，商务印书馆 1943/2011 年版，第 244 页。

③ 此句引自王力《中国现代语法》，商务印书馆 1943/2011 年版，第 244 页。

④ 如 Quirk R.，Greenbaum S.，Leech G.，Svartvik J. *A Comprehensive Grammar of the English Language*. London/New York：Longman，1985；章士钊：《中等国文典》，商务印书馆 1907/1911 年版；刘复：《中国文法通论》，岳麓书社 1920/2012 年版；吕叔湘：《中国文法要略》，商务印书馆 1956/2014 年版；高名凯：《汉语语法论》，商务印书馆 1948/1986 年版；贺阳：《试论汉语书面语的语气系统》，《中国人民大学学报》1992 年第 5 期，第 59—66 页；齐沪扬：《语气词与语气系统》，安徽教育出版社 2002 年版。

(17) But also how incredibly happy you make me.

(18) The team has been through this so many times. (BCC: Wall Street Journal)

(19) How much she loves them. (BCC: Wall Street Journal)

(20) (我就一点儿响儿都没听着就没了,) 你说这算什么事儿啊……

(21) 小张你这菜可咸点儿啊!

(22) 你又买这么多东西给自己。

(23) (您怎么到妇联那儿工作?) 这可真够新鲜的!

(24) 人家一礼拜可才见一回荤腥!

(25) 您说他现在多么需要这个 BP 机跟亲人取得联系。

例 (14) 与 (20) 表达对事物本身的感叹,认为事物本身是一个"good idea",或认为事物本身不算"什么事儿"。例 (15) 表达对事物性质的感叹,传递对"cute"性质的感叹;同样,例 (21) 感叹"菜"的性质是比较"咸"。例 (16) 和 (22) 表达对事物数量的感叹,例 (16) 感叹有很多"amazing ones";例 (22) 感叹买的东西之多。例 (17) 表达对情形性质的感叹,即对"you make me happy"这个情形性质的感叹;例 (23) 表达"到妇联工作""够新鲜"。例 (18) 表达对情形数量 (频率) 的感叹,使用"so many times"表达对情形"they have been through this"数量之多的感叹;例 (24) 表达每"一礼拜"才能"见荤腥"时间很长。此外,还存在另一种对情形数量的感叹——不可计量的情形数量,即程度,如例 (19) 与 (25):"how much"表达对情形"she loves them"程度的感叹;"多么"表达对"需要"这一情形程度的感叹。

除了上述情况,还存在一种感叹话语,与其感叹内容所表达的意思不一致,常用来表达惊讶、讽刺、埋怨等意义,可称为间接感叹。

(26) Isn't that pretty[①]!

① 此句引自 Fawcett R. P. A Semantic System Network for MOOD in English. "Work in progress" version available from fawcett@ cardiff. ac. uk, forthcoming, p. 59.

（27）你说和平还真行，（二话她没说呀……）

（28）（爸您想什么呢，）真是……

（29）（埋怨）真是的！

例（26）看似在寻求对方的同意，而实际上是对事物具有“pretty”属性的惊讶。例（27）中的“还真行”从字面意义上看是夸奖，但是结合后文可以看出，“还真行”其实具有讽刺的意味，意思是在消极的一面有突出表现。例（28）中的“真是”并没有接续内容，结合前文可以看出是对父亲胡思乱想的一种抱怨。例（29）句中的“真是的”是汉语中常见的表达，没有呈现出具体的感叹内容，往往表达埋怨等情绪。上述例句体现了间接感叹的语气特点：间接感叹对象、事物，以此来表达说话人内心的感叹情绪。

2. 陈述辅助语气

辅助语气对小句语气起到加强或减弱作用，附在主体语气之后，不构成单独的语气类别。学界一般将这种现象称为“附加问句”（tag question），其功能主要包括几类：其一，与命题内容相关的，如寻求意见[①]、寻求核实[②]、

① Algeo J. *British or American English? A Handbook of Word and Grammar Patterns*. Cambridge: Cambridge University Press, 2006; Tomaselli M. V., Gatt A. Italian Tag Questions and Their Conversational Functions. *Journal of Pragmatics*, 2015, No. 84, pp. 54-82; 邵敬敏：《现代汉语疑问句研究》，华东师范大学出版社 1996 年版。

② Algeo J. *British or American English? A Handbook of Word and Grammar Patterns*. Cambridge: Cambridge University Press, 2006; Roesle A. *Tag Questions in British and American English: A Matter of Gender, Regional, Dialect and Pragmatics*. MA Dissertation. Zurich: University of Zurich, 2001; Tottie G., Hoffmann S. Tag Questions in British and American English. *Journal of English Linguistics*, 2006, Vol. 34, No. 4, pp. 283-311; Tomaselli M. V., Gatt A. Italian Tag Questions and Their Conversational Functions. *Journal of Pragmatics*, 2015, No. 84, pp. 54-82; 邵敬敏：《现代汉语疑问句研究》，华东师范大学出版社 1996 年版；牛保义：《信疑假设》，《外语学刊》2003 年第 4 期，第 42—49 期；高华、张惟：《汉语附加问句的互动功能研究》，《语言教学与研究》2009 年第 5 期，第 45—52 页；闫亚平：《现代汉语附加问句的句法形式与语用功能》，《语文研究》2015 年第 3 期，第 44—50 页。

陈述信息①、寻求信息②、表达疑惑③、寻求同意④；其二，与命题引发的情形相关的，如表示请求⑤、吸引注意力⑥；其三，与情感相关的，如强化或弱化语气⑦、表达礼貌⑧、表达情感⑨、表达双方肯定⑩、表达协

---

① Kimps D. K. *Tag Questions in Conversation*: *A Typology of Their Interactional and Stance Meanings*. Amsterdam/Philadelphia: John Benjamins, 2018; Kimps D., Davidse K., Cornillie B. A Speech Function Analysis of Tag Questions in British English Spontaneous Dialogue. *Journal of Pragmatics*, 2014, No. 66, pp. 64-85.

② Kimps D. K. *Tag Questions in Conversation*: *A Typology of Their Interactional and Stance Meanings*. Amsterdam/Philadelphia: John Benjamins, 2018; Kimps D., Davidse K., Cornillie B. A Speech Function Analysis of Tag Questions in British English Spontaneous Dialogue. *Journal of Pragmatics*, 2014, No. 66, pp. 64-85.

③ Holmes J. *Women*, *Men*, *and Politeness*. London: Longman, 1995.

④ Tomaselli M. V., Gatt A. Italian Tag Questions and Their Conversational Functions. *Journal of Pragmatics*, 2015, No. 84, pp. 54-82.

⑤ Kimps D., Davidse K., Cornillie B. A Speech Function Analysis of Tag Questions in British English Spontaneous Dialogue. *Journal of Pragmatics*, 2014, No. 66, pp. 64-85; Tomaselli M. V., Gatt A. Italian Tag Questions and Their Conversational Functions. *Journal of Pragmatics*, 2015, No. 84, pp. 54-82; Kimps D. K. *Tag Questions in Conversation*: *A Typology of Their Interactional and Stance Meanings*. Amsterdam/Philadelphia: John Benjamins, 2018; 牛保义：《信疑假设》，《外语学刊》2003年第4期，第42—49期；高华、张惟：《汉语附加问句的互动功能研究》，《语言教学与研究》2009年第5期，第45—52页；闫亚平：《现代汉语附加问句的句法形式与语用功能》，《语文研究》2015年第3期，第44—50页。

⑥ Algeo J. *British or American English? A Handbook of Word and Grammar Patterns*. Cambridge: Cambridge University Press, 2006; Roesle A. *Tag Questions in British and American English*: *A Matter of Gender*, *Regional*, *Dialect and Pragmatics*. MA Dissertation. Zurich: University of Zurich, 2001; Tomaselli M. V., Gatt A. Italian Tag Questions and Their Conversational Functions. *Journal of Pragmatics*, 2015, No. 84, pp. 54-82.

⑦ Holmes J. *Women*, *Men*, *and Politeness*. London: Longman, 1995; Algeo J. *British or American English? A Handbook of Word and Grammar Patterns*. Cambridge: Cambridge University Press, 2006; Roesle A. *Tag Questions in British and American English*: *A Matter of Gender*, *Regional*, *Dialect and Pragmatics*. MA Dissertation. Zurich: University of Zurich, 2001; Tottie G., Hoffmann S. Tag Questions in British and American English. *Journal of English Linguistics*, 2006, Vol. 34, No. 4, pp. 283-311; Tomaselli M. V., Gatt A. Italian Tag Questions and Their Conversational Functions. *Journal of Pragmatics*, 2015, No. 84, pp. 54-82; 闫亚平：《现代汉语附加问句的句法形式与语用功能》，《语文研究》2015年第3期，第44—50页。

⑧ Holmes J. *Women*, *Men*, *and Politeness*. London: Longman, 1995; Tottie G., Hoffmann S. Tag Questions in British and American English. *Journal of English Linguistics*, 2006, Vol. 34, No. 4, pp. 283-311.

⑨ Roesle A. *Tag Questions in British and American English*: *A Matter of Gender*, *Regional*, *Dialect and Pragmatics*. MA Dissertation. Zurich: University of Zurich, 2001.

⑩ Roesle A. *Tag Questions in British and American English*: *A Matter of Gender*, *Regional*, *Dialect and Pragmatics*. MA Dissertation. Zurich: University of Zurich, 2001.

助[①]等。

虽然上述类别中的个别功能有待商榷，但学界对附加问句的研究和我们对辅助语气适用范围的界定有相通之处。我们认为，小句在语气框架中选择陈述、疑问或祈使基本语气类别后，可进一步选择辅助语气。在陈述语气与疑问语气中，辅助语气所起到的作用主要与命题内容相关。在祈使语气中，辅助语气起到的作用主要与提议引发的情形相关。辅助语气与人际互动密切相关。本节主要探讨陈述辅助语气，其功能主要与命题内容相关，包括寻求确认（confirmation）、寻求观点（opinion）、寻求同意（agreement）三个方面。

寻求确认是陈述辅助语气的基本功能之一。说话人对小句命题的真值无法确认时，可使用辅助语气向听话人寻求确认。比如：

（30）Ivy's read it，has she[②]？

（31）Ivy's read it，hasn't she，by now？（同上）

（32）（我知道，如果我们俩人能够公平竞争的话，）你会毫不犹豫地选择我而抛弃她，对不对！

例（30）和（31）结尾部分的"has she""hasn't she，by now"都是对"Ivy's read it"这一命题寻求确认，只不过例（31）中的程度更强一些。例（32）末尾的"对不对"是对小句命题进行寻求确认。寻求确认表明说话人对小句命题内容比较确信，Fawcett[③]称之为"自信寻求"（confident）。

寻求观点意在让说话人向听话人寻求对小句命题的看法。比如：

---

① Holmes J. *Women，Men，and Politeness*. London：Longman，1995.

② 此句引自 Fawcett R. P. A Semantic System Network for MOOD in English. "Work in progress" version available from fawcett@ cardiff. ac. uk，forthcoming，p. 59.

③ Fawcett R. P. A Semantic System Network for MOOD in English. "Work in progress" version available from fawcett@ cardiff. ac. uk，forthcoming；Fawcett R. P. From Meaning to Form in the Cardiff Model of Language and Its Use// Bartlett T.，O'Grady G. *The Routledge Handbook of Systemic Functional Linguistics*. London：Routledge，2017，pp. 56-76.

(33) Ivy's clever, don't you think[①]?

(34) 您个人受点儿损失倒没什么，关键是国家受损失啊……您说呢？

例（33）中辅助语气“don't you think”围绕小句命题内容寻求听话人的观点，希望听话人能够基于小句命题内容做出回答。例（34）陈述了一个命题。陈述语气所表达的命题一般情况下不要求听话人进行回应，说话人通过“您说呢”这一辅助语气，将话轮抛向听话人，寻求听话人对于小句命题的看法，增强了话语交流中的互动性。

说话人围绕小句命题观点向听话人寻求同意，这时所使用的辅助语气为寻求同意语气。比如：

(35) 主要是和我个人的努力分不开，对吧小贾！

(36) 你们现在搞的那套，跟封建迷信没有什么两样嘛，这个就其本质上来说，都是骗人的，对不对？

例（35）中，辅助语气“对吧”面向听话人，希望听话人能对小句命题表达同意；例（36）同理，辅助语气“对不对”的功能在于希望听话人对说话人通过小句表达的内容进行肯定的回复。

3. 疑问语气

围绕疑问语气功能，学界的观点存在一定分歧：一些学者认为疑问语气即因存在疑问而发问[②]；也有学者认为疑问语气既表达疑问，也表达反诘[③]。前者对疑问语气的理解符合语气的功能属性，即向听话人寻求信息。反诘

① 此句引自 Fawcett R. P. A Semantic System Network for MOOD in English. “Work in progress” version available from fawcett@ cardiff. ac. uk, forthcoming, p. 59.

② 如马建忠《马氏文通》，商务印书馆 1898—1899/2009 年版；章士钊：《中等国文典》，商务印书馆 1907/1911 年版；刘复：《中国文法通论》，岳麓书社 1920/2012 年版；王力：《中国现代语法》，商务印书馆 1943/2011 年版；高名凯：《汉语语法论》，商务印书馆 1948/1986 年版。

③ 如吕叔湘《中国文法要略》，商务印书馆 1956/2014 年版；贺阳：《试论汉语书面语的语气系统》，《中国人民大学学报》1992 年第 5 期，第 59—66 页；齐沪扬：《语气词与语气系统》，安徽教育出版社 2002 年版；齐沪扬：《论现代汉语语气系统的建立》，《汉语学习》2002 年第 2 期，第 1—12 页；黄伯荣、廖序东：《现代汉语》（增订三版），高等教育出版社 2003 年版。

语气的功能不在寻求信息上，和疑问语气有所区别，因此我们认为反诘不属于疑问语气中的一类。

系统功能语言学认为疑问语气的功能在于说话人向听话人寻求信息。根据所寻求的信息，疑问语气可进一步分为寻求正反、寻求内容选择、寻求新内容三种。寻求正反的疑问语气可根据对正反的侧重进一步分为有侧重、无侧重两种。顾名思义，有侧重的语气在寻求正反中侧重其中一方，或侧重于正，或侧重于反。

（37） Are you saying that because the things are unspeakable?

（38） Don't you have any friends he can date?

（39） 要不然……我上计划生育那屋儿再忍忍去？

（40） 真的不会吗？

例（37）和（39）是寻求正反的疑问语气，表达对肯定命题的疑问，侧重于正。例（38）和（40）表达对否定命题的疑问，侧重于反。虽然上述例句都是对正反的寻求，但具体示例中寻求的侧重点有所不同。侧重于正的语气表达对肯定命题意义的疑问，侧重于反的语气表达对否定命题意义的疑问，两种语气在寻求命题的正反意义上有所差异。

无侧重的疑问语气在寻求正反中没有特定偏向，而是正反双方都提到。

（41） So，did you defile my mother or not?

（42） 是不是想把咱家的彩电换成“画王”？

例（41）和（42）是无侧重的疑问语气的基本形式，表明信息的传递不需要侧重正与反任何一方，具体由“or not”“是不是”这类正反双方都涵盖的词汇手段来体现。

疑问语气有一种独特的形式，为寻求内容选择语气。

（43） Do I say stop what，or just throw in the towel?

（44） 已经交了定金啦，您是先打柜子还是先打床？

寻求内容选择的疑问语气一般是要求听话人围绕小句的过程、参与者角色或环境成分进行二选一，甚至三选一。针对这类疑问语气的回答，往往不能用“是”或“否”进行，一般是提供一个选项。

寻求新内容的疑问语气根据新内容的不同可进一步分为寻求参与者角色、寻求过程方式、寻求环境成分三种。

（45）Raj, who's at the door?

（46）What do you want to know?

（47）Hi, Colonel Williams, how can I help you?

（48）Why would you do that?

（49）Where did you move it?

（50）When does that start?

（51）这是谁干的？

（52）（走向厨房，停住）那我今天吃什么？

（53）深圳股票交易一举突破二百一十点心理关口，K、D、B、I都是空口主控，你让我怎么做呀？

（54）姑姑，你说大人为什么都这么愿意上班啊？

（55）在哪儿买的？什么时候买的？

例（45）和（51）寻求主语参与者角色信息：例（45）以“who”指代；例（51）以“谁”指代。例（46）和（52）寻求补语参与者角色信息：例（46）以“what”指代；例（52）以“什么”指代。例（47）和（53）寻求过程方式信息，分别以“how”“怎么”表达。例（48）（49）（50）及中文例句（54）（55）寻求环境成分“原因”“地点”“时间”信息，分别用“why”“where”“when”“为什么”“在哪儿”“什么时候”指代。

4. 疑问辅助语气

学界认为辅助语气主要存在于非疑问语气或反问句之后①。但根据观

---

① 邵敬敏：《现代汉语疑问句研究》，华东师范大学出版社1996年版；闫亚平：《现代汉语附加问句的句法形式与语用功能》，《语文研究》2015年第3期，第44—50页。

察，我们发现疑问语气的语料中也存在辅助语气现象。这类现象主要起到增强小句寻求信息的功能。根据 Fawcett 的统计①，疑问辅助语气在英语小句中的占比仅为 1%。

（56）What has Ivy read，I wonder，do you know?②

（57）（单位）分了什么，你们猜猜？

例（56）主体小句的疑问语气本身就起到了寻求信息的作用，辅助语气“do you know”的作用是凸显说话人寻求信息的目的性：说话人将话轮以更为明显、迫切的方式移交给听话人，使得听话人不得不参与信息的交换。例（57）中的“你们猜猜”并不是强调猜测，说话人只是通过附加辅助语气来增强和听话人的互动，促进信息的交换。

（二）祈使语气

如前文所述，语气涉及两类内容的交换，信息及物品与服务。一般来讲，信息的交换由直陈语气体现，物品与服务的交换由祈使语气体现。因此，从功能角度来看，祈使语气是与直陈语气同属一个层级的语气类型。

学界有不少学者将祈使语气同陈述语气、疑问语气置于同一层级地位。句式语气观的“四分法”③ 将陈述、疑问、祈使、感叹看作四类语气；情绪语气观④与狭义及广义语气观⑤均把祈使语气描述为“意志语气”或“与行动有关”的语气，但对这样的上位概念未作充分的解释；命题语气观⑥同样

① Fawcett R. P. A Semantic System Network for MOOD in English. “Work in progress” version available from fawcett@ cardiff. ac. uk，forthcoming.

② 此句引自 Fawcett R. P. A Semantic System Network for MOOD in English. “Work in progress” version available from fawcett@ cardiff. ac. uk，forthcoming，p. 59.

③ Quirk R.，Greenbaum S.，Leech G.，Svartvik J. *A Comprehensive Grammar of the English Language*. London/New York：Longman，1985；Sinclair J. *Collins COBUILD English Grammar*（4th edition）. New York：Harper Collins Publishers，2017；章士钊：《中等国文典》，商务印书馆 1907/1911 年版；刘复：《中国文法通论》，岳麓书社 1920/2012 年版；范晓：《汉语的句子类型》，书海出版社 1998 年版；黄伯荣、廖序东：《现代汉语》（增订三版），高等教育出版社 2003 年版。

④ 王力：《中国现代语法》，商务印书馆 1943/2011 年版。

⑤ 吕叔湘：《中国文法要略》，商务印书馆 1956/2014 年版。

⑥ 高名凯：《汉语语法论》，商务印书馆 1948/1986 年版。

未对语气的层次进行说明；主观意识语气观[①]与情感语气观[②]的语气层次观类似于王力、吕叔湘的上位概念，其功能语气的内部分类与句式语气观的“四分法”一致。不同的是动词形式语气观[③]。动词形式语气观将祈使语气与直陈语气（内含陈述和问题两种意义）划为同一层级，原因是其判别标准在于动词的形式。根据动词形式语气观，直陈语气的两种次级类别即陈述与问题小句的动词形式相同。通过动词形变区分的是直陈语气与祈使语气（以及虚拟语气，此处不讨论），因此这两者所处同一层级。动词形式语气观与系统功能语气观看待语气的视角虽然不同，但得出了一致的观点，其原因在于功能决定形式，形式是功能的体现。

有关祈使语气的功能，学界主要有以下几种观点：祈使语气意在表达命令[④]；除命令之外，祈使意义还涵盖催促、请求等意义[⑤]；说话人使用祈使语气的目的在于要求听话人做某事或不做某事[⑥]。第一类观点认为祈使语气就是表达命令。这一观点有较大的局限性，许多表达祈使意义的话语都无法归类。第二类观点认识到除了命令外，祈使意义还涵盖其他意义。比如，王力[⑦]认为表达祈使意义的语气除了祈使语气，还包含催促语气，两者的区别在于催促语气比祈使语气更急。此外，吕叔湘的语气观中，

---

① 贺阳：《试论汉语书面语的语气系统》，《中国人民大学学报》1992 年第 5 期，第 59—66 页。

② 齐沪扬：《语气词与语气系统》，安徽教育出版社 2002 年版；齐沪扬：《论现代汉语语气系统的建立》，《汉语学习》2002 年第 2 期，第 1—12 页。

③ Jespersen O. *The Philosophy of Grammar*. London：George Allen & Unwin，1924/Beijing：Beijing World Publishing Corporation，2015；Jespersen O. *Essentials of English Grammar*. London：George Allen & Unwin，1933/Beijing：Beijing World Publishing Corporation，2017；Lyons F. *Introduction to Theoretical Linguistics*. Cambridge：Cambridge University Press，1968；Palmer F. R. *Mood and Modality* (2nd edition). Cambridge：Cambridge University Press，2001.

④ Quirk R.，Greenbaum S.，Leech G.，Svartvik J. *A Comprehensive Grammar of the English Language*. London/New York：Longman，1985；章士钊：《中等国文典》，商务印书馆 1907/1911 年版；刘复：《中国文法通论》，岳麓书社 1920/2012 年版；高名凯：《汉语语法论》，商务印书馆 1948/1986 年版；范晓：《汉语的句子类型》，书海出版社 1998 年版。

⑤ 如王力《中国现代语法》，商务印书馆 1943/2011 年版；吕叔湘：《中国文法要略》，商务印书馆 1956/2014 年版；齐沪扬：《语气词与语气系统》，安徽教育出版社 2002 年版；齐沪扬：《论现代汉语语气系统的建立》，《汉语学习》2002 年第 2 期，第 1—12 页；黄伯荣、廖序东：《现代汉语》（增订三版），高等教育出版社 2003 年版。

⑥ 贺阳：《试论汉语书面语的语气系统》，《中国人民大学学报》1992 年第 5 期，第 59—66 页。

⑦ 王力：《中国现代语法》，商务印书馆 1943/2011 年版。

除了祈使语气可以表达祈使意义外，商量语气也能表达类似的意义，在一定程度上可称之为广义的祈使[①]。第三种观点从交际目的入手，将凡是表达祈使意义的语句均划入祈使语气范畴。该观点从功能角度入手，对语言的体现形式进行了全面的覆盖，这与系统功能语言学的语气观是一致的。

1. 祈使语气类别

祈使语气指物品及服务的交换，包括给予物品及服务、寻求物品及服务。Halliday[②]对祈使语气的研究主要聚焦其标记性。英语中，无标记的祈使小句往往不出现主语；一旦出现主语，小句则是在有意强调参与者，就变成了有标记的祈使语气。Halliday 针对祈使语气的研究没有深入祈使语气内部，对祈使意义的描写有待进一步完善。我们认为，祈使语气所传达的意义较为丰富，在精密阶层面有进一步划分的必要。

有关祈使意义的区分，学界基本存在以下几种观点，认为祈使包含祈愿[③]、劝告[④]、承诺[⑤]、命令[⑥]、禁止[⑦]、威胁[⑧]、建议[⑨]、催促[⑩]、请

---

① 吕叔湘：《中国文法要略》，商务印书馆 1956/2014 年版，第 313 页。

② Halliday M. A. K. *An Introduction to Functional Grammar* (2nd edition). London: Arnold, 1994/Beijing: Foreign Language Teaching and Research Press, 2000; Halliday M. A. K., Matthiessen C. M. I. M. *An Introduction to Functional Grammar* (3rd edition). London: Arnold, 2004/Beijing: Foreign Language Teaching and Research Press, 2008; Halliday M. A. K., Matthiessen C.M.I.M. *Halliday's Introduction to Functional Grammar*. London: Routledge, 2014.

③ 李敏：《现代汉语的义务情态分析》，《语言教学与研究》2010 年第 1 期，第 52—59 页。

④ 李敏：《现代汉语的义务情态分析》，《语言教学与研究》2010 年第 1 期，第 52—59 页。

⑤ 李敏：《现代汉语的义务情态分析》，《语言教学与研究》2010 年第 1 期，第 52—59 页。

⑥ 樊小玲：《汉语指令语言行为研究》，华东师范大学 2011 年博士论文；石锋、焦雪芬：《普通话命令句语调的时长和音量分析》，《汉语学习》2016 年第 1 期，第 65—73 页；司罗红、徐杰、王素改：《句子中心语性质跨语言差异与祈使句主语隐现》，《外语教学与研究》2017 年第 1 期，第 26—36、158—159 页。

⑦ 司罗红、徐杰、王素改：《句子中心语性质跨语言差异与祈使句主语隐现》，《外语教学与研究》2017 年第 1 期，第 26—36、158—159 页。

⑧ 樊小玲：《汉语指令语言行为研究》，华东师范大学 2011 年博士论文。

⑨ 樊小玲：《汉语指令语言行为研究》，华东师范大学 2011 年博士论文。

⑩ 王力：《中国现代语法》，商务印书馆 1943/2011 年版；吕叔湘：《中国文法要略》，商务印书馆 1956/2014 年版；齐沪扬：《语气词与语气系统》，安徽教育出版社 2002 年版；齐沪扬：《论现代汉语语气系统的建立》，《汉语学习》2002 年第 2 期，第 1—12 页；黄伯荣、廖序东：《现代汉语》（增订三版），高等教育出版社 2003 年版。

求①、乞求②、权势③等。可以看出，祈使语气意义比较丰富，不过部分分类依然有待商榷。比如，某些类别是同一类别的正反两面（如命令与禁止），某些类别的区分在于语势的强弱（如请求与乞求），还有一些类别的区分更偏重于语义而非祈使意义（如劝告、威胁、催促）等。虽然祈使意义在精密阶上的进一步划分离不开语义分析，但基于语义分类的弊端已经显现，如界限模糊、主观性强等。因此，在为祈使语气进行分类时需首先明确分类标准。

如果将语义作为唯一分类标准，容易陷入主观解释的窠臼。在此之上，需要考虑祈使语气的功能性，以功能作为主要抓手。Fawcett④ 对于祈使语气的分类即是在以功能为纲的基础上使其进一步语义化，根据语义化后的祈使意义将祈使语气分为命令（directive）、要求（request）、支配（ruling）、希愿（statement of wish）、建议（suggestion）、提议（proposal）、寻求同意（agreement seeker）、提供（offer）、寻求许可（permission seeker）几类。比如：

（58）Read it!⑤（命令）

（59）One tea，please.⑥（要求）

① 王力：《中国现代语法》，商务印书馆 1943/2011 年版；吕叔湘：《中国文法要略》，商务印书馆 1956/2014 年版；齐沪扬：《语气词与语气系统》，安徽教育出版社 2002 年版；齐沪扬：《论现代汉语语气系统的建立》，《汉语学习》2002 年第 2 期，第 1—12 页；黄伯荣、廖序东：《现代汉语》（增订三版），高等教育出版社 2003 年版；樊小玲：《汉语指令语言行为研究》，华东师范大学 2011 年博士论文；司罗红、徐杰、王素改：《句子中心语性质跨语言差异与祈使句主语隐现》，《外语教学与研究》2017 年第 1 期，第 26—36、158—159 页。

② 樊小玲：《汉语指令语言行为研究》，华东师范大学 2011 年博士论文。

③ 张恒君：《汉语的权势标记“给我”研究》，《湖南社会科学》2013 年第 14 期，第 221—224 页。

④ Fawcett R. P. A Semantic System Network for MOOD in English. “Work in progress” version available from fawcett@ cardiff. ac. uk，forthcoming；Fawcett R. P. From Meaning to Form in the Cardiff Model of Language and Its Use// Bartlett T.，O'Grady G. *The Routledge Handbook of Systemic Functional Linguistics*. London：Routledge，2017，pp. 56-76.

⑤ 此句引自 Fawcett R. P. A Semantic System Network for MOOD in English. “Work in progress” version available from fawcett@ cardiff. ac. uk，forthcoming，p. 61.

⑥ 此句引自 Fawcett R. P. A Semantic System Network for MOOD in English. “Work in progress” version available from fawcett@ cardiff. ac. uk，forthcoming，p. 61.

(60) You must read it.[1] (支配)

(61) I would like you to read it.[2] (希愿)

(62) You might read it.[3] (建议)

(63) Let's read it![4] (提议)

(64) Shall we read it?[5] (寻求同意)

(65) Shall I get you a cup of tea?[6] (提供)

(66) May I read it for you?[7] (寻求许可)

Fawcett 的上述分类在语气的语义化方面更进一步，不过似模糊了祈使意义与祈使语气的界限。此外，Fawcett 的分类将交换角色看作了参数，如建议和提议分别是针对听话人和说话人（包含听话人）的祈使语气，因此可以简化为一类语气；寻求同意本质上不在于询问对方是否同意，而在于向听话人提出物品及服务的交换请求；寻求许可也是同理，可以归入提议语气的范畴。我们以功能作为主要标准，以语义中强制性与权势关系作为辅助判断手段，对 Fawcett 的分类进行一定的简化，将祈使语气划分为命令、要求、支配、希愿、建议（包含提议与推荐）、祝愿共六类。

---

① 此句引自 Fawcett R. P. A Semantic System Network for MOOD in English. "Work in progress" version available from fawcett@ cardiff. ac. uk, forthcoming, p. 61.

② 此句引自 Fawcett R. P. A Semantic System Network for MOOD in English. "Work in progress" version available from fawcett@ cardiff. ac. uk, forthcoming, p. 61.

③ 此句引自 Fawcett R. P. A Semantic System Network for MOOD in English. "Work in progress" version available from fawcett@ cardiff. ac. uk, forthcoming, p. 61.

④ 此句引自 Fawcett R. P. A Semantic System Network for MOOD in English. "Work in progress" version available from fawcett@ cardiff. ac. uk, forthcoming, p. 62.

⑤ 此句引自 Fawcett R. P. A Semantic System Network for MOOD in English. "Work in progress" version available from fawcett@ cardiff. ac. uk, forthcoming, p. 62.

⑥ 此句引自 Fawcett R. P. A Semantic System Network for MOOD in English. "Work in progress" version available from fawcett@ cardiff. ac. uk, forthcoming, p. 63.

⑦ 此句引自 Fawcett R. P. A Semantic System Network for MOOD in English. "Work in progress" version available from fawcett@ cardiff. ac. uk, forthcoming, p. 63.

表 6–1 祈使语气分类①

	命令	要求	支配	希愿	提议	推荐	祝愿
给予	+	+	+	+	+	+	+
寻求	+	+	+	+	+	–	–
强制性	+	±	±	–	–	–	–
权势关系	±	–	+	–	–	+	–

在分别描述上述祈使语气之前，我们首先说明将强制性与权势关系作为分类参数的原因。考虑到人际之间对物品与服务的交换涉及交换内容及人际关系两个方面，我们认为应引入相应的参数对二者进行描述，以细化语气类别：交换内容方面的参数即为强制性；人际关系方面的参数即为权势关系。

在交换内容方面，祈使语气的功能性本质表明其一般情况下具有较强的不可辩驳性，特别是命令语气中不可违逆的意义十分凸显。但通过观察可以发现，祈使语气内部存在“刚柔缓急之异”②。“刚柔缓急”所体现出的是祈使语气的功能性特征，并非说话人主观的判断。命令语气无论以多么柔和的语势说出，仍然不能改变其强制性的特点，这是由其语气功能性所带来的。因此，强制性这一参数使得部分祈使语气类别得以与其他类别区分开来。

在人际交际方面，说话人试图选择符合自己身份地位的话语进行交际，而身份地位会带来权势关系这一价值标准③。说话人身份地位高于听话人时，权势关系强；说话人与听话人身份地位等同，或是说话人身份地位低于听话人时，权势关系弱。权势关系的强弱在句法、词汇层面均有所表现④，那么位于词汇语法层次之上的语义功能也会受到影响，进而对祈使语气的分类造成影响。

命令语气表达强制做某事或不做某事，涉及给予和寻求两方面，带有

① 其中“+”表示具备该属性，“–”表示不具备该属性；“±”表示存在具备与不具备该属性两种情况。

② 吕叔湘：《中国文法要略》，商务印书馆 1956/2014 年版，第 205 页。

③ 张恒君：《汉语的权势标记“给我”研究》，《湖南社会科学》2013 年第 14 期，第 224 页。

④ 张恒君：《汉语的权势标记“给我”研究》，《湖南社会科学》2013 年第 14 期，第 224 页。

不可违逆的强制特征，在权势关系层面存在两种情况。

（67）Have him call me.

（68）别开门。

例（67）传达“call me”这个交换服务的命令，例（68）传达“别开门”这一交换服务命令。两个例子的语气都带有强制性，体现了不可违逆的命令语气的特征。不过这两例在权势关系方面体现得不明显。一旦命令语气涉及权势关系，则会传达出更为不可违逆的感觉。比如：

（69）“Give it to me, I say,” returned the old man fiercely.（BFSU CQPweb）

例（69）中的“I say”表达说话人不准备给对方犹豫、拒绝的空间，体现了双方权势的不平衡，加强了命令语气的不可违逆性。

汉语权势关系的体现形式有“给我”这样高度语法化的标记。

（70）上水道下水道连窗户带门先给我砸！

命令语气的权势关系可以通过“给我”得以明显体现①，突出了说话人与听话人之间的权势关系。

要求语气表达要求做某事或不做某事，涉及给予和寻求两方面。学界通常认为，要求语气与命令语气的区别在于两点：其一，要求语气比命令语气更具有礼貌特征②；其二，要求语气给予听话人可拒绝的权利，而命令语气不可拒绝③。我们认为，第一点所体现的即为权势关系，第二点则

---

① 张恒君：《汉语的权势标记“给我”研究》，《湖南社会科学》2013年第14期，第221—224页。

② Gordon D., Lakoff G. Conversational Postulates// Cole P., Morgan J. L. *Syntax and Semantics* (Vol. 3): *Speech Acts*. New York: Academic Press, 1975, pp. 83-106; Heringer J. Some Grammatical Correlates of Felicity Conditions. Working Papers in Linguistics II. Ohio: Ohio State University, 1972.

③ Lyons J. *Semantics* (Vol. 2). Cambridge: Cambridge University Press, 1977.

表明强制性。和命令语气相比，要求语气不具有权势关系，因此比命令语气更“礼貌”；强制性可强可弱，强制性弱时不具有不可违逆的特征。

（71）Howard，please just call the man，see what he wants.

（72）Tea，please!

（73）不是我批评你们，背后议论人这毛病你们也该改改啦！

例（71）表达“call and see”两个要求，例（73）表达“改改毛病”这个要求。这两个例句所体现的强制性都较弱，比命令语气委婉。例（72）是典型的要求服务的祈使语气，即通过简洁的方式向听话人表明自己需要的物品。

要求语气同样可以具有强制性，带有强制性的要求语气小句，其内容往往较严肃，在语义上较少给予听话人可商榷的余地。比如：

（74）Don't say anything please.（BFSU CQPweb）

（75）把你跟小方通的信的那些内容跟你们俩的关系原原本本认认真真地跟我交待。

支配语气的主要特点是凸显权势关系，涉及给予和寻求两方面。支配语气的强制性可有可无，可给予听话人一定的商榷空间。比如：

（76）Let him put away his whim now，and he is welcome back.（BFSU CQPweb）

（77）让他们年轻人去干嘛！

例（76）体现具有权势不平等的支配关系，但语气的强制性较低，不会让听话人产生被强制行为的不愉快。例（77）中的“让他们年轻人去干”反映年长者对年轻人的支配关系，凸显上对下的权势关系。但例句通过“嘛”字的使用也给予了可商榷空间，在听话人进行回答时可以选择拒绝，且不会给会话过程带来不愉快的气氛。

支配语气如具有强制性，则更多地反映上级对下级的绝对的权势与不可违逆性。比如：

（78）Let him never come nigh me.（BFSU CQPweb）

（79）（傅老：）把药给我拿来。

如例（78）和（79）所示，具有强制性支配语气的句式往往比较简短。简短的句式反映说话人对话轮进行时间上的支配，希望话轮尽快结束，以此凸显话语的强制性。

希愿语气表示希望某人做或不做某事，涉及给予和寻求两方面。与要求语气相比，强制性更弱，几乎没有。希愿语气更强调说话人本身的主观意愿。

（80）Please don't make things any more awkward than they already are.

（81）爷爷我先声明一下，您干什么我都不反对，您可千万别上我们学校来当辅导员啊！

例（80）表示不希望让事态变得更加"awkward"，例（81）不希望"上我们学校来当辅导员"。希愿语气不具有强制性，主要表达一种愿望，最终呈现的方式较为缓和。

建议语气表示说话人建议某人做某事，涉及给予和寻求两方面。建议语气包含两个次级类别，提议与推荐。提议语气反映出的权势关系较弱。

（82）Come here, and let me lay my head upon you.（BFSU CQP-web）

（83）Have a cup of tea, please!

（84）8.18 案件，打今儿起由我专门负责，今儿晚上破案！

（85）小晴表妹，先喝点儿水，一路上累了吧。

例（82）表达说话人向对方提出"lay my head upon you"的提议，例（84）表达说话人对听话人说明希望事情由说话人"专门负责"的提议，两句的强制性都较弱。例（83）与（85）不具有强制性与权势关系，表示说话人向听话人提议接受物品。

（86）Please read that，ma'am.（BFSU CQPweb）

（87）“你最好骑我的马，”葛罗芬戴尔说。（BCC）

例（86）和（87）属于推荐语气。相较于提议语气，推荐语气可更明显反映出说话人与听话人在经验、地位等方面的上下位关系。

祝愿语气表示说话人对听话人的祝福，仅涉及给予一个方面。与提供语气不同，祝愿语气只在于向听话人表达祝愿、祝福。

（88）Happy birthday to you.

（89）请吧，祝你好胃口！

例（88）表示“happy birthday”这一祝愿，例（89）表达说话人希望对方吃好的愿望。祝愿语气往往和非基本小句关系紧密，多体现于祝福语中。

2. 祈使对象

祈使语气包含祈使对象这一次级系统。祈使对象指物品与服务交换的参与者，因此参与者的不同也会影响语气的表达。

祈使语气既然涉及物品与服务的交换，那么，交换对象一般就是听话人，因此祈使语气与作为第二人称的听话人密切相关①。作为第二人称的听话人在祈使语气中一般不出现，这是一种无标记现象②。有时，祈使语气所涉及的对象可以包括说话人、说话人与听话人双方、第三方③。

① Lyons J. *Semantics*（Vol. 2）. Cambridge：Cambridge University Press，1977，p. 747.

② Halliday M. A. K.，Matthiessen C. M. I. M. *Halliday's Introduction to Functional Grammar*. London：Routledge，2014.

③ Lyons J. *Semantics*（Vol. 2）. Cambridge：Cambridge University Press，1977；Fawcett R. P. A Semantic System Network for MOOD in English. “Work in progress” version available from fawcett@cardiff. ac. uk，forthcoming；Fawcett R. P. From Meaning to Form in the Cardiff Model of Language and Its Use// Bartlett T.，O'Grady G. *The Routledge Handbook of Systemic Functional Linguistics*. London：Routledge，2017，pp. 56-76.

（90）Marty，let me call you back.

（91）You read it![①]

（92）Please，let me go.

（93）All right，let's continue.

（94）行，不就吃块肥肉么，我吃！

（95）香死你，你吃啊！

（96）潘大姐，您看有什么没谈完的，咱们明天上班接着谈。

（97）还让他做？让他请咱们下馆子。

例（90）和（94）分别涉及说话人“me”“我”。例（91）（92）和（95）涉及的对象为听话人，为“you”、听话人不出现、“你”。听话人参与者角色不出现为无标记情况，出现则为标记情况[②]。第三种情况涉及说话人与听话人双方，如例（93）和（96）中的“let's”“咱们”等。最后一种情况涉及不在现场的第三方，如例（97）提到的“让他请咱们下馆子”中的“他”。

3. 柔劝手段

祈使语气中另一重要系统是柔劝手段系统。祈使语气涉及物品与服务的交换，这种交换可能存在程度较高的威胁面子的情形，比如命令某人做某事。这样，人们往往需要一些手段来缓和语气[③]，提高交换的成功率。我们借用“柔劝”一词[④]表述这种现象。柔劝手段的互动性、交际性、社会性属性均较强，彰显语言的人际功能。

---

① 此句引自 Fawcett R. P. A Semantic System Network for MOOD in English. “Work in progress” version available from fawcett@ cardiff. ac. uk，forthcoming，p. 61.

② Halliday M. A. K.，Matthiessen C. M. I. M. *An Introduction to Functional Grammar*（3rd edition）. London：Arnold，2004/Beijing：Foreign Language Teaching and Research Press，2008；Halliday M. A. K.，Matthiessen C. M. I. M. *Halliday's Introduction to Functional Grammar*. London：Routledge，2014.

③ Brown P.，Levinson S. *Politeness：Some Universals in Language Usage*. Cambridge：Cambridge University Press，1987.

④ 宛新政：《“（N）不 V”祈使句的柔劝功能》，《世界汉语教学》2008 年第 3 期，第 16 页。

学界相关研究主要涉及柔劝手段的功能，如表达亲昵态度①、弱性要求②、小量义③等。总体上，研究较为零散，分类不够系统。概括地讲，我们认为柔劝手段包含三种类型：礼貌用语、小量用语、缓和用语。礼貌用语用以打造良好的人际关系，加大听话人拒绝的难度，是柔劝手段中常见的一种④。

(98) And please know that we could not have done it without you, so cheers.

(99) 被动就被动吧，麻烦您受累给我指出来……

(100) 老和同志快请坐吧。

例（98）使用“please”礼貌用词表达委婉和礼貌。例（99）和（100）中的“麻烦您受累”“快请”等礼貌手段，用来抬高听话人的地位，表达对听话人的尊敬，降低要求听话人做某事而带来的强制性。

另外一种情况是小量用语。“量”的范畴与语言的礼貌有很大关系⑤，小量用语用来降低所要求行为的难度，从而减少要求被拒绝的风险。比如：

(101) I did this for free, let me get a little something.

(102) 您就顾问一下就行啦！

例（101）和（102）中的“a little something”和“顾问一下”，前者

① 宛新政：《“（N）不V”祈使句的柔劝功能》，《世界汉语教学》2008年第3期，第16—27页。

② 宛新政：《“（N）不V”祈使句的柔劝功能》，《世界汉语教学》2008年第3期，第16—27页。

③ 单宝顺、肖玲：《“一下”与礼貌原则》，《辽东学院学报（社会科学版）》，2009年第2期，第52—55、72页；单宝顺、齐沪扬：《从“小量”意义看汉语中“礼貌原则”的隐性表达》，《汉语学习》，2015年第5期，第11—17页。

④ 不少语言具有敬语系统，而不是仅通过礼貌用语表达柔劝。我们认为语言中的敬语系统是语法手段，此处以汉语、英语为例，描述的是词汇手段。

⑤ Leech G. *Principles of Pragmatics*. London: Longman, 1983.

表示要求的报酬很少，后者表示工作量很小。

此外，缓和语气用语通过增强与听话人的互动性起到缓和语气的作用。

（103）Sit down，won't you?[①]

（104）那干脆，让他们家人自己来演这出戏，怎么样？

（105）我说干脆，改我那儿去拍吧，怎么样？

上述小句中的"won't you""怎么样"通过营造说话人与听话人之间的互动气氛，来降低说话人对听话人使用祈使语气而带来的强制性，使得祈使语气更像一种可来可往的"商量"方式。

二　语气语势系统

在文献中，与语势系统相关的一个概念为情态。情态源自逻辑学上的模态，用来限定或判断命题的真值，关注命题的必然性与可能性[②]。情态概念运用于语言学领域后，不同学者对于情态所属的层面作出了不同的诠释。一些学者认为情态所属的范畴在于形式层面，如 Lyons[③]、Palmer[④] 将情态视为形式语义在句法层上的修饰限定成分；一些学者认为情态是语义范畴，如 Quirk *et al.*[⑤]、Biber[⑥] 认为情态是命题的限定成分，Bybee[⑦]、

① 此句引自 Fawcett R. P. A Semantic System Network for MOOD in English. "Work in progress" version available from fawcett@ cardiff. ac. uk，forthcoming，p. 61.

② 封宗信：《系统功能语言学中的情态系统：逻辑、语义、语用》，《外语教学》2011 年第 6 期，第 1—10 页。

③ Lyons J. *Semantics*（Vol. 2）. Cambridge：Cambridge University Press，1977.

④ Palmer F. R. *Mood and Modality*（2nd edition）. Cambridge：Cambridge University Press，2001.

⑤ Quirk R.，Greenbaum S.，Leech G.，Svartvik J. *A Comprehensive Grammar of the English Language*. London/New York：Longman，1985.

⑥ Biber D.，Johansson S.，Leech G.，Conard S.，Finegan E. *Longman Grammar of Spoken and Written English*. New York：Longman，1999.

⑦ Bybee J. L. The Semantic Development of Past Tense Modals in English// Bybee J. L.，Fleischman S. *Modality in Grammar of Discourse*. Amsterdam：John Benjamins，1995，pp. 503-551.

Fillmore[①] 认为情态是语义类型的语言表达手段；另外，还有学者从人与客观世界的关系入手，如 Perkins[②] 认为情态是介于人与客观世界之间的系统，Sweetser[③] 认为情态既表达对客观世界的描述，同时也是人类信念系统中的一部分。

学界对于情态尚未做出一个准确的界定与描述，原因在于情态不是一个准确、规范的语义学范畴[④]。从文献上看，情态一词既指情态意义及其分类，又指情态的体现形式。如果要厘清“情态”这一概念，我们认为应明确区分概念与体现形式之间的关系，同时要明确“情态”与人际功能领域内另外一个重要概念即语气的关系。

语气类别系统体现交际双方交换信息、物品与服务的功能，语气语势系统体现交换过程中言语者的主观态度。语气语势系统相较于语气类别系统，主观性更加凸显。

我们对于语气语势系统的构建缘起于学界对汉语语气的研究。在以往研究中，各派学者对于语气的描述与“情感”“情绪”“主观”等范畴密不可分，也有学者[⑤]将语气与情态合为一体，以情态涵盖语气，使得语气与情态两者呈现胶着关系。我们认为语气是涵盖这两者的上位概念。在传达信息时，说话人的主观意识不可避免地会传达给对方；传达信息的方式为语气类别，前文已经讨论过。表达说话人主观意志的部分为语气语势系统，是本节的重点内容。语气语势系统分为内在语势和外在语势两类。内在语势体现说话人对于交换内容（信息、物品与服务）的主观判断，外在语势在语言的物理声响层面体现说话人对所交换内容持有的判断、态度、情绪等的强度。

---

① Fillmore C. The Case for Case// Bach E., Harms R. *Universals in Linguistic Theory*. New York: Holt, Rinehart & Winston, 1968, pp. 1-88.

② Perkins M. R. The Core Meanings of the English Modals. *Journal of Linguistics*, 1982, Vol. 18, No. 2, pp. 245-273.

③ Sweetser E. *From Etymology to Pragmatics — Metaphorical and Cultural Aspects of Semantic Structure*. Cambridge: Cambridge University Press, 1990.

④ 封宗信：《系统功能语言学中的情态系统：逻辑、语义、语用》，《外语教学》2011 年第 6 期，第 3 页。

⑤ 如马清华《汉语情态协同关系及其复杂性》，《学术交流》2018 年第 6 期，第 126—131 页。

（一）内在语势

如前文提及的那样，情态源自逻辑模态，描述的是命题成立的必然性与可能性。对于命题成立的必然性与可能性的探讨，一直延续发展至语言学领域。概括地讲，语言学界对于情态内涵的看法主要分为两种：一是表达说话人的知识和信念，如 Quirk *et al.*①、Biber② 的外在情态以及 Lyons③ 的认知情态（epistemic modality）等；二是表达行为的必然性与可能性，如 Quirk *et al.*④、Biber⑤ 的内在情态、Lyons⑥ 的道义情态（deontic modality）等。Palmer⑦ 在此基础上增加了动态情态（dynamic modality），认为动态情态表达小句主语的能力、意愿，与体现说话人态度的认知情态、道义情态无关。Bybee *et al.*⑧ 从语义类型角度出发，将情态分为施事指向情态（agent-oriented modality）、说话人指向情态（speaker-oriented modality）、道义情态。施事情态关注施事外部的条件，包含义务、必然性、能力、意愿；说话人情态强调说话人对于听话人施展言语行为的条件，包含祈使、禁止（prohibitive）、希愿（optative）、规劝（hortative）、警告（admonitive）、允许；认知情态则包含各种可能性等。学界对于情态所涵盖内容的研究有的倾向于延续逻辑学上的范畴，也有的将情态归于语义类型，从而延展了情态所涵盖的内容。但从总体上看，无论是认知情态、道义情态的二分，抑或是认知、义务、动态的三分，乃至语义类型情态观的多分，各派

① Quirk R., Greenbaum S., Leech G., Svartvik J. *A Comprehensive Grammar of the English Language*. London/New York: London, 1985.

② Biber D., Johansson S., Leech G., Conard S., Finegan E. *Longman Grammar of Spoken and Written English*. New York: Longman, 1999.

③ Lyons F. *Introduction to Theoretical Linguistics*. Cambridge: Cambridge University Press, 1968; Lyons J. *Semantics* (Vol. 2). Cambridge: Cambridge University Press, 1977.

④ Quirk R., Greenbaum S., Leech G., Svartvik J. *A Comprehensive Grammar of the English Language*. London/New York: Longman, 1985.

⑤ Biber D., Johansson S., Leech G., Conard S., Finegan E. *Longman Grammar of Spoken and Written English*. New York: Longman, 1999.

⑥ Lyons F. *Introduction to Theoretical Linguistics*. Cambridge: Cambridge University Press, 1968; Lyons J. *Semantics* (Vol. 2). Cambridge: Cambridge University Press, 1977.

⑦ Palmer F. R. *The English Verb* (2nd edition). London: Longman, 1987.

⑧ Bybee J. L., Perkins R., Pagliuca W. *The Evolution of Grammar: Tense, Aspect, and Modality in the Languages of the World*. Chicago: The University of Chicago Press, 1994.

观点对于情态的分类及边界描述缺乏统一的标准。认知与义务并非一套标准下并行的两类情态，动态情态指与上面二者不同的现象，语义类型下的情态分类描述多于界定。我们认为，对情态的分类需要更为清晰的标准。

Halliday① 构建的情态系统与信息、物品与服务的交换密切相关，是人际功能两大表征系统中的一种，另一种是语气系统。情态表达的是在信息、物品与服务的交换过程中，人们对肯定（positive）与否定（negative）之间（两者合称为归一性，polarity）的不确定状态的一种识解②，包含情态化（modalization）和意态化（modulation）两种次级分类，前者用于描述命题的盖然性与经常性，后者用于描述提议的义务性与意愿性。盖然性系对命题归一性程度的描述，或是，或不是，亦涵盖不同的可能性程度，如“可能是”“肯定是”“可能不是”“肯定不是”；经常性系对命题归一性频率的描述，可是，可不是，亦涵盖不同程度的频率，如“偶尔是”“经常是”“偶尔不是”“经常不是”。义务性系对义务归一性程度的描述，涵盖不同程度的义务，如“可以做”“应该做”“必须做”“可以不做”“应该不做”“一定不做”；意愿性系对意愿归一性程度的描述，涵盖不同程度的意愿，如“愿意做”“决定做”“不愿意做”“决定不做”。

Halliday 所构建的情态系统不是一成不变的，从《功能语法导论》的第一版③、第二版④、第三版⑤到第四版⑥，情态逐渐发展为包含类别（TYPE）、取向（ORIENTATION）、量值（VALUE）、归一性（POLARITY）的一套多重系统。

---

① Halliday M. A. K. *An Introduction to Functional Grammar*. London：Arnold，1985；Halliday M. A. K. *An Introduction to Functional Grammar*（2nd edition）. London：Arnold，1994/Beijing：Foreign Language Teaching and Research Press，2000.

② Halliday M. A. K.，Matthiessen C. M. I. M. *Halliday's Introduction to Functional Grammar*. London：Routledge，2014，p. 176.

③ Halliday M. A. K. *An Introduction to Functional Grammar*. London：Arnold，1985.

④ Halliday M. A. K. *An Introduction to Functional Grammar*（2nd edition）. London：Arnold，1994/Beijing：Foreign Language Teaching and Research Press，2000.

⑤ Halliday M. A. K.，Matthiessen C. M. I. M. *An Introduction to Functional Grammar*（3rd edition）. London：Arnold，2004/Beijing：Foreign Language Teaching and Research Press，2008.

⑥ Halliday M. A. K.，Matthiessen C. M. I. M. *Halliday's Introduction to Functional Grammar*. London：Routledge，2014.

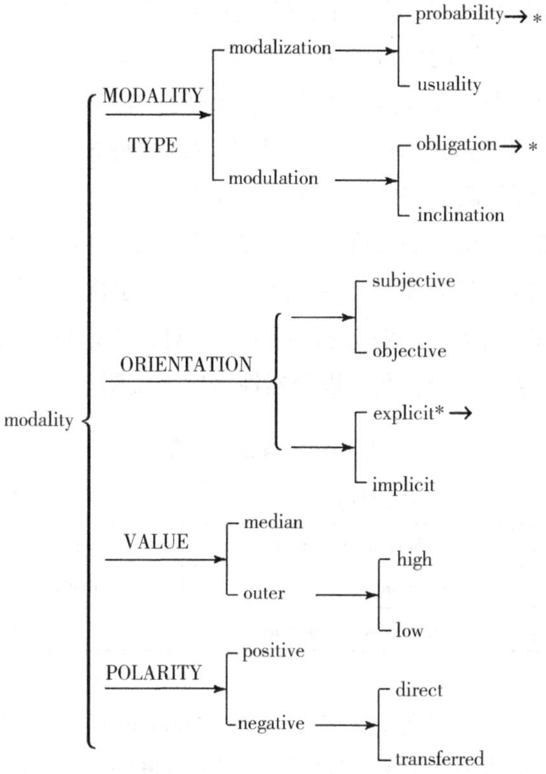

图 6-2　情态系统①

取向系统表征说话人对命题及提议所作判断体现方式的选择，包含四个次级变量：主观（subjective）、客观（objective）、显性（explicit）、隐性（implicit）。四者交叉构成四种情况，以盖然性为例：

表 6-2　　取向系统②

	主观	客观
显性	I'm certain that…	It is certain that…
隐性	must	certainly

① Halliday M. A. K.，Matthiessen C. M. I. M. *Halliday's Introduction to Functional Grammar*. London：Routledge，2014，p. 182.

② Halliday M. A. K.，Matthiessen C. M. I. M. *Halliday's Introduction to Functional Grammar*. London：Routledge，2014，p. 181.

“I’m certain that...” 是一种主观显性表达方式。“I” 反映说话人对于命题的主观判断，同时明确地表达出判断的来源是说话人自身。“must” 隐藏判断的来源，呈现隐性特征。相反，客观的显性表达 “It is certain that...” 是用第三方的信息来源来体现这种客观性，“certainly” 将第三方信息来源隐藏起来，呈现客观、隐性特征。

量值系统表征情态的程度，分为高、中、低三档。三档并非在同一层次上。中档量值与外侧量值（outer）处于同一层次，原因在于外侧量值（即高与低）在对命题及提议进行否定，或对情态进行否定时，两种体现形式会发生转换。此处，我们以盖然性为例来说明。

表 6-3　　情态量值与否定转换①

	对命题的否定	对情态的否定
certain	that’s certainly not true	that’s not possibly true
probable	that’s probably not true	that’s not probably true
possible	that’s possibly not true	that’s not certainly true

如表 6-3 所示，盖然性的中档量值 “probable”，对命题的否定与对情态的否定，其体现形式没有区别；而高档量值 “certain” 与低档量值 “possible”，在对命题进行否定，以及对情态进行否定时，两者的体现形式发生了转换。这表明：归一性中，对命题及提议的否定是直接的（direct），而对情态的否定会发生转移（transferred）。

如上所述，Halliday 的情态观经历了系统化、语义化的发展过程，不过，其描述仍将语气与情态视为两个分离的部分，取向、量值等系统仍然主要以体现形式为出发点，这与逐步功能化、语义化的语气系统相脱节，因此我们认为有必要将情态系统进一步向语义化的方向推进。

在 Fawcett 的著述②中，情态已通过语义化的方式融入语气网络，各情

① Halliday M. A. K., Matthiessen C. M. I. M. *Halliday’s Introduction to Functional Grammar*. London：Routledge，2014，p. 180.

② Fawcett R. P. A Semantic System Network for MOOD in English. “Work in progress” version available from fawcett@ cardiff. ac. uk，forthcoming；Fawcett R. P. From Meaning to Form in the Cardiff Model of Language and Its Use// Bartlett T., O’Grady G. *The Routledge Handbook of Systemic Functional Linguistics*. London：Routledge，2017，pp. 56-76.

态意义与语气分类相结合，加强了语气的语义化程度。从Halliday①到 Fawcett② 的人际功能系统构建，我们可以发现，随着语义化的深入，语气与情态之间密不可分的关系愈加明显。不过，系统功能语言学界在构建人际功能系统时，主要关注的是形式标记凸显的印欧语系语言，所探讨的体现形式集中于情态词等。汉语、日语等其他语系的语言在语气与情态方面的紧密联系无法完全通过目前的框架来反映。另外，Fawcett③ 对语义化语气系统的描述主要聚焦英语，其次级分类在其他语种中的适用性有待验证。

人际功能关涉人与人之间有关世界经验的交流，也关涉个人对世界经验的判断、态度等。我们认为，人际功能由语气系统表征，人与人之间有关世界经验的交流由语气类别系统表征，个人对世界经验的判断、态度等由语气语势系统中的内在语势系统表征，如图 6-3 所示。

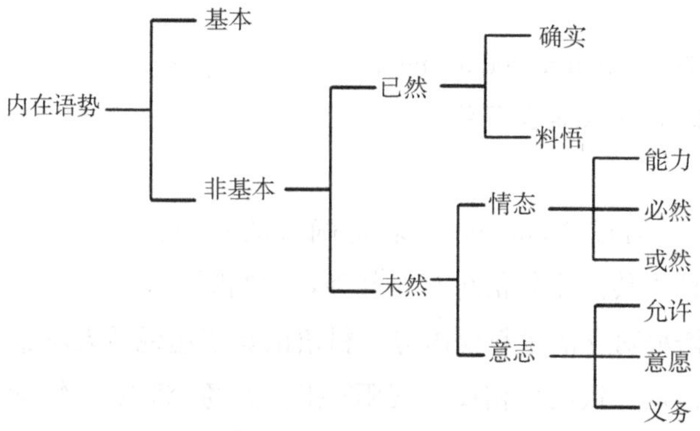

图 6-3　内在语势系统

① Halliday M. A. K., Matthiessen C. M. I. M. *An Introduction to Functional Grammar* (3rd edition). London: Arnold, 2004/Beijing: Foreign Language Teaching and Research Press, 2008; Halliday M. A. K., Matthiessen C. M. I. M. *Halliday's Introduction to Functional Grammar*. London: Routledge, 2014.

② Fawcett R. P. A Semantic System Network for MOOD in English. "Work in progress" version available from fawcett@ cardiff. ac. uk, forthcoming; Fawcett R. P. From Meaning to Form in the Cardiff Model of Language and Its Use// Bartlett T., O'Grady G. *The Routledge Handbook of Systemic Functional Linguistics*. London: Routledge, 2017, pp. 56-76.

③ Fawcett R. P. A Semantic System Network for MOOD in English. "Work in progress" version available from fawcett@ cardiff. ac. uk, forthcoming; Fawcett R. P. From Meaning to Form in the Cardiff Model of Language and Its Use// Bartlett T., O'Grady G. *The Routledge Handbook of Systemic Functional Linguistics*. London: Routledge, 2017, pp. 56-76.

基本语势指内在语势特点不明显的情况，可以理解为“默认”情况，如例（106），小句陈述事实，不存在主观判断及态度的表达。

（106）有奖号码今天开奖。

非基本语势包括已然与未然两种。已然（realis）表达能直接感知到的、已经发生的情况；未然（irrealis）表达存在于思维领域的情况，只能通过想象来明确[①]。因此，已然下属的确实和料悟两种语势均是对于已经发生的事情的判断等。

确实语势在学界以往语气系统研究中也被单独看作一种语气类别[②]。但我们认为确实是一种语气语势，用于表达对已发生事情的确定判断。

（107）I'm sure you're right.

（108）确实是我写的呀。

例（107）通过“I'm sure”表达确实的判断；例（108）使用“确实”表达说话人传达小句信息时对其确定的判断。

和确实语势对立的是料悟语势。料悟语势表达说话人对命题事实的一种心理预期，是一致还是相反。贺阳[③]和齐沪扬[④]将其看作语气类别中的一种。我们认为，从信息交换的角度及传达意识的角度看，料悟是一种主观意识，可以附加在用于交换信息的多种语气之上。因此，我们认为料悟是一种主观意识，系内在语气语势。

（109）So，technically，I'd be moving in with my boyfriend?

---

① Mithun M. *The Languages of Native North America*. Cambridge：Cambridge University Press，1999，p. 173.

② 如吕叔湘《中国文法要略》，商务印书馆 1956/2014 年版。

③ 贺阳：《试论汉语书面语的语气系统》，《中国人民大学学报》1992 年第 5 期，第 59—66 页。

④ 齐沪扬：《语气词与语气系统》，安徽教育出版社 2002 年版；齐沪扬：《论现代汉语语气系统的建立》，《汉语学习》2002 年第 2 期，第 1—12 页。

（110）果然和我想的一样。

例（109）通过词汇手段“so”来表达说话人对上文内容的理解，并且这种理解是在意料之中的；例（110）使用词汇手段“果然”表达说话人在传达小句信息时的意料之情。

未然语势表达对未发生或发生在思维中的情况进行的判断等。未然语势包含情态和意志两部分。情态语势表达与命题交换有关的判断等。传统情态研究从逻辑学出发，认为认知情态包含必然与可能两个范畴①。但考虑到情态语势涉及命题的交换，我们认为，应将 Palmer② 提出的动态语势中的能力这一范畴融合进来。这样，情态语势包含能力、必然与或然三个部分，均涉及命题的交换，体现说话人对命题内容的主观判断等。

能力、必然、或然三个范畴在贺阳③、齐沪扬④的语气框架中均系独立的语气类别。贺阳称能力语气为能愿语气，表示说话人对某人或某物是否具有实现句中命题的能力或功能的判断；必然表示说话人推测句中命题必然是真实的，而不可能是虚假的；或然表示说话人推测句中命题可能是真实的——必然与或然二者共称为模态语气。齐沪扬将能力称为能愿语气，将必然与或然称为可能语气。在概念界定方面，我们赞同贺阳、齐沪扬的观点，认为能力、必然与或然是附着在信息交换之上的三种主观意识。不过，能力、必然、或然这三个范畴不是命题交换本身，而是表达说话人对命题成立或使命题成立的可行性的判断。因此，情态语势应是附属于语气范畴的语势，而非语气类别。

（111）（I wanted to thank you for going through all the trouble of planning a second wedding ceremony for me,）but unfortunately I cannot attend.

---

① Lyons J. *Semantics*（Vol. 2）. Cambridge：Cambridge University Press，1977.

② Palmer F. R. *The English Verb*（2nd edition）. London：Longman，1987.

③ 贺阳：《试论汉语书面语的语气系统》，《中国人民大学学报》1992 年第 5 期，第 59—66 页。

④ 齐沪扬：《语气词与语气系统》，安徽教育出版社 2002 年版；齐沪扬：《论现代汉语语气系统的建立》，《汉语学习》2002 年第 2 期，第 1—12 页。

(112) That's definitely a gravitational wobble.

(113) Mary may visit me in New York.

(114) 你们知道吗，气色这个东西，不光说明一个人的身体状况，而且能够预言他的福祸凶吉。

(115) 我们充分估计到啊你们这年轻人呐越有越抠的心态，肯定不会轻易开牙。

(116) 我们可能是……近亲……

例（111）和（114）表示是否有能力做某事：例（111）表示说话人不能“attend”；例（114）表示气色能够“预言他的福祸凶吉”。例（112）和（115）表示必然情态意义：例（112）使用“definitely”词汇资源表达这一必然情态意义；例（115）使用“肯定”表达可能性为百分之百的情况。例（113）和（116）表达或然情态意义：两例分别使用“may”“可能”词汇资源表达可能性不是百分之百的情况。

意志语势表达对提议交换的判断等，包含允许、意愿、义务三种，体现说话人对小句内容的一种趋向意动。在义务情态[①]的基础上，考虑到提议的交换，我们融合了 Palmer[②] 动态情态中的意愿范畴。

允许、意愿、义务在贺阳[③]、齐沪扬[④]的语气框架中有呈现。贺阳认为，允许语气表示说话人认为道义情理或客观环境允许句中命题被实现，而不实现这一命题也不是不可以；意愿语气表示说话人对某人是否具有实现句中命题的意愿的判断；必要（义务）语气表示说话人根据道义情理或客观要求，认为实现句中命题是必要的，不实现该命题是不能允许的，允许与必要二者共称为履义语气。齐沪扬的框架中包含意愿与允许两个范畴，将义务称为必要语气，允许与必要合称为允许语气。我们同意贺阳、齐沪扬的概念界定，但认为三者为附属于语气范畴的语势，而非语气类别

① Lyons J. *Semantics* (Vol. 2). Cambridge: Cambridge University Press, 1977.

② Palmer F. R. *The English Verb* (2nd edition). London: Longman, 1987.

③ 贺阳：《试论汉语书面语的语气系统》，《中国人民大学学报》1992 年第 5 期，第 59—66 页。

④ 齐沪扬：《语气词与语气系统》，安徽教育出版社 2002 年版；齐沪扬：《论现代汉语语气系统的建立》，《汉语学习》2002 年第 2 期，第 1—12 页。

本身。

另外值得注意的一点是，在贺阳与齐沪扬的框架中，能力与意愿总是捆绑在一起，同属于一个次级范畴，这与 Palmer① 的动态情态概念相同。而在我们的框架中，能力语势属于情态语势，意愿语势属于意志语势，二者所表达的侧重点不同，不应归入同一类别。能力语势所属的情态语势侧重表达说话人对命题内容的主观判断等，而意愿语势所属的意志语势则更多强调说话人对提议内容的趋向意动。二者所表达的主观意义属于不同的类别，不应归为同一次级范畴。

（117）I will not have you be disrespectful to me.

（118）I want you just to play dumb.

（119）You of all people should know that.

（120）我当然是自己洗，你们可以分男女，自愿结合！

（121）是不是想把咱家的彩电换成“画王”？

（122）依我说总经理算什么，您应该再兼个董事长才对。

例（117）和（120）表示允许或不允许某人做某事：例（117）表示说话人不允许听话人对他表现出“disrespectful”，例（120）表示说话人认为听话人“可以分男女，自愿结合”。例（118）和（121）表示意愿意义：例（118）表示说话人希望听话人“play dumb”，例（121）表示希望更换家中的彩电。通过这两个例子，我们可以看出，意志语势是关涉说话人心理的一种趋向意动，和上文能力语势表达的侧重点不同。例（119）和（122）表达义务意义：例（119）中的“should”以及例（122）中的“应该”表达说话人认为听话人有义务做某事。

（二）外在语势

在描述外在语势之前，我们需要回顾学界经常讨论的一个概念——口

① Palmer F. R. *The English Verb*（2nd edition）. London：Longman，1987.

气。在文献中，口气往往与语气、情态共现同指①，对于语气、情态界定的不同，往往会导致对于口气理解上的偏差。如张云秋②认为，语气是表达说话人的交际目的，而口气是语用平面的概念，是依附于句干并表达说写者对说写内容的情感评价的语用意义，这与上文所涉的内在语势有交叉的地方。齐沪扬③认为，诧异、表情等属于口气，主要通过语气副词等来体现强调、委婉等意义。从上可以看出，虽然学界对于口气这一概念的界定尚不统一，但相关内容均涉及说话人的主观性，都应归为语气语势。学界针对口气的研究主要是围绕语用目的④、体现手段⑤等方面展开的，鲜有研究聚焦说话人是如何通过音响这一物理手段表达其对小句内容的主观判断等问题。

音响是语言这一符号系统的重要组成部分⑥。音响与语言符号之心理现实的任意性关系是语言符号的重要属性之一，但拟声词与感叹词（如“ah”）可以算作例外情况⑦。感叹词所表达的情感与其音响特征有很大的关联，音响的音量大小、高低、急缓都可以传达不同的情感。基于这种考虑，我们将外在语势界定为说话人在表达小句内容时所呈现的音响的物理特征。外在语势可以由语气副词等形式体现，但不限于此，还涉及语速、语调、停顿等多种方式。

外在语势包含程度和速度两个部分。程度主要指对于小句某一部分内容的“强调”，如参与者角色、过程类型、环境成分等。速度是附着于小

---

① 赵春利、石定栩：《语气、情态与句子功能类型》，《外语教学与研究》2011 年第 4 期，第 483—500、639 页。

② 张云秋：《现代汉语口气问题初探》，《汉语学习》2002 年第 2 期，第 44—50 页。

③ 齐沪扬：《语气词与语气系统》，安徽教育出版社 2002 年版；齐沪扬：《论现代汉语语气系统的建立》，《汉语学习》2002 年第 2 期，第 1—12 页；齐沪扬：《语气副词的语用功能分析》，《语言教学与研究》2003 年第 1 期，第 62—71 页。

④ 张云秋：《现代汉语口气问题初探》，《汉语学习》2002 年第 2 期，第 44—50 页。

⑤ 齐沪扬：《语气词与语气系统》，安徽教育出版社 2002 年版；齐沪扬：《论现代汉语语气系统的建立》，《汉语学习》2002 年第 2 期，第 1—12 页；齐沪扬：《语气副词的语用功能分析》，《语言教学与研究》2003 年第 1 期，第 62—71 页。

⑥ Saussure F. de. *Course in General Linguistics* (translated and annotated by Harris R.). London: Gerald Duckworth & Co. Ltd., 1916/Beijing: Foreign Language Teaching and Research Press, 2001.

⑦ Saussure F. de. *Course in General Linguistics* (translated and annotated by Harris R.). London: Gerald Duckworth & Co. Ltd., 1916/Beijing: Foreign Language Teaching and Research Press, 2001.

句的外在语势，体现小句所呈现的或急促或舒缓的特征。

程度包含强、中、弱三个水平，其中“中”为一般默认的小句的外在语势水平。陈述语气、疑问语气与祈使语气关涉的程度语势均包含强、中、弱三个水平；而陈述语气中的感叹语气仅包含强这一个水平，因为感叹语气的功能在于对某现象或物品做出强烈的情感反馈[①]。

（123）I'm very happy for you.

（124）还不都是你们招的！

例（124）以强烈的程度表达“这是你们的原因”这层经验意义，语气语势特征凸显，在陈述语气的语调中体现“集焦型”的特点[②]，程度的强势集中在“都是”“招”上。例（123）通过“very”词汇手段表达程度较强的情感，通过下面的对比可以更明确地感受到：

（125）a. I'm very happy for you.

b. I'm happy for you.

对比例（125）中a与b两句的外在语势程度，词汇手段“very”所在小句的外在语势被增强了。

弱水平的程度语势使得小句的表达不够确信。比如：

（126）And I-I think the most helpful thing we can tell you is no backsies.

（127）咱爸这岁数……不至于……

例（126）通过句中“I”的重复和“I think”这样表达主观性的手段来体现说话人本人对后续内容较弱的确信水平。例（127）中，说话人用含糊、停顿等委婉的方式传达“父亲在这个年纪不应该会做这种事”

① 张云秋：《现代汉语口气问题初探》，《汉语学习》2002年第2期，第44—50页。

② 沈炯：《汉语语调分类和标记方法试说》，《语言文字应用》1998年第1期，第104—106页。

的经验意义，体现较弱的外在语势，在陈述语气的语调中体现“散焦型”的特点，音调的落差较小，在句末降到极低的位置①。

外在语势的速度包含急、平、缓三个水平，其中“平”为一般默认的小句的外在语势水平，“急”与“缓”是速度方面的高与低两个水平。

（128）Hang on，hang on!

（129）You know... maybe... I don't need to understand it. I just need to be grateful.

（130）她回家一卖乖指不定挨学校又犯什么错了呢，圆圆过来，过来！说挨学校干什么了？

（131）到底是？……真是朽木不可雕也。

例（128）通过“hang on”的重复表达语势的急切；例（130）中的两处“过来”很明显反映急促的语势，表达该句在语速上具有显著的急、快的特点。例（129）中的停顿、例（131）中的疑问和停顿等很明显反映缓和的语势，在语速方面呈现慢、缓的特点。

第三节 结语

学界对语气、情态、口气等概念的界定标准不一，研究比较零散，描述不够系统，相关概念及分类均存在交错现象。这些问题主要源于对语言人际功能的认识不全面、不系统。我们在本章明确了语言人际功能所涵盖的内容，指出言语者对世界经验的交换，以及言语者对世界经验本身的判断、态度等与表达的强度及速度，均属于人际功能范畴。语言的人际功能由语气系统表征，言语者对世界经验的交换由语气系统中的语气类别系统表征，言语者对世界经验本身的判断、态度等与表达的强度及速度由语气语势系统表征，其中判断、态度等由内在语势系统表征，表达的强度与速度由外在语势系统表征。从语气系统总体情况看，英汉语之间的共性比较

① 沈炯：《汉语语调分类和标记方法试说》，《语言文字应用》1998 年第 1 期，第 104—106 页。

凸显，这表明英汉民族各自的沟通与交流方式基本相同。然而，英汉语在语气系统的精密阶维度上存在差异，并且在体现形式以及体现形式的丰富程度上差异更为显著。本章主要聚焦的是共性，下一章主要聚焦两者的个性。

第七章 英汉语气系统体现形式对比研究

第一节 引言

本书第五章梳理了学界对语气的相关研究，第六章在系统功能语言学框架下构建了语气系统网络。在前两章的基础上，本章具体对比英汉语气系统的体现形式，目的是呈现英汉语言之间的共性与个性，尤其是个性。

系统功能语言学最初对语气体现形式的描述主要以英语为例，关注主语与限定成分的排列顺序这一语法现象①：陈述语气由主语在限定成分之前的语序体现；是非疑问语气由限定成分在主语之前的语序体现；Wh-疑问语气的体现形式包括两种，即 Wh-成分为主语时，主语在限定成分之前，Wh-成分不是主语时，限定成分在主语之前；感叹语气中，小句包含 Wh-成分 what 或 how，主语在限定成分之前；祈使语气的体现形式包括四种情况，即无语气成分、有主语没有限定成分、有限定成分没有主语、主语在限定成分之前。

《功能语法导论》第二版②所描述的语气体现形式成为系统功能学界后续有关语气体现形式研究的基础，在此著作的第三版和第四版③中，有关语

---

① Halliday M. A. K. *An Introduction to Functional Grammar* (2nd edition). London: Arnold, 1994/Beijing: Foreign Language Teaching and Research Press, 2000.

② Halliday M. A. K. *An Introduction to Functional Grammar* (2nd edition). London: Arnold, 1994/Beijing: Foreign Language Teaching and Research Press, 2000.

③ Halliday M. A. K., Matthiessen C. M. I. M. *An Introduction to Functional Grammar* (3rd edition). London: Arnold, 2004/Beijing: Foreign Language Teaching and Research Press, 2008; Halliday M. A. K., Matthiessen C. M. I. M. *Halliday's Introduction to Functional Grammar*. London: Routledge, 2014.

气体现形式的描述与前两版基本一致。Fawcett①在构建语气理论框架时，对语气体现形式的描述主要是通过举例来说明。Halliday 与 Matthiessen② 认识到，印欧语系中部分语言的语气体现形式主要依赖于主语与限定成分两者的语序，但这种体现形式在世界语言范围内并非普遍现象，更为常见的方式是添加语气词（mood particle）。然而，目前系统功能学界对于除英语之外其他语言的语气体现形式的研究并不多见，其中为数不多的文献即为Caffarel *et al.* 主编的《语言类型学：功能视角》③。书中描述了法语、德语、日语、菲律宾语、汉语、缅甸语等语言的语气系统及体现形式。但因研究每种语言的学者不同，且限于篇幅，书中有关语气体现形式的描述主要是突出了各语言中典型的现象。对于语气体现形式的对比与跨语言研究而言，书中并未提供充足的语言事实依据。鉴于此，本章旨在较为系统地描述英汉语气的体现形式，呈现二者的特点，在着眼共性的同时突出个性。

我们在上一章构建了语气系统，包括语气类别系统及语气语势系统两个子系统，二者为合取关系。为详细说明语气类别及语气语势各层级的体现形式，本章主要选取情景剧 *Big Bang Theory* 及《我爱我家》剧本作为语料支撑。情景剧的剧本为口语化台词，语气类别及语气语势体现形式较为全面，可为对比提供恰当的、丰富的例证。

第二节　语气类别体现形式对比

Halliday④ 认为语言系统包括语义（semantics）、词汇语法（lexi-

① Fawcett R. P. A Semantic System Network for MOOD in English. "Work in progress" version available from fawcett@ cardiff. ac. uk, forthcoming; Fawcett R. P. From Meaning to Form in the Cardiff Model of Language and Its Use// Bartlett T., O'Grady G. *The Routledge Handbook of Systemic Functional Linguistics*. London: Routledge, 2017, pp. 56-76.

② Halliday M. A. K., Matthiessen C. M. I. M. *Halliday's Introduction to Functional Grammar*. London: Routledge, 2014, p. 142.

③ Caffarel A., Martin J. R., Matthiessen C. M. I. M. *Language Typology: A Functional Perspective*. Amsterdam/Philadelphia: Benjamins, 2004.

④ Halliday M. A. K. *An Introduction to Functional Grammar*. London: Arnold, 1985; Halliday M. A. K. *An Introduction to Functional Grammar* (2nd edition). London: Arnold, 1994/Beijing: Foreign Language Teaching and Research Press, 2000; Halliday M. A. K., Matthiessen C. M. I. M. *An Introduction to Functional Grammar* (3rd edition). London: Arnold, 2004/Beijing: Foreign （转下页）

co grammar)、音系/字系（phonology/graphology）三个层级，自上而下为被体现与体现关系。就语气的体现形式而言，主要指词汇语法层的小句、短语、词汇资源，也涉及音系层的音素、语调等。在体现形式资源的分布上，英汉各语气类别的分布呈现各自突出的特点：英语倾向于使用小句层面的语法资源，汉语更多依赖于词汇资源。

一 英汉陈述语气体现形式对比

（一）英语陈述语气体现形式

关于英语陈述语气的体现形式，学界主要有三种观点：一是直陈语气（包括陈述与疑问两类）由动词的直陈形式体现，以 Jespersen① 为代表；二是陈述语气由主语置于动词之前这一语序形式体现②；三是陈述语气由主语在限定成分之前这一形式体现③。我们认为，第一种观点不易区分不同语气之间的区别。后两种观点的不同主要在于主语是位于动词还是限定成分之前。二者在陈述语气中的区别不大，因为在陈述语气中，主语位于小句句首，动词或是限定成分均在主语之后，分歧主要表现在术语的选择上。限定成分（Fawcett 称之为操作词）与主语的位置关系变换可以体现不同语气类型。这一点在句式语气观中不够统一，主要原因在于陈述语气的体现形式是“主语在动词之前”，而其他语气（如疑问）中则是主语与限定成分的位置变换。这样看来，系统功能语言学有关语气体现形式使用

（接上页）Language Teaching and Research Press，2008；Halliday M. A. K.，Matthiessen C. M. I. M. *Halliday's Introduction to Functional Grammar*. London：Routledge，2014.

① Jespersen O. *The Philosophy of Grammar*. London：George Allen & Unwin，1924/Beijing：Beijing World Publishing Corporation，2015；Jespersen O. *Essentials of English Grammar*. London：George Allen & Unwin，1933/Beijing：Beijing World Publishing Corporation，2017.

② 如 Quirk R.，Greenbaum S.，Leech G.，Svartvik J. *A Comprehensive Grammar of the English Language*. London/New York：Longman，1985；Sinclair J. *Collins COBUILD English Grammar*（4th edition）. New York：Harper Collins Publishers，2017.

③ Halliday M. A. K. *An Introduction to Functional Grammar*（2nd edition）. London：Arnold，1994/Beijing：Foreign Language Teaching and Research Press，2000；Halliday M. A. K.，Matthiessen C. M. I. M. *An Introduction to Functional Grammar*（3rd edition）. London：Arnold，2004/Beijing：Foreign Language Teaching and Research Press，2008.

的术语较为统一。

英语陈述语气的体现形式主要包括小句语序、口语中的语调以及书面语中的标点符号。英语的陈述语气中，主语位于限定成分之前。语气变换时，这一语序会发生变化。

（1）I just got an e-mail from the U. S. Air Force.

（2）The world doesn't need to know our problems.

例（1）的限定成分与实义动词的重合体“got”，以及例（2）的限定成分“doesn't”都位于主语“I”和“the world”之后。

但是，仅仅依靠主语位于限定成分之前不足以判断小句就是陈述语气。例（3）也满足主语位于限定成分（此处为与实义动词的重合体）之前这一条件，但明显是用于寻求信息，而非给予信息。

（3）You sent your brother cigarettes?

例（3）虽然不是常规性的疑问语气，但也具有寻求信息，特别是寻求确认的功能。因此除了语序，还需要其他识别方式来确认小句的语气类别。陈述语气要求语调为降调，而非升调，表现在书面语中，则是对标点符号的要求，即陈述语气要求使用非问号的标点符号。否则，单独以语序来看，例（3）应是陈述语气。

Halliday & Matthiessen① 描述了英语陈述语气的基本语调。整体上讲，无标记陈述语气语调模式呈下降调式，表示确信（certainty），系陈述语气的基本功能。不过，小句的语调也可因信息结构及焦点的不同发生相应的变化，如附加抗议（protesting）、尝试（tentative）、坚持（insistent）、保留（reserved）等信息后，小句语调也随之发生变化。但添加附加信息的语调不是英语小句最为普遍、无标记的语调模式。

① Halliday M. A. K., Matthiessen C. M. I. M. *Halliday's Introduction to Functional Grammar*. London: Routledge, 2014, p. 168.

（二）汉语陈述语气体现形式

有关汉语陈述语气的体现形式，学界进行了大量的研究，比如王力①、吕叔湘②、齐沪扬③认为陈述语气由“了”“的”“啊”“呢”“是”等语气词体现；也有学者，比如高名凯④认为陈述语气也反映在语气副词“的确”“确实”等词语的使用上；还有学者，比如贺阳⑤从标点符号入手，认为句末有句号，且不具备祈使语气的语气为陈述语气。除高名凯外，其他两种观点就陈述语气体现形式的描写均围绕语气本身展开，前者从词汇资源入手，后者从小句形式标记入手。高名凯所强调的语气副词更像是语气语势的体现形式。

如上，学界对于汉语陈述语气体现形式的研究较少涉及一项重要的语法参项——语序（word order）⑥。原因在于，汉语语气的体现形式，无论是哪一种语气类别，均不涉及语序的变化⑦，语序不属于影响参项，在体现形式中不具备突出特点，因而也就不需要提及。但是，当引入对比视角与类型学视角时，汉语在语序方面的特征也值得考虑。

综上所述，汉语陈述语气的体现形式主要存在以下特点：其一，小句方面，语序表现为主语位于谓体之前，语调为降调；其二，词汇方面，句末使用“了”“的”“呢”等语气词，但并不是必要条件。

Greenberg⑧ 指出，基本语气类别的界定标准是带有名词性主语和宾语的小句中主语、动词和宾语的相对位置。据此，汉语陈述语气是汉语的基

① 王力：《中国现代语法》，商务印书馆 1943/2011 年版。

② 吕叔湘：《中国文法要略》，商务印书馆 1956/2014 年版。

③ 齐沪扬：《语气词与语气系统》，安徽教育出版社 2002 年版。

④ 高名凯：《汉语语法论》，商务印书馆 1948/1986 年版。

⑤ 贺阳：《试论汉语书面语的语气系统》，《中国人民大学学报》1992 年第 5 期，第 59—66 页。

⑥ 学界有观点认为语序可分为语法语序与语用语序两种，前者为语法结构中语言成分顺序，后者为偏离于语法语序的语用变体。本文中的语序均指语法语序；提到后者时均使用“语用语序”。

⑦ 胡壮麟：《英汉疑问语气系统的多层次和多元功能解释》，《外国语》1994 年第 1 期，第 1—7 页；张德禄：《汉语语气系统的特点》，《外国语文》2009 年第 5 期，第 1—7 页。

⑧ Greenberg J. H. Some Universals of Grammar with Particular Reference to the Order of Meaningful Elements// Greenberg J. H. *Universals of Language*. Cambridge, M. A.: The MIT Press, 1963, pp. 73-113.

本语气类别，其语序特点是主语位于谓体之前。比如：

（4）我在机关呆了十几年。

此处还需要指出，汉语陈述语气中存在看似违反基本语序的句式，如倒装句。倒装句一般将句首的名词性主语移至句子末尾，呈现出谓体先于主语的语序。比如：

（5）（我指着胸口。）“一点也不错，你。”（BCC）

例（5）这样的倒装句常用于对话等口语语体，通过调整原位于句首的主语的位置，来凸显谓体。这种句式的使用一般是为了强调，或是为了前后句的衔接等。

（6）他家墙上挂着一幅画。（BCC）

学界也有学者认为存在句是一种倒装句，比如王力[①]。基于例（6）而言，“他家墙上”是状语、“挂着”是谓体、“一幅画”是主语。此观点主要源于主语只能由名词性成分充当这一认识，而从功能视角来看，主语是谓体陈述的对象，表示方位意义的句首成分应是存在过程展开的立足点[②]。由此，存在句的语序也是典型的陈述语气的语序，并非倒装。

上述语序为汉语陈述语气的描述性特点。陈述语气与其他语气的区别性特点则体现在语调即边界调上。林茂灿[③]指出，携带陈述、疑问等语气信息的音节可传递话语的语气，在区分汉语陈述语气与疑问语气方面具有不可替代的功能。汉语陈述语气的边界调呈现出的典型特点是音高下倾，

① 王力：《中国语法理论》（上），中华书局 1954 年版，第 65 页。

② He W. Subject in Chinese Existential Constructions：A Systemic Functional Approach. *Australian Journal of Linguistics*，2017，Vol. 37，No. 1，pp. 37-59；何伟、王敏辰：《英汉语“小句”语法地位再审视》，《外语教学与研究》2018 年第 3 期，第 195—204 页。

③ 林茂灿：《汉语语调与声调》，《语言文字应用》2004 年 3 期，第 61 页。

下降幅度自由[①]，给人以“低”的感知特点，这一点由边界调起点位置或重点位置的高或低所致[②]；而随着句子变长，陈述语气语调下倾变缓[③]。

沈炯[④]区分了两种类型的陈述语气语调：散焦型与集焦型。散焦型往往见于如消息报道等事实性内容较强的小句。比如：

（7）至6月底止，实际利用外贸1.55亿美元。(BCC)

虽然陈述语气语调在句末有骤落特征，但散焦型语调的落差较小。对比集焦型来看，断言类内容的陈述语气语调则落差明显。比如：

（8）中国的改革开放政策是成功的。(BCC)

例（8）的重点在“改革开放政策”与“成功”上，这类集焦型语调的重音数量少而强度大，调尾大幅下落，明显下倾。

沈炯的两类区分反映了陈述语气语调内在的差异。对于集焦型语调，我们认为其产生的原因在于音高重调（pitch accent）所传递出的内容重要程度。如果小句的内容重点发生了变化，音高重调这一参数就介入进来，产生强调效果，这样陈述语气语调也就发生相应的变化。这与下文要谈到的语气语势息息相关。综上，无论产生何种变化，陈述语气语调均呈下倾状，这一特点不会改变。

除了小句层面的体现形式特点，汉语陈述语气在词汇层面也有特色，表现为句末语气助词的使用。句末语气助词又称为语气词，多数学者认为句末“了”“的”“呢”等语气词是陈述语气的一种体现形式[⑤]。比如：

---

① 石锋、王萍、梁磊：《汉语普通话陈述句语调的起伏度》，《南开语言学刊》2009年第2期，第4—13、178页。

② 林茂灿：《汉语语调与声调》，《语言文字应用》2004年3期，第57—67页。

③ 许小颖、赖玮、李雅、丁星光、陶建华：《汉语无标记疑问句的语调分析与建模》，《清华大学学报（自然科学版）》2018年第2期，第175—180页。

④ 沈炯：《汉语语调分类和标记方法试说》，《语言文字应用》1998年第1期，第104—106页。

⑤ 如王力《中国现代语法》，商务印书馆1943/2011年版；吕叔湘：《中国文法要略》，商务印书馆1956/2014年版；齐沪扬：《语气词与语气系统》，安徽教育出版社2002年版。

(9) a. 三四斤重的再生棉棉袄顿时一点厚度、分量都没了。(BCC)

b. 这可真够新鲜的。

c. 不只早点，这钱，买肉能买好几十斤呢。

语气词经常用于陈述语气，但不是陈述语气的区别性特征。例(9) b句与c句中的“的”与“呢”如去掉，并不能改变小句的语气类别；a句中的“了”既表达句法意义，也表达语气意义。形式上之所以不能去掉，原因在于句法及韵律而非语气功能。

(10) *a. 三四斤重的再生棉棉袄顿时一点厚度、分量都没。

b. 这可真够新鲜。

c. 不只早点，这钱，买肉能买好几十斤。

(三) 英汉陈述语气体现形式对比

在词汇层面，汉语陈述语气呈现出一个特点，那就是句末语气词“了”“的”“呢”等的使用。句末语气词在汉语中具有重要地位，但其对陈述语气的体现作用有限。对于大部分基础陈述语气，不出现句末语气词，听话人也可以辨别其给予信息的功能。同样，同一句末语气词也可以在不同的语气中出现，因此不具有显著的区别性特点。

在小句层面，语序是语气类别的一种重要体现形式。虽然英汉两种语言在陈述语气中呈现相同的语序，但该语序的意义对于英汉两种语言有所不同。英语中，主语与限定成分的语序是陈述语气的一种重要体现形式，在其他语气中有着不同的特征；而汉语不同，除了特殊情况，各类别语气中的语序均保持一致。因此，虽然英汉在这方面有共性，但共性只停留于静态描写上，对于其他语气类别，英汉语序又会呈现出不同点。

英汉语在陈述语气范畴内的语调基本上呈现出相同的特点。英汉陈述语气均在句末呈现出下降的语调，这与类型学视角下的研究观察到的特点一致：如果根据语调模式区分是非疑问语气和陈述语气，区别性特征体现在句末[1]。

---

① Greenberg J. H. Some Universals of Grammar with Particular Reference to the Order of Meaningful Elements// Greenberg J. H. *Universals of Language*. Cambridge, M. A.: The MIT Press, 1963, pp. 73-113.

英汉语中是非疑问语气在句末都为升调，陈述语气都为降调。英汉陈述语气在语调方面的共性体现了人类社会信息交流的一般情况。在提供信息时，说话人采取的是一种最为基本、无标记、一般性的语调，这种语调也反映出陈述语气在语气系统中的基础地位。综上所述，就陈述语气而言，英汉在小句层面显示出较为一致的特点，如语序与语调；在词汇层面，汉语与英语有所不同，可带有语气词。

（四）英语感叹语气体现形式

感叹语气是陈述语气中的一种特殊形式，用于表达说话人对某一事物或情形的情感。从感叹的对象来看，感叹语气可进一步分为对事物本身进行感叹、对事物性质进行感叹、对事物数量进行感叹、对情形性质进行感叹、对情形数量进行感叹五种。

英语感叹语气的体现形式主要包括："so""such" 等词汇手段；小句层面，What 或 How 引领一个成分位于句首，语序与陈述语气小句的一般语序一致[①]；以及程式化表达（formulaic expression）[②]。比如：

（11）All right, I gotta go! So good luck at the party.

（12）Oh well thank you. Such a gentleman. Thank you.

（13）Well, you guys have no idea how hard it is to know something like this and not say it!

（14）Isn't that pretty![③]

英语感叹语气词汇手段主要是为数不多的感叹词以及调节词（tempe-

① Quirk R., Greenbaum S., Leech G., Svartvik J. *A Comprehensive Grammar of the English Language*. London/New York: Longman, 1985; Halliday M. A. K. *An Introduction to Functional Grammar* (2nd edition). London: Arnold, 1994/Beijing: Foreign Language Teaching and Research Press, 2000; Halliday M. A. K., Matthiessen C. M. I. M. *An Introduction to Functional Grammar* (3rd edition). London: Arnold, 2004/Beijing: Foreign Language Teaching and Research Press, 2008; Sinclair J. *Collins COBUILD English Grammar* (4th edition). New York: Harper Collins Publishers, 2017.

② Fawcett R. P. A Semantic System Network for MOOD in English. "Work in progress" version available from fawcett@ cardiff. ac. uk, forthcoming.

③ 此句引自 Fawcett R. P. A Semantic System Network for MOOD in English. "Work in progress" version available from fawcett@ cardiff. ac. uk, forthcoming, p. 59.

rer)，如例（11）中的“so”和（12）中的“such”。这种感叹词和调节词表达浓厚的情感或表示强调，调动小句内容的感叹情绪。在小句层面，由 what 或 how 引导的成分即为感叹成分，是英语中比较凸显的一种感叹语言特征。如例（13）中“how”引领了“hard”来表达对困难的感叹。此外，小句层面的体现形式还存在类似例（14）的程式化表达结构，指在小句层面的固定用法、特殊句式等。

英语感叹语气的语调基本呈现先上升后下降的趋势①。上升部分集中在用于表达强调的词汇部分，突出强调的情绪，下降部分落于感叹内容。

（五）汉语感叹语气体现形式

学界对于汉语感叹语气体现形式的探讨主要集中在感叹词上②，一般认为感叹语气的主要体现形式为句末的“啊”“啦”“了”“呀”等词汇手段，书面语中还体现为标点符号叹号的使用。另外，高名凯③指出，词语重叠、词序颠倒等形式也表示感叹意义。结合学界的研究，我们认为，汉语感叹语气的体现形式包括词汇手段、小句层次的各种形式、书面语中标点符号叹号的使用等几种情况。

汉语感叹语气的词汇手段有很明显的特点。无论感叹的内容是什么，句末往往会出现“啊”“了”“呀”“哇”“啦”等语气词，句中会出现“这么”“那么”“多么”“才”“太”“多”等调节词。这些语气词及调节词常突显小句内容超出一般情况，从而营造感叹的效果。

（15）这年头这社会上骗子太多！

（16）就这么着还有点儿压不住哪！

（17）可我公公虚岁才 67 呀！

① Halliday M. A. K., Matthiessen C. M. I. M. *Halliday's Introduction to Functional Grammar*. London: Routledge, 2014, p. 168.

② 如章士钊《中等国文典》，商务印书馆 1907/1911 年版；刘复《中国文法通论》，岳麓书社 1920/2012 年版；吕叔湘《中国文法要略》，商务印书馆 1956/2014 年版；范晓《汉语的句子类型》，书海出版社 1998 年版；贺阳《试论汉语书面语的语气系统》，《中国人民大学学报》1992 年第 5 期，第 59—66 页；齐沪扬《语气词与语气系统》，安徽教育出版社 2002 年版；黄伯荣、廖序东《现代汉语》（增订三版），高等教育出版社 2003 年版。

③ 高名凯：《汉语语法论》，商务印书馆 1948/1986 年版。

(18) 只有你们一户——多光荣啊!

例(15)使用程度调节词“太”体现感叹的语气;例(16)至(18)中调节词和语气词共现,这是感叹语气中常见的现象[①]。以一般情况为标准,调节词的使用说明所调节的成分与一般情况不符,造成认知层面的意外之感,从而体现感叹的功能。语气词“啊”相较于其他语气,在感叹语气中出现频率高[②]。

在小句层次,感叹语气的一种体现形式为重叠[③]。比如:

(19) 冯铁匠好!好!好!(BCC)
(20) 我招谁惹谁了?!(BCC)
(21) 分析得真精细,了不得!了不得!(BCC)

高名凯将类似上述三例的语言现象分别视为词汇重叠、同义词重叠及结构重叠。在系统功能语言学视角下,例(20)是单一小句层面的感叹语气,而例(19)与(21)中的重复超越一个小句,是在语篇层面的一种感叹表达手段。

例(20)中的同义词重叠是感叹语气的一种表达形式,“招谁”“惹谁”表达的是同一个意思,重叠表达本来是一种冗余,但冗余带来的是对语气的加强。感叹语气是陈述语气的一种特殊形式,所给予的信息主要是对某事物或情形的情绪表达,因而重叠可体现这种功能。

小句层面的另一种体现形式为语序颠倒,即通过将感叹的内容提至主语之前来表达感叹的程度。

(22) 也太好看了吧,这幅画!

---

① 陈虎:《基于语音库的汉语感叹句与感叹语调研究》,《汉语学习》2007年第5期,第45—55页。

② 王珏、毕燕娟:《语气词“啊”三分及其形式与功能》,《外国语》2017年第2期,第13页。

③ 高名凯:《汉语语法论》,商务印书馆1948/1986年版。

例（22）将主语“这幅画”放置在句末，将其他感叹内容提前，表示对事物性质的感叹，强化了小句所表达的情绪。

小句层面的其他体现形式还有程式化表达。第六章提到的准直接感叹，常用来表达讽刺、惊讶、反对等意义，其典型体现形式是程式化表达。比如：

（23）你说和平还真行，二话她没说呀……

（24）（埋怨）真是的！

例（23）中的“还真行”起到了讽刺的意味，感叹一种消极的情绪。例（24）中的“真是的”是汉语中常见的表达，没有呈现出具体的感叹内容，但是往往表达消极、埋怨等情绪。

（六）英汉感叹语气体现形式对比

英汉感叹语气体现形式呈现出比较明显的个性。汉语中体现感叹语气的词汇手段比较多样，除了句末的语气词，句中表达程度的词语也比较丰富；而英语感叹语气体现手段在词汇资源方面比较单一。在小句层面，汉语感叹语气有倒装、重叠、程式化形式等；而英语主要由固定句式体现。

（七）英汉陈述语气辅助语气体现形式及对比

辅助语气由附着在一个基本小句之后的非基本小句体现。系统功能语言学认为，辅助语气系统对小句的语气有较大的影响，陈述语气辅助语气主要用于对小句内容的确认以及寻求同意或观点，主要以句法手段为主。

表 7-1　英汉陈述语气辅助语气体现形式

	寻求确认	寻求观点	寻求同意
句法手段	“right”；句中“对不对”“是不是”以及句末附加语（tag）	“don't you think”；“你说呢”“你觉得呢”等惯用表达	“是吧”“对吧”等句末惯用表达

辅助语气的使用体现对信息的确认与寻求，从而也增强了互动。

寻求确认是陈述辅助语气的基本功能之一，“right”“has he/she”等是英语中典型的体现形式，“对不对”“是不是”是汉语中典型的体现形式。比如：

(25) But I can use the downstairs bathroom, right?

(26) Ivy's read it, has she?①

(27) 和我小时候一样，对不对？

例 (25) 中的 "right"、例 (26) 结尾部分的 "has she" 以及例 (27) 中的附加语 "对不对" 也都是对前面内容的确认。

寻求观点是说话人向听话人寻求对前面基本小句命题的看法，因此辅助语气的体现形式多为一个问句。比如：

(28) Ivy's clever, don't you think?②

(29) 怎么到你这儿连个抽屉都舍不得，没觉悟，志国你说呢？

例 (28) 中辅助语气 "don't you think" 围绕前述基本小句的命题对听话人进行观点寻求，希望听话人能够做出回答。例 (29) 中 "志国你说呢" 将话轮抛向听话人，寻求对于前面基本小句命题的观点。

寻求同意表示说话人对于小句命题有预设，希望听话人能够赞同。因此辅助语气的使用有一定的暗示性。比如：

(30) 我爷爷当然高兴啦，这就叫那个老来有靠，对吧爷爷？

例 (30) 中，辅助语气 "对吧" 面向听话人，希望听话人能够对前面基本小句的命题表示同意，做出附和回复。

陈述辅助语气的体现形式不多。两种语言相较，汉语辅助语气体现形式较英语丰富，并且同一辅助语气形式能够体现更为多元的功能，如寻求确认、观点、同意等。

二 英汉疑问语气体现形式对比

系统功能语言学认为，疑问语气的功能在于说话人向听话人寻求信

① 此句引自 Fawcett R. P. A Semantic System Network for MOOD in English. "Work in progress" version available from fawcett@ cardiff. ac. uk, forthcoming, p. 59.

② 此句引自 Fawcett R. P. A Semantic System Network for MOOD in English. "Work in progress" version available from fawcett@ cardiff. ac. uk, forthcoming, p. 59.

息。根据所寻求信息的性质，可进一步分为寻求正反、寻求内容选择与寻求新内容三种。寻求正反的疑问语气可根据正反的侧重进一步分为有侧重、无侧重两种。寻求内容选择的疑问语气关涉两个或两个以上的选项。寻求新内容的疑问语气包括寻求参与者角色、寻求过程类型、寻求环境成分三种。上述疑问语气的类别在英汉两种语言中均存在，不同的是两种语言中体现形式所依赖的手段有不同侧重。

（一）英语疑问语气体现形式

英语疑问语气的体现主要依赖小句句法层面语序的变换。寻求正反的疑问语气最为凸显的体现形式为限定成分位于主语之前[①]。比如：

（31）（Oh，golly，however）did he humiliate you?

（32）Aren't you overreacting a little?

例（31）中，限定成分"did"提至主语"he"之前；例（32）中，限定成分"aren't"提至主语"you"之前。语序的变换系英语疑问语气最典型的体现形式。

英语中部分疑问语气小句保留与陈述语气相同的语序，但该类小句所传递的语气信息与一般意义上的寻求正反的疑问语气不同。如例（33）至（35）表达对前文内容的确认、核实，或是表达质疑、惊讶等情感。

（33）You want food?

（34）Oh，so our love is not real?

（35）You just give up?

在口语中，或在非正式情况下，为了追求简洁，该类小句也表达寻求正反的语气意义。比如：

---

① Quirk R.，Greenbaum S.，Leech G.，Svartvik J. *A Comprehensive Grammar of the English Language*. London/New York：Longman，1985；Halliday M. A. K. *An Introduction to Functional Grammar*（2nd edition）. London：Arnold，1994/Beijing：Foreign Language Teaching and Research Press，2000；Halliday M. A. K.，Matthiessen C. M. I. M. *An Introduction to Functional Grammar*（3rd edition）. London：Arnold，2004/Beijing：Foreign Language Teaching and Research Press，2008.

（36）Hey, you ready to go?

无侧重寻求正反的疑问语气在句末添加“or not”成分来表达。比如：

（37）So, did you defile my mother or not?

寻求内容选择的疑问语气则由“or”连接两个或两个以上的选项。如例（38）中使用“or”连接两个原因“you want me there”和“out of pity”供听话人选择。

（38）Are you asking because you want me there or out of pity?

寻求新内容的疑问语气体现形式主要为Wh-疑问成分置于句首作为引导[①]。Wh-疑问成分主要包括“what”“who”“which”“whose”“whom”“how”“why”“when”“where”等，可以寻求主语、补语、过程、原因、时间、地点等。

（39）What is this plan you have?（寻求主语）
（40）What are you working on?（寻求补语）
（41）How do you turn that thing off?（寻求过程方式）
（42）Why does anyone think Sheldon's a genius?（寻求原因）
（43）What time is it?（寻求时间信息）
（44）Where did you get it?（寻求地点）

从例（39）至（44）可以看出，寻求新内容的疑问语气小句中，Wh-疑问成分全部位于句首。除了寻求主语的情况外，其他寻求新内容的

① Quirk R., Greenbaum S., Leech G., Svartvik J. *A Comprehensive Grammar of the English Language*. London/New York: Longman, 1985; Halliday M. A. K. *An Introduction to Functional Grammar* (2nd edition). London: Arnold, 1994/Beijing: Foreign Language Teaching and Research Press, 2000; Halliday M. A. K., Matthiessen C. M. I. M. *An Introduction to Functional Grammar* (3rd edition). London: Arnold, 2004/Beijing: Foreign Language Teaching and Research Press, 2008.

疑问小句语序均为限定成分在前，主语在后。

在语调方面，无标记的寻求正反的疑问语气为上升语调，寻求内容选择疑问语气的第一个选项处为上升语调，其余部分为下降语调；寻求新内容的语气语调均为下降语调①。

（二）汉语疑问语气体现形式

有关汉语疑问语气的体现形式，学界主要研究的是句末疑问语气词②。语气词是汉语疑问语气最为典型的体现形式。除了语气词，还有程式化表达等其他手段。有关汉语疑问语气的各种体现形式，见表 7-2。

表 7-2　　汉语疑问语气体现形式

疑问语气类别／体现形式	有侧重寻求正反	无侧重寻求正反	寻求内容选择	寻求参与者角色	寻求过程信息	寻求环境成分
句法手段	语序上与陈述语气语序相同，句末可添加“吗”等疑问语气词	使用“还是”等词语连接	内容选择之间用“还是”连接	使用“谁”等代替寻求内容；可添加“啊”等语气词	使用“怎么”“什么”等代替寻求内容；可添加“啊”等语气词	使用“为什么”“什么”等代替寻求内容；可添加“啊”等语气词
程式化表达		重复谓体构成“V-不/没-V”，使用“是不是”等表达	可重复谓体			

① Halliday M. A. K., Matthiessen C. M. I. M. *Halliday's Introduction to Functional Grammar*. London: Routledge, 2014, p. 169.

② 如马建忠《马氏文通》，商务印书馆 1898—1899/2009 年版；章士钊《中等国文典》，商务印书馆 1907/1911 年版；刘复《中国文法通论》，岳麓书社 1920/2012 年版；王力《中国现代语法》，商务印书馆 1943/2011 年版；高名凯《汉语语法论》，商务印书馆 1948/1986 年版；吕叔湘《中国文法要略》，商务印书馆 1956/2014 年版；贺阳《试论汉语书面语的语气系统》，《中国人民大学学报》1992 年第 5 期，第 59—66 页；齐沪扬《语气词与语气系统》，安徽教育出版社 2002 年版；齐沪扬《论现代汉语语气系统的建立》，《汉语学习》2002 年第 2 期，第 1—12 页；黄伯荣、廖序东《现代汉语》（增订三版），高等教育出版社 2003 年版。

续表

疑问语气类别 / 体现形式	有侧重寻求正反	无侧重寻求正反	寻求内容选择	寻求参与者角色	寻求过程信息	寻求环境成分
语音	语调上扬，句末使用问号	语调或先降后扬；或在前面的基本小句下降，辅助语气处上扬		语调在寻求内容处上扬	语调在寻求内容处上扬	语调在寻求内容处上扬

汉语疑问语气中，寻求正反与寻求新信息的疑问语气语序均与陈述语气语序相同，句末也都可添加疑问语气词。疑问语气词主要在句末，功能上指向全句，没有单独指向句中个别成分的疑问语气词。当需要就句中个别成分进行提问时，总是会出现相应的疑问代词来提示。

(45) 你去看谁了吗？

例（45）是有侧重寻求正反的疑问语气小句，语气词出现在句末，句中涉及的另一处不确定信息使用“谁”代指。一些语言（如日语）会在所指向的成分后添加疑问语气词对该成分进行寻求①，汉语没有这样的特点。通常来讲，汉语中疑问语气词出现在句末。

需要注意的是，有侧重寻求正反的疑问语气中，句末疑问语气词不是必须条件。虽然句末疑问语气词是寻求正反语气的典型体现形式，但在口语或一些非正式用法中，句末的疑问语气词常常不出现。比如：

(46) 晚饭还没好？

句末不出现疑问语气词时，疑问语气语调的调核落在最后一个词上。例（46）中的“好”字位于句末，携带疑问语气信息，承担了区分陈述

① Greenberg J. H. Some Universals of Grammar with Particular Reference to the Order of Meaningful Elements// Greenberg J. H. *Universals of Language*. Cambridge, M. A.: The MIT Press, 1963, pp. 73－113.

与疑问语气的功能[①]，也就是说小句语调的调核落在该词上。

在有侧重寻求正反的疑问语气小句中，句末语气词不是必须条件，语调上升是其重要特征[②]。鉴于此，句末疑问语气词与语调上升这两种手段的共存引起了学界的争论[③]，在有侧重寻求正反的疑问语气小句中，语气词的地位不断受到质疑。吕叔湘[④]、朱德熙[⑤]均认为升调是构成这类疑问语气小句的必要条件，句末疑问语气词只是可选条件。更有学者认为句末疑问语气词“吗”不具备区分疑问语气与陈述语气的能力[⑥]。根据语言的经济性原则，一种语言体现形式如果是可选性质，甚至是不能起到其自身功能，它就失去了存在的价值，继而在使用频率上会慢慢减少直至消失。然而，在有侧重寻求正反的疑问语气中句末疑问语气词的使用仍然占据较大比例。这一现象侧面说明句末疑问语气词与语调上升应该具有不同的功能。

王珏[⑦]认为句末疑问语气词“吗”与语调上升的功能区别在于前者询问求答，后者询问求证。比如：

（47）a. 你喜欢苹果吗？[⑧]

b. 你喜欢苹果？

① 林茂灿：《汉语语调与声调》，《语言文字应用》2004 年 3 期，第 61 页。

② 林茂灿：《汉语语调与声调》，《语言文字应用》2004 年 3 期，第 61 页；石锋、王萍、梁磊：《汉语普通话陈述句语调的起伏度》，《南开语言学刊》2009 年第 2 期，第 4—13、178 页；许小颖、赖玮、李雅、丁星光、陶建华：《汉语无标记疑问句的语调分析与建模》，《清华大学学报（自然科学版）》2018 年第 2 期，第 175—180 页。

③ 王珏：《再论“吗”的属性、功能及其与语调的关系》，《汉语学习》2016 年第 5 期，第 3—13 页。

④ 吕叔湘：《中国文法要略》，商务印书馆 1956/2014 年版。

⑤ 朱德熙：《语法讲义》，商务印书馆 1982 年版。

⑥ 熊子瑜、林茂灿：《语气词“ma0”的疑问用法和非疑问用法》，《第七届全国人机语音通讯学术会议论文集》，2003 年第七届全国人机语音通讯学术会议论文，福建厦门，第 243—246 页。

⑦ 王珏：《再论“吗”的属性、功能及其与语调的关系》，《汉语学习》2016 年第 5 期，第 3—13 页。

⑧ 此句引自王珏《再论“吗”的属性、功能及其与语调的关系》，《汉语学习》2016 年第 5 期，第 9 页。

针对例（47）a句的常规回答是“喜欢/不喜欢”，包含正反两种可能性，是典型的针对有侧重寻求正反的疑问语气的回答；对b句的回答除了针对是否喜欢苹果这一寻求，还可以理解为对全句命题的求证，寻求小句命题的准确性。

此外，无疑问语气词的小句还可以反映说话人对于答案的预设。比如：

（48）合着全家就瞒着我一个？

从例（48）可以看出，说话人对该小句所寻求的内容已经有了肯定的预设，认为全家确实都“瞒着他一个”。同时，因为说话人存在对小句的预设，小句传递求证信息。

总体上，有侧重寻求正反的疑问语气的语序与陈述语气一致，句末可添加语气词，句末语调上升。句末语气词与升调虽呈现出羡余的情况，但两者在功能上各有侧重。

在有侧重寻求正反的疑问语气中，小句呈反向归一性时，答语与寻求的正反内容，在形式上是相反的。比如：

（49）问：你没吃饭吗？

答：对，我没吃。/没，我吃了。

例（49）中，问句以否定形式寻求正反，并预设了否定的回答。答句对问句中的预设进行反馈：肯定预设用正向反馈；否定预设用反向反馈。因此，针对含否定形式的寻求正反疑问语气的回答，汉语呈现出“问答关系型”的特点[1]。

与“问答关系型”相对的为“答句定位型”，其答语与寻求内容的正反形式保持一致，英语即属于此类。有的语言有两种回答形式，如印地语[2]。

---

① 刘丹青：《语法调查研究手册》（第二版），上海教育出版社2017年版，第26页。

② Koul O. N. *Modern Hindi Grammar*. Springfield：Dunwoody Press，2008.

无侧重的寻求正反疑问语气以谓体重复构成“V-不/没-V”等形式或在句中使用“是不是”等手段来体现。比如：

(50) 到底是买还是不买呀？
(51) 你跟三班那王小青，看没看过电影？
(52) 这是不是叫镯子呀？

上述三个例句均使用“正反”结构表达疑问语气，这种结构无侧重偏向，对于答案的预设正向反向均有。

寻求内容选择的疑问语气中，小句给出两个或以上选项供听话人选择，选择的内容可以是参与者角色，如主语、补语等，也可以是环境成分状语。选项之间使用“还是”等词汇手段连接，在第一个选项处声调上扬，第二个选项处下降。

选择内容为主语的，一般情况下在第二个选项前添加“还是”，兼或在第一个选项前添加“是”。比如：

(53) 是小王还是小李吃？

例（53）的经验意义在于询问谓体“吃”的施事是“小王”还是“小李”。例句中通过添加“是”将选择内容焦点化，使得选项负载了说话人特别关注和特别强调的语义信息①，进而凸显了小句传达出的需要在两个选择之间做决断的强制性，对于此句的回答基本为“小王”或“小李”。

选择内容也可以是补语。比如：

(54) 你让我说真话还是假话？
(55) 想吃点儿凉的还是热的？

例（54）和（55）小句补语中待选择的两个部分之间用“还是”

① 丁力：《现代汉语列项选择问研究》，华中师范大学出版社 1998/2003 年版，第 96 页。

连接。

选择内容为谓体的，使用“还是”将两个谓体连接起来，如例(56) 中的两个谓体“哭”和“笑”通过“还是”连接起来供听话人选择。选择内容为谓体的这种语言现象，在句法分析中可看成两个小句。

(56) 你哭还是笑啊？

选择内容为状语的，用“还是”并列两个选择。比如：

(57) 从中间儿还是从头谈？
(58) 你是从家还是从学校过去啊？

寻求新内容的疑问语气涉及寻求参与者角色、寻求过程信息、寻求环境成分三种类别，主要由相关疑问词体现：寻求参与者角色使用“谁”“什么”等疑问词来体现；寻求过程信息使用“什么”“怎么样”等疑问词来体现；寻求环境成分使用“为什么”“什么时候”“在哪儿”等疑问词来体现。有时为了增加小句的语势，句末会添加“啊”“呀”等语气词，但不是必须的。

(59) 明天到底谁去？(寻求主语参与者角色)
(60) 爸，您说什么呐？(寻求补语参与者角色)
(61) 小张这两天情绪怎么样啊？(寻求过程信息)
(62) 你们那个出国的手续办的怎么样啦？(寻求过程信息)
(63) (我也是当事人嘛，) 你为什么不先跟我说？(寻求原因)
(64) 马小姐，您什么时候开始主持这栏目的？(寻求时间)
(65) 你们在哪儿见过？(寻求地点)

从例（59）至（65）可以看出，疑问语气小句的语序与陈述语气相同，疑问词出现在所寻求成分的原位置。与寻求正反的疑问语气不同，寻求新内容的疑问语气语调通常为降调。

总体上，汉语疑问语气体现形式有三个特点：其一，通过添加句末语气词或句中疑问词来体现其疑问语气的功能；其二，语序与陈述语气相同，所有类型的汉语疑问语气，语序均没有变化；其三，标点符号为问号。一般情况下，汉语疑问语气的句末标点符号使用问号，较少使用其他标点符号。但在一些文学作品中，出于篇章及表达风格考虑，疑问语气句末的标点也以句号呈现，比如金宇澄的《繁花》。

（三）英汉疑问语气体现形式对比

英汉疑问语气的体现形式在以下四个方面存在不同：语气词的有无及使用与否；疑问词的位置；语序；语调。汉语疑问语气有时使用语气词，而英语不涉及语气词的使用。在类型学视角下，疑问语气词（又称疑问小词）的位置与语言的基本语序有关联①，在 VO 语言中（包括 SVO 与 VSO）倾向于句首，在 SOV 语言中倾向于句末②。汉语为 SVO 语言，不过也具有 SOV 语言的特征，疑问语气词位于句末正好说明这一点。

在疑问词分布方面，英语与汉语明显不同。英语的疑问词一般位于句首，而汉语的疑问词与所寻求的内容在陈述语气中的位置保持一致。英语疑问词的位置与语序有关。与不少疑问词位于句首的语言的语序不同，英语中疑问词虽然位于句首，但谓体动词仍然保留在主语之后，只是一些情况下，限定成分前置于主语。在 Greenberg③ 抽样调查的 10 种 SVO 语言中，有 7 种语言需要颠倒主语与谓体动词的顺序，如德语。

（66）Wen sah er?

Wen	sah	er?
谁（宾格）	看见（过去式）	他

“他看见了谁？”

汉语有所不同。无论是寻求正反的疑问语气，还是寻求内容选择的疑

① Greenberg J. H. Some Universals of Grammar with Particular Reference to the Order of Meaningful Elements// Greenberg J. H. *Universals of Language*. Cambridge, M. A.: The MIT Press, 1963, pp. 73-113.

② Dryer, M. S. The Greenbergian Word Order Correlations. *Language*, 1992, No. 68, p. 102.

③ Greenberg J. H. Some Universals of Grammar with Particular Reference to the Order of Meaningful Elements// Greenberg J. H. *Universals of Language*. Cambridge, M. A.: The MIT Press, 1963, pp. 73-113.

问语气，抑或是寻求新内容的疑问语气，汉语的语序均与陈述语气保持一致。这是汉语区别于英语的一个明显特征，也反映出东亚地区语言中较少以语序手段体现疑问语气的特点①。

英汉疑问语气的另一个不同点体现在语调上。英语中，寻求正反的疑问语气为上升语调，寻求内容选择的疑问语气中第二选项处为下降语调，寻求新内容的语气的语调均为下降语调；汉语中，疑问语气的语调是普遍上扬的，只有在寻求内容选择疑问语气中第二个选项处为下降语调。从此处可以看出，相较于英语，汉语语调在疑问语气的体现层面功能性更强。英语中虽然可以通过改变语调，将陈述语气转换为寻求正反的疑问语气，但这种情况一般出现在较为短小的句子中，如“You did?”。汉语中，通过语调变换语气类别则是一种语言习惯。

概括地讲，在疑问语气的体现手段中：英语重语序，主要以句法手段来体现；汉语重词汇，主要以词汇手段来体现。

（四）英汉语疑问辅助语气体现形式及对比

疑问辅助语气在语气系统中主要用于进一步加强小句寻求信息的功能。英汉语中疑问辅助语气主要由一些固定句式来体现，如“don't you know”“你们猜猜”等程式化表达。英汉辅助语气的体现形式呈现出较多的共性，功能也比较一致，主要用来增强和听话人的互动，促进信息的交换，将寻求信息的目的性表达得更加明显，使得听话人不容易忽略或回避。

三　英汉祈使语气体现形式对比

（一）英语祈使语气体现形式

学界对英语祈使语气体现形式的研究主要围绕主语的有无而展开②。不过，Fawcett③ 的研究更进了一步，关注到各语气具体的体现形式。结

---

① 刘丹青：《语法调查研究手册》（第二版），上海教育出版社 2017 年版，第 5 页。

② Quirk R., Greenbaum S., Leech G., Svartvik J. *A Comprehensive Grammar of the English Language*. London/New York: Longman, 1985; Halliday M. A. K., Matthiessen C. M. I. M. *An Introduction to Functional Grammar* (3rd edition). London: Arnold, 2004/Beijing: Foreign Language Teaching and Research Press, 2008.

③ Fawcett R. P. A Semantic System Network for MOOD in English. “Work in progress” version available from fawcett@cardiff.ac.uk, forthcoming.

合学界的研究，我们可以总结出英语祈使语气的体现形式，如表 7-3 所示。

表 7-3　英语祈使语气体现形式

祈使语气类型 / 体现形式	命令	要求	支配	希愿	提议	推荐	祝愿
词汇手段				一般使用“please”等词汇	句末可使用“please”等礼貌用语	一般使用“just”“try”等词汇	
句法手段	一般无主语参与者角色出现	可使用疑问语气句式等人际隐喻形式来体现，或使用省略形式	一般使用“let”等结构	可使用疑问语气、陈述语气句式等人际隐喻形式来体现			开头主要使用“wish”“happy”“merry”等惯用语

英语祈使语气的体现形式在句法方面有比较突出的特点。命令语气的小句一般不出现主语参与者角色，句式简短。比如：

（67）Call me.

相对而言，要求语气比命令语气更“礼貌”，可以使用“please”等词汇。但是在寻求物品时也可以使用省略形式。比如：

（68）a. Give me a cup of tea，please.

b. Tea，please!

例（68）中两句均表达了向听话人寻求物品的要求祈使意义。a 句添加了礼貌用语，相对委婉礼貌；b 句为省略形式，简单直接。

祈使语气中，为了表达委婉，可以使用疑问语气小句表达祈使意义，这种现象称为人际隐喻。比如：

（69）Would you please give me a cup of tea?

例（69）为使用疑问语气形式表达祈使意义的人际隐喻。这种现象在祈使意义表达中较为常见。

支配语气在小句层面一般使用“let”等结构，突出小句中过程意义的上下位关系。比如：

（70）Let them win one.

希愿语气强调说话人本身的主观意愿，因此在词汇手段方面一般使用委婉的表达形式，如添加“please”等礼貌用语。

（71）Please don’t say anything，（I feel terrible about this.）

希愿语气的功能也可以使用其他语气形式来体现。陈述语气的体现形式可以表达相关功能。比如：

（72）I don’t want to be single，okay?

例（72）虽是陈述语气的体现形式，但表达的是对不愿意变成某种状态的一种希愿。这种体现形式不是无标记祈使语气，而是一种更为委婉的表达方式，用来对听话人进行规劝。

提议语气的功能可以通过添加礼貌用语来缓和祈使语气带来的强迫感。比如：

（73）Have a cup of tea，please!

推荐语气表达得较为直接、果断，可使用“just”“try”等用语。

（74）Just breathe，breathe… that’s it. Just try to think of nice calm things…

（75）OK，try this salmon mousse.

祝愿语气是最为依赖程式化表达的一种祈使语气，主要使用以“wish”“happy”“merry”等词语为开头的固定格式来表达对对方的祝愿。比如：

（76）Wish you a good appetite!

（二）汉语祈使语气体现形式

针对汉语祈使语气的体现形式，学界研究主要是围绕句末语气词而进行的①，部分学者还研究了语调②以及句子的形式变化③。综合来看，汉语祈使语气的体现形式是多样的，既包括词汇手段，如句末语气词，也包括程式化表达和语调。

表 7-4　汉语祈使语气体现形式

祈使语气类型 / 体现形式	命令	要求	支配	希愿	提议	推荐	祝愿
词汇手段	可使用“给我”等用语	可使用“吧”“呀”“啦”等语气词或用语	可使用“让”等用语	可使用“吧”“呀”“啦”“希望”“想”等语气词或用语	可使用“吧”“呀”“啦”“建议”“试试”等语气词或用语	可使用语气词	可使用语气词
程式化表达	句式长度一般较为简短。	可使用“算了”“得了”等程式化表达	可使用“算了”“得了”等程式化表达	使用虚指的“他”与“个”	可使用“行了”“好了”等程式化表达		可使用“祝”字等开头的惯用语

① 王力：《中国现代语法》，商务印书馆 1943/2011 年版；高名凯：《汉语语法论》，商务印书馆 1948/1986 年版；吕叔湘：《中国文法要略》，商务印书馆 1956/2014 年版。黄伯荣、廖序东：《现代汉语》（增订三版），高等教育出版社 2003 年版。

② 高名凯：《汉语语法论》，商务印书馆 1948/1986 年版；吕叔湘：《中国文法要略》，商务印书馆 1956/2014 年版；齐沪扬：《语气词与语气系统》，安徽教育出版社 2002 年版；黄伯荣、廖序东：《现代汉语》（增订三版），高等教育出版社 2003 年版。

③ 高名凯：《汉语语法论》，商务印书馆 1948/1986 年版。

续表

祈使语气类型 / 体现形式	命令	要求	支配	希愿	提议	推荐	祝愿
句法	可使用省略形式			可使用疑问语气句式			
语音	音量呈阶梯上升趋势，句末达到最大值；末字音长增加						

命令语气往往较为简短，小句中以谓体动词为中心。比如：

(77) 别开门。

命令语气反映说话人具有较高的权势，因此有时使用权势标记“给我”进行凸显。“给我”的词义已经虚化，所表达的语义为“我命令”①。

(78) 都给我住手！

例（78）通过添加“给我”增强了小句命令语气的强硬态度，是礼貌程度最低的体现形式②。

正因为命令语气所反映的强硬与权势，体现命令语气的小句通常较短，甚至可以简化③，变成非基本小句，以突出命令语气的焦点。

(79) 哎哟，快快！(志新不好，你爸爸脑瘀血了……)

① 张恒君：《汉语的权势标记“给我”研究》，《湖南社会科学》2013 年第 14 期，第 222 页。

② 张恒君：《汉语的权势标记“给我”研究》，《湖南社会科学》2013 年第 14 期，第 223 页。

③ 李圃：《现代汉语祈使表达句的类型、促成因素和信息特征》，《新疆大学学报（哲学·人文社会科学版）》2011 年第 2 期，第 131—134 页。

例（79）中的“快快”，其实是“快来快来”的简略形式，用于情急之下发出命令，具有紧迫感。

命令语气在句式上呈现出短小的特点，其在语音方面也有相应的特点：节奏感比较强。说话人往往“提高音量，增大音强，加快节奏”用以构建权势身份①。同时，命令语气的功能是寻求物品与服务，小句的焦点一般落在谓体动词上，说话人的音量最强处就在谓体动词上，同时通过增长谓体动词的发声时长来强调②。

要求、支配、希愿、提议和推荐这几类祈使语气的强制程度不如命令语气，一般需要通过一些手段来缓和语气的强制程度。

（80）别客气，到这就跟自己家似的啊，坐！（要求语气）

（81）让他们年轻人去干嘛！（支配语气）

（82）小兰我乐意在你家干活儿，你就留下我呗！（希愿语气）

（83）和平啊，赶紧报告一下公安局吧。（提议语气）

（84）他不给你写信，你给他写嘛。（BCC，推荐语气）

对于“啊”“嘛”“吧”“呗”表达的意义，徐晶凝③做了区分：督促说话人听从要求（啊）；劝求听话人做某事（嘛）；将决定权交由听话人（吧）；放任不管（呗）。语气词的选择反映祈使语气中的强制程度与权势地位。语气词“啊”体现较强的强制程度，因此常出现于如例（80）的要求语气中。“嘛”体现权势地位，如例（81）支配语气与例（84）推荐语气都涉及权势地位的差别。

提议语气不关涉权势地位，因此语气词通常起到缓和的功能。比如：

（85）小晴表妹，一路上累了，先喝点儿水吧。

---

① 张恒君：《汉语的权势标记“给我”研究》，《湖南社会科学》2013 年第 14 期，第 223 页。

② 石锋、焦雪芬：《普通话命令句语调的时长和音量分析》，《汉语学习》2016 年第 1 期，第 65—73 页。

③ 徐晶凝：《语气助词“呗”的情态解释》，《语言教学与研究》2007 年第 3 期，第 75 页。

例（85）不涉及权势关系的提议语气使用“吧”字来表达商量，具有较高的礼貌程度①。提议语气表达物品与服务的交换，因此在体现形式方面多用句末语气词“吧”来表达商量的含义，给予对方可拒绝的空间。

语气词“呗”具有“述唯弃责”的功能意义②，即表达小句中的行为是唯一可取的行为，但说话人并不负责听话人是否接受这一行为。这种功能意义降低了祈使语气的强制性，因此多用在如例（82）一类的希愿语气等强制性较低的祈使语气中。

在程式化表达上，“算了”“得了”“行了”“好了”是汉语口语中常见的祈使习语③。“算了”“得了”表达一种决然的态度，强制性程度较高。

（86）算了吧我别试了。

（87）您干脆回家来得了，咱自个儿内部监督得了。

例（86）中“算了吧”表达说话人较为坚决的放弃态度，商榷的余地小；例（87）中两处“得了”都表明说话人对之前提议的否决，有一定的商榷余地。

“行了”“好了”表明听话人已经达到其认为的理想状态，听话人可以不再继续某种行为，进而起到劝止的功能④。

（88）行了行了别吃了。

（89）好了好了，圆圆就不要去了。

例（88）和（89）中的“行了”与“好了”都使用了重叠形式，表达一种建议、允许，都是强制性较低的祈使表述。

希愿语气中有一种特殊的程式化表达，即在谓体动词与动词补语之间

① 齐沪扬、朱敏：《现代汉语祈使句句末语气词选择性研究》，《上海师范大学学报（哲学社会科学版）》2005年第2期，第62—69页。

② 徐晶凝：《语气助词“呗”的情态解释》，《语言教学与研究》2007年第3期，第75页。

③ 温锁林：《汉语口语中表示制止的祈使习用语》，《汉语学习》2008年第4期，第11页。

④ 温锁林：《汉语口语中表示制止的祈使习用语》，《汉语学习》2008年第4期，第12页。

加入虚指的“他”与“个”，用以体现希愿功能意义①。比如：

（90）查他的税，罚他个1500万！（BCC）

（91）大家快快乐乐吃个痛快！（教育部语言文字应用研究所现代汉语语料库：《浓烟》）

例（90）和（91）中的虚指词“他”与“个”与前面的动词构成“V+他/个”程式化表达，体现一种希愿语气。

祝愿语气有固定的程式化表达，以“祝”字开头来引领整个小句。比如：

（92）祝你生日快乐！

（93）祝你新年快乐！（BCC）

（三）英汉祈使语气体现形式对比

英汉祈使语气体现形式之间比较明显的区别在于，英语祈使语气比较倚重句法手段，汉语比较依赖词汇手段。

此处需要指出，英汉祈使语气的功能均可以由其他类别语气来表达。这不仅仅是英汉两种语言的共性，也应是人类语言的共同特点。祈使语气有关物品与服务的交换，涉及一定程度的“强制性”所带来的“面子问题”（face threatening）。为了缓和强制性，说话人可采取“绕远路”的方式，避免直接使用简单直接的祈使语气体现形式，而使用其他语气的体现形式表达祈使目的。前文描述的几种祈使类型中，“强制性”较弱的几种，如要求、希愿、建议等，通常会采取这种方式。而如命令等强制性较强的祈使语气，则多使用简单直接的体现形式。

（四）英汉祈使对象体现形式及对比

总体来看，英汉祈使语气的对象均可进一步细化为说话人、听话人、说话人与听话人双方、第三方等。

---

① 李敏：《现代汉语的义务情态分析》，《语言教学与研究》2010年第1期，第54页。

表 7-5　　英汉祈使对象体现形式

	英语祈使对象	汉语祈使对象
说话人	I、We、Let me	我、我们、让我
听话人	零形式、You	零形式、你、您、你们
说话人与听话人双方	Let's	咱们
第三方	Let him	让他

英语祈使对象的体现形式主要是零形式、人称代词、人物名称等。比如：

(94) Fine, then do it.

(95) Please let me know, so I can get it on video.

(96) All right, let's do this...

(97) Let it fly.

(98) Let Stuart live with you.

汉语祈使对象的体现形式也主要是零形式、人称代词、人物名称等。比如：

(99) 不用打——我干了！

(100) 好了，我们走！(BCC)

(101) 赶紧坐下吧……

(102) 你来试一试……

(103) 您喝点儿水。

(104) 让和平帮我把这沙发往那边挪挪。

“咱们”是第一人称复数代词，表达说话人指称的祈使对象涵盖听话人与说话人双方。比如：

(105) 咱们再练一遍。

“咱们”也可以有特别的用法。比如：

（106）咱们都上小学了，不能再哭鼻子了。

例（106）是成年人对孩子的要求。本意是“你不能再哭鼻子了”，句中使用包括式的“咱们”拉近了说话人与听话人之间的距离，使得祈使内容更能为听话人所接受。

汉语存在主语与句末语气词共现的规律[①]。“您”是汉语中第二人称的尊敬用法。当小句的祈使语气主语使用“您”时，句末语气词大都用“吧”；当主语为“我们”“咱们”时，句末语气词使用“吧”的频率降低，“啊”的频率上升；而当主语为“你”“你们”或不出现时，“啊”的频率继续上升。比如：

（107）您换衣服吧，我回避。

（108）我劝你啊，还是重打鼓另想辙。

（109）知错就改下回不许了啊。

可以看出，随着人称的礼貌程度逐渐下降，小句更倾向于减少使用舒缓语气的“吧”，而选用蕴涵直接果断态度的语气词“啊”。

英汉语祈使对象体现形式大致相同。英汉祈使语气小句中一般都不出现第二人称主语；出现第二人称主语的情况都是在强调祈使力度，英语中如出现第二人称主语“you”则需要重读[②]。此外，英汉语双方均有包含听话人在内和不包含听话人在内的全称用法。英语中有“let's”（包含听话人）和“let us”（不包含听话人）用法的区别；汉语中存在“咱们”（包含听话人）和“我们”（不包含听话人）用法的区别。

（五）英汉祈使语气柔劝手段体现形式及对比

祈使语气中的柔劝手段用于缓和祈使语气的强制性，是祈使语气所关涉的部分内容。礼貌用语、小量用语、辅助语等是常见的缓和语气手段。

---

① 齐沪扬、朱敏：《现代汉语祈使句句末语气词选择性研究》，《上海师范大学学报（哲学社会科学版）》2005年第2期，第62—69页。

② 司罗红、徐杰、王素改：《句子中心语性质跨语言差异与祈使句主语隐现》，《外语教学与研究》2017年第1期，第27页。

表 7–6 英语祈使语气柔劝手段体现形式

祈使语气柔劝手段 / 体现形式	礼貌用语	小量用语	辅助语
词汇手段	“please”“beg”“pardon” 等礼貌用词	“few”“little”“as soon as” 等小量用语	
程式化表达	“If you don't mind” 等前置语		“will you”“would you”“wouldn't you” 等寻求确认的辅助语
句法	条件句		

英语的柔劝手段类型不是很丰富。

(110) Please don't say anything, I feel terrible about this.

(111) If you're tired, have some coffee.

(112) Calm down, will you?

表 7–7 汉语祈使语气柔劝手段体现形式

祈使语气柔劝手段 / 体现形式	礼貌用语	小量用语	辅助语
词汇手段	“您”“请”“麻烦”“拜托”“劳烦”等礼貌用语；称呼用语；“吧”“呗”等句末语气词	“稍稍”“一点儿”“小事”“马上”“立刻”等小量用语	
程式化表达	“劳您大驾”等惯用语；“请您帮忙”等前置语		“可以吗”“好不好”“行不行”等寻求确认的辅助语
句法	条件句		

汉语的柔劝手段比较丰富。比如：

(113) 这米饭哪，我吃不惯，麻烦小张姑娘再给我下点面条吧。

(114) 老和同志，你好好歇着吧。

(115) 那有空儿来串门儿呗……

(116) 好啦好啦，我马上到人家家收去。

(117) 要是实在不行呢，过几天我就回海南？

(118) 你先自己玩儿一会儿行不行？

例（113）到（118）呈现了汉语较为丰富的柔劝手段体现形式。使用柔劝手段与说话人和听话人之间的权势关系有关：对于听话人而言，说话人的权势地位越高，说话人对柔劝手段的使用比例也就越低①。这说明柔劝手段是缓解“威胁面子”的方式。说话人的权势地位越高，对听话人威胁面子的程度也就越低，因此对柔劝手段的使用也就越少。

总体上，英汉语在祈使语气柔劝手段的使用方面有一些共同点，比如两者都可以通过礼貌用语、小量用语、辅助语来缓和语气。礼貌用语是柔劝手段中非常常见的一种，它的使用主要是为了降低给听话人带来的强制性。英语中可使用“would”和“please”这样的委婉表达；汉语可使用“麻烦”“拜托”等词语，以及句末表达商量意义的语气词“吧”。使用一些前置用语及条件句也可以减弱祈使语气的强制性。另一种情况是小量用语，即通过减少要求服务的难度以及工作量等，来降低被拒绝的风险。比如“a little”和“马上”，前者表示量少，后者表示动作持续的时间短。此外，辅助语如“行不行”“aren't you”等可以增强说话人与听话人之间的互动气氛，进而降低说话人对听话人使用祈使语气而带来的强制性，使得祈使语气更像一种可来可往的“商量”。

第三节　英汉语气语势体现形式对比

一　英汉内在语势体现形式对比

（一）英语内在语势体现形式

英语小句内在语势的体现形式比较多样，有词汇手段，也有程式化表达手段，如表7-8所示。

---

① 任伟：《汉语请求言语行为的变异语用学研究》，《外国语》2018年第4期，第71页。

表 7-8　　　　英语内在语势体现形式

体现形式＼内在语势类型	确实	料悟	能力	必然	或然	允许	意愿	义务
词汇手段	"so" "indeed" 等		"able" "capable" "can" 等	"definitely" 等	"probable" "perhaps" "possible" 等	"can" "may" 等	"will" "would like" 等	"must" "should" "ought to" 等
程式化表达	"I'm sure" 等	"That's why" 等			"It's hard to say" 等		"be willing to" "would like" 等	

英语内在语势的体现形式主要为副词、限定成分与助动词。

体现确实语势的词有"so""indeed"等。比如：

（119）So he's clearly a smart guy.

（120）He is indeed a good guy.

体现确实语势的程式化表达有"I'm sure"等。比如：

（121）Oh，I'm sure that's not true.

料悟语势很少由词汇手段体现，主要由"That's why"等程式化表达来体现。比如：

（122）That's why you left me.

体现能力语势的用词有"able""capable"等。比如：

（123）You will no longer be able to accuse me of being spoiled!

（124）He appeared hardly capable of conducting a coherent conversation.

体现必然语势的用词有"definitely"等。比如：

（125）That's definitely a gravitational wobble.

体现或然语势的用词有"perhaps""possible""probable"等。比如：

（126）Yeah，perhaps I've been harder on them than they deserve.

（127）Do you think it's possible you might enjoy being on your own for a little while?

（128）Then there are probably too many clothes.

或然语势中，"perhaps""possible""probable"构成可能性程度等级序列。"perhaps"的可能性程度最低，"possible"居中，"probable"的可能性程度最高①。

或然语势也可以由惯用语体现。比如：

（129）It's hard to say.

体现允许语势的用词有"can""may"等。比如：

（130）Okay，you can have this back in the morning.

（131）If I may speak for Comic-Con，we don't want that either.

体现意愿语势的手段包括"will""would like"等词语及一些惯用语。比如：

（132）I will pay you to burn that jacket.

（133）We would like to thank them for their patience and understanding

（134）That's a risk I'm willing to take.

---

① Bybee J. L.，Perkins R.，Pagliuca W. *The Evolution of Grammar：Tense，Aspect，and Modality in the Languages of the World*. Chicago：The University of Chicago Press，1994.

体现义务语势的有“should”“ought to”等词语。比如：

（135）I don't know，maybe I shouldn't go.

（136）I think I ought to get back to work.

（二）汉语内在语势体现形式

汉语内在语势主要依赖词汇手段来体现。此外，还可由惯用语等程式化表达来体现。如表 7-9 所示。

表 7-9　汉语内在语势体现形式

内在语势类型 / 体现形式	确实	料悟	能力	必然	或然	允许	意愿	义务
词汇手段	“真的”“的确”“当然”“诚然”等	“果然”“果真”“幸好”“好在”“幸而”“幸亏”“多亏”“恰巧”“刚巧”“难怪”“原来”“不料”“委实”“竟然”“居然”“不免”“未免”“难免”等	“能”“能够”“可以”“会”等	“一定”“必定”“势必”“准是”等	“可能”“大概”“也许”“未必”“没准”“不至于”“大半”“多半”“大约”“恐怕”等	“可以”“能够”等	“愿意”“乐意”“想”等	“应该”“要”“必须”“务必”“务须”“千万”“还是”“最好”等
程式化表达	“是……的”等结构				“谁知道呢”“（听）说是”“不知道是不是”等惯用语			

汉语内在语势体现形式中词汇手段比较丰富。确实语势使用“当然”“真的”“的确”等词语表达说话人对小句内容的确定判断。比如：

（137）如果剩下别人当然是这样。

（138）啊还是真的有点意思。

（139）爸，我们的确是要离婚。

除了词汇手段，确实语势还可以使用"是……的"结构来体现。比如：

（140）志新能够有今天啊，除了社会的培养，当然跟我们家长的教育是分不开的。

例（140）中"是"与"的"字之间的部分为强调内容，意在表明强调部分所言无误，表达确实意义，是小句内容的焦点。

料悟语势使用"果然""幸亏""这不""难怪""原来""竟然"等词语来表明小句内容与说话人的预期是否一致。比如：

（141）小李子手艺果然不凡呐。(与预期一致)

（142）幸亏我明察秋毫，洞察一切。(与预期一致)

（143）这不恰巧七日游么我嗨随便一弄就中了……（与预期一致)

（144）难怪下午你胡伯伯跟我讲了个同样的故事。（与预期不一致)

（145）原来您有这么大本事呀！(与预期不一致)

（146）这都什么年代了竟然还存在这种封建包办婚姻?!（与预期不一致)

能力语势使用"能""可以""会"等词语来体现，表达说话人认为自己或对方有能力完成某事。比如：

（147）仰卧起坐早先您一口气能做50个，现在也只能做48个。

（148）习惯也可以改嘛。

（149）啊，她会很好地协助你们。

必然语势使用"一定""肯定""准是"等词语来表达说话人对小句内容的确信。比如：

(150) 真惨，我想它当时一定疯了。

(151) 这奖是肯定没戏了！

(152) 我就知道，准是你的主意。

或然语势使用“大概”“也许”“未必”“可能”“大约”“恐怕”等词语来体现说话人对于小句内容的不确定。比如：

(153) 他大概就是因为没好好学习。

(154) 也许他是装糊涂，心里比我们都明白。

(155) 钱挣多了，未必就是好事啊。

(156) 很有可能恢复我的小队长职务，没准儿还能混个中队长当当……

(157) 我前前后后大约一共给她写了有二十多封信呢。

(158) 您想求得我们的谅解恐怕也难。

或然语势也可由“谁知道呢”“听说”“说是”等惯用语来体现。比如：

(159) 谁知道人家乐意不乐意呀……

(160) 听说前几天，他们包工头带着全队半年的包工钱跑了！

(161) (大赔他们明儿就走，先去四川，) 说是弄两车柑桔看看好销不好销。

例（159）中的“谁知道”、例（160）中的“听说”以及例（161）中的“说是”都隐去了信息来源主体，表达说话人对小句的内容不肯定，从而表达或然意义。

体现或然语势的手段在口语中还可以是叠加形式。比如：

(162) 我可能、或许、大概能完成。

允许语势可以使用“可以”“能够”等词语来体现。比如：

（163）作为她的丈夫，做这件事情可以不留任何痕迹……

（164）对于用户不能够吃拿卡要……

例（163）中的“可以”与例（164）中的“能够”表示允许的依据有所不同。“可以”依据的是个人主观权威，表达自情理上的许可；而“能够”主要依据的是道德基准、法律规范，表达环境上的许可①。

意愿语势可由“愿意”“想”等词语来体现，表达说话人对于某事的意愿。比如：

（165）可不愿意再干这伤天害理的事。

（166）正想要求增加呢，怎么还削减呀！

义务语势可通过“应该”“必须”“千万”“要”“最好”等词语来体现，表达说话人认为某人对小句命题内容有责任、有义务。比如：

（167）好东西应该大家分着吃……

（168）少废话这忙你必须得帮啊……

（169）对了还有一条重要的规律你可千万记住。

（170）（用车呢，退下来以后，总不那么方便啦！）还是要保证一线的同志嘛！

（171）爸，您以后有什么话最好当面儿说，您老这么背后夸我也不知道夸到点儿上没有。

（三）英汉内在语势体现形式对比

英汉内在语势体现形式有较大的区别，英语内在语势的体现手段不如汉语丰富，汉语的词汇手段比较多样。

在程式化表达方面，汉语的体现方式也有一些突出的特点。汉语中存在一些特殊的固定句式，专门用来表达某种态度。以或然为例，固定句式

---

① 谢昆：《俄汉语祈使范畴对比分析》，《中国俄语教学》2012 年第 31 卷第 3 期，第 52 页。

往往表达不确定的信息。

(172) 说是生病了。

相比“生病了”这种单纯的表达，例（172）蕴涵的确信程度要低很多。有关这一点，我们可借鉴系统功能语言学框架中的投射概念来解释。通过投射将小句降级，可以降低说话人对所言内容的肯定、确信程度。英语中也有类似的表达，只是没有那么程式化。

二　英汉外在语势体现形式对比

外在语势指附着于小句外部的语气语势，包括语速、语调、停顿等多种类型。其程度区分为“强、中、弱”三个水平，速度区分为“急、平、缓”三个水平。“中”与“平”为默认水平。比如：

(173) 你们在哪儿见过？

例（173）是无标记疑问语气小句，正常情况下外在语势的程度与速度均不需要进行调节。也可以说，程度的“中”水平与速度的“平”水平是无标记小句的外在语势水平。

总体上，英汉外在语势的体现形式如表 7-10 所示。

表 7-10　英汉外在语势体现形式

外在语势水平 / 体现形式	强	弱	急	缓
词汇	“so”“到底”“这么”“就”等词语，“damn”及其他詈词	“well”“那个”“呃”等词		“啊”“唉”等语气词
句法	反诘句式，重复，“what the hell...”等句式		重复	不完整表达
语音	语调骤降或骤升，起伏大，在强调处的语调有大幅度波动，时长较长	停顿	语调急促，语速加快	停顿

英语强水平的外在语势使用的词汇手段有调节词等。比如：

（174）Why's it taking so long?

（175）But the movie did just get good.

（176）Oh，damn，wait，you know，maybe you shouldn't go...

例（174）和例（175）使用"so""just"调节词来增强外在语势；例（176）使用"damn"来体现语势的强烈。

小句层面也有骂詈表达。比如：

（177）What the hell? Where is everything?

（178）What the heck are you doing?

例（177）和（178）中，说话人使用"what the hell""what the heck"来加强语势。

弱水平的外在语势可由"uh""well"等词以及成分的重复手段来体现。比如：

（179）Uh，well，I was dating a woman at the university，but we broke up.

（180）Sir，I-I-I'm sorry but I just don't get it.

例（179）使用"uh""well"等表达人际意义的用词凸显说话人的迟疑，从而减弱了语势的水平。例（180）中，说话人重复了三次主语"I"，反映出慌乱的心情，体现"弱"水平的语势。

英语"急"水平的外在语势主要依赖成分的重复来体现，如例（181）中"go"的三次重复，表达急促。

（181）Go! Go! Go!

"缓"水平反映说话人的思考过程，有时使用非完整小句来体现，希望听话人能够理解说话人要表达的内容。比如：

（182）Now，before we field test，I think we…

例（182）中，说话人对小句的内容有思考和犹豫，因此没有完整表达出来。这种形式意在期待听话人参与构建及完成小句的内容，反映外在语势在人际功能层面的互动意义。

汉语"强"水平的外在语势体现手段通常是一些具有强调、推断等意义的词。比如：

（183）咱先把这事闹清楚喽啊：到底是谁！

（184）我真不相信您犯了错误这么没勇气承认。

（185）您就承认了吧。

例（183）至（185）中的"到底""真""这么""就"等词语是增强外在语势的词汇手段。这些词将后续成分凸显为焦点，使得焦点时长增长、音量增大①。

在句法方面，"强"水平的外在语势往往使用反诘、重复等手段。

（186）我有错误，难道你们就都没有错误吗？

（187）（分明是有人冒用我的名字和我公司的名誉！）不是你仔细看看！

例（186）使用反诘句式，句中焦点通过副词"难道"凸显出来；例（187）句末使用"不是""看看"进行强调。整体来看，句法上同样是通过制造焦点来影响外在语势的水平。可以说，"强"水平的外在语势在语音方面的表现与词汇手段、句法手段息息相关。

"弱"水平的外在语势使用的词汇手段通常是语气词。比如：

---

① 秦鹏：《汉语的信息结构和语调时长模式》，《汉语学习》2017年第6期，第85页。

（188）唉唉唉那个，头有点晕。

（189）呃，……刚来。

例（188）和（189）中的“唉”“那个”“呃”等语气词没有经验意义，只表达人际意义，体现说话人对于小句内容的犹疑和不确定。“弱”水平的外在语势在语音方面表现为停顿、音量减小、音响弱化等。

“急”水平的外在语势主要通过重复手段来体现。比如：

（190）那边那边，去去，那边快快快快，麻令儿地走走走。

（191）唉唉对，就是这儿就是这儿。

例（190）和（191）中多次使用重复。虽然重复会增加小句长度，增加小句时长，但由于语势水平整体急促，单字时长缩短，在表达效果上达到了“急”的效果。

“缓”水平的外在语势主要由语气词来体现。比如：

（192）志新啊，等空调装好后，爸爸穿这件毛坎肩行吧？

（193）我的姑啊……我亲爱的姑……

（194）小张啊，你得想开一点，啊，哪能不吃东西呀？

例（192）至（194）中的语气词“啊”字不同于之前的句首或句末的语气词，而是附着在小句成分之后，尤其是主语之后，起到话语标记的作用[①]。“啊”字之后往往有话语停顿，这种顿宕能够吸引听话人的注意[②]。

在词汇手段上，英语与汉语外在语势均可使用表达强调、推断等意义的词语以及不雅用语，以增强气势；汉语弱语势可由语气词来体现。在句法上，英汉语均可使用反诘句、重复等手段来加强气势；较弱的外在语势多使用停顿等表达不自信的手段。词汇与句法上的体现形式影响外在语势

① 张伯江、方梅：《汉语功能语法研究》，江西教育出版社/商务印书馆 1996/2014 年版；徐烈炯、刘丹青：《话题的结构与功能（增订本）》，上海教育出版社 2007 年版。

② 王珏、毕燕娟：《语气词句末迭用顺序研究》，《语言教学与研究》2018 年第 1 期，第 89—100 页。

在语音方面的表现。“强”水平与“急”水平在体现形式上有重合的情况，“弱”水平与“缓”水平的语势有类似的情况。这是“强”与“急”、“弱”与“缓”之间的关系所致：“急”水平的外在语势会导致“强”水平升高；“缓”水平的外在语势具有“弱”水平语势特点。由此，外在语势的四个水平构成如图 7-1 所示的关系图。

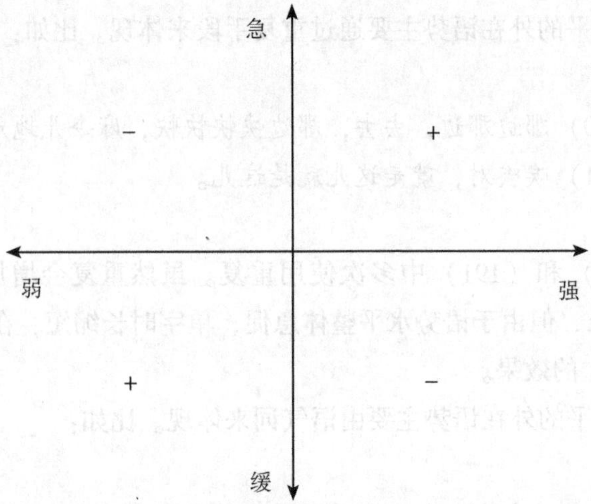

图 7-1 外在语势四水平关系图

关系图中“强”与“急”、“弱”与“缓”存在交互区域，以“+”表示；“弱”与“急”、“强”与“缓”无交互区域，以“-”表示。外在语势关系图反映外显情绪表达的一致性。外在语势涉及语言的音响特征，是语言的物理特性。音响特征时刻伴随说话人的言语交流过程，可直接反映说话人的内心状态及情绪。此特点不限于英汉语言，其他语言也同样如此。如不雅詈词较少的日语，也存在表达强、急意义的外在语势手段，如卷舌、句末可表达强调的结构或语气词（“のだ”“ぜ”“だぜ”）等。

第四节 从语言类型、思维和文化看英汉语气系统体现形式的个性与共性

上文对比发现：英汉语气类别和语气语势的体现形式，在词汇、句法手段方面个性比较突出；在语音手段及句法手段中的程式化表达方面则以

共性为主。下文尝试从语言类型、民族思维、民族文化等角度，探讨隐匿于个性和共性背后的原因。

一　从语言类型、思维和文化看个性

（一）语言类型角度

英汉语在语气系统方面的个性，从语言类型角度看，有两点较为突显：其一，疑问语气中是否使用疑问语气词；其二，作为疑问语气体现手段的疑问词的位置是否与陈述语气的语序一致。

汉语寻求正反疑问语气小句中，一般情况下存在位于句末的疑问语气词，比如“吗”，而英语的疑问语气则不涉及疑问语气词，这是英汉语在语言类型特点方面的一个区别。此外，汉语在疑问语气词的位置关系方面也呈现出跨语言的特殊性。在语序类型学中，疑问语气中的语气词位置与基本语序类型有关：前置词语言（或基本语序为 SVO 的语言）中，疑问语气词的位置倾向于句首①。而汉语为 SVO 语言，只是也带有 SOV 语言的特点，其疑问语气词的位置在句末。Dryer② 将此解释为区域性语言特征：在 Dryer 调查的部分亚洲语言中，有不少语言在基本语序与疑问语气词位置方面的蕴含关系呈现出和汉语一致的特点。

另一个区别在于寻求新信息疑问语气中疑问词的位置。在寻求新信息的疑问语气中，英语的疑问词一般位于句首位置，提示所寻求的内容，而汉语的疑问词则与陈述语气中相对应成分的位置相同。根据 Greenberg 的发现③，SVO 语言更倾向于通过语序的调整来体现疑问语气，英语符合这一规律。汉语虽然也是 SVO 语言，但汉语疑问词的位置更多反映出东亚地区语言的特点，即较少依赖语序手段④。

---

① Greenberg J. H. Some Universals of Grammar with Particular Reference to the Order of Meaningful Elements// Greenberg J. H. *Universals of Language*. Cambridge, M. A.: The MIT Press, 1963, p. 81.

② Dryer, M. S. The Greenbergian Word Order Correlations. *Language*, 1992, No. 68, pp. 1, 81-138.

③ Greenberg J. H. Some Universals of Grammar with Particular Reference to the Order of Meaningful Elements// Greenberg J. H. *Universals of Language*. Cambridge, M. A.: The MIT Press, 1963, pp. 73-113.

④ 刘丹青：《语法调查研究手册》（第二版），上海教育出版社 2017 年版，第 5 页。

从上述语言类型角度可以看出，虽然英汉语的特点在一定程度上符合语序类型学所观察、发现的规律，但也在一定程度上受到了地域因素的影响。地域因素往往与民族思维习惯、文化交流特点等因素密切相关。

（二）思维角度

英汉语在语气系统方面的差异，从思维角度看，受民族的影响：英语民族呈现出重分析性的思维特点，汉语民族呈现出重整体性的思维特点。

英汉语在陈述、感叹和疑问语气上，存在句法形式区别。英语主要依靠语序的变化来表达语气，汉语虽然也有语序的变化，但主要是语用性的，即在语言使用过程中以修辞等形式呈现，这和英语的句法语序变化明显不同。如英语疑问语气的体现形式是语序发生变化，主要表现为主语与限定成分、主语与疑问词之间位置关系的变换。也就是，英语通过这些手段“操控”疑问语气的体现形式。这说明，英民族主要借助语法架构的形式来建构和表达语气意义。这在一定程度上表明，在语气意义的表达方面，他们有着分析性思维习惯。这种分析性以“主客二分”的形式体现①。“主客二分”是西方哲学“物我相分”的一种反映，主张在观察世界时，保持物我之间的距离，以进行冷静的判断②。这种时刻保持“我”与“非我”之间的界限的习惯，使得英语在语言结构方面呈现出逻辑推理性。英语习惯运用语法规则、词汇形态特征来表明句子内部、句子之间乃至段落之间的逻辑关系③：即由“我”推至“非我”，由主语推至谓体以及补语，由动词谓体成分推至限定成分，由级阶小句推至嵌入小句，由主位推至述位等。此处，我们以语序的改变对于语气类型的影响为例来说明英语中的“主客二分”。一般来讲，英语小句中的动词须携带时标记④，而在极性强调句、否定句、疑问句中，承载小句部分或全部时、体、态信息的是助动词，这些助动词充当的限定成分用来补充动词谓体的时间指示意义等，于

① 连淑能：《论中西思维方式》，《外语与外语教学》2002 年第 2 期，第 40—46、63—64 页。

② 潘文国，1997，《汉英语对比纲要》，北京语言文化大学出版社，第 364 页。

③ 杨元刚：《英汉语法形合意合特征的对比研究——兼论洪堡特的汉语语法观和哲学思想》，《湖北大学学报（哲学社会科学版）》2011 年第 1 期，第 122 页。

④ 何伟、仲伟：《从语言元功能的编码方式看英汉语本质差异》，《当代修辞学》2021 年第 5 期，第 34 页。

动词谓体及主语而言，均为客体。相应地，我们可以看出，英语中“主语^限定成分”即“主体^客体”语序体现的是陈述语气；“限定成分^主语”即“客体^主体”语序体现的是寻求正反的疑问语气。

（195） a. I ［Subject］ make ［Finite or Operator/Predicator］ my living as a photographer.

b. Do ［Finite or Operator］ I ［Subject］ make my living as a photographer?

反过来说，语气类型的变化也与语序息息相关。从语序的呈现形式可推断语气类型，从语气类型亦可预测语序架构，这种双向对应关系是英民族分析性思维的典型体现。

相反，汉语中语气类型不依赖语序等句法手段的变化，而是以语境中的信息功能为基准。汉语中，陈述语气、疑问语气、祈使语气可以呈现出相同的语序，下面三个小句分属于陈述语气、疑问语气、祈使语气，但三者的语序均为“主语^谓体”。

（196） a. 她［主语］在他身旁坐下［谓体］。（BCC）

b. 你［主语］怎么不坐下［谓体］？（BCC）

c. 这叫什么话，你［主语］坐下［谓体］！（BCC）

汉语不依赖语序等句法手段区分语气类别。而区分上述三种语气类型的方式，书面语中主要是上下文信息、词汇手段及句末的标点符号，而在口语中则是语境信息、语音语调等。这种表达倾向是汉民族整体性思维的一种反映。

（三）文化角度

英民族、汉民族分属的西方文化、东方文化对人际功能方面的表达也产生了影响。西方本体追问的文化倾向①使得英民族在语气表达方面呈现

① 何伟、伟圣鑫：《英汉小句状语成分分布对比研究》，《外语与外语教学》2021 年第 2 期，第 39—48、148 页。

出直接、简练、目的性强的特点，反映在语言层面即其所依赖的语言手段的单一性。而东方文化讲究天人合一，不强调物我的对立，这样的文化倾向使得汉民族在语气表达方面呈现出委婉、丰富、注重感受的特点，反映在语言层面即其所依赖的语言手段的丰富性。

以词汇手段为例。英汉语在陈述（含感叹）、疑问和祈使语气，以及内在语势方面，存在使用频度、丰富程度、资源依赖侧重程度的差异。汉语在语气词、语气副词等词汇手段的丰富性上，呈现出较大优势。这在一定程度上说明汉语使用者对语气意义的理解更为精细、表达更为丰富。有趣的是，在一般大众认知中，这种丰富性与汉民族内敛、沉静的民族气质存在出入。但换一个角度看，语言手段上的丰富性恰巧是对内敛文化的一种反哺。换言之，汉语借助丰富的语言手段，来弥补民族内敛文化的拘束。

二 从思维和文化看共性

从人类交际层面，我们可以发现英汉民族同样存在趋同的情景应对、情感表达等共性。

（一）趋同的情景应对

在人际交流中，英汉民族在面对寻求、给予信息与物品及服务的言语功能时，都会做出相似的应对，这种规律性是人际交流的本质所决定的。相似的情景反映在语言表述上就是相似的人际交流倾向，再细化一步，就是语气系统体现形式的相似性。

以英汉语的感叹和祈使语气为例。在这两个方面，英汉语均以程式化表达作为主要体现形式手段，呈现出相近的使用倾向。程式化表达是语言在使用过程中不断成型、固化的交流手段，具有高频性、便捷性等特点，是语言交流互动功能的体现。在感叹语气方面，尽管汉语的程式化表达在数量上更多，丰富度上更高，但与其他资源手段相比，程式化表达系英汉语共性较为显著的一个方面。程式化表达的趋同性，是英汉民族在人际交流倾向上共通性的体现。在祈使语气柔劝手段方面，英汉语都侧重使用程式化表达来缓和祈使语气的强硬。这说明在寻求物品及服务这一言语行为上，英汉语使用者在应对“面子威胁”时，都有相似的交流发展路径及倾向。尽管在具体表达类型和程度方面或有所不同，但在宏观交流倾向上可以看出跨民族的共性。

（二）趋同的情感表达

英汉民族在人际交流中另一个趋同点在于情感的表达。情感的表达是人际交流的共通之处，反映在语言层面是以语气语势体现形式为代表的趋同性。

在内在语势的程式化表达方面，英汉语呈现出依赖手段上的共性。在外在语势方面，英汉语均借助相似的语音手段，如重叠、停顿、响度等，来表达语势功能。语音手段作为语言的物理属性，在语势情绪表达方面表现出一致性，这与语言象似性的观点不谋而合。索绪尔认为拟声词、感叹词等具备音响形象与符号概念之间的关联关系①，学界也已有不少文献探讨了语音的象似性②。语言的外在语势反映出说话人借助语言的音响形象表达特定的情感。情绪情感表达属于不同民族的共有现象，因而以象似性为基础的语言物理声响，在不同语言之间也就呈现出一定的相似性。

综上所述，英汉语气系统的个性及共性缘由可总结如下：

表 7-11　　英汉语气系统个性及共性缘由

	英语语气系统	汉语语气系统
	个性缘由	
语言类型角度	无疑问语气词；主要依赖句法手段	使用疑问语气词；主要依赖词汇手段
思维角度	分析性思维，主客二分调节语法形式	整体性思维，主客融合多因素综合判断语气类型
文化角度	本体追问，语言手段单一	天人合一，语言手段丰富
	共性缘由	
趋同的情景应对	言语功能的相似性	
趋同的情感表达	情感表达语音形式的象似性	

① Saussure F. de. *Course in General Linguistics* (translated and annotated by Harris R.). London: Gerald Duckworth & Co. Ltd., 1916/Beijing: Foreign Language Teaching and Research Press, 2001, p. 69.

② 如辜正坤《人类语言音义同构现象与人类文化模式——兼论汉诗音象美》，《北京大学学报》1995 年第 6 期，第 87—108 页；沈家煊：《不对称和标记论》，江西教育出版社 1999 年版。

第五节 结语

本章对英汉语气系统体现形式进行了描述和对比。可以看出，英汉语气在体现形式上的不同主要表现在手段的丰富程度上，包括类型及数量上的差异。相较而言，英语主要依赖小句层面的变换，体现手段的多样性较小；汉语比较依赖词汇手段，样式丰富。不同体现形式可承担不同的功能、表达不同的人际意义，这使得汉语在语气网络的精密度层面更为复杂。总结来看，英语在传递信息时情感态度较为内敛，汉语相对而言更为外显。这虽然与人们对英汉民族性的一般认知有矛盾，但语言表达的丰富性与其他外显表达方式或呈现互补倾向。英语国家民族的外显表达突出，肢体动作多，或许是弥补语言中体现形式上的不足；汉民族在非语言的外显表达中，如手势、肢体动作、体态、姿势等，表现相对内敛，而语言手段的丰富性可以与之互补。针对这些特点，我们希望能进一步探索，争取在多语言中进行考察，从而进一步发掘世界语言的共性与个性。再者，我们希望进一步探讨语言使用与民族交流习惯之间的关系，从而为语言与民族性之间的关联探索进行铺垫。

第八章　英汉语篇功能研究述评

第一节　引言

语言是一种意义资源，具有组织和传递信息的功能。由于英汉民族文化背景和思维方式不同，英汉语组篇机制各有特点。语言学家普遍认为，英语重形合，汉语重意合，汉语具有独特的组篇机制，有些句式依靠意义粘合，句子之间结构松散，比如流水句。但少有研究系统描述英汉组篇机制的差异，并深入分析差异背后思维和文化层面的原因。本章主要是对英汉语篇功能相关研究进行梳理，为下一章组篇系统的建构打下基础。

第二节　英语语篇功能研究

Halliday[①] 指出，语言是一个语义系统，具有概念功能、人际功能和语篇功能；语言的语篇功能使概念功能和人际功能与真实的语境发生关联；通过语言这一语义系统，说话人将意义实现为语篇，将各个成分组织为信息，并与之前的信息相关联。语篇（text）是语言使用的基本单位，语言都具有组句谋篇的功能即语篇功能，主要由主述结构、信息结构

---

① Halliday M. A. K. Modes of Meaning and Modes of Expression：Types of Grammatical Structure，and Their Determination by Different Semantic Functions// Allerton D. J.，Carney E.，Holdcroft D. *Function and Context in Linguistic Analysis*. Cambridge：Cambridge University Press，1979，pp. 57-79//Webster J. J. *On Grammar*. Beijing：Peking University Press，2007，pp. 196-218.

和衔接等手段体现。主位和信息是一种内在资源，可以将小句组织成信息[①]，并赋予小句特定的谋篇特点，使之与周围话语关联起来；衔接是构建语篇的非结构性资源，关涉语篇内任何大小成分之间以及小句内外的语义关系[②]。

虽然语篇功能是系统功能语言学学科理论中的一个术语，但从功能角度开展的语篇研究却不限于系统功能语言学。英语语篇功能研究的源头可追溯至西方古希腊和古罗马时期的古典修辞学。胡壮麟[③]把语篇研究的发展历程分为四个时期：一是启蒙时期，即20世纪60年代以前，这一时期，Malinowski[④]、Firth[⑤]、Harris[⑥]等学者做了探索性工作，提出了具有启发性的观点；二是开拓时期，即20世纪60年代至70年代中期，这一时期，布拉格学派的理论被翻译成英文在西方传播，Halliday[⑦]、Van Dijk[⑧]等开始从事语篇功能研究；三是巩固时期，即20世纪70年代中期至90年代中期，这一时期，Halliday & Hasan[⑨]、Chafe[⑩]等开展了较为系统的语篇研

① “将小句组织成信息”中信息英文原词为 message。信息（message，也可译作消息）即信息量（quantum of information）。见 Halliday M. A. K.，Matthiessen C. M. I. M. *An Introduction to Functional Grammar*（3rd edition）. London：Arnold，2004；Halliday M. A. K.，Matthiessen C. M. I. M. *Halliday's Introduction to Functional Grammar*. London：Routledge，2014，p. 21.

② Halliday M. A. K. *An Introduction to Functional Grammar*. London：Arnold，1985；Halliday M. A. K. *An Introduction to Functional Grammar*（2nd edition）. London：Arnold，1994/Beijing：Foreign Language Teaching and Research Press，2000.

③ 胡壮麟：《新编语篇的衔接与连贯》，华东师范大学出版社 2018 年版。

④ Malinowski B. The Problem of Meaning in Primitive Languages（Supplement I）// Ogden C. K.，Richards I. A. *Meaning of Meaning*：*A Study of the Influence of Language upon Thought and of the Science of Symbolism*. London：Kegan Paul，1923，pp. 296-336.

⑤ Firth J. R. Modes of Meaning// *Essays and Studies*. The English Association，1951// Firth J. R. *Papers in Linguistics* 1934-1951. Oxford：Oxford University Press，1957，pp. 190-215.

⑥ Harris Z. Discourse Analysis. *Language*，1952，Vol. 28，No. 1，pp. 1-30.

⑦ Halliday M. A. K. The Linguistic Study of Literary Texts// Lunt H. *Proceedings of the Ninth International Congress of Linguistics*. The Hague：Mouton，1964，pp. 302 - 307//Webster J. J. *Linguistic Studies of Text and Discourse*. Beijing：Peking University Press，2007，pp. 5-22.

⑧ Van Dijk T. A. *Some Aspects of Text Grammars*. The Hague：Mouton，1972.

⑨ Halliday M. A. K.，Hasan R. *Cohesion in English*. London：Longman，1976/Beijing：Foreign Language Teaching and Research Press，2001.

⑩ Chafe W. Givenness，Contrastiveness，Definiteness，Subjects，Topics，and Point of View// Li C. *Subject and Topic*. New York：Academic Press，1976，pp. 25-55.

究；四是成熟时期——这一时期的研究梳理了各种理论和方法，并将语篇研究的成果广泛应用于教育等领域，比如 Martin[①]、Fairclough[②] 等。鉴于英语语篇研究和西方其他语言语篇研究联系紧密，且各学派的理论互相影响，下文首先对产生重要影响的西方语篇研究理论进行梳理。

一　英语语篇功能思想的起源

英语语篇研究的源头可追溯到古典修辞学里关于"如何在演讲中更好地表达"的探讨[③]。古典修辞学源自当时社会的各种演讲实践，它和逻辑学、语法学并称三艺，主要以古希腊时期 Aristotle 等的研究为代表。

在古希腊和古罗马时期，修辞学是一种演讲或写作的艺术。但是为了达到审美效果，富有想象力的文学作品中同样也运用修辞技巧，因此修辞的定义从"说服的艺术"延伸为"有效表达的艺术"[④]。它将演说作为一个整体，探讨如何对语篇进行加工和处理[⑤]。

古典修辞学把计划、组织和发表演说（语篇）的过程分为确定主题、编排组织、演说成文、背诵文稿和优化效果五个阶段[⑥]。其中，第一阶段指寻找论点和表述信息的合适的方式，确定语篇内容；第二阶段将这些内容组织起来并调整为连贯的结构；第三阶段是将这些内容以适当的文体呈现出来，确定组织语言的方式[⑦]。这三个阶段所描述的正是语言如何组篇的过程。Aristotle[⑧] 曾在《修辞学》一书中考虑到演说情景元素，提出每个演说都由三个要素构成——演讲者、演讲内容、演讲对象。Aristotle 创

---

① Martin J. R. *English Text*：*System and Structure*. Amsterdam：John Benjamins，1992/Beijing：Peking University Press，2004.

② Fairclough N. *Discourse and Social Change*. Cambridge：Polity Press，1992.

③ Van Dijk T. A. Introduction：The Study of Discourse// Van Dijk T. A. *Discourse Studies*：*A Multidisciplinary Introduction*. London：Sage，2011，p. 1.

④ Ilie C. Rhetoric，Classical// Brown K. *Encyclopedia of Language & Linguistics*（Vol. 10）（2nd edition）. Oxford：Elsevier，2006，p. 574.

⑤ 钱敏汝：《篇章语用学概论》，外语教学与研究出版社 2001/2008 年版，第 6 页。

⑥ 钱敏汝：《篇章语用学概论》，外语教学与研究出版社 2001/2008 年版，第 6 页。

⑦ Ilie C. Rhetoric，Classical// Brown K. *Encyclopedia of Language & Linguistics*（Vol. 10）（2nd edition）. Oxford：Elsevier，2006，p. 575.

⑧ ［古希腊］亚里士多德：《修辞学》，蓝纯等译，外语教学与研究出版社 2011/2012 年版，第 30 页。

造性地将演说发生时的情景元素纳入修辞学范围，将修辞学的研究视野扩大至语境层。

古典修辞学将演讲情景和演讲效果纳入考虑范围，研究如何将语言以最优的方式组织成语篇。尽管所用的术语不同，古典修辞学和系统功能语言学的语篇功能理论一样，均研究如何更好地组织语言，并且考虑到语篇使用时的情景特征，使语篇和情景关联起来。

二 英语语篇功能研究的发展

（一）英语信息结构研究

英语信息结构理论孕育于古典修辞学时期 Plato 和斯多葛学派（Stoicism）有关语序的论述①。随后 18、19 世纪的欧洲学者继承了语序分析法，如 Weil② 从功能角度分析了句子语序③。在此基础上，20 世纪 20 年代布拉格学派发展了功能语言观。这一学派认为语言是一个价值系统④。交际中为了完成一定的功能，使用语言的人在已有的语言资源和手段中做出适当的选择⑤。布拉格学派提出“功能文体”概念，认为语言功能不同的基础是语言的结构特征，分析文体不仅要分析语言的词汇和语法特点，还要分析语言的组织原则，即功能性结构⑥。因此他们注重语言的功能研究，从信息和功能角度分析句子。

布拉格学派中，Mathesius（1882—1945）基于信息论提出句子的主位结构。他认为句子的主位结构包括主位、述位和连位三部分；主位即陈述的基础，是话语的出发点，一般是已知信息；述位即陈述的核心，一般

---

① 彭宣维：《*An Introduction to Functional Grammar* 的“集大成”地位》，《中国外语》2009 年第 1 期，第 105 页。

② Weil H. *The Order of Words in the Ancient Languages Compared with that of the Modern Languages*. Paris：Joubert，1844/Amsterdam：John Benjamins，1978.

③ 彭宣维：《*An Introduction to Functional Grammar* 的“集大成”地位》，《中国外语》2009 年第 1 期，第 105 页。

④ 刘润清：《西方语言学流派（修订版）》，外语教学与研究出版社 2013/2016 年版，第 116 页。

⑤ 封宗信：《现代语言学流派概论》，北京大学出版社 2006 年版，第 24 页。

⑥ 封宗信：《现代语言学流派概论》，北京大学出版社 2006 年版，第 23 页。

是新信息[①]。之后学界多认为应把连位看作述位的一部分。主述结构（thematic structure）包括主位和述位两部分[②]。

布拉格学派的功能句子观（functional sentence perspective）利用信息论来分析文本、研究句子各部分对意义的贡献[③]。Daneš[④]认为，功能句子观和语篇的组织有关，主位的选择和语篇结构及前文主述结构有关，因此，他提出并使用主位推进模式来观察语篇的发展。

不过，布拉格学派的主述结构涉及信息结构，即主位总是已知信息，述位总是新信息[⑤]。这样的观点混淆了两种结构。在语篇中，主述结构和信息结构是两种不同的结构，它们分别从说话人和听话人的角度看待句子结构，涉及语法和音系两个不同的层次，因此主位和已知信息是不同的概念。

（二）英语语篇衔接与连贯研究

英语语篇衔接与连贯研究涉及语境、搭配、宏观结构、词汇等方面。英国著名语言学家 Firth 主张语言功能学说，受人类学家 Malinowski 的影响，他提出了情景语境理论（context of situation）。Malinowski 主张功能主义的研究方法，他在对土著人的调查中观察到语言在社会生活中的重要作用：语言的意义需要结合语言发生时的情景语境；语言是一种活动的方式；语言使用的目的是为了实现一定的功能[⑥]。此外，Malinowski 曾指出有时不能把句子看作是全面的语言学材料，而要把整个语篇作为研究的基

---

① Mathesius V. *A Functional Analysis of Present Day English on a General Linguistic Basis*. The Hague: Mouton, 1975/Beijing: Beijing World Publishing Corporation, 2008.

② Halliday M. A. K. *An Introduction to Functional Grammar*. London: Arnold, 1985; Halliday M. A. K. *An Introduction to Functional Grammar* (2nd edition). London: Arnold, 1994/Beijing: Foreign Language Teaching and Research Press, 2000, p. 37.

③ 刘润清：《西方语言学流派（修订版）》，外语教学与研究出版社 2013/2016 年版，第 140 页。

④ Daneš F. Functional Sentence Perspective and the Organization of Text// Daneš F. *Papers on Functional Sentence Perspective*. Prague: Academia, 1974, pp. 106-128.

⑤ 张德禄、刘汝山：《语篇连贯与衔接理论的发展及应用》，上海外语教育出版社 2003 年版，第 11 页。

⑥ 胡壮麟：《系统功能语言学的社会语言学渊源》，《北京科技大学学报（社会科学版）》2008 年第 2 期，第 93 页。

础[1]。受Malinowski语境说的启发，Firth[2]主张：语言是一种社会现象，使用语言是人类的一种社会活动；语言为一元现象而非二元现象，即意义和形式是一体的；语言学的主要目的是研究意义；语境对意义具有决定性作用等。Firth[3]认为要通过语境来研究意义，提出“搭配生义”（meaning by collocation）的观点。他[4]认为语篇是语境的一个重要部分，语篇内部既有各层结构成分之间的横组合关系，也有可选择单位间的纵聚合关系。Firth分别用“结构”（structure）和“系统”（system）来指代语言成分间的组合关系和各单位间的聚合关系。Firth的语境思想指明了语言研究的新途径，但他并未建立完整的理论体系。Halliday继承和发展了他的观点，建立了一套完整的理论体系。

20世纪70年代，Van Dijk[5]提出宏观结构，认为语篇必须先有一个主题，然后才能逐渐演化成由各个句子所表达的具体意义；语篇的连贯不仅仅取决于句子之间局部的、微观的结构关系，还取决于整体连贯的宏观结构[6]。Van Dijk的理论有不少模糊之处，没有清楚地解释语义的深层结构是如何经转换而产生语篇的表层结构[7]。从功能语法角度看，宏观结构理论过于宏观，缺乏句法层面的分析。

Beaugrande & Dressler[8]指出语篇的七个构成特征，即衔接、连贯、意图性、可接受性、信息性、情景性和互文性，涉及结构、语义和语用等层面，其中互文性指语篇的产生和接受取决于参与者有关其他语篇的知

---

① 胡壮麟：《新编语篇的衔接与连贯》，华东师范大学出版社2018年版，第13页。

② Firth J. R. Modes of Meaning// *Essays and Studies*. The English Association, 1951// Firth J. R. *Papers in Linguistics* 1934-1951. Oxford: Oxford University Press, 1957, pp. 190-215.

③ Firth J. R. Modes of Meaning// *Essays and Studies*. The English Association, 1951// Firth J. R. *Papers in Linguistics* 1934-1951. Oxford: Oxford University Press, 1957, pp. 190-215.

④ Firth J. R. A Synopsis of Linguistic Theory, 1930-1955// *Studies in Linguistic Analysis*. Oxford: Blackwell, 1957, pp. 1-31//Palmer F. R. *Selected Papers of J. R. Firth* 1952-59. London: Longman, 1968, pp. 175-176.

⑤ Van Dijk T. A. *Some Aspects of Text Grammars*. The Hague: Mouton, 1972.

⑥ 姜望琪：《语篇语言学研究》，北京大学出版社2011年版，第8—9页。

⑦ 刘鸿绅：《篇章语言学的发展史及其研究领域（下）》，《国外语言学》1987年第4期，第165页。

⑧ Beaugrande R. de, Dressler W. U. *Introduction to Text Linguistics*. London: Longman, 1981, p. 182.

识。Beaugrande & Dressler① 的研究受认知、心理学等影响，强调语篇语义的宏观研究，但缺乏对语篇语义成分关系的基础研究，制约了其语篇语义形式化的发展②。

随着语篇研究不断向纵深方向发展，语言学家对语篇的结构和分析提出了不少有价值的理论和设想，如心理框架理论③、修辞结构理论④和语篇中的词汇模式⑤等。与系统功能语言学将语篇衔接和连贯看作语义概念不同，心理框架理论将其看作社会心理概念，研究重点是社会文化背景对语篇连贯的作用，不关注语言特征分析。修辞结构理论和宏观结构理论相似，研究局限于语篇内部成分的分析⑥，没有揭示语言表层结构是如何实现深层意义关系的；它们都没有单独形成一个完整的、具有操作性的理论模式和分析框架⑦。Hoey⑧ 指出，衔接在很大程度上是由词汇手段实现的，词汇衔接是最重要的衔接手段，任何句子不论远近，只要词汇复现比例高就说明句子关系紧密。可见，他采取整合的方法，放弃了 Hasan 有关衔接的分类观⑨。这些理论从不同的角度揭示了语篇的衔接和连贯特点，但多聚焦于某个方面。实际上，衔接和连贯涉及多方面的因素，这些因素均需要给予充分的关注。

（三）英语语篇互文性研究

除了对句子信息结构和语篇衔接进行研究外，学界还对语篇之间的语义关系展开了探讨。以法国符号学家 Kristeva 为代表的学者研究了语篇的

① Beaugrande R. de，Dressler W. U. *Introduction to Text Linguistics*. London：Longman，1981.

② 王振华、石春煦：《悉尼学派与欧洲大陆学派在语篇语义研究上的异同》，《外国语》2016 年第 1 期，第 69 页。

③ Brown G.，Yule G. *Discourse Analysis*. Cambridge：Cambridge University Press，1983.

④ Mann W. C.，Thompson S. Rhetorical Structure Theory：Toward a Functional Theory of Text Organization. *Text*，1988，Vol. 8，No. 3，pp. 243-281.

⑤ Hoey M. *Patterns of Lexis in Text*. Oxford：Oxford University Press，1991.

⑥ 张德禄：《语篇连贯研究纵横谈》，《外国语》1999 年第 6 期，第 25 页。

⑦ 张德禄：《语篇连贯研究纵横谈》，《外国语》1999 年第 6 期，第 25 页。

⑧ Hoey M. *Patterns of Lexis in Text*. Oxford：Oxford University Press，1991.

⑨ 胡壮麟：《新编语篇的衔接与连贯》，华东师范大学出版社 2018 年版，第 142 页。

存在方式。1966 年 Kristeva[①] 在俄国后形式主义学者 Bakhtin 对话理论的基础上提出了互文性（intertextuality）这一概念。互文性也称文本互涉、文本间性等。它的拉丁词源是“intertexto”，意思是把一些东西编织混合在一起[②]。互文性理论认为语篇和语篇之间存在对话，任何语篇都不是孤立存在的，是对其他语篇的参考或引用[③]。每个语篇都是一篇关联其他语篇的互文本，是对其他语篇的吸收和转换。

Fairclough[④] 将互文性分为显性互文和结构互文。显性互文有引号等明显标识，和话语表征、预设、否定、元话语、讽刺相关；结构互文没有明显标记，是语篇中各种文体的互用[⑤]。Genette[⑥] 用“跨文本性”这一术语代替 Kristeva 的互文性，跨文本性包含五种类型：其一，互文性，指引用、抄袭等；其二，文本和副文本之间的关系，如标题、序等；其三，元文性，指文本和它所评论文本的关系；其四，超文性，指一个文本派生于另一个文本；其五，广义文本性，指文本同属一类。Genette 认为互文性指一个文本在另一个文本中切实地出现，如引用、抄袭、暗示，而超文性指一个文本从另一个已然存在的文本中被派生出来，如模仿、戏拟[⑦]。

由此可见，学界对互文性的界定和阐释并不一致，其概念有狭义和广义之分。狭义互文指一个文本内容在另一个文本中的切实体现。广义互文指任何文本与赋予该文本意义的知识、代码和表意实践之间的关系，而这些知识、代码和表意实践形成了一个潜力无限的网络[⑧]。互文性被广泛用于各类研究，其泛化使用存在一些问题，从名称到内涵都还有待认真讨

---

① ［法］朱莉娅·克里斯蒂娃：《词语、对话和小说》，祝克懿、宋姝锦译，《当代修辞学》2012 年第 4 期，第 33—48 页。

② 南帆、刘小新、练暑生：《文学理论》，北京大学出版社 2008 年版，第 42 页。

③ Klages M. *Key Terms in Literary Theory*. London: Continuum, 2012/Beijing: Foreign Language Teaching and Research Press, 2016, p. 56.

④ Fairclough N. *Discourse and Social Change*. Cambridge: Polity Press, 1992, p. 104.

⑤ 徐赳赳：《现代汉语篇章语言学》，商务印书馆 2010 年版。

⑥ ［法］热拉尔·热奈特：《热奈特论文集》，史忠义译，百花文艺出版社 2001 年版。

⑦ ［法］蒂费纳·萨莫瓦约：《互文性研究》，邵炜译，天津人民出版社 2003 年版，第 20 页。

⑧ 程锡麟：《互文性理论概述》，《外国文学》1996 年第 1 期，第 72 页。

论[①]。狭义互文性仅指内容形式在语篇之间的重复，过于狭隘，而广义互文则包括一切语境因素，难以把握。事实上，语篇和语境之间是辩证关系，语篇创造语境，语境同样创造语篇[②]。从语篇意义看，互文性是语篇之间意义的联系，从宏观视角构建了语篇网络，揭示了语篇之间的联系。

综上，目前学界对英语语篇功能的研究存在如下问题：其一，部分对信息结构的研究没有区分语法和音系两个层次，混淆主位和已知信息，其根源在于缺乏语言的层级意识；其二，尽管学界提出了不少与语篇衔接与连贯相关的理论，但似欠缺一个较为全面、系统、操作性强的理论模式；其三，有关语篇互文性的研究从宏观视角揭示了语篇之间的联系，但没有与语言的语篇功能关联起来，缺乏语言层面的探讨。

第三节　汉语语篇功能研究

最早的汉语语篇功能研究可追溯至先秦两汉时期，包括句读之学、章句之学、语助之学、文体之学、文式之学、文法之学六部分的古代文章学[③]和修辞学[④]。曹丕[⑤]（187—226）在《典论·论文》曾提出“盖文章，经国之大业，不朽之盛世”。文章就是现在所说的语篇，由此可见语篇研究在古代就很重要。古代语篇研究不仅阐释了语言组句谋篇的功能，还探索了文章本源问题，论述了古人“文”“道”相通的哲学观。

---

① 周流溪：《互文与“互文性”》，《北京师范大学学报（社会科学版）》2013年第3期，第137页。

② Halliday M. A. K., Hasan R. *Language, Context, and Text: Aspects of Language in a Social-semiotic Perspective*. Victoria: Deakin University, 1985, p. 47.

③ 胡壮麟：《语篇的衔接与连贯》，上海外语教育出版社1994年版；胡壮麟：《新编语篇的衔接与连贯》，华东师范大学出版社2018年版；姜望琪：《语篇语言学研究》，北京大学出版社2011年版。

④ 钱敏汝：《篇章语用学概论》，外语教学与研究出版社2001/2008年版；彭宣维：《语言与语言学概论：汉语系统功能语法》，北京大学出版社2011年版。

⑤ 曹丕：《典论·论文》，载《中华古文精粹》，浙江大学出版社2007年版，第143页。

一 汉语语篇功能思想的起源

古代语篇研究散见于各类典籍中，如曹丕[①]的《典论·论文》、陆机[②]（261—303）的《文赋》、萧统[③]（501—531）的《文选》、刘勰[④]（约465—约520）的《文心雕龙》等都论述了文章之法。尤其是《文心雕龙》，它全面阐释了语篇的用词遣句、谋篇布局，归纳了语篇各部分的功能，是一部文章学巨著。这些有关语篇的论述后来进一步发展为文章学的“起承转合”之说[⑤]，其中蕴含的就是语言的语篇功能。

文章学研究主要涉及主题、文体、文势、修辞等概念。《文心雕龙·附会》中有“何谓附会？谓总文理，统首尾，定与夺，合涯际，弥纶一篇，使杂而不越者也。若筑室之须基构，裁衣之待缝缉矣”的论述[⑥]。“附会”指的就是主题，语篇有一个总括的主题，依据主题决定字词、章节的取舍、组合及衔接，从而形成完整连贯的语篇。这一论述指出了语篇主题的重要性。

唐代杜牧[⑦]（803—852）也曾在《答庄充书》中指出主题意义的重要性：“凡为文以意为主，以气为辅，以辞采章句为之兵卫。”文章应以立意为主，文气贯通，修辞和章句要依照意义组合。这些观点强调了意义的重要性，也说明了形式是意义的体现。这些观点同语篇功能思想不谋而合，同时也点明了古汉语尤其注重意义连贯的特点。

《文心雕龙》也论述了众多文体的语言特征及写作技巧：“夫设文之体有常，变文之数无方。……凡诗赋书记，名理相因，此有常之体也；文辞气力，通变则久，此无方之数也。”[⑧] “体”有一定的形式，比如诗、赋、书、记等，一般指与功能相关的体裁或文体类型，与语类思想类似，

---

① 曹丕：《典论·论文》，载《中华古文精粹》，浙江大学出版社2007年版，第143—145页。

② 陆机著，张少康集释：《文赋集释》，上海古籍出版社1984年版。

③ 萧统编，李善注：《文选》，中华书局1977/2008年版。

④ 刘勰著，刘必锟译注：《文心雕龙全译》，贵州人民出版社1992/2008年版。

⑤ 姜望琪：《语篇语言学研究》，北京大学出版社2011年版，第242页。

⑥ 刘勰著，刘必锟译注：《文心雕龙全译》，贵州人民出版社1992/2008年版，第414页。

⑦ 杜牧著，张厚余解评：《杜牧集》，山西古籍出版社2004年版，第211页。

⑧ 刘勰著，刘必锟译注：《文心雕龙全译》，贵州人民出版社1992/2008年版，第293页。

也包括文章的风格。“体性”有八种风格：“若总其归涂，则数穷八体：一曰典雅，二曰远奥，三曰精约，四曰显附，五曰繁缛，六曰壮丽，七曰新奇，八曰轻靡。”①

文势也称“气”，是文章学研究的一个重要范畴。古代文章学认为语言虽然形式多变，但每个语篇都有一个内在的东西贯穿全篇，就是文势。韩愈②（768—824）在《答李诩书》中将气势比喻为水：“气，水也；言，浮物也。水大而物之浮者大小毕浮。”这种以水浮物的比喻强调的正是语言的功能③。

对于章、句等的功能，《文心雕龙·章句》谈到：“夫设情有宅，置言有位；宅情曰章，位言曰句。……夫人之立言，因字而生句，积句而成章，积章而成篇。篇之彪炳，章无疵也；章之明靡，句无玷也；句之清英，字不妄也；振本而末从，知一而万毕矣。”④ 文章中表达完整思想内容的是为分章，按一定的顺序排列言词的是为造句。“彪炳”指文采焕发，“明靡”指文辞华丽。写文章因字生句，积句成章。字句按一定的顺序有机地组合成连贯的语篇。这些论述指出了语篇不同单位如章节和句子等的语篇功能，同时也指出了修辞和主题的密切关系。

修辞也是文章学研究的一个主要内容，对意义表达至关重要。古代汉语修辞学附属于古代文学理论和文章学⑤。语篇修辞研究着重探讨语篇的组织结构和构建手段。修辞手段的运用使词句完美组合、连句成篇，创造出条理清晰、精妙绝伦的语篇。各种修辞格，包括比喻、排比等都是衔接的重要手段。比如“起承转合”中，“起”即文章的开头，常常使用比兴的手法。如汇集西周初年至春秋中叶（前11世纪—前6世纪）中国最早的诗歌总集《诗经》中，《小雅·鹿鸣》一诗：“呦呦鹿鸣，食野之苹。我有嘉宾，鼓瑟吹笙。”⑥ 诗用鹿见到食物时鸣唤同伴这一习惯起兴，引

① 刘勰著，刘必锟译注：《文心雕龙全译》，贵州人民出版社1992/2008年版，第279页。

② 韩愈：《答李诩书》，载《中华古文论释林（隋唐五代卷）》，北京大学出版社2011年版，第346页。

③ 张会恩、曾祥芹：《文章学教程》，上海教育出版社1995年版，第85页。

④ 刘勰著，刘必锟译注：《文心雕龙全译》，贵州人民出版社1992/2008年版，第336页。

⑤ 王占福：《古代汉语修辞学》，河北教育出版社2001年版，第4页。

⑥ 王秀梅译注：《小雅·鹿鸣》，载《诗经》，中华书局2016年版，第211页。

出所要描写的主题周王宴会群臣一事。

从语言形式上看，古代文章学依据虚词在语篇中的不同功能将其归类。《文心雕龙·章句》中按照不同的功能将虚词分为三类："至于夫、惟、盖、故者，发端之首唱；之、而、于、以者，乃劄句之旧体；乎、哉、矣、也，亦送末之常科。据事似闲，在用实切。巧者回运，弥缝文体，将令数句之外，得一字之助矣。"① 虚词的功能在于能弥补、缝合语篇各个成分。"夫、惟、盖、故"这些虚词常用于句首；"之、而、于、以"则是在句中，表示词或句之间的关系；"乎、哉、矣、也"用于句末，体现语气。

盛行于明清时期的八股文在文章语言组织上有严格的规定。全篇包括破题、承题、起讲、入题、起股、中股、后股、束股八部分，后面四部分每部分均有两股排比对偶的文字，合起来共八股②。破题解释题意是八股文的"起"；承题、起讲、入题是阐发题意、引文入题，这三部分是八股文的"承"；由排比、对偶组成的八股阐述作者的观点，是八股文的"转"；最后的收结总束全文，是八股文的"合"③。文章各部分之间存在内在联系，讲究"起承转合"，体现了明清时期文章研究的语篇功能思想。

除将语篇功能分为以上各部分外，八股文还有严格的虚词使用规定。明万历后，破题只用两句，上一句不用虚词，下一句用"也、矣、焉、者也、而已"等虚词；若首句用"者"，第二句宜用"也、焉、而已"等④。而承题开头用"夫、盖、而"等，末尾用"耳、矣、焉"等⑤。比如明代董其昌的《必得其名》一文，破题、承题为"（破题）圣人有誉于天下，理可必也。（承题）夫名者，名其德也，有大德矣，名安能去之？"⑥。

王鸣昌将虚词分为"起语辞"（"夫、盖、且"等）、"接语辞"（"此、

① 刘勰著，刘必锟译注：《文心雕龙全译》，贵州人民出版社1992/2008年版，第342页。
② 王凯符：《八股文概说》，中华书局2002年版，第1页。
③ 王凯符：《八股文概说》，中华书局2002年版，第16页。
④ 龚笃清：《明代八股文史探》，湖南人民出版社2005/2006年版，第17—18页。
⑤ 王凯符：《八股文概说》，中华书局2002年版，第10页。
⑥ 周新曙：《明清八股文鉴赏》，湖北人民出版社2008年版，第44页。

兹、是”等)、“转语辞”(“然、苟、或”等)、“束语辞”(“总之、要之、大底”等)、“衬语辞”(“之、以、所”等)、“歇语辞”(“也、矣、焉”等)和“叹语辞”(“吁、噫、呜乎”等)七类[1]。“起语辞”以虚词开篇，“接语辞”承接上下文，“转语辞”在行文中起引领反转、正转或深转的作用，“束语辞”起收束文字的作用，“衬语辞”用于句首或句中起衬贴功用，“歇语辞”押句末文势，“叹语辞”则表达语气[2]。

综上，文章学对于主题、文势、修辞等的研究体现了语言的语篇功能思想。古人对文章之法的研究臻于精妙。但由于古汉语尤重意合的特性，传统的语篇功能研究较为概括，是从语篇层面对组句谋篇方式的概括和总结。正如姜望琪[3]所说，中国传统文章学的论述过于宏观，缺乏对篇章性形式的描写。

二　汉语语篇功能研究的发展

受早期研究的影响，现代汉语语法研究也涉及语篇问题。创立汉语语法体系的《马氏文通》[4]就曾论及蕴含指称、词汇等语篇衔接与连贯思想的“文势”[5]。“文势是集语义、结构、语气、修辞于一体的混合概念，在心理机制上相当于所谓的‘语感’……是一种字、读、句、段、章、篇搭配的强制性要求。”[6]《马氏文通》还提到了段落的起句和结句，研究涉及语法、修辞和作文的交界问题[7]。黎锦熙[8]的《新著国语文法》、王力[9]的《中国现代语法》、吕叔湘[10]的《中国文法要略》等都没有限于单

① 王鸣昌：《助语辞补义附录》，载《助语辞》，黄山书社 1694/1985 年版，第 103—117 页。

② 王鸣昌：《助语辞补义附录》，载《助语辞》，黄山书社 1694/1985 年版，第 103—117 页。

③ 姜望琪：《语篇语言学研究》，北京大学出版社 2011 年版，第 201 页。

④ 马建忠：《马氏文通》，商务印书馆 1898—1899/2009 年版。

⑤ 陈青松：《〈马氏文通〉的语篇思想》，《古汉语研究》2002 年第 1 期，第 80 页。

⑥ 陈青松：《〈马氏文通〉的语篇思想》，《古汉语研究》2002 年第 1 期，第 83 页。

⑦ 吕叔湘、王海棻：《马氏文通读本》，上海教育出版社 1986 年版，第 38 页。

⑧ 黎锦熙：《新著国语文法》，商务印书馆 1924 年版/湖南教育出版社 2007 年版。

⑨ 王力：《中国现代语法》，商务印书馆 1943—1944/1985 年版。

⑩ 吕叔湘：《中国文法要略》，商务印书馆 1956/2017 年版。

个句子的分析，还讨论了复句等问题①。吕叔湘②曾指出，“一般讲语法，到句子为止，句子是最大的语法单位……其实这也是一种老框框。若干句子组成一个段落，句子和句子之间不仅有意义上的联系，也常常有形式上的联系……这些都应该算是语法手段”。因此语法研究不仅涉及字、词、句等，语篇也应纳入研究的范围。

（一）汉语信息结构研究

学界一般认为，汉语的信息结构是“话题—说明”（主题—述题）结构。话题（topic）是汉语语篇研究中的一个重要概念，定义涉及语义、句法、语用三个方面，即：话题是说明部分所关涉的对象，即“关于”（aboutness）；话题位于句首，在说明之前，具有可省略、后可停顿等性质；话题是有定成分，是已知信息等③。

话题也是最具争议的一个概念。话题和主语的争议是汉语语法研究的核心议题之一④。二者之间的争议形成了以下四种观点⑤：一是汉语只有话题，主语等同于话题⑥；二是汉语只有主语⑦；三是汉语中既有主语也有话题，主语是语法概念，话题是语用概念⑧；四是汉语中既有主语也有

---

① 姜望琪：《从句子语法到篇章语法》，《中国外语》2007 年第 5 期，第 25 页。

② 吕叔湘：《汉语语法分析问题》，商务印书馆 1979/2005 年版，第 53—54 页。

③ 徐烈炯、刘丹青：《话题的结构与功能（增订本）》，上海教育出版社 2007 年版。

④ 石毓智：《汉语的主语与话题之辨》，《语言研究》2001 年第 2 期，第 82 页。

⑤ He W. “Subject - predicate Predicate Sentences” in Modern Mandarin Chinese：A Cardiff Grammar Approach. *Linguistics*，2017，Vol. 55，No. 4，pp. 936-937.

⑥ 赵元任：《汉语口语语法》，吕叔湘译，商务印书馆 1979 年版；LaPolla R. *Grammatical Relations in Chinese*：*Synchronic and Diachronic Considerations*. Ph. D. Dissertation. Berkeley，C. A.：University of California，1990；李英哲等：《实用汉语参考语法》，熊文华译，北京语言学院出版社 1990 年版；徐通锵：《语言论——语义型语言的结构原理和研究方法》，东北师大学出版社 1997 年版；沈家煊：《汉语有没有“主谓结构”》，《现代外语》2017 年第 1 期，第 1—13、145 页。

⑦ 吕叔湘：《汉语语法分析问题》，商务印书馆 1979/2005 年版。

⑧ 陆俭明：《周遍性主语句及其他》，《中国语文》1986 年第 3 期，载《陆俭明选集》，东北师范大学出版社 2011 年版，第 130—142 页；Chu C. *A Discourse Grammar of Mandarin Chinese*. New York/Washington D. C.：Peter Lang，1998；孙汝建：《现代汉语》，南京大学出版社 2003 年版；范晓：《汉语句子的多角度研究》，商务印书馆 2009 年版；胡裕树：《现代汉语》，上海教育出版社 2011 年版。

话题，两者都是语法概念[①]。

话题最早也称“标语”，由陈承泽[②]首先提出。他[③]认为汉语文法与西文不同，“标语—说明语”是汉语所特有的结构。之后，赵元任[④]首先提出第一种观点即主语话题等同论，他认为汉语主语和谓语的关系就是话题和述题（comment）的关系。沈家煊[⑤]也认为汉语主谓结构其实就是“话题—说明”结构，这是由汉语“用法包含语法”和中国哲学“体用不二”的观念所决定的。

第二种观点即“汉语只有主语”的观点以吕叔湘为代表，只对主语进行了论述，没有涉及话题。吕叔湘[⑥]认为从结构上讲句子大多具有主语和谓语两部分，“一个小句一般是一个主谓短语；也常常是一个动词短语；在少数情况下是一个名词短语”。

第三种观点认为主语是语法概念，话题是语用概念，主语和话题是两个层面上的概念。这是学界较为普遍认可的看法。主谓结构、“话题—说明”结构分别是语法和语用层面的描述。句子中话题和主语可以重合或不重合；话题一定出现在句首；话题和主语不重合时，话题处于主谓短语的外层，在句法上称提示语，语用上叫话题[⑦]。

第四种观点认为“话题—说明”结构是汉语基本的语法结构。汉

---

① Li C., Thompson S. Subject and Topic: A New Typology of Languages// Li C. *Subject and Topic*. New York: Academic Press, 1976, pp. 457-490; Li C., Thompson S. *Mandarin Chinese: A Functional Reference Grammar*. London: University of California Press, 1981; Huang C. J. *Logical Relations in Chinese and the Theory of Grammar*. Ph. D. Dissertation. Cambridge, M. A.: Massachusetts Institute of Technology, 1982; Li A. *Order and Constituency in Mandarin Chinese*. Dordrecht: Kluwer, 1990; Shi D. X. Topic and Topic-comment Constructions in Mandarin Chinese. *Language*, 2000, Vol. 76, No. 2, pp. 383-408; 徐烈炯、刘丹青：《话题的结构与功能（增订本）》，上海教育出版社 2007 年版。

② 陈承泽：《国文法草创》，商务印书馆 1922/1982 版。

③ 陈承泽：《国文法草创》，商务印书馆 1922/1982 版，第 11 页。

④ 赵元任：《汉语口语语法》，吕叔湘译，商务印书馆 1979 年版。

⑤ 沈家煊：《汉语有没有“主谓结构”》，《现代外语》2017 年第 1 期，第 1—13、145 页。

⑥ 吕叔湘：《汉语语法分析问题》，商务印书馆 1979/2005 年版，第 24—25 页。

⑦ 孙汝建：《现代汉语》，南京大学出版社 2003 年版，第 370 页。

语是话题优先的语言；话题本质上是一种语篇元素，在语篇中起特殊功能①。话题与主语、宾语一样是句子的基本成分，是句法概念②。

以上四种观点折射出汉语语法研究的不同视角，即分别从语法和语用视角描述句子结构。因为研究视角不同，主语和话题这两个概念一直难以界定。这一现象背后的深层原因就在于以往研究没有将语言视作一个多层次系统，对句子结构的研究主要基于形式即句法分析，既没有区分语言和语言外部的语境，也没有阐明语义和句法的关系，以及语境和语言系统内语义之间的关系③。由此，我们认为从语法、语义和语境不同层次进行描述，才有可能解决句子结构的争辩。

（二）汉语语篇衔接与连贯研究

汉语语篇衔接与连贯研究涉及修辞学、篇章语言学等。修辞依据题旨情境调整语词，以表达既定思想和意义④。陈望道⑤指出修辞有消极手法和积极手法之分。消极修辞是修辞的基础，指选词意义明确、语句衔接连贯等，是抽象的。积极修辞包括辞格和辞趣两部分，是具体的。

吕叔湘、朱德熙⑥尝试性地将修辞和语法结合起来，提出表达的概念。他们认为语篇意义要达到明确简洁，表达是关键。表达要讲逻辑、分清层次、恰当使用修辞，避免费解、歧义、堆砌、重复、烦冗、苟简等⑦。这里的"表达"实质上就是人们使用语言组织语篇、传递信息的过程。修辞作为表达的方式，是语言组篇的手段之一。

---

① Li C., Thompson S. Subject and Topic: A New Typology of Languages// Li C. *Subject and Topic*. New York: Academic Press, 1976, pp. 457-490; Li C., Thompson S. *Mandarin Chinese: A Functional Reference Grammar*. London: University of California Press, 1981.

② 徐烈炯、刘丹青：《话题的结构与功能（增订本）》，上海教育出版社 2007 年版，第 37 页。

③ He W. "Subject-predicate Predicate Sentences" in Modern Mandarin Chinese: A Cardiff Grammar Approach. *Linguistics*, 2017, Vol. 55, No. 4, p. 942.

④ 陈望道：《修辞学发凡文史简论》，复旦大学出版社 2015 年版，第 355 页。

⑤ 陈望道：《修辞学发凡》，大江书铺出版社 1932 年版；陈望道：《修辞学发凡文史简论》，复旦大学出版社 2015 年版。

⑥ 吕叔湘、朱德熙：《语法修辞讲话》，中国青年出版社 1952 年版/辽宁教育出版社 2002 年版。

⑦ 吕叔湘、朱德熙：《语法修辞讲话》，中国青年出版社 1952 年版/辽宁教育出版社 2002 年版，第 167 页。

之后吕叔湘[1]对什么是修辞做了进一步的明确，指出修辞是一种选择表达方式，即在各种可供选择的语言手段，如词语、句式、篇章结构、文体风格之间，选择最适合和需要的，用以达到特定目的一种表达方式。张志公[2]指出“修辞是一个选择过程”。王希杰[3]认为，修辞反映的是人们对语言材料进行选择的规律。修辞中的修辞格“是人们在组织、调整、修饰语言，以提高语言表达效果的过程中长期形成的具有特定结构、特定方法、特定功能，为社会所公认，符合一定类聚系统要求的言语模式，也称语格、辞藻、辞饰、辞式等”[4]。

如上，学界认为修辞或修辞学是对具体修辞现象的研究；修辞格是对修辞活动规律的总结，是言语的一种特殊模式；修辞不能等同于修辞格。从功能视角来看，修辞属于语言组篇功能研究。汉语修辞研究提炼的修辞格是对修辞规律的总结，比喻、借代、对偶、对照、排比等修辞格都是语言组篇的手段。

然而，汉语的修辞研究是一门独立的学科，在语言谋篇功能揭示方面重在对修辞格的研究，忽视了语言本身的系统资源，没有和词汇、语法手段联系起来。这也是吕叔湘[5]作出如下表述的原因：“语法和修辞是邻近的学科。把语法和修辞分开，有利于学科的发展；把语法和修辞打通，有利于作文教学。”吕叔湘本人和其他一些学者都尝试过将语法和修辞结合起来，如语法和修辞的互释，但没有系统地将二者融合起来。

语篇研究有篇章语言学、篇章语法和话语分析等不同术语。胡壮麟[6]认为“语篇研究”的说法更可取，“语篇”包含“篇章”和“话语”，“研究”至少包括产生、分析和理解三个方面。黄国文指出，篇章语言学研究比句子更大的语言单位，目的是解释如何构造和理解连贯的语篇，研

---

① 吕叔湘：《我对于“修辞”的看法》，载《修辞和修辞教学》，上海教育出版社 1985 年版，第 1 页。

② 张志公：《修辞是一个选择过程》，载《修辞和修辞教学》，上海教育出版社 1985 年版，第 3 页。

③ 王希杰：《汉语修辞学》，商务印书馆 2004 年版。

④ 成伟钧、唐仲扬、向宏业：《修辞通鉴》，中国青年出版社 1991 年版，第 347 页。

⑤ 吕叔湘：《重印〈马氏文通〉序》，《语文研究》1983 年第 1 期，第 2 页。

⑥ 胡壮麟：《新编语篇的衔接与连贯》，华东师范大学出版社 2018 年版，第 11 页。

究内容包括语篇结构、语句排列、句际关系、衔接和语义连贯等①。然而，话语分析和篇章语言学等语篇研究多采用自下而上的方法，语言层次区分不够明晰。

廖秋忠②曾在20世纪80年代至90年代发表的系列论文中指出，篇章是实际运用中的语言，篇章研究涉及篇章结构单位（句子或话轮）与结构层次的确定以及结构单位的关系与组合，也涉及结构单位在篇章中所起的功能③。篇章分析除研究篇章的形式和结构外，还要和语境相联系，从语境角度来解释其形式和结构④。他把篇章连贯分为形式连贯和意义或功能连贯。形式连贯手段包括替代、省略、词义联系、连接成分等；意义或功能的连贯性主要不是靠语义来判断，而是从对话者言语行为中的社会规范及言语行为之间的相关性来解读⑤。廖秋忠有关语篇研究的一些思想，如语言使用、结构组合、语境关联等，本质上与系统功能语言学的语篇功能相同。然而，他对意义连贯性的判断没有充分考虑到语境和意义之间的关系。

屈承熹⑥在《汉语篇章语法》中指出，篇章语法研究指句内的句法研究和将句子组成更大单位的组织法研究，以及篇章组织和句法结构之间的相互影响研究。他⑦阐述了小句之间的关系及其表达形式，包括体标记的篇章功能、情态副词与句末虚词的篇章功能等。在篇章研究的基础上，他提出了“汉语句”（指篇章中比小句大一级的结构单位，也称“篇章句”），指界于句法和篇章之间、由一个或一个以上小句组成、其间用显性形式手段（话题链、连词、副词等）连接的结构单位。屈承熹⑧指出，话题除具有标示其与评述之间的关系的功能外，还具有标示语篇的连续与否的功能。话题链——即话题的三种形式（名词组话题、代词话题、零

① 黄国文：《语篇分析概要》，湖南教育出版社1988年版。

② 廖秋忠：《廖秋忠文集》，北京语言学院出版社1992年版。

③ 徐赳赳：《廖秋忠和篇章分析》，《语言研究》1993年第1期，第85—86页。

④ 徐赳赳：《廖秋忠和篇章分析》，《语言研究》1993年第1期，第85页。

⑤ 徐赳赳：《廖秋忠和篇章分析》，《语言研究》1993年第1期，第85—86页。

⑥ 屈承熹：《汉语篇章语法》，潘文国等译，北京语言大学出版社2006年版。

⑦ 屈承熹：《汉语篇章语法》，潘文国等译，北京语言大学出版社2006年版。

⑧ 屈承熹：《信息结构的基本概念及其在现代汉语中的表达形式》，《汉语学习》2018年第2期，第7页。

形话题）引领的话语链条——是篇章结构的重要形式之一，具有强势的连接功能[①]。屈承熹从篇章角度对汉语中的一些传统语法问题进行了细致研究，提出了很多有学术价值的概念和看法。他采用自下而上的方法，从句法问题入手，最终进入篇章的领域，认为篇章的要求影响句法结构，并为句法形式提供基础。作为探索和尝试性的研究，篇章语法没有明确区分语言的意义层和形式层，最终将语篇问题归结为句法问题[②]。

（三）汉语互文研究

在语篇语义研究中特别需要说明的是有关传统互文辞格的研究。互文分析突破了传统观念，不仅涉及字、词、句，并且涉及语篇之间的语义关系。

互文这一术语最早出现于东汉时期[③]。东汉经学家郑玄（127—200）在《毛诗笺》中使用了互辞、互文、互言、互其文等术语[④]。语言学词典将互文定义为“两个相对独立的语言结构单位互相呼应，彼此渗透，相互牵连而表达一个完整内容”；既有同一句中字词间的互文，也有上下句之间的互文[⑤]。字词间互文如杜牧（803—853）《泊秦淮》中的“烟笼寒水月笼沙”一句[⑥]，“烟”“月”为互文，“寒水”前面写“烟”省“月”，“沙”前则用“月”省“烟”，在理解其意义时，应将“烟”“月”关联起来，即烟雾和月光笼罩着寒水也笼罩着沙。句子之间的互文，如岑参（约715—770）《白雪歌送武判官归京》中“将军角弓不得控，都护铁衣冷难着”[⑦]。传统互文研究主要关注语篇内单位之间意义的关联性。

钱钟书[⑧]在《管锥编》中打破了传统互文的研究方式。他在书中多次指出“互言”“互文相足”“变文足句”“互文等训”“互文同意”“互文

---

① 屈承熹：《汉语篇章句及其灵活性——从话题链说起》，《当代修辞学》2018年第2期，第1页。

② 聂仁发：《现代汉语语篇研究》，浙江大学出版社2009年版，第11页。

③ 刘斐、朱可：《互文考论》，《当代修辞学》2011年第3期，第19—29页。

④ 甘莅豪：《中西互文概念的理论渊源与整合》，《修辞学习》2006年第5期，第20页。

⑤ 戚雨村、董达武、许以理、陈光磊：《语言学百科词典》，上海辞书出版社1993年版，第39页。

⑥ 徐晓莉：《中国古代经典诗词选讲》，北京师范大学出版社2014年版，第292页。

⑦ 徐晓莉：《中国古代经典诗词选讲》，北京师范大学出版社2014年版，第178页。

⑧ 钱钟书：《管锥编》，中华书局1979年版/生活·读书·新知三联书店2007年版。

见义”等，将古汉语中的“互文”解读为各个作者、各个文本、各种文体、各种文化之间的“对话”；互文不仅是古汉语的修辞手法和解读方法，存在于语词、章句之间，而且是一种思想，存在于流派、时代、学科、文化等之间①。比如在《史记》中，互文既是语句组织的方法，也是著作总体的构架方法，多个语篇分别从不同角度叙述同一事件、人物，各个语篇互相补足②。祝克懿③指出学界一般认为“互文”只是一种传统意义上的修辞结构，如诗词、散文中的辞格互文，这种互文研究多关注古文线性表达的完整信息，重在分析结构手段技巧和修辞审美效应，没有将语篇整体纳入研究范围，没有关注互文现象体现的语篇之间的结构语义关系。而文献学和考据学中的互文探究强调引经据典，分析路径是从一个语篇追溯到其他语篇，表现为对原文的直接或间接引用，如“孔子曰：……”“《论语》言：……”“有乐府诗为证：……”“俗话说：……”“成语有：……”④。这种追本溯源的互文研究揭示了语篇之间的互动关系。

互文体现了语篇之间的意义联系，与西方文学理论中的互文性（intertextuality）相似。互文性指语篇之间存在的吸收和改造的交互关系。很多学者对中西互文之间的关系进行了探讨。祝克懿⑤认为汉语的修辞互文和西方的文本互文本质上都是互涉互动、“参互成文、合而见义”的结构理念，修辞互文与文本互文之间存在呼应互动的可能性和现实性。

刘斐、朱可⑥认为传统互文包括丰富的类型，不能等同于互文修辞格，与西方互文理论有相似之处；互文包括文本内互文和文本间互文。还有很多学者也持类似观点，认为中西互文存在联系⑦。

① 胡范铸：《钱钟书学术思想研究》，华东师范大学出版社 1993 年版。

② 胡范铸：《钱钟书学术思想研究》，华东师范大学出版社 1993 年版，第 269 页。

③ 祝克懿：《互文：语篇研究的新论域》，《当代修辞学》2010 年第 5 期，第 8—9 页。

④ 祝克懿：《互文：语篇研究的新论域》，《当代修辞学》2010 年第 5 期，第 9 页。

⑤ 祝克懿：《互文：语篇研究的新论域》，《当代修辞学》2010 年第 5 期，第 9—10 页。

⑥ 刘斐、朱可：《互文考论》，《当代修辞学》2011 年第 3 期，第 19—29 页。

⑦ 甘莅豪：《中西互文概念的理论渊源与整合》，《修辞学习》2006 年第 5 期，第 19—22 页；马国彦：《元话语标记与文本自互文——互文视角中的篇章结构》，《当代修辞学》2010 年第 5 期，第 21—31 页；杨颖育：《互文性与中国诗学的“互识、互证、互补”》，《当代文坛》2010 年第 6 期，第 27—31 页；刘斐：《三十余年来互文性理论在中国的传播与发展》，《当代修辞学》2013 年第 5 期，第 28—37 页。

语篇间的互文引起了学者的关注，但也有部分学者对此持保留态度。周流溪[①]认为，互文是一种语篇（文本）内的语法修辞方式，“互文性”是“语篇间性”（文本间性），与互文无关，互文和语篇间性分属两套学问。秦海鹰[②]提到，互文性的译名恰与我国汉代就有的修辞学术语“互文”发生了字面上的巧合，二者本来没有“互文”关系。

基于上述梳理，我们认为，汉语互文研究并不限于词句之间的意义联系，也涉及语篇之间的意义。因此，互文和互文性两个概念都包括不同语篇之间语义互相阐释的关系。

汉语学界的语篇研究成果还有很多，比如 Tsao[③]、陈平[④]、沈家煊[⑤]、屈承熹[⑥]、徐杰、李英哲[⑦]、许余龙[⑧]、徐赳赳[⑨]、范晓[⑩]对主题、话题、回指、副词的篇章功能、焦点、主述结构等的研究。这些研究涉及汉语信息结构、语篇衔接及连贯的具体手段等，都可归入前述分类，在此不再一一赘述。

总体来看，汉语语篇功能研究的范围从字词到句篇，内容丰富。但当代的语篇研究与句子及以下单位的语法研究相比数量偏少[⑪]，也缺乏整合，系统性有待提升。

---

① 周流溪：《互文与“互文性”》，《北京师范大学学报（社会科学版）》2013 年第 3 期，第 137—141 页。

② 秦海鹰：《互文性理论的缘起与流变》，《外国文学评论》2004 年第 3 期，第 19—30 页。

③ Tsao F. *A Functional Study of Topic in Chinese*: *The First Step Toward Discourse Analysis*. Taipei: Student Book Company, 1979.

④ 陈平：《汉语零形回指的话语分析》，《中国语文》1987 年第 5 期，第 363—378 页。

⑤ 沈家煊：《不加说明的话题——从对答看“话题—说明”》，《中国语文》1989 年第 5 期，第 326—333 页。

⑥ 屈承熹：《汉语副词的篇章功能》，《语言教学与研究》1991 年第 2 期，第 64—78 页。

⑦ 徐杰、李英哲：《焦点和两个非线性语法范畴：“否定”“疑问”》，《中国语文》1993 年第 2 期，第 81—102 页。

⑧ 许余龙：《语篇回指的认知语言学探索》，《外国语》2002 年第 1 期，第 28—37 页。

⑨ 徐赳赳：《现代汉语篇章回指研究》，中国社会科学出版社 2003 年版。

⑩ 范晓：《论汉语的“主述结构”和“主述句”》，《汉语学报》2017 年第 3 期，第 50—60、96 页。

⑪ 彭宣维：《语言与语言学概论：汉语系统功能语法》，北京大学出版社 2011 年版，第 4 页。

第四节 英汉语篇功能对比研究

对比研究涉及两种及以上语言的比较，目的是发现语言之间的异同，尤其是差异。德国语言哲学家 Humboldt 最早提出语言比较的目的是探索语言与人类精神的关系[①]。王力在研究汉语语法时也曾采用同英语比较的方法来说明问题。他最早提出形合和意合的概念[②]。在《中国语法理论》中，王力[③]指出中国的复合句往往是一种意合法。“中国语里多用意合法，联结成分并非必需，西文多用形合法，联结成分在大多数情形下是不可缺少的。”[④] 但由于汉语语篇研究多缺乏语言层级意识，没有区分语言的形式和意义、语义和语境等，因而在英汉对比研究中也存在同样的问题。

语篇功能对比研究涉及信息结构、衔接手段、修辞结构、语言表达等方面。胡曙中[⑤]对英汉语的布局谋篇、表达方式、修辞手段等进行了研究，认为英语重形合，语篇呈线性结构，汉语重意合，语篇呈螺旋型结构。同时，他将英汉修辞的结构特点与教学实践相结合，增强了研究的应用价值。不过，其研究较少关注文化层面的特点。

连淑能[⑥]用形合与意合、繁复与简短、物称与人称、间接与直接、替换与重复等十个特征对英汉语的句子结构、修辞手段、语体风格等进行了讨论，并从伦理型与认知型、整体性与分析性、意向性与对象性、归纳型与演绎型等十个方面讨论了中西思维方式的特征，认为中国传统思维方式

---

① 潘文国：《汉英对比研究一百年》，《世界汉语教学》2002 年第 1 期，第 60 页。

② 王菊泉：《关于形合与意合问题的几点思考》，《外语教学与研究》2007 年第 6 期，第 409 页。

③ 王力：《中国语法理论》，商务印书馆 1944—1945 年版/山东教育出版社 1984 年版，第 89 页。

④ 王力：《中国语法理论》，商务印书馆 1944—1945 年版/山东教育出版社 1984 年版，第 472 页。

⑤ 胡曙中：《英汉修辞比较研究》，上海外语教育出版社 1993 年版；胡曙中：《英汉修辞跨文化研究》，青岛出版社 2008 年版。

⑥ 连淑能：《英汉对比研究》，高等教育出版社 1993 年版；连淑能：《英汉对比研究（增订本）》，高等教育出版社 2010 年版。

是悟性主义，西方哲学思维方式是理性主义。其研究涉及语言特征、思维方式和文化特点，总体上比较全面，但分析数据等还不够充分。

潘文国[①]从汉英语音、文字、词汇、语法、语篇与语用、修辞与文化等方面进行对比，指出英语是形态型语言，具有显性的、刚性的特点，汉语是语义型语言，具有隐性的、柔性的特点。Li & Thompson[②] 对不同语言中的主谓结构和“话题—说明”结构进行了研究，杨自俭[③]对中西修辞发展史进行了梳理，王寅[④]对英汉语言宏观结构进行了对比，张今、张克定[⑤]对英汉信息结构进行了对比，王菊泉[⑥]对英汉语形合和意合进行了讨论，许余龙、贺小聃[⑦]对英汉语下指篇章功能进行了研究，宫同喜[⑧]对英汉语图形与背景语序进行了比较，许文胜[⑨]对英汉文学作品中的衔接性副词进行了量化对比分析，等等。这些研究比较细致，提出了很多有价值的学术观点，促进了语言个体及对比研究。但总体上，研究的系统性有待加强，研究对象的范围有待扩大，也应适当考虑语言外部因素，比如思维和文化层面的特点。

---

① 潘文国：《汉英语对比纲要》，北京语言文化大学出版社 1997 年版；潘文国：《汉英语言对比概论》，商务印书馆 2010 年版。

② Li C., Thompson S. Subject and Topic: A New Typology of Languages// Li C. *Subject and Topic*. New York: Academic Press, 1976, pp. 457-490.

③ 杨自俭：《试论中西修辞学的发展》，《青岛海洋学院学报》1988 年第 1 期；杨自俭：《中西修辞学发展史比较》，载《认知·语用·功能：英汉宏观对比研究》，上海外语教育出版社 2009 年版，第 254—265 页。

④ 王寅：《英汉语言宏观结构区别特征》，《外国语》1990 年第 6 期，第 26、38—42 页；王寅：《英汉语言宏观结构的区别特征（续）》，《外国语》1992 年第 5 期，第 27—30 页。

⑤ 张今、张克定：《英汉语信息结构对比研究》，河南大学出版社 1998/2004 年版。

⑥ 王菊泉：《关于形合与意合问题的几点思考》，《外语教学与研究》2007 年第 6 期，第 409—416、480 页。

⑦ 许余龙、贺小聃：《英汉语下指的篇章功能和语用分析——兼谈汉语第三人称代词照应的单向性问题》，《外语教学与研究》2007 年第 6 期，第 417—423、480 页。

⑧ 宫同喜：《英汉语图形——背景语序比较研究》，上海外国语大学 2014 年博士论文。

⑨ 许文胜：《基于语料库的英汉文学作品衔接性副词对比研究》，《外语教学与研究》2015 年第 2 期，第 214—224、320 页。

第五节 系统功能语言学视角下的英汉语篇功能研究

一 系统功能语言学视角下的英语语篇功能研究

系统功能语言学是由 Halliday 创立的普通语言学、适用语言学，这一理论的系统描述基础是对英语语言的分析，因而在一定程度上，我们可以说系统功能语言学理论较为全面地呈现了英语语言的特点。

（一）英语语篇功能理论的建立

Halliday 认为语言具有三大元功能：概念功能、人际功能和语篇功能。语言通过创建语篇有效地表达概念意义和人际意义①。语篇功能又称使能功能（enabling or facilitating function），是语言组句谋篇、传递信息的功能，主要由主述结构、信息结构和衔接手段体现。

语言系统分为语义层、词汇语法层和音系/字系层，三个层次之间是体现关系②。语义由词汇语法体现，词汇语法由音系/字系体现。语篇是语义单位而不是语法单位，与小句的关系不是“构成”（composition）关系，而是“体现”（realization）关系③。对于语篇的描述，需要从成品（product）和过程（process）两个视角同时考虑。作为成品，语篇可以看作是一个结果；作为过程，语篇代表着语义的选择④。语篇所表达的意义是从语言的意义潜势中选择出来的，语篇代表着选择⑤。

---

① Halliday M. A. K. *Language as Social Semiotic*：*The Social Interpretation of Language and Meaning*. London：Arnold，1978，p. 130.

② Halliday M. A. K.，Hasan R. *Cohesion in English*. London：Longman，1976/Beijing：Foreign Language Teaching and Research Press，2001，p. 5.

③ Halliday M. A. K. Text as Semantic Choice in Social Contexts// Van Dijk T. A.，Petöfi J. S. *Grammars and Descriptions*. Berlin：Walter de Gruyter，1977，pp. 176-226//Webster J. J. *Linguistic Studies of Text and Discourse*. Beijing：Peking University Press，2007，p. 46.

④ Halliday M. A. K.，Hasan R. *Language*，*Context*，*and Text*：*Aspects of Language in a Social-semiotic Perspective*. Victoria：Deakin University，1985，p. 10.

⑤ Halliday M. A. K. *Language as Social Semiotic*：*The Social Interpretation of Language and Meaning*. London：Arnold，1978，p. 109.

从功能角度来看，语篇具有特定功能，能实现某些交际目的，而这些功能也是语言的功能，是语言系统的基本组织原则①。语篇功能把语言组织成语篇，使语言的意义潜势和语境（包括情景和上下文）相互协调，在具有文化意义的环境中产生作用②。

Halliday③ 对语篇功能的研究可以追溯到 20 世纪 60 年代。1964 年，Halliday 第一次把“衔接”（cohesion）作为一个术语，纲要式地提出了衔接理论，指出衔接包括属于语法范畴的结构性衔接（依赖、连接）、非结构性衔接（回指、替代）以及词汇衔接。Halliday④ 对小句的主述结构和信息结构进行了研究，集中讨论了语篇的内部结构组成，描述了当前语篇和之前语篇之间的关系⑤。1968 年，Halliday⑥ 第一次提出语言作为交流系统需要实现的四个功能，即经验功能、逻辑功能、话语功能、人际功能⑦。之后，Halliday⑧ 第一次系统地描述了语言三大功能，并对之前的

① Halliday M. A. K. Text Semantics and Clause Grammar: Some Patterns of Realization// Copeland J. E., Davis P. W. *The Seventh LACUS Forum* 1980. Columbia: Hornbeam Press, 1981, pp. 31-59//Webster J. J. *On Grammar*. Beijing: Peking University Press, 2007, p. 236.

② Halliday M. A. K. Text Semantics and Clause Grammar: Some Patterns of Realization// Copeland J. E., Davis P. W. *The Seventh LACUS Forum* 1980. Columbia: Hornbeam Press, 1981, pp. 31-59//Webster J. J. *On Grammar*. Beijing: Peking University Press, 2007, p. 237.

③ Halliday M. A. K. The Linguistic Study of Literary Texts// Lunt H. *Proceedings of the Ninth International Congress of Linguistics*. The Hague: Mouton, 1964, pp. 302 - 307//Webster J. J. *Linguistic Studies of Text and Discourse*. Beijing: Peking University Press, 2007, pp. 6-7.

④ Halliday M. A. K. Notes on Transitivity and Theme in English: Part 2. *Journal of Linguistics*, 1967, Vol. 3, No. 2, pp. 199-244.

⑤ 何伟:《英语语言研究导读》，载《英语语言研究》，北京大学出版社 2015 年版，第 50 页。

⑥ Halliday M. A. K. 1968. Notes on Transitivity and Theme in English: Part 3. *Journal of Linguistics*, 1968, Vol. 4, No. 2, pp. 179-215.

⑦ 黄国文:《韩礼德系统功能语言学 40 年发展述评》，《外语教学与研究》2000 年第 1 期，第 18 页。

⑧ Halliday M. A. K. Language Structure and Language Function// Lyons J. *New Horizons in Linguistics*. Harmondsworth: Penguin, 1970, pp. 140-165// Webster J. J. *On Grammar*. Beijing: Peking University Press, 2007, p. 175.

术语进行了调整："概念"功能包括经验功能和逻辑功能两部分，人际功能不变，话语功能改名为"语篇"功能[①]。Halliday[②]认为语篇功能使语言同其使用的情景关联起来，也就是说，使说话人构建起与情景相互关联的语篇。

Halliday & Hasan[③]提出了衔接理论，认为衔接是存在于语篇内部的语义关系，并区分了五种衔接手段：指称（reference）、替代（substitution）、省略（ellipsis）、连接（conjunction）和词汇衔接（lexical cohesion）。Halliday & Hasan[④]指出语篇是一个语义单位，表达的是意义而非形式，与句子之间是体现关系。衔接是语义概念，"指形成语篇的意义关系"[⑤]；也是语言系统的一部分，通过指称、省略等语言本身存在的系统资源得以实现[⑥]。当对语篇中某个成分的解释依赖于另一成分时，衔接便产生了，部分衔接由语法手段体现，部分衔接由词汇手段体现[⑦]。衔接在语言系统中的地位如表 8-1[⑧]所示：

① 黄国文：《韩礼德系统功能语言学 40 年发展述评》，《外语教学与研究》2000 年第 1 期，第 18 页。

② Halliday M. A. K. Language Structure and Language Function// Lyons J. *New Horizons in Linguistics*. Harmondsworth: Penguin, 1970, pp. 140-165//Webster J. J. *On Grammar*. Beijing: Peking University Press, 2007, p. 175.

③ Halliday M. A. K., Hasan R. *Cohesion in English*. London: Longman, 1976/Beijing: Foreign Language Teaching and Research Press, 2001.

④ Halliday M. A. K., Hasan R. *Cohesion in English*. London: Longman, 1976/Beijing: Foreign Language Teaching and Research Press, 2001, p. 2.

⑤ Halliday M. A. K., Hasan R. *Cohesion in English*. London: Longman, 1976/Beijing: Foreign Language Teaching and Research Press, 2001, p. 4.

⑥ Halliday M. A. K., Hasan R. *Cohesion in English*. London: Longman, 1976/Beijing: Foreign Language Teaching and Research Press, 2001, p. 5.

⑦ Halliday M. A. K., Hasan R. *Cohesion in English*. London: Longman, 1976/Beijing: Foreign Language Teaching and Research Press, 2001.

⑧ Halliday M. A. K., Hasan R. *Cohesion in English*. London: Longman, 1976/Beijing: Foreign Language Teaching and Research Press, 2001, p. 29.

表 8-1　　英语描写中衔接的地位

Textural		
(structural)		(non-structural)
By rank:	Cross-rank:	
Clause: theme Verbal group: voice Nominal group: deixis Adverbial group: conjunction	Information unit: information distribution, information focus	**Cohesion** Reference Substitution Ellipsis Conjunction Lexical cohesion

Halliday①详细论述了语篇功能及其体现形式：主述结构和信息结构体现了结构功能；主述结构由主位（Theme）和述位（Rheme）构成，主位是信息的起点，述位围绕主位展开；信息单位由已知信息和新信息构成，通过音高曲线即声调体现；衔接是存在于语篇内部的语义关系，体现方式有指称、省略和替代、连接、词汇衔接。

Halliday②指出所有语言中的小句都具有信息特性，即通过特定的组织形式来实现语言的交际功能；语言中的小句作为信息包含主位和述位两个成分；主位是信息的出发点，是小句涉及的内容，述位是主位内容的展开；形式上主位在前、述位在后。在有些语言中，主位通过提示助词标识（如日语），有些则是通过小句中的位置来辨别（如英语）③。有些学者使

① Halliday M. A. K. *An Introduction to Functional Grammar*. London: Arnold, 1985; Halliday M. A. K. *An Introduction to Functional Grammar* (2nd edition). London: Arnold, 1994/Beijing: Foreign Language Teaching and Research Press, 2000; Halliday M. A. K., Matthiessen C. M. I. M. *An Introduction to Functional Grammar* (3rd edition). London: Arnold, 2004; Halliday M. A. K., Matthiessen C. M. I. M. *Halliday's Introduction to Functional Grammar*. London: Routledge, 2014.

② Halliday M. A. K. *An Introduction to Functional Grammar*. London: Arnold, 1985; Halliday M. A. K. *An Introduction to Functional Grammar* (2nd edition). London: Arnold, 1994/Beijing: Foreign Language Teaching and Research Press, 2000.

③ Halliday M. A. K. *An Introduction to Functional Grammar*. London: Arnold, 1985; Halliday M. A. K. *An Introduction to Functional Grammar* (2nd edition). London: Arnold, 1994/Beijing: Foreign Language Teaching and Research Press, 2000, p. 37.

用“话题—说明”来描述小句的信息结构，但“话题—说明”这对术语存在两个问题：首先，话题的内涵和主位不同，话题只是主位的一种类型即话题主位（topical Theme，又称经验主位），不涵盖出现于句首的人际主位（interpersonal Theme）和语篇主位（textual Theme）；其次，话题关涉两个概念，即主位和信息结构中的已知信息①。

Halliday② 结合语气类型，将主位区分为无标记主位和有标记主位；根据主位的构成，主位分为简单主位和多重主位；简单主位限于表达经验意义的一个成分；多重主位除了表达经验意义以外，还表达人际意义兼或语篇意义，由不同的成分构成。依据 Halliday③ 对主位的定义，主位必须包含一个且仅有一个表达经验意义的成分，因此在第一个经验意义之前的成分则自动成为小句主位。也就是说，多重主位包括一个且仅有一个经验意义成分，以及表达人际兼或语篇意义的其他成分。这三个功能成分的次序一般是语篇主位^人际主位^经验主位（即话题主位），有时也可能是人际主位^语篇主位^经验主位④。系统功能语言学将语篇看作语义单位，但 Halliday 的语篇功能理论主要是在分析英语小句的基础上建立的，对语篇整体的重视还不够。

（二）英语语篇功能研究的发展

在 Halliday 提出语篇功能理论后，系统功能学派的其他学者进一步发

---

① Halliday M. A. K. *An Introduction to Functional Grammar*. London：Arnold，1985；Halliday M. A. K. *An Introduction to Functional Grammar*（2nd edition）. London：Arnold，1994/Beijing：Foreign Language Teaching and Research Press，2000，p. 38.

② Halliday M. A. K. *An Introduction to Functional Grammar*. London：Arnold，1985；Halliday M. A. K. *An Introduction to Functional Grammar*（2nd edition）. London：Arnold，1994/Beijing：Foreign Language Teaching and Research Press，2000.

③ Halliday M. A. K. *An Introduction to Functional Grammar*. London：Arnold，1985 Halliday M. A. K. *An Introduction to Functional Grammar*（2nd edition）. London：Arnold，1994/Beijing：Foreign Language Teaching and Research Press，2000，p. 52.

④ Halliday M. A. K. *An Introduction to Functional Grammar*. London：Arnold，1985；Halliday M. A. K. *An Introduction to Functional Grammar*（2nd edition）. London：Arnold，1994/Beijing：Foreign Language Teaching and Research Press，2000，p. 53.

展了该理论，其中包括 Matthiessen①、Martin②、胡壮麟③、张德禄④、黄国文⑤、Fawcett⑥ 等人。

1. 国外学者的研究

Matthiessen⑦ 对语篇元功能理论的阐述丰富了系统功能语言学理论。Matthiessen⑧ 指出概念和人际功能反映语言之外的客观和主观现实，语篇功能则反映语言系统构建的符号现实，具有非本源性（second-order character），它是语言本身的一种使能功能。语篇功能的体现形式与概念功能的体现形式重叠，如主述结构和及物性系统都与小句的构成成分和成分次序有关，与人际功能的体现形式相似，如重音凸显与韵律结构有关⑨。语篇的发展（movement）是波浪状的，经验和人际两个元功能作为语篇波的承载者，体现语篇组织模式⑩。语篇意义处于不断变化中，具有动态性⑪。Matthiessen 指出概念功能和人际功能共同作用于语篇产生过程，修正了 Halliday 的理论⑫，但他没有说明概念功能、人际功能与语篇功能之

① Matthiessen C. M. I. M. Interpreting the Textual Metafunction// Davies M., Ravelli L. *Advances in Systemic Linguistics: Recent Theory and Practice*. London and New York: Pinter, 1992, pp. 37-81.

② Martin J. R. *English Text: System and Structure*. Amsterdam: John Benjamins, 1992/Beijing: Peking University Press, 2004.

③ 胡壮麟：《语篇的衔接与连贯》，上海外语教育出版社 1994 年版；胡壮麟：《新编语篇的衔接与连贯》，华东师范大学出版社 2018 年版。

④ 张德禄：《语篇连贯研究纵横谈》，《外国语》1999 年第 6 期，第 24—31、80 页；张德禄：《论衔接》，《外国语》2001 年第 2 期，第 23—28 页。

⑤ 黄国文：《系统功能语法中的重合主位》，《现代外语》2001 年第 2 期，第 111—120 页。

⑥ Fawcett R. P. *The Many Types of "Theme" in English: Their Syntax, Semantics and Discourse Functions*, forthcoming.

⑦ Matthiessen C. M. I. M. Interpreting the Textual Metafunction// Davies M., Ravelli L. *Advances in Systemic Linguistics: Recent Theory and Practice*. London and New York: Pinter, 1992, pp. 37-81.

⑧ Matthiessen C. M. I. M. Interpreting the Textual Metafunction// Davies M., Ravelli L. *Advances in Systemic Linguistics: Recent Theory and Practice*. London and New York: Pinter, 1992, p. 42.

⑨ Matthiessen C. M. I. M. Interpreting the Textual Metafunction// Davies M., Ravelli L. *Advances in Systemic Linguistics: Recent Theory and Practice*. London and New York: Pinter, 1992, p. 42.

⑩ Matthiessen C. M. I. M. Interpreting the Textual Metafunction// Davies M., Ravelli L. *Advances in Systemic Linguistics: Recent Theory and Practice*. London and New York: Pinter, 1992, p. 42.

⑪ Matthiessen C. M. I. M. Interpreting the Textual Metafunction// Davies M., Ravelli L. *Advances in Systemic Linguistics: Recent Theory and Practice*. London and New York: Pinter, 1992, p. 43.

⑫ 朱永生、严世清：《系统功能语言学再思考》，复旦大学出版社 2011 年版，第 59 页。

间的本质联系。概念意义和人际意义本身也是一种谋篇意义，这是它们的附带意义①。

Martin② 以 Halliday & Hasan③ 的衔接理论为出发点，探讨了语篇语义系统及其结构，并进行了系列研究。Martin④ 以语篇意义而不是小句意义为中心，与 Halliday & Hasan⑤ 的分类——语法和衔接（结构性和非结构性意义资源）不同，Martin⑥ 依据不同层次将语篇意义分为语法和语义（小句取向或语篇取向的意义资源）。Martin⑦ 认为语法和衔接的分类只有描写正当性，没有理论正当性，不能反映结构性和非结构性资源之间的连续性，语篇语义层可以把结构性和非结构性资源结合起来。在 Halliday & Hasan⑧ 研究的基础上，Martin⑨ 提出了语篇生成的资源模式，即语篇语义、词汇语法和音系结构的互动模式，涉及衔接和谐、语气责任、发展模式和推进点四个方面。

有关主述结构，Martin⑩ 在小句、段落、语篇三个层面分别使用主位、

---

① 何伟、高生文：《功能句法研究》，外语教学与研究出版社 2011 年版，第 258 页。

② Martin J. R. *English Text*: *System and Structure*. Amsterdam: John Benjamins, 1992/Beijing: Peking University Press, 2004.

③ Halliday M. A. K., Hasan R. *Cohesion in English*. London: Longman, 1976/Beijing: Foreign Language Teaching and Research Press, 2001.

④ Martin J. R. *English Text*: *System and Structure*. Amsterdam: John Benjamins, 1992/Beijing: Peking University Press, 2004.

⑤ Halliday M. A. K., Hasan R. *Cohesion in English*. London: Longman, 1976/Beijing: Foreign Language Teaching and Research Press, 2001.

⑥ Martin J. R. *English Text*: *System and Structure*. Amsterdam: John Benjamins, 1992/Beijing: Peking University Press, 2004, p. 1.

⑦ Martin J. R. *English Text*: *System and Structure*. Amsterdam: John Benjamins, 1992/Beijing: Peking University Press, 2004, p. 19.

⑧ Halliday M. A. K., Hasan R. *Cohesion in English*. London: Longman, 1976/Beijing: Foreign Language Teaching and Research Press, 2001.

⑨ Martin J. R. *English Text*: *System and Structure*. Amsterdam: John Benjamins, 1992/Beijing: Peking University Press, 2004, pp. 392-393.

⑩ Martin J. R. *English Text*: *System and Structure*. Amsterdam: John Benjamins, 1992/Beijing: Peking University Press, 2004.

超主位和宏观主位概念。段落超主位和修辞学段落主题句概念基本一致①，指段落中能够预测其后小句的主位选择等具有互动模式的引言句（introductory clause）或句群②。宏观主位指可以预测超主位的句子或句群③。

Martin 从衔接理论出发，发展了语篇语义学。他将衔接纳入语篇语义的研究范畴，将主位概念扩展至语篇层面；研究从以句子为主的语篇走向超越句子的大语篇，从语法意义走向语篇意义，推动了系统功能语言学的纵深发展④。但 Martin 对超主位概念的具体界定和划分有待商榷。超主位的定义暗含段首限定，但段落的主题句不一定都出现在段首，可能在段中或段末。对于 Martin 的语篇语义理论存在的这一问题，张大群⑤引入复项超主位概念予以探讨。他⑥认为主题句出现在段中时，该语段的超主位是“语篇超主位^主题超主位”或“人际超主位^主题超主位”的复项超主位；无主题句或主题句出现在段末时，超主位就是段首的小句或小句复合体。此外，还应将语篇放入更大的语言和文化语境中，从互文性角度分析语篇的意义。

依据布拉格学派学者 Daneš⑦ 提出的三种不同的主位推进模式，Fries⑧ 认为主位推进模式与文体之间存在一定关联，也就是说语篇中小句主位的经验信息创造了语篇的发展模式⑨，或者说小句的主述结构揭示了

---

① Martin J. R. Theme, Method of Development and Existentiality: The Price of Reply. *Occasional Papers in Systemic Linguistics*, 1992, Vol. 6, pp. 147-184// Wang Z. *Discourse Semantics* (*Volume 2 in Collected Works of J. R. Martin*). Shanghai: Shanghai Jiao Tong University Press, 2010, p. 142.

② Martin J. R. *English Text: System and Structure*. Amsterdam: John Benjamins, 1992/Beijing: Peking University Press, 2004, p. 437.

③ Martin J. R. *English Text: System and Structure*. Amsterdam: John Benjamins, 1992/Beijing: Peking University Press, 2004, p. 437.

④ 王振华、张大群、张先刚：《马丁对语篇语义的研究》，《当代外语研究》2010 年第 10 期，第 48 页。

⑤ 张大群：《论超主位对格律论解释的不完备性》，《外语学刊》2010 年第 3 期，第 74—79 页。

⑥ 张大群：《论超主位对格律论解释的不完备性》，《外语学刊》2010 年第 3 期，第 78 页。

⑦ Daneš F. Functional Sentence Perspective and the Organization of Text// Daneš F. *Papers on Functional Sentence Perspective*. Prague: Academia, 1974, pp. 106-128.

⑧ Fries P. H. On the Status of Theme in English: Arguments from Discourse. *Forum Linguisticum*, 1981, Vol. 6, No. 1, pp. 1-38.

⑨ Fawcett R. P. *The Many Types of "Theme" in English: Their Syntax, Semantics and Discourse Functions*, forthcoming, section 2. 2.

语篇的发展模式①。

系统功能语言学的另外一个模式即加的夫语法的创始人 Fawcett②，对主位推进模式与文体之间存在关系这一观点持批评态度。与悉尼语法提出的语言具有四种功能（经验、人际、语篇、逻辑）不同，加的夫语法认为语言的四种功能应扩展为八种主要功能：经验、人际、极性、效度评价、情感、逻辑、主位和信息③。Fawcett④ 指出语言具有八种意义类型，每种意义都对语篇的发展有潜在的贡献，每个系统网络（及物性、语气、时间、逻辑关系、极性）中的选择都推动了语篇的发展。在此基础上，他⑤质疑广为接受的“统一主位概念”这一假设，建议主位可概括为各种类型的信息凸显，并提出了多种类型主位概念。这些主位概念包括：主语主位，标记性参与者角色主位，“所指为事件角色”结构主语主位，状语、呼语及动词延长成分主位，存在型强势主位，经验型强势主位，评价型强势主位，关联事件型强势主位和过程主位⑥。

加的夫语法认为，主位不能简单地定义为信息的出发点，而且把主位描述为所言之事难以概括各种类型主位的特征⑦。Chafe⑧、Downing⑨、

---

① Halliday M. A. K. *An Introduction to Functional Grammar*. London：Arnold，1985，p. 67.

② Fawcett R. P. *The Many Types of "Theme" in English：Their Syntax，Semantics and Discourse Functions*，forthcoming，section 2. 2.

③ Fawcett R. P. Appendix 1 Invitation to Systemic Functional Linguistics// Huang G. W.，*et al. An Introduction to Systemic Functional Grammar：The Cardiff Model*. Beijing：Peking University Press，2008，p. 217.

④ Fawcett R. P. *The Many Types of "Theme" in English：Their Syntax，Semantics and Discourse Functions*，forthcoming，section 2. 2.

⑤ Fawcett R. P. *The Many Types of "Theme" in English：Their Syntax，Semantics and Discourse Functions*，forthcoming.

⑥ Fawcett R. P. *The Many Types of "Theme" in English：Their Syntax，Semantics and Discourse Functions*，forthcoming.

⑦ Fawcett R. P. *The Many Types of "Theme" in English：Their Syntax，Semantics and Discourse Functions*，forthcoming，section 2. 3.

⑧ Chafe W. Givenness，Contrastiveness，Definiteness，Subjects，Topics，and Point of View// Li C. *Subject and Topic*. New York：Academic Press，1976，pp. 25-55.

⑨ Downing A. An Alternative Approach to Theme：A Systemic - functional Perspective. *Word*，1991，Vol. 42，No. 2，pp. 119-143.

Berry[①] 与 Fawcett 的观点大致相同，认为信息的出发点不一定是小句的主题，应把主位的划定延续到小句主语[②]。

在主位系统上，加的夫语法与悉尼语法的主要区别包括以下四点：其一，认为小句不是一个固定的主述结构，即不是一个由主位和述位两部分组成的结构，小句中没有述位，只有各种类型的主位和剩余的非主位成分[③]；其二，认为小句中不含有一个单独的多重主位，小句可能包含几个不同类型的主位，每个都是小句中独立的成分[④]；其三，与悉尼语法主位必须包含一个经验成分不同，加的夫语法认为主位必须包含一个主语主位；其四，加的夫语法认为主位系统属于语义层，而在悉尼语法中主位系统属于词汇语法层。

在主位和句首位置的关系上，加的夫语法和悉尼语法也存在分歧。悉尼语法提出多重主位的概念，把处于句首经验成分以前的所有成分都看作主位[⑤]。加的夫语法则认为并不是所有位于句首的成分都是主位，一些成分位于句首并不是主位选择的结果，而是因受规则、语气等的制约只能出现在句首，比如连接词、粘合词和操作词（限定语），这样的成分不是主位[⑥]。

Fawcett 在 Halliday 研究的基础上以意义为导向提出了多种类型主位概念。基于“意义就是选择”的观点，Fawcett 强调主位的功能，提出了多种类型主位系统，从语言的功能本质分析主位系统，是对主位系统的进一步完善。但 Fawcett 的主位系统不包括语篇连接成分等，这样一来，他

---

① Berry M. Thematic Options and Success in Writing// Ghadessy M. *Thematic Development in English Texts*. London: Pinter, 1995, pp. 55-84.

② He W. “Subject-predicate Predicate Sentences” in Modern Mandarin Chinese: A Cardiff Grammar Approach. *Linguistics*, 2017, Vol. 55, No. 4, pp. 935-977.

③ Fawcett R. P. *The Many Types of “Theme” in English: Their Syntax, Semantics and Discourse Functions*, forthcoming, section 1. 3.

④ Fawcett R. P. *The Many Types of “Theme” in English: Their Syntax, Semantics and Discourse Functions*, forthcoming, section 1. 3.

⑤ Halliday M. A. K. *An Introduction to Functional Grammar*. London: Arnold, 1985; Halliday M. A. K. *An Introduction to Functional Grammar* (2nd edition). London: Arnold, 1994/Beijing: Foreign Language Teaching and Research Press, 2000, p. 53.

⑥ Fawcett R. P. *The Many Types of “Theme” in English: Their Syntax, Semantics and Discourse Functions*, forthcoming, chapter 14.

的讨论也停留在了小句层面，未能全面提升至语篇层面。

2. 国内学者的研究

国内不少学者探讨并发展了语篇功能理论。在 Halliday 的主位概念基础上，黄国文①明确提出“重合主位”（conflated Theme）概念。功能语法认为小句表达多种意义，具有多功能性。悉尼语法认为小句的多种意义由多种结构体现，加的夫语法则认为多种意义是由相关成分角色之间的重合体现②。重合是普遍的现象，一些成分充当主位时既可以表示经验意义，又可以表示人际意义或语篇意义，称为重合主位。重合主位与简单主位及多重主位既有相似性，也有不同点。重合主位与简单主位一样，都是由单一的成分充当，但重合主位表示经验意义和人际意义或语篇意义③。何伟、何丽君④通过语料分析指出，重合主位还可以是语篇主位、人际主位和经验主位三者的重合。重合主位这一概念的提出，是系统功能语言学主位系统理论的一个突破。

胡壮麟⑤提出衔接意义关涉概念意义，衔接手段涉及音系层、词汇语法层和语篇的宏观结构。在此基础上，张德禄⑥提出组织概念意义、人际意义和谋篇意义三种意义的方式都是衔接。比如，语篇中同一类型的语气表达同样的人际意义，同类型句子之间形成一种同类关系，这种同类关系具有衔接作用，如说明书、菜谱等⑦。

张德禄⑧认为决定语篇连贯的条件包括“文化语境”“情景语境”“认知图式”“心理思维”等外部条件和“语篇意义”及其“衔接机制”内部条件。语篇意义在形式上由多层次特征体现，如非结构衔接手段、主

---

① 黄国文：《系统功能语法中的重合主位》，《现代外语》2001 年第 2 期，第 111—120 页。

② 何伟、高生文：《功能句法研究》，外语教学与研究出版社 2011 年版，第 159 页。

③ 黄国文：《系统功能语法中的重合主位》，《现代外语》2001 年第 2 期，第 115 页。

④ 何伟、何丽君：《英语专业学生写作体裁风格差异研究》，《外语艺术教育研究》2006 年第 1 期，第 37—42 页。

⑤ 胡壮麟：《语篇的衔接与连贯》，上海外语教育出版社 1994 年版；胡壮麟：《新编语篇的衔接与连贯》，华东师范大学出版社 2018 年版。

⑥ 张德禄：《语篇连贯研究纵横谈》，《外国语》1999 年第 6 期，第 24 页。

⑦ 张德禄：《语篇连贯研究纵横谈》，《外国语》1999 年第 6 期，第 25 页。

⑧ 张德禄：《语篇连贯研究纵横谈》，《外国语》1999 年第 6 期，第 24—31、80 页；张德禄：《论衔接》，《外国语》2001 年第 2 期，第 23—28 页。

述结构、信息结构、及物性结构、语气结构、语音语调等。他扩大了衔接机制，提出跨类衔接概念。跨类衔接是语篇中同一层次不同类别的项目，如词汇和语法之间的衔接关系[①]。最常见的跨类衔接是词汇项目和语法项目之间的语义关系，如语法项目（时态、情态、限定成分等）在一定语境中与词汇形成衔接关系[②]。胡壮麟和张德禄的衔接理论突破了之前的研究，扩大了衔接的意义和手段，但对体现概念意义和人际意义的衔接手段的研究还不够全面，有待进一步探讨[③]。

此外，国内外学界也开展了其他相关研究，比如Berry[④]、Hasan & Fries[⑤]、黄国文[⑥]、于晖[⑦]、Crompton[⑧]、Wang[⑨]、Forey & Sampson[⑩]等对主位、主语和主位关系、强势型主位、主位和语篇类型、主位推进模式等所做的探

---

① 张德禄：《语篇跨类衔接研究》，《解放军外国语学院学报》2002年第6期，第2页。

② 何伟、高生文：《功能句法研究》，外语教学与研究出版社2011年版，第257页。

③ 何伟、高生文：《功能句法研究》，外语教学与研究出版社2011年版，第258页。

④ Berry M. Thematic Options and Success in Writing// Ghadessy M. *Thematic Development in English Texts*. London: Pinter, 1995, pp. 55-84.

⑤ Hasan R., Fries P. H. *On Subject and Theme: A Discourse Functional Perspective*. Amsterdam: John Benjamins, 1995.

⑥ 黄国文：《英语语法结构的功能分析：强势主位篇》，山西教育出版社2003年版；Huang G. W. Experiential Enhanced Theme in English// Berry M., Butler C. S., Fawcett R. P., Huang G. W. *Meaning and Form: Systemic Functional Interpretations. Meaning and Choice in Language: Studies for Michael Halliday*. New York: Ablex, 1996, pp. 65-112; Huang G. W. Theme in the Cardiff Grammar// Bartlett T., O'Grady G. *The Routledge Handbook of Systemic Functional Linguistics*. London: Routledge, 2017, pp. 163-177.

⑦ 于晖：《主位分析与语篇类型的确定》，《中山大学学报论丛》1999年第5期，第67—73页。

⑧ Crompton P. Theme in Discourse: "Thematic Progression" and "Method of Development" Re-evaluated. *Functions of Language*, 2004, Vol. 11, No. 2, pp. 213-249.

⑨ Wang Y. *A Functional Study of the Evaluative Enhanced Theme Construction in English*. London & Singapore: Prentice Hall, 2008.

⑩ Forey G., Sampson N. Textual Metafunction and Theme: What's "It" About// Bartlett T., O'Grady G. *The Routledge Handbook of Systemic Functional Linguistics*. London: Routledge, 2017, pp. 131-145.

讨，胡壮麟[①]、张德禄、刘汝山[②]和 Clarke[③] 对语篇衔接和连贯所做的论述等。这些研究在不同方面发展和细化了 Halliday 的语篇功能理论。但总体上看，语篇功能理论的系统性尚需加强，同时也需要考虑语篇之间的意义关联。

二 系统功能语言学视角下的汉语语篇功能研究

系统功能语言学与汉语研究关系密切。从系统功能语言学视角进行的汉语语篇功能研究主要有：方琰[④]的《试论汉语的主位述位结构——兼与英语的主位述位相比较》，方琰、艾晓霞[⑤]的《汉语语篇主位进程结构分析》，张伯江、方梅[⑥]的《汉语功能语法研究》，胡壮麟[⑦]的《系统功能语法与汉语语法研究》，Li[⑧] 从系统功能语言学视角对汉语的分析等。对于汉语语篇功能的研究，各位学者侧重不一，虽然都是基于系统功能语法开展的研究，但在具体问题上，看法也不尽相同。

张伯江、方梅[⑨]在《汉语功能语法研究》中围绕北京话口语，主要分析了主述结构、焦点结构和指代等。他们认为汉语有两种典型的主述结构表现形式，一般主位在前、述位在后，从已知信息引出新信息，但在简短

---

① 胡壮麟：《语音系统在英语语篇中的衔接功能》，《外语教学与研究》1993 年第 2 期，第 1—8、80 页；胡壮麟：《有关语篇衔接理论多层次模式的思考》，《外国语》1996 年第 1 期，第 1—8 页。

② 张德禄、刘汝山：《语篇连贯与衔接理论的发展及应用》，上海外语教育出版社 2003 年版。

③ Clarke B. Cohesion in Systemic Functional Linguistics// Bartlett T., O'Grady G. *The Routledge Handbook of Systemic Functional Linguistics*. London：Routledge，2017，pp. 404-417.

④ 方琰：《试论汉语的主位述位结构——兼与英语的主位述位相比较》，《清华大学学报（哲学社会科学版）》1989 年第 2 期，第 66—72 页。

⑤ 方琰、艾晓霞：《汉语语篇主位进程结构分析》，《外语研究》1995 年第 2 期，第 20—24 页。

⑥ 张伯江、方梅：《汉语功能语法研究》，江西教育出版社 1996 年版/商务印书馆 2014 年版。

⑦ 胡壮麟：《系统功能语法与汉语语法研究》，载《语法研究入门》，商务印书馆 1999 年版，第 252—270 页。

⑧ Li E. *A Systemic Functional Grammar of Chinese*：*A Text-based Analysis*. London：Continuum，2007.

⑨ 张伯江、方梅：《汉语功能语法研究》，江西教育出版社 1996 年版/商务印书馆 2014 年版。

紧凑的对话语体里，说话人急于说出重要信息，次要信息后置，出现了后置主位现象；“主位述位”的实质是次要信息和重要信息的对比[①]。其后置主位的概念将主位等同于次要信息。实际上主述结构和信息结构没有绝对的对应关系，后置主位观点混淆了两种结构。

Halliday & McDonald[②] 基于多功能句子结构观，简要分析了汉语语篇功能的主位和信息系统。他们认为汉语句子的主位是小句的第一个词组，包括在此之前出现的连词和副词，主位总是包含一个经验成分即话题主位，也可能包含语篇主位和人际主位；主位一般表达已知信息，通常可省略；小句倾向使用已知信息^新信息的信息结构，信息焦点在信息单位的末尾。但和 Halliday 对英语的研究一样，其对汉语语篇功能的描述主要停留在小句层面。

Li[③] 依据 Halliday 的系统功能语法对汉语书面语进行了系统描述。语言三大元功能之一的语篇功能和语篇的生成有关，和语义系统的语篇凸显、语篇地位、语篇连续、语篇关系和语篇发展相关，体现为语法系统的主位、信息、语态、衔接和连贯。Li[④] 和 Fang[⑤] 提出话题主位可分为经验话题主位和语境话题主位。经验话题主位指包含经验成分的主位，而语境话题主位指包含在小句中不具有及物性角色的语境成分，一个小句可以有两种话题主位[⑥]。根据 Halliday[⑦] 和 Hasan & Fries[⑧] 的主位定义，一个小句

---

① 张伯江、方梅：《汉语功能语法研究》，江西教育出版社 1996 年版/商务印书馆 2014 年版，第 36—37 页。

② Halliday M. A. K.，McDonald E. Metafunctional Profile of the Grammar of Chinese// Caffarel A.，Martin J. R.，Matthiessen C. M. I. M. *Language Typology*：*A Functional Perspective*. Amsterdam/Philadelphia：John Benjamins，2004，pp. 305-396.

③ Li E. *A Systemic Functional Grammar of Chinese*：*A Text-based Analysis*. London：Continuum，2007.

④ Li E. *A Systemic Functional Grammar of Chinese*：*A Text-based Analysis*. London：Continuum，2007.

⑤ Fang Y. A Study of Topical Theme in Chinese：An SFL Perspective// Webster J. J. *Meaning in Context*. London：Continuum，2008，pp. 84-114.

⑥ Li E. *A Systemic Functional Grammar of Chinese*：*A Text-based Analysis*. London：Continuum，2007，p. 176.

⑦ Halliday M. A. K. *An Introduction to Functional Grammar*. London：Arnold，1985；Halliday，M. A. K. *An Introduction to Functional Grammar*（2nd edition）. London：Arnold，1994/Beijing：Foreign Language Teaching and Research Press，2000.

⑧ Hasan R.，Fries P. H. *On Subject and Theme*：*A Discourse Functional Perspective*. Amsterdam：John Benjamins，1995.

只包含一个话题主位，由此可以看出，Li①和 Fang② 提出的两个经验成分话题主位共现一个小句的观点和 Halliday 的看法不一致③。

彭宣维④以“过程—维度”模式为基本框架，讨论了汉语词语的概念意义、人际意义和语篇意义。他⑤认为汉语是一个词—篇连续体，句子以及小于句子的单位都是构成语篇的成分，语法和修辞在这一连续体上相结合。彭宣维⑥侧重对语言模式及词汇、词组和小句系统的描写，主要讨论了代词等词语的语篇意义，没有全面描述汉语语篇功能。

胡壮麟等人⑦认为，“在表达语篇功能时，汉语也具有和英语相似的主述结构、信息结构和衔接手段”。衔接手段上，汉语的语篇接应单位也存在于长句中的小句之间；汉语多意合，意合可看作是连接接应的零形式⑧。这些研究大多是提纲挈领或开启式的研究，尚待进一步的系统化和深入化。

何伟⑨认为，学界对汉语主语和话题之间的争论，反映了以往研究没有将语言视作一个多层次系统，没有阐明语义和句法、语境和语言系统内语义之间的关系。主位是小句信息的凸显部分，必然要涉及信息关涉的内容，必须包含一个参与者角色（祈使句除外）⑩。基于系统功能语言学的

① Li E. *A Systemic Functional Grammar of Chinese*: *A Text-based Analysis*. London: Continuum, 2007.

② Fang Y. A Study of Topical Theme in Chinese: An SFL Perspective// Webster J. J. *Meaning in Context*. London: Continuum, 2008, pp. 84-114.

③ He W. “Subject-predicate Predicate Sentences” in Modern Mandarin Chinese: A Cardiff Grammar Approach. *Linguistics*, 2017, Vol. 55, No. 4, p. 944.

④ 彭宣维：《语言与语言学概论：汉语系统功能语法》，北京大学出版社 2011 年版，第 22 页。

⑤ 彭宣维：《语言与语言学概论：汉语系统功能语法》，北京大学出版社 2011 年版，第 29 页。

⑥ 彭宣维：《语言与语言学概论：汉语系统功能语法》，北京大学出版社 2011 年版。

⑦ 胡壮麟、朱永生、张德禄、李战子：《系统功能语言学概论》（第三版），北京大学出版社 2017 年版，第 190 页。

⑧ 胡壮麟：《系统功能语法与汉语语法研究》，载《语法研究入门》，商务印书馆 1999 年版，第 252—270 页。

⑨ He W. “Subject-predicate Predicate Sentences” in Modern Mandarin Chinese: A Cardiff Grammar Approach. *Linguistics*, 2017, Vol. 55, No. 4, p. 937.

⑩ He W. “Subject-predicate Predicate Sentences” in Modern Mandarin Chinese: A Cardiff Grammar Approach. *Linguistics*, 2017, Vol. 55, No. 4, p. 948.

多层次系统分析，何伟[1]提出与汉语话题概念对应的主位有参与者角色主位、标记性参与者角色主位、环境角色主位和“多重主位”（即多种类型主位的共现）四种类型。

上述系统功能语言学视角下的汉语语篇功能研究，可以说推动了学界对汉语特点的揭示。但多数研究直接采用 Halliday 的语篇功能框架，对汉语的特点考虑得不够充分，如 Li[2] 等对汉语话题主位的划分。也有些研究虽注意到了汉语的特点，但对语篇功能相关概念的阐释似不到位，如张伯江、方梅[3]提出的后置主位概念。

三　系统功能语言学视角下的英汉语篇功能对比研究

目前，学界就英汉语篇功能开展的系统性的对比研究较为少见，多是关于个别话题的对比研究。尽管一些研究不是对比性质，但因描述理论时使用了英汉两种语言的语料，故而下文的对比研究梳理也涵盖这类文献。

胡壮麟[4]使用英汉两种语料描述了语篇的衔接与连贯。他认为 Halliday & Hasan[5] 的衔接理论偏重于语言内部，尤其聚焦词汇语法层，但语言是分层系统，衔接和连贯在不同的层次上都应有所反映。因此，他在研究语篇衔接与连贯的手段及原因时，将及物性、主述结构、语音、语境等都纳入研究范围。胡壮麟[6]提出语篇的衔接与连贯涉及多层次资源：一是社会符号层，包括语境、语用和意识形态；二是语义层，包括及物性、

① He W. “Subject-predicate Predicate Sentences” in Modern Mandarin Chinese: A Cardiff Grammar Approach. *Linguistics*, 2017, Vol. 55, No. 4, pp. 948-949.

② Li E. *A Systemic Functional Grammar of Chinese*: *A Text-based Analysis*. London: Continuum, 2007.

③ 张伯江、方梅：《汉语功能语法研究》，江西教育出版社 1996 年版/商务印书馆 2014 年版。

④ 胡壮麟：《语篇的衔接与连贯》，上海外语教育出版社 1994 年版；胡壮麟：《新编语篇的衔接与连贯》，华东师范大学出版社 2018 年版。

⑤ Halliday M. A. K., Hasan R. *Cohesion in English*. London: Longman, 1976/Beijing: Foreign Language Teaching and Research Press, 2001.

⑥ 胡壮麟：《有关语篇衔接理论多层次模式的思考》，《外国语》1996 年第 1 期，第 1—8 页。

逻辑连接和语篇结构；三是结构层，包括结构衔接和主述结构；四是词汇层，照应和指称性也包含其中；五是音系层，包括语调、新信息和已知信息、语音形式等。由此可见，胡壮麟的研究进一步发展了衔接与连贯理论。

彭宣维①的《英汉语篇综合对比》基于 Halliday 的三大元功能，对语言的词、句、篇等各层次和各维度进行了综合对比。他用信息功能替代 Halliday 的语篇功能，认为小句的信息功能范畴包括主述结构和信息结构，语篇的信息功能由主题、信息组织及分布、衔接三个次范畴来协同体现，并对比分析了英汉语的主位系统、主题系统和信息系统。通过对英汉语篇组织方式的对比，他发现英语具有立体性和层次性，而汉语具有相对的平面性。英汉语言的不同特征体现了西方文化中的逻辑思辨及分析传统和中国文化注重整体性及综合性的传统。彭宣维②将 Halliday 的语篇功能提至语篇层面来考虑，具有一定的启发意义。但他对语篇功能的对比没有涉及衔接与连贯。

何伟、张存玉③以英汉语为例，在系统功能语言学视角下重新界定了时态，并探讨了时态的意义系统。时态是语言系统中具有时间指示性的语义范畴，涉及人际意义、经验意义、逻辑意义与语篇意义。时态可以组织并发展语篇，其语篇功能表现为在语篇层次上建构的线性时间序列关系与同步时间序列关系④。朱永生等人⑤对英汉语篇衔接手段的对比研究，刘承宇⑥对英汉语篇互文性的对比研究，张德禄⑦对汉英语篇连贯机制的对

---

① 彭宣维：《英汉语篇综合对比》，上海外语教育出版社 2000 年版。

② 彭宣维：《英汉语篇综合对比》，上海外语教育出版社 2000 年版。

③ 何伟、张存玉：《系统功能视角下时态的意义系统》，《中国外语》2016 年第 1 期，第 25—30 页。

④ 何伟、张存玉：《系统功能视角下时态的意义系统》，《中国外语》2016 年第 1 期，第 28 页。

⑤ 朱永生、郑立信、苗兴伟：《英汉语篇衔接手段对比研究》，上海外语教育出版社 2001 年版。

⑥ 刘承宇：《英汉语篇互文性对比研究》，《天津外国语学院学报》2002 年第 3 期，第 17—20 页。

⑦ 张德禄：《汉英语篇连贯机制对比研究》，《中国海洋大学（社会科学版）》2008 年第 4 期，第 31—35 页。

比研究，苗兴伟、秦洪武[①]对英汉语篇语用的研究，刘丹[②]对英汉主述结构对比与英语写作教学方法的研究等都从不同角度揭示了英汉语篇功能的共性与个性。不过，这些研究多局限于个别话题，整体框架建构尚不够充分。

第六节　结语

本章梳理了英汉语有关语篇功能研究的文献，指出学界研究从不同方面揭示了语言的组篇机制，加深了对语言语篇功能的理解。系统功能语言学理论在不断发展完善，但限于种种原因，该理论视角下的英汉语篇功能研究在系统构建、体现形式、系统关系等方面尚存在以下两点不足：其一，缺乏系统整合，语言组篇机制涉及多个层面，但目前学界尚没有建立起一个较为完整的描述体系；其二，语篇功能的研究忽视了语篇产生时，其他语篇对组篇的影响，语篇意义的研究还需放入更大的语境中，从互文角度来考虑。

语篇功能是语言组句谋篇、组织和传递信息的功能。它是语言自身所具有的，使概念意义和人际意义组成连贯语篇，并与语境发生联系的功能。我们认为，语篇的创建需考虑信息排列，语篇内部意义组织及语篇之间意义的互相关联，涉及主位、信息、衔接和互文四个部分。

主位是小句信息的出发点和凸显部分，涉及信息关涉的内容，可分为语篇主位、人际主位和话题主位。其中话题主位可以是参与者角色主位、标记性参与者角色主位、过程类型主位或环境角色主位。信息结构包括已知信息和新信息两部分。

衔接既是语篇内部的语义关系，也是语篇与情景语境之间的语义关系，由语法、词汇和音系手段体现。衔接意义包括概念意义、人际意义和谋篇意义。除了指称、省略和替代、连接和词汇衔接之外，及物性、语气、情态、语态、语调、时态等也是衔接手段。

英汉语互文和互文性研究都涉及语篇之间在意义和话题上的关联。互

---

① 苗兴伟、秦洪武：《英汉语篇语用学研究》，上海外语教育出版社 2010 年版。

② 刘丹：《英汉主位结构对比与英语写作教学方法研究》，《外语学刊》2012 年第 3 期，第 121—125 页。

文不仅表示语篇内部词句之间意义的互涉，而且还体现语篇之间意义与话题的交互。互文性同样也描述了语篇之间意义的联系，并将语篇意义的研究引入更大的语言和文化背景中，有助于话语主题、话语意图和话语连贯的理解①。

我们认为，互文性和互文可以整合为一个概念，统称为互文，指语言单位如词、句、语篇等在意义上的呼应、渗透和关联。互文分为语篇内互文和语篇间互文。语篇内互文为字词句之间意义上的互相阐释。语篇间互文指语篇之间意义上的互相阐释，包括语篇间具体意义的互文（如引用）和抽象意义的互文（如话题的关联）。

此外，修辞也是语言组篇的手段，但修辞各手段和语篇功能原有手段存在交叉，需要整合并入组篇系统。各类辞格涉及的或是语言的音系层，或是词汇语法层，亦或是语义层，因此与组篇系统中的衔接和互文手段有交叉，可分别并入衔接和互文系统中。

综上，我们认为，语篇功能由组篇系统表征，组篇系统由互文、主位、信息和衔接四个子系统组成。

① 朱永生：《语境动态研究》，北京大学出版社 2005 年版，第 127—128 页。

第九章　组篇系统建构

第一节　引言

上一章回顾了学界有关语篇功能的相关研究。不同于概念功能和人际功能指向语言外的现象，语篇功能是语言本身所具有的、构建意义的功能，是语篇创建时使经验意义和人际意义与语境发生关联的使能功能。它的体现形式包括主述结构、信息结构和衔接①。不过，Halliday 的语篇功能理论主要建立在小句分析的基础上，应该说，对语篇功能体现形式的描述不够完整。之后不少学者在不同程度、不同方面探讨并发展了 Halliday 的语篇功能理论，如 Matthiessen②、Martin③、Fawcett④、黄国文⑤、胡壮麟⑥、张德禄⑦等。这些研究也似存在一些不足，比如对语篇功能体现形式层次性的探讨不够充分，对语篇功能的某些体现形式有所忽略等。

我们认为，语篇功能理论的发展一方面需要从宏观视角出发，在文化

---

① Halliday M. A. K. *An Introduction to Functional Grammar*. London：Arnold，1985；Halliday M. A. K. *An Introduction to Functional Grammar*（2nd edition）. London：Arnold，1994/Beijing：Foreign Language Teaching and Research Press，2000.

② Matthiessen C. M. I. M. Interpreting the Textual Metafunction// Davies M.，Ravelli L. *Advances in Systemic Linguistics：Recent Theory and Practice*. London and New York：Pinter，1992，pp. 37-81.

③ Martin J. R. *English Text：System and Structure*. Amsterdam：John Benjamins，1992/Beijing：Peking University Press，2004.

④ Fawcett R. P. *The Many Types of "Theme" in English：Their Syntax，Semantics and Discourse Functions*，forthcoming.

⑤ 黄国文：《系统功能语法中的重合主位》，《现代外语》2001 年第 2 期，第 111—120 页。

⑥ 胡壮麟：《语篇的衔接与连贯》，上海外语教育出版社 1994 年版；胡壮麟：《新编语篇的衔接与连贯》，华东师范大学出版社 2018 年版。

⑦ 张德禄：《语篇连贯研究纵横谈》，《外国语》1999 年第 6 期，第 24—31、80 页；张德禄：《论衔接》，《外国语》2001 年第 2 期，第 23—28 页。

语境和情景语境中观察语言的组篇机制，将互文方式纳入语篇功能研究；另一方面需要对主位、衔接等内容进行深挖，以进一步明确其意义系统和体现形式。

第二节 组篇系统

层次是系统功能语言学的核心思想之一。语言是由不同层次组成的复杂的符号系统，层次之间存在体现关系①。Halliday 曾多次论述层次的思想。早在 1961 年，Halliday② 就提出实体（substance）、形式（form）和语境（context）三个基本层次：实体指声音和书写两方面的语言材料；形式将实体组织成有意义的事件，包括词汇和语法；语境是联系形式和语篇外特征的中间层。随后，Halliday③ 明确指出语言是意义系统，（至少）包括语义层、词汇语法层和音系层三个层次。之后，Halliday & Matthiessen④ 用图 9-1 完整描述了语言的层次及其所处的语境。

语言是产生意义的资源。语言的语篇功能将人际意义和概念意义作为信息组织成可以用来交流的语篇⑤。语篇功能是语言在真实情景语境中的

---

① Halliday M. A. K. *An Introduction to Functional Grammar*. London：Arnold，1985；Halliday M. A. K. *An Introduction to Functional Grammar*（2nd edition）. London：Arnold，1994/Beijing：Foreign Language Teaching and Research Press，2000；Halliday M. A. K.，Matthiessen C. M. I. M. *An Introduction to Functional Grammar*（3rd edition）. London：Arnold，2004；Halliday M. A. K.，Matthiessen C. M. I. M. *Halliday's Introduction to Functional Grammar*. London：Routledge，2014.

② Halliday M. A. K. Categories of the Theory of Grammar. *Word*，1961，Vol. 17，No. 2，pp. 241-292// Webster J. J. *On Grammar*. Beijing：Peking University Press，2007，p. 39.

③ Halliday M. A. K. Modes of Meaning and Modes of Expression：Types of Grammatical Structure，and Their Determination by Different Semantic Functions// Allerton D. J.，Carney E.，Holdcroft D. *Function and Context in Linguistic Analysis*. Cambridge：Cambridge University Press，1979，pp. 57-79//Webster J. J. *On Grammar*. Beijing：Peking University Press，2007，p. 197.

④ Halliday M. A. K.，Matthiessen C. M. I. M. *An Introduction to Functional Grammar*（3rd edition）. London：Arnold，2004；Halliday M. A. K.，Matthiessen C. M. I. M. *Halliday's Introduction to Functional Grammar*. London：Routledge，2014.

⑤ Matthiessen C. M. I. M.，Halliday M. A. K. *Systemic Functional Grammar*：*A First Step into the Theory*. Beijing：Higher Education Press，2009，p. 65.

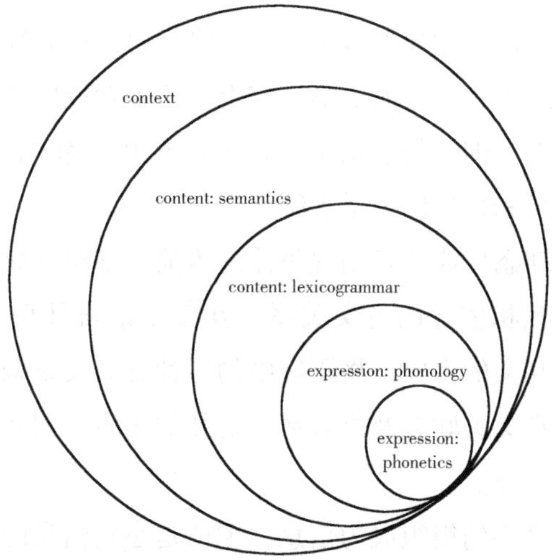

图 9-1　层次①

组篇机制②。说话人根据语言使用的真实情景语境，选择所要表达的意义，进而选择表达意义的词汇语法形式。语篇功能体现了语篇的信息结构、语篇各部分与整体的关系，以及各部分与场景的关系③。语言和语言外现象（如外部世界和人类参与的社会过程）密切相关，说话人使用语法将语言外的现象转化为措辞（wording）；在语境层和语义层的界面部分，外部经验和人际关系被转化为意义；在词汇语法层，意义进一步转化

① Halliday M. A. K., Matthiessen C. M. I. M. *An Introduction to Functional Grammar* (3rd edition). London: Arnold, 2004; Halliday M. A. K., Matthiessen C. M. I. M. *Halliday's Introduction to Functional Grammar*. London: Routledge, 2014, p. 26.

② Halliday M. A. K. The Functional Basis of Language// Bernstein B. *Applied Studies towards a Sociology of Language* (Vol. 2): *Class, Codes and Control*. London: Routledge and Kegan Paul, 1973, pp. 343-366// Webster J. J. *On Language and Linguistics*. Beijing: Peking University Press, 2007, p. 317.

③ Halliday M. A. K. Towards a Sociological Semantics// Centro Internazionale di Semiotica e Linguistica of the University of Urbino. *Working Papers and Prepublications* (14/C). Urbino: University of Urbino, 1972//Webster J. J. *On Language and Linguistics*. Beijing: Peking University Press, 2007, p. 351.

为措辞①。

根据 Halliday 对层次的划分和语言如何表达概念意义以及人际意义的描述，我们认为在语篇创建过程中，语言将世界经验表征为意义，并将意义以信息的方式组织为连贯的语篇，综上，语篇功能的体现形式即组篇系统应涉及各个层次，即语境、语义、词汇语法和音系/字系各层次，包括互文、主位、信息和衔接四个子系统。

互文从语篇动态生成和互动视角体现语篇内部组成成分之间以及语篇和其他语篇之间互相依存的意义关系。互文是语言外现象进入语篇的手段，说话人采用互文的手段，将语境中的各种意义关系融入当前语篇意义中。互文体现的意义关联涉及语言系统之外的语境，因此对互文的解释需要参照其关涉的语境。

主位和信息将小句组织成为信息，主位是小句信息的出发点和关涉的内容，信息单位包括已知信息和新信息。主述结构和信息结构从不同视角体现了语篇的信息组织模式，是语篇的语义配置结构。

衔接手段是构建语篇的结构性和非结构性资源，体现语篇内成分之间的语义关系。体现衔接意义的各种衔接手段涉及语言的词汇语法层和音系层。在词汇语法层，衔接手段包括及物性、语气、时态和语态资源，以及指称、替代和省略、连接、修辞（部分修辞格）、重复和搭配。在音系层，语言的语音、语调等也是衔接手段。

修辞也是语篇功能的体现，应纳入组篇系统，但修辞中的词汇语法手段、修辞格等各类资源和组篇系统中原有手段有部分重合，因此需要重新分类和整合，将其融入组篇系统。修辞讲究的选词组句与组篇系统的主位选择、信息聚焦、衔接手段等重合。修辞格是修辞特有的规律结晶，是对语言现象的概括和归纳，我们认为可根据修辞格涉及的不同语言层次重新归类，将其增加至组篇系统内对应的子系统中。

---

① Halliday M. A. K., Matthiessen C. M. I. M. *An Introduction to Functional Grammar* (3rd edition). London: Arnold, 2004, pp. 24-25.

修辞格[①]涉及语言的语音、词汇、语法等方面，余立三[②]将修辞格大致分为音韵修辞格、词义修辞格和句法修辞格。音韵修辞格包括头韵、拟声等，词义修辞格包括明喻、隐喻、拟人、反语、夸张、委婉语、仿拟等，句法修辞格包括反复、排比、倒装、设问等。王晓军等[③]则将修辞格分为语义和非语义两大类，语义修辞格主要指词义修辞格，非语义修辞格涵盖音韵和句法修辞格。上述音韵、词义、句法分类没有区分语言的层次。我们认为有必要依据语言层次观对其重新归类。

从语言层次看，语言的音系和词汇语法都属于形式层，形式是意义的体现。修辞作为语言形式层的手段，体现了语义层的关联。从组篇机制看，语言的音韵和句法修辞格分别是音系层和词汇语法层的手段，是音系层和词汇语法层语言组篇规律的体现，属于衔接手段。音韵修辞格如头韵、拟声可并入语音语调衔接手段；句法修辞格如反复、排比、设问、对偶、对照、映衬、倒装等则是句法衔接手段。语义修辞格如比喻、比拟、典故、仿拟等涉及与其他语篇或语境之间意义的关联，是语义层的组篇规律，属于互文方式。

综上，语篇功能是语言自身所具有的构建意义的功能，可以说是一种组篇机制，其运作关涉语境以及语言的语义、词汇语法和音系/字系各个层次，由互文、主位、信息和衔接四个子系统组成的组篇系统体现。

---

① 英汉语都有大量修辞格。西方古罗马修辞学家昆提利安提出了 14 种修辞格，见王希杰《二十世纪汉语辞格研究》，《毕节师范高等专科学校学报（综合版）》2005 年第 1 期，第 1—7 页。16 世纪英国修辞学家 Puttenham 区分了 107 种修辞格，见蓝纯《修辞学：理论与实践》，外语教学与研究出版社 2010 年版。Harris 在讲授写作的著作中也论述了 60 种修辞格，见 Harris R. A. *Writing with Clarity and Style*: *A Guide to Rhetorical Devices for Contemporary Writers*. Los Angeles, CA.: Pyrczak, 2003 /New York: Routledge, 2017。汉语修辞学研究中，唐钺研究了 27 种，陈望道论证了四类 38 种，《汉语辞格大全》收录独立辞格 231 个，见唐钺《修辞格》，商务印书馆 1923 年版；陈望道《修辞学发凡》，大江书铺出版社 1932 年版；陈望道《修辞学发凡文史简论》，复旦大学出版社 2015 年版；汪国胜、吴振国、李宇明《汉语辞格大全》，广西教育出版社 1993 年版。鉴于辞格区分过于繁复，本书仅分析常用修辞格。

② 余立三：《英汉修辞比较与翻译》，商务印书馆 1985 年版。

③ 王晓军、孟凡艳、孟庆梅：《英汉非语义辞格对比研究》，上海外语教育出版社 2014 年版；王晓军、孟凡艳、孟庆梅：《英汉语义辞格对比研究》，上海教育出版社 2015 年版。

第三节 互文

互文是一种意义关联，指在语言活动中两个或多个成分之间意义互相阐释、彼此渗透，从而表达一个完整的内容。它将语境中的信息重新编码，融入当前语篇。听者或读者要通过对文化语境和情景语境的互文来解码信息，理解语篇的意义。

中西方学术界对“互文”有不同的解读。西方“互文”研究使用互文性这一概念。互文性由 Kristeva[①] 在 1966 年首先提出，指语篇之间的联系。Fairclough[②] 等提出了不同的理解和划分。互文性概念有狭义和广义之分，狭义互文性指语篇之间形式和内容的重复，广义互文性包括一切形成语篇的语境因素。基于语篇和语境之间的辩证关系，互文性体现的是语篇之间意义的联系。汉语互文研究最早见于中国古代东汉时期，传统汉语研究多认为互文只是一种修辞手法，但也有一些学者[③]关注到互文体现的语篇之间的语义关联。基于互文和互文性都体现语篇之间意义的关联这一现象，二者可整合为一个概念，统称互文。

互文体现语篇及其各成分之间彼此渗透的意义关系，它表现为语篇之间以及内部成分之间意义上的呼应。它是体现语言语篇功能的重要手段之一。互文手段指涉语境，依据其涉及范围，互文可分为语篇间互文和语篇内互文。语篇间互文指语篇之间意义的关联，一般指涉文化语境，包括语篇间具体形式的互文（如引用、抄袭、仿拟、参考），和抽象意义的互文（如典故、原型、话题、暗示、比喻、比拟）。语篇内互文为词、句等语篇成分之间意义的互相阐释，一般指涉情景语境。

---

① ［法］朱莉娅·克里斯蒂娃：《词语、对话和小说》，祝克懿、宋姝锦译，《当代修辞学》2012 年第 4 期，第 33—48 页。

② Fairclough N. *Discourse and Social Change*. Cambridge：Polity Press，1992.

③ 钱钟书：《管锥编》，中华书局 1979 年版/生活·读书·新知三联书店 2007 年版；甘莅豪：《中西互文概念的理论渊源与整合》，《修辞学习》2006 年第 5 期，第 19—22 页；祝克懿：《互文：语篇研究的新论域》，《当代修辞学》2010 年第 5 期，第 1—12 页；刘斐、朱可：《互文考论》，《当代修辞学》2011 年第 3 期，第 19—29 页。

一　语篇间互文

语篇间互文在传统研究中也被称为互文性，以“文本间性”等概念激活了文本的空间结构意识和关系意识，使传统分析中一维、线性组合的语篇结构凸显了其多维、多向度的交互结构功能①。语篇间互文从语篇产生的文化语境研究语篇的意义，有助于语句、话题等的理解。具体形式包括：语篇间具体语句的互文，即在语言形式上有明显体现的互文，比如引用、抄袭、仿拟、参考这类使其他语篇内容切实出现在当前语篇中的手段；抽象意义的互文，指基于文化语境，通过语言成分激活的相关背景信息，如典故、原型、话题、暗示、比喻、比拟等体现的存在于文化语境中的相关知识。

引用是语句等直白的互文形式，可以是直接的引用，也可以是未加申明的借用。比如：

(1) As Shakespeare says, “Every tale has its own metre and beat.” He'll have to wait!

(2) 孔子曰：智者乐水，仁者乐山。寄情山水是中国文人乃至贩夫走卒千年不变的人生乐趣。②

仿拟指出于种种目的而对其他语篇语句进行不同程度上的修改，并赋予其新的意义的一种互文手段。比如：

(3) Twinkle, twinkle, little bat!
How I wonder what you're at!③

(4) 煮豆燃豆萁，萁在釜下泣。我烬你熟了，正好办教席。六月五日。(《华盖集·咬文嚼字［三］》)

---

① 祝克懿：《互文：语篇研究的新论域》，《当代修辞学》2010年第5期，第9页。

② 本章无特殊标注的英汉例句分别选自英国国家语料库（BNC）和北京大学中国语言学研究中心（CCL）现代汉语语料库。

③ Carroll L. *Alice's Adventures in Wonderland and Through the Looking-Glass*. Oxford: Oxford University Press, 2009, p. 63.

例（3）是《爱丽丝漫游奇境记》中爱丽丝演唱的歌词，改编自一首儿歌，这样的模仿既符合故事中的情景，同时通过对文化语境的互文，增强了故事的趣味性。例（4）中“煮豆燃豆萁，萁在釜下泣。我烬你熟了，正好办教席。”一诗通过仿拟曹植的《七步诗》，表达了强烈的讽刺性。

典故、原型、话题及暗示是由共同或相关语言成分引起的语篇和语篇、语篇和文化语境之间意义的关联。比如 Rowling 的系列著作《哈利波特》与经过改编的同名电影剧本之间的关联。但并不是说语篇之间存在相同的成分就一定判断为存在互文关系①。如果语篇的话题互相关联，即使只使用了与话题有关的同义词或者没有重复的成分，也有可能具有互文关系②。也就是说，不能仅仅依靠形式来判断语篇之间是否具有互文关系，意义上的联系才是判定的依据。比如：

（5）As Ibn Fayoud's guests took their seats for dinner, he introduced himself to Kelly with edgy formality. This was not the Romeo she had expected.

（6）为了采访有中国人参加的希腊萨洛尼卡奥运火炬传递活动，记者一行三人不仅连夜驱车 6 个小时赶到该城市，而且在前往火炬传递地点的时候着实经历了一把中国版的《生死时速》。

例（5）中的“Romeo”激发了读者对《罗密欧与朱丽叶》这一著名戏剧的联想，读者通过此联想，可以比较充分地理解 Kelly 此时的微妙心理。如果是不了解这一故事的人，读到此处不会领会到 Kelly 认为对方不符合她对爱人的期盼这一深意。例（6）通过与《生死时速》这一话题的关联，将记者驾车的经历和美国电影《生死时速》联系起来，使读者联想到电影中的惊险刺激，从而对记者一行的曲折经历理解得更为深刻。

比喻和比拟基于文化语境中共有的世界经验，通过事物特征的互文构建相关事物之间意义上的联系。比如：

---

① Lemke J. Intertextuality and Text Semantics// Fries P. H., Gregory M. *Discourse in Society: Functional Perspectives*. Norwood：Ablex，1995，pp. 85-114.

② 朱永生：《功能语言学导论》，上海外语教育出版社 2004 年版，第 6 页。

（7）Marriage is like a journey in a boat. You can not drill a hole in the boat and when water floods in say to your companion，"It's nothing to do with you，the water is coming in on my side of the boat." You must row in the same direction.

（8）弯过松树林眼前一亮，前边碧茵草地上闪出了一圈淡黄色的蘑菇群落，个个打着圆圆的小伞，伞面上水珠滚动。这里地势高，从地平面射来的太阳光线照在蕈罩下面，更显得每只小蘑菇像精灵一般蹦跳，好像都用小嗓子大声喊道："早啊，您早啊！"

例（7）将婚姻比作乘船航行，通过婚姻和航行之间的互文，用航行的经验说明应如何对待婚姻。例（8）用拟人的方式将人的特征赋予蘑菇，使蘑菇和人具有的生命体特征形成互文。蘑菇是植物，本来不会像人一样有各种动作，但这里通过和人类特征的互文，用"闪、打、蹦跳、喊"这些人所特有的动作描绘了清晨雨后蘑菇旺盛的生命力。

综上，语篇间互文手段形成了一个从具体到抽象的连续体。一端是最具体的互文，其形式和意义完全与其他语篇重合，如直接引用。另一端抽象的互文不使用完整的形式，主要依靠相关语言成分提示，激发相关语篇之间或语境之间的关联。

二　语篇内互文

语篇内互文在传统语法中也称互文修辞，指语篇成分之间意义的互相阐释。它用特殊的编码格式，将情景语境中的事件编入语言成分中，是成分意义和情景语境的互文。如果不依照互文解码，而按照一般意义阐释，就会产生和情景语境不符的错误理解。

和衔接不同，语篇内互文体现的意义联系更为紧密，互文成分之间在意义上互相补充、互相拼合，组成完整意义，缺一不可。从语篇语义看，语篇内互文体现了比衔接更密切的语义关联。它体现语篇成分之间合而一体的语义关系，不能简单地将其看作衔接手段。

具有衔接关系的成分之间也存在意义关联，但这种意义关联是某个成分的意义依赖于另一个成分，并不是双方的互相依赖，并且具有衔接关系的成分之间结构上大多没有联系。语篇内互文成分之间不仅意义上互相依存构成一个整体，并且部分语篇内互文形式多表现为对称结构，用简练的词语表达丰富的语义。

语篇内互文包括字词、语句、文本和副文本（如语篇正文词句和注释）之间的意义关系。比如：

(9) I felt it was a time for conversation and confidence.①

(10) Oceans rise, empires fall.②

(11) 其实秀姑娘想去打猎只是个借口，去游山玩水，散散心，才是真意。

(12) 一场场的野电影，使我们对江南大地的夜，有了更大的亲和力。春天在蛙鸣声中听《英雄赞歌》；夏天在凉风中学舌"面包会有的，牛奶会有的"；秋天在稻香里讨论"扫帚大叔"的狡猾；冬天在暗霜中大叫"鬼子进村喽"。这些都会让你感觉到，夜色中的河流阡陌、田陇农舍、远村灯光、天幕群星，竟是那样的醉人！③

例（9）中的"conversation and confidence"并非指"conversation"和"confidence"两件事，而是指"confidential conversation"一件事。两个词语的意义组合表达一个完整意义。例（10）中的"Oceans rise, empires fall"两个小句的意义不能分别解释，而应合并理解为"Oceans and empires rise and fall"，表达了潮水涨落、帝国兴衰的意义。例（11）中"游山玩水"这个四字词语的意义为"游玩山水"。例（12）是多句互文，描述的情景是在春天的蛙鸣声中、夏天的凉风中、秋天的稻香里、冬天的暗霜里，听《英雄赞歌》，学舌"面包会有的，牛奶会有的"，讨论"扫帚大叔"的狡猾，大叫"鬼子进村喽"。

---

① Dickens C. *David Copperfield*. Beijing: Central Compilation & Translation Press, 2014, p. 33.

② Miranda L. *Hamilton*. https://genius.com/Original-broadway-cast-of-hamilton-youll-be-back-lyrics, 2015 (accessed 16/08/2020).

③ 彭瑞高：《世纪末留言散文随笔集》，生活·读书·新知三联书店上海分店1994年版，第153页。

第四节　主位

系统功能语言学认为，语篇由信息组成，一则信息一般情况下对应的是一个小句。也就是说，小句的某些成分被赋予特殊的地位，成为主位，和剩余成分一起构成一则信息①。主位系统是组织各小句人际意义和概念意义的资源，小句作为信息由主位和述位两部分构成②。主述结构在语篇意义组织中具有一定的作用，是语篇的语义配置结构之一。

主位是体现语篇功能的一种重要语言手段，但对其界定和划分学界一直有争论。Halliday③ 提出主位是小句信息的起点，是小句谈论的内容。该定义涉及小句句首经验成分和参与者（或过程）两个标准，因此在主位划分标准上，学界存在不同的看法。Halliday④ 指出主位的划分原则是主位包含并且只包含一个经验成分。与 Halliday 用小句句首经验成分作为主位的划分标准不同，Berry⑤、Martin & Rose⑥、Fawcett⑦ 等认为小句主位的划定应该延续到小句的参与者成分。

---

① Halliday M. A. K. *An Introduction to Functional Grammar*. London: Arnold, 1985; Halliday M. A. K. *An Introduction to Functional Grammar* (2nd edition). London: Arnold, 1994/Beijing: Foreign Language Teaching and Research Press, 2000, p. 37.

② Matthiessen C. M. I. M., Halliday M. A. K. *Systemic Functional Grammar: A First Step into the Theory*. Beijing: Higher Education Press, 2009, p. 65.

③ Halliday M. A. K. *An Introduction to Functional Grammar*. London: Arnold, 1985; Halliday M. A. K. *An Introduction to Functional Grammar* (2nd edition). London: Arnold, 1994/Beijing: Foreign Language Teaching and Research Press, 2000, p. 37.

④ Halliday M. A. K. *An Introduction to Functional Grammar*. London: Arnold, 1985; Halliday M. A. K. *An Introduction to Functional Grammar* (2nd edition). London: Arnold, 1994/Beijing: Foreign Language Teaching and Research Press, 2000, p. 52.

⑤ Berry M. Thematic Options and Success in Writing// Ghadessy M. *Thematic Development in English Texts*. London: Pinter, 1995, pp. 55-84.

⑥ Martin J. R., Rose D. *Working with Discourse: Meaning Beyond the Clause*. London: Continuum, 2003; Martin J. R., Rose D. *Working with Discourse: Meaning Beyond the Clause* (2nd edition). London: Continuum, 2007.

⑦ Fawcett R. P. *The Many Types of "Theme" in English: Their Syntax, Semantics and Discourse Functions*, forthcoming.

小句的起点和谈论内容之间没有必然联系。Downing[①] 明确指出小句信息起点和谈论内容是两个概念，小句信息的起点并不一定是小句谈论的内容，只有当信息起点是参与者角色或过程时，它才是小句谈论的内容。Downing[②] 建议区分主位和话题，话题是语篇关涉内容，而主位则是信息的起点，并且应该用包含多种类型的概念主位（ideational Theme）取代话题主位概念，话题只是和概念主位的一种类型重合。尽管 Downing 对主位和话题作了区分，但其将主位和语篇关涉内容区别开来，而把主位单纯地看作小句信息的起点，这种看法忽视了主位在语篇推进中的作用。

Berry[③] 和 Halliday 的划分不一样。她认为主位是从小句开始至动词之前出现的所有成分[④]。她的分析意味着小句的主位部分可以有不止一个经验成分，如环境角色和参与者等[⑤]。

Martin & Rose[⑥] 提出主位一般是作为主语的参与者及其之前出现的一切成分，出现在主语之前的经验意义成分是标记性主位。

Fawcett[⑦] 提出主位概念涵盖主语主位、标记性参与者角色主位、存在型强势主位等在内的多种类型主位。他认为不能简单地把主位定义为小句信息的出发点，把它描述为所言之事也不足以概括各种类型主位的意义，主位不是一个统一的概念，不同类型的主位服务于不同的语篇目的。

---

① Downing A. An Alternative Approach to Theme: A Systemic - functional Perspective. *Word*, 1991, Vol. 42, No. 2, p. 141.

② Downing A. An Alternative Approach to Theme: A Systemic - functional Perspective. *Word*, 1991, Vol. 42, No. 2, pp. 119-143.

③ Berry M. Thematic Options and Success in Writing// Ghadessy M. *Thematic Development in English Texts*. London: Pinter, 1995, pp. 55-84.

④ Berry M. Thematic Options and Success in Writing// Ghadessy M. *Thematic Development in English Texts*. London: Pinter, 1995, p. 64.

⑤ 黄国文、黄志英：《语篇功能中的复杂主位》，《外语与外语教学》2009 年第 12 期，第 3 页。

⑥ Martin J. R., Rose D. *Working with Discourse: Meaning Beyond the Clause*. London: Continuum, 2003; Martin J. R., Rose D. *Working with Discourse: Meaning Beyond the Clause* (2nd edition). London: Continuum, 2007, pp. 190-191.

⑦ Fawcett R. P. *The Many Types of "Theme" in English: Their Syntax, Semantics and Discourse Functions*, forthcoming.

尽管 Berry①、Martin & Rose②、Fawcett③ 对主位的划分不一，但他们都认为参与者角色成分或主语要纳入主位范畴，主位要兼顾信息起点和谈论内容两个方面。我们认为此观点比较合理。

Halliday④ 将主位划至小句第一个经验成分，这个成分可能是参与者、过程或环境，因此这个经验成分也叫做话题主位。但正如 Downing⑤ 所指出的那样，话题是语篇关涉内容，只有当主位是参与者角色或过程时，它才是话题。

我们认为话题主位必须包括参与者角色或过程类型，并且话题主位应包括充当主语的参与者角色主位。只有将主语参与者角色（或过程）纳入主位，才能更清晰地观察语篇的组织和发展。小句主位包括句首成分至主语参与者角色（或过程）为止的一切成分。

依据小句的不同结构，小句主位可分为简单主位（simple Theme）和多重主位（multiple Theme）。简单主位指主位只含有表达经验意义的结构成分，形式包括词、词组和小句等。多重主位指小句主位由两个和两个以上体现不同功能的结构成分构成。简单主位仅限于话题主位。多重主位总是含有话题主位，还包括语篇主位兼或人际主位。如果多种成分同时出现，它们的出现顺序一般为：语篇主位^人际主位^话题主位；有时也可以是：人际主位^语篇主位^话题主位。其中话题主位可进一步细分为环境角色主位、参与者角色主位、标记性参与者角色主位和过程类型主位。

除简单主位和多重主位两种类型外，黄国文⑥提出重合主位概念，指

① Berry M. Thematic Options and Success in Writing// Ghadessy M. *Thematic Development in English Texts*. London: Pinter, 1995, pp. 55-84.

② Martin J. R., Rose D. *Working with Discourse: Meaning Beyond the Clause*. London: Continuum, 2003; Martin J. R., Rose D. *Working with Discourse: Meaning Beyond the Clause* (2nd edition). London: Continuum, 2007.

③ Fawcett R. P. *The Many Types of "Theme" in English: Their Syntax, Semantics and Discourse Functions*. Forthcoming.

④ Halliday M. A. K. *An Introduction to Functional Grammar*. London: Arnold, 1985; Halliday M. A. K. *An Introduction to Functional Grammar* (2nd edition). London: Arnold, 1994/Beijing: Foreign Language Teaching and Research Press, 2000, p. 52.

⑤ Downing A. An Alternative Approach to Theme: A Systemic - functional Perspective. *Word*, 1991, Vol. 42, No. 2, pp. 119-143.

⑥ 黄国文：《系统功能语法中的重合主位》，《现代外语》2001 年第 2 期，第 111—120 页。

一个主位成分同时体现多种功能的现象。重合主位由单一成分充当，但体现经验意义、人际意义和语篇意义中的两种或全部。综上所述，主位系统在小句层面包括简单主位、多重主位和重合主位。

依据主位的典型与否，主位可分为无标记主位和标记性主位。人们经常使用的小句主位，即经常出现在小句句首的成分是无标记主位，比如只有小句主语作主位的陈述语气小句主位。不太常见的成分出现在小句句首，则是标记性主位，比如陈述语气小句主语前出现的状语或补语（传统语法中的宾语）都是标记性主位，并且根据其出现的频率，补语的主位标记性程度比状语高。

除了小句的主位外，在语篇层面上，还存在段落和语篇的超主位和宏观主位。超主位是段落的引导句或句群，可以预测其后小句的词汇串和主位选择等的互动模式①。宏观主位是语篇中可以预测超主位的句子或句群②。它可以是语篇中的引言段，也包括更高层级的标题、目录、题目等③。

一　主位和语气

小句主位的选择取决于语气类型。每一个基本小句（major clause）④ 都要选择语气⑤。不同语气具有各自典型的体现方式，从而产生不同的无标记主位和标记性主位。小句的语气类型分为直陈语气和祈使语气两大类。其中直陈语气包括陈述和疑问，陈述包括感叹，疑问分为寻求正反和寻求新内容。

---

① Martin J. R. *English Text*: *System and Structure*. Amsterdam: John Benjamins, 1992/Beijing: Peking University Press, 2004, p. 437.

② Martin J. R. *English Text*: *System and Structure*. Amsterdam: John Benjamins, 1992/Beijing: Peking University Press, 2004, p. 437.

③ Martin J. R., Rose D. *Working with Discourse*: *Meaning Beyond the Clause*. London: Continuum, 2003; Martin J. R., Rose D. *Working with Discourse*: *Meaning Beyond the Clause* (2nd edition). London: Continuum, 2007, p. 198.

④ 基本小句相对于非基本小句（minor clause）所言，指具有基本句法成分的小句。

⑤ Halliday M. A. K. *An Introduction to Functional Grammar*. London: Arnold, 1985; Halliday M. A. K. *An Introduction to Functional Grammar* (2nd edition). London: Arnold, 1994/Beijing: Foreign Language Teaching and Research Press, 2000, p. 43.

（一）陈述语气小句主位

陈述语气小句是提供信息的小句，其典型主位类型是小句主语参与者角色主位。比如：

（13）Most students have very little difficulty in learning how to make satisfactory launches.

（14）警察对过往的各种车辆开始进行盘查。

例（13）的主位是“Most students”，例（14）的主位是小句主语“警察”，两句中的主位都是简单主位，都是主语参与者角色主位。

陈述语气小句中，主语之前也可能出现其他经验意义成分，如补语或状语等。依照其标记性程度和表达的参与者角色或环境角色成分，可分为标记性参与者角色主位和环境角色主位。比如：

（15）One red apple I can see.

（16）Each night I watch the television news.

（17）这张照片我母亲一直珍藏在身边。

（18）昨天医生给我输血了。

例（15）的主位包括两部分，一是标记性参与者角色主位“One red apple”，二是无标记参与者角色主位“I”。这两个都是话题主位，只是话题标记性程度有区别。例（16）的主位包括环境角色主位“Each night”和参与者角色主位“I”。例（17）的主位包括标记性参与者角色主位“这张照片”，以及无标记参与者角色主位“我母亲”。例（18）的主位包括环境角色主位“昨天”和参与者角色主位“医生”。

（二）疑问语气小句主位

疑问语气小句用以寻求信息。英汉疑问语气小句结构不同，因此二者的主位有所差别。英语疑问语气小句分为寻求正反语气小句和寻求新内容语气小句；寻求正反语气小句通常是由限定成分+主语构成，主位属于多重主位，包括限定成分充当的人际主位和主语充当的参与者角色主位。比如例（19）的主位是人际主位“Is”和话题主位“John”。

(19) Is John looking after Margaret and Rose?

寻求新内容语气小句的主位由疑问词或疑问词+限定成分+主语构成。比如:

(20) Who smacked you?

(21) Why did Marie go away?

例(20)中的"Who"是小句过程的参与者,体现经验功能,同时也体现寻求信息的人际功能,是兼话题主位和人际主位的重合主位;例(21)中的"Why"是小句过程的环境成分,同样也是重合主位,小句主位是由重合主位"Why"、人际主位"did"和话题主位"Marie"构成的多重主位。

汉语的疑问语气小句可分为寻求正反(包括无侧重寻求正反)和寻求新内容,一般是陈述语气小句的语序,句末有时带有语气词,因此疑问语气小句中的主位和陈述语气小句相同。比如:

(22) 耿莉丽会去吗?

(23) 谁去呢?

(24) 你到底去不去?

疑问语气小句例(22)、例(23)和例(24)的主位都是由小句的主语充当;例(23)对主语参与者角色进行提问,主语由疑问词替代。例(22)中的主位"耿莉丽"是参与者角色主位。例(23)中的"谁"从经验意义看是小句过程的参与者,同时表示疑问,体现人际意义,因此是兼话题主位和人际主位的重合主位。例(24)的主位是参与者角色主位"你"。

(三) 祈使语气小句主位

祈使语气小句表达命令、请求、建议等功能,一般无主语,有主语的情况较少,为标记性用法,有时使用呼语。祈使语气小句中的典型无标记主位是由小句谓体充当的过程类型主位,有主语的祈使语气小句主位是标记性主位。比如：

（25）Let's have a look.

（26）You open the lens cap.

（27）禁止吸烟。

（28）哥，咱们走吧。

例（25）中的“Let's”是英文常见的祈使语气标记，体现人际功能，同时也体现经验功能，是重合主位。例（26）的主位是主语参与者角色主位“You”，因祈使语气小句不常出现主语，主位“You”具有标记性。例（27）没有主语，话题主位由动词“禁止”体现的过程类型充当，是过程类型主位。例（28）中，“哥”是呼语，小句主位包括人际主位和话题主位，呼语“哥”是人际主位，“咱们”是话题主位。

二　小句的类型及其主位

系统功能语言学内部的加的夫语法认为，过程是语义分析的关键。不同于悉尼语法，加的夫语法认为英语复句只存在并列型复句，不存在投射型复句，结构上类似“I think he is right”的英语小句，在加的夫语法看来是单句①。这种强调过程的分类原则同样适用于汉语小句的划分。依据小句中主要过程（major process）的数量，小句可分为单句和复句。判断单复句的标准就是依据其包含的语义情形的数量，即主要过程的数量，只体现一个情形即一个主要过程的小句是单句，存在两个或两个以上主要过程的语句是复句②。英语小句的过程由动词体现，汉语小句的现象较为复杂，过程很难仅仅依据动词进行区分，主要是因为过程也可由性质词组、

① 何伟、苏淼：《从加的夫语法视角看汉语单复句的划分标准》，《北京科技大学学报（社会科学版）》2013年第1期，第3页。

② 何伟、苏淼：《从加的夫语法视角看汉语单复句的划分标准》，《北京科技大学学报（社会科学版）》2013年第1期，第4页。

名词词组、数量词组①、小句等其他语法单位来体现。

简单小句即单句只有一个主要过程，也可以是一个主要过程加上嵌入其中的依赖过程。根据有无嵌入现象，简单小句可进一步分为非嵌入式简单小句和嵌入式简单小句②。非嵌入式简单小句有且仅有一个主要过程③，如上述例（15）至例（28）。嵌入式简单小句除具有一个主要过程外，还存在依赖过程。分析时，此类小句一般作为一个整体来对待，嵌入句不再另外分析。比如：

（29）Instead of stopping them，they shot at our people who were not fighting.

（30）People's self-confidence grows when they achieve more.

（31）只要能达到这个目标，做事的方法可以是多种多样的。

（32）教了一辈子书的梁老太，由衷地感激“时间银行”为他们的婚姻牵线搭桥。

例（29）的主位是“Instead of stopping them，they”。其中嵌入小句“Instead of stopping them”作为状语出现在小句主语参与者前，自动成为小句的环境角色主位，但一般不再对其进行主述结构划分。例（30）的主位是“People's self-confidence”。例（31）的主位是“只要能达到这个目标，做事的方法”。例（32）的主位是“教了一辈子书的梁老太”。

---

① 有关词组的类型，悉尼语法区分了以下几类：名词词组（含形容词词组）、动词词组、副词词组、介词短语、介词词组、连词词组；加的夫语法区分了以下几类：名词词组、性质词组（涉及悉尼语法中的部分形容词词组和部分副词词组）、数量词组（涉及悉尼语法中的部分形容词词组和部分副词词组）、介词词组（相当于悉尼语法中的介词短语）；何伟等区分了以下几类：名词词组、性质词组（与加的夫语法一致）、数量词组（与加的夫语法基本一致）、介词短语（与悉尼语法一致）、介词词组（与悉尼语法一致）、连词词组（与悉尼语法一致）。本书使用的是何伟等的术语，详参何伟、高生文、贾培培、张娇、邱靖娜《汉语功能句法分析》，外语教学与研究出版社2015年版；何伟、张敬源、张娇、贾培培《英语功能句法分析》，外语教学与研究出版社2015年版。

② 何伟、高生文、贾培培、张娇、邱靖娜：《汉语功能句法分析》，外语教学与研究出版社2015年版，第17页。

③ 何伟、高生文、贾培培、张娇、邱靖娜：《汉语功能句法分析》，外语教学与研究出版社2015年版，第17页。

复合小句是由两个及以上处于并列关系的简单小句组成的小句复合体，每个简单小句都需要分析其主述结构。比如：

（33）You told me about it，but I didn't see it.

（34）好多人在说自己孤独，说自己孤独的人其实并不孤独。[①]

例（33）是一个复句，包括两个小句，第一个小句的主位是话题主位“You”，第二个小句的主位是语篇主位“but”和话题主位“I”。例（34）第一个小句的主位是话题主位“好多人”，第二个小句的主位是话题主位“说自己孤独的人”。

三　多重主位

主位是小句信息的起点和关涉的内容，是从句首到主语参与者角色（或过程）为止的一切成分。主位必须包含一个主要经验意义成分，即主语参与者角色（或过程）。主要经验意义成分主位之前还可能出现其他经验意义成分，它们和主要经验意义成分主位一起充当话题主位。话题主位之前也可能出现表达语篇和人际功能的其他成分，它们和该话题主位一起构成多重主位。多重主位由两个及以上具有不同功能的成分构成，如果三种成分都出现，典型的语序是语篇主位^人际主位^话题主位（如含有两个或以上的经验成分，主语参与者角色主位或过程类型主位最后出现）。

语篇主位由接续性成分（continuative）、结构性成分（structural）和连接性成分（conjunctive）依次组合而成[②]。接续性成分指话语标志成分[③]，如“yes、well、oh、嗯、是的”等。结构性成分指必须出现的主位，包括用以建立语义和语法连接的连接词，如“and、neither、because、

① 贾平凹：《自在独行》，长江文艺出版社 2016 年版，第 48 页。

② Halliday M. A. K. *An Introduction to Functional Grammar*. London：Arnold，1985；Halliday M. A. K. *An Introduction to Functional Grammar*（2nd edition）. London：Arnold，1994/Beijing：Foreign Language Teaching and Research Press，2000，p. 53.

③ Halliday M. A. K. *An Introduction to Functional Grammar*. London：Arnold，1985；Halliday M. A. K. *An Introduction to Functional Grammar*（2nd edition）. London：Arnold，1994/Beijing：Foreign Language Teaching and Research Press，2000，p. 53.

even if、虽然、并且”等，和关系词“which、whatever”等，关系词所在的词组或短语也是话题主位①。连接性主位指用来建立小句和之前语篇语义连接关系的成分，如“that is、in fact、然后、接着”等。

人际主位包括呼语如“Mr. Wang、大爷”等，情态成分如“perhaps、sadly、很可惜”等，以及限定成分或wh-疑问成分等语气标记(mood-marking)如“Let's、who、让、谁”等②。

主要经验意义成分主位（即主要话题主位）指充当主语的参与者角色主位或充当主要动词/谓体的过程类型主位。

（35）But unfortunately, something's wrong with the equipment.

（36）但是事实证明孙策的这个选择是正确的。

例（35）和例（36）的主位都是多重主位。例（35）的主位包括语篇主位“But”、人际主位“unfortunately”和话题主位“something”。例（36）的主位包括语篇主位“但是”、人际主位“事实证明”和话题主位“孙策的这个选择”。

四 重合主位

重合主位指一个主位成分同时体现经验意义、人际意义和语篇意义中的两种及以上的现象。

黄国文③认为，英语的主位系统中存在一类除表示经验意义外还能表示人际或语篇意义的主位，即重合主位。他指出由wh-疑问成分充当的重合主位既表示经验意义又表示人际意义，关系从句中的wh-关系成分既表

---

① Halliday M. A. K. *An Introduction to Functional Grammar*. London: Arnold, 1985; Halliday M. A. K. *An Introduction to Functional Grammar* (2nd edition). London: Arnold, 1994/Beijing: Foreign Language Teaching and Research Press, 2000, p. 53.

② Halliday M. A. K. *An Introduction to Functional Grammar*. London: Arnold, 1985; Halliday M. A. K. *An Introduction to Functional Grammar* (2nd edition). London: Arnold, 1994/Beijing: Foreign Language Teaching and Research Press, 2000, pp. 53-54.

③ 黄国文：《系统功能语法中的重合主位》，《现代外语》2001年第2期，第119页。

示经验意义又表示语篇意义。何伟、何丽君[①]进一步指出重合主位还可以同时表示语篇意义、人际意义和经验意义三种意义。

除了wh-成分外，祈使语气的语气标记“Let's”同时表示经验和人际两种意义，因此我们认为它也是重合主位。汉语的重合现象和英语类似，汉语疑问代词如“谁、哪儿、怎样”等和祈使语气标记如“让”等也同时表示经验意义（及物性）和人际意义（疑问语气/祈使语气）。比如上文例（20）和例（23）的重合主位“Who”和“谁”。

（20）Who smacked you?

（23）谁去呢？

五　超主位和宏观主位

主位不仅存在于小句层面，还存在于语篇层面。Daneš[②]认为语篇的主位选择是有一定规律的，语篇中存在超主位，但Daneš的语篇超主位指的是一个小句的主位，这个小句的主位和后面小句的主位相关[③]。超主位仅对其后小句的主位起预示作用，可见Daneš的超主位概念仍然局限在小句之内[④]。Martin[⑤]认为Daneš的超主位也称为段落主位，应该扩展至修辞学研究中的段落主题句，它可以预测其后小句的词汇串和主位选择等互动模式。由此，Martin拓展了Daneš提出的超主位概念，并进一步提出了语篇的宏观主位，建立了小句、段落、语篇三个层级的主位系统。

超主位（hyper-Theme）是段落信息的起点和段落主题内容，是段落的引导句或句群，可以预示其后小句的内容及主位选择。宏观主位

---

① 何伟、何丽君：《英语专业学生写作体裁风格差异研究》，《外语艺术教育研究》2006年第1期，第37—42页。

② Daneš F. Functional Sentence Perspective and the Organization of Text// Daneš F. *Papers on Functional Sentence Perspective*. Prague：Academia，1974，pp. 106-128.

③ Martin J. R. *English Text：System and Structure*. Amsterdam：John Benjamins，1992/Beijing：Peking University Press，2004，p. 437.

④ 张大群：《主位研究述评》，《现代外语》2009年第3期，第261页。

⑤ Martin J. R. *English Text：System and Structure*. Amsterdam：John Benjamins，1992/Beijing：Peking University Press，2004，p. 437.

(macro-Theme) 是语篇中可以预测超主位的句子或句群，以及更高层级的标题、目录等。它可以预测语篇段落的超主位。比如：

(37) The Patron and the Crocus (macro-Theme)

Young men and women beginning to write are generally given the plausible but utterly impractical advice to write what they have to write as shortly as possible, and without other thought in their minds except to say exactly what is in them. Nobody ever adds on these occasions the one thing needful: "and be sure you choose your patron wisely," though that is the gist of the whole matter. For a book is always written for somebody to read, and, since the patron is not merely the paymaster but also in a very subtle and insidious way the instigator and inspirer of what is written, it is of the utmost importance that he should be a desirable man. (macro-Theme)

But who, then, is the desirable man—the patron who will cajole the best out of the writer's brain and bring to birth the most varied and vigorous progeny of which he is capable? Different ages have answered the question differently. (hyper-Theme) The Elizabethans, to speak roughly, chose the aristocracy to write for and the playhouse public. The eighteenth-century patron was a combination of coffee-house wit and Grub Street bookseller. In the nineteenth century the great writers wrote for the half-crown magazines and the leisured classes. And looking back and applauding the splendid results of these different alliances, it all seems enviably simple, and plain as a pikestaff compared with our own predicament—for whom should we write? For the present supply of patrons is of unexampled and bewildering variety. There is the daily Press, the weekly Press, the monthly press; the English public and the American public; the bestseller public and the worst-seller public; the highbrow public and the red-blood public; all now organized self-conscious entities capable through their various mouthpieces of making their needs known and their approval or displeasure felt. Thus the writer who has been moved by the sight of the first crocus in Kensington Gardens has, before he sets pen to paper, to choose from a crowd of competitors the particular patron who suits him best. It is futile to say, "Dismiss them; think only of your crocus," because writing is a method of communication; and the crocus is an imperfect crocus until it has been shared. The first man or the last may write for himself alone, but he is an exception and an unenviable one at that, and the gulls are welcome to his works if the gulls can read them. ①

(38) 说奉承 (宏观主位)

奉承领袖是喊万岁，奉承女人是说漂亮，一般的人，称作同志的，老师的，师傅的，夸他是雷锋，这雷锋就帮你干许多你懒得干的琐碎杂事。人需要奉承，鬼也奠祀着安宁，打麻将不能怨牌臭，论形势今年要比去年好，给牛弹琴，牛都多下奶，渴了望梅，望梅果然止渴。(宏观主位)

每个人少不了有奉承，再是英雄，多么正直，最少他在恋爱时有奉承行为。(超主位) 一首歌词，是写少年追求一个牧羊女的，说："我愿做一只小羊，让你用鞭子轻轻地抽在身上。"现实生活中，我们常常在拥挤的电车上看到有的乘客不慎踩了别的乘客的脚，如果是男人踩了男人的脚那就不得了，是丑女人踩了男人的脚那也不得了，但是个漂亮的女子踩的，被踩的男人反倒客气了：对不起，我把你的脚垫疼了！世上的女人如小贩筐里的桃子，被挑到底，也被卖到完，所以，女人是最多彩的风景，大到开天辟地，产生了人类，发生了战争，小到男人们有了羞耻去盖厕所。女人已敏感于奉承，也习惯了奉承，对女人最大的残酷不是服苦役，坐大牢，而是所有的男人都不去奉承。

对于女人的奉承——我们可以继续说奉承话吧——并不是错误，它发乎于天性，出自于真诚的热爱美好。最多是我们听到那些奉承的话，看到那些奉承的事，背过身去轻轻窃笑。而不能忍受的，浑身要起鸡皮疙瘩，发麻的，是对一些并不发乎于真诚的奉承。（超主

① 胡家峦编：《英美散文名篇详注》，中国人民大学出版社 2009 年版，第 384—385 页。

位）有一位熟人，他不止一次地向我发过牢骚，批评他的领导未在位之前，是不学无术的，“他老婆都瞧不起他，”他说，“连老婆都瞧不起的男人，谁还瞧得起他呢？”可这样的人阴差阳错到了位上，却什么都懂了，任何门科的业务会议上，他都讲话，讲了话你就得记录，贯彻执行！以至于他们同伴之间讥讽，也是“你别精能得像咱领导”，可是，偏是这样的领导，我的那位熟人，在批评与自我批评的会上来奉承了：“我给咱头儿提个意见吧：你太不爱惜自己的身体了！你的身体难道是你个人的吗？不，是大家的，是集体的！”①

六 主位化结构

除了上述基本类型主位外，人们在组织信息时还常常使用一些比较特殊的结构类型，如主位等价结构、谓化主位、主位评价结构等。这些结构是说话人为了确立小句信息的特定起点而调整句子顺序的手段②。

主位等价结构，在传统语法中被称作假拟分裂句或 wh-分裂句，指由多个成分组成的语法单位充当主位的现象，具有强调、排他的作用。比如：

（39）What happened was that the rope they'd put on me suddenly pulled tight.

（40）他所需要的就是时间。

例（39）和例（40）的主位“What happened”和“他所需要的”表达的内容就是后面的述位，主位等于述位。

谓化主位结构，在传统语法中被称为分裂句、强调句。比如：

① 贾平凹：《自在独行》，长江文艺出版社 2016 年版，第 112—113 页。

② Thompson G. *Introducing Functional Grammar*. London：Arnold，1996/Beijing：Foreign Language Teaching and Research Press，2000；Thompson G. *Introducing Functional Grammar*（2nd edition）. London：Hodder Education，2004/Beijing：Foreign Language Teaching and Research Press，2012；Thompson G. *Introducing Functional Grammar*（3rd edition）. London：Routledge，2014，p. 153.

（41） It was guilt that made him do it.

（42） It was at this place last year that Gabellah found the touch with God which has carried him to his present leadership.

英语中，对这一结构的主位划分存在不同的看法。Halliday① 将谓化主位结构分成主位和述位两部分，然后再对主述位各部分进行局部主述位分析。如例（41）小句的主位是“It was guilt”，后面是述位。在主位“It was guilt”中局部主位是“It”，述位“that made him do it”中的局部主位是“that”。黄国文、Fawcett 与 Halliday 的观点有所不同。黄国文②和 Fawcett③ 认为在主位结构中，“it be”是“主位引发语”（thematic build-up），它后面的成分如例（41）的“guilt”是强势主位，这个结构是强势主位结构。

从经验功能看，“it be”只是强调小句及物性结构中的参与者或者环境角色；从人际功能看，表示小句“给予”或“寻求”信息的人际意义④。因此，我们认为这一结构的主位根据其强调的参与者或环境角色的不同，分为两种：当这一结构强调参与者角色时，其主位是“it be+参与者”，如例（41）的主位是“It was guilt”，其中“It was”是“主位引发语”，“guilt”是真正的话题主位；当这一结构强调环境角色时，如例（42），其主位是多重主位“It was at this place last year that Gabellah”，其中“It was at this place last year that”是表达经验意义和人际意义的重合主位，“Gabellah”是话题主位。

汉语中与谓化主位结构功能对应的是传统研究中提及的强调句。比如：

① Halliday M. A. K. *An Introduction to Functional Grammar*. London: Arnold, 1985; Halliday M. A. K. *An Introduction to Functional Grammar* (2nd edition). London: Arnold, 1994/Beijing: Foreign Language Teaching and Research Press, 2000.

② 黄国文：《英语语言问题研究》，中山大学出版社 1999 年版。

③ Fawcett R. P. *The Many Types of "Theme" in English: Their Syntax, Semantics and Discourse Functions*, forthcoming.

④ 何伟、魏银霞：《英语经验型强势主位结构的功能视角研究》，《外语教学》2019 年第 2 期，第 28—43 页。

(43) 正是在这里，马克思和黑格尔的本质差别就开始变得至关重要了。

(44) 正是人们的物质生活的生产方式决定、制约着人们的社会生活、政治生活和精神生活。

例 (43) 和例 (44) 中的强调词“是”体现强调功能。汉语被强调内容可出现在句中任意位置，例 (43) 是以强调成分开头的陈述语气小句，其主位分析和陈述语气小句一样，主位是“正是在这里，马克思和黑格尔的本质差别”。例 (44) 的主位是“正是人们的物质生活的生产方式”。

主位评价结构表示说话人对所述事件的看法和评价，强调说话人的主观判断。比如：

(45) It was clear that the middle-aged farmer was deeply in love.

(46) 更可笑的是，我还在为此激动不已。

在英语主位评价结构的分析上，学界存在一些争议。Halliday & Matthiessen[①] 没有将评价结构从谓化主位中单独分离出来，因此其主位分析和谓化主位结构相同，如例 (45) 的主位是“It was clear”。黄国文[②]和 Fawcett[③] 认为这一结构是强势主位结构的一种类型，即评价型强势主位结构，句中的“It was”是“主位引发语”，“clear”是评价型强势主位。Thompson[④] 将这一结构命名为主位评价结构，并提出两种主位分析方法：第一种分析认为主位评价结构的主位应包括评价内容，如例 (45) 的主位是“It was clear that”；第二种分析认为主位评价结构的主位是多重主

---

① Halliday M. A. K., Matthiessen C. M. I. M. *An Introduction to Functional Grammar* (3rd edition). London: Arnold, 2004; Halliday M. A. K., Matthiessen C. M. I. M. *Halliday's Introduction to Functional Grammar*. London: Routledge, 2014.

② 黄国文：《英语语言问题研究》，中山大学出版社 1999 年版。

③ Fawcett R. P. *The Many Types of "Theme" in English: Their Syntax, Semantics and Discourse Functions*, forthcoming.

④ Thompson G. *Introducing Functional Grammar* (3rd edition). London: Routledge, 2014.

位，前面的评价部分如例（45）的“It was clear that”是人际主位，作为主语的参与者角色成分“the middle-aged farmer”是话题主位，整个小句的主位是个多重主位，即“It was clear that the middle-aged farmer”。

我们认为将主语参与者角色纳入主位的分析方法，即 Thompson① 的第二种方法更为合理些。这种划分方法将主位延伸至主语参与者角色，关涉了小句的主要内容。小句主位是从句首到主语参与者角色为止的一切成分。例（45）的主位是多重主位“It was clear that the middle-aged farmer”。汉语例（46）的分析和陈述语气小句一样，主位包括小句的主语参与者角色，因而其主位是“更可笑的是，我”。

七　主位推进模式

小句的主述结构体现小句信息的组织方式，语篇的发展通过小句主位的一步步选择（即主位推进）而实现。主位推进是语篇中前后句的主位和述位之间发生的某种联系和变化；随着主位的推进，语篇逐步展开，形成一个整体②。主位推进模式体现语篇中信息的流动。

Daneš③ 首先提出主位推进模式理论及其三种主要类型：线性主位推进模式、连续主位推进模式和派生主位推进模式。而后 Fries④ 和 Halliday⑤ 等都对主述结构和语篇发展模式进行了论述。国内学者徐盛桓⑥、黄衍⑦、黄国文⑧、胡壮麟等⑨概括了语篇中常见的主位推进模式。徐盛桓⑩ 概括了四种主位推进模式：平行性的发展、延续性的发展、集中性的发展

① Thompson G. *Introducing Functional Grammar* (3rd edition). London: Routledge, 2014.

② 朱永生：《主位推进模式与语篇分析》，《外语教学与研究》1995 年第 3 期，第 7 页。

③ Daneš F. Functional Sentence Perspective and the Organization of Text// Daneš F. *Papers on Functional Sentence Perspective*. Prague: Academia, 1974, pp. 106-128.

④ Fries P. H. On the Status of Theme in English: Arguments from Discourse. *Forum Linguisticum*, 1981, Vol. 6, No. 1, pp. 1-38.

⑤ Halliday M. A. K. *An Introduction to Functional Grammar*. London: Arnold, 1985;

⑥ 徐盛桓：《主位和述位》，《外语教学与研究》1982 年第 1 期，第 1—9 页。

⑦ 黄衍：《试论英语主位和述位》，《外国语》1985 年第 5 期，第 34—38、20 页。

⑧ 黄国文：《语篇分析概要》，湖南教育出版社 1988 年版。

⑨ 胡壮麟、朱永生、张德禄、李战子：《系统功能语言学概论》（第三版），北京大学出版社 2017 年版。

⑩ 徐盛桓：《主位和述位》，《外语教学与研究》1982 年第 1 期，第 1—9 页。

和交叉性的发展。黄衍[1]描述了七种模式，分别为：各句均以第一句的主位为主位；前一句的述位成为后一句的主位；各句均以第一句的述位为述位；第一句的主位成为第二句的述位，第二句的主位成为第三句的述位；第一、三、五等句的主位相同，第二、四、六等句的主位相同；第一句的述位成为其后各句的主位；各句的主述位无明显联系。黄国文[2]列举了六种主位推进模式：平行型、延续型、集中型、交叉型、并列型、派生型。胡壮麟等[3]归纳了四种常见的主位推进模式：放射型、聚合型、阶梯型和交叉型。

在实际语篇中，为了合理安排信息，避免单调，通常是多种模式共现。为便于比较归纳，此处以黄国文[4]命名的六种推进模式为参照，黄衍[5]描述的七种模式分别对应于平行型、延续型、集中型、交叉型、派生型、并列型和无关型推进模式。胡壮麟等[6]的四种模式大致分别对应平行型、集中型、延续型和交叉型。

综合上述研究，我们认为各句主述位无明显联系的无关型主位推进模式不能算作一种主要类型，语篇中常见的主位推进模式主要有六种，即直线型、平行型、集中型、交叉型、并列型和派生型。

（一）直线型模式，也称延续型，每一个小句主位都和前一句的述位相同或相似，模式如图 9-2 所示。

T1 ⟶ R1=T2 ⟶ R2=T3 ⟶ R3

图 9-2　直线型模式

① 黄衍：《试论英语主位和述位》，《外国语》1985 年第 5 期，第 34—38、20 页。

② 黄国文：《语篇分析概要》，湖南教育出版社 1988 年版。

③ 胡壮麟、朱永生、张德禄、李战子：《系统功能语言学概论》（第三版），北京大学出版社 2017 年版。

④ 黄国文：《语篇分析概要》，湖南教育出版社 1988 年版。

⑤ 黄衍：《试论英语主位和述位》，《外国语》1985 年第 5 期，第 34—38、20 页。

⑥ 胡壮麟、朱永生、张德禄、李战子：《系统功能语言学概论》（第三版），北京大学出版社 2017 年版。

比如：

（47）All animal organisms are related to one another, closely or remotely, and the study of the complex systems of inter - relationship is called systematics. It is essentially a study of the evolutionary process.

（48）秋天里，什么都成熟了；成熟了的东西是受不得用手摸的，一摸就要掉呢。①

例（47）和例（48）中后一个小句的主位都源自前一个小句的述位。

（二）平行型模式，每个小句的主位相同或相似，一组小句一直重复或维持相同主位，模式如图 9-3 所示。

T1 ⟶ R1

T2 ⟶ R2

T3 ⟶ R3

T1=T2=T3

图 9-3　平行型模式

比如：

（49）All births are different; some are short and intense, some are long and exhausting.

（50）当然，一次秦腔演出，是一次演员亮相，也是一次演员受村人评论的考场。②

例（49）和例（50）各小句主位相同，其中例（50）第二个小句的主语和第一个小句的主语"一次秦腔演出"相同，承前省略，因此第二小句的主位省略。

（三）集中型模式，语篇中每个小句的主位不同，但所有小句的述位

① 贾平凹：《自在独行》，长江文艺出版社 2016 年版，第 176 页。

② 贾平凹：《自在独行》，长江文艺出版社 2016 年版，第 168 页。

具有相同或相似的语义关系，模式如图 9-4 所示。

T1 ⟶ R1

T2 ⟶ R2

T3 ⟶ R3

R1=R2=R3

图 9-4 集中型模式

比如：

（51）Mum wore a pretty blue dress and Dad was wearing his best suit. Even wee Jamie looked smart in a new shirt and trousers and a bow tie.

（52）老一辈的能唱，小一辈的能唱，男的能唱，女的能唱。①

例（51）中没有明显一致的述位，但每句述位都有关穿衣打扮，因此也是集中型模式。例（52）各小句的述位相同。

（四）交叉型模式，前一小句主位与后续小句的述位语义相同或相似，模式如图 9-5 所示。

T1 ⟶ R1

T2 ⟶ R2(=T1)

T3 ⟶ R3(=T2)

...

Tn ⟶ Rn(=Tn−1)

图 9-5 交叉型模式

比如：

（53）It doesn't have pockets，but I liked it because of the red buttons.

① 贾平凹：《自在独行》，长江文艺出版社 2016 年版，第 151 页。

（54）战士张福军扭伤脚，赵世民背他到卫生队。

例（53）和例（54）前一个小句的主位出现在后一个小句的述位中，属于交叉型模式。

（五）并列型模式，小句主位和后面间隔一句的小句主位相同或相似，模式如图 9-6 所示。

T1 ⟶ R1

T2 ⟶ R2

T3 ⟶ R3

T4 ⟶ R4

T1=T3

T2=T4

图 9-6　并列型模式

比如：

（55）She was no chaste maiden, but they told me she was virgin pure. She had a limp, and they said it was deliberate, from coyness. She had a bastard, and they told me the child was her little brother.①

（56）前年的今日，我避在客栈里，他们却是走向刑场了；去年的今日，我在炮声中逃在英租界，他们则早已埋在不知那里的地下了。②

例（55）和例（56）一、三小句主位相同或相似，二、四小句主位相同或相似，突出了对比。

（六）派生型模式，后面每个小句的主位都由第一个小句述位的某部分派生而来，模式如图 9-7 所示。

① 宋兆霖编：《世界上最精彩的小说》，华文出版社 2010 年版，第 228 页。

② 鲁迅：《朝花夕拾》，吉林美术出版社 2015 年版，第 178 页。

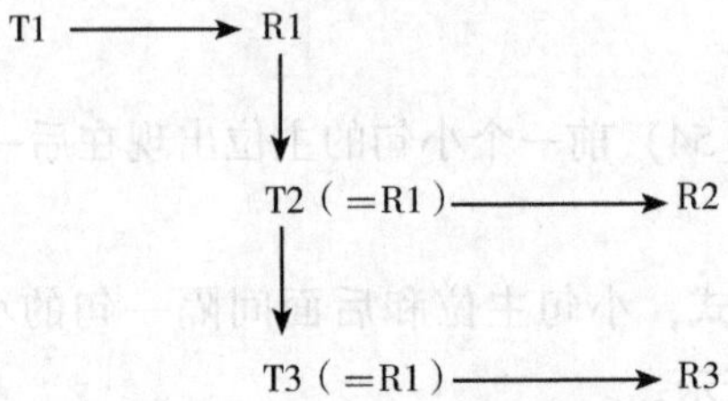

图 9-7 派生型模式

比如：

（57）The research is in three main areas. The first is the comparative sociological analysis of the codification of private law in Europe, paying attention to the contrasting experiences of Germany and France. The second area is a comparison of the legal cultures of common law and codified legal systems with particular reference to the administration of justice and the institutions of legal interpretation and judgement. The third area is a case study of an instance of legal codification in the UK.

（58）经济增长低于7%就会产生很多问题。一个问题是国家财政收支就更加困难；第二个问题是，大部分企业就要亏损。

例（57）和例（58）后面小句的主位都和第一个小句的述位的内容相关，是对第一个小句信息的详释。

第五节 信息

信息作为科学对象来加以研究始于通信领域①。信息论的创始者Shannon将信息定义为随机不确定性的减少，即“信息是用来减少随机不

① 文庭孝、侯经川、汪全莉、刘晓英：《论信息概念的演变及其对信息科学发展的影响——从本体论到信息论再到博弈论》，《情报理论与实践》2009年第3期，第11页。

确定性的东西”[①]。Wiener[②]创立的控制论也涉及信息传递，他认为“信息这个名称的内容就是我们对外界进行调节并使我们的调节为外界所了解时而与外界交换来的东西”。语言学所说的信息同通讯领域的信息定义既有区别也有联系：信息也同消息内容有关，但研究域限于以语言符号作为载体的范围之内[③]。

布拉格学派的 Mathesius 等最早将信息引入语言学研究，探讨句子的信息传递。Mathesius[④]用信息论的观点分析句子结构，他认为句子包含陈述的基础和陈述的核心，即主位和述位。但布拉格学派没有区分信息结构和主述结构。实际上信息结构是从听话人的角度看待小句内容，而主述结构则从说话人的角度看待小句内容，二者是不同的结构。早在 20 世纪 40 年代，国内学者就有新旧信息的区别意识，但没能将这种意识深化为理论[⑤]。吕叔湘[⑥]曾意识到：“由‘熟’而及‘生’是我们说话的一般的趋势。……大多数句子都是施事者是已知的部分，所施事是新知的部分。”随后，赵元任[⑦]、Li & Thompson[⑧]等用“话题—说明”结构研究汉语的信息结构，且多认为位于句首的话题是有定成份，是已知信息。可见话题概念存在和布拉格学派类似的问题，混淆了主述结构和信息结构。

---

① 文庭孝、侯经川、汪全莉、刘晓英：《论信息概念的演变及其对信息科学发展的影响——从本体论到信息论再到博弈论》，《情报理论与实践》2009 年第 3 期，第 11 页。

② ［美］维纳：《人有人的用处控制论和社会》，陈步译，商务印书馆 1978 年版，第 9 页。

③ 徐盛桓：《信息状态研究》，《现代外语》1996 年第 2 期，第 5 页。

④ Mathesius V. *A Functional Analysis of Present Day English on a General Linguistic Basis*. The Hague：Mouton，1975/Beijing：Beijing World Publishing Corporation，2008，p. 81.

⑤ 陆俭明：《从语言信息结构视角重新认识“把”字句》，《语言教学与研究》2016 年第 1 期，第 4 页。

⑥ 吕叔湘：《从主语、宾语的分别谈国语句子的分析》，载《开明书店二十周年纪念文集》，开明书店 1946 年版；载《吕叔湘文集第二卷》，商务印书馆 1990 年版，第 469 页。

⑦ 赵元任：《汉语口语语法》，吕叔湘译，商务印书馆 1979 年版。

⑧ Li C.，Thompson S. Subject and Topic：A New Typology of Languages// Li C. *Subject and Topic*. New York：Academic Press，1976，pp. 457-490；

20世纪70年代，Halliday[①]提出信息结构理论。Halliday从听话人角度分析信息结构，把它看作语篇功能的一种体现方式，由此语言学界开始对信息结构给予高度重视，全面展开了话语信息的相关研究[②]。Halliday[③]认为新内容和已知内容之间的互相影响产生了语言学意义上的信息，信息单位是一种结构，由已知信息和新信息两个成分构成。Prince[④]认为信息可分为已引用信息、未使用信息、可推知信息、包含可推知的信息、有依托的新信息和新信息六种状态。Chafe[⑤]提出信息单位可分为已知信息、可知信息和新信息三部分。徐盛桓[⑥]提出五种信息状态：零位信息（起引导作用）、已知信息、相关信息、已知信息+新信息、新信息。参照Halliday对信息单位的定义——已知信息是已知或可预测的内容，新信息是新的或不可预测的内容——上述其他学者的分类是对信息结构的细分，都可归入已知信息和新信息这两个范畴。综合来看，Halliday的二分法更具有概括性。

信息单位包括已知信息和新信息：已知信息指前文已经提到的，或是情景中出现的，也或者是出于修辞目的而将此信息传达为已知的；新信息指前文没有提到或者强调的、意想不到的信息[⑦]。信息单位通过音高曲线，或者说是声调体现；声调突出的部分是信息焦点；调核凸显确定新信

---

① Halliday M. A. K. Language Structure and Language Function// Lyons J. *New Horizons in Linguistics*. Harmondsworth：Penguin，1970，pp. 140-165// Webster J. J. *On Grammar*. Beijing：Peking University Press，2007，pp. 173-195；Halliday M. A. K. *Language as Social Semiotic*：*The Social Interpretation of Language and Meaning*. London：Arnold，1978.

② 何伟、高生文：《功能句法研究》，外语教学与研究出版社2011年版，第206页。

③ Halliday M. A. K. *An Introduction to Functional Grammar*. London：Arnold，1985；Halliday M. A. K. *An Introduction to Functional Grammar*（2nd edition）. London：Arnold，1994/Beijing：Foreign Language Teaching and Research Press，2000，p. 296.

④ Prince E. Toward a Taxonomy of Given-new Information// Cole P. *Radical Pragmatics*. New York：Academic Press，1981，pp. 236-237.

⑤ Chafe W. *Discourse*，*Consciousness*，*and Time*. Chicago：University of Chicago Press，1994，p. 72.

⑥ 徐盛桓：《信息状态研究》，《现代外语》1996年第2期，第5—12、72页。

⑦ Halliday M. A. K. *An Introduction to Functional Grammar*. London：Arnold，1985；Halliday M. A. K. *An Introduction to Functional Grammar*（2nd edition）. London：Arnold，1994/Beijing：Foreign Language Teaching and Research Press，2000，p. 298.

息的顶点，标明新信息成分的终点[①]。信息结构与前文及语境关系密切，在信息结构中，已知信息可以省略，但新信息不能省略。而判断已知信息和新信息的标准是可恢复性，说话人提供的信息对听话人来说是可恢复的是已知信息，反之则是新信息[②]。

Halliday[③]指出信息单位与任何语法单位都不存在绝对的对应，和它最接近的语法单位是小句，在无标记或缺省情况下，其他条件相同时信息单位和小句一致，其他情况下则不对等。

信息结构和主述结构之间语义关系密切，在无标记情况下，说话人从已知信息中选择主位，把新信息的最高点（即焦点）放在述位中[④]。小句信息量从已知信息发展到新信息，并在信息焦点处达到凸显顶峰。和信息单位的波动不同，主位是说话人选择的信息出发点，是语篇凸显所在。信息单位的凸显顶峰一般在句末，语篇凸显则出现在小句的开始[⑤]。从另一方面看，小句从主位性的极点到述位性的极点是主位性的减弱过程，与此过程互补的是从已知信息到新信息的增强过程，如图 9-8 所示。

尽管关系密切，信息结构和主述结构并不等同[⑥]。主位系统主要描述

---

① Halliday M. A. K. *An Introduction to Functional Grammar*. London: Arnold, 1985; Halliday M. A. K. *An Introduction to Functional Grammar* (2nd edition). London: Arnold, 1994/Beijing: Foreign Language Teaching and Research Press, 2000, p. 296.

② Halliday M. A. K. *An Introduction to Functional Grammar*. London: Arnold, 1985; Halliday M. A. K. *An Introduction to Functional Grammar* (2nd edition). London: Arnold, 1994/Beijing: Foreign Language Teaching and Research Press, 2000, p. 299.

③ Halliday M. A. K. *An Introduction to Functional Grammar*. London: Arnold, 1985; Halliday M. A. K. *An Introduction to Functional Grammar* (2nd edition). London: Arnold, 1994/Beijing: Foreign Language Teaching and Research Press, 2000, p. 295.

④ Halliday M. A. K. *An Introduction to Functional Grammar*. London: Arnold, 1985; Halliday M. A. K. *An Introduction to Functional Grammar* (2nd edition). London: Arnold, 1994/Beijing: Foreign Language Teaching and Research Press, 2000, p. 299.

⑤ Halliday M. A. K., Greaves W. S. *Intonation in the Grammar of English*. London: Equinox, 2008, p. 105.

⑥ Halliday M. A. K. *An Introduction to Functional Grammar*. London: Arnold, 1985; Halliday M. A. K. *An Introduction to Functional Grammar* (2nd edition). London: Arnold, 1994/Beijing: Foreign Language Teaching and Research Press, 2000, p. 299.

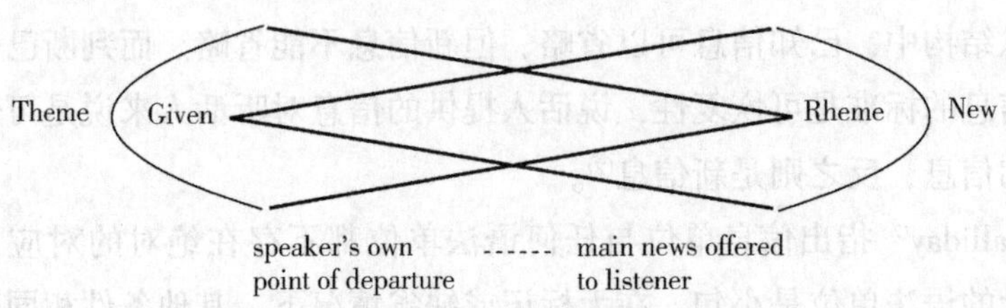

图 9-8 从说话人流向听话人的小句波①

小句如何组织为信息，信息系统是将语篇组织成信息单位的系统②，主要涉及信息单位中新旧信息的分配③。朱永生④从衡量标准、与小句之间的关系、体现形式、出现次序等方面区别了主述结构和信息结构。具体来说，主述结构以说话人为准，在小句中由线性排列顺序体现，主位是说话人选择的话语出发点，主位总是在述位之前。信息结构以听话人为准，由音高曲线即声调体现，包括已知信息和新信息。已知信息是听话人已经了解或可推知的内容，多数情况下出现在新信息之前，有时也可出现在新信息之后，已知信息可以省略但新信息不能省略。

主述结构和信息结构是不同的概念，二者没有绝对的对应关系。在某些场景或语境条件下，说话人也可以把新信息放在句首。和主位必须在述位之前不同，已知信息可以在新信息之前，也可以在新信息之后⑤。比如：

（59）—Are you a bloody German?

—I am Swiss.

（60）—你去哪儿啊？

① Halliday M. A. K., Greaves W. S. *Intonation in the Grammar of English*. London: Equinox, 2008, p. 106.

② Halliday M. A. K., Hasan R. *Cohesion in English*. London: Longman, 1976/Beijing: Foreign Language Teaching and Research Press, 2001, p. 325.

③ Matthiessen C. M. I. M., Teruya K., Lin W. *Key Terms in Systemic Functional Linguistics*. Beijing: Foreign Language Teaching and Research Press, 2016, p. 134.

④ 朱永生：《谈谈英语信息系统》，《现代外语》1986 年第 4 期，第 17—22 页。

⑤ 朱永生：《主位与信息分布》，《外语教学与研究》1990 年第 4 期，第 24 页。

—我去找老张。

(61) (Amiss took out of his pocket the hip-flask that Pooley had thrust upon him as he left.)

—Whisky, that is.

(62) —谁来了?

—贝贝来了!

从例(59)前一句所提供的语境信息可知，第二个小句中的“Swiss”是新信息。例(60)第二个小句中的“找老张”是新信息，信息结构是已知信息+新信息。从例(61)括号中的信息可知，第二个小句中的“Whisky”是新信息，信息结构顺序是新信息+已知信息。例(62)第二个小句中，“贝贝”是新信息，“来了”是已知信息，顺序是新信息+已知信息。

除了上述结构，信息结构还可以是：新信息+已知信息+新信息、已知信息+新信息+已知信息。比如：

(63) —Who kills who, sorry?

—The policeman kills this composer.①

(64) 中午巷中人少，孩子可以隔巷道打羽毛球。②

(65) —He is four years old and will not remember me.

—Four years is very little in a lifetime, dear.

—Four years is very long in his, ma'am.

(66) 人活在世上需要房子，人死了也需要房子。③

根据前句信息，可知例(63)和例(64)中第二个小句的信息结构是新信息+已知信息+新信息。例(65)中最后一个小句的新信息是句中的“very long”，信息结构是已知信息+新信息+已知信息。例(66)中第

① 原文本为“Who kills who, sorry? The policeman kills the, The policeman kills the ser the, this composer”，这里为方便阅读，做出调整。

② 贾平凹：《自在独行》，长江文艺出版社2016年版，第185页。

③ 贾平凹：《自在独行》，长江文艺出版社2016年版，第125页。

二个小句的新信息是句子中间的“死了”。

第六节 衔接

衔接是语义概念，指语篇中存在的意义关系，也正是这些意义关系使语篇成为语篇①。当语篇中某个成分的意义需要依赖于另一个成分来解读时，二者之间就建立了衔接关系②。

体现衔接意义的各种手段涉及语言的词汇语法层和音系层。词汇语法层的衔接手段包括及物性、语气、时态、语态、指称、替代、省略、连接、重复、搭配和部分修辞格（包括反复、排比、对偶、对照、映衬、倒装等）。音系层的衔接手段有轻重音、韵律、节奏等语音语调手段。

一 及物性

胡壮麟③指出语言是分层系统，衔接在不同的层次上都应有所反映，及物性系统表达的经验意义也是衔接意义的一部分。

及物性系统体现语言的经验功能，是对主客观世界经验的反映和划分。语篇是对事件的表述，它“所涉及的客体和时空关系必须如实地反映主客观世界的内部关系”④。语篇中小句的内容必须如实反映主客观世界经验，这样才具有意义，否则即便形式上合乎语法，其语义也前言不搭后语，难以被人理解。

从语篇整体看，及物性对语篇衔接也有贡献，对某一过程选用的相对

---

① Halliday M. A. K.，Hasan R. *Cohesion in English*. London：Longman，1976/Beijing：Foreign Language Teaching and Research Press，2001，p. 4.

② Halliday M. A. K.，Hasan R. *Cohesion in English*. London：Longman，1976/Beijing：Foreign Language Teaching and Research Press，2001，p. 4.

③ 胡壮麟：《语篇的衔接与连贯》，上海外语教育出版社 1994 年版；胡壮麟：《新编语篇的衔接与连贯》，华东师范大学出版社 2018 年版。

④ 胡壮麟：《语篇的衔接与连贯》，上海外语教育出版社 1994 年版；胡壮麟：《新编语篇的衔接与连贯》，华东师范大学出版社 2018 年版，第 38 页。

频率反映语篇的某些特征[①]。胡壮麟[②]指出，一般情况下，语篇中的及物性过程多数是物质过程（本书术语称为动作过程），因为物质世界是第一性的。但及物性过程的相对数量是语篇的特征之一，不同功能的语篇中各种及物性过程的相对数量也不一致。比如产品说明书等说明文体多使用动作过程，在描写人和物的语篇中关系过程使用较多，而在对景物进行描写的游记等文体中常出现存在过程。过程是世界经验的反映和划分，经验不同，一般情况下，过程就不同，不同过程涉及不同性质的参与者和环境角色；但对于相同的经验，说话人也可以选择不同的过程来表达，从而产生不同的组篇效果。比如：

（67）Select the file containing the original document and click on O-K. Reply Yes to the message which asks if you want current styles updated with the new styles of the same name. Click on Close to complete the operation.

例（67）这段说明介绍如何操作电脑的某个程序，多使用动作过程告诉读者应该执行何种操作。这段说明中用 reply 体现的交流过程则反映人机互动的操作特点，同样的经验也可以使用 click 这一动作过程表达，这里用 reply 强调人机互动特点。

（68）沿着荷塘，是一条曲折的小煤屑路。这是一条幽僻的路；白天也少人走，夜晚更加寂寞。[③]

例（68）描绘夜晚荷塘边的小路。这四个小句中，除了第一个小句作为存在过程说明小路的位置外，后面三个小句都是关系过程，描写寂静

---

① 胡壮麟：《有关语篇衔接理论多层次模式的思考》，《外国语》1996 年第 1 期，第 4 页。

② 胡壮麟：《语篇的衔接与连贯》，上海外语教育出版社 1994 年版；胡壮麟：《新编语篇的衔接与连贯》，华东师范大学出版社 2018 年版，第 41 页。

③ 朱自清：《朱自清文集》，大众文艺出版社 2009 年版，第 37 页。

的景色。何伟等[①]对《荷塘月色》节选段落的分析表明，语料中关系过程数量最多，其次是动作过程、心理过程和存在过程。关系过程的凸显表明《荷塘月色》本身注重景物描写的特征。

除过程类型外，小句中的参与者角色和环境角色也体现衔接关系和语篇特征。及物性系统的各个成分形成不同的衔接链，通过相同、相反或相似的语义关系体现整个语篇的衔接关系[②]。并且各个成分之间的关系也能体现语篇的特征，如过程和参与者之间的关系。

（69）Roving across the landscape，the doctor's quick eye detected a figure in black passing through the gate of the field，down towards the pond. He looked again.[③]

例（69）中，第一个限定小句的参与者（感知者）“the doctor's quick eye”和第二个小句的参与者“He”均关涉或指代“the doctor”，感知者从感知器官“the doctor's quick eye”扩大到他整个人“He”，表达感知者关注度的上升。参与者“a figure in black…the field”则是出现的新信息，延展了小句意义，推动了语篇发展。

（70）车子很快进了派出所，不知为什么，三嘎子在下车的时候跌了一跤，村主任和王指导员一前一后扶着他走进了审讯室。

例（70）中，第一个小句的参与者即目的地“派出所”与第四个小句的参与者目的地“审讯室”构成详述的语义关系。“跌了一跤”的行为过程和“扶着他”的动作过程构成因果关系。这段中出现了三个主要人物“村主任”“王指导员”和“三嘎子”，两个过程类型分别描写这三个人物的行为和动作，揭示了“三嘎子”的心虚和“村主任”等人的坚定，

① 何伟、张瑞杰、淡晓红、张帆、魏榕：《汉语功能语义分析》，外语教学与研究出版社2017年版。

② 干丽丽、黄国文：《英语文学原著与简写本易读度研究的功能语言学研究——以〈爱丽丝漫游奇境记〉为例》，《外语电化教学》2017年第2期，第59页。

③ 宋兆霖编：《世界上最精彩的小说》，华文出版社2010年版，第100页。

为小说之后的发展做了铺垫。

二　语气

语言表达的人际意义也具有语篇功能。在前面的章节，我们已经提出人际功能主要由语气系统体现，语势则是语气系统的一个次级系统，因此我们认为语篇的语气也体现衔接关系。

张德禄[①]指出“人际意义的衔接功能一直被忽视”，少有学者研究语气结构的衔接功能。他[②]提出“语言的意义系统由三种意义组成：概念意义、人际意义和谋篇意义。用以组织三种意义的谋篇意义关系都是衔接关系”。也就是说，从语义层面讲，衔接“把概念意义和人际意义组织成连贯的语篇”，衔接关系包括所有种类意义之间的联系，不能把它局限于概念意义的联系上，人际意义也要纳入其范围[③]。

语气是承载人际功能的系统，人际意义的关联也是衔接。语气衔接包括语气类别衔接、语气成分衔接和语势衔接。语气类别衔接指通过语篇中某一类别语气的高频出现来体现语篇的功能和语类，如菜谱、说明书等以祈使语气小句为主的语篇的功能主要是指令性的[④]，上文例（67）所呈现的操作说明就全部由祈使语气体现。全部为陈述语气小句的语篇的主要功能是提供信息，语类多为说明文和叙述文，比如例（71）是对秘密投票方式的介绍，全部由陈述语气提供信息。

（71）秘密投票亦称无记名投票，它与记名投票或以起立、举手、鼓掌等公开表示自己意愿的方法相对立，是指选民不署自己的姓名，亲自书写选票并投入密封票箱的一种投票方法。

语气成分衔接主要是语气成分如主语链等体现的衔接关系。比如例（67）中虽然没有出现主语，但其潜在对象都是操作者。例（71）的主语

① 张德禄：《论语篇连贯》，《外语教学与研究》2000年第2期，第105页。

② 张德禄：《论衔接》，《外国语》2001年第2期，第24页。

③ 张德禄：《论语篇连贯》，《外语教学与研究》2000年第2期，第104页。

④ 张德禄、刘汝山：《语篇连贯与衔接理论的发展及应用》，上海外语教育出版社2003年版，第12页。

是“秘密投票”和代词“它”。

语势是语气系统的次级系统，也具有衔接的功能。语势表达说话人的主观意志，体现语篇的主体视角。语势衔接指语篇中如语势手段重复等语势间相互关联的关系。比如：

（72）But，before we consider any amalgamation with the T & G，we must ensure that our own house is in order. We must ensure that we know in which direction we are going. We must decide how the GMB will cope with dramatic changes that will have，and will take place，in the workplaces that we represent. We must examine in fine detail our own structure.

（73）他可能高智商，也许是个天才，但也可能干着一份卑下的工作。

例（72）重复使用“must”，形成语势衔接，传达一种迫切性，使听众感受到权威声音发出的不容质疑的号召。例（73）通过重复使用“可能”和“也许”，强化各小句的衔接关系，突出说话人对人物相关信息的不确定。

三 时态和语态

针对时态（tense），以往研究（如 Reichenbach①、Comrie②、Declerck③）多依据语言形式进行描写，将时态的本质意义和体现形式揉为一体④。在汉语时态问题上产生了无时（如王力⑤、戴耀晶⑥）与有时

① Reichenbach H. *Elements of Symbolic Logic*. London：Collier-Macmillan，1947.

② Comrie B. *Tense*. Cambridge：Cambridge University Press，1985/1987.

③ Declerck R. *Tense in English*：*Its Structure and Use in Discourse*. London：Routledge，1991.

④ 何伟、张存玉：《系统功能视角下时态的意义系统》，《中国外语》2016 年第 1 期，第 25 页。

⑤ 王力：《中国现代语法》，商务印书馆 1943—1944/1985 年版。

⑥ 戴耀晶：《现代汉语时体系统研究》，浙江教育出版社 1997 年版。

（如吕叔湘[①]、龚千炎[②]、Lin[③]）之争[④]。基于 Halliday & Matthiessen[⑤] 和 Bache[⑥] 提出的时态是过程的时间定位的概念，何伟、张存玉[⑦]认为，时态的界定应从语言功能出发，时态指说话人对过程时间的定位以及在此基础上构建的时间关系。

时态具有经验意义、逻辑意义和人际意义。在此基础上，时态可组织为语篇资源，表达语篇意义，具有语篇功能[⑧]。时态作为衔接手段之一，是语篇功能的一部分[⑨]。在语篇中，时态能构建时间序列关系，依照时间关系连接小句，从而连贯并推进语篇。比如：

（74）At one o'clock she went to lunch feeling more confident about her long-term prospects with the firm. What reason could he give for dismissing her anyway? There was nothing whatsoever the matter with her work! She returned from lunch at ten to two in a happier frame of mind.

（75）终于台上锣鼓停了，大幕拉开，角色出场。[⑩]

---

① 吕叔湘：《中国文法要略》，商务印书馆 1956/2017 年版。

② 龚千炎：《汉语的时相时制时态》，商务印书馆 1995 年版。

③ Lin J. A Tenseless Analysis of Mandarin Chinese Revisited：A Response to Sybesma 2007. *Linguistic Inquiry*，2010，Vol. 41，No. 2，pp. 305-329.

④ 何伟、张存玉：《系统功能视角下时态的意义系统》，《中国外语》2016 年第 1 期，第 25 页。

⑤ Halliday M. A. K.，Matthiessen C. M. I. M. *An Introduction to Functional Grammar*（3rd edition）. London：Arnold，2004.

⑥ Bache C. *English Tense and Aspect in Halliday's Systemic Functional Grammar：A Critical Appraisal and an Alternative*. London：Equinox，2008.

⑦ 何伟、张存玉：《系统功能视角下时态的意义系统》，《中国外语》2016 年第 1 期，第 25—26 页。

⑧ 何伟、张存玉：《系统功能视角下时态的意义系统》，《中国外语》2016 年第 1 期，第 28 页。

⑨ 任绍曾：《英语时态的语篇功能》，《外国语》1995 年第 3 期，第 22—29、80 页；Gledhill C. Colligation and the Cohesive Function of Present and Past Tense in the Scientific Research Article// Banks D. *Les Temps et les Textes de spécialité*. Paris：l'Harmattan，2009，pp. 65-84；贾培培、张敬源：《时态的功能研究》，《北京科技大学学报（社会科学版）》2015 年第 3 期，第 31—37 页；何伟、张存玉：《系统功能视角下时态的意义系统》，《中国外语》2016 年第 1 期，第 25—30 页。

⑩ 贾平凹：《自在独行》，长江文艺出版社 2016 年版，第 167 页。

例（74）是按用餐前后这一时间顺序描述的事件。例（75）中，锣鼓声停，拉开幕布和戏开场之间存在时间上的先后顺序，这些是连续发生的事件，三个小句由时间链联系在一起。

Halliday[①]依据有无施事（agency）将语态（voice）分为中动（middle）和非中动（或施效性［effective］）两类。没有施事的小句是中动语态，比如“The glass broke”；具有施事的小句是施效性语态，如果施事和主语重合，小句是主动语态，比如“The cat broke the glass”；如果中介（medium）和主语重合，小句是被动语态，如“The glass was broken by the cat”[②]。

语态可以调整小句的信息结构，灵活组织小句。英语中主动语态没有明显标记，被动语态用 be 或 get 加过去分词表示，语态的表达式是时态的延伸[③]。汉语语态的研究多集中于对具体句式，如被字句、把字句等的分析上，这些句式具有调整信息、连贯语篇的作用。比如汉语被字句的主题往往与上下文句子的主题互相衔接，形成一个主题链[④]。因此有些语境中，被动语态可以使小句的信息结构与上下文衔接，加强语义连贯性，促进语篇信息表达的流畅性和可接受性[⑤]。比如：

（76）Ships in harbour are safe but that is not what they were built for. They were built for sailing the oceans.

（77）几天后，乔某将这些东西高价卖出，从中获利 2600 元。

---

① Halliday M. A. K. *An Introduction to Functional Grammar*. London：Arnold，1985；Halliday M. A. K. *An Introduction to Functional Grammar*（2nd edition）. London：Arnold，1994/Beijing：Foreign Language Teaching and Research Press，2000，p. 168.

② Halliday M. A. K. *An Introduction to Functional Grammar*. London：Arnold，1985；Halliday M. A. K. *An Introduction to Functional Grammar*（2nd edition）. London：Arnold，1994/Beijing：Foreign Language Teaching and Research Press，2000，pp. 168-169.

③ Halliday M. A. K. *An Introduction to Functional Grammar*. London：Arnold，1985；Halliday M. A. K. *An Introduction to Functional Grammar*（2nd edition）. London：Arnold，1994/Beijing：Foreign Language Teaching and Research Press，2000，p. 199.

④ 范晓：《被字句主语在篇章中与上下文的关系》，《语言研究集刊》2006 年，第 85 页。

⑤ 张威：《语篇结构功能的语态体现：以被动语态为例》，《北京第二外国语学院学报》2013 年第 6 期，第 22 页。

当他喜滋滋地庆幸自己做了一笔好买卖时，却被戴上了锃亮的手铐。他因销赃罪被法院判处有期徒刑 3 年。

例（76）中，最后一个小句采用被动语态，将“they”放在主位，回指前文提到的“ships”，和前两个主动语态小句的主位所指相同，明确语篇的核心话题。例（77）中的后两个小句采用被动语态，使前后小句主位保持一致，从而实现语篇连贯。

四　指称

学界对指称（reference）的探讨始自古希腊 Plato 对命名活动的阐述。从古希腊至今，指称一直是哲学、逻辑学、文学和语言学等领域重点关注并深入探讨的对象[①]。在语言学领域，指称研究涉及语用、心理认知、功能等角度。语用视角的研究主要有 Levinson[②]、Huang[③] 等，他们借用语用学思想和理论，探讨了指称的使用。目前从语用视角展开的研究对指称现象涵盖得还不够全面。Ariel[④]、Hoek[⑤]、许余龙[⑥]等从心理和认知角度研究指称的心理机制，探寻指称形成的心理动因。但因心理因素比较抽象且受其他因素制约，存在较多不确定性，该类解释框架的可行性受到一定程度的影响[⑦]。

Halliday & Hasan[⑧] 从功能视角阐释指称的语篇衔接功能，将研究范围从小句层面提升至语篇层面，对指称研究具有深远影响。他们从语言的组

① 陈平：《语言学的一个核心概念“指称”问题研究》，《当代修辞学》2015 年第 3 期，第 1 页。

② Levinson S. C. Pragmatics and the Grammar of Anaphora. *Journal of Linguistics*, 1987, Vol. 23, No. 2, pp. 379-434.

③ Huang Y. *The Syntax and Pragmatics of Anaphora*. Cambridge: Cambridge University Press, 1994.

④ Ariel M. *Accessing Noun-phrase Antecedents*. London: Routledge, 1990.

⑤ Hoek K. V. Conceptual Reference Points: A Cognitive Grammar Account of Pronominal Anaphora Constraints. *Language*, 1995, Vol. 71, No. 2, pp. 310-340.

⑥ 许余龙：《语篇回指的认知语言学探索》，《外国语》2002 年第 1 期，第 28—37 页。

⑦ 侯建波：《指称语的研究现状与趋势》，《外语教学》2012 年第 3 期，第 45 页。

⑧ Halliday M. A. K., Hasan R. *Cohesion in English*. London: Longman, 1976/Beijing: Foreign Language Teaching and Research Press, 2001.

篇功能出发，将指称的研究范围扩大至语篇层面，赋予指称明确的意义——指称指语篇中的某一成分的意义不能靠自身来表示，而需要参照其他成分来解释[①]。语篇中第二次及随后提及之前的人或事物时不再命名，而是通过人称、指示或比较术语来表示[②]。也就是说，指称可分为人称指称、指示指称和比较指称三种类型[③]。

人称指称指通过人称类别体现的人、物等概念，如"you、they、咱们、他"等。比如例（78）中的"she"和例（79）中的"他"。

（78）Monica is a wee bit overweight. She did slim down a couple of years ago but has piled on the pounds again.

（79）云霖是京都大学的学生，他租的住房在京都大学一院和二院之间的青年胡同里。

指示指称指通过空间或时间的远近体现的指称，如"this、now、那、那时"等。比如例（80）中的"here"和例（81）中的"这时"。

（80）Here is what she typed on the computer：UMMK JK CDZZ.

（81）我走到客房，敲门没人回应，我就用钥匙开门。这时，姚明给我开了门。

比较指称是通过相同或相似性来体现的间接指称，如形容词、副词的比较等级形式和有比较意义的词语。比如：

（82）London's water mains leak 29 per cent（up from 19 per cent

① Halliday M. A. K.，Hasan R. *Cohesion in English*. London：Longman，1976/Beijing：Foreign Language Teaching and Research Press，2001，p. 31.

② Bloor T.，Bloor M. *The Functional Analysis of English*. London：Arnold，1995；Bloor T.，Bloor M. *The Functional Analysis of English*（2nd edition）. London：Arnold，2004；Bloor T.，Bloor M. *The Functional Analysis of English*（3rd edition）. London：Routledge，2013，p. 95.

③ Halliday M. A. K.，Hasan R. *Cohesion in English*. London：Longman，1976/Beijing：Foreign Language Teaching and Research Press，2001，p. 37.

in the mid 1960s)；Birmingham loses a similar amount.

(83) 20岁生日通常都是欢欣喜悦的心情度过，若能以同样的心情吹熄40岁生日蜡烛——他定是个深懂得生命真义的不凡人。

例（82）的“a similar amount”是和上文说的“29 per cent”相近的数值。例（83）中“同样的心情”指的是前文提到的“欢欣喜悦的心情”。

胡壮麟[①]根据指称采用的语言手段，将指称分为人称指称、指示指称、比较指称、词语指称和零式指称。其中，词语指称指通过专有名词或特定语境中的词语表现的指称，零式指称指本该出现的指称词被省略的情况。词语指称和零式指称分别与词汇衔接和省略有重合，此处不再赘述。

依据参照点的位置，指称可分为外指和内指两种。外指意味着参照点在语篇之外，属于情景照应（situational exophora），内指表示参照点在语篇之中，属于语篇内照应（textual endophora）[②]。比如对话中，说话人指着某样事物询问或描述信息，这时指代这一事物的指称词就是外指，它所指的对象是情景中的。内指依据参照点在上下文的位置，分为回指（指向上文）和下指（指向下文）。如上文例（78）和例（79）是回指，人称代词指代上文出现的人物；例（80）中“here”是下指，指向下文的内容。

五　替代和省略

与指称不同，替代和省略是另一种类型的衔接关系。替代是词汇语法层或语言形式上的关系，指称是语义层次上的关系[③]。省略实际上也是替代，可以看作是一种零替代[④]。因此，指称是一种语义关系，读者在上下文中寻找的是它表达的意义；替代和省略是一种语法关系，读者寻找的是

① 胡壮麟：《新编语篇的衔接与连贯》，华东师范大学出版社2018年版。

② Halliday M. A. K.，Hasan R. *Cohesion in English*. London：Longman，1976/Beijing：Foreign Language Teaching and Research Press，2001，p. 33.

③ Halliday M. A. K.，Hasan R. *Cohesion in English*. London：Longman，1976/Beijing：Foreign Language Teaching and Research Press，2001，p. 89.

④ Halliday M. A. K.，Hasan R. *Cohesion in English*. London：Longman，1976/Beijing：Foreign Language Teaching and Research Press，2001，p. 89.

它们所替代、省略的词语①。

替代指用替代项代替语篇中根据上下文可知的某个成分。替代是一种语法关系；根据替代项的语法功能，替代可分为名词性替代、动词性替代和小句性替代②。

英语中常用的名词替代词是“one”。“one”用作替代词时，一般有限定语修饰。比如例（84）中的“one”用来替代“home”，而“one”前有限定成分“another”。

（84）Tracy's lost her home, and she'll never get another one.

汉语中的“的”“者”等具有替代名词的作用。汉语“形容词+的”和英语“形容词+one”表达同样意义③。“的”字短语可以替代名词④。“者”字可以替代被限制的“人”⑤，但这种用法限于书面语⑥。比如例(85)中的“的”替代小花。

(85) 地上有红色，紫色，黄色各种小花。红色的是野春鹃，又名野樱桃，因花落后结实红如樱桃。

英语中可以用“do”来替代动词，汉语常用的动词替代词比英语多。赵元任⑦认为汉语常用的替代动词是“来”。胡壮麟⑧认为“干”字也有

① 黄国文：《语篇分析概要》，湖南教育出版社1988年版。

② Halliday M. A. K., Hasan R. *Cohesion in English*. London: Longman, 1976/Beijing: Foreign Language Teaching and Research Press, 2001, p. 90.

③ 朱德熙：《关于〈说“的”〉》，《中国语文》1966年第1期；载《朱德熙文集第二卷》，商务印书馆1999年版，第136页。

④ 吕叔湘：《汉语语法分析问题》，商务印书馆1979/2005年版，第43页。

⑤ 王力：《中国现代语法》，商务印书馆1943—1944/1985年版，第211页。

⑥ 胡壮麟：《语篇的衔接与连贯》，上海外语教育出版社1994年版；胡壮麟：《新编语篇的衔接与连贯》，华东师范大学出版社2018年版，第84页。

⑦ 赵元任：《汉语口语语法》，吕叔湘译，商务印书馆1979年版，第290页。

⑧ 胡壮麟：《语篇的衔接与连贯》，上海外语教育出版社1994年版；胡壮麟：《新编语篇的衔接与连贯》，华东师范大学出版社2018年版，第85页。

替代功能。朱永生等[1]认为“干”“来”“弄”“搞”可以替代上文出现的动词。

除上述动词，我们认为“做”“打”“办”“整”等泛义动词也可以替代很多动词。汉语中“干”“来”“弄”“搞”“做”“打”“办”“整”等都是动词性替代，这些替代词的使用与口语或方言等语体有关，没有完全语法化。比如：

（86）Well he didn't remember，I did.

（87）“我有针线，让我来。”军人随身带着针线包。“让我钉吧。”山里的姑娘夺过了针线包。

例（86）中的“did”替代“remember”，例（87）中的“来”替代动词“钉”。

小句性替代是用替代词替代整个或大部分小句，比如英语中的“so”“not”等。目前学界对汉语中的小句性替代研究不多，胡壮麟[2]提出“这样、这么”“那样、那么”和含有“然”的否定表达（如“不然”等词语）可替代整个或部分小句。朱永生等[3]提出“这样、不这样、这么、不这么、是、不是、不然、要不”是汉语的小句性替代手段。此外，我们认为“果然”“如此”“否则”也可以替代小句。汉语的小句性替代包括“这样、这么、那样、那么”等“这、那”类短语，肯定或否定命题的“是”“然”类表达，以及否定命题的其他表达如“要不、否则”等。比如：

（88）The expert does not have the power to award interest unless the contract says so.

---

① 朱永生、郑立信、苗兴伟：《英汉语篇衔接手段对比研究》，上海外语教育出版社 2001 年版。

② 胡壮麟：《语篇的衔接与连贯》，上海外语教育出版社 1994 年版；胡壮麟：《新编语篇的衔接与连贯》，华东师范大学出版社 2018 年版。

③ 朱永生、郑立信、苗兴伟：《英汉语篇衔接手段对比研究》，上海外语教育出版社 2001 年版。

(89) 人在高树上会害怕得发抖，猴子也这样吗？

例 (88) 中的 "so" 替代前句内容，例 (89) 中的 "这样" 替代前句中的 "在高树上会害怕得发抖"。

为了避免重复或突出重点或使语篇更紧凑等，语篇中常常会省略一些成分。省略是语篇内的一种关系，多数情况下省略结构的预设存在于上文语篇，偶尔也可以是外指[①]。根据语言的经济原则，省略的成分通常是由上下文可推知的已知信息。王力[②]指出省略可分为两种：第一种是承说的省略，包括主语、目的语等的省略；第二种是习惯的省略，包括替代法省略、称数法省略等。吕叔湘[③]认为省略有两个条件：第一，离开了上下文或情景语境，意思就不清楚，必须添补一定词语意思才清楚；第二，经过添补的话是实际上可以有的，并且添补的词语只有一种可能。比如：

(90) Glad to meet you.

(91) 她总觉得这孙子有一对翅膀，有一天会飞了。[④]

例 (90) 省略的成分 "I am" 是在情景中。例 (91) 中，"有一天会飞了" 这一小句省略了主语，根据前文，可推知省去的主语是前文中的 "孙子"。主语省略也是汉语常见的现象。

和替代一样，省略可分为名词性省略、动词性省略和小句省略，比如例 (92) 和 (93) 就是小句省略，"yes" 后省略小句 "it is reasonable"，"也许" 后省略小句 "她还有救"。

(92) —Is that reasonable at this stage?

—Yes.

(93) 我问过一位中医大夫，要是手术后即请中医调理，妈是否

---

① Halliday M. A. K., Hasan R. *Cohesion in English*. London: Longman, 1976/Beijing: Foreign Language Teaching and Research Press, 2001, p. 144.

② 王力：《中国现代语法》，商务印书馆 1943—1944/1985 年版。

③ 吕叔湘：《汉语语法分析问题》，商务印书馆 1979/2005 年版，第 68 页。

④ 贾平凹：《自在独行》，长江文艺出版社 2016 年版，第 186 页。

还有救？他说，也许。

六　连接

王力[①]很早就论述了连接词的语篇意义，他将连接词称为联结词，指出这些词居于词和词或句和句之间，担任联结的任务。Halliday & Hasan[②]认为，连接表明将要发生的事情是怎样和已发生的事情联系起来的，并将这种语义关系划分为四个范畴：增补、转折、因果和时间。比如：

（94）The number of entries grows every year and they come from all over the world，including Norway.

（95）I couldn't go out to eat because I'd be recognised.

（96）语言非常复杂，可是孩子学会说话却在学习简单得多的算术规则之前。

（97）树后的洼地里，呜哇哇有了唢呐声，一支队伍便走过来了。[③]

例（94）通过“and”的连接，补充新增参赛人员来自何方的信息。例（95）通过“because”引出不能外出的原因。例（96）通过“可是”表达和前句预期相反的情况。例（97）的连接方式是事件的先后顺序，先听到唢呐声，后看到从树后洼地走来的队伍。

在《功能语法导论》中，Halliday[④]进一步指出，一个小句、小句复

① 王力：《中国现代语法》，商务印书馆1943—1944/1985年版，第181页。

② Halliday M. A. K.，Hasan R. *Cohesion in English*. London：Longman，1976/Beijing：Foreign Language Teaching and Research Press，2001.

③ 贾平凹：《自在独行》，长江文艺出版社2016年版，第176页。

④ Halliday M. A. K. *An Introduction to Functional Grammar*. London：Arnold，1985；Halliday M. A. K. *An Introduction to Functional Grammar*（2nd edition）. London：Arnold，1994/Beijing：Foreign Language Teaching and Research Press，2000，p. 310.

合体或更长的语段可通过某种特定的语义关系与下文建立联系，这种抽象的逻辑语义关系就是连接，可区分为阐述（elaboration）、延展（extension）和增强（enhancement）三大类。阐述包括同位阐述和详述，如说明、例证、纠正、证实等。延展包括添加和变化，如肯定、转折、替换、选择等。增强包括时空、方式、原因条件等。有关连接，Halliday 没有提及小句间的投射关系。

在 Halliday 有关连接阐述的基础上，何伟、刘佳欢①基于“意义为中心，形式体现意义”的语言描写原则，指出连接反映说话人对事件间逻辑语义关系的看法，可由显性连接手段即逻辑标记词达成逻辑语义连贯。逻辑标记词可分为四大类：阐述、延展、增强、投射，每一类别又可区分为小的类别。如表 9-1 所示。

表 9-1　　各类逻辑语义关系②

逻辑语义关系		逻辑标记词示例
阐述类	重述	in other words、that is、namely、也就是、即
	解释	in fact、actually、事实上、其中、至少
	例证	for example、such as、（比）如、举例来说
延展类	增加	and、not only…but also…、既……又……
	承接	and then、after、while、然后、一……就……
	对照	instead、rather、but、同样、与其……不如……
	选择	or、both…and…、或许、是……还是……
增强类	因果	because、so、therefore、由于、以至于、从而
	转折	however、but、instead、否则、不然、却
	目的	in order to、so as、so that、为了、使、以（便）
	条件	if、unless、provided that、只要、如果、只有
	方式	as、as if/though、like、如、像、通过、经由
投射类	极性成分	that、whether、if、是否、可否、能否
	重合成分	when、where、who、why、如何、怎样、谁

① 何伟、刘佳欢：《英汉语小句间逻辑语义关系及表征方式对比研究》，《北京科技大学学报（社会科学版）》2019 年第 2 期，第 1—17 页。

② 何伟、刘佳欢：《英汉语小句间逻辑语义关系及表征方式对比研究》，《北京科技大学学报（社会科学版）》2019 年第 2 期，第 1—17 页。

七　修辞

语篇研究和修辞学密不可分，不论是英语还是汉语，语篇研究的源头都可追溯至古代修辞学研究。古希腊和古罗马时期的修辞学主要研究如何有效表达，中国古代的文章学和修辞学也注重语言表达的研究。现代修辞学则具有多元化、多学科发展和古今结合的特点①。尽管修辞学研究领域广泛，但很多学者都指出修辞是对语言材料的选择和有效表达②。

修辞（rhetoric）是依据语境选择合适的语言形式表达主题，形成语义连贯的语篇，它是组篇系统的一部分。在本章第二小节我们依据语言层次，重新归类整合修辞手段，将之融入组篇系统。

从组篇机制看，选词组句等修辞手段与组篇系统的主位等原有手段重合。头韵、拟声等音韵修辞③属于语言的音系系统，是衔接意义在音系层的体现形式。仿拟、引用、典故、比喻、比拟等修辞涉及与其他语篇或语境之间意义的关联，属于互文手段。反复、排比、设问、对偶、对照、映衬、倒装等都是词汇语法层的衔接手段。但部分修辞与衔接手段如语气、指称、省略及重复有重合，比如反复和词汇衔接的重复手段部分重合，在此我们将修辞衔接的反复手段指涉范围限于小句及以上单位。经过梳理和整合，我们认为排比、对偶、对照、映衬、倒装、反复等修辞可归为修辞衔接手段。其中，排比、对偶、对照、映衬是常用的修辞衔接手段。比如：

(98) It was the best of times, it was the worst of times, it was the age of wisdom, it was the age of foolishness, it was the epoch of belief, it was the epoch of incredulity, it was the season of Light, it was the season

---

① 顾曰国：《西方古典修辞学和西方新修辞学》，《外语教学与研究》1990 年第 2 期，第 17 页。

② Steinmann M. *New Rhetoric*. New York: Charles Scribner's Sons, 1967; Brooks C., Warren R. P. *Modern Rhetoric*. New York: Harcourt Brace Jovanovich, 1972；吕叔湘：《我对于"修辞"的看法》，载《修辞和修辞教学》，上海教育出版社 1985 年版，第 1—2 页；张志公：《修辞是一个选择过程》，载《修辞和修辞教学》，上海教育出版社 1985 年版，第 3—8 页；王希杰：《汉语修辞学》，商务印书馆 2004 年版。

③ 此处讨论的修辞指修辞学所称的修辞格。

of Darkness, it was the spring of hope, it was the winter of despair...①

(99) 前年的今日，我避在客栈里，他们却是走向刑场了；去年的今日，我在炮声中逃在英租界，他们则早已埋在不知那里的地下了；今年的今日，我才坐在旧寓里，人们都睡觉了，连我的女人和孩子②。

例（98）采用的是排比和对偶手段。《双城记》开篇这段话运用结构相同的排比句，总述小说所处的时代特征，小句排列整齐，语义明确。每两句之间又形成对偶，对比描述事物的两面性，突出双数在叙述中的中心作用，为整部小说做了铺垫。例（99）采用排比、对照和映衬手段，用"前年的今日""去年的今日""今年的今日"组成排比，通过时间关系把一段段的回忆连成整体。同时使用对照手段描写自己的处境和烈士的遭遇，表达对烈士的深切缅怀。最后采用映衬的手法，用所有人的沉睡衬托独自清醒的寂寥，表达作者无法抑制的悲愤。

倒装指特意颠倒语法或逻辑顺序的修辞手段，又称颠倒或倒文③。根据语篇的主题和情景语境，倒装手法在组织句段时打破常规，能够产生特殊的效果。比如：

(100) He sat at the kitchen table. On the table was that day's newspaper, and the previous day's, neither unfolded.

(101) 荷塘四周，长着许多树，蓊蓊郁郁的。路的一旁，是些杨柳，和一些不知道名字的树。没有月光的晚上，这路上阴森森的，有些怕人。今晚却很好，虽然月光也还是淡淡的。④

例（100）采用倒装将"On the table"放在句首，和上句自然衔接。例（101）将"蓊蓊郁郁的"后置，突出夜晚的阴森和寂静。为了与前文中的小句"没有月光的晚上"衔接，小句"虽然月光也还是淡淡的"也

① Dickens C. *A Tale of Two Cities*. Beijing: Beijing United Publishing, 2015, p. 1.

② 鲁迅：《朝花夕拾》，吉林美术出版社 2015 年版，第 178 页。

③ 汪国胜、吴振国、李宇明：《汉语辞格大全》，广西教育出版社 1993 年版，第 103 页。

④ 朱自清：《朱自清文集》，大众文艺出版社 2009 年版，第 37 页。

采用了倒装手段，起到补充信息的作用。

八　重复和搭配

前文所讨论的指称、替代和省略以及连接都是语法衔接①。说话人还可以通过词汇选择创建另一种类型的衔接，即词汇衔接②。王力较早谈到词汇衔接中承上的现象，Firth③ 的搭配研究也讨论了词汇之间的衔接关系，Halliday 承袭两人的观点，将二者统括于词汇衔接范畴内④。Halliday & Hasan⑤ 指出词汇衔接是语篇通过词汇选择实现的语义关联，分为重复和搭配两类。

重复指词汇以原词、同义词、近义词、上义词或概括词等多种形式在语篇中重复出现。比如：

（102）These days, no one questions the importance of good books for the under-fives. But books that appeal to adults too are just as important; we are, after all, the ones who have to do the reading.

（103）这是一面石刻，我看到的时候，是在绥德古城文化馆的展室里。前几年，碑子就已经破裂成三块。⑥

例（102）中的“books”出现两次，“importance”和“important”出现两次。该例通过词语的重复，突出好书的重要性。例（103）中作者在

① Halliday M. A. K., Hasan R. *Cohesion in English*. London: Longman, 1976/Beijing: Foreign Language Teaching and Research Press, 2001, p. 274.

② Halliday M. A. K. *An Introduction to Functional Grammar*. London: Arnold, 1985; Halliday M. A. K. *An Introduction to Functional Grammar* (2nd edition). London: Arnold, 1994/Beijing: Foreign Language Teaching and Research Press, 2000, p. 330.

③ Firth J. R. Modes of Meaning// *Essays and Studies*. The English Association, 1951// Firth J. R. *Papers in Linguistics* 1934-1951. Oxford: Oxford University Press, 1957, pp. 190-215.

④ 胡壮麟：《语篇的衔接与连贯》，上海外语教育出版社 1994 年版；胡壮麟：《新编语篇的衔接与连贯》，华东师范大学出版社 2018 年版，第 125—126 页。

⑤ Halliday M. A. K., Hasan R. *Cohesion in English*. London: Longman, 1976/Beijing: Foreign Language Teaching and Research Press, 2001.

⑥ 贾平凹：《自在独行》，长江文艺出版社 2016 年版，第 237 页。

前面用“石刻”，后面换用“碑子”，两个词语意义相近，形成呼应。

搭配指相同语境中共现频率高的词汇之间产生的关联现象。比如：

（104）这个冬天里，雪总是下着。[①]

（105）At last the wedding day arrived. Mum wore a pretty blue dress and Dad was wearing his best suit. Even wee Jamie looked smart in a new shirt and trousers and a bow tie. Katy twirled in front of the mirror and smiled and smiled. She thought this was the prettiest dancing dress she had ever seen.

例（104）中冬天和雪存在预期关系，倾向于出现在相似的语境中。这类词汇关系还可以组成衔接链，如例（105）中“wedding day... Mum... Dad... Jamie... Katy”“dress... suit... shirt... trousers... tie... mirror... dancing dress”一连串出现在语段中。

九 语音语调

学界很早就注意到语音语调体现的衔接意义。Halliday[②]从语义角度研究英语语调，区分了五种不同功能的声调。Brazil *et al.*[③]进一步发展 Halliday 的语调模式，研究范围扩至语篇语调，强调了语篇语调的衔接性。胡壮麟[④]在 Halliday & Hasan[⑤]衔接意义研究的基础上，将衔接意义扩大到音系层，提出语音也具有衔接功能，探讨了音系层衔接意义的体现形式。

在汉语研究中，黎锦熙、刘世儒早在 1962 年出版的《汉语语法教材》中论述汉语衔接手段时，提出复句衔接的手段之一是语音衔接手段，

---

① 贾平凹：《自在独行》，长江文艺出版社 2016 年版，第 172 页。

② Halliday M. A. K. *A Course in Spoken English*: *Intonation*. Oxford: Oxford University Press, 1970.

③ Brazil D., Coulthard M., Johns C. *Discourse Intonation and Language Teaching*. London: Longman, 1980.

④ 胡壮麟：《语音系统在英语语篇中的衔接功能》，《外语教学与研究》1993 年第 2 期，第 1—8、80 页。

⑤ Halliday M. A. K., Hasan R. *Cohesion in English*. London: Longman, 1976/Beijing: Foreign Language Teaching and Research Press, 2001.

包括语调衔接和停顿衔接[①]。由于受历史条件所限，有关语调衔接的某些说法不尽准确[②]，但提出语调具有衔接作用这一观点具有重要意义。

语音可以体现语篇的衔接意义。胡壮麟[③]认为语音模式一旦跨越句子界限就具有衔接功能。语音衔接包括轻重音、韵律、节奏、押韵等。比如汉语诗歌讲究平仄和押韵，英语诗歌讲究轻重音和韵律等。语音模式直接与语篇主题相关，对主题起强化、衬托、体现等作用[④]。"语音模式在语音上实现语篇的衔接"，语言的音韵美归根到底是语篇美[⑤]。

语音停顿是语篇的规则特征，两个停顿之间就是一个语调单位（intonation unit）。就四行诗来说，一行诗是一行或一段曲调，这种系统的曲调变化就是语调，一行曲调就是一个语调曲线或声调曲线，这个语音片段就是声调群（tone group）[⑥]。

语调作为音系系统的复合体，包括调群、调核和声调[⑦]。语篇由若干有规律的调群组成，调群的声调选择受语篇制约，声调的选择也可体现某些语篇特征[⑧]。语调是语音表义手段，可以传达多种信息。语调表达语篇意义和人际意义，也具有照应（phoric）功能，可以衔接前面的内容（回

---

① 王卫兵、曹德和：《缅怀前贤贡献试论语音衔接——为纪念汉语语篇学奠基人黎锦熙而作》，《语言与翻译》2011 年第 4 期，第 6 页。

② 王卫兵、曹德和：《缅怀前贤贡献试论语音衔接——为纪念汉语语篇学奠基人黎锦熙而作》，《语言与翻译》2011 年第 4 期，第 7 页。

③ 胡壮麟：《语篇的衔接与连贯》，上海外语教育出版社 1994 年版；胡壮麟：《新编语篇的衔接与连贯》，华东师范大学出版社 2018 年版，第 180 页。

④ 张德禄、刘汝山：《语篇连贯与衔接理论的发展及应用》，上海外语教育出版社 2003 年版，第 13 页。

⑤ 胡壮麟：《语篇的衔接与连贯》，上海外语教育出版社 1994 年版；胡壮麟：《新编语篇的衔接与连贯》，华东师范大学出版社 2018 年版，第 186 页。

⑥ Halliday M. A. K. *An Introduction to Functional Grammar*. London：Arnold，1985；Halliday M. A. K. *An Introduction to Functional Grammar*（2nd edition）. London：Arnold，1994/Beijing：Foreign Language Teaching and Research Press，2000，p. 9.

⑦ Halliday M. A. K. The Tones of English. *Archivum Linguisticum*，1963，Vol. 15. 1，pp. 1-28//Webster J. J. *Studies in English Language*. Beijing：Peking University Press，2007，p. 260.

⑧ 胡壮麟：《语篇的衔接与连贯》，上海外语教育出版社 1994 年版；胡壮麟：《新编语篇的衔接与连贯》，华东师范大学出版社 2018 年版，第 175 页。

指）或后面的内容（下指）①。声调（tones）分为降调、升调、平调、降升调和升降调五种，除了句尾为降调的声调外，其余声调都具有照应性②。比如平调，音系上体现为低升调，表示既非确定也非不确定的语义，具有一定的依赖性和非终结性③。当说话人使用平调时，意味着他话没说完，还要继续，这时听话人不宜打断。升调传递不确定性，表示归一度未知④。当说话人使用升调时，听话人则要做出回复。说话人另有意图时，会故意使用非常规声调，如降升调和升降调，降升调意味着看起来清楚，实际复杂，有时对陈述内容有所保留，有时蕴含试探性意图；升降调则是看起来似乎有疑惑，实际很确定⑤。可见声调的变化蕴含一定的意义，可以反映说话人的真正意图⑥。

第七节 结语

语篇功能是语言本身组织人际意义和概念意义，并与语境发生联系的功能，其表征即组篇系统由互文、主位、信息和衔接四个子系统构成，涉及语言系统之外的语境以及语言系统中的语义、词汇语法和音系/字系各个层次。

互文是语言外现象进入语篇的手段，它体现的意义关联涉及语境。主

① Halliday M. A. K. English Intonation as a Resource for Discourse. *Beiträege zur Phonetik und Linguistik* 48 (*Festschrift in Honour of Arthur Delbridge*). Hamburg: Helmut Buske Publishers, 1985, pp. 111-117// Webster J. J. *Studies in English Language*. Beijing: Peking University Press, 2007, p. 287.

② Halliday M. A. K. English Intonation as a Resource for Discourse. *Beiträege zur Phonetik und Linguistik* 48 (*Festschrift in Honour of Arthur Delbridge*). Hamburg: Helmut Buske Publishers, 1985, pp. 111-117// Webster J. J. *Studies in English Language*. Beijing: Peking University Press, 2007, p. 289.

③ 胡壮麟：《语篇的衔接与连贯》，上海外语教育出版社 1994 年版；胡壮麟：《新编语篇的衔接与连贯》，华东师范大学出版社 2018 年版，第 173 页。

④ Halliday M. A. K. *An Introduction to Functional Grammar*. London: Arnold, 1985; Halliday M. A. K. *An Introduction to Functional Grammar* (2nd edition). London: Arnold, 1994/Beijing: Foreign Language Teaching and Research Press, 2000, p. 302.

⑤ 胡壮麟：《语篇的衔接与连贯》，上海外语教育出版社 1994 年版；胡壮麟：《新编语篇的衔接与连贯》，华东师范大学出版社 2018 年版，第 173 页。

⑥ 胡壮麟：《语篇的衔接与连贯》，上海外语教育出版社 1994 年版；胡壮麟：《新编语篇的衔接与连贯》，华东师范大学出版社 2018 年版，第 175 页。

述结构和信息结构是分别从说话人和听话人角度呈现的语义配置结构。衔接是语篇的意义关系，体现衔接意义的各种手段涉及语言的词汇语法层和音系层。在词汇语法层，及物性、语气、时态和语态资源，以及指称、替代和省略、连接、修辞（部分修辞格）、重复和搭配都是衔接手段。在音系层，衔接手段包括语音语调。

第十章 英汉组篇系统体现形式对比研究

第一节 引言

对比是语言研究的一种重要方法。语言对比研究历史源远流长，在西方，19 世纪德国语言哲学家 Humboldt 最早提出通过比较探索语言与民族精神关系的思想，奠定了对比研究的理论基础①。Jespersen② 在《语法哲学》一书中明确了对比研究思想，他认为应该创立一种新的比较语法，通过多语言的对比，来理解人类语言和思维的本质。Whorf③ 在《语言和逻辑》一文中首先使用了对比研究这一术语，他把对比研究作为比较研究的对立面④，认为对比研究的目的是寻找语言之间的相异。可见，对比研究是对不同语言之间的异同，尤其是相异之处的探讨。

在中国语言学研究中，成书于 1898 年的《马氏文通》最早运用比较的方法研究汉语语法⑤。从现代语言学意义上讲，黎锦熙⑥、王力⑦、吕叔

---

① 潘文国：《汉英对比研究一百年》，《世界汉语教学》2002 年第 1 期，第 60 页。

② Jespersen O. *The Philosophy of Grammar*. London：George Allen & Unwin，1924/Beijing：Beijing World Publishing Corporation，2015.

③ Whorf B. Language and logic. *Technology Review*，1941，Vol. 43，pp. 250－252，266，268，272// Carroll J. *Language*，*Thought and Reality*：*Selected Writings of Benjamin Lee Whorf*. New York：Technology Press of MIT，1956，pp. 233-245.

④ 潘文国：《汉英对比研究一百年》，《世界汉语教学》2002 年第 1 期，第 61 页。

⑤ 潘文国：《汉英对比研究一百年》，《世界汉语教学》2002 年第 1 期，第 63 页。

⑥ 黎锦熙：《新著国语文法》，商务印书馆 1924 年版/湖南教育出版社 2007 年版。

⑦ 王力：《中国现代语法》，商务印书馆 1943—1944/1985 年版。

湘[①]、赵元任[②]等都曾通过英汉对比来研究汉语语法。

本书第八章梳理了胡曙中[③]、连淑能[④]、潘文国[⑤]等涉及英汉谋篇、表达、修辞等和语篇功能相关的对比研究，但多数研究对语篇功能的整体认识和系统描述还有待完善。

本章依据前一章建构的组篇系统框架，结合语言实例从互文方式、主位选择、信息聚焦、衔接手段四个方面进行英汉对比研究，探讨英汉组篇机制的异同。

第二节　英汉互文方式对比

互文是体现语篇功能的重要手段之一。语言在表达意义时，语义和语境存在互动互涉关系。语境中的关联可以通过互文的方式进入语篇，语篇通过互文手段指涉语言外部的语境。

互文是语言单位之间意义的关联。它将语境中的信息重新编码，融入当前语篇，其理解要参照语篇产生的语境，只有明确与语境的互文关系，才能正确解码语篇所传递的信息。依据涉及范围，互文可分为语篇间互文和语篇内互文，分别指涉文化语境和情景语境。语篇间互文指语篇之间意义的关联，包括语篇间具体意义的互文和抽象意义的互文。语篇内互文指字、词、句等语篇成分之间意义的互相阐释。

不论是英语还是汉语，互文都普遍存在于各类语篇。语篇间互文需要从语篇产生的文化语境来阐释，具体包括以下两类：一是语篇间具体语句的互文，指其他语篇内容切实出现在当前语篇中，在语言形式上有明显体现的互文，如引用、仿拟及参考；二是抽象意义的互文，指基于文化语境，通过语言成分激活的相关背景信息，如典故、原型、话题、暗示、比

① 吕叔湘：《中国文法要略》，商务印书馆 1956/2017 年版。

② 赵元任：《汉语口语语法》，吕叔湘译，商务印书馆 1979 年版。

③ 胡曙中：《英汉修辞比较研究》，上海外语教育出版社 1993 年版；胡曙中：《英汉修辞跨文化研究》，青岛出版社 2008 年版。

④ 连淑能：《英汉对比研究》，高等教育出版社 1993 年版；连淑能：《英汉对比研究（增订本）》，高等教育出版社 2010 年版。

⑤ 潘文国：《汉英语对比纲要》，北京语言文化大学出版社 1997 年版；潘文国：《汉英语言对比概论》，商务印书馆 2010 年版。

喻及比拟。

英汉语语篇间具体语句的互文均包括多种类型，既有形式和意义都与其他语篇基本一致的引用，也有形式和意义与其他语篇部分一致的仿拟等。比如：

(1) A rather flippant, but more memorable, definition of normalisation can be given as "the attributes in a relation must depend on the key, the whole key, and nothing but the key".

(2) 许渊冲先生在《朗读者》一书的序言里说，人生最大的乐趣是发现美、创造美，这个乐趣是取之不尽用之不竭的，而美的乐趣来自阅读这些名篇佳作。是的，阅读不仅让人享受美，也是人之所以为文明人的一个根本。①

不论是何种形式的具体互文，实际上都是依托已有的语篇和文化语境，将相关语篇和语境引入当前语篇，用合适的形式表达出来，以达到幽默、对比、增强等特定效果。例（1）为科技语篇片段，通过对法庭常用套语"tell the truth, the whole truth, and nothing but the truth"的模仿，用风趣的语言强调"key"的重要性，从而达到便于读者记忆、使人印象深刻的目的。例（2）通过对《朗读者》序言语句的引用，以引语的方式使当前语篇和其他语篇形成互文，增强表达效果。

英汉语语篇间抽象意义的互文均包括典故、话题、比喻、比拟等多种类型，是由共同或相关语言成分激活的语篇之间，甚至语篇和文化语境之间的意义关联。比如：

(3) Unaware of the sword of Damocles hanging over her, she pursued her own way.

(4) 去见他家人的那一次对她来说比一场鸿门宴都还来的难熬，有什么可投缘的?

---

① 本章无特殊标注的例句选自英国国家语料库（BNC）、北京大学中国语言学研究中心（CCL）现代汉语语料库、北京语言大学 BCC 语料库和国家语委现代汉语平衡语料库。

例（3）和例（4）通过使用特定词语“the sword of Damocles”和“鸿门宴”，激发了语境中的相关典故，使语篇表达寓意深刻。

比喻和比拟也是语篇间互文的手段之一，它们通过对文化语境中世界经验的互文，激活相关知识的联想，从而使所要说明的事物特征更加鲜明突出。

比喻是一事物和另一事物的比较，由本体、喻体和喻词三部分组成。依据不同的喻词或是否使用喻词，比喻分为明喻和隐喻两种常用类型。英语明喻常用喻词为“like”“as”，此外还有“as if”“something of”等都可以表示比喻关系；隐喻常用“is”或不使用喻词。汉语明喻常用喻词有“像”“如”“似”“若”“仿佛”“好比”等；隐喻常用“是”“等于”“成”“为”等喻词，有时也不用喻词。

（5）The glass roofs of the palm house shone as if a whole market full of shiny green umbrellas had opened in the sun. ①

（6）太极就是万物之理的全体，所以这些理也就在我们内部，只是由于我们的气禀所累，这些理未能明白地显示出来。太极在我们内部，就像珍珠在浊水之中。我们必须做的事，就是使珍珠重现光彩。做的方法，朱熹的和程颐的一样，分两方面：一是“致知”，一是“用敬”。

例（5）是一段夏日炎热景象的描述，此段用比喻的手法将玻璃屋顶比作撑开的绿伞，通过屋顶和遮阳伞的互文，既突出了夏日的炎热，同时也暗示了对遮阳和清凉感的渴望。例（6）通过比喻的手段将语句连接起来，比如“太极在我们内部，就像珍珠在浊水之中”两个小句之间就是本体和喻体的关系。此外，用“在浊水中的珍珠”来比喻“在我们内部的太极”，用“使珍珠重现光彩”隐喻“我们必须做的事”，用具体、熟悉的事物说明了抽象、难以理解的概念。

类比也是进行相似比较的修辞，它对不同事物的多个共同点进行比

① 宋兆霖编：《世界上最精彩的小说》，华文出版社2010年版，第58页。

较，使人们从类似事物的联想中明白事理，是一种特殊的比喻[①]。比如：

(7) Competition fighting can perhaps be likened to a game of chess; a player only improves by continually playing against another chess player better than himself.

(8) 资本主义如同水一样：水可以资灌溉，可以便利交通，也可以成灾，要看人怎样对付。

例（7）通过互文的方式即类比将"Competition fighting"和"a game of chess"联系起来，用象棋手如何提高水平的经验来说明搏击手如何提高自己。例（8）通过类比的手段将语句组织在一起，用水的用途和特点来阐述资本主义这一事物，从而将抽象深奥的概念具体化。

比拟也是通过心理联想，将一个事物比作另一个事物来描写。比如：

(9) At that moment the boss noticed that a fly had fallen into his broad inkpot, and was trying feebly but desperately to clamber out again. Help! Help! said those struggling legs.[②]

(10) 她是如此年轻，如此美貌！星星看见她，对她眨眼，煤气灯看见她，闪闪发光，向她挥手！她是多么纤秀又多么健美啊。

例（9）上下句之间采用比拟的手法连接，将"desperately""Help! Help!"这些人的情感和行为赋予苍蝇。例（10）同样使用比拟手法，将"星星""煤气灯"这些无生命的物体当作人来描写，赋予它们人的属性，它们会看、会眨眼、会挥手，连原本无生命的物体都赞叹她的美貌，突出她美丽的程度。

英汉语同样都存在语篇内互文。语篇内互文指单个成分无法表达完整意义，必须和其他成分一起重新编码，共同表达一个完整意思，既包括字词、语句之间的意义关联，也包括文本和副文本（如语篇正文词句和注

① 王晓军、孟凡艳、孟庆梅：《英汉语义辞格对比研究》，上海教育出版社2015年版。

② 宋兆霖编：《世界上最精彩的小说》，华文出版社2010年版，第134页。

释）之间的阐释关系。比如：

（11）The sole employee had been there man and boy until he became fossilized and had to be removed feet first from his station.

（12）The years go by, the moments return,

Do you hear the footsteps in the next room?

...①

例（11）中的“man and boy”意为“从小到大、一辈子”。两个相同词性的词汇通过“and”连接，表达一个完整的意思。英语中很多习语如“far and near”“give and take”等都是此类互文的固定搭配。例（12）诗歌中的“The years go by”和“the moments return”互文，表达光阴流转的意义。再比如：

（13）蔡振华思前想后，决定执教期满回国当教练。

（14）现在，再也没有机会去看野电影了。剧场里有柔软的位子，电影厅里有舒适的空调，可无论氛围多么优雅，我总觉得，那味道不如当年的野电影。②

例（13）中“思前”和“想后”互文，意思是“思想前后”，指反复考虑前因后果。汉语中多数四字成语都是由词语互文形成的固定表达，如“海阔天空”“行尸走肉”“珠光宝气”等。例（14）中“剧场里有柔软的位子，电影厅里有舒适的空调”是语句的互文，意为剧场和电影厅里都有柔软的座位和舒适的空调。

互文应是自然语言中的普遍现象，不过对互文的阐释因语言而有所不同。对于英汉语来讲，因民族和文化之间的差异，对依托于文化语境的互文的解读，两种语言之间应存在不同。比如例（3）和例（4）中的“the sword of Damocles”和“鸿门宴”都有其历史渊源和文化背景，带有

① 马钟元、陈丽敏编：《经典英文诗歌全集》，中国宇航出版社 2015 年版，第 305 页。

② 彭瑞高：《世纪末留言散文随笔集》，生活·读书·新知三联书店上海分店 1994 年版，第 153 页。

浓厚的民族色彩和文化底蕴。这些存在于语境中的文化背景知识是人类认识客观世界的已有经验，同时也是认识新事物的基础，构成人类的认知图式。人类共同的特点决定认知图式的相通性，而不同的文化则形成具有各自特点的图式。

英汉比喻和比拟都是基于事物相似的特征，通过不同事物之间的互文来揭示或突出事物的特征。英汉民族拥有不同的文化，而民族文化恰是比喻的精髓。英汉相同或相异的文化，体现为比喻中相同或相异的喻体。在不同文化中，人们对客观世界具有不同的认识，从而产生不同的联想和互文。想象和互文可将当前事物与记忆或认知中相关的其他事物联系起来。通过超越时空的想象，已有的经验和当前认知发生复合，互相印证，深化对当前事物的理解。英汉比喻和比拟体现出的不同联想正是英汉不同民族文化的精髓。比如：

（15）In fact she was as quiet as a mouse and Ruth hardly knew she was there.

（16）没有人会相信向来“张牙舞爪”的他会安静得像一只温顺的兔子。

例（15）和（16）同样是描述安静，英语用“mouse”作喻体，汉语则用“兔子”。在想到具有安静这一特征的动物时，西方最常联想到老鼠，即这一范畴的典型成员是老鼠，而中国人最容易联想到兔子，兔子的典型性更高。这体现了不同民族对世界经验的不同认识和划分，以及人们对客观事物的不同范畴化和对范畴原型的不同认识。

此外，在语篇内互文的使用频率上英汉语也存在差异。相较而言，汉语语篇内互文的使用频率较高。追溯其渊源，语篇内互文是古汉语诗词重要的组篇方式之一。比如：

（17）主人下马客在船。①

① 白居易：《琵琶行》，载《唐诗精读》，复旦大学出版社 2008 年版，第 234 页。

（18）谈笑有鸿儒，往来无白丁。①

（19）燕赵之收藏，韩魏之经营，齐楚之精英，几世几年，剽掠其人，倚叠如山。②

（20）坎坎伐檀兮，置之河之干兮。河水清且涟猗。不稼不穑，胡取禾三百廛兮？不狩不猎，胡瞻尔庭有县貆兮？彼君子兮，不素餐兮！

坎坎伐辐兮，置之河之侧兮。河水清且直猗。不稼不穑，胡取禾三百亿兮？不狩不猎，胡瞻尔庭有县特兮？彼君子兮，不素食兮！

坎坎伐轮兮，置之河之漘兮。河水清且沦猗。不稼不穑，胡取禾三百囷兮？不狩不猎，胡瞻尔庭有县鹑兮？彼君子兮，不素飧兮！③

例（17）是同一行诗句中存在的互文，该句的意思不是说主人从马上下来，客人在船上，而是主人和客人一起下马登船。更常见的是如例（18）中上下行诗句之间存在的互文，这两行诗句应理解为“谈笑往来有鸿儒，无白丁”。例（19）的诗句中，“燕赵之收藏，韩魏之经营，齐楚之精英”互文，应理解为“燕、赵、韩、魏、齐、楚收藏的金玉，聚敛的财宝，搜求的奇珍”。例（20）是不同段落间的互文，每段开头的“坎坎伐檀兮”“坎坎伐辐兮”“坎坎伐轮兮”中“伐檀”“伐辐”和“伐轮”是互文。檀是一种坚硬的木材，辐指车轮中的直条，这三个小句的互文指当时古人砍伐檀木制作车轮的情景。

受古汉语影响，现代汉语中也存在不少此类现象。沈家煊④指出，汉语至今保持对称组合序列（即语篇内互文）的语言特色，这种对言格式是日常语言的习惯式表达。比如：

（21）于是，飞机接来，软卧送去，星级宾馆，汉满全席；腰包里塞钱，电视里留影。

（22）于是郑涨钱家开始卖东西，今天是橱，明天是箱子，后来

① 刘禹锡：《陋室铭》，载《中华千古名篇赏析》，中央编译出版社2006年版，第439页。

② 杜牧：《阿房宫赋》，载《古文名篇》，中国发展出版社2005年版，第207页。

③ 王秀梅译注：《魏风·伐檀》，载《诗经》，中华书局2016年版，第143页。

④ 沈家煊：《比附“主谓结构”引起的问题》，《外国语》2018年第6期，第14页。

是床！

例（21）是两个小句之间的互文，“飞机接来，软卧送去”是说“来去乘坐飞机或软卧”。互文也可以是多句之间的互文，如例（22），“今天是橱，明天是箱子，后来是床”指的事件是这些天卖橱柜、箱子、床等家具，而不是今天只卖橱柜，明天开始卖箱子。

英语中也存在语篇内互文，但数量不多，一般限于少数固定词语搭配如例（11），以及具有诗性的语言如例（12）。汉语不仅有大量的四字互文成语，而且各种文体和语篇都存在语句之间的互文。因此汉语语篇内互文的使用频率高于英语，比英语更为常见。这种差异也反映了英民族重逻辑、突出中心的思维方式和汉民族重整体、并置对称的思维方式。

第三节　英汉主位选择对比

语言的组篇过程是对信息的排列组合过程。从说话人角度看，组篇是对信息的选择过程，涉及信息选择的先后次序和组合。不同的主位选择会产生不同的语篇效果，选择合适的主位能够使信息排列承前启后，有助于语篇的发展和连贯。

以往不少研究对英语和汉语小句的主述结构进行了对比。如方琰[①]比较了英汉语小句不同语序的主述位结构，发现汉语小句也可按语义划分为主位和述位两个部分。英汉语多数语序类似，但汉语小句，尤其是口语中，经常省略主语，因此与英语相比，汉语小句多省略主位。Liu & Tucker[②]基于广播新闻语料对比分析了英汉语主位选择和主位推进，发现英语语篇中常见多重主位，而汉语语篇中参与者和环境成分充当主位时省略频率比英语高，这些差异是由不同语言的语法结构造成的。这些研究对主位

① 方琰：《试论汉语的主位述位结构——兼与英语的主位述位相比较》，《清华大学学报（哲学社会科学版）》1989年第2期，第66—72页。

② Liu L. J., Tucker G. Thematic Choice and Progression in English and Chinese Radio News Texts: A Systemic Functional Analysis. *Text & Talk*, 2015, Vol. 35, No. 4, pp. 481-504.

的识别依据的是 Halliday① 的界定，主要考虑的是小句信息的起点，而对小句谈论的内容有所忽视，其主位分析往往止于小句第一个经验成分。可以讲，Halliday 的界定没有完全从功能角度出发，而是带有一定的形式性②。因此，以 Halliday 的主位划分标准为参照的相关研究也具有同样的问题，难以充分解释语篇的发展和连贯。我们认为，只有将小句的主语参与者角色（或过程）纳入主位的范围，才能更好地观察语篇的组织和发展。

在上一章，我们将主位定义为小句信息的起点和谈论的内容，提出小句主位包括句首成分至主语参与者角色（或过程）为止的一切成分，话题主位必须包括主语参与者角色或过程类型。主位可分为简单主位、多重主位和重合主位。简单主位只包括话题主位，话题主位可细分为（主语）参与者角色主位、标记性参与者角色主位、环境角色主位和过程类型主位。多重主位除了含有话题主位外，还可能包括语篇主位和人际主位中的一种或全部。重合主位指一个同时体现经验意义、人际意义和语篇意义中的两种及以上的主位。

小句的主位选择和语气相关，语气包括直陈和祈使两大类，直陈语气包括陈述和疑问。根据上一章描述的各种语气小句的主位，可以发现英汉陈述语气小句的无标记主位都是主语参与者角色主位。比如：

（23）Mr Gregory will also perform harpsichord music of the baroque period.

（24）张老师来了。

例（23）小句的主位是参与者角色“Mr Gregory”。例（24）小句的主位是“张老师”，是小句的主语和小句过程的参与者。

英汉祈使语气小句的无标记主位是由体现过程类型的主要动词/谓体

---

① Halliday M. A. K. *An Introduction to Functional Grammar*. London: Arnold, 1985; Halliday M. A. K. *An Introduction to Functional Grammar* (2nd edition). London: Arnold, 1994/Beijing: Foreign Language Teaching and Research Press, 2000.

② 王琦、程晓堂：《语篇中的主位推进与信息参数》，《外语学刊》2004 年第 2 期，第 48 页。

充当的话题主位或"Let's /让结构"充当的重合主位。比如：

(25) Put it inside, firmly wedged.

(26) 记住，别在这里等我。

例（25）的主位是过程类型"Put"。例（26）的主位是过程类型"记住"。

(27) Let's go to bed.

(28) 让他喝凉的吧！

例（27）和例（28）小句的无标记主位"Let's"和"让他"是具有人际功能和经验功能的重合主位。

在疑问语气上，因英汉疑问语气体现形式不同，主位选择具有明显差异。英语疑问语气小句无标记主位包括三种类型：一是由限定成分充当的人际主位和主语充当的话题主位构成的多重主位；二是由疑问词充当的重合主位；三是由疑问词充当的重合主位、限定成分充当的人际主位和主语充当的话题主位构成的多重主位。比如：

(29) Will it achieve its aims?

(30) Who's with him?

(31) When did they bring you to this prison?

例（29）寻求正反语气小句中的限定成分"Will"置于主语之前，因此小句的主位是由人际主位和话题主位构成的多重主位"Will it"。例（30）为寻求新内容语气小句，此句中疑问词用来提问作为主语的参与者角色，因此小句的主位是重合主位"Who"。例（31）中的寻求新内容疑问词用于提问作为状语的环境角色，疑问词"When"表达疑问的同时，也是小句过程的环境成分，因此小句的主位是由重合主位"When"、人际主位"did"和话题主位"they"构成的多重主位。

汉语疑问语气小句语序一般和陈述语气小句相同，因此主位和陈述语气小句相同。比如：

（32）那么，人的能动性是怎样来的呢？

例（32）疑问语气小句按陈述语气小句语序提问，疑问词“怎样”出现在参与者角色“人的能动性”之后，小句的主位是多重主位“那么，人的能动性”。

当疑问词出现在主语前时，主位由人际主位疑问词和话题主位构成。比如：

（33）难道他们不考虑自身利益吗？

例（33）小句的主位是人际主位“难道”和话题主位“他们”。

当对主语提问，疑问词充当主语时，小句主位同时体现经验意义和人际意义，是重合主位。比如：

（34）谁是最可怜的人呢？

例（34）小句中疑问词“谁”对主语提问，体现经验意义和人际意义，小句的主位是重合主位“谁”。

从语言类型看，在 Wh-疑问词是否移到句首的问题上，英语属于必须移位的语言，而汉语则是无需移位的语言[1]。英语疑问语气小句有形式要求，词语顺序需要变换，疑问词一般要放在句首，而汉语疑问语气小句词语顺序不变，疑问词位置多样，可置于句首、句中和句末，因此英汉疑问语气小句主位具有明显差异。

英语疑问语气小句无标记主位包括人际主位+话题主位、重合主位、重合主位+人际主位+话题主位三种类型。其中人际主位是表达疑问的操作词，重合主位是表达人际意义和经验意义的 Wh-疑问词。汉语疑问语

① 刘晓林、王文斌、谭仁山、陈文碧：《历史语言学视野下的英汉语序对比研究》，上海外语教育出版社 2015 年版，第 416 页。

气小句的无标记主位是小句主语或由疑问词充当的主语，主位类型是话题主位或重合主位。汉语疑问词位置多样，当疑问词出现在主语前时，疑问语气小句主位是“人际主位+话题主位”或“重合主位+话题主位”。疑问语气小句中体现人际意义的疑问词有“难道”“岂”“居然”“竟然”“究竟”等，体现人际意义和经验意义的疑问词有“谁”“何”“什么”“哪儿”“怎样”“为什么”等。英汉不同语气的典型无标记主位如表10-1所示：

表10-1 不同语气的典型无标记主位

小句语气	典型无标记主位	
	英语	汉语
陈述	话题主位（参与者角色主位）	话题主位（参与者角色主位）
祈使	话题主位（过程类型主位） 重合主位	话题主位（过程类型主位） 重合主位
疑问	人际主位+话题主位 重合主位 重合主位+人际主位+话题主位	话题主位 重合主位 人际主位+话题主位 重合主位+话题主位

从主位成分上看，英汉小句的话题主位各成分存在标记性程度差异。Li & Thompson[①] 曾对英汉语的类型作了区分，认为英语是主语凸显的语言，汉语是话题凸显的语言。但话题只是表达经验意义的主位，是主位系统中的一种主位类型。基于系统功能语言学的多层次系统分析，Li & Thompson[②] 所提的汉语话题概念对应的话题主位类型有：参与者角色主位；标记性参与者角色主位；环境角色主位；“多重主位”，即多种类型主位的共现[③]。主语对应的是话题主位中的参与者角色主位。基于以上分

① Li C., Thompson S. Subject and Topic: A New Typology of Languages// Li C. *Subject and Topic*. New York: Academic Press, 1976, pp. 457-490; Li C., Thompson S. *Mandarin Chinese: A Functional Reference Grammar*. London: University of California Press, 1981.

② Li C., Thompson S. Subject and Topic: A New Typology of Languages// Li C. *Subject and Topic*. New York: Academic Press, 1976, pp. 457-490; Li C., Thompson S. *Mandarin Chinese: A Functional Reference Grammar*. London: University of California Press, 1981.

③ He W. "Subject-predicate Predicate Sentences" in Modern Mandarin Chinese: A Cardiff Grammar Approach. *Linguistics*, 2017, Vol. 55, No. 4, pp. 948-949.

析，英语的主语凸显意味着参与者角色主位凸显，汉语的话题凸显实际上指小句多种类型话题主位的凸显。此外，汉语除了典型的 VO 语序，OV 型语序也比较常见①。因此补语出现在句首即标记性参与者角色主位的频率比英语高，即标记性低。以陈述语气为例，英汉小句主位成分标记性存在程度差异。比如：

（35）Last night Ian Abbey expected to have 80 people to dinner.

（36）Tea it is.

（37）清晨，阳光刺到了正在酣睡中的儿子的脸上。

（38）这本书我在“文革”中认真读了数遍。

英语例（35）小句的主位是环境角色主位“Last night”和参与者角色主位“Ian Abbey”，其中环境角色主位“Last night”具有标记性。例（36）小句的主位是标记性参与者角色主位“Tea”，以及主语参与者角色主位“it”。汉语例（37）小句的主位包括环境角色主位“清晨”和参与者角色主位“阳光”，其中环境角色主位“清晨”具有较低的标记性。例（38）小句的主位是标记性参与者角色主位“这本书”和主语参与者角色主位“我”。与例（36）相比，该例中的“这本书”的标记性程度较低，这可由汉语为话题凸显的语言来解释。

陈述语气英汉小句主位成分标记性如表 10-2 所示：

表 10-2　　主位标记性

话题主位	标记性	
	英语陈述语气小句	汉语陈述语气小句
参与者角色主位	无	无
环境角色主位	中	低
标记性参与者角色主位	高	低

① 刘晓林、王文斌、谭仁山、陈文碧：《历史语言学视野下的英汉语序对比研究》，上海外语教育出版社 2015 年版，第 417 页。

英汉语中出现主语的祈使语气小句主位都具有标记性，标记性程度同样存在差异。比如：

（39）You be careful!

（40）你开回家吧。

例（39）和例（40）小句的主位都是由主语"You""你"充当的参与者角色主位，是祈使语气小句的标记性主位，但英语祈使语气小句的参与者角色主位标记性高于汉语。

英语小句中标记性参与者角色主位较为少见，这种情况下，一旦句首出现补语，其标记性程度就显得比较高。汉语可以主位化的成分比英语多①。经验成分都可成为小句的出发点，因此除主语外，汉语小句中状语和补语出现在句首即环境角色主位和标记性参与者角色主位的情况也很常见，这种情况下，主位标记性程度就显得比较低。此外，英语小句结构形式严谨，通常都有主语，而汉语小句结构形式灵活，只要上下文意义清楚，主语经常可以省略。因此汉语小句的主位中，主语参与者角色主位经常省略。比如：

（41）The Easton Farm Park is a private working farm and museum, the original farm itself dating from the 1870s, when it was built as a model dairy farm by the Duke of Hamilton. The Victorian buildings display tools and machinery of the period, and redundant breeds of farm animals are preserved here. The farm is open daily during the summer months.

（42）山麓的石壶古寺，始建于明崇帧庚辰年（1640年），1939年兵乱中烧毁，近几年来已由侨胞、本县乡民集资修复。

例（41）这段英语介绍中，第一个小句以主语开头，主位是参与者

① 张今、张克定：《英汉语信息结构对比研究》，河南大学出版社1998/2004年版，第35页。

角色“The Easton Farm Park”。后续小句的主语有的与第一个小句主语所指相同，但没有承前省略，而是使用指称同一事物的不同词语来充当参与者角色主位。而例（42）这段石壶古寺的介绍中只有第一个小句出现主语即参与者角色“石壶古寺”，其余各小句主语均承前省略，后两个小句开头仅出现表示时间的环境角色成分，即主位只出现话题主位中的环境角色主位，参与者角色主位省略。

如上所述，英汉小句的主位化成分存在一定的差异，比如陈述语气小句中主位成分的标记性存在程度差异：英语小句中主语参与者角色常常位于句首，而环境角色主位和标记性参与者角色主位相对较少，分别具有一定的标记性；汉语小句在主语参与者角色前，句首位置还常出现状语或补语，即环境角色主位和标记性参与者角色主位较为常见，其标记性程度都比较低。英汉小句主位化成分的差异和语句排列有关。英汉语隶属不同的语言类型：英语属于典型的 SVO 型，是主语凸显型语言；汉语兼具 SVO 型和 SOV 型的特点，是话题凸显型语言[①]。这反映英语更倾向于图形—背景认知方式，语句排列中环境成分后置；汉语更倾向于背景—图形认知方式，语句排列中环境成分前置。针对汉语标记性参与者角色主位现象，吕叔湘[②]曾指出“提在句头的止词可以作主语看……作者先把他心中认为最重要的一个词提出来做句子的主语，然后把其余的部分按原来的次序说出来”。换言之，英语重逻辑，语句按理性原则排列；汉语重事理和时间顺序，语句按感知机制“自然”排列[③]。综上，在一定程度上可以说，正是由于英汉民族在认知方式和思维方式上存在一定的差异，英汉两种语言在主位的选择上才有一定的不同。

第四节　英汉信息聚焦对比

信息结构是从另外一个角度即听话人角度来看的语篇信息的组织模

① 刘晓林、王文斌、谭仁山、陈文碧：《历史语言学视野下的英汉语序对比研究》，上海外语教育出版社 2015 年版，第 417 页。

② 吕叔湘：《中国文法要略》，商务印书馆 1956/2017 年版，第 169 页。

③ 连淑能：《英汉对比研究》，高等教育出版社 1993 年版；连淑能：《英汉对比研究（增订本）》，高等教育出版社 2010 年版，第 39 页。

式，同主述结构一样也是语篇的语义配置结构。

信息系统由三个子系统组成：信息分布（information distribution）、信息点（information pointing）和信息焦点（information focus）[①]。信息分布指信息单位和小句的关系。信息单位和语法单位没有绝对的对应关系，它可能比小句长或短，但多数情况下，信息单位和小句相对应，这种信息分布属于无标记信息分布，反之则是标记性信息分布。

依据体现信息单位的不同声调，信息点分为单焦点（只有主要的新信息焦点）和双焦点（主要的新信息焦点和次要的新信息焦点）。由简单声调体现的信息单位中，信息点是单焦点，复合声调[②]中则是双焦点，比如// 1 ^ I'm /taking the * /train //，这个简单声调（调 1）中信息焦点是 train，某些情况下需要增加次要新信息比如强调时间，这时需增加次要声调，如// 13 ^ I'm /taking the * /train this * /time //，成为调 13 的复合声调，信息焦点是 train 和 time[③]。

信息焦点是信息单位中声调突出的部分[④]。它是新信息的高峰，由调核凸显（tonic prominence）体现，分为无标记和标记性焦点。信息焦点落在句末实词上时是无标记情况，其他情况则是标记性焦点。

英语中信息单位通过声调体现。一个信息单位对应一个声调单位，但由于它们处于不同的层次，前者是语法单位，而后者是音系单位，二者边界并不完全对应[⑤]。在连续对话中，通常大约 60%的信息单位和小句

① Halliday M. A. K., Greaves W. S. *Intonation in the Grammar of English*. London: Equinox, 2008, pp. 204–205; Matthiessen C. M. I. M., Teruya K., Lin W. *Key Terms in Systemic Functional Linguistics*. Beijing: Foreign Language Teaching and Research Press, 2016, p. 134.

② 复合声调是由表达随附信息的调 3 附着在另一声调的尾部构成。它常出现在小句句末附加语或其他句末成分上。见 Halliday M. A. K. *An Introduction to Functional Grammar*. London: Arnold, 1985; Halliday M. A. K. *An Introduction to Functional Grammar* (2nd edition). London: Arnold, 1994/Beijing: Foreign Language Teaching and Research Press, 2000, p. 303.

③ Halliday M. A. K., Greaves W. S. *Intonation in the Grammar of English*. London: Equinox, 2008, p. 45.

④ Halliday M. A. K. *An Introduction to Functional Grammar*. London: Arnold, 1985; Halliday M. A. K. *An Introduction to Functional Grammar* (2nd edition). London: Arnold, 1994/Beijing: Foreign Language Teaching and Research Press, 2000, p. 296.

⑤ Halliday M. A. K., Greaves W. S. *Intonation in the Grammar of English*. London: Equinox, 2008, p. 99.

对应①。

英语中典型的信息单位和一个小句对应，信息焦点位于小句末端，这是无标记情况。典型的无标记信息单位是最常见的选择，但它的无标记性不是根据频率确定，而是依据不需考虑其他因素时的选择确定②。英语中典型的信息单位如图 10-1 所示：

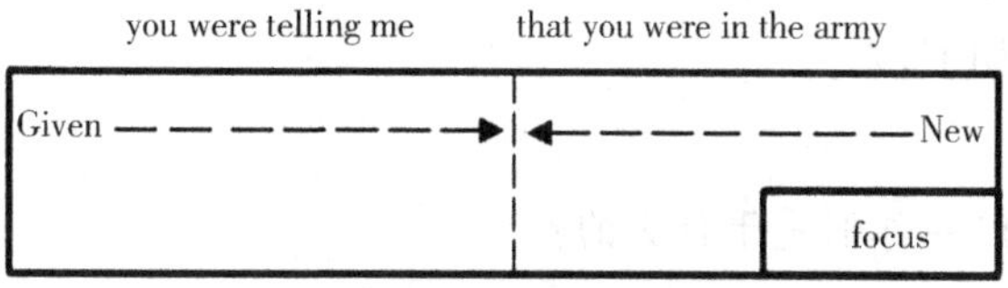

图 10-1　英语中典型的信息单位构成③

信息焦点由音系层的调核凸显体现，通常位于信息单位的末端。但不论焦点是否处于末端，它都是新信息的顶峰，所以尽管还是同一信息单位，但在它后面出现的内容，都标记为已知信息，如图 10-2 所示。

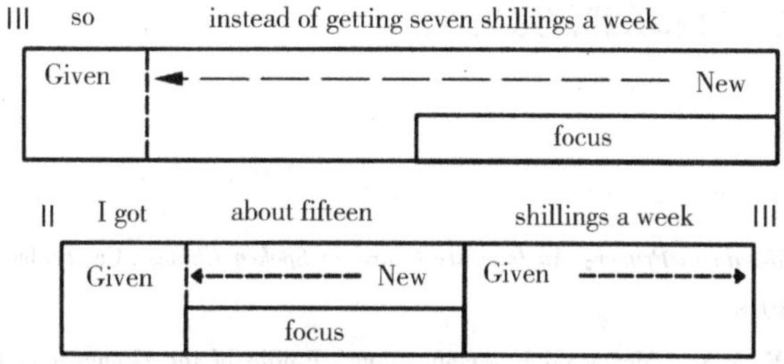

图 10-2　焦点非居于末端的信息单位构成④

① Halliday M. A. K., Greaves W. S. *Intonation in the Grammar of English*. London: Equinox, 2008, p. 101.

② Halliday M. A. K., Greaves W. S. *Intonation in the Grammar of English*. London: Equinox, 2008, p. 108.

③ Halliday M. A. K., Greaves W. S. *Intonation in the Grammar of English*. London: Equinox, 2008, p. 102.

④ Halliday M. A. K., Greaves W. S. *Intonation in the Grammar of English*. London: Equinox, 2008, p. 103.

赵元任[①]很早就指出汉语倾向于将新信息放在小句末尾[②]。汉语信息结构中，小句无标记信息编排遵循从已知信息到新信息的顺序，越靠近句末信息内容越新，焦点倾向位于句末[③]。汉语中的信息单位通过声调体现。调核凸显指示新信息的焦点所在，一般出现在信息单位的末端[④]。汉语每个音节本身都有声调（阴平等四声之一），因此一些重读音节的调核凸显就是最大化相关声调的音高运动[⑤]。汉语典型的信息结构（已知信息+新信息）如下：

（43）—你们是干什么的？
—我们是黄泛区的难民。

例（43）的回答句中，“黄泛区的难民”是新信息，信息结构是已知信息+新信息。

如上所述，英语和汉语信息单位都由声调体现，多数情况下信息单位和小句对应，这也是说话人的首要选择。典型的信息单位结构都是从已知信息到新信息，句末承载信息焦点。

---

① Chao Y. *Mandarin Primer*：*An Intensive Course in Spoken Chinese*. Cambridge，M. A.：Harvard University Press，1948.

② Halliday M. A. K.，McDonald E. Metafunctional Profile of the Grammar of Chinese// Caffarel A.，Martin J. R.，Matthiessen C. M. I. M. *Language Typology*：*A Functional Perspective*. Amsterdam/Philadelphia：John Benjamins，2004，p. 324.

③ 张伯江、方梅：《汉语功能语法研究》，江西教育出版社 1996 年版/商务印书馆 2014 年版；刘丹青：《语法调查研究手册》，上海教育出版社 2008 年版；陆俭明：《重视语言信息结构研究开拓语言研究的新视野》，《当代修辞学》2017 年第 4 期，第 1—17 页。

④ Ho Y. *Aspects of Discourse Structure in Mandarin Chinese*. New York：Edwin Mellen Press，1993；Halliday M. A. K.，McDonald E. Metafunctional Profile of the Grammar of Chinese// Caffarel A.，Martin J. R.，Matthiessen C. M. I. M. *Language Typology*：*A Functional Perspective*. Amsterdam/Philadelphia：John Benjamins，2004，pp. 305-396；Li E. *A Systemic Functional Grammar of Chinese*：*A Text-based Analysis*. London：Continuum，2007.

⑤ Halliday M. A. K.，McDonald E. Metafunctional Profile of the Grammar of Chinese// Caffarel A.，Martin J. R.，Matthiessen C. M. I. M. *Language Typology*：*A Functional Perspective*. Amsterdam/Philadelphia：John Benjamins，2004，p. 325.

信息焦点，即信息单位中新信息的顶峰，由调核凸显体现。张今、张克定[①]对英汉语信息结构进行了对比，提出调核虽然是语言普遍使用的一种聚焦手段，但却不是唯一的手段。聚焦手段有语音、词汇、句型、位置四类，英语以语音聚焦手段为主，汉语以语法（句型）聚焦手段为主。他们对英汉语信息结构的研究比较深入，但没有明确语言层次之间的体现关系。声调是信息单位在音系层的体现形式，调核凸显是信息焦点在音系层的体现。语言具有不同的层次，音系层和词汇语法层之间具有体现关系，语音手段必然是词汇语法形式的体现。语音和词汇语法手段属于不同层次的手段，二者存在于语言的不同层次，层次之间存在体现关系，所以不能说以某种手段为主。汉语每个音节的声调都有别义作用，因此重读的音节（即调核凸显）不一定明显[②]。但这并不能说汉语中多数信息单位不用声调体现，聚焦手段以语法为主。汉语的信息焦点也是由调核凸显体现。位置只是区分新信息是否具有标记性的一种方式，并不是它的聚焦手段。张慧丽、潘海华[③]的实验也证明，位于句末的信息焦点同样依靠调核来体现。因此，英汉聚焦手段应该说大致相同。

在语篇中，英汉语都可以使用一些手段来提示信息焦点，包括上下文语境、大写或特殊标点符号和某些词汇语法形式，比如表示强调、对比、否定、疑问、排他、添加意义的词汇语法形式：

（44）So instead of getting seven shillings a week I got about fifteen shillings a week.[④]

（45）—您说，他们心里是怎么想的？

—他们怎么想，我哪儿知道。

（46）But only the sound of the shower in the distance answered her.

（47）不是早就丢了，是昨天中午才丢的。

---

① 张今、张克定：《英汉语信息结构对比研究》，河南大学出版社 1998/2004 年版。

② 端木三：《重音、信息和语言的分类》，《语言科学》2007 年第 5 期，第 3 页。

③ 张慧丽、潘海华：《汉语句尾信息焦点与重音实现》，《当代语言学》2019 年第 1 期，第 23—42 页。

④ Halliday M. A. K.，Greaves W. S. *Intonation in the Grammar of English*. London：Equinox，2008，p. 103.

例（44）中，第二个信息单位“I got about fifteen shillings a week”中的“about fifteen”和上文“seven”形成对比，是信息焦点。在对话中，疑问成分通常是信息焦点，如例（45）中的“怎么”。在回答中，信息焦点“我哪儿知道”通过与前文“他们”的对比和否定的方式提示。例（46）中的“only”具有排他意义，提示该小句的信息焦点是“the sound of the shower”。例（47）用“是”提示信息焦点“昨天中午”，强调丢失的时间。

需要特别注意的是，这些手段并不能提示所有的信息焦点，并且这些手段提示的信息焦点也是由调核凸显体现。因此，不能忽视调核凸显和信息焦点的关联，而片面地认为可以不依靠语音手段，仅靠语篇、词汇语法手段等其他方式体现信息焦点。

英汉信息结构的不同主要表现在一些功能类似的句型中，如被动句、存在句和强调句，因语序不同，无标记信息焦点的成分或信息焦点标记性存在不同。在英语被动语态和汉语“被”字句中，如果参与者都出现的话，句末无标记信息焦点成分不同。比如，在例（48）中，无标记焦点是“by him”，而在例（49）中，无标记信息焦点是“忽略”。

（48）Many of the dramatic finds on the site have been made by him.

（49）黑色食物中，还有菌类和菇类很容易被我们忽略。

在存在句中，如果存在方和处所都出现的话，英汉小句信息焦点具有不同标记性。比如：

（50）There is a clock on the cooker.

（51）门前有一条公路。

例（50）中，信息焦点“a clock”位于句中，具有标记性。在例（51）中，信息焦点“一条公路”在句末，属于无标记信息焦点。

综上，英汉语的信息单位都由声调体现，无标记信息结构是从已知信息到新信息，信息焦点位于句末。这种从已知到未知、从确定到不确定的信息排列也是语言线性的表现。英汉语表达相同经验的一些小句，典型无标记信息焦点或信息焦点标记性不同。比如上文指出的英汉被动语态，英语被动句的无标记信息焦点是参与者角色，汉语则是过程类型，体现了人们用不同语言表达经验时的不同关注点。对于同样的过程类型，英汉民族关注的焦点不同，抑或在焦点的标记性上存在差异，这说明英汉民族在表达相似经验时呈现出不同的民族心理和不同的认知方式。

第五节　英汉衔接手段对比

语篇由小句等语言单位体现，但这些单位并不是简单地聚在一起组成语篇，而是通过各种意义的关联形成一个连贯的语篇。语篇中不同语句之间的意义关联就是衔接。衔接通过语义层的意义关联，将结构上没有联系的成分连接起来。语篇中不同语句之间的衔接关系体现句际意义的联系，形成纵横交错的谋篇机制。衔接的体现形式涉及语言的各个方面，包括及物性、语气、时态和语态、指称、替代和省略、连接、修辞（部分修辞格）、重复和搭配、语音语调。

一　英汉及物性对比

在上一章我们指出，及物性是衔接手段的一种，及物性系统表达的经验意义也是衔接意义的一部分。不同的过程选择可以产生不同的组篇效果，过程类型及其涉及的参与者角色与环境角色都能体现衔接关系，反映不同的语篇特征。就过程类型的选择来讲，英汉语在语体上大致相同，但在其他方面比如参与者的显现与否上存在一定的区别。

在形式上，英汉及物性系统存在显性施受和隐性施受的差别。在意义连贯的情况下，汉语小句中的主语常常省略，因此汉语及物性系统中隐性参与者角色比英语多。比如：

（52）“Yes, I'm afraid he is,” said Willi gloomily. He stared down at the Hoflin farm, then clumped back to the car. “Get in,” he said.

（53）（这时，一个大孩子与一个小孩子为争吃一块窝头打了起来，）他走到大的面前，夺下他手中的窝头，打了他一巴掌，回过头来又训斥了小的孩子。

例（52）关涉的过程中，只有第二个动作过程省略了施事，其余过程均出现了相同的参与者角色“Willi/he”，也就是说，这段描写多采用显性参与者角色。使用隐性施事的小句，则通过连接词“then”明确了和前一小句的关系。这样的叙述方式使上下文逻辑严谨。同样是叙述同一个人的行为，例（53）关涉“他”作为施事及交流方的一连串动作，除第一个动作过程的施事出现外，其余过程的施事或交流方和前面过程相同，均承前省略，即采用隐性参与者角色，这些过程的参与者角色均为“他”，所指显而易见。该例采用隐性参与者角色，行文叙述简明，语义联系紧密，带给读者一气呵成的连贯感。

综上，英汉语及物性系统都具有衔接语篇、使语篇意义连贯的功能。但形式上，英汉语显性参与者角色和隐性参与者角色存在使用频率上的差别，英语多显性参与者角色，语篇形式组织严密；汉语多采用隐性参与者角色，语篇形式简洁。

二 英汉语气对比

上一章，我们介绍了语气系统——人际功能的承载形式在语篇中的衔接功能。语气系统体现的人际意义反映参与者之间的交互关系，表达说话人自身主观态度的同时影响听话人的态度和行为。语言中体现人际意义的成分可以韵律式地分散在小句的措辞中①。语气资源同样散布于整个语篇，各个分散的语气资源并不是简单的堆叠，而是通过内在的关联使整个语气系统具有整体性和衔接性。

语气衔接包括语气类别衔接、语气成分衔接和语势衔接。英汉语篇都具有这三种语气衔接类型。比如语气类别衔接指语篇中各个类别语气的频次差别反映语篇的不同特征。英汉语篇中语气类别衔接无明显差别，如英汉祈使语气小句都具有指令性，说明书等指导功能凸显的语篇往往高频使用祈使语气。比如：

（54）Peel the orange and cut into segments. Mix the soft cheese

① Halliday M. A. K., Matthiessen C. M. I. M. *Construing Experience Through Meaning: A Language-based Approach to Cognition.* London: Continuum, 1999/Beijing: Beijing World Publishing Corporation, 2008, p. 527.

with the sugar, fold in the orange rind.

(55) 炒菜时油要烧热，见油上的泡沫消失后，将菜倒入，急火快炒。

但因英汉语气类别体现形式存在差异，英汉语气成分衔接的体现形式存在不同。英语语气类别主要依靠主语、限定成分和 Wh-疑问词体现。汉语中体现语气类别的资源散布在整个小句中，主语、语气词、疑问词等都是语气类别的体现形式。比如：

(56) She was just shaking one out to admire it when she saw Roman. He was across the street in the deep, sharp shadow thrown by the high buildings. Frozen to the spot, she stared at him.

(57) Whom should he thank? Both his in-laws, especially if they've paid for or organized the wedding, and especially his mother-in-law. Who else has helped? Presumably the bridesmaids. So he ends with a toast to the bridesmaids and/or Matron of Honour.

(58) 怎么会失业呢，以后可以在部队服务社当售货员嘛，为了部队这个大家庭，即使有委屈也要忍受才对。

(59) 既然，法国梧桐这样平易近人，这样报答我们，随地可栽，难道我们不应该更广泛的引种，来作为对它的回报吗？

例（56）中“She”和“He”反复交叉，形成了主语链来衔接上下文，体现“She”和“He”之间错综复杂的联系。例（57）中“Whom”和“his in-laws”，“Who”和“the bridesmaids”前后照应，通过一问一答的形式衔接上下文。例（58）中多处出现语气词，第一个语气词“呢”表达说话人的怀疑，和疑问词“怎么”一起表达说话人对事件的强烈怀疑态度，隐含说话人对事件否定的判断。后面的“嘛”用于肯定，和前句“呢”传达的怀疑呼应，确认显而易见的事实。后句用显而易见的事实来肯定前句的怀疑，使说话人的怀疑和态度更加合理可信。疑问词“怎么”和下句的“可以在部队服务社当售货员”前后照应，形成衔接。例（59）中“法国梧桐”和“我们”构成主语链，反映存在于二者之间的关联。

不同于英语主要借助语序和 Wh-疑问词表达不同语气类别，汉语语气类别可以由一个特殊的成分——语气词体现。语气词具有多种功能，既可表达语法意义也可衔接话语，赋予小句不同的情态和意义，如引发话题、承接对话，与前后语篇构成肯定、否定、疑问或对比关系等，比如例（58）中语气词体现的衔接关系。齐沪扬[①]也曾提到语气词的篇章功能，即包括停顿和照应两个方面。

除上述语气成分衔接上的具体体现形式不同外，英汉语气成分衔接体现形式中主语链的作用也不同。英语主语链的衔接作用比汉语更明显，汉语语气体现形式散布于整个小句，包括主语、语气词、疑问词等成分，并且一些情况下主语常常省略，因此相较而言，汉语主语链的衔接作用没有英语明显。胡壮麟[②]曾指出汉语语气没有定谓成分（Finite），主语总在动词之前，此外汉语有时在句末使用语气词，寻求新内容的疑问词也不一定在句首。Halliday & McDonald[③] 提出汉语主语没有语气指示作用，张德禄[④]则持相反观点，他认为，主语具有语气指示作用，只是被削弱了。可见，英汉语气成分主语链的衔接作用存在程度差别。

在语势衔接上，英汉语均使用重复等手段将上下文连缀起来，使上下文的语势形成呼应关系，表达说话人对所交换内容的主观判断、态度、情绪等。比如：

（60）Somehow we are sure that this is not the first diet you have ever bought, or indeed the first time you have tried to lose weight.

（61）总之，有一点是肯定的，那就是中国一定要发展，改革开放一定要继续。

---

① 齐沪扬：《语气词与语气系统》，安徽教育出版社 2002 年版，第 206—207 页。

② 胡壮麟：《英汉疑问语气系统的多层次和多元功能解释》，《外国语》1994 年第 1 期，第 1—7 页。

③ Halliday M. A. K., McDonald E. Metafunctional Profile of the Grammar of Chinese// Caffarel A., Martin J. R., Matthiessen C. M. I. M. *Language Typology: A Functional Perspective*. Amsterdam/Philadelphia: John Benjamins, 2004, pp. 305-396.

④ 张德禄：《汉语语气系统的特点》，《外国语文》2009 年第 5 期，第 1—7 页。

例（60）中“we are sure”和“indeed”均表达确定的判断，前后语势形成重复衔接，强调说话人对小句内容的确定态度。例（61）通过重复使用“肯定”和“一定”，强化各小句的衔接关系，突出说话人对小句内容的确信。英汉语势衔接上的这种共同点反映人类在用语言表达情感时具有一定的共通属性。

综上，英汉语气衔接类型相同，均包括语气类别衔接、语气成分衔接和语势衔接。但因英汉语气类别体现形式存在差异，英语小句中语气类别体现形式较为整齐集中，主要依靠主语、限定成分和 Wh-疑问词体现；汉语语气类别体现形式则比较分散，主语、语气词、疑问词等散布于整个小句，因此英汉语气成分衔接上的体现形式存在较大差异。这种差异也是由英汉思维不同导致，英民族注重逻辑性和规律性，因此语气体现形式规律性较强，汉民族则更强调整体性和融合性，语气体现形式分散于整个小句的各部分，各种成分融为一体共同体现相同的语气。

三　英汉时态和语态对比

时态是说话人对过程的时间定位以及在此基础上构建的时间关系①。时态具有语篇功能，是语篇衔接手段之一。语篇具有特定的时间序列，时态能构建起语篇中的时间序列关系，小句依照一定的时间链连接起来，推动语篇的发展。比如：

（62）Police found the exhausted pensioner bewildered by the roadside. He had started out at night to visit friends in Yorkshire, 150 miles away. But he had travelled only a few miles when he lost his way among the dark country lanes near his home in Diss, Norfolk.

（63）每到农闲的夜里，村里就常听到几声锣响：戏班排演开始了。演员们都集合起来，到那古寺庙里去。②

例（62）以过去时“found”这一过程发生的时间为参照点，用过去

① 何伟、张存玉：《系统功能视角下时态的意义系统》，《中国外语》2016 年第 1 期，第 26 页。

② 贾平凹：《自在独行》，长江文艺出版社 2016 年版，第 165 页。

完成时“had started out”等描述在此动作之前发生完成的事情，这些事件通过时间的先后顺序联系起来。例（63）中，锣响、排演开始、演员集合、到古寺庙是按时间顺序发生的事件，小句之间依照事件发生的顺序联系在一起。

从功能视角看，汉语也有时态，只是与英语时态的体现形式存在差别。英语时态由动词的形态变化和助动词结构体现①。汉语动词没有形态变化，在表示时间关系时，采用助词“着”“了”“过”以及时间副词“正在”“曾经”等语法化及准语法化手段和表示时间的词汇手段。因此汉语时态可分为有标记和无标记时态；有标记时态主要通过语法化、准语法化和词汇化手段来体现；无标记时态则主要依据小句中谓体本身的意义和语境来确立②。

语篇中语态的选择同样可以组织和调整信息结构，是语篇衔接手段之一。语态是小句表达情形时的选择，是表达的问题。小句选择不同的参与者作为主语，与过程形成施事或受事等关系。不涉及施事的是中动语态，反之则为非中动语态。非中动语态中，主语和施事重合的小句是主动语态，反之则是被动语态。

英语中主动语态没有明显标记，被动语态用“be”或“get”加过去分词表示。由于汉语动词没有形态标记，学界对语态相关问题还存在分歧。有些研究认为汉语没有形态，严格说来也就没有语态③。“汉语是施受同辞的语言”，不需要主动、被动和中动的概念④。多数研究认为汉语也有语态，语态依据主语和动词的施事和受事关系分为主动和被动语态⑤。被动语态依据有无被动标记分为两种，一种是有标记的被动语态，如“被”字句等，另一种只是在意义上是被动的，形式上没有“被”字等标记。但也有学者认为无被动标记的“被”字句可能产生歧义，小句

① 何伟：《功能时态理论研究》，外语教学与研究出版社2010年版，第19页。

② 何伟、吕怡：《现代汉语时态之系统功能视角研究》，《北京科技大学学报（社会科学版）》2015年第4期，第9页。

③ 叶蜚声、徐通锵：《语言学纲要》（第4版），北京大学出版社2010年版，第108页。

④ 沈家煊：《比附“主谓结构”引起的问题》，《外国语》2018年第6期，第7—8页。

⑤ 王力：《中国现代语法》，商务印书馆1943—1944/1985年版；王还：《“把”字句和“被”字句》，新知识出版社1957年版/上海教育出版社1984年版；张斌：《新编现代汉语》，复旦大学出版社2008年版。

的被动性得不到保证，尽管这类小句可做语义的被动分析，但不宜纳入被动语态①。还有一些研究指出汉语语态由具体句式体现②。汉语语态除主动和被动外，还有中动和使动③。综上，汉语语态研究日益深入，但目前仍不完善，对语态的划分多基于某些字或句型即词汇语法形式，因此分类不一，争议较多。我们认为汉语语态同样可依照有无施事分为中动和非中动两大类。非中动语态可根据主语是否和施事重合分为主动和被动两类。

英汉语态都有中动、主动和被动三种类别，语篇信息的排列可通过不同的语态选择来调整。比如：

（64）The lift floated lightly, steadied and the door opened.

（65）历史学起来有兴趣，记起来真困难。

例（64）几个小句均使用中动语态描写电梯的运行状态，从而使描写的对象一直集中在电梯上，由此，上下文形成自然衔接。例（65）两个小句也使用中动语态描写历史学科的特点，前后句衔接紧密。

（66）At about 7 a. m. he walked towards his house and hid in the bushes across the road and watched for his dad to leave for work.

（67）来不及同我们多说，他打开车门，跳上升降车，又仰头指挥。

例（66）所有小句均使用主动语态，围绕相同的主语来叙述人物的行为，语篇更显紧凑。例（67）也如此，上下文过渡自然。

① 戴耀晶：《现代汉语被动句试析》，载《汉语被动表述问题研究新拓展》，华中师范大学出版社 2006 年版，第 72 页。

② 张黎：《汉语句式系统的认知类型学分类—兼论汉语语态问题》，《汉语学习》2012 年第 3 期，第 14—25 页；张豫峰：《英语语态观与现代汉语语态研究》，《学术研究》2014 年第 8 期，第 152—160 页。

③ 张豫峰：《英语语态观与现代汉语语态研究》，《学术研究》2014 年第 8 期，第 152—160 页。

(68) A freak wave overturned the flimsy vessels and they were left floating in the water in their lifejackets. The survivors were all being treated for hypothermia after being picked up by helicopters and coastguards.

(69) 第一次反“围剿”时，他被俘虏，在我军官兵平等、团结的感召下，工作非常积极。根据他的阶级觉悟，不到一年就被介绍入党了。他被编到炊事班里仍当他的“火头军”。

例（68）除第一个小句外，后面小句都采用被动语态，围绕同一主题进行描述，使语篇焦点集中、叙事紧凑，同时被动语态的使用也突出了人在灾难中的无助。例（69）为了使语篇围绕主人公“他”而展开，前后小句使用被动语态选取了一致的主位“他”。

综上所述，英汉语均存在时态和语态衔接，但时态和语态体现形式存在一些差别。比如英语动词具有形态标记，时态由动词的形态变化兼或助动词结构体现[①]；汉语动词没有形态标记，时态由助词“着”“了”“过”以及时间副词“正在”“曾经”等语法化及准语法化手段和表示时间的词汇手段体现。英汉语在时态和语态体现形式上的差异表明：英语在一些方面具有较高的语法化程度；相较而言，汉语在一些方面的语法化程度较低，有些结构具有模糊性，常常难以划分[②]。在对比了英汉语三大元功能的编码方式后，何伟、仲伟[③]指出英语为弱语境语言，强调言传；汉语为强语境语言，强调意会。

四 英汉指称对比

指称体现语篇中某一成分和它所指称的另一成分之间的意义关联。语篇中的指称是衔接手段之一。上一章介绍了指称的不同分类，本节依照指称使用的语言手段，从人称指称、指示指称、比较指称、词语指称和零式指称五个方面来对比英汉语的指称手段。

---

① 何伟：《功能时态理论研究》，外语教学与研究出版社 2010 年版，第 19 页。

② 何伟、仲伟：《从语言元功能的编码方式看英汉语本质差异》，《当代修辞学》2021 年第 5 期，第 33 页。

③ 何伟、仲伟：《从语言元功能的编码方式看英汉语本质差异》，《当代修辞学》2021 年第 5 期，第 26—36 页。

人称指称使用人称类别表达人、物等概念，英汉语有各自的人称指称系统，不存在一一对应关系，其主要人称指称如表 10-3 所示：

表 10-3　人称指称

人称指称	英语	汉语
第一人称	I，me，we，us	我、我们
第二人称	you	你、你们
第三人称	he，him，she，her，it，they，them	他、她、它、他们、她们、它们

另外，英语中也可使用“one”等泛称，汉语中还会用“咱们”表示第一人称复数，第二人称还可用敬称“您”，第三人称还可使用“别人”等名词。有关第三人称“他”和“她”，在口语中形式一致，即“ta”，书面语中的区别是五四运动后的产物①。

英汉人称指称在功能上大致相同，但在数、格的表达形式上存在差异。英语人称代词的复数通过词形变化体现，汉语则通过添加“们”或数量词实现复数概念。比如例（70）中第三人称“he/she”的复数形式“they”和例（71）中第三人称“他”的复数形式“他们”。

（70）They state their opinions and express disagreement explicitly.

（71）他们最后输在了这次比赛年龄最大的球员手中。

英语人称指称有主宾等格的变化，汉语没有格的形态区别。总体来看，英语中的人称指称“I”“me”“my”“mine”“we”等着重格等句法功能的区分，汉语的人称指称如“我”“我们”“咱们”等着重于语义区分②。

指示指称以参与者所处的时空为参照，指明事物在时间和空间上的远近。英汉语主要指示指称如表 10-4 所示。

---

① 罗选民：《话语分析的英汉语比较研究》，湖南人民出版社 2001 年版，第 200 页。

② 罗选民：《话语分析的英汉语比较研究》，湖南人民出版社 2001 年版，第 200 页。

表 10–4 指示指称

指示指称	英语	汉语
近	this, these, here, now	这、这里、这会
远	that, those, there, then	那、那里、那会

指示指称的具体意义是语境赋予的。英语指示指称主要由“this”“that”等体现，汉语主要由“这”“那”及其派生的词汇构成。英语中“this”标志着注意力从一个实体或焦点转移至一个新的焦点，“that”则越过当前焦点，指称非当前、边缘化的实体或焦点①。汉语中可以用近指词“这”来指称较远的事物②。也就是说，英语指示指称表达的距离较接近实际的远近，汉语在表达时空距离时会受到心理或视觉的影响③。比如：

（72）That was in 1988. They have played the London Palladium and the Victoria Palace. Since then they have made themselves widely known from radio and television.

（73）我经过很长时间的研究，画出了这个“计算公尺器”的草图，作为合理化建议交给厂部。这是 1954 年 6 月 14 日的事情。这个建议到了厂长手里，厂长马上就批了“由五车间自行解决”几个大字。

例（72）和（73）中，同样是指称之前发生的事情，英语使用“that”来指称不在当前时间发生的事件，而汉语用近指词“这”。

英语指示指称中有一个既非“this”又非“that”的中性词“the”,

---

① McCarthy M. It, This and That// Coulthard M. *Advances in Written Text Analysis*. London: Routledge, 1994, p. 275.

② 许余龙：《对比语言学概论》，上海外语教育出版社 1992 年版；许余龙：《对比语言学》，上海外语教育出版社 2010 年版，第 166 页。

③ 许余龙：《对比语言学概论》，上海外语教育出版社 1992 年版；许余龙：《对比语言学》，上海外语教育出版社 2010 年版；朱永生、郑立信、苗兴伟：《英汉语篇衔接手段对比研究》，上海外语教育出版社 2001 年版。

汉语则不存在对应的定冠词[①]。汉语表达类似功能意义时，根据不同情况，选择“这”“那”等或原词表达。比如：

(74) The film ended there, as Fischer bowed, but it was enough.

(75) 影片结尾时拍了一个猴子“沉思”的特写镜头，很富于抒情意味。

例（74）使用“The film”来指称前文出现过的同一事物，例（75）中尽管“影片”在前文也出现过，这里仍然使用原词指称。

比较指称可分为一般比较和特殊比较，英语使用形容词、副词、形容词比较级等表达，汉语则通过形容词、副词、比较结构等形式表达。从意义上看，比较指称都表达事物之间的相似性或相异性。从形式上看，英汉都使用了形容词、副词等词汇语法手段，但英语的比较级比汉语多了词汇形态上的变化。

(76) People who put the wrong things into a bin can be fined, theoretically, up to DM100, 000 ($12, 400). Bigger costs fall on companies.

(77) 你既没经营能力，又没技术，甭说给我两千元，就是再多也不能贷给你款。

例（76）中比较级“bigger”指比上文提到的“12400美元”多。例（77）中“再多”照应上文提到的“两千元”，以此数额为参照比较多少。

词语指称指特定语境中一般词语体现的指称，特别是专有名词[②]，比如例（72）中的“the Victoria Palace”和例（73）中的“五车间”。

零式指称是指称词省略的情况，在汉语中尤为常见。比如：

---

① 胡壮麟：《语篇的衔接与连贯》，上海外语教育出版社1994年版；胡壮麟：《新编语篇的衔接与连贯》，华东师范大学出版社2018年版，第70页。

② 罗选民：《话语分析的英汉语比较研究》，湖南人民出版社2001年版；胡壮麟：《语篇的衔接与连贯》，上海外语教育出版社1994年版；胡壮麟：《新编语篇的衔接与连贯》，华东师范大学出版社2018年版。

(78) Also, while being transported by wind, it will have been exposed to sunlight for a considerable time prior to deposition.

(79) 前些日子在街上遇见一个人，问我的侄子是不是考进了北大，我说是。

例 (78) "being" 前的主语和后面 "it" 等同，此处省略了主语。例 (79) 中 "遇见" 前省略了主语 "我"，第二个 "问" 前省略了指称前句出现的 "一个人" 的指称语。

综上，从指称类别看，英汉语大致类似，但指称的体现形式和具体词语词义存在差异。这是因为 "不同文化的语言使用者采用不同方法切分自己的经验，并使之言语化"①。比如上文提到的指示指称，尽管英汉语都存在指称远近的不同指称词，但英语倾向于使用远指指称词 "that"，而汉语倾向于使用近指指称词 "这"，一些语境中可以使用 "这" 指称距离较远的事件。英语中 "that" 的功能负荷量比 "this" 多，而汉语则相反②。英汉语在表述相同指称功能时，尽管系统大体类似，但在具体词语的使用上存在差别，体现了英汉民族对世界经验的不同划分。

此外，具体指称手段在语篇中出现的频率也不相同。相较英语，汉语使用零式指称和名词重复的指称现象更多③。英语受语法限制，指称词较少省略，而汉语在上下文意义明确的情况下，指称词常常省略。这也是很多学者认为英语重形合，汉语重意合的原因之一。

五　英汉替代和省略对比

语言在表达意义时，总有一些信息会反复出现，为了避免过多重复，在意义关系明确的前提下，还可以采取替代和省略手段组织语篇信息，使

① 胡壮麟：《语篇的衔接与连贯》，上海外语教育出版社 1994 年版；胡壮麟：《新编语篇的衔接与连贯》，华东师范大学出版社 2018 年版，第 70 页。

② 许余龙：《对比语言学概论》，上海外语教育出版社 1992 年版；许余龙：《对比语言学》，上海外语教育出版社 2010 年版，第 166 页。

③ 朱永生、郑立信、苗兴伟：《英汉语篇衔接手段对比研究》，上海外语教育出版社 2001 年版，第 38 页。

语篇的意义联系更紧密。替代是一种语法关系，根据 Halliday & Hasan[①] 的分类，替代分为名词性替代、动词性替代和小句性替代。英汉语替代手段常用的词汇项如表 10-5 所示：

表 10-5　英汉替代手段

替代	英语	汉语
名词性替代	one，ones	的、者……
动词性替代	do	干、来、弄、搞、做、打……
小句性替代	so，not	这样、果然、要不、否则……

英汉语言中都有替代项，但替代项存在一定的差异。英语如“do”“so”替代项使用较为集中，汉语替代项的选择相对英语多一些。同时汉语中替代使用的频率低于英语，一个重要原因在于汉语使用大量的原词重复手段[②]。

省略是一种零替代，一般省略的是语境中的已知信息。英汉语中省略都可分为名词省略、动词省略和小句省略，但因语言结构不同，英汉语存在本质差异。谓语（即系统功能语言学中的谓体）动词特别是实义动词的省略在英语中很常见。英语可以借助时态、情态等语法标记手段省略动词，在语境中有时主语和主要动词可以一起省略。比如：

(80) The sky was blue, the air crisp and clear, and the sun was shining on a patch of yellow crocuses.

例（80）中“the air crisp and clear”省略和前后句一样的谓体动词“was”。

高名凯[③]曾指出汉语最常见的省略是主语省略，谓语省略数量较少且

---

① Halliday M. A. K., Hasan R. *Cohesion in English.* London：Longman，1976/Beijing：Foreign Language Teaching and Research Press，2001.

② 左岩：《汉英部分语篇衔接手段的差异》，《外语教学与研究》1995 年第 3 期，第 47—42、80 页；朱永生、郑立信、苗兴伟：《英汉语篇衔接手段对比研究》，上海外语教育出版社 2001 年版。

③ 高名凯：《汉语语法论》，商务印书馆 1948/1986 年版。

大多出现在问答性的对话中。比如：

（81）我个子矮，打篮球时他肯传球给我，我们就成了朋友，数年间身影不离。后来分手，是为着从树上摘下一堆桑葚，说好一人吃一半的，我去洗手时他吃了他的一半，又吃了我的一半的一半。①

例（81）中多处主语省略，“打篮球、身影不离、分手、说好”前都省略了主语“我们”，“又吃了”前省略了主语“他”。

潘文国②指出，英语注重形合，省略多数伴随形态或形式上的标记，汉语注重意合，只要能达意，省略时不考虑语法和逻辑。申小龙③则进一步将英汉语的差异归因于文化影响，西方民族注重形式逻辑，强调主客体分离，而汉民族“天人合一”的思想强调主客体的融合统一。英语要描述清楚主客体的关系，依据主语决定谓体的形态，因此主语往往不能省略，而谓体因为有形态标记，一些情况下可以省略。汉语中的主语则往往可以融合在行为事件的主观表现中④。因而在描述事件时，主语常常不言而喻，表现为语言中的主语省略。

因此我们认为，英语替代手段与汉语相较更注重形式，替代项语法化程度高，可用统一的替代项来替代某一类型。汉语替代手段形式更加灵活多样。汉语替代手段的多样也说明汉语比英语更注重语义，各种替代项多少都还保留一些原来的语义特征，很难完全替代某一类型。同样，英语省略手段很多情况下还需依靠形式上的标记实现。汉语省略实现的前提在于意义连贯，只要意义连贯，省略可以简单方便，不必考虑形式。相比之下，英语更注重形式，体现英民族注重分析和逻辑的思维特点；汉语更注重意义，反映汉民族注重整体和融合的思维特点。

① 贾平凹：《自在独行》，长江文艺出版社2016年版，第108页。

② 潘文国：《汉英语对比纲要》，北京语言文化大学出版社1997年版；潘文国：《汉英语言对比概论》，商务印书馆2010年版。

③ 申小龙：《汉语句型研究》，海南人民出版社1989年版；申小龙：《语言的文化阐释》，知识出版社1992年版。

④ 朱永生、郑立信、苗兴伟：《英汉语篇衔接手段对比研究》，上海外语教育出版社2001年版，第71页。

六 英汉连接对比

连接是小句或更长语段之间意义上的联系。Halliday & Hasan[①] 认为，连接是一种语义关系，这种语义关系是对将要发生的事情和已发生的事情之间联系方式的说明。Halliday[②] 指出，小句、小句复合体或更长的语段可通过某种特定的语义关系（即逻辑—语义关系）与上下文建立联系，这种联系就是连接。它标记逻辑—语义关系，是语篇中提示逻辑—语义关系的语法“线索”[③]。Thompson[④] 认为，连接泛指任意两个语篇元素组合成为一个潜在连贯的复杂语义单位。在上述研究的基础上，我们认为连接和逻辑—语义关系同延，二者是同样的语义关系，连接手段是逻辑—语义关系的表征方式。

Halliday[⑤] 将连接表达的意义分为阐述（elaboration）、延展（extension）和增强（enhancement）三大类。有些情况尤其是时间和因果序列的语义关系显而易见，不需要形式标记，这是语篇组织的隐含连接关系[⑥]。连接成分可以由词、短语和分句（包括限定分句和非限定分句，如 considering all that 和 that is to say 等）三类语言单位充当，有些连接成分

① Halliday M. A. K., Hasan R. *Cohesion in English*. London: Longman, 1976/Beijing: Foreign Language Teaching and Research Press, 2001, p. 227.

② Halliday M. A. K. *An Introduction to Functional Grammar*. London: Arnold, 1985; Halliday M. A. K. *An Introduction to Functional Grammar* (2nd edition). London: Arnold, 1994/Beijing: Foreign Language Teaching and Research Press, 2000, p. 310.

③ Halliday M. A. K., Matthiessen C. M. I. M. *An Introduction to Functional Grammar* (3rd edition). London: Arnold, 2004; Halliday M. A. K., Matthiessen C. M. I. M. *Halliday's Introduction to Functional Grammar*. London: Routledge, 2014.

④ Thompson G. *Introducing Functional Grammar*. London: Arnold, 1996/Beijing: Foreign Language Teaching and Research Press, 2000; Thompson G. *Introducing Functional Grammar* (2nd edition). London: Hodder Education, 2004/Beijing: Foreign Language Teaching and Research Press, 2012; Thompson G. *Introducing Functional Grammar* (3rd edition). London: Routledge, 2014, p. 225.

⑤ Halliday M. A. K. *An Introduction to Functional Grammar*. London: Arnold, 1985; Halliday M. A. K. *An Introduction to Functional Grammar* (2nd edition). London: Arnold, 1994/Beijing: Foreign Language Teaching and Research Press, 2000, p. 310.

⑥ Halliday M. A. K. *An Introduction to Functional Grammar*. London: Arnold, 1985; Halliday M. A. K. *An Introduction to Functional Grammar* (2nd edition). London: Arnold, 1994/Beijing: Foreign Language Teaching and Research Press, 2000, p. 327.

可以表示不止一种语义关系，因此判断时还要看上下文的意义①。

何伟、刘佳欢②在 Halliday 的基础上将小句间的逻辑—语义关系分为阐述类、延展类、增强类和投射类，同时指出通过逻辑标记词相连接的为显性表征方式，反之则为隐性表征方式。根据小句间的逻辑—语义关系，连接表达的意义可分为阐述类、延展类、增强类和投射类四大类，英汉小句间连接手段即逻辑标记词如表 10-6 所示。在复合小句（即 Halliday 所讲的并列关系小句复合体）中，小句间的连接成分称为连接词；在嵌入式简单小句（即 Halliday 所讲的主从关系小句复合体及含有嵌入小句的简单小句）中，小句间的连接成分称为粘合词。

连接表达小句之间的各种语义联系，英汉语篇具有相同的连接关系类别，这也反映了人类思维规律的普遍性。而不同类别的连接关系之间存在的重叠性和互通性，则反映客观事物联系的复杂性和多样性③。

表 10-6 英汉连接手段④

连接（逻辑—语义关系）		连接成分（逻辑标记词）	配列顺序
阐述类	重述	英语连接词：in other words、that is、that is to say（或 i. e.）、in another word、to be specific、namely	p^q⑤
		英语粘合词：无	/
		汉语连接词：也就是说、即、换句话说、换言之、也可以说、具体说、简而言之	p^q
		汉语粘合词：无	/
	解释	英语连接词：in fact、in reality、in practice、actually、indeed、at least、at lowest	p^q
		英语粘合词：which、who、where、when	p^q
		汉语连接词：实际上、事实上、其实、的确、至少、其中	p^q
		汉语粘合词：无	/
	例证	英语连接词：for example、for instance、in particular、such as	p^q
		英语粘合词：无	/
		汉语连接词：比如、例如、如、举个例子	p^q
		汉语粘合词：无	/

① 黄国文：《语篇分析概要》，湖南教育出版社 1988 年版。

② 何伟、刘佳欢：《英汉语小句间逻辑语义关系及表征方式对比研究》，《北京科技大学学报（社会科学版）》2019 年第 2 期，第 1—17 页。

③ 何善芬：《英汉语言对比研究》，上海外语教育出版社 2002 年版，第 507 页。

④ 何伟、刘佳欢：《英汉语小句间逻辑语义关系及表征方式对比研究》，《北京科技大学学报（社会科学版）》2019 年第 2 期，第 1—17 页。

⑤ 表中 q 为连接词或粘合词引导的小句，反之为 p。

续表

连接（逻辑—语义关系）		连接成分（逻辑标记词）	配列顺序
延展类	增加	英语连接词：and、but、yet、nor、not only…but also…	p^q
		英语粘合词：as well as、besides、apart from、except for	q^p
		汉语连接词：此外、另外、加之、且、并且、而且、不仅……还……、不仅……而且……、既……又……	p^q
		汉语粘合词：除了……外……	q^p
	承接	英语连接词：and、and then、afterwards、then、whereafter、subsequently、next、later on	p^q
		英语粘合词：when、before、after、as soon as、while、as、once、since	p^q 或 q^p
		汉语连接词：接着、然后、随后、后来、稍后、过些时候、过后、以后	p^q
		汉语粘合词：自从、之后、之前、……前、……后、一……就……、当、每当、当……的时候	q^p
	对照	英语连接词：instead、on the contrary、but not、not…but、only、but、except	p^q
		英语粘合词：as、like	p^q
		汉语连接词：同样、相反、相比之下、与此相似、与此相反、要……不要……、不是……而是……、与其……不如……、不要……而要……、宁肯……也……、不是……就……	p^q
		汉语粘合词：正如、像、犹如、如	p^q
	选择	英语连接词：or、alternatively、either…or…、neither…nor…、both…and…	p^q
		英语粘合词：无	/
		汉语连接词：或者、或许、可以……还可以……、或许……又或许……、不是……就是……、是……还是……	p^q
		汉语粘合词：无	/
增强类	因果	英语连接词：so、thus、therefore、hence、as a result	p^q
		英语粘合词：because、because of、since、as、for、in that、in as much as、thanks to、due to	q^p
		汉语连接词：因此、故	p^q
		汉语粘合词：因为、由于、鉴于、以至于、以、使	p^q 或 q^p

续表

连接（逻辑—语义关系）		连接成分（逻辑标记词）	配列顺序
增强类	转折	英语连接词：but、or、however、on the contrary、on the other hand、after all、instead、yet、nevertheless、in contrast	p^q
		英语粘合词：while、although、though、even though、even if、despite、in spite of、whether	q^p
		汉语连接词：不然、否则、但是、但、然而、然、不过、却	p^q 或 q^p
		汉语粘合词：尽管……还是……、就算……还……、无论……也……、无论……都……、即使……也……、虽然……但是……、不管……都……	p^q
	目的	英语连接词：无	/
		英语粘合词：for、in order to、so as to、so that	p^q 或 q^p
		汉语连接词：无	/
		汉语粘合词：为、为了、以、以便	p^q 或 q^p
	条件	英语连接词：无	/
		英语粘合词：unless、in case、if、provided（that）、supposing（that）、assuming（that）、in the event that	q^p
		汉语连接词：无	/
		汉语粘合词：只要……就……、如果……就……、除非……否则……、只有……才……、如果……就……	p^q
	方式	英语连接词：无	/
		英语粘合词：as、as if、as though、the way、like、just as much as	q^p
		汉语连接词：无	/
		汉语粘合词：如、像、正如、经过、通过	q^p
投射类	极性	英语粘合词：that、whether、if	p^q 或 q^p
		汉语粘合词：是否、可否、能否	p^q 或 q^p
	重合	英语粘合词：when、where、who、why、how	p^q 或 q^p
		汉语粘合词：如何、怎样、为什么、谁、何时、何地	p^q 或 q^p

英汉语篇连接的差异体现在各种类别出现的概率上。英语增强类连接出现概率较大，汉语则是延展类出现概率较大，这反映了英汉民族经验活动认知方式的不同①。“英语使用者较习惯通过描述环境对经验活动进行

① 何伟、刘佳欢：《英汉语小句间逻辑语义关系及表征方式对比研究》，《北京科技大学学报（社会科学版）》2019 年第 2 期，第 15—16 页。

认知，而汉语使用者则较习惯根据发生顺序来认知经验活动”[①]。

英汉语篇连接的差异也体现在显性手段和隐性手段的使用上。通过连接成分体现的连接关系是显性连接。还有一些连接关系，信息本身的逻辑关系明确或语境提供了必要的提示，这种情况下即使没有连接成分，语篇仍然是连贯的，这就是隐性连接方式[②]。

英语和汉语都存在显性和隐性连接，但出现频率有高低之分。英语语篇中连接手段常常是显性的，而在汉语语篇中，隐性连接手段是很常见的[③]。何伟、刘佳欢[④]指出阐述类关系在此方面的差异最为明显，英语小句间常通过粘合词将阐述类关系表征为嵌入关系，层次分明，逻辑性较强，比如例（82）；而汉语中没有此类粘合词，小句间常通过隐性方式将阐述类关系表征为并列关系，逻辑不明显，比如例（83）。

（82）Now the woman came to the third cave, where lived the great bee.

（83）走不多远，前面有道长长横墙，横墙是才修的，它把整个建筑隔成两个部分。

此外，从小句间语义关系看，英汉语连接关系的配列顺序存在一定差异。何伟、刘佳欢[⑤]发现在表征延展类和增强类意义的方式上，英汉语小句顺序不同。在延展类连接中，当使用承接类粘合词时，英语倾向于倒

---

① 何伟、刘佳欢：《英汉语小句间逻辑语义关系及表征方式对比研究》，《北京科技大学学报（社会科学版）》2019年第2期，第16页。

② 胡壮麟：《语篇的衔接与连贯》，上海外语教育出版社1994年版；胡壮麟：《新编语篇的衔接与连贯》，华东师范大学出版社2018年版，第117页。

③ 朱永生、郑立信、苗兴伟：《英汉语篇衔接手段对比研究》，上海外语教育出版社2001年版，第100页。

④ 何伟、刘佳欢：《英汉语小句间逻辑语义关系及表征方式对比研究》，《北京科技大学学报（社会科学版）》2019年第2期，第16页。

⑤ 何伟、刘佳欢：《英汉语小句间逻辑语义关系及表征方式对比研究》，《北京科技大学学报（社会科学版）》2019年第2期，第1—17页。

叙，先叙述后发生的事情，汉语则按事情发展的先后顺序叙述[①]。在增强类连接中，英语习惯先结果后原因或条件，即先果后因，汉语则相反，先因后果[②]。比如：

（84）Changes will come into effect as soon as the Bank informs you of them.

（85）契约一经订立就永远生效。

例（84）中的两个事件，后一个事件发生时间在前。而例（85）是按照事件发生的先后顺序叙述的。

七 英汉修辞对比

修辞是依据语言使用的语境选择合适的语言材料，以提高语言表达效果的一种手段。语篇中的小句等语言单位并不是孤立的，而是和上下文相联系的，这种联系可以通过修辞方式体现。修辞也是一种衔接手段。

修辞手段种类丰富，涉及语言各层次，上一章将与组篇系统原有方式重复的修辞手段并入相应子系统，并指出排比、对偶、对照、映衬、倒装、反复（限小句及以上单位）等修辞可归为修辞衔接手段。本节以排比、反复、对比、倒装等手段为例进行对比分析。

排比是将结构类似的语言成分排列使用，使语言具有均衡美和气势美的一种修辞衔接手段。比如：

（86）Sometimes he was thinking of his model，sometimes of the mixing of his pigments，his tone，his oils；sometimes of the flesh itself and sometimes of the absorbent canvas.

（87）巷北口就有了四间门面，一间卖醋，一间卖椒，一间卖盐，一间卖碱。

---

① 何伟、刘佳欢：《英汉语小句间逻辑语义关系及表征方式对比研究》，《北京科技大学学报（社会科学版）》2019年第2期，第10页。

② 何伟、刘佳欢：《英汉语小句间逻辑语义关系及表征方式对比研究》，《北京科技大学学报（社会科学版）》2019年第2期，第16页。

英汉排比都强调结构上的均衡，但英语排比中一些重复出现的成分如谓体常常省略，如例（86）排比句中，第一个小句之后的小句都省略了“he was thinking”。而汉语除强调结构整齐外，还强调复现，相同成分的复现是汉语排比的特点之一，复现的结构常常是排比句的提示语，一般不省略。如例（87）排比句中，多次出现“一间卖什么”的结构。

反复也是一种修辞衔接手段，与属于词汇衔接的重复不同，反复指相同小句及以上单位重复出现。英汉反复手段大致相同。比如：

（88）But she only sobbed terribly, and cried, “I feel awful. I feel awful. I feel I'm horrible to you.” “No, I want you, I want you,” was all he answered, blindly, with that terrible intonation which frightened her almost more than her horror lest he should not want her.

（89）这时她朗若曙星的眼光，似乎已经历历的看出我心中的症结。便问说：“在你未生之前，世界上有你没有？在你既死之后，世界上有你没有？”

例（88）“I feel awful. I feel awful”中的第二个小句是对第一个小句的重复，连续重复的小句增强了感染力，使人更容易体会到说话人慌乱的心情，“I want you, I want you”同样通过反复手段组织语篇，反映说话人逐渐增强的情感。反复也可以间隔出现，如例（89）中的小句“世界上有你没有？”，通过同样小句的反复达到振聋发聩的效果。

对比、映衬和对偶都是将不同事物放在相似的结构中说明相关事物的特点，三者侧重略有不同。对比指用匀称整齐的结构来比较意义相反的事物，从而通过鲜明的对比揭示事物特征，强调反义对比。映衬指对比的两个事物或事物的两方面有主次之分。对偶强调偶数和结构一致。英语对偶（antithesis）与汉语的对比及对偶两种辞格交叉，指用平行的结构表达相反的意义；汉语对偶则是用相等字数和类似结构表达相关或相反意义，表达的意义范围更广一些①。比如：

---

① 李国南：《“ANTITHESIS”与“对偶”比较研究》，《外语教学》1997年第2期，第9—16页；王晓军、孟凡艳、孟庆梅：《英汉非语义辞格对比研究》，上海外语教育出版社2014年版。

(90) But please remember, I can be a good friend, but a bad enemy.

(91) 听民声，看社情，茶馆是个好去处。

例 (90) 中 "a good friend" 和 "a bad enemy" 对偶，意义相反，结构相似。例 (91) 中 "听民声" 和 "看社情" 对偶，字数相等，结构均衡，意义相关。但英语更注重形式和逻辑，对偶常使用连接成分来连接前后小句，比如例 (90) 中的 "but"。汉语对偶则是并列对举，要求结构相同、字数一致，不需要连接成分，更注重意合。

倒装是对小句语法或逻辑顺序的颠倒。比如：

(92) Ten, nine, eight, seven, six, five, four, three, two, one! Blast off! Away went the rocket with Scott and his friends inside. Away it went on its long trip to the moon.

(93) 旁边还有另外一位同事，叫做丁猷的，今年已经四十岁，是本校资格最老的一位教员。

例 (92) 将 "Away" 和 "went" 移到句首，在强调火箭成功发射的同时和下句倒装的 "Away" 呼应。例 (93) 将修饰语 "叫做丁猷的" 放在修饰成分 "同事" 的后面，强调人物的身份。

与英语相比，汉语倒装手段的运用更加灵活。汉语倒装包括主谓结构、修饰成分、动宾结构和偏正复句的倒装。在主谓倒装和动宾倒装上，英汉基本一致①。比如：

(94) His passions and prejudices had led him into great error. That error he determined to recant.

(95) 不是在一个领域里面，而是在许多新的领域里面出现这样一个趋势。这种趋势，我们的领导比较早就注意到了。

① 胡曙中：《英汉修辞跨文化研究》，青岛出版社 2008 年版，第 244 页。

例（94）将“That error”提前，承接上文。例（95）也是同样将“这种趋势”前置。修饰成分的倒装，英语则和汉语顺序不同[①]。英语修饰成分倒装体现为前置，汉语则是后置。比如例（92）中“Away it went”修饰语倒装前置；例（93）中“另外一位同事，叫做丁猷的”，“同事”的修饰语倒装后置，和英语的描写顺序相反。可以讲，英汉倒装目的和作用相同，而体现形式并不完全一致，这表明不同民族观察事物时思维和认知具有不同的特点。

八　英汉重复和搭配对比

我们在上一章介绍了重复和搭配两种词汇衔接类型，并分别举例说明了英汉语中的词汇衔接形式。说话人通过选择重复、同义、互补等不同关系的词汇，组成语篇中各种关系的语义链，从而衔接整个语篇，使语篇意义连贯。Halliday & Hasan[②]将词汇衔接分为两大类：重复（reiteration）和搭配（collocation），黄国文[③]将这两种类型称为复现关系和同现关系。之后，Halliday[④]将词汇衔接分为重复、同义和搭配三大类。重复指同一词（包括不同形态）的重复出现，同义包括同义、上下义和反义等，搭配指词汇的共现趋势。胡壮麟[⑤]指出词汇衔接的方式分为重复、泛指词、相似性、分类关系和组合搭配五类，其中相似性包括同义和反义两个方面。综上，不论是二分、三分还是五分，词汇衔接的所有类型都可用重复出现和共同出现两种关系概括。为便于对比，我们采用 Halliday & Hasan[⑥]的二分法，将其分为复现和同现，即重复和搭配两种类型。

重复，即复现关系，包括原词、同义词、近义词、上义词或概括词等的重复。比如：

---

① 胡曙中：《英汉修辞跨文化研究》，青岛出版社 2008 年版，第 244 页。

② Halliday M. A. K., Hasan R. *Cohesion in English*. London: Longman, 1976/Beijing: Foreign Language Teaching and Research Press, 2001.

③ 黄国文：《语篇分析概要》，湖南教育出版社 1988 年版。

④ Halliday M. A. K. *An Introduction to Functional Grammar* (2nd edition). London: Arnold, 1994/Beijing: Foreign Language Teaching and Research Press, 2000.

⑤ 胡壮麟：《新编语篇的衔接与连贯》，华东师范大学出版社 2018 年版。

⑥ Halliday M. A. K., Hasan R. *Cohesion in English*. London: Longman, 1976/Beijing: Foreign Language Teaching and Research Press, 2001.

(96) People in any field — business, sport, those who have shown courage or bravery, the arts and entertainment — can be nominated by writing to me.

(97) 那柳都长得老高，一直突出两层木楼，巷面就全阴了，如进了深谷峡底；天只剩下一带，又尽被柳条割成一道儿的，一溜儿的。路灯就藏在树中，远看隐隐约约，羞涩像云中半露的明月，近看光芒成束，乍长乍短在绿缝里激射。[①]

例 (96) 中，"field" 泛指下文具体说明的 "business" "sport" "arts" "entertainment"，另外，"courage" 和 "bravery" 意义相近。例 (97) 中重复出现的"柳""柳条""树""绿缝"等近义词和上义词等指称柳树，既避免单调又增加美感。

英汉两种语言都使用重复作为组织语篇的一种手段，重复的词汇种类基本相同。这里需要特别说明，传统语法视角下的对比研究中，重复概念和 Halliday & Hasan[②] 提出的不一样。潘文国[③]指出，Halliday 的重复包含原词、同义词、近义词、上位词和统称词的再现，这是英语的情况，汉语中有必要重新分类。因此，他[④]提出只有原词重复是重复，其余类型（包括同义词、上位词、统称词等）可与 Halliday 提出的指称、替代合为一类，统称为替代。英汉两种语言组织语篇时，英语倾向于使用替代手段，汉语倾向于使用重复手段。连淑能[⑤]也指出英语多用代称，以避免重复；汉语少用代称，常用重复。他将替代和省略都归入变换手段，认为英语常用同义词、近义词、上义词等方法也是变换手段之一。

依据 Halliday & Hasan[⑥] 对词汇衔接的界定，重复包括原词、同义词、

① 贾平凹：《自在独行》，长江文艺出版社 2016 年版，第 194 页。

② Halliday M. A. K., Hasan R. *Cohesion in English*. London: Longman, 1976/Beijing: Foreign Language Teaching and Research Press, 2001.

③ 潘文国：《汉英语对比纲要》，北京语言文化大学出版社 1997 年版，第 349—350 页。

④ 潘文国：《汉英语对比纲要》，北京语言文化大学出版社 1997 年版，第 350 页。

⑤ 连淑能：《英汉对比研究》，高等教育出版社 1993 年版；连淑能：《英汉对比研究（增订本）》，高等教育出版社 2010 年版。

⑥ Halliday M. A. K., Hasan R. *Cohesion in English*. London: Longman, 1976/Beijing: Foreign Language Teaching and Research Press, 2001.

概括词等的重复。尽管英汉语都存在重复手段，但重复的词汇类型使用概率存在差异。相较而言，近义词、上义词或概括词等词汇重复在英语中的使用概率比在汉语中高一些，而原词重复在汉语中的使用概率比在英语中高。

搭配，也就是同现关系，指语境中共现频率高的词汇之间的关联。Palmer 早在 1933 年就在其论著中提出英语词语的搭配问题①。Firth② 将搭配问题上升到理论高度，他认为要在语境中研究意义，提出了搭配生义（meaning by collocation）。Halliday & Hasan③ 从语篇意义重新审视搭配，将其归入词汇衔接，进一步拓宽了搭配涵盖的范围，从语篇层面重新界定和研究搭配。搭配具有衔接上下文的重要作用。胡壮麟④指出，词汇衔接受制于语篇的特定环境，一定的语域具有一定的语义场，从而要求能表达该语义场的相关词汇。搭配同样受到语义场和语境的制约，具有相同语义韵的词汇倾向共现于相同的语境。比如：

（98）I brewed a mug of tea using the small block of tea，milk and sugar，crushed into a mess tin of water and brought to the boil.

（99）民间向来把桃作为福寿的象征。每逢老辈寿庆，晚辈常常奉送寿桃；辞旧迎新的春节，家家门前要挂桃符，祈求平安。

例（98）中，“tea”“milk”“sugar”“water”“boil”等词语形成搭配关系。例（99）是关于“桃”文化象征的介绍，因此“桃”和“福寿”“平安”“寿庆”“春节”等词语共现于同一语篇。此外，词语的搭配还体现民族文化。例（98）中，“tea”“milk”“sugar”的搭配是西方饮茶习俗的体现。而例（99）中，“桃”和“福寿”“平安”的搭配则是受中国传统文化的影响。

---

① 许家金：《语料库研究学术源流考》，《外语教学与研究》2017 年第 1 期，第 54 页。

② Firth J. R. Modes of Meaning// *Essays and Studies*. The English Association，1951// Firth J. R. *Papers in Linguistics* 1934-1951. Oxford：Oxford University Press，1957，pp. 190-215.

③ Halliday M. A. K.，Hasan R. *Cohesion in English*. London：Longman，1976/Beijing：Foreign Language Teaching and Research Press，2001.

④ 胡壮麟：《新编语篇的衔接与连贯》，华东师范大学出版社 2018 年版，第 141 页。

九 英汉语音语调对比

语音具有与声音共同的物理属性，即音色、音高、音强和音长①。音色又称音质，是一个声音区别于其他声音的根本特点，音色差异主要受发音体、发音方法和发音时共鸣器的形状三个方面的影响②。语音有各种不同的音色，英汉语的具体音位不同，其音位体系也就不同③。通过对英汉语元、辅音系统的对比，何善芬④发现英汉语的语音具有各自的特色：英语在语音上表现出形式规范的特点，该有时不能缺，该缺时不能有，具有刚性的特点；汉语语音具有通融性，即柔性的特点，反映汉民族“不刻意追求语言形式上的平衡和对称，而重视对事物的感知，依据实际，构建自己的语音系统”⑤。

音高、音强和音长是常见的超音段表达手段，涉及语调、重音等概念。“音高变化的物质形式表现为声带振动的基频变化”，传统语音研究将以音节或词为载体单位的音高变化称为“声调”，以短语或小句为载体单位的音高变化称为语调⑥。音强是声音的强弱⑦。英语是对音强变化敏感的语言，强调重音的作用⑧。汉语则是对音高敏感的语言，汉语的每个音节都体现不同意义的音高区别即“声调”⑨。音长是声音的长短，即发声体振动的时间⑩。相较而言，汉语对音长的敏感度不及英语强烈⑪。

语音语调也是一种衔接手段。尽管英汉语属于不同语系，但语音具有共同的物理和生理属性，因此两种语言中的语音衔接手段也具有共性。

语音衔接包括轻重音、韵律和节奏等。语音的轻重、重复及其规律等

---

① 黄伯荣、廖序东：《现代汉语》（上下册），高等教育出版社 1990/2017 年版。

② 黄伯荣、廖序东：《现代汉语》（上下册），高等教育出版社 1990/2017 年版。

③ 何善芬：《英汉语言对比研究》，上海外语教育出版社 2002 年版，第 4 页。

④ 何善芬：《英汉语言对比研究》，上海外语教育出版社 2002 年版，第 19 页。

⑤ 何善芬：《英汉语言对比研究》，上海外语教育出版社 2002 年版，第 15 页。

⑥ 何善芬：《英汉语言对比研究》，上海外语教育出版社 2002 年版，第 33—34 页。

⑦ 黄伯荣、廖序东：《现代汉语》（上下册），高等教育出版社 1990/2017 年版，第 16 页。

⑧ 何善芬：《英汉语言对比研究》，上海外语教育出版社 2002 年版，第 4 页。

⑨ 何善芬：《英汉语言对比研究》，上海外语教育出版社 2002 年版，第 4 页。

⑩ 黄伯荣、廖序东：《现代汉语》（上下册），高等教育出版社 1990/2017 年版，第 16 页。

⑪ 何善芬：《英汉语言对比研究》，上海外语教育出版社 2002 年版，第 4 页。

都具有衔接功能。比如：

(100) She looked like a filly all over, and wonderfully beautiful with her supple stride, and soft slope of shoulder, and glossy coat beaded with water, and prominent eyes full of docile fire...①

(101) 所以，现代的艺术，也要一面得到藐视、冷遇、迫害，而一面得到同情、拥护、支持。②

例（100）中重复的头韵/s/强调她体态的美，/ai/描绘眼睛和心灵的美好。例（101）中前一个小句使用“藐视”“冷遇”和“迫害”三个双音节词，后一个小句也使用三个双音节词即“同情”“拥护”和“支持”，这些双音节词前后呼应，带来了均衡的韵律，让人读起来铿锵有力。

与传统语音研究不同，系统功能语言学认为语调与语流中两个停顿之间的语音单位同延，包括调群、调核和声调③。其中声调（音高变化的趋势④）以降调和升调为基础，向外延伸，形成包括降调、升调、平调、降升调和升降调五种声调的系统⑤。

英汉语调衔接具有共同特点，语调在表达意义上的功能基本相同。比如提供信息的陈述语气小句均用降调，而寻求信息时英汉都可使用升调和降调两种语调，英语根据疑问类型即寻求正反和寻求新内容进行区分，汉语则可依据句末语气词等判断升降调。

受不同历史和文化的影响，各语言的语音语调也形成了自己独特的特点。传统语音研究认为：英语音高没有区别词义的作用，只在短语和小句

---

① Blackmore R. D. *Lorna Doone*. Oxford: Oxford University Press, 2008, p. 82.

② 鲁迅：《二心集》，万卷出版公司 2015 年版，第 95 页。

③ Halliday M. A. K. The Tones of English. *Archivum Linguisticum*, 1963, Vol. 15, No. 1, pp. 1-28//Webster J. J. *Studies in English Language*. Beijing: Peking University Press, 2007, p. 260.

④ Matthiessen C. M. I. M., Teruya K., Lin W. *Key Terms in Systemic Functional Linguistics*. Beijing: Foreign Language Teaching and Research Press, 2016, p. 257.

⑤ Halliday M. A. K. *An Introduction to Functional Grammar*. London: Arnold, 1985; Halliday M. A. K. *An Introduction to Functional Grammar* (2nd edition). London: Arnold, 1994/Beijing: Foreign Language Teaching and Research Press, 2000, p. 302.

中具有区别性，是一种语调语言；汉语音高变化是音节的一个重要组成要素，在词和小句中都具有区别作用，既利用音高的起伏升降组成字调来区别词义，又利用不同音高模式组成语调即句调表达语法意义及说话人的态度等，是一种“声调”语言①。传统汉语语音研究中的“声调”亦即字调。“早在南北朝时代，汉语的声调已被沈约、周颙等人识别，并且以平、上、去、入四字命名”②。唐宋之后，音韵学家把四声进一步分为四声八调，在古汉语“声调”系统理论基础上，形成了现代汉语四个“声调”理论③。现代汉语普通话中“声调”有阴平、阳平、上声和去声四种基本调值④。汉语的“声调”是词结构的一部分，可以区分词义和词性。而英语是对音强敏感的语言，双音节以上的单词都有重音，重音是词结构的一部分，具有区分词义和词性的作用。

由于英汉语音具有不同特点，英汉小句语调的形成机制、整体音高模式以及相同调型句末的调值存在差别。英语的每个单词没有固定的音高变化，只受其所在语言单位整体音高模式的制约，每个单词的音高升降起伏比较自由，音域较宽。英语语句的语音首先受语调影响，其次是重音，语调和重音在语音变化中起决定性作用⑤。汉语因字有字调，在实际语流中，语调是字调和声调的叠加。声调在保持语句原有字调的前提下对它加以调节⑥。赵元任⑦曾指出，汉语语调和字调之间是代数和的关系，如同小波跨在大浪上，“正加正则数值增大，正加负则减少”。也就是说，汉语的语调不是独立于字调之外的音高变化，而是在汉字原有字调的基础之上抑扬，是字调与语调的复合体，语调受字调的影响和制约。汉语语调变化不太显著⑧，不如英语语调的变化自由、起伏度宽⑨。具体体现在说话时的语流和语音之间的衔接上，英汉语音各有特点：英语讲究轻重音的搭

① 何善芬：《英汉语言对比研究》，上海外语教育出版社 2002 年版，第 34 页。
② 陈其光：《汉藏语声调探源》，《民族语文》1994 年第 6 期，第 42 页。
③ 熊文华：《汉英应用对比概论》，北京语言文化大学出版社 1997 年版，第 82 页。
④ 黄伯荣、廖序东：《现代汉语》（上下册），高等教育出版社 1990/2017 年版，第 65 页。
⑤ 何善芬：《英汉语言对比研究》，上海外语教育出版社 2002 年版，第 35 页。
⑥ 熊文华：《汉英应用对比概论》，北京语言文化大学出版社 1997 年版，第 83 页。
⑦ 赵元任：《汉语口语语法》，吕叔湘译，商务印书馆 1979 年版，第 28 页。
⑧ 龚卡佳：《英汉语调对比教学》，《现代外语》1991 年第 3 期，第 43 页。
⑨ 桂灿坤：《美国英语应用语音学》，上海外语教育出版社 1985/1992 年版，第 307 页。

配，连续出现的音节像一股流水一样圆滑而无间断，如同连奏音；汉语讲究字调的搭配，除轻声语助词外每个音节都清清楚楚，近似断奏音[①]。比如在节奏韵律上，英语讲究轻重音节的搭配，在诗歌中以重轻音节的交替为旋律，重音之间保持大致相等的时间距离；汉语讲究各种字调的搭配，五言、七言等律诗严格按照字数或音节数计算，各行字数相同，整诗字调遵循平仄的分布规律[②]。相较而言，英语语音衔接的逻辑性和规律性更强一些，汉语语音衔接则更注重整体性和融合性。

英汉语音语调虽各有特点，但其使用也具有共性。英汉语同类调型表达的意义具有相同之处[③]。朱晓农[④]指出“所有的语言都毫无例外地用高调或升调来表示疑问，用低调或降调来表示陈述。这是音高和语义之间的一种生物学上的关系”。林茂灿、李爱军[⑤]认为，英汉语调的相似性“有其认知和生理上的理据”，比如“小体型动物叫声频率高，暗含无威胁性之意。大体型动物叫声低沉，有进攻性”，人类音高使用也符合这一生物学原理。人们脚踏实地时会有稳定感，而相对直立向上的状态则不是十分稳定，表现在语音上，就是用升调表示疑问，降调表示肯定[⑥]。这反映了人类生理和认知的共通特点。

第六节　结语

本章对比分析了英汉语篇功能的体现形式。语篇功能指语言以信息形式将源自语言以外现象的意义加以组织和传递。英汉语语篇功能总体上是相同的，两种语言都具有传递信息、谋篇布局的功能。语篇功能由组篇系统表征，由互文方式、主位选择、信息聚焦和衔接手段体现，涉及语言系

① 桂灿坤：《美国英语应用语音学》，上海外语教育出版社 1985/1992 年版。

② 桂灿坤：《美国英语应用语音学》，上海外语教育出版社 1985/1992 年版。

③ 龚卡佳：《英汉语调对比教学》，《现代外语》1991 年第 3 期，第 44 页；何善芬：《英汉语言对比研究》，上海外语教育出版社 2002 年版，第 39 页。

④ 朱晓农：《亲密与高调》，《当代语言学》2004 年第 3 期，第 193 页。

⑤ 林茂灿、李爱军：《英汉语调的相似性与对外汉语语调教学》，《中国语音学报》2016 年第 2 期，第 1—8 页。

⑥ 林茂灿、李爱军：《英汉语调的相似性与对外汉语语调教学》，《中国语音学报》2016 年第 2 期，第 6 页。

统外的语境以及语言系统中的语义、词汇语法和音系/字系各个层次。但在一些具体体现形式上，英汉语存在差异，分别由不同的词汇语法形式等体现，具有各自的特点。

互文源自语言的对话性。对互文进行分析，也就是从语篇动态生成的角度揭示语言的组篇机制。互文解释语篇如何与语境相连，是组篇系统的重要组成部分。英汉都使用互文组织语篇，但两种语言因历史和文化背景不同，对互文的阐释存在差异，并且在语篇内互文的使用概率上，汉语明显高于英语。

语篇具有组织和传递信息的功能，信息的编排要遵从一定的先后次序，有序合理地推进语篇。主位是从说话人角度对语篇信息的组织，体现了说话人对信息的选择。信息则是从听话人角度编排语篇信息。二者都是语篇语义的配置方式。英汉语主位填充成分类似，但小句的典型无标记主位存在差异，尤其是疑问语气中，英汉语大有不同。不同成分主位的标记性也具有程度差异。英汉语的信息结构类似，都由声调等体现，聚焦方式基本相同；两种语言也都可使用特定的词汇语法手段来调整信息结构、提示信息焦点；但对于某些表达类似经验意义的小句，英汉语典型无标记信息焦点成分或信息焦点标记性存在差异。

衔接是通过各种语言手段实现的意义关联。英汉衔接手段涉及语言的各个方面，包括及物性、语气、时态、语态、指称、替代、省略、连接、修辞、重复、搭配和语音语调。英汉衔接手段大体相似，但在具体形式的使用上具有各自不同的特点。

从语言层面看，英汉语篇功能体现形式上的差异，如主位选择、信息聚焦等方面的不同，是由不同语言类型造成的。英语是典型的 SVO 型语言，是主语凸显型语言。汉语不是典型的 SVO 语序，也具有 SOV 型语序特点①，是话题凸显型语言。

语言是民族认知、民族思维以及民族文化的外在体现。语篇功能体现形式的不同，反映了英汉民族在认知和思维方式上的差异，而认知和思维方式上的差异则源自英汉民族文化上的不同。

---

① 刘晓林、王文斌、谭仁山、陈文碧：《历史语言学视野下的英汉语序对比研究》，上海外语教育出版社 2015 年版，第 417 页。

英语在语篇功能维度上表现出体现形式显性特征凸显等特点，反映了英民族基本遵从由图形到背景的认知方式，以及注重分析和逻辑的理性思维特点。汉语在语篇功能维度上则表现出体现形式隐性特征凸显等特点，反映了汉民族基本遵从由背景到图形的认知方式，以及注重感知和整体的悟性思维特点。英汉思维上的差异反映了英民族注重本体追问、主客分离的文化精神，以及汉民族注重“天人合一”、主客融合的文化精神。

附录1 德国失事客机载150人恐全遇难已发现残骸

2015年03月24日21：53：31 来源：中国日报网 作者：小唐

中国日报网3月24日电综合外媒报道，德国之翼航空公司一架A320客机24日在法国南部阿尔卑斯山区坠毁，机载150人，包括144名乘客和6名机组人员。法国总统奥朗德称，恐机上人员全部丧生。法国巴斯洛内特附近大片区域发现了散落在地的飞机残骸。

这架客机当地时间10点01分从西班牙巴塞罗那起飞，比预定9点36分晚了25分。据飞行日志数据，飞机起飞约35分后在11582米高空曾发出“7700”求救信号。而“7700”为飞机驾驶员应答机代码，即为“遇到紧急情况”。而法国内政部说，飞机在10点47分发出过呼救信号，但是没有提供详细信息。

坠机地点是山区，从图片看上去白雪皑皑，分析称搜救面临很大困难。法国地区委员会主管埃里克·乔蒂称，搜救队已经赶到事发地附近。

奥朗德获悉后说，从坠机地点的情况分析，恐怕没有生还者，并称坠机地点很难进入。奥朗德还说他已经联系过德国首相默克尔，对坠机事件表达他的同情。

西班牙首相拉霍伊说，失事航班上有许多西班牙人、德国人和土耳其人。西班牙副首相称，据信坠毁客机上有45名乘客是西班牙人。

失事客机的航班号是4U 9525，往返西班牙巴塞罗那与德国杜塞尔多夫之间。这条航线此前安全记录良好，没有事故报告。坠毁客机是一架空客A320，已经飞行了24年。

标注后：

中国日报网3月24日电（［Ag］）综合［Pro］外媒报道［Af］（自

主动作过程：做事），德国之翼航空公司一架A320客机［Af］24日在法国南部阿尔卑斯山区坠毁［Pro］（自主动作过程：发生），机［Posr］载［Pro］150人［Posd］（自主关系过程：拥有），（［Posr］）包括［Pro］144名乘客和6名机组人员［Posd］（自主关系过程：拥有）。法国总统奥朗德［Comr］称［Pro］（自主心理过程：交流），［［恐机上人员［Af］全部丧生［Pro］（自主动作过程：发生）］］［Comd］。法国巴斯洛内特附近大片区域（［Ag-Perc］）发现［Pro］了散落在地的飞机残骸［Ra-Ph］（自主动作-心理过程：做事-感知）。

这架客机［Ag］当地时间10点01分从西班牙巴塞罗那起飞［Pro］（自主动作过程：做事），（［Ca］）比预定9点36分晚了［Pro］25分［At］（自主关系过程：归属）。据飞行日志数据，飞机［Ag］起飞［Pro］（自主动作过程：做事）约35分后（［Ag］）在11582米高空曾发出［Pro］“7700”求救信号［Af］（自主动作过程：做事）。而“7700”［Tk］为［Pro］飞机驾驶员应答机代码［Vl］（自主关系过程：识别），（［Tk］）即为［Pro］“遇到紧急情况”［Vl］（自主关系过程：识别）。而法国内政部［Comr］说［Pro］（自主心理过程：交流），［［飞机［Ag］在10点47分发出［Pro］过呼救信号［Af］（自主动作过程：做事），但是（［Ag］）没有提供［Pro］详细信息［Af］（自主动作过程：做事）］］［Comd］。

坠机地点［Ca］是［Pro］山区［At］（自主关系过程：归属），（［Ca］）从图片看上去［Pro］白雪皑皑［At］（自主关系过程：归属），分析［Comr］称［Pro］（自主心理过程：交流）［［搜救［Posr］面临［Pro］很大困难［Posd］（自主关系过程：拥有）］］［Comd］。法国地区委员会主管埃里克·乔蒂［Comr］称［Pro］（自主心理过程：交流），［［搜救队［Ag-Ca］已经赶到［Pro］事发地附近［Dir：Des］（自主动作过程：做事）］］［Comd］。

奥朗德［Ag-Cog］获悉［Pro］（自主心理过程：认知）后（［Comr］）说［Pro］（自主心理过程：交流），［［从坠机地点的情况（［Cog］）分析（Pro）（［Ph］）（自主心理过程：认知），［［恐怕没有［Pro］生还者［Ext］（自主关系过程：存在）］］］］［Comd］，（［Comr］）并称［Pro］［［坠机地点［Dir：Des］很难（［Ag-Ca］）进入［Pro］（自主动作过程：做事）］］［Comd］。奥朗德［Comr］还说［Pro］（自主心理过程：交流）［［他［Comr］已经联系［Pro］过德国首相默克尔［Comee］（自主心理过程：交流），（［Comr］）对坠机事件表达［Pro］他的同情［Comd］（自主心理过程：交流）］］［Comd］。

西班牙首相拉霍伊［Comr］说［Pro］（自主心理过程：交流），［［失事航班上［Loc］有［Pro］许多西班牙人、德国人和土耳其人［Ext］（自主关系过程：存在）］］［Comd］。西班牙副首相［Comr］称［Pro］（自主心理过程：交流），［［据信坠毁客机上［Loc］有［Pro］45名乘客［Ext］（自主关系过程：存在）（［Ca］）是［Pro］西班牙人［At］（自主关系过程：归属）］］［Comd］。

失事客机的航班号［Tk］是［Pro］4U 9525［Vl］（自主关系过程：识别），（［Ag-Ca］）往返［Pro］西班牙巴塞罗那与德国杜塞尔多夫之间［Dir：Des］（自主动作过程：做事）。这条航线［Ca］此前［［安全记录［Ca］良好［Pro-At］（自主关系过程：归属）］］［Pro-At］（自主关系过程：归属），（［Posr］）没有［Pro］事故报告［Posd］（自主关系过程：拥有）。坠毁客机［Ca］是［Pro］一架空客 A320［At］（自主关系过程：归属），（［Ag］）已经飞行［Pro］了24年［PrEx］（自主动作过程：做事）。

来自 http：//www. xinhuanet. com//world/2015 - 03/24/c_127616523. htm。

附录 2　开关电源的控制装置

该种控制装置的动态响应速度快，抗干扰能力强，适用范围广，并能自动实现电路的过流保护，便于电源并联使用，输出电源稳定。

开关电源的控制装置包括用误差放大器对开关电源的输出电压和一基准电压进行比较获得误差信号；再由比较器对该误差信号与输出端电压检测出的电压检测信号进行比较，获得控制信号，以控制开关电源的脉宽产生电路、产生脉宽信号，并进而控制开关装置的通、断。其结构特点为：输出端电压检测电路与开关电源中的电流检测电路在比较器的输入端相连叠加，从而在电压检测信号中叠加上开关电源中的电流检测信号。

开关电源中的电流检测电路为负载电流的检测电路或开关装置的开关电流的检测电路或变压器装置电路的检测电路。内反馈环采用输出电压的电压检测信号和取自于开关电源中的电流检测信号的迭加，在内反馈环中引入电流反馈，因此它比现有技术具有更快的响应速度，更好的抗干扰能力。对于输出电压的纹波中没有电感电流波纹上升沿部分的升压变压器，由于迭加了电感电流的上升沿信号，故仍然能对其进行控制，使得本实用新型实用性更广，可用于各种变换器构成的开关电源。并且引入电流反馈检测信号，电路可以自动实现过流保护，便于开关电源的并联使用。时域仿真结果也证明本实用新型比现有技术的输出抗阻更低，对负载电流的扰动具有更强的抑制能力：低频时，本实用新型的装置“输入—输出”增益比现有技术低，而高频时的增益与现有技术相似，因此对输入电压的波动具有较好的抑制能力。

标注后：

<u>该种控制装置的动态响应速度</u>［Ca］<u>快</u>［Pro-At］（**自主关系过程：归属**），<u>抗干扰能力</u>［Ca］<u>强</u>［Pro-At］（**自主关系过程：归属**），<u>适用</u>

范围［Ca］广［Pro-At］（自主关系过程：归属），（［Ag］）并能自动实现［Pro］电路的过流保护［Af］（自主动作过程：做事），（［Ca］）便于［Pro］［［电源［Af］并联使用［Pro］（自主动作过程：做事）］］（［Pro-At］）（自主关系过程：归属），输出电源［Ca］稳定［Pro-At］（自主关系过程：归属）。

开关电源的控装制置［Posr］包括［Pro-Posd］（自主关系过程：拥有）［［（［Ag］）用误差放大器［Af］对开关电源的输出电压和一基准电压［Ra］进行［Pro］比较［PrEx］（自主动作过程：做事）（［Ag］）获得［Pro］误差信号［Af］（自主动作过程：做事）］］；再由比较器［Ag］对该误差信号与输出端电压检测出的电压检测信号［Ra］进行［Pro］比较［PrEx］（自主动作过程：做事），（［Ag］）获得［Pro］控制信号［Af］（自主动作过程：做事），［［以（［Ag］）控制［Pro］开关电源的脉宽［Af］（自主动作过程：做事）［［（［Ag］）产生［Pro］电路［Cre］（自主动作过程：创造）、产生［Pro］脉宽信号［Cre］（自主动作过程：创造），并（［Ag］）进而控制［Pro］开关装置的通、断［Af］（自主动作过程：做事）］］。其结构特点［Ca］为［Pro］（自主关系过程：归属）：［［输出端电压检测电路［Cor1］与开关电源中的电流检测电路在比较器的输入端［Cor1］相连叠加［Pro］（自主关系过程：关联），从而（［Ag）在电压检测信号中叠加上［Pro］开关电源中的电流检测信号［Af］（自主动作过程：做事）］］（At）。

开关电源中的电流检测电路［Tk］为［Pro］负载电流的检测电路或开关装置的开关电流的检测电路或变压器装置电路的检测电路［Vl］（自主关系过程：识别）。内反馈环［Ag］采用［Pro］输出电压的电压检测信号和取自于开关电源中的电流检测信号的迭加［Af］（自主动作过程：做事），（［Ag］）在内反馈环中引入［Pro］电流反馈［Af］（自主动作过程：做事），因此它［Posr］比现有技术具有［Pro］更快的响应速度，更好的抗干扰能力［Posd］（自主关系过程：拥有）。对于输出电压的纹波中没有电感电流波纹上升沿部分的升压变压器，［［由于（［Ag］）迭加［Pro］了电感电流的上升沿信号［Af］（自主动作过程：做事）］］，故（［Ag］）仍然能对其［Af］进行［Pro］控制［PrEx］（自主动作过程：做事），（［Ag］）使得［Pro］［［本实用新型［Ca］［［实用性

[Ca] 更广 [Pr-At]]] (自主关系过程：归属)]] [Pro-At] (自主关系过程：归属)]] (影响关系过程：归属)，([Ca]) 可用于 [Pro] 各种变换器构成的开关电源 [At] (自主关系过程：归属)。并且 ([Ag]) 引入 [Pro] 电流反馈检测信号 [Af] (自主动作过程：做事)，电路 [Ag] 可以自动实现 [Pro] 过流保护 [PrEx] (自主动作过程：做事)，([Ca]) 便于 [Pro] 开关电源的并联使用 [At] (自主关系过程：归属)。时域仿真结果 [Tk] 也证明 [Pro] [[本实用新型 [Ca] 比现有技术的输出抗阻更低 [Pro-At] (自主关系过程：归属)，([Posr]) 对负载电流的扰动具有 [Pro] 更强的抑制能力 [Posd] (自主关系过程：拥有)]] (自主关系过程：识别)：低频时，本实用新型的装置“输入—输出”增益 [Ca] 比现有技术低 [Pro-At] (自主关系过程：归属)，而高频时的增益 [Cor1] 与现有技术 [Cor2] 相似 [Pro] (自主关系过程：关联)，因此 ([Posr]) 对输入电压的波动具有 [Pro] 较好的抑制能力 [Posd] (自主关系过程：拥有)。

来源、改编自 http：//www.cdip.gov.cn/ReadNews.asp? NewsID=10750。

附录3 英汉人名对照表

英文名	汉译名
Alice Caffarel	爱丽丝·卡法雷尔
Angela Downing	安吉拉·唐宁
Apollonius Dyscolus	阿波洛纽斯·迪斯科洛思
Aristotle	亚里士多德
Avram Noam Chomsky	艾弗拉姆·诺姆·乔姆斯基
Benjamin Lee Whorf	本杰明·李·沃尔夫
Bronislaw Malinowski	布罗尼斯拉夫·马林诺夫斯基
Carl James	卡尔·詹姆斯
Charles J. Fillmore	查尔斯·J. 菲尔墨
Christian M. I. M. Matthiessen	克里斯蒂安·M. I. M. 麦提森
Christopher S. Butler	克里斯托弗·S. 巴特勒
Dionysius Thrax	狄奥尼修斯·特拉克斯
Donald Davidson	唐纳德·戴维森
Eden Sum-Hung Li	李深红
Edward McDonald	爱德华·麦克唐纳
Eleanor Rosch	埃莉诺·罗施
Elizabeth Closs Traugott	伊丽莎白·克劳丝·特拉格特
Ernst Frideryk Konrad Koerner	恩斯特·福瑞德瑞克·康拉德·柯纳
Ferdinand de Saussure	费尔迪南·德·索绪尔
Francis Bacon	弗朗西斯·培根
František Daneš	弗兰提塞克·丹尼斯
Geoff Thompson	杰夫·汤普森
Geoffrey Leech	杰弗里·利奇
Georg Wilhelm Friedrich Hegel	格奥尔格·威廉·弗里德里希·黑格尔
George Lakoff	乔治·莱考夫

续表

英文名	汉译名
Gerard Genette	热拉尔·热奈特
Henri Weil	亨利·韦伊
Heraclitus	赫拉克利特
Howard Goldblatt	霍华德·戈德布拉特（中文名：葛浩文）
Immanuel Kant	伊曼努尔·康德
Ivor Armstrong Richards	艾弗·阿姆斯特朗·理查兹
James R. Martin	詹姆斯·R. 马丁
Jan Svartvik	简·斯瓦特维克
Joan Lea Bybee	琼·利娅·拜比
John Atkins	约翰·阿特金斯
John Locke	约翰·洛克
John Lyons	约翰·里昂
John R. Searle	约翰·R. 塞尔
John R. Taylor	约翰·R. 泰勒
John Rupert Firth	约翰·鲁伯特·弗斯
John Ruskin	约翰·拉斯金
John Sinclair	约翰·辛克莱
Joseph Greenberg	约瑟夫·格林伯格
Julia Kristeva	朱莉娅·克里斯蒂娃
Karl R. Popper	卡尔·R. 波普尔
Kazuhiro Teruya	照屋一博
Leonard Bloomfield	莱纳德·布龙菲尔德
Lotfi A. Zadeh	拉特飞·A. 扎德
Ludwig Josef Johann Wittgenstein	路德维希·约瑟夫·约翰·维特根斯坦
Margaret Berry	玛格丽特·贝瑞
Mark Johnson	马克·约翰逊
Martin Heidegger	马丁·海德格尔
Martino Martini	马尔蒂诺·马尔蒂尼（中文名：卫匡国）
Max Black	迈克斯·布莱克
Michael Alexander Kirkwood Halliday	迈克尔·亚历山大·柯克伍德·韩礼德
Michael Hoey	迈克尔·霍伊
Mikhail Bakhtin	米哈伊尔·巴赫汀

续表

英文名	汉译名
Norman Fairclough	诺曼·费尔克拉
Otto Jespersen	奥托·叶斯柏森
Parmenides	巴门尼德
Paul J. Hopper	鲍尔·J. 霍伯尔
Paul Ricoeur	保罗·利科
Peter H. Fries	彼得·H. 弗里斯
Plato	柏拉图
Plotinus	普罗提诺
Priscianus（或 Priscian）Caesariensis	普利西安
Pythagoras	毕达哥拉斯
Randolph Quirk	伦道夫·夸克
René Descartes	勒内·笛卡尔
Robert D. Van Valin	罗伯特·D. 范·发林
Robert de Beaugrande	罗伯特·布格兰德
Robert Frank Palmer	罗伯特·弗兰克·帕尔默
Robin P. Fawcett	罗宾·P. 福塞特
Ronald W. Langacker	罗纳德·W. 兰盖克
Ruqaiya Hasan	鲁凯雅·哈桑（中文名：韩茹凯）
Sandra A. Thompson	桑德拉·A. 汤普森
Stephen Hawking	史蒂芬·霍金
Teng Shou-hsin	邓守信
Teun A. Van Dijk	滕·A. 范·迪克
Thales	泰勒斯
Tsao Feng-Fu	曹逢甫
Vilem Mathesius	维勒姆·马泰休斯
Wallace Chafe	华莱士·切夫
Wilhelm von Humboldt	威廉·冯·洪堡特
William A. Foley	威廉·A. 弗雷
William Labov	威廉·拉波夫
Wolfgang Dressler	沃尔夫冈·杜丝勒
Zellig Harris	泽利格·哈里斯

附录 4　英汉术语对照表

英语术语	汉语术语
aboutness	关于
accident	偶然特征
accompaniment	伴随（环境成分）
Action process	动作过程
action process verb	动作过程动词
action verb	动作动词
admonitive	警告
agentive	施事格（格语法）
agent-oriented modality	施事指向情态
agreement seeker	寻求同意
alternative interrogative	选择疑问
angle	视角（环境成分）
antōnymia	代词
Appliable Linguistics	适用语言学
arthron	冠词
Ascription process	归属过程
asking	询问
aspect	体
assertion	断定
Attributive process	归属过程（关系过程次类）
autonomous experience	自主型经验
backgrounding	背景信息
basic level	基本层
Behavioral process	行为过程
Cardiff Grammar	加的夫语法

续表

英语术语	汉语术语
Cardiff Model	加的夫模式
Case Grammar	格语法
categorization	范畴化
Causative action process	使役动作过程
Causative behavioral process	使役行为过程
Causative communicative process	使役交流过程
Causative construction	使役结构
Causative existential process	使役存在过程
Causative mental process	使役心理过程
Causative meteorological process	使役气象过程
Causative relational process	使役关系过程
cause	原因（环境成分）
certainty	确信
Chafe Grammar	切夫语法
circumstance	环境成分
circumstantial transitivity	环境及物性
class	类别
Classical Theory	经典理论
Classical Theory of Category	经典范畴论
cognitive belief system	认知意念系统
cognitive category	认知范畴
cohesion	衔接
cohesion & coherence system	衔接与连贯系统
collocation	搭配
comitative	伴随格（格语法）
command	命令
Communicative process	交流过程
Comparative Linguistics	比较语言学
Complex process	复合过程
complex transitive verb	复杂宾语及物动词
conceptual metaphor	概念隐喻（认知语言学）
confident	自信

续表

英语术语	汉语术语
conflated Theme	重合主位
congruent form	一致式
conjunction	连接
context of situation	情景语境
contingency	或然（环境成分）
Contrastive Studies	对比研究
copular verb	系动词
Correlational process	关联过程（关系过程次类）
dative	与格（格语法）
declarative	陈述
deferring	顺从
degree of category membership	范畴隶属度
delicacy	精密度阶
demanding	寻求
deontic modality	道义情态
Dik Grammar	迪克语法
Directional process	方向过程（关系过程次类）
directive	指令
ditransitive verb	双宾语及物动词
dubious	迟疑
dynamic modality	动态情态
ellipsis	省略
enabling（or facilitating）function	使能功能
epírrhēma	副词
epistemic modality	认知情态
essence	本质
event	事件
Event-relating process	事件相关过程
exclamation	感叹
exclamative	感叹
Existential process	存在过程
experiential metafunction	经验元功能

续表

英语术语	汉语术语
exponence	说明阶
extent	跨度（环境成分）
face threatening	面子问题
Family Resemblance	家族相似性
field of being and having	存在和拥有场
field of consciousness	意识场
field of experience	经验场
field of happening and doing	发生和动作场
Finite	限定成分
folk taxonomy	通俗分类
foregrounding	前景信息
function	功能
Functional Grammar	功能语法
functional sentence perspective	功能句子观
functional-lexematic model	功能词汇模式
fuzzy set theory	模糊集合论
Gestalt	完型（格式塔）
giving	给予
goods-&-services	物品与服务
grammatical metaphor	语法隐喻
hortative	规劝
hyper-Theme	超主位
ideational metafunction	概念元功能
ideational metaphor	概念隐喻（系统功能语言学）
Identifying process	识别过程（关系过程次类）
imperative	祈使
inclination	意愿
indicative	直陈
influential experience	影响型经验
Influential process	影响过程
information	信息
information distribution	信息分布

续表

英语术语	汉语术语
information focus	信息焦点
information giver	信息提供者
information pointing	信息点
information system	信息系统
informative	告知
inner experience	内部经验
insistent	坚持
instrumental	工具格（格语法）
interpersonal metafunction	人际元功能
interpersonal metaphor	人际隐喻
interpersonal Theme	人际主位
interpolated	插入
interrogative	疑问
intertextuality	互文
intonation	语调
intransitive verb	不及物动词
irrealis	虚拟语气
jussive	命令
lexical cohesion	词汇衔接
lexical metaphor	词汇隐喻
lexicogrammar	词汇语法
location	处所（属于环境成分）
Locational process	处所过程（或位置过程，关系过程的次类）
locative	处所格（格语法）
logical metafunction	逻辑元功能
macro-Theme	宏观主位
manner	方式（属于环境成分）
mapping	映射
Material process	物质过程
matter	内容（属于环境成分）
meaning by collocation	搭配生义
mental picture	心理图像

续表

英语术语	汉语术语
Mental process	心理过程
metafunction	元功能
metaphoric form	隐喻式
Meteorological process	气象过程
metoché	分词
minor clause	非基本小句
minor sentence	零句
modality	情态、语气
modalization	情态化
modulation	意态化
monotransitive verb	单宾语及物动词
mood	语气
mood system	语气系统
multiple Theme	多重主位
negative	禁止
nominal group	名词词组
non-subject sentence	无主句
notional mood	意念语气
notional subject	实义主语
nuclear transitivity	核心及物性
objective	客体格（格语法）
obligation	责任
offer	提供
ōnoma	主词部分/名词
ontological metaphor	本体隐喻（认知语言学）
optative	希求/希愿
orientational metaphor	方位隐喻（认知语言学）
outer experience	外部经验
participant	参与者
participant role	参与者角色
permission seeker	寻求许可
phase	相

续表

英语术语	汉语术语
Phase structure	相位结构
phonetic structure	语音结构
phonological process	音位化过程
phonology/graphology	音系/字系
polar interrogative	是非疑问
polarity	归一度
POLITENESS	礼貌系统
Possessive process	拥有过程（关系过程次类）
post-semantic process	后语义过程
pragmatic function	语用功能
probability	可能性/概率
process	过程
process verb	过程动词
product	成品
projection	投射
proposal	提议
proposition	命题
protesting	抗议
próthesis	介词
prototype category	原型范畴
Prototype Theory	原型理论
Prototype Theory of Category	原型范畴论
prototypical form	原型
prototypicality	原型性
question	疑问
rank	级阶
real subject	真主语
realis	真实语气
realization	体现
realm of experience	经验域
reference	指称
register	语域

续表

英语术语	汉语术语
reiteration	重复
Relational process	关系过程
requiring	要求
reserved	保留
rhēma	述词部分/动词
Rheme	述位
rhetoric	修辞
role	角色（包括环境成分）
Role and Reference Grammar	角色与指称语法
ruling	支配
run-on sentence	流水句
Scale and Category Grammar	阶和范畴语法
scientific taxonomy	科学分类
semantic function	语义功能
semantic structure	语义结构
semantic system	语义系统
semantics	语义
sentence mood	句式语气
simple Theme	简单主位
slot	占位
Social Semiotics	社会符号学
speaker-oriented modality	说话人指向情态
Speculative Grammar	思辨语法
state verb	状态动词
statement	陈述
statement of wish	希愿
Structural Linguistics	结构主义语言学
structural metaphor	结构隐喻（认知语言学）
structural-functional grammar	结构功能语法
structure	结构
subordinate level	下层
substitution	替代

续表

英语术语	汉语术语
suggestion	建议
superordinate level	上层
surface structure	表层结构
Sydney Grammar	悉尼语法
Sydney Model	悉尼模式
symbolization	符号化过程
sýndesmos	连词
syntactic function	句法功能
system	系统
system network of MOOD	语气系统网络
Systemic Functional Grammar	系统功能语法
Systemic Functional Linguistics	系统功能语言学
Systemic Grammar	系统语法
TAG	结束语系统
temperer	调节词
tense	时态
tentative	尝试
text	语篇
textual metafunction	语篇元功能
textual metaphor	语篇隐喻
textual Theme	语篇主位
the abstract realm	抽象概念域
the physical realm	物质域
the psychological realm	心理域
the social realm	社会域
the world of abstract relations	抽象关系世界
the world of consciousness	意识世界
the world of material reality	物质现实世界
the world of symbolization	象征世界
thematic build-up	主位引发语
thematic structure	主述结构
Theme	主位

续表

英语术语	汉语术语
tone	声调
tone group	声调群
tonic prominence	调核凸显
topic	话题
topical Theme	话题主位
Transformational Generative Grammar	转换生成语法
transitive verb	及物动词
transitivity	及物性
transitivity system	及物性系统
unbiased polar interrogative	正反问
underlying phonological configuration	潜在音位结构
unit	单位
unmarked	无标记
usuality	频率
utterance	话语
verbal mood	动词语气
Verbal process	言语过程
voice	语态
wish	期望
word order	语序、词序

附录 5　参与者角色术语缩略表

动作过程（Action process）（按照字母顺序）		
Af	Affected	受事
Af-Ca	Affected-Carrier	受事—载体
Af-Des	Affected-Destination	受事—目的地
Af-Dir	Affected-Direction	受事—方向
Af-Path	Affected-Path	受事—路径
Af-Perc	Affected-Perceiver	受事—感知者
Af-Ph	Affected-Phenomenon	受事—现象
Af-Posd	Affected-Possessed	受事—拥有物
Af-Posr	Affected-Possessor	受事—拥有者
Af-So	Affected-Source	受事—来源
Ag	Agent	施事
Ag-Ca	Agent-Carrier	施事—载体
Behr	Behaver	行为者
Cre	Created	创造物
Des	Destination	目的地
Dir	Direction	方向
Ma	Manner	方式
Pa	Path	路径
Ra	Range	范围
So	Source	来源

心理过程（Mental process）（按照字母顺序）		
Af-Cog	Affected-Cognizant	受事—认知者
Af-Desr	Affected-Desiderator	受事—意愿表现者

续表

心理过程（Mental process）（按照字母顺序）		
Af-Em	Affected-Emoter	受事—情感表现者
Af-Perc	Affected-Perceiver	受事—感知者
Ag-Cog	Agent-Cognizant	施事—认知者
Ag-Perc	Agent-Perceiver	施事—感知者
Cog	Cognizant	认知者
Comd	Communicated	交流内容
Comee	Communicatee	交流对象
Comr	Communicator	交流方
Cre-Ph	Created-Phenomenon	创造物—现象
Desr	Desiderator	意愿表现者
Em	Emoter	情感表现者
Perc	Perceiver	感知者
Ph	Phenomenon	现象

关系过程（Relational process）（按照字母顺序）		
At	Attribute	属性
Ca	Carrier	载体
Cor	Correlator	相关方
Ext	Existent	存在方
Id	Identified	被识别者
Ir	Identifier	识别者
Loc	Location	处所
Posd	Possessed	拥有物
Posr	Processor	拥有者
Tk	Token	标记
Vl	Value	价值